한국 사회와 종교학

한국 사회와 종교학

초판 1쇄 인쇄 2017년 8월 20일
초판 1쇄 발행 2017년 8월 25일

편자 서울대학교 종교문제연구소
펴낸이 성낙인
펴낸곳 서울대학교출판문화원

출판등록 제15-3호

주소 08826 서울 관악구 관악로 1
대표전화 02-880-5252 | 팩스 02-888-4148
전략기획팀(출판상담 및 홍보) 02-880-5217
출판관리팀(주문상담) 02-889-4424, 02-880-7995
이메일 snubook@snu.ac.kr
홈페이지 www.snupress.com

ISBN 978-89-521-1937-7 93200

Korean Society and Religious Studies

한국 사회와 종교학

서울대학교 종교문제연구소 편

서울대학교출판문화원

|머리말|

종교와 사회는 언제나 긴밀한 관계를 지녀 왔다. 제정일치는 물론이고 제정분리의 상황에서도 종교는 사회의 모든 부문과 관여되고 영향을 주고받는다. 인간사의 그 어떤 사안이라도 종교의 주제가 되지 않는 것은 없기 때문이다.

근대 이후로는 세상사에 관한 지식과 이해에서 종교의 권위와 신빙성이 뚜렷이 과학에 밀리게 되면서 종교의 쇠퇴가 언급되기 시작했다. 나아가 20세기 중반 이후 이른바 '세속화' 현상이 가속화되면서 사회의 제반 부문들이 갈수록 종교의 영향이나 종교와의 연관에서 벗어날 것이며 심지어 종교가 사라지리라고 전망한 학자들도 있었다. 하지만 21세기에 들어와서 돌아보건대 종교의 영향력은 여전히 건재하다. 우선 눈에 띄는 현상은 근본주의적인 종교 조직과 사조, 경향들이 등장하여 사회적 발언과 활동의 열기를 높여 온 것이다. 그리고 하나의 지구촌으로 좁아진 세계에서 다른 무엇보다도 종교가 개인 및 공동체 정체성의 가장 중요한 요소임이 더욱 분명하게 인식되고 있다.

20세기 후반 이후에는 국가 및 문화권 사이의 교류가 활발해지면서 다양한 종교들 사이의 접촉이 빈번하고 긴밀하며 광범해졌다. 아울러 종교 사이의 충돌 문제가 심각하게 대두하였고, 이에 따라 종교 간

대화가 중요하고 긴급한 학술적·문화적 관심사가 되었다. 또한 종교는 사회문화적이고 인종적인 갈등, 생태, 젠더, 물질주의, 빈부격차 등 첨예한 문제들에 관한 논쟁의 중심에 있기도 하다. 요컨대 종교와 사회의 제반 관련성에 대한 체계적인 이해는 전통 사회뿐만 아니라 현대 사회의 다양한 문제들에 대한 논의를 위해서도 절실히 필요하다. 이러한 상황에서 이 책 『한국 사회와 종교학』은 학문적이고 객관적인 시각에서 '종교'와 '사회'를 전 범위적으로 분석하여 한국 사회의 현황과 나아갈 방향에 대한 전망을 제시하고자 기획되었다.

'종교'와 '사회'는 분리될 수 없는 인간 삶의 영역이자 문화연구를 위한 핵심적인 범주이다. 그 두 범주는 각자 간단히 정의할 수 없는 총체적인 범주로서 수많은 주제를 포괄하며, 나아가 두 범주가 겹쳐 연관된 영역에서 제시되는 주제들 또한 헤아릴 수 없을 정도로 다양하다. 그렇기 때문에 단독연구 또는 소수 학자들의 연구만으로는 논의에 한계가 있을 수밖에 없다. 그러므로 '종교와 사회'라고 하는 중첩 내지 연관된 범주의 주제들에 대한 여러 연구자들의 통찰을 수렴하여, 새로운 연구 방법과 시각을 모색하고 검토하며 아울러 종교 현상과 사회 현상에 대한 다양한 지적 관심을 충족시킬 수 있는 내용을 종합해서 제공하는 것은 의미 있는 일일 것이다.

이에 '한국 사회와 종교학'이라는 제목 아래 현재 한국 학계에서 이 분야의 주축으로 활동하고 있는 연구자들의 다양한 논의들을 모았다. 이를 통해 '종교와 사회'라는 범주의 주제에 대한 여러 가지 관심을 반영하는 사안들을 다방면으로 다루어 종교와 사회가 빚어낸 인간 삶의 총체성과 복합성을 하나의 장에서 풀어 보고자 한다. 삶의 총체성과 복합성을 한꺼번에 풀어놓고 들여다보는 마당을 종교와 사회에 대한 종합적인 통찰을 통해 마련하는 것은 사실상 종교학계의 오래된 염원이다. 이 책을 통해 이루어진 시도가 향후 논의의 진전에 촉매가 되기를 기대한다.

한편 이 책은 대학교육 현장의 요구에 부합하는 훌륭한 교재가 될 것이다. 특히 종교와 사회의 역동적인 관계에 관심이 있는 학생들의 지적 호기심을 충족시키는 역할을 할 것으로 기대된다. 우리나라에서 종교학과 또는 그에 준하는 전공 학과가 설치되어 있는 대학을 꼽자면 다섯 손가락도 남지만, 종교학 강좌는 매년 수강생이 수만 명을 웃돌 정도로 많은 인기를 누리고 있다. 세계의 다양한 종교를 직간접적으로 체험케 하고 사회 곳곳에 숨어 있는 종교적 의미와 상징을 분석·해석하는 작업은 종교학 강좌가 지닌 매력이다. 종교와 사회의 관계를 다루는 다양한 종교학 전공자들이 종교학적 안목으로 과거의 한국 사회뿐 아니라 현대 지구화 사회를 분석하는 시도는 우리가 살아가는 시대와 사회를 새롭게 들여다보게 하는 발견의 장이 될 것이다. 이 책이 다수의 종교학 교양 및 전공 강좌에서 주교재 및 부교재로 사용되어 학생들이 종교학적 시각으로 사회 현상을 바라보는 시각을 고양시키는 데 기여할 것을 기대한다.

이 책은 종교 연구자 19명의 공동 연구서다. 각 장에서 다양한 시각과 접근 방법, 관심을 바탕으로 전개하는 논의들을 섭렵하다 보면 우리 사회와 환경을 이해하는 데 종교학, 특히 종교사회학의 관점이 얼마나 풍부한 담론을 이끌어 내는지 확인할 수 있을 것이다. 이 책의 각 장은 매우 다양한 주제를 다양한 관점에서 다루고 있으나, 전체적으로는 세 가지 큰 범주로 구성되어 있다. 제1부 '종교사회학'은 종교사회학이라는 주제하에 종교사회학적 방법론을 보편적이고 일반 이론적인 차원에서 활용한 연구들로 구성되어 있다. 여기서 연구자들은 한국 사회 특유의 상황을 벗어나 전 지구적 상황을 분석 대상으로 다루거나 보편 이론으로 확장 가능한 사회 현상을 종교사회학적 언어로 설명해 내고 있다.

우선 안신 교수는 「종교사회학과 종교현상학 관점의 가능성과 유용성」에서 기본적인 방법론 사안들을 정리해 주었고, 김재명 교수는 「지구화 시대 '종교체계' 개념의 의미와 한계」에서 이른바 지구화·세계화 상황에서 종교 문제는 어떤 의미의 사안으로 작용하는지 살펴보았다. 그 논의의 관심을 이어 가면서 우혜란 교수는 「글로벌 축제로서 핼러윈의 발전 과정과 일본 및 한국의 사례」에서 핼러윈 축제의 확산 사례를 가지고 지구화 시대의 면모를 논하였다.

한편 유광석 교수는 「'종교 없음' 인구의 종교성에 대한 이론적·정책적 함의」에서 전통적인 종교 활동에 참여하지 않는 인구가 뚜렷하게 부각되는 근대 이후의 사회적 양상을 검토하면서 그 '외형적 무종교인'들의 종교성이라는 종교학의 고전적인 통찰을 재고하고, 그들의 사회적·경제적 영향을 가늠해 보려고 한다. '종교시장 이론'을 바탕으로 한 유광석 교수의 논의에 이어 전명수 교수는 「노인복지와 종교 기반 실버산업, 종교의 의미에 대한 재성찰」로써 좀 더 특정적인 사안을 다루고 있다.

마지막으로 배덕만 교수는 「'헬조선'과 '개독교' 시대의 인문주의」에서 우리 사회의 정치적·경제적·사회적 난맥상에 대해 종교, 특히 기독교가 적극적이고 선도적으로 대응하지 못하고 있는 상황을 비판적으로 검토하였다. 나아가 르네상스 시대 '인문주의'의 전례에서 타개책의 실마리를 찾는 논의를 전개하여, 규범적 선언이 아니라 학술적 통찰의 서술을 통해서도 사회적 현안에 대한 해결책을 제안할 수 있음을 보여주었다.

제2부는 '한국 사회와 종교'라는 제목에서 추측할 수 있듯이 제1부보다 논의의 초점을 좁혀 한국 사회 안에서의 종교 문제를 다룬 연구들로 구성했다. 한국 내의 정치와 종교 공동체 상황에 대해 고찰하고 한국 사회에 중요한 영향을 끼친 종교적 인물들의 세계관을 분석하여 한국 사회를 심층적으로 이해하는 데 기여하고자 하였다.

이슬람은 한국 사회에서는 아직 미미한 위상에 머물고 있지만 세계

종교의 지형에서는 초미의 관심사다. 한국 사회에서도 여건에 따라서는 그 위상과 비중이 무거워지고 커질 여지가 충분히 있다. 한국의 이슬람에 대해 개관하는 윤용복 박사의 「한국 이슬람교 이해하기」를 제2부의 첫 장에 두었다.

그 뒤를 이어 현대 한국 사회에서 신자 수로 보나 영향력으로 보나 가장 세력이 큰 종교인 개신교의 면모를 고찰하는 연구 두 편을 배치하였다. 유요한 교수의 「한국 개신교의 장소 점유 전략」은 개신교 교회의 공간적 확장에 대해서 사회적·경제적인 요인뿐 아니라 종교 내부의 요인들, 즉 종교적 이상과 동기도 개신교 교회들의 실제적인 장소 선택에 큰 영향을 끼치는 변수로 간주되어야 한다는 시각하에 개신교의 교리와 이상, 그리고 이에 따른 도덕적 선택이 현대 한국 개신교 교회들의 장소에 대한 관점 형성과 성스러운 장소를 확보하는 전략에 어떤 영향을 미치고 있는지를 고찰하고 있다. 한편 이유나 교수의 「새마을운동에 대한 개신교의 태도」는 현대 한국 사회의 변모 과정에서 중요한 요소로 꼽히는 새마을운동에 대해 개신교가 어떤 태도를 취했으며 그 이유는 무엇인지를 살펴보는데, 이는 사회적·정치적·경제적 현상과 종교 사이의 상호작용이라는 고전적인 주제의 한국 사례연구라 할 수 있겠다.

그다음 강은애 박사의 「만해 한용운의 종교관과 한국 사회」와 김용환 교수의 「유불회통의 동아시민성 함양」을 배열하여 근현대 불교 및 유교의 지성이 사회적 사안들과 관련하여 어떠한 관심과 안목을 가지고 있었는가 하는 문제를 짚어 보는 기회를 마련하였다.

삿사 미쓰아키 교수는 「대종교 단군민족주의와 한국 종교 연구」에서 한국 종교학의 초기 역사에서 중요한 의미를 갖는 이능화가 단군민족주의를 바탕으로 '조선신교론'을 형성하고 그것이 일제강점기 한국의 종교 연구에 영향을 끼쳤음을 논하였다. 이는 종교적 관념이 정치적 이상과 얽히고 나아가 학술적 관점에도 영향을 미치는 양상의 한 사례를 고찰한 것이라 하겠다. 마지막으로 허남린 교수는 「기복(起復)과 조선 사회의 유교권력」에서 조선시대에 상중(喪中)에 벼슬에 나가는 기복출사(起復出仕)에서 충(忠)과 효(孝)의 충돌이 문제가 되는 점에 주목하여 조선 사회에서 그 논의의 추이가 어떠했는지를 살펴보았다. 이는 종교적 가치 관념이 정치적·경제적 역학관계와 얽히는 양상에 관한 하나의 사례연구라 할 수 있겠다.

제3부에서는 '종교학의 시선으로 학문하기'에서는 종교학의 관점과 방법을 활용한 다양한 연구 결과물을 제시하였다. 종교학이 아우를 수 있는 폭넓은 주제와 다양한 방법론들이 사회를 분석하는 설득력 있는 도구가 될 수 있음을 확인할 수 있을 것이다.

김영원 교수는 「종교학 안에서 종교철학하기」에서 종교학이 정체성을 형성하기 시작하자마자 대두해서 지금까지 내내 방법론적 논의의 한 핵심 주제가 되어 온 종교학과 철학의 관계 문제를 고찰하고 전향적인 상호증강의 가능성을 제시하였다. 이어서 최정화 교수는 「두려운 낯섦(Das Unheimliche)」에서 종교의 기본적인 개념 범주인 '성스러움'을 심리학의 관점에서 고찰하면서 프로이트와 오토의 이론을 비교하여 해설해 준다. 한편 성해영 교수는 「프로이트와 융의 심층심리학과 무의식」에서 종교심리학의 핵심 주제인 무의식과 종교의 관계를 명쾌하게 정리해 주었다.

이어지는 안환기 교수의 「욕망의 문제에 대한 불교의 해석」은 단순히 불교의 '욕망관'에 대한 해설에 그치지 않는다. 욕망이 '결핍'과 '생산'이라는 두 얼굴을 지녔음을 통찰하고 그로부터 종교적 수행의 에너지가 도출되기도 한다는 점을 지적함으로써 종교가 인간에게 일으키는 운동력의 중요한 메커니즘을 불교의 사례를 통해 밝힌다. 한편 임재규 교수는 「유교 윤리에 있어서 선악의 문제」에서 『주역(周易)』에 나타나는 선악 개념을 규명하였다. 이를 통해 『주역』이 단순히 술수의 문서가 아니라 윤리서이자 유교윤리 사상의 주춧돌이 된 서적임을 밝혔다.

마지막으로 수록된 논문은 임성욱(Sung Uk Lim) 교수의 "Exploring Deconstructive Postcolonial Criticism as a Liberating Method"다. 이 논문에서 임성욱 교수는 20세기 말부터 대두하여 향후 일종의 시대정신으로 자리 잡은 해체주의 및 탈식민주의의 접근 방법을 종교에 적용하여 기존의 이분법적인 이해의 틀을 비판적으로 극복하는 방법론적 해방의 시론을 전개한다. 19세기 중반에 태동한 이래 종교라는 인류 문명의 핵심 현상에 대해 다양한 접근을 시도하면서 늘 엄청난 방법론적 역동성을 발휘해 온 종교학의 특징적인 면모를 보여 주는 한 사례라 할 수 있어, 이 책의 마무리로서 적절하다고 생각된다.

귀중한 연구의 결과인 주옥같은 논문을 기꺼이 기고해 주신 필자들께 깊은 감사의 말씀을 드린다. 그 노고들 덕분에 이 책이 종교학의 시선으로 한국 사회를 분석하는 데 중요한 지침이 되리라고 생각한다.

이 훌륭한 논문들을 담아내기에 손색 없는 단정한 책을 만들기 위해서 일일이 꼽을 수 없을 만큼 많은 이들이 정성을 기울이고 솜씨를 발휘해 주었다. 곽진희 실장님을 비롯한 서울대학교출판문화원 실무진의 배려와 신속하고도 정밀한 업무 수행 덕분에 출판의 번잡한 과정들이 마치 아무 일도 아닌 듯이 순조롭게 진행되었다. 특히 현우진 편집자는 마침 서울대학교 종교학과에서 수학하고 졸업한 인재인지라, 매우 전문적인 내용의 논문들임에도 불구하고 어려움 없이 다루어 주었다. 학창 시절에 그를 가르쳤던 교수의 한 사람으로서 자랑스럽고, 뿌듯한 보람을 느낀다.

서울대학교 종교문제연구소 이정은 조교도 이 책이 나오기까지 큰 역할을 하였다. 많은 사람들과 절차들이 얽힌 까닭에 기획부터 출판까지 까다로운 일들이 끊임없이 닥쳐왔으나, 엄청난 업무량에 짓눌리고 시달리는 중에도 그 모든 일들을 깔끔하게 처리하여 마침내 이 책이 멋진 모습으로 세상에 나오게 해 주었다.

마지막으로, 한 세대 동안 한국 종교사회학의 기둥으로서, 나아가 한국 종교학의 대들보로서 책무를 훌륭하게 수행하고 이번에 정년을 맞아 퇴임하는 서울대학교 종교학과 김종서 교수님께 후학들의 마음을 모아서 이 자리를 빌려 경하의 말씀을 올리고자 한다.

축하합니다.

고맙습니다.

2017년 8월

서울대학교 종교문제연구소장

윤원철

|차례|

제3부 종교학의 시선으로 학문하기

제1부

종교사회학

종교사회학과 종교현상학 관점의 가능성과 유용성

안신

아무리 종교집단에 관한 이론을 많이 알아도 불교의 승가가 어떻게 구성되는지, 이슬람교의 움마가 어떤 것인지를 모른다면 한심한 것이다.

_김종서, 『종교사회학』[1]

1. 들어가며

종교학 방법론에는 다양한 흐름이 있다. 종교현상학과 종교사회학은 나름대로의 고유 영역을 가지고 발전해 왔고 최근에는 양자의 조화와 균형을 강조하는 경향이 두드러지게 나타나고 있다. 종교학자 김종서(金宗瑞, 1952-) 교수는 캘리포니아대학교 샌타바버라 캠퍼스에서 학위를 마치고 한국으로 귀국하면서 종교사회학 연구의 새로운 장을 열었다.[2] 사

1 김종서, 『종교사회학』, 서울대학교출판부, 2005, iv.

2 Kim Chong-Suh, "Religious Pluralism and the Concept of Religious Revalorization: A Study in the Thought of Mircea Eliade and Peter L. Berger," University of

회과학으로서 사회학에 지나치게 치우친 종교사회학으로부터 거리를 두면서도, 인문과학으로서 철학적 경향에 치우친 철학적 종교현상학과도 거리는 두는 종교학 나름의 종교사회학, 즉 현상학적 종교사회학의 길을 제시하였던 것이다.

이 논문은 김종서의 주요 저서인 『현대 신종교의 이해』(1994), 『종교사회학』(2005), 『서양인의 한국 종교 연구』(2006)를 중심으로 그의 종교 연구 방법론의 진화와 발전을 종교사회학과 종교현상학의 만남의 관점에서 조명할 것이다. 그가 강조해 온 미르체아 엘리아데(Mircea Eliade)의 관점은 바로 '종교적 재평가(religious revalorization)'이다. 그것은 현대인에게 종교는 존재론적 구원론을 제공함으로써 종교적 인간(homo religiosus)으로 거듭나게 한다는 것이다. 종교는 성스러움의 구조로서 원형들이 인류와 지닌 관계를 상기시킴으로써 진정한 의미에서 세계를 존재하도록 돕는다.[3] 엘리아데의 종교적 재평가 개념은 김종서의 종교학 방법론을 형성하는 데 큰 영향을 주었고, 크게 다음 세 가치 차원에서 발현되었다. 그의 (1) 현대 사회의 새로운 종교 현상에 대한 관심은 (2) 종교공동체를 이해하는 사회학적 방법론으로 발전했고, 다시 (3) 한국 종교 연구사로 구체화되었다.[4]

California Santa Barbara, Ph.D. Thesis, 1983.

3 김종서, 「엘리아데의 '종교적 재평가'의 개념」, 『정신문화연구』 13/1, 1990.

4 김종서의 주요 저서들은 초기엔 강의안이나 소논문의 형태로 등장하였고 추후 단행본으로 발전하였다.

2. 새로운 종교 현상에 대한 관심: 종교 그 자체에 관심을 가져라

김종서의 『현대 신종교의 이해』(1994)는 공저로 출판되었지만 총 5개 장 가운데 3개 장[1, 2, 3장]을 그가 주도적으로 집필하였다는 점에서 그의 신종교 연구에 대한 기본적인 태도를 관통하고 있는 관점을 잘 보여준다. 1장에서는 '현대 신종교 연구의 이론적 문제'를 다루었고, 이어 2장과 3장에서는 '서양 신종교의 이해'와 '동양 신종교의 이해'를 다루었다. 그는 세속화 현상에도 불구하고 현대 사회를 영적 갈구의 시대로 규정하였다. 그에게 신종교는 "현대 사회에 성스러움이 살아 있음을 증명하는 대표적인 현상"이다.[5]

김종서는 넓은 의미에서 종교사회학자이지만 보다 정확히 말하면 현상학적 종교사회학자이다. 그는 학생들이 사회학적 이론에 함몰되지 않도록 당시 일어나던 생생한 사건들을 사례로 활용하며 종교 현상을 구체적으로 설명하였다. 그리고 방법론의 차원에서 신종교 현상에 대한 균형 잡힌 연구와 총체적 관심을 주장하였다.

> 신종교를 하나의 종교로서 이해하려는 입장은 사회적인 문제들보다는 그의 성스러움과 신앙 및 실천, 그리고 종교공동체적 특성들에 초점이 맞추어져야 할 것이다. 대체로 서구에서의 신종교 연구는 최근 사회과학 일변도로 화하는 경향이 있어서 신종교에 있어서의 성스러움의 표현 및 신앙과 실천 등에 관한 연구가 매우 드물다. 반면 국내에서의 신종교 연구들은 주로 교리연구에만 집중해 온 듯하다. 신종교를 종교로서 탐구하

---

5 김종서, 『현대 신종교의 이해』, 한국정신문화연구원, 1994, 2.

려면 종교의 여러 측면들에 대한 총체적인 연구가 이루어져야 하리라고 생각된다.[6]

이처럼 김종서는 신종교 연구 방법론에서 사회과학이나 교리연구로의 경도를 경계한다. 엘리아데가 강조한 '성스러움'의 개념을 사용하여 연구대상으로서 종교의 범주를 넓히고, 나아가 니니안 스마트(Ninian Smart)가 제시한 것과 같이 종교의 다양한 측면, 즉 종교를 구성하는 다차원들에 대한 총체적 연구를 주장하였다.

동아시아 신종교들을 이해하는 관점 자체도 많이 바뀌어야 할 것으로 생각된다. 즉 더 이상 오해에 근거한 주간지 폭로기사형 호기심이나 인민재판 형식으로 나타나는 현대판 마녀사냥식 신종교 죽이기는 청산되어야 한다. 그리고 기본적인 종교상식도 없이 한심하게 선부른 사회과학적 이론 적용에 의한 왜곡된 해석들도 모두 비판받아야 한다. 오히려 우리 사회 속의 신종교들을 우리의 정상적인 영성문화의 일부로 여기고, 그들을 적극적으로 공감해서 이해하려는 진지한 태도가 요청된다. 그리고 더 나아가서 그들로부터 제시되는 이 시대의 참신한 종교 개념을 기존의 종교전통들과 잘 조화시켜서 함께 살아 낼 수 있는 창조적인 지혜를 제시하고자 노력해야 할 것이다.[7]

다소 보수적인 기독교 가정에서 성장한 필자는 학부 시절 김종서 교수의 강의를 들으면서 종교의 이해에 대한 학문적 시야를 넓혀 나갔

---

6 김종서, 『현대 신종교의 이해』, 18.

7 김종서, 「'신종교' 개념의 종교 유형론적 성찰: 북미에서 비롯되는 국제적 변화양상」, 『신종교 연구』 15, 2006, 101-102.

다. 당시 필자는 나학진 교수의 수업에서 칼 바르트(Karl Barth)의 신학을 찾아서 기독교신학의 체계를 잡았지만, 서울대학교로 출강 온 한신대학교 김경재 교수의 수업에서 폴 틸리히(Paul Tillich)의 신학에 매료되었고, 결국에는 정진홍 교수가 소개한 엘리아데의 종교학을 조우하면서 해석학적 도전과 인식론적 평안을 함께 경험했다. 엘리아데와 그의 저서들에 대한 이해는 당시 서울대학교 종교학과 학생들이 학문적 통과의례에서 만나야만 했던 거인이었다.

그 과정에서 김종서 교수를 만났다. 그의 일반종교사 수업은 이후 종교전통들에 대한 체계적인 공부를 하는 데 유익한 밑거름이 되었다. 강의실에서 신비로운 신화처럼 들렸던 미국 서부의 유학 시절 이야기는 머지않은 장래에 미지의 세계를 향해 나가려던 종교학도에게 꿈과 희망을 심어 주었다. 바닷가에서 고등어 잡는 이야기, 복사 가게에서 일하던 이야기, 커피 자판기를 처음으로 경이롭게 사용할 때 이야기, 오렌지 농장을 방문한 이야기, 하버드대학교 도서관에서 복사하던 이야기 등은 지금도 내 기억의 언저리를 맴도는 신화들이다.

김종서는 종교학 연구와 신학 연구의 태도와 목적이 지닌 분명한 차이를 강조하였다. 종교학과 신학의 관계는 학문적 연구를 위해 정확히 구분되어야 했기 때문이다. 그의 이러한 태도는 종교 현상을 해석할 때에도 그대로 드러났다. 1992년 5월 7일에 금란교회 본당에서 변선환 교수, 홍정수 목사의 출교가 결정되었다. 종교다원주의 논쟁에 휩싸인 두 교수는 결국 감리교신학대학과 감리교를 떠나야 했다. 변선환 교수의 출교에 대하여 어떻게 생각하느냐는 그의 질문에 대하여, 당시 기독교 신앙이 투철했던 필자는 이렇게 대답하였다. "종교학은 사람을 살리는 학문이라고 생각합니다. 그런데 왜 종교적 신념 때문에 교수직까지 그만두어야 하는 극단적인 상황까지 갔을까요? 저는 그러한 결정을 내린 교회도 이해할 수 없지만 두 교수도 이해할 수 없습니다." 지금도

이 물음에 대하여 정답을 가지고 있지는 않지만, 출교까지 당한 변선환 교수는 1995년 8월 7일 자택에서 사망하였다. 이러한 맥락에서 종교학과 신학의 자리를 구분해야 하는 이유는 김종서의 다음 글에 잘 나타나 있다.

> 물론 종교학적 연구가 신도들의 신학적 내면적 연구와 구분되어야 함은 당연하다. 즉 신도들의 내면적 연구는 교리나 실천에 기반을 둔 종교적 관심이 깔려 있지만 포교적 의지가 지나치게 노출되어 학문적 객관성을 상실하는 수가 많다. 종교학적 연구는 궁극적으로 객관적 이해를 목표로 하며 주관적 믿음을 위한 것이 아니다.[8]

1990년대 존 힉(John Hick)을 중심으로 한 종교다원주의에 대한 논쟁이 국내외 신학계와 종교학계에서 뜨겁게 일어났다. 종교다원 현상을 공감적으로 연구하는 종교학자는 종교다원주의자라는 오해를 받고 있었다. 당시 신종교의 문제는 사회적으로도 큰 관심을 불러일으켰다. 1978년 남미 가이아나에서 900여 명이 자살한 인민사원의 사건에 대하여 '집단적 정신착란', '사회주의 신봉자와 미국 정보당국의 갈등', '사회적 혁명의 실패' 등의 다양한 해석이 있었지만 김종서는 인민사원의 신도들이 지닌 내부자의 시각에 보다 더 주목하였다.

> 그들은 전혀 자신들이 미쳤다고 생각지를 않는다. 또 학살되었다거나, 물리적 저항을 목표로 했다가 실패한 것이라고도 생각지 않는다. 오히려 그들은 자신들의 행위에 대해서 종교적 의미를 부여해 오고 있다. 불가능한 혁명을 부분적으로나마 성취시키려고 목숨을 던지는 상징적 투쟁

8 김종서, 『현대 신종교의 이해』, 18.

을 했다는 것이다. 사회과학자들은 인민사원 사건의 종교적 의미를 결코 제대로 파악하지 못해 왔는지도 모른다.[9]

3. 사회학을 위한 종교에서 종교를 위한 사회학으로: 김종서의 방법과 이론

김종서가 번역한 서적들 중 방법론을 다루는 요아힘 바하(Joachim Wach)의 『비교종교학』은 김종서 자신이 지향하던 방법론의 큰 그림을 간접적으로 보여 주는 부분을 담고 있다.

방법론적 자율성의 문제에 늘 관심을 가졌으므로 종교를 이해하는 것이 단순히 그것을 어떤 학문규칙에 환원시켜 버리는 것을 뜻하지 않음을 강조한다. 종교는 (예컨대, 역사적·심리적·사회적 등) 여러 가지 인간의 문화적 맥락 속에 조건 지워지지만, 종교가 그렇다고 단지 하나의 문화현상으로 설명되어 버릴 수는 없다는 것이다. 따라서 그의 종교학은 종교경험을 있는 그대로 이해하려는 해석이론으로서 제시된다. 바하가 종교사학, 종교현상학 및 종교심리학과 더불어, 종교사회학조차도 종교학의 네 분야 중 하나로 간주하는 것은 이러한 의미에서 생각되어야 한다. 그는 〈종교연구와 사회과학들 사이에 존재하는 간격을 다리 놓으며〉 시도했던 반면에 인간의 종교적 삶이 사회구조의 한 부수현상이라는 극단적인 견해에는 결코 동의하지 않았다. 간단히 말해서, 바하는 종교학이라는 이름 아래 비교종교적 연구의 자율성을 유지하면서, 종교에 대한 새로운 하나

9 김종서, 『현대 신종교의 이해』, 17.

의 간학문적 연구를 그려 내고 있다.[10]

김종서는 종교사회학의 이론과 방법을 다루는 『종교사회학』에서 네 가지 원칙을 천명하며 종교학적 종교사회학의 구축을 시도하였다.

첫째, 이론과 실제를 조화시킨다.
둘째, 교구사회학(내지 기독교사회학)을 극복한다.
셋째, 기존 한국적 종교사회 현상에 관한 연구 업적들을 가능한 한 수렴한다.
넷째, 사회학적 환원주의를 탈피한다.[11]

이러한 원칙들은 김종서의 종교 연구에서 반복적으로 구현되었다. 그는 지나치게 서구 이론에 의지하고 서구 문헌의 해석과 번역에 치중하고 있던 당시 한국에서의 종교사회학 연구 경향에 불만을 토로하였다. 그의 문제의식은 분명했다. 한국적 종교사회학은 왜 도래하지 않는가? 그리고 종교사회학은 왜 사회학자의 관심과 연구의 주변에만 머물러야 하는가? 그러한 질문은 그에게 시원한 답변을 주지 않았다. 그는 바하와 엘리아데처럼 신학의 고백주의와 사회과학의 환원주의를 동시에 경계하였다.

---

10 요아힘 바하, 『비교종교학』, 김종서 옮김, 민음사, 2004, 220.

11 김종서, 『종교사회학』, iv-vi. 이 서문의 원칙은 종교사회학 발전을 위한 초기의 제안을 보다 더 발전시킨 것이다. 김종서, 「해방 후 50년의 한국종교사회학의 연구사」, 한국종교학회 엮음, 『해방 후 50년 한국종교 연구사』, 도서출판 창, 1997, 364-365 참조.

> 종교적 시각과 사회적 시각의 균형이 절실히 요청된다. 종래의 많은 종교사회학 책들이 너무 하찮은(?) 사회학적 이론들에까지 집중한 나머지 종교사회학의 생명이라고 볼 수 있는 종교들의 실제 양상에 관한 정보들을 종종 간과해 온 점은 무척 안타깝다. 그러므로 실로 엄청난 기존의 종교사회학적 업적들이 등장했지만, 종교학계에서는 제한된 관심만이 기울여져 왔다. 우선 대부분 종교사회학자들이 주로 사회학 쪽에서 훈련된 사람들이라서 사회학적인 면에서는 매우 풍부한 자료들을 인용하고 있지만, 반면에 이들이 종교 자체에 대하여 가지고 있는 전이해(pre-understanding)는 매우 약하다는 것을 지적할 수 있다. 종교 자체에 관한 인용은 대체로 학부 저학생들의 개론서 수준을 못 넘어가면서, 사회학적 이론은 최근 학술잡지의 첨단 주장들을 담고 있다. 한마디로 불균형이다.[12]

이러한 방법론적 한계에도 불구하고 김종서는 종교사회학의 필요성과 독특성을 종교의 공동체적 요소에 주목한다는 점에서 찾는다. 그는 감리교인으로서 자신의 경험을 넌지시 저서에 나타내기도 하였다. 그리고 교리와 실천에 치중한 전통적인 연구에는 사회적 맥락에 대한 간과가 있다는 점도 지적했다.

> 감리교인이 되는 경우를 생각해 보자. 오늘날 같은 사회에서 어떤 사람이 갑자기 하나님의 계시를 받거나, 혼자서 성경책을 읽고 교인이 되기로 결심하는 일은 거의 기대할 수 없을 것이다. 오히려 부모나 친구 따라 교회에 갔다가 목사의 설교에 공감하고 다른 교인들과 접촉하게 되면서 편안함을 느껴 점차 더 자주 그 공동체에 참여하고, 그러다 보니 어느 날

12 김종서, 「해방 후 50년의 한국종교사회학의 연구사」, 364.

교인이 되어 있는 경우가 더 많은 것이다. 이런 것은 종교의 공동체적 요소가 얼마나 중요한가를 단적으로 설명해 줄 수 있는 근거이다. 즉 종교의 공동체적 요소는 교리나 실천에 비해 결코 부수적인 것이 아니라 오히려 핵심적인 부분일 수가 있다는 말이다.[13]

지금까지 한국 사회에서 신학은 교리와 실천을 중심으로 종교의 본질을 파악하려고 했다. 그러나 김종서는 간과되어 온 공동체적 연구가 종교의 핵심을 다룬다고 평가하였다.

2015년 인구주택총조사에서 한국의 종교 인구가 43.9%로 급감한 이유는 어떻게 설명할 수 있을까? 종교의 공식적 모델이 깨어지면서 세속화된 종교공동체에 가입하여 활동하기보다는 나홀로 종교인으로 살아가는 경우가 있다. 이러한 현상은 제도의 경계는 무너졌지만 "사회 전체가 종교공동체화"되는 것으로 파악할 수 있다.[14] 우리 사회에서는 문화와 스포츠, 그리고 여가가 전통적인 종교의 자리를 대신하며 나름의 구원론을 펼치는 경우가 발견되기 때문이다.

사회유형과 종교형태의 상관관계에 대한 논의에서 김종서는 사회과학적 환원과 유형론의 한계를 지적하였다. 노팅엄의 세 가지 유형론[문자 이전 사회/산업화 이전 변화하는 사회/산업적 세속사회]에 대하여 "실제적 상황은 인간적 유형화 노력에 저항한다."라는 말로써 유형 간 혼합적 성격과 현실의 복잡성을 설명하였다. 이 부분에서 그는 논리적 인과

13 김종서, 『종교사회학』, 15. 김종서는 정신문화연구원(현 한국학중앙연구원)과 서울대학교 교수로 임용되기 전에 감리교신학대학교에서 종교사회학을 강의한 바 있으며, 감리교 교인으로도 활동해 왔다.

14 김종서, 『종교사회학』, 16. 토마스 루크만(Thomas Luckmann)은 교회 중심적 종교 정의의 한계를 지적하며 역사적 제도를 떠나 있는 나홀로 종교인의 '보이지 않는 종교(invisible religion)' 정체성에 주목하였다.

론에 따른 대응관계의 설명은 "신화적 성격"이 있다고 주장하는데, 사회학자와 종교학자가 사회유형과 종교형태의 상관관계에 대하여 다양한 해석을 내린다는 점에 주목하여 메타이론적 평가를 하고 있다.[15] 이러한 그의 해석학적 태도는 엘리아데의 종교현상학 방법과 통하는 바가 있다.

4. 서양인의 시선에서 바라본 한국 종교: 한국적 종교학의 가능성 타진

신종교 연구와 종교사회학 방법론이 종교학자 김종서가 연구하는 종교적 전통과 과학적 이론의 두 축을 이루었다고 한다면, 한국 종교 연구사에 대한 현상학적 연구는 한국학자로서 그의 지속적인 관심을 보여 주는 중요한 부분이다. 그의 논문을 처음 강독하며 배운, 한국 종교를 바라본 '푸른 눈'의 선교사들의 관점은 참으로 흥미로웠다. 필자는 미국과 영국에서 종교학을 수학하는 동안에 종교현상학자들과 종교사학자들을 함께 만났고, 김종서의 관심 분야가 서구 학계에서 첨단 분야라는 사실을 뒤늦게 알고 그 연구 분야에 뛰어들었다.[16]

초기 한국 종교학에서 세 부류의 주체들은 서양인(주로 여행가와 선교사 등)과 일본인, 그리고 한국인이었는데, 그 가운데 김종서는 서양인

15 김종서, 『종교사회학』, 32.

16 선교학(mission studies)은 고백적 신학의 연구 분야로서의 선교신학과는 구별된다. 불교, 기독교, 이슬람, 바하이신앙 등 세계적인 종교의 타문화로의 이식을 연구하는 분야로서 종교사학자와 종교현상학자의 학제 간 연구가 가능한 분야이다. 이와 관련된 대표적인 영미권 학회로서 예일-에든버러 연구회(Yale-Edinburgh Group)가 있다.

의 한국 종교 연구에 관심을 기울였다. 그는 서양인들의 기여에 주목하면서, 누가, 무엇을, 어떻게, 그리고 왜 연구했는가를 검토하였다. 이러한 학문적 관심 역시 엘리아데의 방법론에 기초하여 "(비교)종교학적 안목에서 재평가"하는 데 그 목적을 가지고 있다.

> 한국 종교를 문화현상의 일부로 이해하기 위한 인류학적 연구인지 또는 사회 속에서의 기능을 파악하기 위한 사회학적 연구인지 따져 보아야 한다. 그리고 한국 종교를 한국 역사의 흐름의 일환으로서 포괄하려는 것인지, 또는 원전 및 사상적 차원에서 철학적 비판을 하려는 것인지, 아니면 정반대로 특정 종교의 신앙적 입장을 깔고 변증을 하기 위한 것인지 검토해 보고자 한다. 그리고 이러한 면들을 (비교)종교학적 안목에서 재평가해 보고자 한다. 이것은 무엇보다도 한국 종교를 얼마나 객관적이면서도 순수하게 종교적 차원에서 다루고 있는가 하는 점을 강조하는 것이다. 그러니까 개별 종교전통들의 변증적 연구와는 물론 차별화된 것이어야 한다. 그러면서도 정치경제적이거나 사회문화적인 종교의 주변적 담론보다는 영적(spiritual) 측면 자체에 관심을 두고자 한다. 여기에 덧붙여 한국 종교학계에 끼친 영향력도 당연히 고려할 것이다.[17]

김종서는 역사적 단계별로 유형을 구분하여 주요 인물들을 중심으로 한국 종교 연구의 흐름과 특징, 그리고 한계를 지적하였다.

한국 종교에 대한 이해를 시도한 초기 서양인을 대표하는 네덜란드의 헨드릭 하멜(Hendrik Hamel)은 제주도의 표류 경험을 토대로 조선인이 종교 토론이 없다는 사실과 조선에서의 무당과 승려의 차별대우를

---

17 김종서, 『서양인의 한국 종교 연구』, 서울대학교출판부, 2006, 3.

기록하였다. 김종서는 "최초로 외부 관찰자의 입장에서 기록한 것이라는 점에서 의의가 있으나 너무 피상적인 관찰을 통해 얻은 사실이어서 깊이가 없다."라고 평가하였다. 독일의 에른스트 오페르트(Ernst Oppert)는 호교적 입장에서 "전제정치의 대항세력"을 막고 "종교적 무감각 상태"에서 벗어나게 하기 위해 기독교를 제시하고 있다고 해석하였다. 미국의 특별사절단의 일원이었던 퍼시벌 로웰(Percival Lowell)은 국교의 위상추락과 악령숭배의 유행에 주목했다는 사실에 관심을 기울였다. 특히 유교와 조상숭배를 구분하는 독특한 이해를 발견하고 두 흐름이 통합된 이유에 대하여 "풍수사상이 약화되면서 조상숭배가 주로 제사화한 탓은 아닐까? 즉 성리학과는 다르게 이해되면서부터인 것 같다."라고 설명하였다.[18]

김종서의 해석에 따르면 미국의 윌리엄 록힐(William W. Rockhill)은 한국 불교와 티베트 불교의 유사성을 지적하였고, 한국은 영혼신앙이 유행하는 반면에 종교적 감정은 미약하다고 해석하였다. 윌리엄 그리피스(William E. Griffis)는 한국 종교에 대한 부정적 의견을 드러내면서, 한국 종교는 미신적이며 중국의 영향 아래 있음을 강조함으로써 그 위상을 폄하하였다. 그러나 김종서는 다른 서양인들과는 달리 영국의 이사벨라 비숍(Isabella B. Bishop)이 한국의 귀신신앙(Daemonism)에 주목하며 그 기층적 특징을 설명하였다는 점에서 "다양한 자료를 기초로 한국 종교를 예리하고도 공감적인 입장에서 이해하려 한 점"을 높이 평가하였다.[19]

김종서는 모리스 쿠랑(Maurice Courant)의 『한국서지(*Bibliographie*

18 김종서, 『서양인의 한국 종교 연구』, 8-10.

19 김종서, 『서양인의 한국 종교 연구』, 12.

Coréenne)』에서 종교로서 유교의 위치와 범주에 주목하였고, 러시아 대장성의 『국역 한국지』에서의 샤머니즘에 대한 범신론적인 평가에 대하여 일본의 범신론적 성격과 비교하며 다신론의 성격이 더 강하다고 반박하였다.[20] 클로드 달레(Claude C. Dallet)의 『한국천주교회사』에서의 종교 연구는 “신부들이 보낸 자료를 신부가 가톨릭의 관점에서” 기록하였다는 점에서 자료적 한계가 있다고 지적하면서도 김종서는 전통적인 하느님[上帝]의 개념과 기독교의 신 개념의 차이에 대한 달레의 인식에는 주목하였다.[21]

서양인들은 기독교 세계관에 기초한 인식틀을 가지고 한국 종교를 평가했으며, 기독교를 포교하려는 의도를 가지고 한국의 전통종교나 민속종교를 폄훼하였다. 영국의 존 로스(John Ross)의 귀신 분류와 미국의 호러스 알렌(Horace N. Allen)의 무속 비판을 언급한 김종서는 미국의 로버트 하디(Robert A. Hardie)의 무종교론과 엘리 랜디스(Eli B. Landis)의 한국 샤머니즘의 일본 전파론에서 서양인의 한국 종교 연구가 갖는 중요성을 발견하였다.[22]

서양인의 한국 종교 연구 초기 단계를 넘어서, 김종서는 해방 이전 단계와 해방 이후 단계를 구분하였다. 해방 이전 단계를 대표하는 인물로서 조지 존스(George H. Jones), 호머 헐버트(Homer B. Hulbert), 호러스 언더우드(Horace G. Underwood), 제임스 게일(James S. Gale), 찰스 클라크(Charles A. Clark) 등의 업적들을 재평가하였고, 해방 이후의 단계에서는 파머의 다각적 연구, 그레이슨의 비교연구, 왈라번·하비의 무속 연구, 자넬리 부부·켄달의 조상숭배 연구, 윔즈·프루너의 신종교 연구, 칼톤·도

20 김종서, 『서양인의 한국 종교 연구』, 13-15.

21 김종서, 『서양인의 한국 종교 연구』, 18.

22 김종서, 『서양인의 한국 종교 연구』, 19-21.

이힐러의 유교 연구, 버스웰의 한국 불교 연구 등을 소개하였다.

김종서는 한국 종교의 중층다원성을 지적한 존스의 한국 종교의 독특성에 대한 학문적 기여를 높이 평가하였다. 그에 따르면, "많은 한국 유학자들이 본래의 중국 유교를 전거로 해서 가능한 그 테두리 안에서 한국 유교를 논하려 했던 데 비하여, 존스는 한국적 특성에 각별한 관심을 가지고 있다. 이 점은 특히 한국 종교에 대한 서양인 연구자들의 공헌을 볼 수 있는 면이다."[23]

한편 종교적 중층성을 용인하면서도 정령숭배 사상의 기층성을 주장했던 헐버트의 연구에 대해서는 그것이 한국 무속의 고유성을 정립하려 했다는 점에서 비교종교학적 방법의 초기 형태라고 하며, 다음과 같이 평가하였다.

> 대체로 헐버트의 한국 종교 연구는 종교만을 본격적으로 연구한 것이 아니라 한국 문화와 역사적 맥락에 관한 연구 중 일부로 행해진 것이지만, 전체적으로 매우 건전한 통찰과 심층적인 탐구였다고 할 수 있다. 특히 역사적 자료와 당시의 현상 이해를 창조적으로 종합해 낸 것은 그의 장점이다. 그리고 해박한 지식을 바탕으로 한국 종교의 독특성을 이해하려고 노력하고 또 동시에 곳곳에서 서양의 여러 자료와의 비교적 인식을 끌어들이고 있음은 지극히 근대 비교종교학적 방법에 가까운 태도였다고 감히 말할 수 있다.[24]

---

23 김종서, 『서양인의 한국 종교 연구』, 26. 미국 북감리회 목사였던 존스는 한국인의 종교성을 (1) 우월적 존재에 대한 의존감, (2) 인간과 신적 존재의 상호교통, (3) 영혼의 고통으로부터의 해방을 위한 노력에서 찾고 있다.

24 김종서, 『서양인의 한국 종교 연구』, 30-31.

서양인의 한국 종교 연구에서는 한국 기독교의 정체성을 주제로 한 연구도 큰 축을 이루고 있다. 특히 기독교의 급성장 현상에 대한 기독교 신앙을 배경으로 한 신학자와 종교학자의 연구는 인문과학을 배경으로 한 역사와 사상에 주로 집중하였다.

한편 무속이나 조상숭배와 관련된 민속종교들과 동학과 같은 신종교들에 대한 연구는 사회과학적 학문 배경을 지닌 서양인 학자들에 의하여 보다 더 "객관적인 연구"와 "세련된 방법론"에 의하여 진행되었다. 그러나 이러한 연구에 대해서도 김종서는 일반화의 한계를 지적하였다. 예컨대 하비의 무속 연구처럼 여섯 명의 한국 무당에 집중한 질적 연구는 통계적 일반화의 한계가 분명히 있을 뿐만 아니라, 신병(神病) 외에도 경제적인 동기 등이 복합적으로 작용되고 있음을 고려하지 않았다는 점에서 비판할 수 있다는 것이다.[25]

5. 엘리아데의 이론적 기반: 김종서의 학문적 기반

기독교는 명백히 "전락한 인간"의 종교임이 드러난다.
현대인이 돌이킬 수 없이 역사와 진보에 동화되어 있다는 점에서,
그리고 역사와 진보 모두 원형들과 반복의 낙원에 대한
결정적 포기를 내포하는 일종의 전락이라는 점에서 그렇다.

_미르체아 엘리아데, 『영원회귀의 신화』[26]

---

25 김종서, 『서양인의 한국 종교 연구』, 68.

26 미르체아 엘리아데, 『영원회귀의 신화』, 심재중 옮김, 이학사, 2003, 162.

김종서는 종교현상학자, 종교사학자, 신화학자, 융의 심리학파의 아류, 비학문적 소설가 등의 다양한 정체성을 지닌 엘리아데를 "철저한 절충주의자"로 규정하였다.[27] 종교 현상을 기술하고 그 의미를 탐색하기 위하여 필요한 모든 자료를 거침없이 사용하고 자신의 관점 아래 적용하고 해석하였기 때문이다. 기독교는 '타락한 인간을 위한 종교'라는 엘리아데의 표현은 어떤 의미일까? 김종서는 엘리아데의 개인적 종교가 루마니아정교회라는 점은 그의 종교학에서 크게 부각되지 않고 있다고 지적하였다. 오히려 기독교 세계관의 중심이 되는 성육신의 독특성이 그에게서 드러나지 않았다는 점을 부각시켰다. 그러나 이 지점에서 엘리아데의 신앙이 오히려 세계의 다양한 문화에서 나타나는 성현의 의미를 포착하는 데 도움을 준 것은 아닌지 생각해 볼 필요가 있다.

김종서는 엘리아데의 방법론의 저변에 구원론(soteriology)이 깔려 있음을 주장하였다. 더 이상 종교의 의미, 신화와 상징의 의미를 제대로 향유할 수 없는 현대인에게 고대인의 존재론, 성속의 변증법을 제공해 줌으로써 새로운 휴머니즘의 시대를 열어 주고 종교적 인간으로서의 본성을 회복하게 한다는 것이다.

엘리아데는 문학과 종교학의 접점을 신화적 상상력에서 찾았다. 김종서도 엘리아데의 문학적 상상력이 그의 종교학이론과 깊이 연관되어 있음을 지적하였다. 이러한 맥락에서 김종서의 학문적 여정은 (1) 엘리아데의 종교현상학과 종교사학이 기초를 이루고, 그 위에서 한편으로는 (2) 신종교 연구를, 또 다른 한편으로는 (3) 종교사회학 이론을 탐구하였으며, 다시 전통과 이론이 만나는 지점에서 (4) 한국 종교 연구사를 탐색했던 것이라고 할 수 있다.

---

27 김종서, 「엘리아데 종교학의 이론적 기초」, 『정신문화연구』 34, 1988, 185.

김종서는 엘리아데의 세계관을 구축하는 데 영향을 준 주요 사상가들의 이론들을 분석하였다. 인류학, 역사학, 심리학의 영향은 물론, 루돌프 오토(Rudolf Otto), 게라르두스 반 델 레에우(Gerardus van der Leeuw), 요아힘 바하와의 학문적 관계와 차별성을 진단하였다. 엘리아데는 종교현상의 환원불가능성을 주장하며 종교 현상의 의미를 종교적으로 해석하려고 하였다. 김종서는 바하와 엘리아데 사이의 연속성을 강조하며, 종교에 대한 학제간연구와 바하의 삼분법[이론적/실천적/사회적 표현]에 주목하였다. 종교현상학자 반 델 레에우와는 달리, 엘리아데는 종교사에 깊은 관심을 보였으며 실존적인 정황과 역사 이면의 의도를 파악하기 위하여 노력했다.[28]

엘리아데는 오토의 '거룩한 것'의 개념과는 다른 방식으로 '성스러움'의 개념을 사용하였다. 그의 '성스러움'은 신적인 존재를 넘어서 '종교의 독특한 범주'였다. 김종서는 엘리아데가 에밀 뒤르켐(Emile Durkheim)의 성과 속에 대한 개념을 오토의 '거룩한 것'으로 수용하였다는 조너선 스미스(Jonathan Z. Smith)의 평가에 근본적으로 동의하였다. 그러나 엘리아데의 창조성을 주장하며 뒤르켐의 사회학적 방점과 오토의 신학적 함몰을 그대로 수용하지는 않는 한편, 융(Carl G. Jung)의 분석심리학과는 달리 엘리아데는 무의식과 원형의 개념을 수용하면서도 심리학을 넘어선 초월적 심리학을 지향하였다고 해석하였다. 김종서에게 엘리아데는 인간 이해를 위한 통합적 종교학의 모범이다. 그가 종교사회학의 방법론에 머물 수 없었던 이유는 바로 인간의 삶이 지닌 복잡성과 중층성 때문이었다. 엘리아데는 김종서의 종교학의 기초를 이루었고 21세기 종교학의 발전과 융성을 위하여 취해야 할 종교학자의 열린 자

28 김종서, 「엘리아데 종교학의 이론적 기초」, 191.

세를 보여 주었다. 아래와 같은 40년 전의 그의 문제의식은 2017년에도 여전히 유효하다.

> 우리는 과연 지금 1980년대 말에도 종교학이 신학이나 세속학문들로부터의 해방만을 계속해서 주장해야 할 것인가에 대해 다시 숙고해 보아야 될 것 같다. 그렇게 판단정지나 환원불가능성만을 주장하여 순수 종교현상학적 전통만을 강조해서 배타적으로 흐른다면, 끝내는 종교학의 이미지 자체를 너무 작게 만드는 것이 아닌가 생각되기 때문이다. 이런 맥락에서, 그래도 종교학사는 해방의 역사였음을 앞으로도 더 상기해야 한다면, 우리 종교학자들은 이제 마지막으로 우리 스스로로부터 해방되어야 하지 않겠는가 생각도 된다. 우리 스스로 서는 데 너무도 많은 장애물들이 있었다는 피해의식 그 자체로부터.[29]

6. 나오며: 종교학자의 뒤안길

김종서 교수의 가르침을 받은 뒤 20년이 지난 지금, 필자도 종교학자가 되어 외로운 길을 걷게 되었다. 지금도 제자로서 스승의 그림자를 묵묵히 좇고 있지만, 학문적 정직성과 성실성 앞에서는 언제나 숙연해질 뿐이다. 종교학이 자신을 선택했다고 말하는 모습에 주눅이 들기도 했지만, 그가 주장하는 인간을 이해하는 종교학의 전체적 시선의 중요성을 늘 마음에 안고 교육과 연구에 임하고 있다.

김종서의 엘리아데론은 종교현상학과 종교사회학의 만남을 가능하

---

29 김종서, 「엘리아데 종교학의 이론적 기초」, 206.

게 한다. 종교주의를 지나치게 강조하며 종교현상학의 독자성만을 강조한다면 종교학 역시 과거 신학이나 사회과학의 전철을 그대로 밟게 될 것이다. 필자는 신학과 사회복지학의 통섭과 융합의 자리에 서 있다. 이론학문과 실용학문의 창조적 만남 속에서 학부생과 석박사 과정 학생을 지도하면서 그들과 함께 종교학자로서 가야 할 새로운 길을 모색하고 있다. 여전히 과거에 대한 회상과 현재에 대한 열정, 그리고 미래에 대한 희망을 갖는 이유는 종교학이 창조와 변혁의 힘을 지니고 있기 때문이다. 엘리아데의 신휴머니즘처럼 21세기에 종교학을 통한 인간의 망각된 본성과 종교적 인간의 회복과 도래를 다시 한 번 기대해 본다. 종교개혁 500주년을 맞이하며.

참고문헌

김종서, 『서양인의 한국 종교 연구』, 서울대학교출판부, 2006.
김종서, 「'신종교' 개념의 종교 유형론적 성찰: 북미에서 비롯되는 국제적 변화양상」, 『신종교 연구』 15, 2006.
김종서, 「엘리아데의 '종교적 재평가'의 개념」, 『정신문화연구』 13/1, 1990.
김종서, 「엘리아데 종교학의 이론적 기초」, 『정신문화연구』 34, 1988.
김종서, 『종교사회학』, 서울대학교출판부, 2005.
김종서, 「해방 후 50년의 한국종교사회학의 연구사」, 한국종교학회 옮김, 『해방 후 50년 한국종교 연구사』, 도서출판 창, 1997.
김종서, 『현대 신종교의 이해』, 한국정신문화연구원, 1994.
바하, 요아힘, 『비교종교학』, 김종서 옮김, 민음사, 2004.
엘리아데, 미르체아, 『영원회귀의 신화』, 심재중 옮김, 이학사, 2003.
Kim, Chongsuh, "Religious Pluralism and the Concept of Religious Revalorization: A Study in the Thought of Mircea Eliade and Peter L. Berger," University of California Santa Barbara, Ph.D. Thesis, 1983.

지구화 시대 '종교체계' 개념의 의미와 한계[1]

김재명

1. 들어가며

지구화(globalization)에 대한 논의는 합의가 어려울 정도로 연구자마다 다양하고 논쟁적이지만,[2] 지구화를 "우리 시대의 가장 중요한 현상 중 하나"로 보는 것에는 많은 학자가 공감한다.[3] 이런 맥락에서 지구화와 종교의 관계를 규명하려는 연구도 최근 부상하였다.

지구화론을 종교 연구에 적용하는 대부분의 연구자들은 공적 영역

1 이 논문은 필자의 박사학위 논문 「종교의 지구지역화에 대한 이론적 연구: 한국 개신교를 중심으로」, 서울대학교 대학원, 2014의 일부를 발췌 및 재구성한 것이다.

2 지구화 논쟁에는 지구화가 사실인지 환상인지의 여부와 그것의 역사적인 기원과 규모 및 추동 요인에 대한 물음을 포함하는 지구화의 정의(定義) 문제, 근대화와 관련하여 지구화가 과연 새로운 현상인지의 문제, 지구화가 인류에게 좋은 것인지 나쁜 것인지에 대한 규범적인 가치판단의 문제, 현안이 된 지구화에 대해 어떻게 대응할 것인지에 관한 정책 차원의 문제 등이 포함된다. Jan Aart Scholte, *Globalization: A Critical Introduction* (2nd edition), New York: Palgrave Macmillan, 2005, 13-48.

3 George Ritzer (ed). *The Blackwell Companion to Globalization*, Malden, MA.: Blackwell Pub., 2007, 1.

에서 종교가 특히 정치적·경제적 지구화와 어떤 관련이 있는지를 주로 다루면서, 세계체제나 세계정치체와 관련하여 종교를 지구화의 자원이나 구성요소 혹은 해석자로 보는 여러 입장을 갖는다.[4] 이때 종교는 대체로 정치나 경제 영역에 종속된 것으로 파악된다. 근대 이전 시기에 비해 명백히 그 영향력이 감소한 오늘날의 종교를 이렇게 이해하는 것이 그리 현실과 어긋나는 것은 아니지만, 이런 인식 아래에서는 종교가 그 자체로 인정받기보다는 다분히 도구적으로 이용되면서, 종교에 대한 어느 정도의 왜곡 혹은 종교인들의 삶에 대한 곡해로 이어지는 경우가 발생하기 쉽다.

그런데 이 분야의 선도적 연구자인 피터 바이어(Peter Beyer)는 다소 다른 관점을 취한다. 그는 자신이 제시한 '종교체계(religious system)' 개념을 통해 지구화의 맥락에서 종교가 갖는 위상을 정치·경제 등 다른 영역들과의 관계에서 파악하면서도, 종교체계가 갖는 독자성 혹은 독특성을 강조한다. 따라서 그의 종교체계 이론은 지구화 시대의 종교, 지구사회(global society)에서의 종교 개념을 이해하는 데 많은 도움을 준다. 그러나 이러한 장점에도 불구하고 그의 이론은 여전히 종교를 다른 영역들에 종속된 것으로 보는 경향이 없지 않다. 이 논문에서는 그의 종교체계 이론이 갖는 이러한 장단점을 비판적으로 고찰함으로써 지구화 시대의 종교 개념 이해를 위한 단초를 모색하고자 한다.

---

4 Frank J. Lechner, "Defining Religion: A Pluralistic Approach for the Global Age," in Arthur L. Greil & David G. Bromley (eds.), *Defining Religion: Investigating the Boundaries Between the Sacred and Secular*, JAI, 2003.

2. 소통적 기능체계로서의 종교

바이어는 지구화와 종교의 관계에 대한 연구를 처음 시작할 당시 주로 종교 근본주의를 비롯한 종교운동에 주목하였지만, 점차 자신의 논의를 넓혀 지구 사회에서의 종교 전반에 대한 주제로 연구 범위를 확장하였다.[5] 그는 니클라스 루만(Niklas Luhmann)의 사회체계이론의 맥락에서 지구화 및 지구 사회를 이해하면서 이 관점에서 연역적으로 '종교체계(religious system)' 개념을 도출하는데, 이를 위해 그가 출발점으로 삼은 것은 '종교'라는 개념 자체를 문제시하는 것이었다.

바이어는 종교를 '사회적 실재'로 '정의'하는 것에 반대한다. 왜냐하면, 루만의 관점에서 볼 때 종교라는 것은 근대 및 지구 사회에서 개념적이고 제도적으로 분화된 '사회적 현상'이기 때문이다.[6] 따라서 바이어는 '종교'라는 용어 대신에 루만을 따라 '종교체계' 개념을 사용하면서, 종교를 기능론적으로 파악한다. 우선 종교는 전체 사회체계를 구성하는 하나의 하부체계(subsystem)로 여겨진다. 그런데 여기서 중요한 것은 종교체계는 다른 사회적 체계들과의 관계를 통해서만 자신의 정체성을 확보한다는 점이다. 즉, 전체 사회체계를 구성하는 하부체계인 정치·경제·법 등 "종교가 아닌" 여러 체계들과의 끊임없는 교류 관계, 곧 소통(communication)을 통해서만 자신의 정체성을 구성하는 것이 종교체계

5 최근에는 특별히 공적 영역(public sphere)에서의 종교의 부활이라는 이른바 "종교와 정치"에 주목하여, 이미 발표된 관련 글들을 엮고 이것을 아우르는 1장을 추가하여 발표하였다. Peter Beyer, *Religion in the Context of Globalization: Essays on Concept, Form, and Political Implication*, New York: Routledge, 2013.

6 Peter Beyer, *Religion in the Context of Globalization: Essays on Concept, Form, and Political Implication*, 4.

라는 것이다.[7] 이러한 '종교체계'의 개념은 바이어가 루만으로부터 차용한 것이기 때문에 간략하게나마 루만의 이론을 설명할 필요가 있다.

루만은 자신의 스승이었던 탤컷 파슨스(Talcott Parsons)의 '구조적-기능적 체계이론'을 극복하여 '기능적-구조적 체계이론'으로 이행했다고 평가받는다. 이것은 루만이 파슨스의 체계이론을 보다 유연하고 역동적으로 발전시켰다는 것을 의미한다. 즉 파슨스의 이론이 "정태적 구조 범주로부터 출발하기 때문에 사회적 변동과 갈등의 과정을 부인하게 되며 그렇지 않다 하더라도 적절하게 다룰 수는 없"는 것과 달리, 루만은 "세계의 규정되지 않은 복잡성과 개별 인간의 복잡성 처리 능력 사이를 매개"하는 사회적 체계들의 '복잡성 감축' 기능을 강조함으로써, "통합은 물론 갈등도, 질서는 물론 변동도, 구조는 물론 과정도 함께 주목"한다고 평가받는다.[8]

루만은 사회의 주된 분화 형식을 세 단계로 나누는데, 고대 사회의 혈통이나 부락에 해당하는 분절적 분화, 중세기까지의 위계적 관계에 해당하는 계층적 분화, 현대 사회의 정치·경제·법·종교 등의 개별 기능적 부분체계들에 해당하는 기능적 분화가 그것이다. 이 중에서 현대 사회의 기능적 분화는 주로 이원적 코드를 통해 발생한다고 본다. 예컨대 경제에서는 지불 가능/지불 불능, 법에서는 합법/불법, 학문에서는 진리/거짓 등 두 개의 값을 통해 이들 개별 기능적 부분체계들만의 폐쇄성이 보장되고, 더 나아가 부분체계들 사이의 기능적인 작동적 차이(operative Differenz)가 가능해진다는 것이다. 즉 각각의 부분체계들이 저마다의 독자적인 영역으로 구별되면서 나름의 독특한 기능을 담당할 수

---

7 Peter Beyer, *Religions in Global Society*, New York: Routledge, 2006, 10-11.

8 크네어, 게오르그·아민 낫세이, 『니클라스 루만으로의 초대』, 정성훈 옮김, 갈무리, 2008, 64-66.

있는 이유는 자신들의 체계만이 지닌 이원적 코드 때문이라는 것이다. 그런데 부분체계들이 갖는 이러한 폐쇄성은 '프로그램(programme)'에 의해 상호 소통 가능한 것으로 열리게 된다. 즉, 경제체계에서는 가격과 투자 프로그램에 의해, 법체계에서는 법률에 의해, 학문체계에서는 이론이라는 프로그램에 의해서 개별 부분체계들의 개방성이 보장된다. 예컨대 정치체계와 법체계가 경제체계에 영향을 미치기 위해서는 경제체계에서만 고유한 지불 가능/지불 불능의 이원적 코드를 직접 건드리는 것이 아니라, 정치적·법적 환경 조건들을 조성함으로써 '가격과 투자'라는 경제체계의 프로그램에 영향을 주어 간접적으로 경제체계와 소통하게 된다는 것이다.[9] 따라서 이원적 코드와 이것을 작동하게 하는 프로그램이 기능체계(function system)의 핵심적 구조를 이루고, 이 코드와 프로그램을 통해 이러한 체계들의 소통적인 요소들(elements)이 서로의 체계를 참조하면서 발생하게 된다.[10]

루만의 도식을 따라 바이어는 종교를 '소통적 기능체계(a communicative function system)'로 보면서,[11] 종교체계를 구성하는 이원적 코드로 축복(blessed)/저주(damned, cursed) 혹은 구원(salvation)/저주(damnation)를 지적한다.[12] 즉, "축복/저주의 이원적 기본 코드로 규정된 소통체계"로 사실상 종교를 정의하는 것이다.[13] 그런데 이 코드는 그 스스로 종교체계, 곧 유(類)개념의 종교를 구성하는 것이 아니라는 점이 강조된다. 코드는 현실에 실제로 존재하는 기독교, 유대교, 불교 등의 '종교들'이

---

9 크네어, 게오르그·아민 낫세이, 『니클라스 루만으로의 초대』, 163-177.

10 Peter Beyer, *Religions in Global Society*, 43-44.

11 Peter Beyer, *Religions in Global Society*, 60.

12 Peter Beyer, *Religions in Global Society*, 81-82.

13 Gary D. Bouma, "Book Reviews: Religions in Global Society," *Sociology of Religion* 70/1, 2009, 92.

구성되는 작동적 차이(operative distinction)와 판단의 기준일 뿐이다. 다시 말해 "축복/저주 코드는 잠정적으로 종교적일 뿐, 그것이 사회적으로 실재하는 종교의 조직 원리가 되기 위해서는 부가적이고 정교한 설명이 요청"되는데, 종교적 프로그램이 그 역할을 담당한다는 것이다. 즉, "(이원적) 코드가 종교체계 전체의 정체성을 구분하는 데 기여한다면, 프로그램들은 그 시스템의 하부체계들, 곧 종교들에게 형식을 제공"하는 것이다.[14]

바이어의 종교체계 개념은 '종교'라는 개념을 선험적이고 본질주의적으로 전제한 후 도출된 것이 아니다. 오히려 그는 루만의 사회체계이론의 맥락에서 종교체계를 "지구화의 표현이자 구성적 차원"으로 보면서, "종교적인 양식 상태에 있는 지구화"를 설명하고자 한다.[15] 그리고 이때의 지구화 및 지구 사회에 대한 이해도 루만의 이론에 기초한다. 그는 루만의 사회체계이론이 오늘날 지구화가 보여 주는 특성, 즉 끊임없는 확장과 팽창 현상의 원인을 보다 잘 설명한다고 주장한다. 특히 루만의 스승이었던 파슨스의 모델이 취했던 방식, 즉 "어떻게 사회적 질서가 가능한지, 어떻게 사회적 '부분들'이 함께 사회적 '전체'를 형성하는지"를 묻는 방식이 오늘날의 "지구 사회에는 부합하지 않는다"고 비판하면서, 루만의 사회적 체계 개념이 취한 전략, 즉 "어떻게 사회성(sociality)이 그 자체를 재생산하는지, 어떻게 소통이 스스로를 구성하고 영속하는지"를 묻는 방식을 수용한다.[16] 이것은 '지구 사회' 그 자체를 하나의 분석 단위로 삼아 그 내부의 운영 원리를 사회적 체계 개념으로 설명하고자 한 것이라 볼 수 있다. 종교체계는 바로 그러한 사회적 체계

---

14 Peter Beyer, *Religions in Global Society*, 88.

15 Peter Beyer, *Religions in Global Society*, 60.

16 Peter Beyer, *Religions in Global Society*, 42-43.

들 중 하나로서 정치·경제·법·학문 등 제반의 사회적 체계들과의 관계 속에서 자신의 정체성을 구성하는 그 무엇으로 파악되고 있는 것이다. 따라서 바이어의 이론은 지구 사회에서 종교가 차지하는 공적인 위상과 역할에 대해 총체적으로 이해할 수 있는 가능성을 열어 준다는 점에서 매우 유용하다.

그러나 역설적으로 바이어의 '종교체계' 개념은 그것이 루만으로부터 연역적으로 도출된 바로 그 점 때문에 매우 폐쇄적이고 더 나아가 실제의 '종교들'을 제도적인 차원에만 한정함으로써 종교를 사회적 체계의 하부체계로 가두어 버리는 결과로 이어진다는 한계를 갖는다. 특히 바이어의 이론에서는 종교체계가 다른 여타의 체계들과 '논리적으로' 동등하게 취급될 수밖에 없는데, 이것은 종교가 갖는 고유성과 독특성을 간과하거나 더 나아가 비록 의도치 않았을지라도 종교체계를 다른 체계들에게 종속된 것으로 보게 만드는 측면이 있다. 바이어의 이론이 갖는 이러한 한계와 약점들은 실상 루만의 이론이 갖는 한계이기도 하다. 그러나 루만에 대한 직접적인 고찰과 비판은 이 논문의 관심을 훨씬 넘어서는 과제이므로, 여기에서는 바이어가 제시한 종교체계와 관련된 몇 가지 문제만을 선택적으로 고찰하고자 한다.

3. 종교체계 개념의 구성요소와 그 한계

바이어의 종교체계 개념은 지구화의 맥락에서 종교를 체계적으로 이해하는 데 많은 통찰력을 제공한다. 그러나 그의 이론을 한국의 종교 상황에 그대로 적용하기에는 다소 무리가 따르는데, 이와 관련해서는 크게 보아 두 가지를 지적할 수 있다. 첫 번째는 바이어가 종교체계를 설명하면서 제시한 '축복/저주'의 이원적 코드에 대한 것이고, 두 번째는 '소통의 자기 생산성'을 특징으로 하는 사회적 체계 개념에서 상대적으로 취약하게 취급되는 '인간의 몸(짓)'과 관련된 것이다. 이 두 가지 문제는 결국 바이어의 종교체계 개념이 루만의 체계이론으로부터 연역적으로 도출된 것과 관련이 있는데, 다른 사회적 체계들과 구별되는 종교체계의 정체성에 대한 문제제기라 할 수 있다.

1) 축복/저주 코드로 충분한가?

바이어는 종교 개념의 정의를 둘러싼 오랜 학문적 논쟁들을 역사적으로 개괄하면서, 이러한 논쟁이 지난했던 이유 중 하나는 종교가 자신이 처한 사회적 환경으로부터 분화되어 나왔던 맥락들이 충분히 고려되지 않았기 때문이라고 지적한다. 따라서 루만의 방식을 따라 우선적으로 집중해야 할 것은 바로 이러한 '분화'이고, 이것에 근거해야만 종교 개념으로 넘어갈 수 있다고 주장한다. 즉 루만의 관점에서 볼 때 우선적인 질문은 "무엇이 종교를 한정짓는가(define)에 대한 것이 아니라, 오히려 종교의 기본적인 코드(code)에 대한 것, 즉 종교가 어떤 독특한 방식으로 세계를 해석하고 혹은 세계를 선택적으로 처리하여(process) 그 스스로를 구별하는지(differentiate)에 대한 것"이어야 한다. 또한 이러한 질문은 "다른 시스템들이 그러한 조직화를 하는 방식과의 비교"를 포함하는데, 따라서 그는 "시스템적으로 종교적인 것을 규명하는 것은 비종교적인 것이 어떻게 자신을 규정하는가에 얼마간 의존적"이라고 주장한다.[17]

종교의 정의 그 자체보다는 종교가 분화되었던 과정을 규명하는 것

17 Peter Beyer, *Religions in Global Society*, 79-80.

이 보다 중요하다는 이러한 주장은, 현대의 지구 사회에서 종교가 시스템으로서 갖는 정체성을 규명하기 위해서는 인접한 다른 사회적 체계들과의 관계에서 종교체계만이 고유하게 갖는 이원적 코드를 밝혀야 한다는 의미다. 이 작업을 위해 바이어는 루만이 종교체계의 코드로 제안했던 '초월적/내재적' 코드를 비판적으로 언급하면서 '축복/저주'의 코드를 새롭게 제시한다.

> 루만의 초월적/내재적의 제안은, 엘리아데와 뒤르켐에 의해 옹호되는 성/속과 매우 유사하게 … 부정적인 종교의 한 축을 충분히 고려하지 못하여, 현대 세계에서 실제의 종교적 소통들을 보다 근본적으로 구성하는 것의 상당 부분, 즉 종교적으로 규정된 악(evil)—그저 도덕적 축인 '나쁜'과는 구별되는—의 회피나 그 악에 대한 투쟁을 놓친다. 좀 더 비판적으로 말해, 아마도 이것은 현세/내세 구분에 보다 가까운데, 이것은 일부 종교들 혹은 종교의 어떤 분파들(subsections)과 보다 밀접한 관계가 있다. … 그리하여 나는, 비록 언어적으로 다소 특수하게 보일지라도, 축복/저주의 코드가 우리의 현대 세계에서 실제적으로 종교로서 작동하는 모든 중요한 사회적 형태들에 어떻게 적용될 수 있는지를 보여 주려 한다.[18]

간략히 말해 여기에서 바이어가 말하고자 하는 바는 종교체계의 정체성을 구성하는 이원적 코드로서 초월적과 내재적, 성과 속, 현세와 내세는 적절치 않다는 것이다. 게다가 바이어는 이 항목에다 초경험/경험, 궁극적/비궁극적, 절대적/조건적, 우주론적/자연법적, 무한/유한, 영적/

---

18 Peter Beyer, *Religions in Global Society*, 85.

물질적, 절대적/상대적 등을 병렬적으로 제시하면서, 이들 모두는 현실에 존재하는 종교체계가 자신의 경계를 설정하는 데 부적절하다고 주장한다.[19] 왜냐하면 이원적 코드는 그것이 작동하여 시스템의 경계를 설정하는 과정에서 시스템이 스스로 자기 생산적이고 회귀적(recursive)일 수 있도록 기능해야 하기 때문이다.[20]

또한 시스템이 자기 생산적이기 위해서는 마치 전기의 양극(+)과 음극(-)처럼 '긴장관계'에 있는 양극단의 두 축으로 구성되는 이원적 코드가 있어야 하는데, 성/속을 비롯한 제반의 항목들은 이러한 긴장을 불러일으키지 않는다고 바이어는 지적한다. 이것은 마치 법정에서 무죄만 있고 유죄는 없는 것 혹은 패자는 없고 승자만 있는 스포츠 경쟁과 유사한 것이기 때문에, 이런 '코드 문제(code problem)' 상황에서는 시스템이 긴장을 통해 자기 생산적일 수 없어 정체된다는 것이다. 따라서 종교체계가 다른 체계들과 구별되는 정체성을 갖기 위해서는 '효과적인 부정의 축(effective negative pole)'을 갖도록 이원적 코드를 설정해야 하는데, 그것이 바로 '축복/저주'라는 것이다.[21]

이원적 코드를 통해 시스템이 자기 생산적일 수 있다는 것은, 시스템의 형성과 재형성에 코드가 관여하여 시스템이 현실에서 작동하도록 기여한다는 의미다. 이런 맥락에서 바이어는 축복/저주의 코드가 기독교에 가장 잘 부합한다는 것을 인정한다. 그러면서 그는 샤리아(Shari'a) 형태의 이슬람 전통에서는 할랄/하람(halal/haram) 혹은 허용된/금지된, 수도승 불교에서는 열반/윤회, 대중불교운동에서는 공덕/악덕, 힌두교

19 Peter Beyer, *Religions in Global Society*, 80.

20 Peter Beyer, *Religions in Global Society*, 82.

21 Peter Beyer, *Religions in Global Society*, 87.

에서는 해탈/윤회가 코드로 작동한다고 말한다.[22]

그런데 바이어는 기독교를 제외한 다른 종교들에서 작동하는 이러한 이원적 코드들을 모두 이중 코드화(double coding) 혹은 이차 코드(secondary code)로 설명한다. 구원받은/구원받지 못한, 깨달은/무지한, 불멸의/적멸의, 조화로운/조화롭지 못한, 순수한/오염된, 상서로운/불길한, 청결한/불결한 등도 마찬가지로 이차적 코드로 보는데, 이것들은 결국 축복/저주 코드로 수렴된다는 것이다. 물론 '축복'과 '저주'라는 용어가 갖는 기독교적인 편향은 바이어도 인정하지만, 그는 "견고한 종교들로부터 일관성이 도출되어야 한다"는 다소 불충분한 근거를 들어 축복/저주 코드에 종교적 시스템의 대표성을 부여한다.[23] 게다가 바이어는 이러한 이차적 코드가 발생하는 것은 개별 종교들이 형태를 갖추도록 하는 프로그램이 다르기 때문이라고 설명하는데, 그는 "각종 프로그램이 실제 종교들"이라고 본다.[24] 즉, 종교체계의 대표 코드인 축복/저주가 저마다의 시대적 지리적 조건들에 따라 운영되는 프로그램에 의해 실제로 작동하는 이차적 코드로 현실화된다는 것이다.

지구 사회라는 하나의 거대한 사회체계를 단일한 분석단위로 삼아, 이것을 구성하는 다양한 사회적 체계들 중 하나로서 종교체계를 이해하고, 이 종교체계가 정치·경제·법·학문 등 다른 사회적 체계들과 구별되는 자신만의 정체성을 구성하는 핵심으로 축복/저주의 이원적 코드를 제시하여, 이것이 지리적·시간적 조건에 의해 구체적으로 작동하는 다양한 종교적 프로그램을 통해 종교체계의 하부체계들, 즉 현실에 존재하는 기독교·이슬람·불교·힌두교 등 개별종교들로 형성된다는 바이어

22 Peter Beyer, *Religions in Global Society*, 82-84.

23 Peter Beyer, *Religions in Global Society*, 85.

24 Peter Beyer, *Religions in Global Society*, 88.

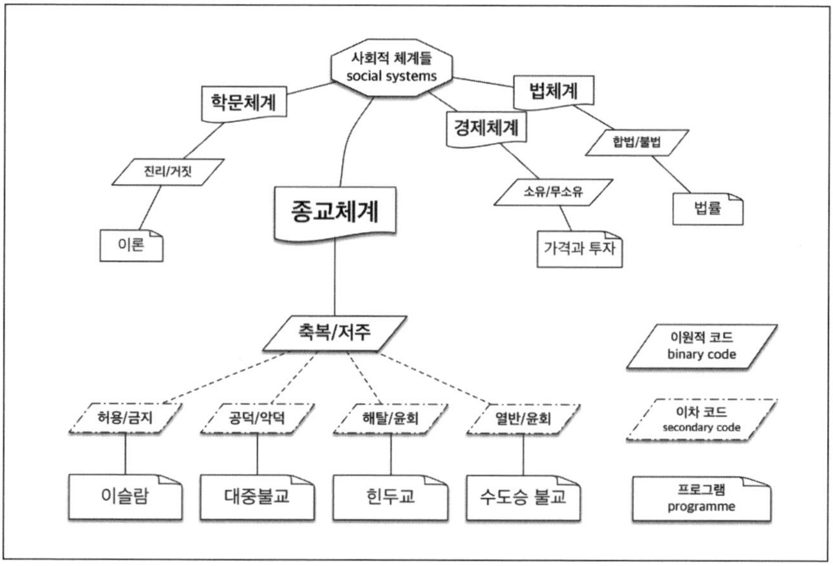

[그림] 바이어의 종교체계 개념도

의 '지구 사회에서의 종교들'에 대한 설명은 일견 매우 조밀하게 짜인 이론으로 보인다. 그러나 그의 이론을 실제 종교 현상들에 적용할 경우 몇 가지 오류가 발견된다.

① 축복/저주 코드의 대표성 문제

우선 축복/저주의 이원적 코드가 종교체계의 핵심으로 자리 잡는 것이 타당한가의 문제를 지적할 수 있다. 바이어는 축복과 저주라는 용어를 사용하는 것이 기독교가 종교체계를 대표하기 때문은 아니라고 여러 차례 강조하면서도 실상 이것에 대한 납득할 만한 설명을 하지 않는다. 예컨대 그가 힌두교의 이차적인 이원적 코드로 제시하는 해탈/윤회의 코드가 어떻게 축복/저주로 대표될 수 있는지에 대한 설명이 충분치 않다. 축복과 저주라는 것은 분명히 무엇인가로부터 그것이 주어지는 상황을 전제한 개념들이다. 따라서 유대교의 야훼(Yahweh), 기독교의 하나님(혹은 그의 성육신인 예수), 이슬람의 알라(Allah)로부터 주어지는 그 어떤 것이다. 반면 불교의 해탈과 윤회는 어떤 신적인 존재로부터 주어지는 것이라기보다는 그저 우주의 원리와도 같이 이미 형성되어 있는 그 무엇이라는 개념에 가깝다. 따라서 어떤 면에서 보면 오히려 축복/저주가 보다 넓은 범주인 해탈/윤회의 한 특수한 사례라고도 볼 수 있다.

물론 이에 대한 재반론이 제기될 수 있다. 불교가 원론적이고 이념적인 차원에서는 해탈과 윤회를 말하지만, 실제 종교생활의 차원에서는 불교인들이 오히려 부처님의 은덕을 받고 지옥불과 현실의 고통을 벗어나기를 더 원하기 때문에 불교의 실제 운용에서는 축복과 저주의 원리가 작동한다고 주장할 수도 있다. 그런데 이럴 경우 축복/저주의 코드로 자기 정체성을 삼는 종교체계는 명백히 '제도적 종교'에 한정된다. 이 또한 바이어가 종교체계를 현대 사회의 공적인 측면에 주목하는 면에서 볼 때 그리 모순적인 인식은 아니지만, 만약 이것을 받아들인다면 해탈과 윤회를 설법하는 불교의 가르침들은 그저 공염불이나 기만에 지나지 않는다고 암묵적으로 해석하는 꼴이 되고 만다. 따라서 최소한 불교에 관한 한 바이어가 제시하는 축복/저주의 코드는 어떤 경우에도 설득력이 결여된다.[25]

---

25 바이어의 이론을 재적용해서 본다면, 이것은 어쩌면 바이어가 처한 학문체계의 프로그램에 의한 영향일 수도 있다. 즉 영미권 학자들이 종교를 떠올릴 때 '기독교' 중심적일 수밖에 없는 환경에 속해 있는 것이다. 이것은 좋고 나쁨의 도덕적 차원의 문제가 아니라, 바이어의 말대로 인간이 배제된 시스템 개념의 자기 생산성의 결과인 것이다. 이는 오늘날 학문체계가 지닌 '숨겨진 서구중심성'의 일면일 수 있다. 더 나아가 이러한 시각은 칼 라너(Karl Rahner)의 '익명의 그리스도인'으로 대표되는 이른바 '포괄주의(inclusivism)' 종교신학적 입장과도 비슷하다고 하겠다. 류성민, 『종교와 인간』, 한신대학교출판부, 1997, 254-259.

② 종교체계의 정체성 문제

모든 종교체계에 적용된다고 바이어가 제시한 축복과 저주의 코드가 실제로는 유일신 관념을 중심으로 한 아브라함 계열의 종교들에 특별히 잘 들어맞기 때문에 종교체계의 일반적인 대표성을 띠기 어렵다는 것도 문제지만, 바이어의 축복/저주 코드는 종교체계를 설명하는 데 있어서 보다 근본적인 한계를 보인다. 그것은 다른 체계들과의 관계와 관련된 것인데, 바이어가 제시한 이원적 코드만으로는 종교체계가 지닌 독특한 운영 방식이 충분히 부각되지 않기 때문이다. 이와 관련하여 우선 미르체아 엘리아데(Mircea Eliade)의 목소리를 들어 보자.

> 인간이 성(the sacred)을 인식하게 되는 것은, 그것이 속(the profane)과는 전적으로 다른 어떤 것으로서 스스로를 드러내고, 자신을 보여 주기 때문이다. 성의 '현현(顯現) 행위(the act of manifestation)'를 지칭하기 위해 우리는 '성현(hierophany)'이라는 용어를 제안했다. 이것은 꼭 맞는 용어인데, 그것은 그 이상의 어떤 것도 암시하지 않기 때문이다. 다시 말해 그것은 어원학적인 내용, 곧 '성스러운 어떤 것은 스스로를 우리에게 보여 준다'는 내용 이외에 더 이상의 암시가 없다는 것을 표현한다. 종교들의 역사는—가장 원시적인(primitive) 종교에서부터 최고로 발달한 것에 이르기까지—엄청난 양의 성현들에 의해, [또한] 성스러운 실재들의 현현들에 의해 이루어졌다고 말할 수 있다. 가장 원초적인(elementary) 성현—예컨대 어떤 일상적인 사물, 돌 혹은 나무에서의 성의 현현—에서부터 최고의(supreme) 성현(기독교인들의 경우, 예수 그리스도에게로의 하느님의 성육신)에 이르기까지 어떠한 연속성의 단절도 없다. 어떤 경우에도 우리는 동일한 신비스러운 행위(mysterious act)—완전히 다른 질서의 어떤 것, [곧] 우리 세계에 속하지 않는 실재가, 우리의 자연적인 "속된" 세계를 구성하는 필수적 요소인 대상들(objects) 안에서 드러나는 것—를 마주하게 된

다.[26]

종교학자들에게는 매우 익숙한 '성현'에 대한 엘리아데의 이러한 설명은, 종교 혹은 바이어의 개념을 따른다면 종교체계가 운용되는 독특한 원리를 가장 잘 드러낸다고 볼 수 있다. 즉 엘리아데에 의하면, 종교에서는 성과 속이 마치 대립된 양극단을 말하는 듯하지만, 양극단 자체가 중요하다기보다는 속에서 성을 발견하는 '과정'이 보다 중요하다는 것이다.[27] 성과 속의 변증법을 통한 '역의 합일(coincidentia oppositorum)'로도 불리는 이러한 이른바 '신비적(mythical)' 과정이 실상 다른 체계들과 분명히 구별되는, 종교체계만이 갖는 독특한 자기 정체성인 것이다.[28]

그런데 바이어의 논의는 이 부분이 간과된 채 축복과 저주의 서로 상반되는 두 극단만을 종교체계의 코드로 제시한다. 물론 바이어가 축복/저주 혹은 구원/저주를 성/속과 동일하게 보는 것은 아니다. 그는 구원/저주의 이원적 코드는 "양자 모두가 성스럽고, 영적이며, 궁극적인

---

26 Mircea Eliade, *The Sacred and the Profane: The Nature of Religion* (trans. Willard R. Trask), Orlando: Harcourt, 1959, 11. [ ] 안의 내용은 필자가 문맥의 이해를 위해 첨가한 것이며, 한자와 영문 표기를 제외한 ( ) 안의 내용은 원문의 내용이다. 이는 이하 모든 인용에서 동일하다.

27 이와 더불어 '성현'을 인식하는 주체, 즉 '종교적 인간'이 종교를 구성하는 매우 중요한 요소로 언급된다.

28 Mircea Eliade, *Patterns in Comparative Religion* (trans. Rosemary Sheed, reprint edition), Bison Books, 1996, 419. 여기서 '신비적'이라는 것은 엘리아데가 '신비적 유형(mythical pattern)'이라 부른 것인데, 초월적 존재가 개입하여 알 수 없는 그 어떤 현상을 의미한다기보다는 그러한 현상을 기술하는 객관적 용어로 이해해야 할 것이다.

(불멸의) 상태들"이라고 주장하면서,[29] 이때의 '저주'라는 부정의 축이 도덕체계에서 작동하는 '나쁜'과는 다른 것이라고 말한다. 또한 축복과 저주는 서로 긴장 관계에 있기 때문에 이를 통해 종교체계의 자기 생산성이 가능해진다고 설명한다.[30] 즉, 모두 '성'에 속하는 축복과 저주가 '성' 안에서 긴장 관계로 갈등하면서 그 스스로의 운영 원리에 의해 종교체계를 생산한다는 것이다. 그렇다면 성스러움은 그 자체의 내부 모순[축복/저주]에 의해 작동한다는 것인데, 이것은 바이어가 비판적으로 말했던 체계의 자기 생산성에 위배된다. '성'으로만 구성된 종교는 종교인들의 관점에서만 이념적으로 존재할 뿐, 바이어가 다루는 현실의 종교체계 차원에서는 존재하지 않기 때문이다.

이런 모순이 발생하는 원인은 체계이론에서 인간의 개입이 논리적으로 배제된 것에서도 찾을 수 있지만, 사회적 체계는 이원적 코드를 통해 체계의 정체성을 수립한다는 전제를 과도하게 종교체계에 적용한 데 있기도 하다. 즉 현대의 분화된 사회에서 이원적 코드의 논법은 경제체계에 가장 잘 들어맞는다. 경제 시스템은 '지불 가능/지불 불능' 혹은 '소유/무소유'의 이원적 코드를 기초로 '가격'과 '유통'이라는 프로그램에 의해 작동하는 사회적 체계다. 여기에서는 '지불 불능'에서 '지불 가

29 Peter Beyer, *Religions in Global Society*, 82.

30 바이어는 이른바 보수적인 교회들이 성공하고 자유주의적 교회들이 실패한 원인과 관련하여 딘 켈리(Dean M. Kelley) 등이 주장한 내용에 반박한다. 이들이 주장한 바에 의하면, 자유주의 교회들이 실패한 것은 종교 이외의 주변 사회적 제도들과의 '긴장(tension)'이 약했기 때문이라는 것인데, 바이어는 이런 식의 긴장은 종교와 외부 사회 사이에 존재한다기보다는 종교체계 내부의 이원적 코드 사이에 존재한다고 본다. 그는 자유주의 교회들이 실패한 원인은 이원적 코드 중에서 '효과적인 부정의 축'이 제대로 제시되지 않았기 때문이라고 주장한다. Peter Beyer, *Religions in Global Society*, 87.

능'이, '무소유'에서 '소유'가 '현현'하는 일이 발생할 수가 없다. 소유는 소유고, 무소유는 무소유일 뿐이다. 돈이 없으면 당연히 물건을 살 수 없다. 그런데 종교체계에서는 경제체계적 논리로는 '무소유'인 상태일지라도 그것이 '소유'로 인식될 수 있다. 즉 현실에서는 라면만 먹고 살아도 '주님과 함께라면 여기가 곧 천국'일 수 있는 것이고, 거렁뱅이로 떠돌아도 불성(佛性)을 모신 자, 곧 깨달은 자, 부처일 수 있는 것이다.

따라서 이원적 코드의 양극을 역설적으로 넘나드는 종교적 체계의 독특성을 이원적 코드만으로 설명하기는 불가능하다. 물론 '프로그램' 개념을 통해 이 부분을 보완할 수는 있다. 즉, '성현'이 작동하는 것을 '종교적 프로그램'으로 볼 수 있다. 그런데 이 경우에 발생하는 문제는 바이어가 '프로그램이 곧 종교들'이라고 본다는 점이다. 바이어의 이론에서 프로그램은 윌프레드 캔트웰 스미스(Wilfred Cantwell Smith)가 말한 바 '전통'과 유사한 개념으로서 추상적인 유(類)적 '종교'가 현실의 '종교들'이 되는 환경적 조건처럼 언급되기 때문에, 이러한 개념보다는 훨씬 이원적 코드에 가깝게 해석되어야 할 '성현'을 지칭하는 데 사용하기 어렵다.

종교체계의 정체성을 과도하게 다른 체계들로부터 도출하는 바이어의 한계는 종교체계와 다른 체계 간의 관계를 설정하는 데서도 발견된다. 그는 "국가는 종교가 아니며 그 역도 마찬가지이지만, 두 시스템이 어떻게 발생했는가에 대해서는 공통점이 있다."라고 하면서도, 두 시스템의 여러 차이들 중 하나는 '종교들 간의 관계'가 국가들 간의 국제관계보다 훨씬 덜 발달했다는 점을 지적한다. 더 나아가 그는 "여러 종교들을 단일한 체계로 구성하는 것은, 코드, 프로그램, 요소들 … 차원에서의 형태적 유사성"이지만, "국가와 달리, 종교 권력자들은 자신들의 정설(orthodoxies)/정행(orthopraxies)을 강화할 수 있는 자신들만의 효과적인 처리 기제를 지니지 못했"고, "그 대신 종교들은 다른 체계들 …

특히, 정치적·법적 혹은 교육적 체계들의 능력에 의존하는 경향이 있다."라고 주장한다.[31]

이러한 주장은 종교체계가 이미 다른 체계들에 종속된 것으로 (암묵적으로) 전제하는 것으로서,[32] 정치나 경제체계에서 작동되는 프로그램이 종교체계의 정체성을 규정하는 것으로 해석할 수 있는데, 이는 전혀 반대의 경우를 간과한 것이라 볼 수 있다. 예컨대 경제학의 고전인 애덤 스미스(Adam Smith)의 『국부론』에서 언급되는 '보이지 않는 손(invisible hand)'의 은유는 그 자체가 경제체계의 작동 원리라기보다는 오히려 종교체계의 원리를 끌어와 경제체계에 적용한 것이라 볼 수 있다.[33] 더 나아가 최근에는 '신자유주의(neoliberalism)'가 갖는 다양한 종교적 요소들에 대한 지적도 나오는 것으로 볼 때,[34] 종교체계가 일방적으로 경제체제에 종속되었다고만 볼 근거는 없다.

그런데 바이어의 종교체계에 대한 이해는 근본적으로 이러한 해석을 차단할 여지가 있고, 더 나아가 스스로 제시한 전제, 즉 종교체계가 종교적 코드와 프로그램 등으로 자기 생산성을 갖는다는 기본 전제와 모순되는 점도 없지 않다. 아울러 이것은 세속화의 결과가 결국 종교의 쇠퇴라는 입장과 다를 바가 없는데, 제도적인 차원에서는 이런 해석이

---

31 Peter Beyer, *Religions in Global Society*, 94-95.

32 실제로 루만의 이론에서는 "종교는 물론 스스로 정한 요구인 세계의 전체 선택성을 대표한다는 요구를 여전히 갖고 있지만, 현대 사회에서 실제로는 여러 부분체계들 중 하나로 격하되기 때문에 사회의 전체 소통에 있어 아주 주변적인 몫만을 갖게" 되는 것으로 평가받는다. 크네어, 게오르그·아민 낫세이, 『니클라스 루만으로의 초대』, 176.

33 Adam Smith, *An Inquiry Into the Nature and Causes of the Wealth of Nations*, Dublin: Whitestone, 1776, 364.

34 김항섭, 「신자유주의 담론의 종교적 특성에 관한 고찰」, 『종교 연구』 21, 2000, 159-179.

가능하겠지만, "종교적이지는 않지만 영적인(spiritual but not religious)"이란 표현으로 대표되는, 제도종교를 벗어난 종교성의 부활 현상을 설명하지 못하는 한계를 갖는다.[35] 게다가 바이어의 종교체계는 지나치게 제도적인 차원에 집중한 나머지, 제도를 벗어난 '종교적(religious)'의 개념마저 유적 개념의 '종교(religion)'와 구체적 '종교들(religions)'로 수렴시키는 한계를 보인다.[36]

바이어의 이론이 갖는 이러한 모순과 한계들은 결국 종교체계가 갖는 이원적 코드를 넘나드는 특성, 즉 '성현'을 제대로 고려하지 않은 결과라 할 수 있다. 이와 더불어 '체계' 개념에 따라 과도하게 '제도성'에 주목한 나머지 제도적 차원을 넘어서는 종교의 속성을 근본적으로 배제한 결과라 볼 수 있다. 따라서 이 점을 고려하여 종교체계를 다시 정의한다면, '성현을 자신의 내적 작동 원리로 삼는 사회적 체계'가 되어야 하지 않을까 한다. 물론 이 경우 성현이 종교적 코드인지 프로그램인지가 불분명하지만, 코드와 프로그램을 결합한 그 어떤 개념으로 생각하여야 할 것이다.

2) 몸짓 없는 시스템으로 충분한가?

바이어의 종교체계 개념이 갖는 또 다른 약점으로 지적할 수 있는 것은, 종교체계의 성립과 운용에 있어서 인간의 몸짓, 특히 인간의 믿음 혹은

---

35 Robert C. Fuller, *Spiritual, But Not Religious: Understanding Unchurched America*, New York: Oxford University Press, 2001.

36 최근 많은 학자들은 제도종교를 벗어난 종교 현상을 지칭할 때 '종교적'이라는 용어를 사용하는 경향이 있다. Jonathan Z. Smith, *Relating Religion: Essays in the Study of Religion*, Chicago: The University of Chicago Press, 2004, 186.

신앙의 행위가 원천적으로 배제된 것으로 설명된다는 점이다.

> 종교를 소통으로 보는 입장에서는 인간의 몸(bodies)과 개인(individuals)이 주변으로 밀려난다. 인간의 몸과 개인이 종교의 [성립] 가능성을 위한 핵심적인 조건이긴 하지만, 종교를 정의하는 구성 요소(defining building blocks)는 아니다. 그 대신 종교를 구성하는 것은 종교적 소통들과 요소들인데, 이것들은 종교적 프로그램에 따라 서로를 참조하면서 그들 스스로를 구성한다. 그리하여 예컨대 무슬림이 모스크에서 행하는 살라트(salat) 혹은 로마 가톨릭의 교회 미사는 종교적 소통을 수행하기 위하여 명백히 인간 존재를 필요로 하지만, 종교를 사회적으로 구성하는 것은 다름 아닌 소통 그 자체이지, (미흐랍(mihrab)이나 성배처럼 중요한 상징 혹은 '소품'인) 몸이나 심지어 [의례에] 참여하는 개인들의 '신앙(faith)'조차 [종교의 사회적 구성요소가 되는 것은] 아니다.[37]

바이어는 종교를 소통으로 보면서 종교 개념이 일종의 담론으로 구성된 것이라 본다. 그러면서 루만을 좇아 인간의 몸과 개인을 시스템의 배경과 조건으로 여긴다. 이것은 몸과 개인이 시스템에서 중요하지 않다는 의미가 아니라, 그것이 시스템이 존재하기 위한 환경이고 바탕이라는 의미다. 그러나 시스템은 일단 작동이 되면 그 자신의 논리에 따라 스스로 작동하면서 몸과 개인의 통제를 받지 않는다고 본다. 더 나아가 그는 "종교를 사회적으로 구성하는 것은 소통의 실행(performance) 그 자체이지, 인간 참여자들의 의식(意識)적인 태도가 아니"라고 하면서, 예컨대 프리드리히 슐라이어마허(Friedrich Schleiermacher), 윌리엄 제임스

---

37 Peter Beyer, *Religions in Global Society*, 92.

(William James), 루돌프 오토(Rudolf Otto), 윌프레드 캔드웰 스미스가 종교를 '감정', '경험', '신앙' 등으로 보았던 견해에 대해 비판적이다.[38] 루만의 사회체계이론으로부터 종교체계 개념을 연역적으로 도출하는 과정에서, 바이어의 이러한 '사회(학)적' 언급은 그 내적인 논리 측면에서 볼 때 그리 모순적이지 않다. 그러나 바이어의 문제의식에서 '인간'과 '신앙'이 간과되고 있는 것은 종교체계가 갖는 독특성 및 정체성과 관련하여 반드시 되새겨 볼 필요가 있다.

① 종교적 인간, 종교체계의 작동자

먼저 인간을 배경으로 제쳐 놓을 때 발생하는 문제는 시스템이 스스로 작동하는 동력이 무엇인가 하는 점이다. 이원적 코드에 의해 시스템이 작동된다고 할지라도 현실적으로 그것을 운용하는 것은 최종적으로 인간일 수밖에 없다. 인간은 시스템이 성립되는 핵심적인 요건일 뿐만 아니라 시스템의 운용에 끊임없이 개입하는 작동자이기도 한 것이다. 게다가 인간은 늘 의식적으로 행동하는 존재가 아니라 많은 경우에 몸에 밴 습관을 따라 무의식적으로 행동하는 존재이기도 하다. 따라서 의식적인 인간의 태도만을 근거로 시스템의 자동성을 강조하는 것은 무언가 결함이 있다.

앞서 엘리아데가 성현을 설명하는 대목에서도 보았듯이 성현을 인식하는 것은 인간이다. 다시 말해 성현이란 '종교'로 불리는 그 무엇을 살고 있는 사람들이 스스로 경험하여 증언하고 고백한 어떤 인식체계를 의미한다. 그리고 이러한 인식을 갖는 사람들을 우리는 '종교적 인간(homo religiosus)'이라고 부를 수 있을 것이다. 물론 종교적 인간이 선

38 Peter Beyer, *Religions in Global Society*, 93.

험적으로 존재하는 별개의 인간 종(種)을 의미하는 것은 아니다. 성현의 인식체계를 갖고 자신들이 고백하는 어떤 초월적 존재나 경험을 통해 우리가 흔히 '종교'라 부르는 범주에서 살고 있는 사람들을 잠정적으로 그렇게 부를 수 있다. 바이어의 논법에서 보자면, 성현의 인식 구조를 통해 '종교체계'를 구성하고 그것을 운용하며 살아가는 사람들이라 할 수 있다. 그런데 바이어의 종교체계 개념에서는 이러한 종교적 인간에 대한 고려가 결여되어 있다.

예컨대 바이어는 보수주의 교회들에 비해 자유주의 교회들이 성장할 수 없었던 이유를 밝히는 맥락에서, "자유주의 교회들이 직면한 문제는 종교적 코드의 부정적인 한 축, 즉 결과적인 종교적 실패의 가능성, 특히 저주"를 제대로 고려하지 않았던 것이라고 지적한다.[39] 이것은 보수교회들이 인간의 죄와 세상의 종말을 설교하면서 탈세속적인 교회 안에서의 구원을 강조한 반면, 자유주의 교회들은 교회 밖으로 나아가 세상과 교류하며 세상을 바꾸는 일에 매진했던 것을 두고 하는 말일 것이다.[40]

---

39 Peter Beyer, *Religions in Global Society*, 87.

40 예컨대 1960년대의 북미에서 여전히 성장하고 있던 교회들의 특성을 분석한 켈리는, 교회 연합적인(ecumenical) 주류 교회들에 비해 보수적인 소종파 교회들(sectarian churches)이 성장할 수 있었던 원인으로 종교적인 '엄격함(strictness)'을 지적한다. 즉 상대주의, 다원성, 대화 등의 관대함이 미덕인 시대에서 이것을 수용한 주류 교회는 '약한' 교회가 된 반면, 절대적인 충성과 헌신 및 선교에의 열정 등 종교적인 '진지함(seriousness)'을 강조한 '강한' 교회들은 지속적으로 성장했다는 것이다. Dean M. Kelley, *Why Conservative Churches Are Growing: A Study in Sociology of Religion*, New York: Harper & Row, 1972; 김종서, 『종교사회학』, 서울대학교출판부, 2005, 153-155. 이는 복잡성이 극도로 증가된 사회에서 보수적인 교회들이 종교적인 진지함과 엄격성을 통해 복잡성을 감소시킴으로써 인생을 의미 있게 만드는 데 기여했음을 뜻한다 하겠다. 또한 강한 교회들은 루만이 말한 종교체계의 이원적 코드[초월적/내재적]가 잘 작동한 경우에 해당한다고도 볼 수 있다. 발

그렇다면 이 말은 보수적인 교회들은 종교적인 이원적 코드, 즉 축복/저주를 제대로 작동시켰다는 의미가 되는데, 여기에서 의문이 드는 점은 축복/저주의 코드가 자기 생산적으로 작동한다고 해서 모든 보수적인 교회가 양적으로 성장하지는 않았다는 사실이다. 다시 말해 이원적 코드 이외의 다른 요소들이 개입했을 가능성을 고려해야 한다. 물론 이 다른 요소들은 바이어가 말한 프로그램일 수도 있고, 다른 체계들로부터 온 어떤 소통의 결과일 수도 있다. 그러나 이러한 프로그램, 소통, 이원적 코드가 운용되는 데 있어서 어떤 형태로든 인간의 몸짓이 의식적 혹은 무의식적으로 작동하였다는 점을 놓쳐서는 안 된다. 그런데 바이어는 루만을 따라, 시스템을 구성하는 요소들 가운데에서 인간을 원론적인 차원에서 배제하였는데, 이것은 이들의 이론이 인간의 행위와 몸짓을 의식(意識)적인 것으로 한정한 데 그 일차적인 원인이 있는 듯하다.

시스템을 구성하는 인간의 행위가 반드시 의식적인 것만은 아니다. 오히려 시스템을 통해 체화된 행위는 의식적이기보다 습관처럼 무의식적인 경우가 많다. 예를 들어 교회에서 자주 듣는 성경 말씀과 설교의 내용, 습관적으로 즐겨 부르는 찬송이나 복음성가, 어느 정도 고정화된 기도의 유형, 교인들 사이에서 통용되는 '형제'나 '자매'와 같은 호칭 등 기독교 체계 내에서만 거의 무의식적으로 작동하는 행위들이 많다. 그러나 바이어는 이러한 모든 행위들을 의식적인 범주로만 파악하기 때문에 그의 논의에서는 그것을 몸으로 실천하는 인간이 그저 중요한 한 배경으로만 치부되고 있는 것이다.

터 리제 쉐퍼, 『니클라스 루만의 사회 사상』, 이남복 옮김, 백의, 2002, 184.

② 믿음, 신앙, 종교경험

종교체계를 설명하는 과정에서 바이어는 인간을 배경으로 밀어낼 뿐만 아니라 종교에서 전통적으로 중요하게 취급되었던 '믿음(belief)'과 '신앙(faith)'조차 인간의 의지 혹은 의식적인 차원으로 여기면서 주변으로 밀어낸다. 말하자면 믿음과 신앙을 종교체계를 구성하는 요소로 볼 수 없다는 것이다. 이와 관련하여 바이어는 특히 로드니 스타크(Rodney Stark)를 중심으로 이른바 '합리적 선택 이론(rational choice theory)'으로 알려진 일군의 학자들이 말하는, "종교는 근본적으로 여러 믿음에 관한 것이고, 이러한 믿음들은 우선적으로 인지(cognition) 혹은 설명(explanation)의 문제"라는 주장에 대해 비판적이다.[41]

믿음이나 신앙은 그 자체로 종교를 구성할 수 있는 요소가 아니라, 오히려 그러한 믿음이 실행되고 소통되는 과정에서 종교가 성립된다는 것인데, 바이어는 종교체계를 구성하는 이원적 코드나 프로그램과 달리 믿음과 신앙을 지구적 종교체계의 '권력 매개체(the power medium)'에 가까운 것으로 파악한다. 그는 믿음과 신앙을 경제체계에서의 '돈'에 비유하여 설명하는데, 돈이 그 자체로 경제체계를 구성하는 것이 아니라 돈이 유통되고 순환되면서 경제체계의 이원적 코드[지불 가능/지불 불능]에

41 바이어의 이런 비판이 스타크의 입장에서는 다소 억울할 수도 있을 것이다. 스타크는 자신의 책의 개정판에서 말하기를, "[합리적 선택] 이론의 초기 버전에서는 인지적인 요소 및 과정과 상호작용적인(사회적 교환) 요소 및 과정들의 혼합체가 [종교의] 미시적인 토대로 제시되었다. 불행히도, 종교의 감정적이고 표현적인 요소들에는 거의 관심을 두지 못했고, 의례, 희생제의, 기도와 같이 종교적 실천의 전형적인 요소들도 충분히 조명되지 못했다."라고 하였다. 물론 이러한 수정 작업이 얼마나 성공적이었는지는 별도로 평가할 문제지만, 최소한 합리적 선택 이론이 믿음을 단지 인지적 차원으로만 보았다고 비판하기는 어렵다고 볼 수 있다. Rodney Stark & Roger Finke, *Acts of Faith: Explaining the Human Side of Religion*, University of California Press, 2000, 83.

적합해질 때 돈이 힘을 획득하는 것처럼, 믿음과 신앙 역시 그 자체로 종교체계를 구성하는 것이 아니라 그것이 종교체계의 이원적 코드[축복/저주]에 효과적인 것으로 여겨질 때 마치 믿음과 신앙이 힘이 있는 것처럼 여겨지게 된다는 것이다.[42]

여기서 주목할 것은, 바이어가 권력 매개체로 생각하는 '믿음'과 '신앙'이 무엇인가 하는 문제다. 이와 관련하여 '종교' 개념 대신 '신앙'과 '전통'을 제시했던 윌프레드 캔트웰 스미스의 입장을 살펴보는 것이 도움이 될 수 있다.

> 여기에서 우리의 첫 번째 관심은 지구적 관점(global perspective)에서의 신앙(faith)과 관련이 있다. 즉 이제 신앙은 어떠한 주어진 형태도 초극하는 것으로 보이고, 근본적으로 인간으로서 자신을 표현한다는 사실이다. 이 점과 관련하여 부언하면, 우리는 서구 세속주의에 주목할 수 있는데, 이것은 위와 같은 사실을 이해하는 데 가장 심각하게 실패하였다. 두 번째로, 우리는 믿음(belief)에 대해서 얼마간 되돌아볼 것인데, 비교적으로 그리고 특별히, 개념화할 수 있는 세계관들로서의 '믿음-체계들'에 대해서, 그리고 지적인 이해의 다른 양식들에 대해서 되돌아볼 것이다. 마지막으로, 일반적인 신앙과 그것의 특수적인 지적 차원 사이의 상호관계를 어떻게 우리가 이해할 수 있는지에 대해 몇 가지를 제안할 것이다.[43]

스미스가 말하고 있는 '지구적 관점'이 이 논문에서 거론되는 지구화론과 직접적인 관련이 있는 것은 아니지만, 그가 여기에서 말하고자

42 Peter Beyer, *Religions in Global Society*, 96-97.

43 Wilfred Cantwell Smith, *Faith and Belief*, Princeton University Press, 1979, Reprint, Oxford: Oneworld Publications, 1998, 129.

하는 바는, '신앙'은 인간의 역사(곧 종교의 역사)를 가로지르는 일반적인 그 무엇인 반면, '믿음'은 신앙이 시공간적인 환경에서 특수하게 지적인 차원에서 드러난, 다시 말해 '나는 믿는다'는 의식적인 차원에서 표출된 그 무엇으로서 신앙과 구별된다는 것이다.[44] 따라서 인간이라면 어떤 형식으로든 지니고 있는 '신앙'이, 특수한 환경, 곧 전통들(traditions)과 만나 저마다 지적인 차원의 '믿음'으로 고백되어 우리가 흔히 불러 왔던 개별적인 '종교들'로 표현되었다는 것이다.[45]

---

44 『세속도시』의 저자로 유명한 기독교 신학자 하비 콕스(Harvey Cox)도 자신의 학문적 여정을 정리하는 저술에서 믿음과 신앙을 이와 유사하게 구분하였다. "신앙(faith)은 깊게 자리 잡은 확신(deep-seated confidence)에 대한 것이다. 일상적인 대화에서 우리는 흔히 이것을 우리가 신뢰하는 사람이나 우리가 귀하게 여기는 가치들에게 적용한다. 이것은 신학자 폴 틸리히(Paul Tillich)가 '궁극적 관심(ultimate concern)'이라고 부른 것, 히브리인들이 '심장(heart)'이라 불렀던 것이다. 이와 달리 믿음(belief)은 오히려 견해(opinion)와 같은 것이다. 우리는 종종 이 용어를 일상적 대화에서 어떤 불확실성을 표현할 때 사용한다. '그것에 대해서는 난 정말 모르겠어.' 우리는 말한다. '하지만 나는 그것이 그럴 수 있다고 믿어.'" Harvey Cox, *The Future of Faith*, New York: HarperOne, 2009, 3. 이 책을 번역한 김창락 교수는 "이 책의 저자가 엄격하게 구별한 faith와 belief의 개념에 상응하는 우리말이 없다. 그래서 옮긴이는 궁여지책으로 faith를 '신앙'으로, belief를 '믿음'으로, beliefs를 '믿음의 조항들/교리들/신조들'로 번역할 수밖에 없었음을 독자들에게 고백한다."라고 하면서 다음과 같이 밝힌다. "영어에는 faith와 belief라는 두 가지 형태의 명사가 있지만 사전적 어의(語義)로나 일상적 용법으로나, 성서의 용례에서는 종교의 대상인 인격적 존재에 거는 신뢰/의뢰/의지를 뜻하는 경우에는 faith, 어떤 명제를 진실한 것으로 승인하는 정신 작용으로서의 확신/신념을 뜻하는 경우에는 belief를 사용한다는 식으로 엄밀하게 구별하지는 않는다. 그렇지만 이 책의 저자인 콕스는 이 두 용어를 엄밀하게 구별해서 사용했다. 그가 그리스도교의 역사를 신앙의 시대(Age of Faith), 믿음의 시대(Age of Belief), 성령의 시대(Age of the Spirit)로 삼분했을 경우에 사용된 faith와 belief라는 개념은 엄격하게 구별하여 사용되었다." 하비 콕스, 『종교의 미래』, 김창락 옮김, 문예출판사, 2010, 12, 338-339.

45 Wilfred Cantwell Smith, *The Meaning and End of Religion*, New York: Mcmillan, 1963, 174-181.

바이어의 입장에서는 스미스의 이와 같은 견해 역시 비판의 대상일 것이 분명하다. 그에게는 스미스식의 믿음과 신앙의 구분 자체가 큰 의미가 없을 텐데, 인지적 차원으로 이해된 믿음과 신앙은 그 자체로 힘을 갖는 것이 아니라 다른 요소들의 힘을 빌려야 하는 매개체에 지나지 않고, 오히려 주목해서 보아야 하는 것은 그러한 믿음이 행해지는 모습, 곧 기도나 헌신 혹은 예배 등 넓은 의미의 의례(儀禮)에 해당하는 것이기 때문이다.

그런데 여기에서 바이어가 간과한 것은 그러한 '신앙의 행위(acts of fatith)'의 주체는 시스템이 아니라 인간이라는 사실이다. 그리고 그것은 스미스가 지적했듯이 "신앙의 표현 중에서 가장 직접적이지만 엄격한, 가장 분명하지만 희귀한 표현 중의 하나는, 부정확할지도 모르지만 우리가 아마도 '성격(character)'이라고 부르는 것을 통한 표현"과 관련이 있다.[46] 물론 여기에서 주의할 것은 이때의 '신앙'이 선험적으로 존재한다고 단정 지을 수는 없다는 점이다. 그럴 경우 이는 '종교'를, '성(聖)'을, '하나님'을 선험적으로 전제하는 것과 다를 바가 없으며, 그것은 신학적인 차원으로 넘어가는 문제가 된다. 그러나 이러한 요소들을 괄호로 묶는다면, 최소한 확인할 수 있는 것은 그러한 선험적 전제들이 반드시 인간을 통해서 표현된다는 사실이다. 이것을 종교학에서 익숙한 표현으로 바꾸자면, '종교경험(religious experience)' 혹은 '종교적으로 여겨진 경험(experiences deemed religious)'이 될 것이다.[47]

---

46 Wilfred Cantwell Smith, *The Meaning and End of Religion*, 160.

47 최근에는 '종교경험(religious experience)' 역시 선험적인 범주로 보아서는 안 된다는 주장이 제기되었다. 앤 테이브스(Ann Taves)는 이른바 종교현상학자들에 의해 공유되었던 종교경험에 대한 '독특성 모델(the sui generis model)'을 비판적으로 검토하면서, 인지과학(cognitive science)에 기반하여 '귀속 모델(the ascriptive model)'을 제안한다. 그녀에 의하면, 이 두 모델은 "고유하게 종교적인(혹은 신비적

신앙이나 믿음의 개념 정의와 관련된 논의가 여기에서 중심 주제는 아니다. 다만 이 대목에서 강조하고자 하는 바는 '신앙'과 '믿음'이 종교체계를 구성하는 데 결코 부차적인 요소가 아니라는 점, 그리고 이것이 실행되는 과정에서 인간의 실천과 이로부터 형성되는 습관과도 같은 어떤 몸짓이 중요하게 고려되어야 한다는 사실이다. 따라서 이런 관점에서 바이어의 종교체계를 다시 정의한다면, '성현(聖顯)을 자신의 내적 작동 원리로 인지하는 인간들의 실천으로 구성된 사회적 체계' 혹은 '성현의 인식구조를 지닌 종교적 인간들의 실천으로 구성된 사회적 체계'가 될 것이다.

4. 나오며: '종교체계' 개념 보완의 필요성

루만의 이론에서 출발하여 종교체계에 분석적으로 접근하는 바이어의

이거나 영적인) 경험, 감정, 행동 혹은 사물들이 존재하는가의 여부와 관련하여 차이"가 나는데, "독특성 모델은 암묵적으로 혹은 분명하게 존재한다고 가정"하는 반면, "귀속 모델은 종교적 혹은 신비적 혹은 영적 혹은 성스러운 '것들'은 그것에 종교적인 중요성이 부과될 때 창조된다"고 주장한다. 즉 귀속 모델에서 볼 때, 사람들은 선험적으로 존재하는 '종교경험'을 체험하는 것이 아니라, "그들이나 다른 이들이 종교적으로 간주한 것을 경험한다"는 것이다. 그러면서 마치 선험적으로 존재하는 듯한 오해를 불러일으킬 여지가 있는 '종교경험'이라는 용어 대신에, 다소 이상할지라도 "종교적으로 여겨진 경험(experiences deemed religious)"을 사용하자고 제안한다. Ann Taves, *Religious Experience Reconsidered: A Building-Block Approach to the Study of Religion and Other Special Things*, Princeton University Press, 2009, 17. 이것은 모든 인간의 경험과 구별되어 선험적으로 존재하는 '종교경험'이 아니라, 인간이라면 누구나 겪을 가능성이 있는 '인간 체험 일반'으로부터 조건적으로, 또한 많은 부분 인지적인 차원에서 종교적 경험으로 간주된 것을 이해하려는 태도라 볼 수 있다.

이론은 지구 사회에서 종교가 갖는 위상과 역할에 대해 유용한 길잡이를 제시한다. 그러나 사회적 체계로 이해된 종교체계는 어쩔 수 없이 종교를 정치나 경제 등 다른 사회적 체계에 종속되게 하는 경향이 있다. 물론 이러한 종속은 바이어가 비판하고 있듯이 합리적 선택 이론처럼 경제적인 모델을 그대로 종교에 적용하거나, 최근 주목받고 있는 뇌과학 및 인지과학을 그대로 종교에 적용하는 것과는 그 맥락이 다소 다르다. 다시 말해 바이어는 종교체계의 독자성을 인정하면서, 그것이 오늘날 지구 사회에서 갖는 적극적인 역할과 위상을 강조하고, 종교체계가 자신의 이원적 코드와 프로그램을 통해 자기 생산성을 갖는다는 점을 인정한다. 그러나 지금까지 살펴본 대로 바이어의 이론에서는 종교인들이 발견하는 성현의 인식구조와 시스템의 운용에서 인간이 차지하는 적극적인 역할이 제대로 주목받지 못하는 한계가 나타난다.

그렇지만 성현, 역의 합일, 인간의 몸짓, 종교적 인간 등의 개념을 강조하는 것이 바이어의 종교체계 개념이 갖는 종교 연구 방법론의 장점을 모두 부정하고자 하는 것은 아니다. 엘리아데가 '새로운 휴머니즘'으로 어떤 면에서는 새로운 인류적 종교를 창조하려 했다는 비판을 받았듯이, '성스러움'이 선험적인 전제가 될 때 그것은 초역사적인 실재가 되어 '경험과학'으로 출발했던 종교학이 또 다른 형태의 '신학'으로 귀결될 우려가 있는 것도 사실이다. 이에 대해 바이어의 연구를 비롯한 지구적 관점의 수용을 통한 종교 연구는 '종교'로 불리는 사회적 현상 혹은 사회적 체계를 이념적이고 추상적인 차원의 시공간이 아니라, 현실의 시공간에서 다른 체계들과의 관계 속에서 구체적으로 고찰하려는 의도를 갖는다는 점에서 시사하는 바가 적지 않다. 종교체계 내부에서 거론되고 믿어지는 '초월적 실재'는 괄호 안에 둔 채, 그것을 시공간의 제약을 갖는 보편적 인간의 관점에서 접근하려는 태도는 초월적 실재를 증언하는 이른바 '종교적 인간'을 공감적(共感的)으로 이해하려는 것이라 볼 수 있다.

따라서 지구 사회에서 '종교체계' 개념이 갖는 유용성을 수용하면서도, 그것이 '전체 사회체계'로부터 연역적으로 도출되어 '있는 그대로'의 종교를 이해하는 데 불러일으킬 오해의 여지와 한계에 대한 보완이 요청된다. 달리 표현하면, 바이어처럼 사회체계이론으로부터 종교체계를 연역적으로 도출하기보다는, 지구 사회에서 정치·경제·문화 등 제반의 영역들과의 관계를 염두에 두면서도 종교 그 자체가 갖는 특성을 중심으로 사회적 체계에 대한 개념으로 나아가는 상향적 방식이 필요하다는 것이다. 물론 이때의 '종교 그 자체가 갖는 특성'이란 선험적으로 전제된 것이 아니라, 현실의 종교에서 발견되는 어떤 특질이며, 특히 (종교적) 인간의 몸짓을 통해 표출되고 실천되는 어떤 것을 말한다.

이와 관련하여 바이어와 거의 동시에 발표되었지만, 이론적 방법의 전개 방향은 정반대에 있다고도 볼 수 있는 한 사례를 언급할 필요가 있다. 쿠바로부터 탈출한 난민들이 미국의 마이애미에 정착하는 과정에서 종교가 지녔던 역할과 의미에 대한 분석을 통해 지구화 시대에 국경을 초월하여 새로운 모습과 성격을 갖는 '종교'의 한 단면을 고찰한 토머스 트위드(Thomas Tweed)의 연구가 그것이다.

피델 카스트로(Fidel Castro)가 1959년에 혁명을 일으킨 후 정권을 잡자 이를 피해 쿠바를 탈출했던 이주민들이 쿠바가 마주 보이는 마이애미의 해변에 모금으로 건립한 '자비의 성모 성소(The Shrine of Our Lady of Charity)'를 1973년 12월 2일에 봉헌하였다. 이 '성소'는 일종의 재미(在美) 쿠바인 디아스포라의 구심이 되었다. 쿠바인들의 가톨릭 신앙에서 매우 중요한 위상을 갖는 이 '자비의 성모'를 둘러싼 현상들에 대한 분석을 통해, 트위드는 쿠바 이주민들이 미국에 정착하고 정체성을 확립하는 과정에서 종교가 어떻게 기능하고 어떤 역할을 담당하였는지를 고찰한다. 이 과정에서 그는 지구화 시대의 종교에 대한 새로운 정의를 제시한다. 그는 수리적(aquatic)이고 공간적인 수사를 사용하여 지구화 시대의 종교들을, "터를 잡고 경계를 넘나들기 위하여 인간과 초인간적 힘들을 끌어들임으로써 기쁨을 강화하고 고통에 맞서려는 유기체적-문화적 흐름들의 합류"로 재정의한다.[48]

트위드의 은유적인 종교 정의는 바이어처럼 지구화론을 체계적으로 이해하지 않으며, 종교를 사회적 체계로 보지도 않는다. 하지만 트위드의 문제의식이 갖는 장점은 종교가 지구적인 맥락에 자리하는 점을 충분히 고려하면서도 종교가 갖는 독자성을 강조한다는 점이다. 즉 종교를 다른 체계들과의 관계에서 반영(反映)적으로 파악하는 것이 아니라, 종교에 초점을 두고 그것이 다른 체계들을 넘나드는 측면을 포착한다는 점이다. 이것은 '종교적 인간'이 '종교'라 불리는 투과성 있는 그 무엇을 구성하면서 살아가는 모습을 잘 드러내 준다.

아울러 트위드는 자신의 연구를 '지역적인 접근(locative approach)'이라고 부른다. 그는 이 접근을 선험적이고 보편적인 '종교' 정의와 이론을 제시하려는 것이 아니라, "변동 중인 [종교적] 지형에 대한 한 지역에서의 관찰과 해석, 사람들이 종교들을 통해 의미와 권력을 교류해 왔던 복합적인 방식에 대한 정황적인 설명을 제공"하는 것이라 설명한다.[49]

이것은 '종교'로 불리는 그 무엇이 갖는 경계(boundary)가 정치·경제·국가 등의 경계를 넘나들면서 자신의 이념적 경계를 형성한다는 의

48 "Religions are confluences of organic-cultural flows that intensify joy and confront suffering by drawing on human and supra human forces to make home and cross boundaries." Thomas A. Tweed, *Crossing and Dwelling: A Theory of Religion*, Havard University Press, 2006, 54.

49 Thomas A. Tweed, *Crossing and Dwelling*, 165.

미다. 예컨대 어떤 사람의 개인적 정치 이념은 그가 속한 국가적 이념에 의해 '불법'이 될 수 있지만, 그가 가진 종교적 신앙은 그가 비록 정치범일지라도 종교체계를 벗어난 것이라 볼 수 없다. 오히려 종교적 신념은 국경이나 다른 인접 사회적 체계들을 넘나든다. 그리고 그것은 조건에 따라 정치적 체계와 결합하기도 하며, 때로는 정치적 신념과 체계에 지대한 영향을 미치기도 한다. 마이애미의 쿠바인들은 반(反)공산주의적이고 반(反)쿠바적이며, 동시에 친(親)자본주의적이고 친(親)미국적인데, 이들이 이렇게 된 것은 '자비의 성모'를 중심으로 하는 그들의 종교적 신념이 핵심적으로 작용했기 때문이다. 이러한 관점은 종교체계를 사회적 체계로 파악하면서 연역적으로 접근하는 바이어와 정반대의 접근 방식이라 할 수 있는데, 이런 관점이 갖는 장점은 현실의 종교들을 보다 적확하게 이해할 가능성이 높다는 것이다.

수리적인 은유를 통한 트위드의 종교 이론은 바이어의 이론이 지나치게 체계-폐쇄적인 것에 비해 매우 유동적이고 개방적이다. 그러나 이러한 접근 방식은 제도적 틀에 의존하지 않는 '종교 운동'에는 적합하지만 이미 정착한 종교들에는 적용하기 어려운 측면도 있는 것이 사실이다. 따라서 종교를 지구화의 맥락에서 고찰하기 위해서는, 다소 절충적이지만 바이어와 트위드 양자의 이론과 관점을 동시에 수용할 필요가 있다. 이것은 바이어의 '종교체계' 개념이 갖는 공백을 메우면서 이를 통해 지구화 시대의 종교를 이해하기 위한 방법론을 모색하는 것이라 할 수 있다.

참고문헌

김재명, 「종교의 지구지역화에 대한 이론적 연구: 한국 개신교를 중심으로」, 서울대학교 대학원, 2014.

김종서, 『종교사회학』, 서울대학교출판부, 2005.

김항섭, 「신자유주의 담론의 종교적 특성에 관한 고찰」, 『종교 연구』 21, 2000, 159-179.

류성민, 『종교와 인간』, 한신대학교출판부, 1997.

리제 쉐퍼, 발터, 『니클라스 루만의 사회 사상』, 이남복 옮김, 백의, 2002.

콕스, 하비, 『종교의 미래』, 김창락 옮김, 문예출판사, 2010.

크네어, 게오르그·아민 낫세이, 『니클라스 루만으로의 초대』, 정성훈 옮김, 갈무리, 2008.

Beyer, Peter, *Religion in the Context of Globalization: Essays on Concept, Form, and Political Implication*, New York: Routledge, 2013.

Beyer, Peter, *Religions in Global Society*, New York: Routledge, 2006.

Bouma, Gary D., "Book Reviews: Religions in Global Society," *Sociology of Religion* 70/1, 2009, 92-93.

Cox, Harvey, *The Future of Faith*, New York: HarperOne, 2009.

Eliade, Mircea, *Patterns in Comparative Religion* (translated by Rosemary Sheed, Reprint edition), Bison Books, 1996.

Eliade, Mircea, *The Sacred and the Profane: The Nature of Religion* (translated by Willard R. Trask), Orlando: Harcourt, 1959.

Fuller, Robert C., *Spiritual, But Not Religious: Understanding Unchurched America*, New York: Oxford University Press, 2001.

Kelley, Dean M., *Why Conservative Churches Are Growing: A Study in Sociology of Religion*, New York: Harper & Row, 1972.

Lechner, Frank J., "Defining Religion: A Pluralistic Approach for the Global Age," in Arthur L. Greil & David G. Bromley (eds.), *Defining Religion: Investigating the Boundaries Between the Sacred and Secular*, JAI, 2003, 67-83.

Ritzer, George (ed.), *The Blackwell Companion to Globalization*, Malden, MA.: Blackwell Pub., 2007.

Scholte, Jan Aart, *Globalization: A Critical Introduction* (2nd edition), New York: Palgrave Macmillan, 2005.

Smith, Adam, *An Inquiry Into the Nature and Causes of the Wealth of Nations*, Dublin: Whitestone, 1776.

Smith, Jonathan Z., *Relating Religion: Essays in the Study of Religion*, Chicago: The University of Chicago Press, 2004.

Smith, Wilfred Cantwell, *Faith and Belief*, Princeton University Press, 1979, Reprint, Oxford: Oneworld Publications, 1998.

Smith, Wilfred Cantwell, *The Meaning and End of Religion*, New York: Mcmillan, 1963.

Stark, Rodney & Roger Finke, *Acts of Faith: Explaining the Human Side of Religion*, University of California Press, 2000.

Taves, Ann, *Religious Experience Reconsidered: A Building-Block Approach to the Study of Religion and Other Special Things*, Princeton University Press, 2009.

Tweed, Thomas A., *Crossing and Dwelling: A Theory of Religion*, Harvard University Press, 2006.

글로벌 축제로서 핼러윈의 발전 과정과 일본 및 한국의 사례

우혜란

1. 들어가며

핼러윈(Halloween)은 고대 켈트족의 축제인, 절기의 변화와 사자(死者)의 귀환에 맞추어 행해지던 사윈(samhain) 축제에서 유래한다고 알려져 있다. 핼러윈은 근대에 신대륙에 전파되면서 자본주의적 소비주의·상업주의와 결합하면서 현재 북미에서 크리스마스 다음으로 대중적인 축제로 자리를 잡았다. 이렇게 새롭게 변신한 핼러윈 축제는 본래의 (종교적) 의미가 희석되고 국가적·민족적·인종적·종교적 정체성도 불분명한—다양한 주체에 따라 자유로운 해석이 가능한—매우 유연한 세속적 축제가 되었다. 이러한 핼러윈의 독특한 성격은 해당 축제가 동시대에 하나의 글로벌한 축제로 확산되는 데 커다란 기여를 하였다고 볼 수 있다. 그 결과 핼러윈 축제는 그 본고장이라고 할 수 있는 유럽에 역수출되고, 일부 아시아 국가에서도 높은 인기를 누리고 있다. 참고로 일본에서 핼러윈 시장은 밸런타인데이를 앞서 크리스마스에 이은 2대 기념일 시장으로 성장하였으며, 한국의 경우에도 핼러윈이 친숙한 축제로 자리 잡으면서 다양한 사업 주체에 의해 다채로운 행사가 열리고 있다.

이 논문에서 필자는 먼저 핼러윈 축제의 기원과 그 발전 단계를 정리하면서 동시대의 핼러윈은 새롭게 구축된[발명된] 현대적 축제임을 부각시키고자 하였다. 나아가 핼러윈이 북미 대륙에 전파되면서 어떻게 소비주의, 그리고 미국 대중문화 내지 할리우드 영화산업과 결합하면서 빠르게 상업화되었는가에 주목하였다. 이어서 핼러윈 축제의 전 지구적 확산이 가능했던 주요 요인을 살펴보고, '글로벌 핼러윈'의 구체적 사례로 일본과 한국에서의 핼러윈 축제의 전개 과정과 현황을 기술하면서 이 두 축제의 공통점과 차이점을 도출하고자 하였다.

2. 핼러윈 축제의 역사

핼러윈은 일반적으로 기독교 전파 이전의 고대 켈트족의 풍습인 사윈(Samhain)에서 유래한 것이라고 알려져 있다. 사윈은 전통적으로 10월 31일 저녁부터 다음 날인 11월 1일[켈트족의 새해]에 걸쳐 진행되었는데, 그해의 수확이나 방목하던 가축을 다시 외양간으로 들이는 것을 축하하는 수확제(收穫祭)인 동시에, 한 해의 끝과 새해의 시작, 그리고 빛의 계절이 끝나고 어두운 하반기[겨울]가 시작됨을 알리는 절기(seasonal) 축제였다고 한다. 특히 켈트족은 신년 전야인 10월 31일을 일종의 임계 시점(liminal time)으로 보아 이때 이 세상과 저 세상 사이의 문이 열려 죽은 자의 영혼은 물론이고 온갖 (지하세계의 무서운) 초자연적 존재들이 산 자와 섞인다고 믿었다. 이들은 10월 31일 밤 사자(死者)의 영혼이 자신의 옛 집이나 친지의 집을 방문한다고 여겨 식탁이나 불 옆에 이들을 위해 음식물을 놓아 두고, 악령인 경우 집 안에 들어오지 못하게 문 앞에 음식물을 놓아 두며, 선량한 영혼의 여행을 밝히는 동시에 악령들이 산 자에게 접근하지 못하도록 모닥불을 피웠다고 한다. 따라서 사윈은 본질적으로 일련의 경계—여름과 겨울, 산 자와 초자연적 존재, 태양의 에너지와 어둠 등—를 뚜렷이 보여 주는 임계적 축제라고 할 수 있다.[1]

1) 기독교화

그러나 로마가 켈트족을 정복한 뒤 기독교가 들어오면서 사윈과 같은 켈트족의 '이교도적' 명절은 크게 위축된다. 여기서 601년 교황 그레고리오 1세가 토착 신앙과 습속에 대한 선교 방식과 관련하여 발표한 칙령은 중요한 의미를 가진다. 즉 토착민의 신앙과 습속을 말살하려 하기보다 이를 '이용'하여 선교할 것을 교황이 지시한 것이다. 그 한 방법은 교회의 성일(聖日)을 토착민의 명절과 중첩되게 배치하는 것이었다. 이렇게 기독교 성일을 켈트족의 그것과 일치시키면서, 기독교 선교사들은 켈트족이 숭상하던 이전의 초자연적 존재들을 사악한 것으로 낙인찍고 더 나아가 후자를 악마와 결부시켰다.[2]

사윈 축제가 후에 현재의 '핼러윈'이라는 새로운 명칭을 얻게 된 데는 이러한 기독교의 축일 정책이 커다란 역할을 한다. 가톨릭교회에서 순교자를 매년 특정한 날에 기리는 전통은 4세기부터 기록에서 발견되나, 609년 교황 보니파시오 4세가 5월 13일을 모든 순교자를 기리는 축일(The Feast of All Holy Martyrs)로 제정하면서 해당 전통을 공고히 한다.

1 Jack Santino, "Halloween: The Fantasy and Folklore of All Hallows," The American Folklore Center, Sept. 1982 (updated 2009), http://www.loc.gov/folklife/halloween.html/; Russell W. Belk, "Halloween: An Evolving American Consumption Ritual," *Advances in Consumer Research* 17, 1990, 508; Nicholas Rogers, "Halloween in Urban North America: Liminality and Hyperreality," *Histoire sociale/Social History* 29, 1996, 10.

2 Jack Santino, "Halloween: The Fantasy and Folklore of All Hallows."

이에 반해 성인(聖人)을 기리는 축제는 9세기부터 본격화된다. 교황 그레고리오 3세는 성 베드로 대성당 안의 한 부속성당을 특별히 모든 성인을 위해 봉헌하면서 축일을 11월 1일로 옮기는 동시에 5월의 순교자 축일을 억압하였다. 이어서 835년 교황 그레고리오 4세는 11월 1일을 '모든 성인의 날(All Hallows' Day)'[3]로 공표하고, 837년 칙령을 통해 이를 하나의 '의무 축일(a holy day of obligation)'로 선포하면서 전 교회에 보급하게 된다. 따라서 사윈의 축제가 시작되는 10월 31일은 '모든 성인의 날 전야(All Hallows' Eve)'가 되고, 시간이 지나면서 이 명칭은 'Hallow Even(ing)'으로, 그리고 후에 축약되어 'Hallowe'en' 혹은 'Halloween'으로 18세기 중반부터 쓰이기 시작한다.[4]

가톨릭교회가 '모든 성인의 날'을 11월 1일로 정하여 사윈의 전통을 약화 내지 대체하고자 하였으나 사윈 축제와 밀접한 초자연적 세계관은 쉽게 사라지지 않았으며, 특히 '배회하는 사자'가 지니고 있는 상징성은 매우 강렬한 것으로 성인을 기리는 새로운 (추상적인) 가톨릭 축일로는 만족되지 않는 것이었다. 이런 맥락에서 가톨릭교회가 11월 2일을 '위령의 날(All Souls' Day)'로 제정하게 된 배경을 추측할 수 있다.[5] 이미 650년부터 지역[스페인] 교회는 초기 수도원에서 세상을 먼저 떠난

3 All Hallows' Day는 All Saints' Day나 Feast of All Saints라고도 불린다. 이 날은 모든 성인들, 특히 교회력에 있어 축일이 지정되지 않은 성인들을 기념하기 위한 날이다. 한국에서는 만성절(萬聖節)이라고 부르기도 한다. All Hallows' Day에서 'hallow'는 동사로 "성스럽게 하다", "성화하다", "경외하다"를 뜻하며, 'hallow'의 명사형은 성인(saint)과 동의어이다.

4 "All Saints' Day and All Souls' Day" (updated October 20, 2011), http://www.bbc.co.uk/religion/religions/christianity/holydays/allsaints_1.shtml/; Jack Santino, "Halloween: The Fantasy and Folklore of All Hallows."

5 Jack Santino, "Halloween: The Fantasy and Folklore of All Hallows." '위령의 날'인 11월 2일이 일요일인 경우 월요일[11월 3일]에 거행된다.

수도자들을 기리는 관습을 수용하여 죽은 교인을 주로 성령강림절 다음 월요일에 기렸다고 한다. 그러나 '위령의 날'이 공식 전례 축일로 선포되기까지는 상당한 기간이 걸렸다. 998년에 이르러 프랑스 '클뤼니 수도원(Abbaye de Cluny)'의 5대 원장이었던 오딜로(St. Odilo)가 자신의 관할하에 있는 모든 수도원과 관련 시설에 죽은 신자들의 영혼을 위해 장엄 미사를 드릴 것을 명한 것이다. 오딜로는 원래 해당 축일을 위해 2월을 택하였으나 이후 2세기가 지나면서 '위령의 날'은 '모든 성인의 날' 다음 날로 정해진다. 성인이 하느님의 심판을 앞두고 있는 영혼에게 중요한 중재자가 될 수 있다는 것이 그 이유였다. '성인의 날'과 '위령의 날'은 서방교회 전역으로 확산되면서 12세기 말까지 하나의 연결된 축일로 교회 역년(曆年)에서 중요한 전례로서 자리를 잡게 된다.[6] 그 결과 11월 1일['모든 성인의 날']은 이미 하느님 나라를 완성한 성인들을 기념하는 축제가, '위령의 날'[11월 2일]은 아직도 연옥에서 고통받고 있는 신자들의 영혼들이 빨리 정화되어 하느님의 나라로 들어갈 수 있도록 기도하는 날이 되었다.[7] 이렇게 기독교화된 유럽에서 가톨릭교회의 풍습이 '이교도적' 전통을 행하면서, '모든 성인의 날'과 '위령의 날'은 죽은 자를 기리는 가을 가톨릭 축일이 되었다.

그럼에도 불구하고 이 두 축일에는—사원 축제와 같이—이 세상

---

6 Nicholas Rogers, *Halloween: From Pagan Ritual to Party Night*, Oxford: Oxford University Press, 2003, 22-23.

7 이완희, 「위령(慰靈)의 날」, 2013. 7. 16, http://liturgia.kr/?p=20824/ '위령의 날'에는 신자들의 영혼이 몸을 떠날 때 영혼은 (크고 작은 죄로 인해) 완전히 정화되지 않은 상태이나 남겨진 이들이 기도와 희생의 힘으로 죽은 자의 영혼이 '하느님을 직접 보는(beatific vision)' 지복직관(至福直觀)을 얻어 영원한 삶을 누릴 수 있도록 도울 수 있다는 믿음이 깔려 있다. "All Saints' Day and All Souls' Day."; 『가톨릭대사전(http://info.catholic.or.kr/dictionary/dic_main.asp/)』, '지복직관' 항목 참조.

과 저 세상의 장막이 걷혀 죽은 자가 산 자의 세계로 들어온다는 집단적 사고가 여전히 유지되고 있었다. 즉 위령미사는 귀신의 접근을 막아주는 추가적인 역할을 수행하였고, '위령의 날'이 다가오면 교회는 연옥에 있는 영혼을 위해서만 종을 울리는 것이 아니라, 악령을 내쫓기 위해서도 밤새도록 종을 울렸던 기록이 남아 있는 것이다.[8] 이렇게 가톨릭교회는 죽은 자를 기리는 새로운 축일들을 제정하고 그 일정을 사원 축제와 밀착시키면서 기독교 이전 토착민들의 축제 전통을 흡수하는 동시에 기독교화하고자 하였다. 그럼에도 불구하고 10월 31일, 즉 '모든 성인의 날 전야(All Hallows' Eve)'는 대중에게 여전히 죽은 자들이 배회하는 날로 인식되었다. 중세에는 10월 31일 가면을 쓰거나 귀신 복장을 하고 가가호호 방문하여 시를 낭송하거나 노래를 불러 주고 대신 음식 등을 받는 풍습이 퍼졌으며, 여기서 기괴한 변장은 배회하는 귀신과 악령을 겁주어 쫓으려는 의도라고 한다.[9] 그 결과 '모든 성인의 날 전야', '모든 성인의 날', 그리고 '위령의 날'은 매년 가톨릭교회에서 죽은 자를 기리는 3일 동안[10월 31일부터 11월 2일까지]의 축일 기간으로 정립된다.[10]

무엇보다 이 3일의 축일은 사회적 규범이 유예되고 (젠더) 역할이 전환되는 기간이기도 하였다. 즉 나쁜 장난을 하고, 만취하고, 소동을 벌이는 것 등이 용인되거나 무시되었다. 이러한 행동은 주로 아이들과 (젊은) 남성들이 주도하였는데, 이들은 가면과 함께 기괴한 복장을 하고 이웃에게 자선을 요구하며 이를 거부하면 상대를 조롱하고 심하게 신체

8 Nicholas Rogers, *Halloween: From Pagan Ritual to Party Night*, 23.

9 Nicole Canfield, "A Brief History of Mummers and Guising," 2015, https://hubpages.com/education/The-History-of-Mummers/ 참조.

10 이 3일을 포괄하여 'Allhallowtide', 혹은 'Hallowtide', 'Allsaintstide', 'Hallowmas season'라고 부른다.

적 학대를 가하기도 했다고 한다.[11] 이와 더불어 (늦어도) 15세기부터 천주교인들 사이에 이 3일의 축일 기간에 세상을 떠난 신자의 영혼을 위해 '소울 케이크(soul cake)'를 굽고 나눠 먹는 풍습이 자리를 잡는다. 소울 케이크는 둥근 모양의 달콤한 과자로 종종 겉면에 십자가를 그려 넣기도 하는데, 망자의 영혼이 이것을 먹으면 연옥에서 벗어날 수 있다고 믿었다. 보통 소울 케이크는 친척들에게 나눠 주거나, 아이들이나 빈자들이 집에 찾아와 연옥에 있는 망자를 위해 구절을 읊으면 그들에게 답례로 제공되었다.[12] 이러한 풍습은 종교개혁 이전까지 널리 퍼졌으나, 이후 개신교가 공식적인 종교력(宗敎曆)에서 '위령의 날'을 없애자 가톨릭 신자들에 의해서 다시 되살려지기도 하였다.[13] 영국의 경우 이러한 풍습은 개신교와 천주교 신자들에 의해 1930년대까지 지속되었으며, 일부 다른 (유럽) 지역에서는 현재까지도 이어지고 있다고 한다. 많은 학자들은 이렇게 과자를 나눠 주고 먹는 풍습으로부터 현 핼러윈의 풍습, 즉 밤에 유령과 마녀 등으로 가장한 아이들이 이 집 저 집을 돌면서 "과자를 안 주면 못된 장난을 칠 거야(trick-or-treat)."라고 외치면서 사탕과 과자를 얻어 내는 것이 유래했다고 보고 있다.[14]

살펴본 것처럼 핼러윈은 '이교도적인' 토착민의 축제를 기독교 안으로 흡수(포섭)하려는 가톨릭교회의 지속적인 노력으로 기독교로부터 많은 영향을 받은 동시에, 고대 사원 축제로부터도 적지 않은 요소를 이

11 Nicholas Rogers, *Halloween: From Pagan Ritual to Party Night*, 25-26. 이러한 규범을 이탈한 행동 양식들은 현대 사회의 많은 대중적 축제에서도 필수적인 부분이다

12 이렇게 이웃을 돌아다니는 자들은 '소울러(souler)'라 불린다. 그것은 방황하는 영혼을 가리킨다고 하며, 이웃을 돌며 '소울케이크'를 요구하는 행위는 '소울링(souling)'이라 불린다.

13 Nicholas Rogers, *Halloween: From Pagan Ritual to Party Night*, 28.

14 Nicole Canfield, "A Brief History of Mummers and Guising."

어받고 있다. 그러나 핼러윈의 역사적 전례(前例)가 어떻게 이 축제가 현재 북미에서 가장 대중적인 축제의 하나로 정착할 수 있었는지를 설명해 주는 것은 아니다. 왜냐면 핼러윈은 미국에서 새로운 전성기를 맞이하고, 더 나아가 글로벌 축제로서의 기반을 구축하면서 하나의 '현대적' 축제로 재탄생했기 때문이다.

2) 미국화

핼러윈은 19세기까지 미국에서 뿌리를 내리지 못하였다. 뉴잉글랜드(New England)[15]의 청교도들은 (구대륙에서 그러했듯이) 핼러윈을 배척하였으며, 가톨릭 기념일 전반에 대해서도 강한 거부감을 가지고 있었다. 18세기에 신대륙에는 25만 명의 아일랜드와 스코틀랜드 이민자들이 있었다. 이들은 뉴잉글랜드와 메릴랜드, 그리고 일부 남부 지역에서 10월 31일에 핼러윈 축제를 진행하면서 수확을 축하하고 이웃과 함께 고인을 추모하였다. 이 축제에서 사람들은 노래와 춤을 즐기고 종종 유령 얘기나 짓궂은 장난도 하였다고 한다. 그러나 핼러윈은 18세기 중반까지 유럽 이민자들이 자신들의 정체성을 확인하는 소규모의 지역 행사의 성격을 유지하고 있었다. 18세기 후반과 19세기 초의 북미 연감을 보더라도 핼러윈이 축제일이라는 인식은 보이지 않으며, 당시 뉴욕, 보스턴, 샌프란시스코의 연감을 보더라도 단지 '모든 성인의 날'과 '위령의 날'이 형식적으로 언급되고 있을 뿐이다. 그러나 1840년대 중반부터 1850년대 초에 걸쳐 아일랜드를 덮친 대기

15 메인, 뉴햄프셔, 버몬트, 매사추세츠, 로드아일랜드, 코네티컷의 6개 주를 포함하는 미국의 북동부 지역이다.

근으로 아일랜드인 100만 명이 미국으로 대거 이주하였고, 1890년까지 거의 200만 명의 미국에 거주하게 되었으며, 캐나다의 경우에도 아일랜드와 스코틀랜드 이민자들의 수가 영국 이민자들의 수를 넘으면서 핼러윈 축제가 북미 전역에 확산되는 계기가 마련되었다.[16]

이 시기에 속을 파낸 큰 호박에 유령의 얼굴을 새기고 이 안에 초를 넣은, 현 핼러윈의 상징물이 된 '잭오랜턴(jack-o'-lantern)'[17]이 등장하고, 이 호박등을 핼러윈 밤에 집 앞 현관이나 계단에 놓아 두는 풍습이 퍼진다. 잭오랜턴은 연옥에 있는 사자를 기리기 위해 핼러윈 축제 기간에 순무나 비트의 속을 파서 등을 만드는—종종 여기에 그로테스크한 얼굴을 새겼던—아일랜드와 스코트랜드의 풍습에서 기인하며, 여기서 등은 사자의 영혼이나 초자연적 존재를 상징하거나 악령을 막는다고 여겨진다. 이와 동시에 핼러윈에 변장을 한 사람들이 집집을 방문하여 운율이나 노래를 하고 그 대가로 과자, 사과, 견과류, 돈을 선물로 요구하는 풍습이 퍼졌다. 특히 핼러윈 밤에는 청소년들의 도를 넘는 장난이나 소란, 기물 파괴 등이 흔히 일어났으나, 19세기 말까지 경찰은 이에 크게 대응하지 않았으며 공동체도 이를 허용하는 분위기였다.[18] 도시 청소년들이 핼러윈을 들뜬 장난과 무질서의 밤으로 만들었다면, 19세기 말부터 20세기 초까지 대학생들은 이 날을 신입생을 골리거나 동료애를 다지는 통과의례의 기회로 전용하였다. 니콜라스 로저스(Nicholas Rogers)는 1890년까지 핼러윈이 아일랜드와 스코틀랜드 이민자들의 축제라고 여겨졌다면, 대학생들이 핼러윈을 받아들였다는 사실은 기실 이

16 Nicholas Rogers, *Halloween: From Pagan Ritual to Party Night*, 51-52.

17 '잭오랜턴'은 (토탄) 늪 위에서 이상한 빛이 깜빡이는 현상을 일컫는 'jack-o'-lantern(혹은 'will-o'-the-wisp')'에서 따온 명칭이다.

18 Nicholas Rogers, *Halloween: From Pagan Ritual to Party Night*, 57-58.

축제가 미국에서 보편화되고 있음을 반영한다고 말한다.[19]

20세기 초 핼러윈의 국내적 위상이 높아진 데는 당시 미국의 정치 상황도 한몫했다. 즉, 주정부 및 연방정부 차원에서 의회 활동이 재개되면서, 정치인들은 선거를 위해 미국에서 가장 큰 이민자 그룹의 행사인 핼러윈을 그들의 정치 일정에 포함시킬 수밖에 없었다는 것이다. 그러나 핼러윈의 가장 큰 매력은, 다른 미국의 축제일이 점점 제도화되며 가정을 중심으로 경건하게 치러지는 데 반해, 핼러윈 축제는 사회질서가 도치(倒置)되고 젊음의 에너지를 분출될 수 있는 공적 공간을 제공하였다는 것이다. 이렇게 핼러윈은 20세기를 넘어가면서 미국과 캐나다, 그리고 대서양 연안과 태평양 연안을 가로질러, 다양한 인종적·종교적 차이를 넘어서 대중에게 널리 퍼져 나갔다. 이와 동시에 핼러윈 축제는 북미에서 많은 변화를 겪으면서 '모든 성인의 날', '위령의 날'과도 연관성을 잃었으며, 이전의—아일랜드와 스코틀랜드와 같은 농목(農牧) 사회의 전통적 축제가 보여 주는—공동체 중심의 성격도 약화되었다. 또한 핼러윈은 20세기 전후에는 또래 집단의 축제로 유행하였다면, 그 이후에는 대중화되면서 그 모티브나 상징물들이 점차 상업화·정형화되어 상점·음식점·작업장 등에 걸리게 되었다. 다시 말해, 미국에서 핼러윈은—본고장인 아일랜드와 스코틀랜드의 당시 상황과 비교해도—보다 소비주의적인 형태로 기념되었고, 상업적으로도 매우 중요한 날로 자리잡으면서 관련된 다양한 물건들이 판매되기도 했다.[20] 그 결과 핼러윈은 1920년대에 진정한 북미의 축제로—동시에 가게 주인과 제조업자에게 일종의 축복이 되면서—공식 기념일 일정에서 하나의 확고한 위

19 Nicholas Rogers, *Halloween: From Pagan Ritual to Party Night*, 62-67.

20 Nicholas Rogers, *Halloween: From Pagan Ritual to Party Night*, 9, 69 이하.

치를 차지하게 되었다.

한편 핼러윈 축제에서 표출되는 젊은이들의 통제되지 않은 에너지는 미국 사회에 지속적으로 논란거리를 제공했고, 특히 경찰은 이날 경계 태세에 돌입하곤 하였다. 관례적인 장난들—쓰레기통을 없앤다거나, 창문에 비누칠을 하거나, 자동차 바퀴에 구멍을 내거나 하는 등—은 공동체에 의해 일반적으로 용인되었다. 그러나 20세기 초 핼러윈의 인기가 높아짐과 동시에 당일에 일련의 커다란 사건—공공기물 파괴, 방화 등—이 발생하면서 핼러윈의 부정적 측면—술 파티, 무질서, 폭력 등—이 다시 부각되었다. 이에 따라 여러 사회적 주체들은 젊은이들의 술 파티나 이탈 행위를 허용한계 안에서 제한하려는 많은 노력을 경주하였으며, 일부는 성공적인 결과를 낳았다. 예컨대 교회 단체, 고등학교, 로터리 클럽 등은 젊은이들이 배회하며 나쁜 짓을 저지르는 대신 다양한 행사에 참여할 수 있도록 핼러윈 파티, 의상 콘테스트, 게임 등을 후원하는 데 매진하였고, 몇몇 도시는 길거리 축제와 행진을 기획하였다. 이러한 주류 사회의 노력은 핼러윈 축제가 내재하고 있던—가치와 통념을 전도시키고, 사회질서와 주류계급을 조롱하며, 대중의 에너지를 분출시키는—카니발로서의 성격을 희석하여 (큰 틀에서) 사회질서와 합치되는 핼러윈으로 재구성하려는 의도를 보여 준다. 이러한 조직화된 핼러윈 파티나 축제는 핼러윈의 상업적 성격과도 잘 부합되는 것으로, 1920년대까지 핼러윈의 '현대적' 모티브들—고양이, 박쥐, 까마귀, 잭오랜턴, 호박, 귀신 등—이 대중화되면서 기업가들은 핼러윈 카드(엽서), 성공적인 핼러윈 파티를 개최하는 방법을 담은 책자 등을 판매하면서 대중의 구입을 고무하였다.[21]

21 Nicholas Rogers, "Halloween in Urban North America: Liminality and Hyper-

일부 학자들은 1920-1930년대 미국 사회에 정착된 핼러윈의 풍습인 "trick-or-treat"이 주류 세력이 핼러윈을 '안전한' 축제로 재정립하려는 시도가 낳은 대표적인 결과물이라고 주장한다. 즉 "trick-or-treat"은 아이들이나 10대가 핼러윈 밤에 기물 파괴와 같은 나쁜 행동을 하는 것을 막기 위해 고안된 것이라는 것이다.[22] 그러나 이 주장은 논란이 많으며, 이를 뒷받침할 기록도 매우 빈약하다. 여기서 중요한 것은 북미대륙에서 "trick-or-treat"은—물론 핼러윈의 중요한 요소인 가장(masking 혹은 guising)을 포함하고 있으나—본래의 의미를 상당 부분 퇴색시켰다는 것이다. 즉 축제에서 기부는 무거운 사회적 의무이며, 동시에 이를 지키지 않았을 때 돌아오는 징벌을 동반하는 것으로, 20세기 초까지만 하더라도 미국의 핼러윈에서는 이런 관례가 유지되면서 상점주를 기습하거나 괴팍하고 평판 나쁜 부자 이웃들을 대상으로 장난을 쳤던 것이다. 그러나 이제 아이들은 구매한 코스튬을 입고 "trick-or-treat"을 외치며 이웃에게 무조건 사탕을 요구하게 된 것이다. 그 결과 핼러윈 축제는 의상·사탕·과자 등을 생산하고 판매하는 주체에게는 매우 중요한 시장이 되었고, 동시에 아이들은 (다른 미국의 기념일처럼) 대량 소비에 점차 익숙해졌다.[23]

---

reality," 468-470.

22 가면을 쓰거나 변장을 하고 이웃을 돌면서 먹을 것을 요구하는 것은 16세기 아일랜드와 브리튼섬의 풍습까지 거슬러 올라간다. 그러나 "trick-or-treat"이란 표현이 처음 언급된 것은 1930년대 미국 잡지[*The Oregon Journal*, *The Reno Evening Gazette*]에서이며, 이 말을 외치면서 먹을 것을 요구하는 것은 미국식 풍습이다. 이 풍습은 1950년대에 이르러 미국의 대중문화에서 확고한 자리를 잡는다. "What is the origin of the term "trick or treat" at Halloween?," https://www.quora.com/What-is-the-origin-of-the-term-trick-or-treat-at-Halloween/ 참조.

23 Nicholas Rogers, "Halloween in Urban North America: Liminality and Hyper-reality," 470.

무엇보다 아이들이 핼러윈의 대표적 풍습인 "trick-or-treat"의 주체가 되면서 핼러윈은 제2차 세계대전 후 아이들의 축제로 자리를 잡는다. 그러나 아이들이 핼러윈 축제에서 선물로 면도날이 든 사과나 독이 든 사탕을 받았다는 괴소문이 확산되면서—물론 이런 소문은 대부분 근거 없는 것으로 판명이 났지만—부모들은 아이들의 안전을 염려하게 된다.[24] 낯선 사람이 핼러윈 중에 몰래 먹을 것에 독이나 날카로운 것—면도날, 바늘, 부서진 유리 조각—을 숨기고, 이를 나누어 주어 아이들을 닥치는 대로 해치려 한다는 소문이 대중매체에 의해 빠르게 유포되었으며, 높은 인기를 누리고 있던 공포 영화[슬래셔 무비]로 인해 그 공포감이 증폭되었다고 볼 수 있다.[25] 그러나 무엇보다 핼러윈 괴소문은 하나의 도시괴담으로, 미국의 많은 도시가 쇠퇴하고 도시범죄가 늘어나면서 도시 거주자들이 가지는 안전에 대한 불안감, 이방인에 대한 불신 등을 반영하고 있다고 할 수 있다.[26] 이러한 핼러윈에 대한 흉흉한 소문의 여파로—사탕 제조회사가 이러한 소문이 근거 없음을 밝히는 대대적인 캠페인을 펼쳤음에도 불구하고—미국의 많은 도시는 핼러윈 축제를 전적으로 금하거나, 당일 야간 통행 금지령을 내리는 등 강력한

---

24 Joel Best, "Halloween Sadism: The Evidence," *Department of Sociologyand Criminal Justic*e, University of Delaware, 2008, http://udspace.udel.edu/handle/19716/726/ 참조. "trick-or-treat"에서 아이들에게 오염된 선물을 나눠 주는 행위는 '핼러윈 사디즘(Halloween sadism)', 이러한 행위를 하는 자는 '핼러윈 사디스트(Halloween sadist)'라고 부른다.

25 슬래셔(slasher) 무비 또한 미스터리한 인물이 특별한 이유 없이 닥치는 대로 살인을 한다는 전형적인 줄거리를 가지고 있다.

26 "A Third of Americans Avoid Halloween or its Pagan Elements," October 26, 2015, http://lifewayresearch.com/2015/10/26/a-third-of-americans-avoid-halloween-or-its-pagan-elements/; "A Treat for Economy: Higher Halloween Sales," October 31, 2016, http://salduttilaw.com/6430-2/ 참조.

조치를 취하면서, "trick-or-treat" 참가자 수는 극적으로 줄어들었다. 물론 핼러윈을 기념할 수 있는 다양한 대안적 행사—학교나 교회가 후원하는 파티, 유령의 집, 박물관, 동물원, 주민자치센터 등에서의 공포체험 등—가 모색되었으나, "trick-or-treat" 참가자 수는 지속적으로 감소하고 있는 추세이다.[27]

흥미로운 것은 "trick-or-treat"이 주춤하는 사이 핼러윈 축제에 참가하는 성인(成人)의 수는 오히려 증가하기 시작하였다는 것이다. 물론 이전에도 성인들을 위한 핼러윈 파티나 댄스 파티는 있었으나, 1970년대 이후 보다 관대해진 분위기 속에서 핼러윈 축제는 교회 강당을 넘어 술집, 나이트클럽, 디스코, 길거리 등에서 치러지게 되었다. 이와 같은 공적 공간의 확대는 유흥산업의 이익추구와 직결되지만, 이러한 새로운 형태의 핼러윈은 대중들의 카타르시스적 해방감에 대한 욕구를 반영한다고 할 수 있다. 이렇게 핼러윈 축제에 일반인들의 참여가 지속적으로 증가하면서 1970년대부터 핼러윈 축제를 카니발화(carnivalization)하려는 움직임이 본격화되고, 1990년대부터 핼러윈은 성인들의 축제로 거듭나게 된다. 이와 동시에 북미의 핼러윈 축제에는 사회적 주변 그룹들—레즈비언, 게이, 페미니스트 등—이 퍼레이드 등을 통해 적극적으로 자신들의 정체성과 요구 사항을 드러냄으로써 정치사회적 함의가 포함되게 된다.[28]

---

27 Nicholas Rogers, "Halloween in Urban North America: Liminality and Hyper-reality," 470-472; Joel Best, "Halloween Sadism: The Evidence."

28 Jack Santino, "Flexible Halloween: Longevity, Appropriation, Multiplicity and Contestation," in Malcom Foley & Hugh O'Donnell (eds.), *Treat or Trick? Halloween in a Globalising World*, Newcastle upon Tyne, GBR: Cambridge Scholars Publishing, 2009, 12; Nicholas Rogers, "Halloween in Urban North America: Liminality and Hyperreality," 472-475.

3. 현대적 축제로서 핼러윈

미국에서 핼러윈 축제는 중요한 연중행사일 뿐 아니라 상업적으로도 커다란 비중을 차지하면서, 겨울이 오기 전에 즐길 수 있는 마지막 기회인 동시에 여름부터 크리스마스까지의 긴 공백을 메워 줄 수 있는 반가운 비즈니스 기회로 활용되고 있다.[29] 2015년 '생활방식 조사(Lifeway Research)'에서는 미국인의 59%가 핼러윈을 기념한다고 답했다. 미국에서 핼러윈은 이미 추수감사절을 앞질러 크리스마스 다음으로 큰 규모의 매출을 올리는 축제가 되었다. 2016년 미국 '전국 소매연합(Alliance Data Retail Services)'은 1억 7,100만 명의 미국인들이 핼러윈을 기념할 것이며, 1인당 평균 82.93달러, 총 84억 달러를 지출할 것으로 전망한 바 있다. 이러한 총액은 전년[69억 달러]에 비해서 크게 증가한 수치이며, 2009년 조사가 시작된 이래 가장 높은 수치이기도 하다. 이 밖에도 해당 조사는 핼러윈 지출 중 가장 큰 부분을 차지하는 코스튬과 사탕 구입에 미국인들이 각각 총 31억 달러와 38억 달러를 소비할 것이라고 내다봤다.[30]

---

29 Malcolm Foley & Hugh O'Donnell (eds.), *Treat or Trick? Halloween in a Globalising World*, Newcastle upon Tyne, GBR: Cambridge Scholars Publishing, 2009, 3. 흥미로운 사실은 추수감사절[매년 11월 마지막 주 목요일] 다음 날인 금요일부터 크리스마스와 새해까지 진행되는 '블랙 프라이데이(Black Friday)'가 2000년 중반부터 연중 가장 큰 규모의 쇼핑(소비) 행사로 발전하였으나, 핼러윈 매출은 오히려 장기적으로 볼 때 증가 추세라는 것이다.

30 "A Third of Americans Avoid Halloween or its Pagan Elements."; "A Treat for Economy: Higher Halloween Sales," October 31, 2016, http://salduttilaw.com/6430-2/ 참조.

1) 소비문화와 할리우드

핼러윈은 '미국의 소비주의 의례(명절)'라고 불릴 만큼 관련 상품의 매매가 해당 축제의 주요 부분을 차지한다. 이러한 현상은 (미국의 다른 명절에서도 그러하듯이) 다양한 사업 주체들이 핼러윈 풍습이나 활동에서 잠재적 수익성을 발견하고, 이익추구를 위해 관련 상품, 서비스, 정보 등을 개발·생산하고 판매하는 동시에 대중적 소비를 유도하면서 나온 결과다. 무엇보다 핼러윈 축제의 상업화는 대중문화와 융합되면서 더욱 촉진되었으며, 여기서 할리우드 영화산업은 매우 중요한 역할을 수행한다.[31] 이는 현 핼러윈 파티에서 할리우드 공포 영화가 중요한 모티브이며 구성물인 점에서도 확인된다. 하지만 1930년대만 하더라도 공포 영화에 대한 인기는 높아지고 있었으나 현재와 같은 핼러윈 축제와의 밀접한 관계는 보이지 않는다. 가정에서 핼러윈 코스튬을 만들던 시대에 축제 참자가들은 당시 공포 영화의 등장인물[드라큘라, 프랑켄슈타인의 괴물, 미라, 킹콩 등]에 크게 주목하지 않았으며, 지금과 같이 핼러윈 시즌과 공포 영화의 개봉이 동시에 시작되지도 않았다. 그러나 1970년대부터 공포 영화는 미국에서 핼러윈 시즌의 주 영화 장르가 되었으며, 텔레비전 방송사들은 핼러윈을 앞두고 집중적으로 다양한 종류의 공포 영화를 내보내고 있다.[32] 공포 영화를 텔레비전에서 소위 황금 시간대나 가

---

31 Russell W. Belk, "Halloween: An Evolving American Consumption Ritual," *Advances in Consumer Research* 17, 1990, 508; Jack Santino, "Commercialism, Capitalism and Celebration," *Traditiones* 34/2, 2005, 43-44.

32 과거의 공포 영화 중 주목을 끄는 것은 조지 로메로(George Romero) 감독의 「살아 있는 시체들의 밤(*Night of the Living Dead*)」(1969)이다. 이 영화는 공포 영화사에 한 획을 긋는 작품으로, 고전 공포 영화가—'킹콩(King Kong)'이나 '고질라(Godzilla)'처럼—과거 시대나 미국 밖에서 유래한 괴물들 다루었다면, 이 영화 이

족 시청 시간대에 시청할 수 있는 것은 미연방 통신위원회가 방송업계의 통제를 시장에 넘겼기 때문이다. 그러나 핼러윈 시즌은 단지 공포 영화가 방송·상영되는 주요 시기일 뿐만이 아니다. 핼러윈 자체가 공포 영화의 주제나 배경이 되면서 대중문화에서 하나의 중요한 소비재가 되었다. 공포 영화에서 핼러윈은 초자연적 존재, 어두움, 죽음, 파멸 등과 연관되어 있음이 강조되는데, 그러면 그럴수록 핼러윈은 축제 참가자들에게 두려운 밤인 동시에 참가자들은 이에 부합되게 보다 공포스러운 핼러윈 분위기를 연출하고자 한다는 것이다.[33] 이런 의미에서 핼러윈과 할리우드 공포 영화 산업은 서로의 성장동력이 되어 주었으며, 이는 동시에 '공포'를 주 자원으로 하는 동시대 '체험산업'의 한 단면을 보여 준다고 할 수 있다.

그러나 핼러윈 참가자들의 상상력은 할리우드 공포 영화에 머물지 않는다. 핼러윈 축제에서는 공포 영화의 끔직한 등장인물들—좀비, 살인마, 무고한 희생자—뿐 아니라 타 장르의 영화나 애니메이션의 주인공들—아이언맨, 캡틴아메리카, 슈퍼맨, 백설공주, 라푼젤, (겨울왕국의) 엘사 등—또한 코스튬을 통해 재생산 내지 재현되고 있기 때문이다. 물론 이런 코스튬들은 시장에서 구입 가능한 아이템들이다. 이런 맥락에서 로저스는 동시대 핼러윈 축제의 인기는 핼러윈이 소비문화뿐 아니라 영화, 비디오 등의 극실재(極實在), 즉 '하이퍼리얼리티(hyperreality)'[34]에

후 공포 영화는 동시대의 일상생활을 배경으로 하려는 경향을 보여 주기 때문이다. Nicholas Rogers, *Halloween: From Pagan Ritual to Party Night*, 108.

33 Nicholas Rogers, *Halloween: From Pagan Ritual to Party Night*, 108-110.

34 장 보드리야르(Jean Baudrillard)는 '하이퍼리얼리티(hyperreality)'라는 용어로 정보화 사회의 특징을 표현하였다. 그는 '실재(reality)', 그리고 '실재의 모사(simulation of reality)' 내지 '가상(virtuality)' 사이의 경계가 사라지면서 현대인은 가상실재 속에서 살아갈 뿐 아니라, 실재와 재현의 관계가 역전됨으로써 더 이상 모사할 실재가

깊이 관여하고 있기 때문이며, 후자에서는 실제와 상상의 경계가 흐려진다고 말한다. 그는 핼러윈과 할리우드 영화산업의 결합, 그리고 현대 대중문화에서 하이퍼리얼리티의 중요성은 일련의 테마파크에서도 확인된다고 말한다. 유사한 맥락에서 그는 핼러윈이 점점 하이퍼리얼리티와 실재효과(reality-effect)의 세계에 몰두하면서 — 확실한 역사적 준거를 상실한 채 — 다양한 기호(sign)와 유동적인 상호텍스트성(intertextualities)으로 가득 찬 축제가 되었다고 말한다. 이런 의미에서 그는 현재의 핼러윈을 포스트모던 축제라고 평가한다.[35]

여기서 하이퍼리얼리티의 생산과 밀접한 관계를 맺고 있는 테마파크에서 개최되는 핼러윈 행사를 살펴볼 필요가 있다. 미국 대형 테마파크의 핼러윈 행사는 남부 캘리포니아에 위치한 '노츠 베리 팜(Knott's Berry Farm)'이 1973년 10월 26일부터 3일간의 야간행사 '노츠 스케어리 팜(Knott's Scary Farm)'을 개최하면서 시작되었다. 이 행사의 높은 인기로 인해 1970년대 이후 미국 전역의 많은 테마파크들이 '노츠 베리 팜'의 프로그램을 차용해 핼러윈 이벤트를 개최하게 된다. 이렇듯 1970년대는 핼러윈이 지역의 소규모 행사로부터 대규모 소비자 이벤트로 전환되는 시기로, 엔터테인먼트 산업 역시 약진한 시기였다. 1990년대에는 거대 미디어 기업에 속한 '유니버설 스튜디오(Universal Studio)'와 '디즈니랜드(Disneyland)'와 같은 대규모 테마파크들도 핼러윈 행사를 시작하였으며, 현재 미국의 거의 모든 테마파크는 핼러윈 행사를 진행하고 있

없어진 '시뮬라크르(Simulacra)', 즉 실재의 인위적 대체물들은 오히려 실재보다 더 실재 같은 하이퍼리얼리티(극실재)를 생산하고 있다고 주장한다.

35 Nicholas Rogers, "Halloween in Urban North America: Liminality and Hyper-reality," 461-463; Nicholas Rogers, *Halloween: From Pagan Ritual to Party Night*, 124.

다.[36]

테마파크가 일찍이 핼러윈에 눈을 돌린 이유로 우선 이 둘의 친화성을 언급할 수 있다. 즉 핼러윈은 세속적인 성격이 강한 축제로 고유의 독특한 이미지[죽음, 어둠, 유령, 괴물 등]와 함께 (비정형적이고 돌발적인) 이벤트로서의 특징을 가지며, 테마파크는 가상의 이미지와 스토리를 창조하고 비일상적 공간에서 생생한 체험이 가능하도록 구축된 공간이다. 따라서 테마파크에서 개최하는 핼러윈 행사는 다양한 장치[유령의 집, 미로, 다크 라이드 등]를 통해 가상의 괴기한 이미지와 공간을 구현함으로써 방문자들이 궁극적인 공포를 체험하고 이를 일종의 쾌락으로 소비하도록 기획된 것이다. 물론 미국의 테마파크가 핼러윈 행사를 도입하게 된 데는 경제적인 요인이 크다. 미국 엔터테인먼트 산업의 야외시설은 9월 초 노동절을 기점으로 대부분 문을 닫는 것이 일반적이었는데, 핼러윈의 도입은 영업 기간의 연장과 수익증가라는 점에서 커다란 장점으로 작용하였다는 것이다.[37] 이런 의미에서 테마파크에서 진행되는 핼러윈 행사는 엔터테인먼트 산업이 핼러윈의 기저를 구성하는 공포를 가상실재를 통해 극대화하고 오락화함으로써 새로운 소비형태의 핼러윈을 창출한 것이라 할 수 있다.

2) 글로벌 축제

핼러윈 축제는 미국의 자본주의 경제체제 속에서 소비문화, 그리고 대

---

36 關口英里,「日米のテーマパークにおけるハロウィン·イベントの展開 — 消費文化の生成と再構築をめぐって —」,『比較文化研究』, 80, 2008, 31.

37 關口英里,「日米のテーマパークにおけるハロウィン·イベントの展開 — 消費文化の生成と再構築をめぐって —」, 30, 32.

중문화 산업과 서로 영향을 주고받으며 매우 미국적인 축제로 발전한 것이 사실이다. 그러나 무엇보다 핼러윈이 가장 '보편적인' 미국의 명절이 될 수 있었던 것은 바로 이 축제가 어떤 특정한 인종적·국가적 정체성이나 종교적 신념도 제시하고 있지 않기 때문이다. 핼러윈 축제는 미국에서 연령이나 지역에 따라 다양한 방식으로 행해지고 있으며, 종교적 소속에 따라서도 커다란 차이를 보인다. 다시 말해, 핼러윈은 미국 전역에 걸쳐 기념되고, 지난 수십 년간 소비주의와 상품화의 집중 타깃이 되었으나, 지역과 인구계층에 따라 그 구체적인 축제 방식에서 있어서 다양한 차이를 보이며, 종교적 신념에 따라서도 해당 축제에 대한 대응 방식이 상이하다. 예컨대 신이교도주의(neopaganism)를 추종하는 자들은 핼러윈을 그들의 종교적 뿌리인 고대 켈트족의 축제로 기념하며, 많은 근본주의적 기독교인들은 핼러윈을 비기독교적 축제라며 거부한다.

이런 맥락에서 잭 산티노(Jack Santino)는 핼러윈 축제가 다양한 사용과 의미를 수용할 수 있을 정도로 충분히 다의적이고 비정형적이며, 이와 동시에—인간에게 가장 기본적인 이슈인—죽음과 공포를 다룸으로써 충분히 자신만의 독특성을 보여 준다고 말한다.[38] 이렇게 다양한 주체에 따라 다양한 해석과 활용(적용)의 가능성을 열어 놓고 있는 핼러윈 축제가 북미 대륙을 넘어 전 지구적으로—특히 후기자본주의 사회에—확산된 것은 당연한 결과라고 할 수 있다. 물론 다른 문화권으로의 핼러윈 축제의 유입은 상당 부분 새로운 시장을 창출하려는 해당 사회의 사업 주체들에 의해서 주도되며, 여기에는 문화제국주의라고 불릴 만큼 강력한 전파력을 가진 미국 대중문화의 영향도 간과할 수 없다.

---

38 Jack Santino, "Flexible Halloween: Longevity, Appropriation, Multiplicity and Contestation," 10-15.

한편 타문화권으로 유입된 핼러윈 축제는 해당 사회에서 부분적으로 새롭게 해석되고 적용되면서 소위 '세방화(glocalization)' 과정을 걷게 됨은 물론이다.

4. 핼러윈 축제의 진출: 일본과 한국

핼러윈 축제는 그사이 본고장이라고 할 수 있는 유럽으로 역수출되어, 초기에는 큰 환영을 받지 못했으나 근래에는 인기가 증가하고 있는 추세다. 아시아 국가 중에는 특히 일본에서 핼러윈 축제가 커다란 대중적 인기를 누리면서 관련 시장도 급성장하고 있다. 다음에서는 '글로벌 핼러윈'의 사례로, 우선 일본의 현황과 제 특징을 살펴보고 이어서 한국의 사례를 살펴보고자 한다.

1) 일본의 핼러윈 축제

일본에서 핼러윈의 인기는 지난 10년간 크게 상승하면서 핼러윈 시장은 밸런타인데이를 앞서 크리스마스를 잇는 2대 기념일 시장으로 성장했다. 이와 관련하여 사단법인 '일본기념일협회'는 2016년 핼러윈 관련 상품 및 서비스의 시장 규모를 2015년[1,220억 엔, 약 1조 1,435억 원]보다 10% 증가한 1,345억 엔에 달할 것으로 추산하였으며, 이는 2011년의 560억 엔에 비해 두 배 이상 커진 것이다.[39] 이로써 핼러윈은 일본에서

39 『DIGITAL 朝日新聞』, 2016. 10. 25, 「ハロウィーン市場バレンタイン超え? 幅廣い賣れ筋」, http://www.asahi.com/articles/photo/AS20161024004573.html/; *South China Morning Post*, 2016. 11. 1, "Romance is dead but zombies are alive:

거대한 소비시장을 거느린 국민 명절로 안착하였다고 말할 수 있다. 일본 핼러윈 축제의 상업화는 소비자들이 관련 상품(코스튬, 분장용품 등)의 구매에 커다란 액수의 돈을 지불하는 것을 넘어, 다양한 사업 주체들이 이익창출을 위해 핼러윈 상품을 지속적으로 개발하고 다양한 관련 이벤트를 적극적으로 조직함으로써 가속화되고 있다. 이와 더불어 지방활성화의 차원에서 지역의 상점가, 지자체, 도소매점들도 관련 이벤트를 확대하고 있다.

세키구치 에리(關口英里)에 의하면 일본에서 핼러윈은 상업적인 목적으로 1970년대 처음으로 도입되었다고 한다. 즉 핼러윈은 식품 업계 및 제과·완구·잡화 업계와 복합 상업시설을 통해 가을의 판매촉진 행사 및 상점 장식에 이용되었다는 것이다. 또한 1970년대 말부터 1980년대까지 영화 「핼러윈(Halloween)」 시리즈의 개봉과 공포 붐 등으로 일본 사회에서 핼러윈의 이름이 알려지게 되었다고 한다.[40] 이는 전례 없는 풍요를 누렸던 일본 거품경제의 황금기와 일치하는 시기로, 크리스마스와 밸런타인데이 같은 외래 명절이 일본에서 연례행사로 자리 잡은 시기이기도 하다.[41] 1980년대 전반 핼러윈이 처음으로 상업적 이벤트로 본격적으로 이용되면서, 과자와 장난감 업계는 관련 상품의 판매를 시작하는데, 1983년에는 한 장난감 회사[Kiddy Land]가 도쿄의 오모테산도

Japanese prefer Halloween over Valentine's Day," http://www.scmp.com/print/news/asia/eastasia/article/2041696/romancedeadzombiesarealivejapanesepreferhalloweenover/ 참조.

40 *SoraNews24*, 2015. 10. 27, "Why does Japan love Halloween so much, and is it celebrating the holiday the right way?," http://en.rocketnews24.com/2015/10/27/whydoesjapanlovehalloweensomuchandisitcelebratingtheholidaytherightway/ 참조.

41 關口英里, 「日米のテーマパークにおけるハロウィン・イベントの展開 ―消費文化の生成と再構築をめぐって―」, 34.

(表參道)에서 핼러윈 퍼레이드를 주최하기도 하였다. 1985년에는 공포만화 월간지 『핼러윈(ハロウィーン)』이 창간되고 10대층으로부터 폭발적인 인기를 얻는다.[42] 이렇듯 핼러윈은 당시의 호러 붐과 결합되면서 젊은 이들에게 오컬트적인 이미지로 인식되었다. 1985년경부터는 백화점과 제과업계가 핼러윈의 이벤트 효과에 주목하면서, 도쿄의 시부야(澁谷)나 롯폰기(六本木)같이 젊은 층이 많이 모이는 상업 지역에 핼러윈 행사가 증가한다. 이는 특별한 기념일이 없는 10월에 판매촉진을 위해 핼러윈을 이용하고자 함이었다고 할 수 있다. 그러나 각 업계의 핼러윈 이벤트는 그 콘셉트나 방향이 일정하지 않았고, 이는 일본에 핼러윈이 도입된 이후 해당 축제에 대한 이미지 혼란을 야기함으로써 일본 사회에 핼러윈이 정착하지 못하는 하나의 원인으로 작용했다. 무엇보다 (크리스마스나 발렌타인과 달리) 핼러윈의 어두운 이미지는 핼러윈이 대중적인 축제로 발전하는 것을 저해하였으며, 여기에 1992년 한 10대 일본 교환학생이 미국에서 핼러윈 파티에 가던 중 살해되는 충격적인 사건까지 일어나면서 핼러윈에 대한 부정적인 이미지는 1990년대 전반에 걸쳐서 이어졌다.[43]

한편 1990년도에 들어 테마파크와 놀이 시설을 중심으로 핼러윈 행사가 조직된다. 1992년 '남코 원더 에그(Namco Wonder Eggs, ナムコ·ワンダーエッグ)'는 테마파크 최초로 핼러윈 이벤트를 개최하였으며, 2000년 문을 닫을 때까지 매년 정기적으로 이를 지속하였다.[44] 그러나 핼러

42 해당 잡지는 소녀만화 잡지, 즉 미성년 여성 독자가 주 소비층인 잡지로, 일본에서 공포만화는 상당 부분 소녀만화 잡지에 연재된다고 한다.

43 關口英里, 「日米のテーマパークにおけるハロウィン·イベントの展開 ―消費文化の生成と再構築をめぐって―」; *SoraNews24*, 2015. 10. 27, "Why does Japan love Halloween so much, and is it celebrating the holiday the right way?"

44 "History of Halloween Culture is Young in Japan," 2015. 10. 20, http://loveartlab.

윈 축제에 대중적 관심이 크게 집중된 것은 1997년 도쿄 디즈니랜드가 핼러윈데이 이벤트를 조직하고 방문객들이 여기에 참가하기 위해 코스튬을 입으면서의 일이다. 해당 이벤트의 폭발적인 인기 덕분에 하루 일정이던 핼러윈 행사는 현재 일련의 퍼레이드와 쇼로 구성된 (9월과 10월에 걸친) 두 달간의 행사로 발전하였다. (2001년 개관한) 일본 오사카의 유니버설 스튜디오 또한 이러한 높은 대중적 호응에 편승하여 2002년 '할리우드 핼러윈'이라는 행사의 개최를 시작으로, 현재는 관련 행사를 핼러윈데이 한 달 전부터 시작하고 있다. 유니버설 스튜디오 재팬은 미국 공포 영화의 무시무시한 주인공을 재현한 인물들이 테마파크를 돌아다니며 방문객들에게 쇼킹한 공포를 선사하는 것으로 유명한 곳이기도 하다. 이런 맥락에서 일본 대형 테마파크, 특히 미국의 테마파크들은 핼러윈을 대중들에게 소개하고 이들의 의식 속에 핼러윈을 각인시키는 데 결정적인 역할을 하였다고 할 수 있다.[45]

일본 핼러윈 축제의 상업적 성격은 핼러윈 거리 퍼레이드를 다양한 사업체와 인근 점포들이 조직하고 있는 것에서도 확인된다. 현재 가장 인기가 있는 핼러윈 퍼레이드는 도쿄와 인근 지역에서 열리는 다음의 세 퍼레이드이다. (1) 도쿄 하라주쿠의 오모테산도 거리를 따라 진행되는 '헬로 핼러윈 펌킨 퍼레이드'[하라주쿠 퍼레이드], (2) 도쿄 롯폰기에서 열리는 '롯폰기 힐즈 핼러윈 퍼레이드'[롯폰기 퍼레이드], (3) 도쿄의 베드타운인 가와사키(川崎)시에서 열리는 핼러윈 퍼레이드[가와사키 핼러윈 퍼

me/2015/10/20/historyofhalloweencultureisyounginjapan/ 참조.

45 *Japan Today*, 2013. 10. 29, "Since when was Halloween so popular in Japan?," https://japantoday.com/category/features/lifestyle/sincewhenwashalloweensopopularinjapan/; *SoraNews24*, 2015. 10. 27, "Why does Japan love Halloween so much, and is it celebrating the holiday the right way?"

레이드]. 이 중 가장 역사가 긴 하라주쿠 퍼레이드는 앞에서 언급한 장난감 회사[Kiddy Land]에 의해 1983년에 시작되었다고 하고, 롯폰기 퍼레이드는 롯폰기 힐즈의 쇼핑센터가 조직하고 있으며, 가장 큰 규모를 자랑하는 가와사키 철도역 근처에서 진행되는 가와사키 핼러윈 퍼레이드는 한 쇼핑센터[La Cittadella]가 조직하고 있다.

일본 사회에서 핼러윈 축제가 짧은 기간 동안 빠르게 성장한 데는 여러 요인이 있다. 우선 앞에서 언급하였듯이 미국 대형 테마파크의 역할을 들 수 있다. 이미 디즈니랜드 애니메이션과 할리우드 공포 영화, 그리고 그 주인공들에게 익숙한 일본인들에게 이들 대형 테마파크는 핼러윈의 새로운 세계를 이들에게 소개하고 흥미를 유발시키는 데 매우 성공적인 역할을 담당했다고 할 수 있다. 또한 일본에서 이미 젊은 층의 하위문화로 정착한 코스프레(cosplay 혹은 costume play)의 영향을 간과할 수 없다. 일본은 코스프레의 본고장이라고 할 만큼 자신이 좋아하는 만화, 애니메이션, 게임 등의 주인공이나 등장인물의 의상을 차려 입고 해당 인물로 변신하는 것을 즐기는 놀이문화가 널리 퍼져 있다. 이런 문화적 환경에서 젊은이들은 핼러윈의 가장 행렬이나 코스튬 파티를 수월하게 수용할 수 있었던 것이다. 사실 핼러윈은 일본 젊은이들에게 "가장(假裝) 혹은 코스프레를 하고 함께 모이는 행사"를 의미하며, 이런 의미에서 가장은 일본 핼러윈 축제의 핵심 요소라고 할 수 있다.[46] 이 밖에도 혹자는 일본 사회의 영어교육에 대한 높은 관심을 한 요인으로 지적한다. 즉 아이들이 학교나 학원에서 영어를 배우면서 자연스레 핼러윈 축제에 대해 알게 되고 기꺼이 이와 관련된 행동을 실행하고자 한다는

46 『MACHA: 일본여행 웹 메거진』, 2015. 10. 29, 「도쿄는 세계에서 제일 할로윈이 떠들썩한 마을이다!? 일본의 할로윈이란」, https://matcha-jp.com/ko/1299/ 참조.

것이다.[47]

한편 일본의 핼러윈 축제는 본고장인 미국과는 많은 차이점을 보인다. 일본인들은 일반적으로 핼러윈 축제 기간에 자신의 집을 호박 등[잭오랜턴]이나 해골 등으로 장식하지 않으며, 타인에 대한 배려나 예의를 중시하는 문화로 인해 아이들이 집집을 돌며 사탕 등을 요구하는 광경도 흔히 볼 수 없다. 후자의 경우 일부 쇼핑센터나 상점들이 가장한 아이들에게 사탕을 나눠 주는 행사를 여는 정도다. 오히려 현재 일본에서 핼러윈은 아이들이나 가족 중심의 축제라기보다는 성인을 위한 가장 파티나 퍼레이드의 형식으로 발전하고 있다고 볼 수 있다. 미국의 핼러윈과 또 다른 점은 일본의 핼러윈은 10월 말에 한정되지 않고 매우 긴 시즌을 자랑한다는 것이다. 예를 들어, 도쿄 디즈니랜드는 9월 초부터 10월 말까지, 오사카 유니버설 스튜디오는 9월 초에서 11월 초까지 핼러윈 행사를 지속하며, 학교나 사무실에서의 핼러윈 파티나 관련 행사 또한 9월부터 10월까지 꾸준히 진행된다.[48] 일반 시민들의 경우에도 핼러윈데이 1주일 전인 24-25일부터 도쿄의 시부야, 롯폰기 등에 다양한 변장을 하고 모여들어 핼러윈을 축하한다. 유사한 맥락에서 일본 사업체들은 핼러윈데이를 전후하여 한 달 가까이 서로의 핼러윈 이벤트 일정이 겹치지 않도록 날짜를 조정하는 일이 드물지 않다. 이러한 핼러윈 기간의 유연한 적용은 호객효과를 극대화하기 위한 각 사업체들의 전략이라고 할 수 있으며, 이러한 상업적 시각에서 볼 때 핼러윈 축제의 원래 의미나 날짜는 중요하지 않다고 할 수 있다.[49] 또한 일본에서 핼러윈은

47 *Japan Today*, 2013. 10. 29, "Since when was Halloween so popular in Japan?"

48 *Tokyo Business Today*, 2015. 10. 8, "Why Do Japanese People Love Halloween So Much?," http://toyokeizai.net/articles/printtbt/87509/ 참조.

49 임경택, 「이벤트성 외래축제를 통해 본 일본의 소비문화의 양상」, 138.

대도시 중심의 축제로 도시인들의 마쓰리(まつり)로 발전하고 있다. 일본의 전통적인 축제인 마쓰리가 가을에 집중되어 있고 그 전통이 지역사회 구성원들을 중심으로 이어지고 있다면, 축제를 쉽게 접할 수 없었던 도시인들에게 핼러윈은 누구나 참여하여 자유분방하게 축제를 즐길 기회를 제공하고 있는 것이다.[50]

다나카 미치아키(田中倫明)는 일본인들이 핼러윈에 열광하는 이유를 마케팅과 행동과학적 관점에서 설명한다. 일본과 같이 물질적으로 풍요한 성숙사회(mature society)에서 소비자들은 소유를 목적으로 어떤 것을 가지려 하기보다 무엇인가를 하고자 하며, 이러한 그들의 욕구와 이해관계를 만족시키기 위해서는 이들에게 무언가 특별한 것을 경험할 수 있는 기회를 제공하는 것이 중요하고, 이런 경험을 제공할 수 있는 상품이나 서비스는 이들의 구매욕을 자극한다는 것이다. 이런 맥락에서 핼러윈은 유사한 성향을 가진 사람들이 특별한 감정적 경험을 서로 공유할 수 있는 최상의 기회를 제공한다는 것이다. 그는 핼러윈이 다른 서구의 기념일인 크리스마스 및 밸런타인데이와 차별되는 것은, 후자가 보다 개인적이고 친밀한 행사라면 전자는 다 같이 즐기는 집단 지향적 행사라는 점이라고 말한다. 그는 일본에서 핼러윈이 빠르게 인기를 얻은 이유 중 하나는 참가자들이 핼러윈 시즌 동안 일종의 사회화 기회를 제공받을 수 있기 때문이라고 주장한다. 이와 관련하여 다나카는 핼러윈 축제가 주로 1987년과 1995년 사이에 태어난 세대에 의해서 소비되는 것을 언급하며, 이 세대의 특징은 이성(異性)보다는 동성(同性)으로부터 공감을 받는 것을 중요시하는 것이라고 말한다. 이런 의미에서 핼

---

50 *Tokyo Business Today*, 2015. 10. 8, "Why Do Japanese People Love Halloween So Much?"

러윈 축제는 확장된 사회 환경 속에서 같은 성의 또래 집단이 모여 즐거운 경험을 서로 나눌 수 있는 기회를 제공한다는 것이다. 특히 여성의 경우 일본의 획일화되고 억압적인 사회 분위기에서 이러한 욕구가 보다 강하며, 이들은 축제 기간에 안전하게 친구들과 즐겁게 어울리면서 자신의 개성을 드러내고 (코스튬과 화장을 통해) 일시적인 변환을 시도한다고 한다.[51]

여기서 일본의 '유토리(ゆとり) 세대' 혹은 '여유세대'(餘裕世代)에 대한 논의를 살펴볼 필요가 있을 것이다. 유토리 세대는 대략 1987년에서 1996년 사이에 태어난 세대로, 2003년부터 창의성을 위해 학교에서 학습량을 크게 줄이면서 이른바 '유토리' 교육을 받은 세대를 말한다. 이들은 디플레이션 시대를 거치면서 소비에 인색한 대신 미래에 대한 불안감으로 돈은 모으려는 생각이 강하다고 한다. 이들이 일본의 소비 침체에 책임이 있다고 보는 시각도 있는데, 이는 이들 세대가 수입만큼 쓰지 않기 때문이라고 한다. 유토리 세대의 특징은 무엇보다 자신이 좋아하는 것에 아낌없이 투자하는 소위 '가치 소비'를 주도하고 있다는 것이다. 이는 물건의 '소유 가치'가 아닌 특별한 경험과 서비스를 중시하는 소비로의 변화를 의미하며, 혹자는 이러한 소비 트렌드의 변화로 핼러윈 시장의 급성장을 설명하기도 한다.[52]

일본의 핼러윈은 특별한 문화적 함의(subtext) 없이 즐거움과 재미를 지향하면서 이벤트 중심의 축제로 발전하였다. 무엇보다 일본의 핼러윈은 도시형 축제로 일본 소비문화의 산물이며, 동일한 맥락에서 매

---

51 *Tokyo Business Today*, 2015. 10. 8, "Why Do Japanese People Love Halloween So Much?"

52 『주간무역』, 2017. 2. 16, 「'유토리(ゆとり) 세대'가 일본 물가를 좌우한다」, http://weeklytrade.co.kr/news/news_print.html?section=1&category=136&no=26906/ 참조.

우 상업화된 축제이다. 한편 핼러윈 퍼레이드에 젊은이들이 대거 참가하면서 이들은 다양한 코스튬을 통해 자신을 표출할 뿐만 아니라 인터넷을 통해 관련 정보를 교환하고, 거리는 이들에게 한시적인 일탈의 공간과 소통의 장으로 기능하게 된다. 그러나 젊은이들이 주도하는 일본의 핼러윈 퍼레이드는 단지 '가벼운' 공포를 동반하는 즐거운 집단적 행사로—미국에서 1970년대 이후 핼러윈 행사의 일부가 된—정치적·사회적 저항은 감지되지 않는다.[53] 이러한 핼러윈 축제의 변화는 한 외래 축제가 일본 사회에 유입되어 그 이질적인 요소들이 선택적으로 수용되고 동시에 일본의 경제적·문화적 조건 안에서 일본적 제 요소와 결합됨으로써 일본 특유의 축제로 정착되는 세방화(glocalization)의 과정을 보여 주고 있다.

2) 한국의 핼러윈 축제

한국의 핼러윈 축제에 대한 국내외 선행 연구는 부재하며, 또한 해당 축제가 한국에 언제, 어떤 과정을 통해 유입되었으며, 현재 관련 매출액은 어느 정도인지를 파악할 수 있는 조사자료 또한 발견할 수 없다. 단지 최근에 특정 주제를 중심으로 실행된 관련 설문조사 결과가 두 차례 발표되었을 뿐이다. G마켓은 2015년 10월 14일에서 20일에 걸쳐 고객 642명을 대상으로 설문조사를 실시하였으며, 응답자의 72%가 "기회가 된다면 핼러윈데이 파티에 참석하겠다"고 답했다고 한다. "핼러윈 파티에 참석할 의향이 있는가" 하는 질문에는 20대 응답자의 82%, 30대의

53 Takagi Yoko & Marjan Groot, "Tokyo Halloween on the Street: Japanese Dressing Up Between Bricolage and Authenticity," *Dress: The Journal of the Costume Society of America* 43/1, 2017, 21.

75%, 40대의 68%, 50대의 60%가 긍정적인 답을 내놓으면서 젊은 층이 핼러윈 파티에 대해 상대적으로 높은 관심을 보였다. 그러나 핼러윈 파티에 참석한 경험이 없는 사람이 전체 응답자의 69%에 달하면서 희망과 현실 사이의 괴리도 나타났다. 핼러윈 파티에 꼭 필요한 아이템으로는 복장(31%), 가면(29%), 초콜릿이나 사탕 같은 간식(17%), 호박 바구니 등의 인테리어 소품(16%), 메이크업용 화장품(7%)이 언급되었다. 응답자가 생각하는 최고의 핼러윈 파티의 분장은 '미니언즈', '아이언맨', '마틸다', '킹스맨', '화생방실 클레오파트라', '사도세자'의 순이었다. 꼭 한 번 해 보고 싶은 분장으로는 '호러 캐릭터'[뱀파이어, 처녀귀신 등]가 '영화 캐릭터'[엘사, 아이언맨 등] 보다 선호되었다.[54]

한편 '취업포털 커리어'는 2016년 10월 대학생 180명을 대상으로 '핼러윈데이 즐기기'라는 주제로 설문조사를 진행하였다. 이들 대학생 중 35%가 핼러윈데이를 즐길 계획이 있다고 답했다. "누구와 함께 보내겠는가?"라는 질문에는 "친구와 함께"(43.8%)라는 답이 가장 많았으며, "가족"(37.5%), "연인"(12.5%)이 뒤를 이었다. 핼러윈데이의 구체적인 계획으로는 "길거리에서 핼러윈 분위기를 즐긴다"(31.3%)는 답이 가장 많았고, "핼러윈 파티 & 행사에 참여한다"(25%), "호박 해골 등으로 핼러윈 분위기로 집을 꾸민다"(12.5%)가 뒤를 이었으며, 해 보고 싶은 코스튬이나 코스프레로는 "할리퀸"(30.8%), "귀신"(15.4%)이 우세를 보였다. 한편 핼러윈데이를 즐길 계획이 없다고 답한 응답자들(64.4%)은 해당 기념일에 대해 부정적인 시각을 드러냈는데, 이 중 31%는 "핼러윈데이는 빼빼로데이나 화이트데이와 같은 상업적인 행사라고 생각한다"고 답했으며 27.6%는 "외국 문화를 따라하는 것 같다"고 답했다.

54 『VISUAL DIVE』, 2015. 10. 22, 「소비자 72%, 할로윈 파티 참석 의향 있다」.

그러나 이 두 조사결과를 종합하여 한국의 핼러윈 트렌드를 말하기는 어렵다. 이 두 조사는 서로 다른 핼러윈의 범주—핼러윈 파티와 핼러윈 일반—를 설정하고 있기 때문이다. 그럼에도 불구하고 이들 조사를 바탕으로 한국인의 대략 30%가 핼러윈 행사에 적어도 한 번 참여한 적이 있다고 잠정적인 결론을 내릴 수는 있을 것이다.

한국 사회에 핼러윈이 유입된 시기를 정확히 알 수는 없으나, 2000년대 들어 유치원, 초등학교 등을 중심으로 퍼지기 시작하였고, 2010년대 들어서는 성인들도 즐길 수 있는 핼러윈 이벤트를 놀이공원이나 테마파크가 주최하고, 클럽에서도 관련 파티나 행사들이 생겨났다는 점을 지적할 수 있다. 그럼에도 불구하고 한국에서 핼러윈은 아직 대중적인 축제는 아니다. 한국인들은 핼러윈데이에 자신의 집을 호박 등이나 해골로 치장하지도 않을뿐더러, "trick-or-treat" 또한 유치원이나 영어학원에서 제한되어 관찰되기 때문이다. 대중매체들이 핼러윈에 주목하기 시작한 것은 비교적 최근의 일로, 2013년부터 매체들은 '핼러윈데이 광풍'이란 표현 등을 쓰며 지나친 소비주의, 청년층으로의 빠른 확산과 이들의 일탈을 지적하는 기사를 본격적으로 내놓기 시작한다.[55] 그러나 해당 기사들은 주로 핼러윈 축제를 소비하는 젊은 층들의 행동 방식에 주목할 뿐, 다양한 이벤트와 캠페인을 전개하면서 핼러윈 시장을 확장하려는 다양한 사업 주체들에 대한 비판적 접근은 유보하고 있다.

여기서는 한국에서 2015년 진행된 핼러윈 행사를 살펴보고자 한다. 보다 최근인 2016년의 핼러윈 행사를 다루지 못한 것은 이 기간에 일종의 예외적 상황이 발생했기 때문이다. 최순실 국정 농단 사태에 대한 엄

---

55 『글로벌이코노믹』, 2013. 10. 31, 「국적불명 '할로윈데이' 광풍이 불고 있다」, http://www.g-enews.com/view.php?ud=201310311802100073775_1&ssk=search/ 참조.

정 수사와 박근혜 대통령 퇴진을 요구하는 집회가 공교롭게도 10월 29일 시작되어 젊은이들의 에너지가 광화문 촛불집회에 모이면서 젊은 층을 주축으로 하는 핼러윈 행사는 위축될 수밖에 없었고, 관련 행사를 주최 혹은 후원하려던 기업체나 기관도 민감한 정치적 상황 때문에 이를 취소하는 경우가 있었기 때문이다.[56] 흥미로운 것은 촛불 집회에서 핼러윈 축제의 특징이 부분적으로 발견된다는 것으로, 많은 시민들이 (대부분 국정 농단의 주역을 가리키는) 가면과 코스튬을 착용하고 다양한 퍼포먼스를 펼쳤으며, 여기에 집회 참가자들이 호응하면서 새로운 형태의 저항과 '놀이'를 위한 사회적 장이 형성되었다는 것이다.

2015년에 진행된—개인적인 행사나 클럽 단위의 행사를 제외하고—비교적 큰 규모의 핼러윈 행사를 열거하자면 다음과 같다. (1) 테마파크·놀이공원: '서울랜드 핼러윈 페스티벌', '롯데월드 핼러윈 파티', '에버랜드 핼러윈 & 호러나이츠', '삼정더파크 핼러윈 페스티벌', (2) 대형 호텔: 쉐라톤 '블랙핼러윈 파티', JW 메리어트 호텔 '섹시 호러 핼러윈' 파티, 서울 팔래스 호텔 '패밀리 핼러윈 파티', 그랜드 하얏트 인천 '핼러윈 키즈 파티', (3) 지역단체·지자체: '이태원 핼러윈 축제', '신촌 핼러윈 축제', '망원정 핼러윈 축제', 파주영어마을의 'Spooky Encounters', 중구와 서울시가 공동주최한 '남산도깨비 핼러윈', 영등포문화재단의 '핼러윈 축제', 서울시 한강사업본부 주최의 '한강해피 핼러

---

56 핼러윈 행사에 대한 참여 여부는 개인적인 선택의 문제이나, 2016년 핼러윈 참가자—특히 연예인들—에 대하여 온라인상에서 비판 여론이 확산된 것은 주목할 만하다. 이러한 현상은 미국 사회에서 2001년 9·11 테러 6주 후로 다가온 핼러윈 축제와 관련하여 참여 여부나 참여 방식, 코스튬 선택 등에 대하여 진지하게 논의가 전개된 것과도 맥을 같이한다고 할 수 있다. Nicholas Rogers, *Halloween: From Pagan Ritual to Party Night*, 165; Sara E. Quay & Amy M. Damico, *September 11 in Popular Culture: A Guide*, Santa Barbara, California: Greenwood, 2006, 5-6.

윈', 춘천시(축제조직위원회) 주최의 '강촌핼러윈축제', (재)광주비엔날레 주체의 '부리브라더 핼러윈 페스티벌' 등, (4) 비상업적인 행사: '좀비워크 서울'.[57] 이 밖에도 핼러윈 특수에 편승하여 국내 유통업체, 식음료·외식업체들의 소비촉진을 위한 관련 마케팅과 이벤트성 행사가 봇물을 이루었음은 물론이다. 예를 들어 서울 코엑스몰은 핼러윈 특별 이벤트와 할인행사를 벌였으며, 던킨도너츠는 박쥐와 미라 모양의 도넛을 포함한 특별 '파티 팩'을 출시하였고, 할리스커피는 핼러윈데이 기념 가족 세일 행사를 실시하였다.[58]

2015년의 상황에서 볼 수 있듯이 한국 사회에서 핼러윈 축제는 일본의 그것과 적지 않은 공통점을 보인다. 그것은 매우 빠르게 상업화되고 있다는 것으로, 많은 국내 기업과 사업체들이 핼러윈을 자신들의 제품을 홍보하고 판매를 촉진할 수 있는 좋은 기회로 인식하여 관련 이벤트를 확대하고 있다는 것이다. 무엇보다 국내의 테마파크 내지 놀이공원은 화려한 핼러윈 행사를 기획하여 핼러윈에 대한 일반 대중의 관심을 유도하면서 해당 축제의 오락적 측면을 부각시키고 있다. 또한 한국의 핼러윈은 일본과 같이 대도시[서울]를 중심으로 하는 도시형 축제로 소비문화와 밀접한 관련을 가지고 있다. 여기서 주목할 것은 사기업뿐 아니라 지자체 및 공기업 또한 (국적 불명의) 핼러윈 축제를 적극적으로 주최 혹은 후원하고 있다는 것으로, 여기서 새로운 축제가 지역사회나 지역경제에 끼치는 영향을 가늠할 수 있다. 특히 축제는 관광산업과 직

---

57 '좀비워크(Zombie Walk)'는 전 세계 많은 대도시에서 동시에 진행되며, 일종의 플래시몹 형태의 코스프레 행사다. '좀비워크 서울'의 경로는 신촌에 위치한 창천공원에서 신촌대로를 거쳐 홍익대학교에 이르는 약 2.8km 거리의 도로다.

58 "Happy Halloween: Korea Show a Growing Interest in the spooky Holiday," 2015, http://keia.org/happyhalloweenkoreashowsgrowinginterestspookyholiday/ 참조.

결되는 것이기 때문에 지자체의 핼러윈 축제에 대한 투자는 증가할 것으로 보인다.

그러나 한국에서 핼러윈 축제는 일본의 그것과 분명한 차이도 보인다. 한국 사회에서 핼러윈은 중요한 연중 기념일로 정착되지 못했을 뿐더러, 커다란 군중을 동원하는 대규모 관련 행사나 퍼레이드로도 조직되지 못하고 있으며, 한국 고유의 문화적 특징도 보이지 않는다. 물론 일부에서는 핼러윈을 '한국화'하려는 시도도 엿보인다. 대표적인 예는 서울시가 2015년 주최한 '서양귀신 꼼짝마라'라는 주제의 '한강해피 핼러윈'으로, 참석자들에게 한국식 복장을 갖출 것을 권고한 것이다. 관계자에 의하면 해당 파티는 서구 축제인 핼러윈의 한국식 해석의 한 방법이라고 한다.[59] 그러나 단순히 드레스코드를 바꿈으로써 핼러윈 축제의 한국화가 가능할지는 의문이다. 이런 의미에서 핼러윈 축제는 한국 사회에서 여전히 수용 단계에 있으며, 주로 아이들과 젊은 층의 놀이 문화로 작동하고 있다고 볼 수 있다. 그럼에도 불구하고 최근 핼러윈 축제는 거리라는 열린 공적 공간으로 그 영역을 확장하기 시작하면서 새로운 발전 가능성을 열어 놓고 있다고 할 수 있을 것이다.

5. 나오며

동시대의 핼러윈은 고대 켈트족의 사윈 축제가 오랜 기간 기독교화, 미국화 과정을 거치면서 현대적으로 재구축된 것이다. 핼러윈은 현대문화에 적응하면서 겨우 살아남은 죽은 전통의 잔재가 아니라 현 후기산

59 "Happy Halloween: Korea Shows a Growing Interest in the spooky Holiday."

업사회에서 번성하고 있는 하나의 대중적 축제로 발전하였다. 무엇보다 핼러윈은 20세기 말 더 이상 아이들만의 것이 아니라 성인(成人)들의 축제로 거듭나면서, 기존 질서와 규범을 도치시키고 유예시키는 임계(liminal) 의례, 그리고 집단적 에너지가 분출되는 카니발로서의 기능을 회복하게 되었다.

한국의 경우 대부분의 축제를 지자체가 관광사업과 지역경제 활성화를 위해 기획하고 지원하면서, 현재 한국의 축제는 상당 부분 제도화되고 정형화되어 본연의 즉흥성과 에너지를 상실한 것이 사실이다. 이런 의미에서 필자는 한국 사회에서 핼러윈 축제가—마치 작금의 촛불집회에서처럼—억압된 대중들의 에너지가 분출되고, 기존의 사회질서와 규범을 잠시 잊은 채 주류 세력에 대한 비판과 조롱이 터져 나오며, 사회적 약자나 주변 그룹이 자신의 존재를 당당히 알리는 장으로 진화하길 기대해 본다. 물론 여기에는 이에 상응하는 사회 구성원들의 욕구와 사회문화적 환경이 전제되어야 할 것이다. 그런데 과연 우리는 미칠 준비가 되어 있는가?

참고문헌

『가톨릭대사전(http://info.catholic.or.kr/dictionary/search.asp)』, '지복직관' 항목.

우혜란, 「할로윈(Halloween) 축제: 한 수상한 외래 풍속의 한국 정착기」, 『한국종교문화연구소 뉴스레터』 393, 2015. 11. 24.

이완희, 「위령(慰靈)의 날」, 2013. 7. 16, http://liturgia.kr/?p=20824/

임경택, 「이벤트성 외래축제를 통해 본 일본의 소비문화의 양상: 크리스마스, 밸런타인데이, 할로윈을 중심으로」, 『비교문화연구』 12/2, 2006, 123-149.

Belk, Russell W., "Halloween: An Evolving American Consumption Ritual," *Advances in Consumer Research* 17, 1990, 508-517.

Best, Joel, "Halloween Sadism: The Evidence," *Department of Sociology and Criminal Justice*, University of Delaware, 2008, http://udspace.udel.edu/handle/19716/726/

Best, Joel & Gerald T. Horiuchi, "The Razor Blade in the Apple: The Social Construction of Urban Legends," *Social Problems* 32/5, 1985, 488-499.

Canfield, Nicole, "A Brief History of Mummers and Guising," 2015, https://hubpages.com/education/The-History-of-Mummers/

Foley, Malcolm & Hugh O'Donnell (eds.), *Treat or Trick? Halloween in a Globalising World*, Newcastle upon Tyne, GBR: Cambridge Scholars Publishing, 2009.

Quay, Sara E. & Amy M. Damico, *September 11 in Popular Culture: A Guide*, Santa Barbara, California: Greenwood, 2006.

Rogers, Nicholas, *Halloween: From Pagan Ritual to Party Night*, Oxford: Oxford University Press, 2003.

Rogers, Nicholas, "Halloween in Urban North America: Liminality and Hyper-reality," *Histoire sociale/ Social History* 29, 1996, 461-477.

Santino, Jack, "Flexible Halloween: Longevity, Appropriation, Multiplicity and Contestation," in Malcom Foley & Hugh O'Donnell (eds.), *Treat or Trick? Halloween in a Globalising World*, Newcastle upon Tyne, GBR: Cambridge Scholars Publishing, 2009, 9-15.

Santino, Jack, "Halloween: The Fantasy and Folklore of All Hallows," *The American Folklife Center*, September 1982, updated 2009, http://www.loc.gov/folklife/halloween.html/

Santino, Jack, "Commercialism, Capitalism and Celebration," *Traditiones* 34/2, 2005, 43-54.

Yoko, Takagi & Marjan Groot, "Tokyo Halloween on the Street: Japanese Dressing Up Between Bricolage and Authenticity," *Dress: The Journal of the Costume Society of America* 43/1, 2017, 1-21.

闕口英里, 「日米のテーマパークにおけるハロウィン・イベントの展開 ― 消費文化の生成と再構築をめぐって ―」, 『比較文化研究』 80, 2008.

『글로벌이코노믹』, 2013. 10. 31, 「국적불명 '할로윈데이' 광풍이 불고 있다」, http://www.g-enews.com/view.php?ud=201310311802100073775_1&ssk=search/

『MACHA: 일본여행 웹 메거진』, 2015. 10. 29, 「도쿄는 세계에서 제일 할로윈이 떠들썩한 마을이다!? 일본의 할로윈이란」, https://matcha-jp.com/ko/1299/

『VISUAL DIVE』, 2015. 10. 22, 「소비자 72%, 할로윈 파티 참석 의향 있다」.

『주간무역』, 2017. 2. 16, 「'유토리(ゆとり) 세대'가 일본 물가를 좌우한다」, http://weeklytrade.co.kr/news/news_print.html?section=1&category=136&no=26906/

Japan Today, 2013. 10. 29, "Since when was Halloween so popular in Japan?," https://japantoday.com/category/features/lifestyle/sincewhenwashalloweensopopularinjapan/

SoraNews24, 2015. 10. 27, "Why does Japan love Halloween so much, and is it celebrating the holiday the right way?," http://en.rocketnews24.com/2015/10/27/whydoesjapanlovehalloweensomuchandisitcelebratingtheholidaytherightway/

South China Morning Post, 2016. 11. 1, "Romance is dead but zombies are alive: Japanese prefer Halloween over Valentine's Day," http://www.scmp.com/print/news/asia/eastasia/article/2041696/romancedeadzombiesarealivejapanesepreferhalloweenover/

Tokyo Business Today, 2015. 10. 8, "Why Do Japanese People Love Halloween So Much?," http://toyokeizai.net/articles/printtbt/87509/

『DIGITAL 朝日新聞』, 2016. 10. 25, 「ハロウィーン市場バレンタイン超え? 幅廣い賣れ筋」, http://www.asahi.com/articles/photo/AS20161024004573.html/

"All Saints' Day and All Souls' Day" (updated October 20, 2011), http://www.bbc.co.uk/religion/religions/christianity/holydays/allsaints_1.shtml/

"A Third of Americans Avoid Halloween or its Pagan Elements," October 26, 2015, http://lifewayresearch.com/2015/10/26/a-third-of-americans-avoid-halloween-or-its-pagan-elements/

"A Treat for Economy: Higher Halloween Sales," October 31, 2016, http://salduttilaw.com/6430-2/

"Happy Halloween: Korea Shows a Growing Interest in the spooky Holiday," 2015, http://keia.org/happyhalloweenkoreashowsgrowinginterestspookyholiday/

"What is the origin of the term "trick or treat" at Halloween?," https://www.quora.com/What-is-the-origin-of-the-term-trick-or-treat-at-Halloween/

'종교 없음' 인구의 종교성에 대한 이론적·정책적 함의[1]

유광석

1. 들어가며

종교 없음(religious nones)에 대한 연구는 기존의 종교 연구에서 거의 배제되고 주목받지 못했을 뿐만 아니라 최근에도 종교인, 종교제도, 종교교리, 종교성 등의 주된 연구주제를 이론적으로 또는 경험적으로 정당화해 주는 하나의 방증으로서 비교되거나 피상적으로 언급되는 수준에 머물러 있다. 통계적으로는 인구센서스에서 통상 '종교 없음'의 범주에 포함되는 사람들이 1985년 전체 인구의 약 57%, 1995년 약 50%, 2005년 약 47%, 2015년 57%에 해당하는 큰 비중을 차지하고 있음에도 불구하고 종교사회학적 관점에서 '종교 없음' 인구 전체를 체계적으로 분석한 연구들은 없는 실정이다.

'종교 없음' 인구의 사회적 중요성은 비단 한국적 상황에 국한되

1 이 논문은 2015년 대한민국 미래창조과학부와 한국연구재단의 지원을 받아 수행된 연구임(NRF-2015K2A8A1067628).

지 않는다. 세속적 경향이 뚜렷한 유럽은 논외로 하더라도 그동안 사회 전체적으로 높은 종교성을 유지해 온 것으로 알려진 미국, 캐나다, 호주의 경우에도 '종교 없음' 인구는 빠르게 증가하고 있다. 미국 내 '종교 없음' 인구는 종교식별사회조사(American Religious Identification Survey, ARIS)에서는 1990년 전체 응답자의 8.1%에서 2008년 15%로,[2] 퓨 리서치 센터(Pew Research Center, Pew)에서는 2007년 16%에서 2014년 22.8%로,[3] 종합사회조사(General Social Survey, GSS)에서는 1972년 6%에서 2014년 20%로 증가했다.[4] 캐나다 인구센서스에서는 1991년부터 2001년까지 '종교 없음' 인구가 43.9% 증가했으며, 호주의 경우 1971년 6.7%에서 1996년 16.5%로 증가했다고 한다.[5] 지난 30년간 전체 인구에서 '종교 없음' 인구비율이 소폭 감소한 한국과 달리 이들 나라의 경우는 빠르게 증가하고 있다는 점이 다를 뿐, 특히 20-30대 젊은 층에서 '종교 없음' 범주에 속하는 사람들의 종교적 이탈이 증대하고 있다는 것은 글로벌 지구 사회의 공통된 추세처럼 보인다. 이러한 추세의 사회적 중요성을 감안하면, '종교 없음' 인구의 비중이 매우 높은 한국 사회에서 '종교 없음' 범주에 대한 종교사회학적 연구는 현대 한국 사회의 종교적 독특성과 앞으로의 변화를 이해하기 위해 매우 중요한 과제다.

이 논문은 '종교 없음' 인구와 관련한 다양한 관점과 주제들 중에서 종교시장 이론을 중심으로 그 범주가 이론적·정책론적으로 왜 중요한

---

2 James E. White, *The Rise of the Nones: Understanding and Reaching The Religiously Unaffiliated*, Grand Rapids, MI: Baker Books, 2014, 13.

3 Pew Research Center, *America's Changing Religious Landscape*, Washington D. C.: Pew Research Center, 2016, 9.

4 General Social Survey, https://gssdataexplorer.norc.org/variables/287/vshow/ 참조.

5 William S. Bainbridge, "Atheism," in Peter Clarke (ed.), *The Oxford Handbook of The Sociology of Religion*, New York: Oxford University Press, 2009, 156.

것인지를 다음 몇 가지 측면에서 밝히고자 한다. 첫째, 종교시장 이론에서 '종교 없음' 인구는 종교시장의 영역 밖에서 분리된 무관심형 인간이 아니라, 단지 그들의 필요에 부합하는 종교 서비스를 찾지 못했거나 탐색 중인 잠재적 구매자들로 이해될 수 있다.[6] 그들이 초월적 의미나 궁극적 존재에 대한 근원적 욕구가 있는 인간이라면 그들은 거시적 종교경제에 동력을 제공할 수 있는 유효한 사회적 자원으로서 간주되어야 할 필요가 있다는 것이다. 둘째, '종교 없음' 인구에 내재해 있는 특수한 유형의 종교성을 분류하고 파악할 수 있는 새로운 종교 유형론을 개발할 필요가 있다. 이를 위해 '종교 없음' 인구의 비조직적이고 내재적인 종교성을 반사회적이거나 반종교적인 것으로서 기성질서에 대한 불안 요인으로 간단히 단정할 수 없는 경험적 근거와 이유들을 제시하고자 한다. 셋째, 심화되고 있는 한국 사회의 종교적 다양성으로 인해 한국의 과점적 종교시장이 해체되고 재편되는 과정에서 '종교 없음' 인구가 그에 어떻게 영향을 미칠 수 있을 것인지를 예측할 것이다.

2. 기존 연구들

국내에서는 전체 인구를 종교인과 비종교인으로 나누고 종교인들의 도덕적·정치적 태도, 생활의 만족도, 자기 성취감 등을 증명하는 도구로서 비종교인들의 의식, 태도 및 행위 패턴을 이해한 연구들이 다수 있긴 하지만,[7] 비종교인의 종교성 그 자체를 독립변수로서 연구한 사례들은

---

6 유광석, 『종교시장의 이해』, 다산출판사, 2014, 50-51.

7 조혜윤·손은정, 「종교성향과 불안과의 관계에서 종교적 대처와 낙관성의 매개효과」, 『상담 및 심리치료』 20/3, 한국심리학회, 2008, 773-793; 박준성·박은미·정태

찾아보기 어렵다. 기존 연구들의 가장 큰 한계는 종교인과 비종교인을 이분법적으로 구분하는 그들의 방법론적 단순성이 개념적으로나 이론적으로 지극히 인위적일 뿐만 아니라 그에 대한 일관된 합의도 없다는 점에 있다. 일반적으로 '종교 없음(religious nones)' 인구는 연구의 편의상 '비종교적(irreligious)', '무종교적(non-religious)', 또는 '반종교적(anti-religious)'인 사람들과 명확한 구분 없이 사용되고 있다. 이와는 대조적으로 이 논문에서 '종교 없음' 인구는 '자기 스스로 어떤 종교에도 소속되어 있지 않다고 확인하는(identify)' 사람들을 의미한다. 전자가 외부자의 관점에서 종교적 정체성을 구별하는 가치판단적 용어들이라면, 후자는 내부자의 주관적 자기인식을 가능한 있는 그대로 통계적·기술적으로 반영하는 데 강조점을 둔 것이 가장 큰 차이점이다.

물론 인구센서스, GSS, KGSS(Korean General Social Survey)와 같은 국내외 주요 사회조사들에서 사용하는 종교식별법(religious identification) 역시 인간의 종교성을 기계적으로 단순화하여 측정하는 데서 오는 중대한 모순과 위험성을 내포하고 있음을 많은 연구들이 이미 자세히 밝히고 있다.[8] 이러한 단순화가 위험한 이유는 [표 1]에서 볼 수 있는 것

연, 「종교성이 일반적 신뢰, 자기-효능감 그리고 생활만족도에 미치는 영향: 개신교인과 비종교인의 생활양식 비교」, 『종교 연구』 55, 한국종교학회, 2009, 159-190; 전성표, 「개신교인과 무종교인 사의의 도덕성 차이와, 개신교인의 도덕성에 미치는 종교적 영향」, 『한국사회학』 34, 한국사회학회, 2000, 1069-1104; 최현종, 「종교성과 도덕적 판단 양태」, 『선교세계』 13, 서울신학대학교 기독교신학연구소, 2011, 42-62; 이수인, 「종교와 종교성 그리고 정치적 태도: 불교, 개신교, 천주교를 중심으로」, 『동향과 전망』 6, 한국 사회과학연구소, 2013, 290-335.

8 Stephen R. Warner, "Approaching Religious Diversity: Barriers, Byways, and Beginnings," *Sociology of Religion* 59/3, 1998, 193-215; Darren E. Sherkat, "Tracking the "Others": Dynamics and Composition of "Other" Religions in the General Social Survey, 1973-1996," *Journal for the Scientific Study of Religion* 38/4,

[표 1] 신을 믿는지에 관한 질문의 응답자 분포: GSS 1994–2014 (단위: 명)

구분	1994	1998	2000	2006	2008	2010	2012	2014
믿지 않음	33	40	33	66	60	66	65	87
신의 존재를 알 수 없으며, 알 수 있는 방법이 있다고도 믿지 않음	37	60	49	129	95	123	107	143
신을 믿지는 않지만 어떤 종류의 초월적 힘을 가진 존재는 믿음	131	121	83	294	204	216	228	316
때로는 믿고 때로는 믿지 않음	51	58	41	128	76	93	81	91
의심도 있지만 신을 믿음	214	181	192	473	330	344	307	416
신이 존재한다는 것을 알고 있음	860	775	766	1,876	1,240	1,181	1,168	1,468
모름	26	1	46	13	9	14	8	6
무응답	34	48	66	13	9	7	10	11
적용 불가	1,606	1,548	1,541	1,518	0	0	0	0

출처: General Social Survey, https://gssdataexplorer.norc.org/variables/1076/vshow/

처럼 '종교 없음' 범주는 '무신론자(atheist)', '불가지론자(agnostic)', '이신론자(deist)', '종교적 소극주의자', '종교적 무관심자', '종교단체에 참여하지 않는 종교인', '중층적 종교인(multiple religionist)' 등과 같이 매우 다양하고 복잡한 종교성을 포함하고 있기 때문이다. 따라서 종교조직이나 의례의 참여 빈도와 같은 단순 지표로 '종교 없음'에 속하는 모든 사

1999, 551-560; Becky Hus et al., "Estimating the Religious Composition of All Nations: An Empirical Assessment of the World Christian Database," *Journal for the Scientific Study of Religion* 47/4, 2008, 678-693; 유광석, 「한국 종교소수자의 현황과 문제점: 인구센서스와 해외 데이터베이스의 비교」, 『담론 201』 18/2, 한국사회역사학회, 2015, 43-63.

람들을 비종교인이나 종교적 영역과 무관한 것으로 단정하는 것은 인간의 종교성에 대한 매우 왜곡된 이해를 낳게 된다.

반면 미국의 경우 이러한 기존 학계의 종교적 편협성에 대한 이론적 반성과 대안이 꾸준히 제기되어 왔다. 대표적으로 유타대학교 사회학과의 글렌 버논(Glenn M. Vernon)은 그의 논문 "The Religious "Nones": A Neglected Category"(1968)에서 미국 내 종교사회학 연구에서 철저히 도외시된 '종교 없음(religious nones)' 또는 '독립적 종교인(religious independent)'과 같은 카테고리의 학문적 중요성을 이미 50년 전에 제기했다.[9] [표 2]의 GSS 결과가 예시하듯이 미국의 경우 종교적 소속이 없다고 답하는 인구비중은 조사 주체나 기간마다 약간의 차이가 있기는 하지만 대략 전체 인구의 20% 정도인 것으로 보고되고 있다. 특히 만 18세 이상 미국 성인 35,000명을 대상으로 퓨 리서치 센터에서 조사한 *Religious Landscape Study* (2014)에 따르면, 미국 성인들 중 '종교 없음' 인구는 약 5,600만 명으로 복음주의 개신교도 다음으로 그 규모가 크고, 가톨릭과 주류 개신교 그룹이 모두 감소하는 상황과 대조적으로 '종교 없음' 인구는 조사 기간 동안 가장 빠른 성장률을 보이는 집단으로 부상했다.[10]

이러한 사회적 변화와 더불어 리처드 도킨스(Richard Dawkins)처럼 종교성의 자연과학적 해체를 주장하고 있는 극단적 무신론자(radical atheist)들에서부터 스콧 에이트런(Scott Atran), 파스칼 보이어(Pascal Boyer), 저스틴 바렛(Justin Barrett)처럼 종교와 과학의 호환 가능한 진화론적 발전을 주장하는 신무신론자(new atheist)들에 이르기까지 서구 사

9 Glenn M. Vernon, "The Religious "Nones": A Neglected Category," *Journal for the Scientific Study of Religion* 7, 1968, 219-229

10 Pew Research Center, *America's Changing Religious Landscape*, 16-21.

[표 2] 미국의 종교 인구 변화: GSS 1972–2012 (단위: %)

구분	1970년대	1980년대	1990년대	2000년대
자유주의 개신교	6.4	5.7	5.2	3.7
성공회	2.7	2.5	2.4	1.9
중도적 개신교	13.0	13.1	12.7	9.8
루터교	8.4	6.8	7.0	4.4
침례교	21.3	20.3	17.6	15.5
종파적 개신교	7.6	9.0	8.0	8.8
몰몬교	0.8	1.9	1.2	1.2
기타 개신교	3.2	3.9	4.6	9.7
가톨릭	25.8	25.3	25.1	24.1
유대교	2.4	2.0	2.1	1.9
유니테리언	0.2	0.2	0.3	0.3
기타 종교	1.3	1.9	3.3	2.8
종교 없음	6.9	7.4	10.7	16.0
전체 응답자 수(명)	8,751	13,751	12,783	18,731

출처: Darren E. Sherkat, *Changing Faith*, New York and London: New York University Press, 2014, 37.

회의 세속화와 과학적 세계관에 힘입은 광범위한 무신론 논쟁 또한 사회적으로 큰 반향을 일으키면서 '종교 없음'의 카테고리는 이제 어느 때보다 중요한 종교사회학적 연구 과제로 부각되고 있다.[11]

11 Norval D. Glenn, "The Trend in "no religion" Respondents to U.S. national surveys, late 1950s to early 1980s," *Public Opinion Quarterly* 51/3, 1987, 293-314; Robert C. Fuller, *Spiritual, but not Religious: Understanding unchurched America*, New York: Oxford University Press, 2001; Lim Chaeyoon, Carol A. MacGregor & Robert D. Putnam, "Secular and Liminal: Discovering Heterogeneity Among Religious Nones," *Journal for the Scientific Study of Religion* 49/4, 2010, 596-618; David Noise, *The Rise of Secular Americans: Nonbeliever Nation*, New York: Palgrave

이와 대조적으로 1985년, 1995년, 2005년, 그리고 2015년의 인구센서스에서 인구의 절반 이상을 차지하면서 가장 큰 종교식별(religious identification) 범주로 공인되었음에도 한국의 '종교 없음' 인구들에 대한 학문적 연구가 빈약한 것은 주로 개별 종교전통들에 집중된 우리 학계의 이론적 편향성과 글로벌 시민사회의 한 조건으로서 종교적 다양성의 정책적 중요성에 대한 관심 및 이해의 부족에 기인한 것이다. 특히 소수 거대 종교 단체들에 편향된 과도한 정부 재정 지원을 한국 사회가 방조한 결과 한국 종교시장은 조직적 부패와 비효율이 만연한 과점적인 시장 구조를 벗어나지 못하고 있다. 이러한 배경에서 '종교 없음' 인구에 대한 비판적 연구는 종교와 사회의 관계성에 대한 폭넓고 새로운 시각을 제공함으로써 한국 사회의 숨겨진 종교적 정체성의 본질에 대한 이해에 기여할 것이다.

3. 정책적 중요성

1) 종교적 자본

모든 사회에서 종교적 자본(religious capital)은 사회적 자본의 권력 중립적 특성에 공동체적 가치관과 도덕적 방향성을 제공함으로써 시민사회의 공적 영역에 깊이 개입해 왔다. 종교적 소속 여부를 불문하고 모든 현대인들은 그들의 공적 활동에 특별한 의미를 부여하기 위해 진리

Macmillan, 2012; James E. White, *The Rise of The Nones: Understanding and Reaching The Religiously Unaffiliated*.

와 사랑, 전쟁과 평화, 자유와 평등, 희생과 봉사, 화해와 용서 같은 종교적으로 정의되고, 상징되고, 설명되고, 실천되는 수많은 추상적 언어들을 의심 없이 그들의 일상에서 경험적으로 구현하고 있기 때문이다. 이러한 맥락에서 '종교 없음' 인구가 가진 보이지 않는 종교적 자본의 중요성을 이해하기 위해서는 그것이 사회적 자본으로 변형될 수 없는 매우 사적인 용도에 국한된 것이라는 오랜 지적 편견에서 탈피하는 것이 필수적이다. 이제는 종교적 자본과 사회적 자본을 포괄하는 '영적 자본(spiritual capital)'의 개념을 서로 다른 문화적 맥락에서 적용한 많은 연구 사례들이 등장하고 있다.[12] '영적 자본'이 무엇으로 불리든 그 연구들은 각각의 사회적 맥락에서 긍정적이고 건설적인 사회적 자본을 형성하는 데 기여할 새로운 유형의 종교적 자본을 발견하고자 하는 것이다.

이런 노력은 전통적 관계성이 단절된 현대인들의 일상 속에서 다양하게 변형된 종교적 믿음과 행위체계들이 한 사회의 책임 있는 구성원으로서 '종교 없음'에 의존하고 있는 현대인들에게 어떻게 글로벌 시민사회(global civil society)에 보편타당한 도덕적 기준을 제공할 것인지의 문제로 귀결된다. 즉, 종교조직이나 종교적 네트워크에 기초한 사회적 자본에 반응하지 않는 '종교 없음' 인구들의 종교적 자본 축적은 가능한

---

12 Peter L. Berger & Robert Hefner, "Spiritual Capital in Comparative Perspective," presented at the 'Spiritual Capital Planning Meeting' on the 10-11 October 2003; John Field, *Social Capital*, London: Routledge, 2003; Robert Woodberry, "Researching Spiritual Capital: Promises and Pitfalls," presented at the 'Spiritual Capital Planning Meeting' on the 10-11 October 2003; Chris Baker & Hannah Skinner, *Faith in Action: the Dynamic Connection between Spiritual and Religious Capital*, Manchester: William Temple Foundation, 2006; Chris Baker & Jonathan Miles-Watson, "Exploring Secular Spiritual Capital: An Engagement in Religious and Secular Dialogue for a Common Future?," presented at the 'Spiritual Capital Planning Meeting' on the 10-11 October 2003.

것인가? 만약 이것이 가능하다면, '종교 없음' 인구의 종교성이 글로벌 시민사회에 적합한 사회적 자본(social capital)을 창출할 수 있는 실제적 조건들은 무엇인지에 대한 고려가 정책적으로 선행될 필요가 있다.

종교적 자본에 대한 가장 명쾌한 정책적 방향성을 가진 종교시장 이론에서 볼 때, '종교 없음' 인구의 질적·양적 변화는 전체 종교시장의 역동성을 좌우하는 매우 결정적인 변수가 될 수 있다. 상품 또는 서비스에 대한 시장의 수요가 현재적인지 잠재적인지의 차이와 마찬가지로 한국의 '종교 없음' 인구 역시 잠재적 수요자로서 종교시장의 공급자들에게 새로운 마케팅 전략과 서비스 개발전략의 주요한 동기를 부여하고 궁극적으로 하나의 틈새시장을 창조할 것이다. 특히 종교적 멤버십(religious membership) 개념과 맞지 않는 유교나 불교는 물론이고 점술이나 민간신앙에 대한 체계적인 종교적 식별법을 갖지 못한 한국의 사회조사들에서 '종교 없음' 인구비율은 대부분 과장된 채로 나타난다. 통상적으로 '종교적 소속이 없다'는 설문이 '종교가 없다'는 의미로 간주되는 사회조사들에서는 이런 과장이 훨씬 더 뚜렷하게 나타날 수 있다. 이처럼 사회학적으로 종교의 정의에 '조직'을 필수요소로 포함하는 한, '경험'이나 '체험'을 중심으로 종교적 믿음과 행위를 이해하는 인구들의 종교성은 누락될 수밖에 없기 때문이다. 찰스 테일러(Charles Taylor)가 현대 사회의 종교적 다양성 문제를 윌리엄 제임스(William james)의 '종교' 개념에 기초하여 이해하고자 했던 것은 이런 이유에서일 것이다.[13]

따라서 조직적 네트워크에 의존함 없이 개인적 또는 집단적 종교경험이 생산·유통·재생산되는 현대 사회에서 종교조직과 종교경험의 불가분적 관계성이 급격히 붕괴되는 상황을 정확히 반영하기 위해서

13 찰스 테일러, 『현대종교의 다양성』, 송재룡 옮김, 문예출판사, 2015.

는 새롭고 포괄적인 종교의 개념이 요청된다. '종교 없음' 인구의 종교성을 인식할 수 없는 기존 종교 개념의 해체는 현실적으로 종교시장의 공급자뿐만 아니라 수요자의 개념적 범위를 확장시키고 복잡하게 만들고 있다. 의식적이거나 무의식적 구속력으로 구성된 위계적 질서와 그 영향으로 정의된 '묵시적 종교(implicit religion)'로,[14] '무교회적 영성(unchurched spirituality)'으로,[15] 그리고 사회적·제도적 수준의 기존 분석 단위를 탈피하여 개개인의 일상에서 실제로 경험되고 실천되는 대중적 종교성에 기초한 '생활종교(lived religion)'로서[16] 새로운 종교사회학적 종교 또는 종교성의 개념들이 등장하고 있다. 이처럼 '종교 없음' 인구의 문제는 단순히 사회가 세속화된다거나 종교의 사회적 중요성이 상실된 추세의 당연한 결과가 아니라 현대 사회의 종교성이 이전과는 다른 훨씬 더 복잡한 형태로 진화하고 있음을 의미하는 것이다.

종교시장의 다양성과 복잡성이 내부적으로 심화되고 있는 하나의 방증으로서 '종교 없음' 인구의 종교성에 대한 새로운 인식의 전환과 이를 토대로 한 정책적 전환이 동시에 한국 사회에도 필요하다는 점에서 한국의 문화체육관광부 산하 종무실의 종교편향적 정책들 또한 비판적으로 재검토되어야 한다. 개신교, 불교, 천주교의 소수 거대 종단에 매년 수백억 원의 국비를 지원함으로써 종교경제를 거시적으로 왜곡시키는 중대한 정책적 실패를 낳고 있음에도 불구하고, '종교정책은 없고 종무행정만 있다'고 공언하는 종무실의 종교편향적 예산편성이 충분한 법

14 Edward Bailey, "Implicit Religion," in *The Oxford Handbook of the Sociology of Religion*, New York: Oxford University Press, 2009, 801-802.

15 Eva M. Hamberg, "Unchurched Spirituality," in *The Oxford Handbook of the Sociology of Religion*, New York: Oxford University Press, 2009, 748-751.

16 Meredith B. McGuire, *Lived Religion: Faith and Practice in Everyday Life*, New York: Oxford University Press, 2008.

적 근거 없이 해방 이후 오늘날까지 지속되고 있다.[17] '종교 없음' 인구의 종교적 수요를 배제한 채 조직화되고 제도화된 소수종교들이 세속사회의 수많은 이익집단들 중의 하나로 기능하는 왜곡된 종교경제에서는 그 사회가 가진 종교적 자본의 총량이 증가하기 어렵다. 왜냐하면 정부의 과도한 시장개입으로 종교경제가 비효율적이고 부패하는 정도로 종교적 자본은 상실될 것이기 때문이다.

시민사회를 지탱해 주는 사회적 자본의 하나로서 종교적 자본이 기여할 수 있다면, 종교적 자본의 축적을 저해하는 정부정책의 실패는 시민사회의 정신적·도덕적 인프라를 스스로 허무는 것일 뿐만 아니라 글로벌 사회의 종교적 다양성 압력에 직면하여 위협받고 있는 문화적 정체성을 약화시키는 결과를 낳게 될 것이다. 대조적으로 미국이나 유럽에서는 전체 인구의 절대적 소수에 속하는 무신론자(atheist), 불가지론자(agnostic) 및 휴머니스트들이 SSA(Secular Student Alliance), EHF(European Humanist Federation), IHEU(International Humanist and Ethical Union)과 같은 전국적·국제적 조직을 만들고 종교단체에 준하는 정부지원을 요구하면서 세속적 가치에 기초한 국가의 건설을 위해 글로벌 네크워크를 구축하고 있다. 현대 시민사회의 새로운 시민윤리로서 기여할 종교적 자본은 세속적 가치이든 탈세속적 가치이든 종교적 다양성을 넓게 인정하고 포용하는 차원에서 축적될 때 사회적 자본의 총량적 증가에 기여할 수 있는 것이다.

---

17 유광석, 『종교시장의 이해』, 83-89.

2) 종교 유형론

앞서도 지적한 것처럼 기존의 양적 조사 방법에서 의문 없이 사용되어 온 '종교 없음'의 범주는 현실의 종교적 다양성과 복잡성을 과도하게 단순화할 위험을 안고 있다. '종교 없음' 그룹의 범주는 일반적으로 종교 항목을 포함하고 있는 인구센서스 및 사회통계조사에서 사용되는 포괄적 범주(catch-all category)를 대신할 수 있는 구체적이고 세분화된 범주들을 개발해야 할 이론적 당위성을 연구자들에게 부과하고 있다.

인식론적 관점에서 '종교 없음'에 체크한 사람들의 종교성을 정확히 이해하기 위해서는 종교조직에 대한 멤버십을 전제로 신자와 비신자를 구분하는 유일신적 기준을 먼저 버려야 할 필요가 있다. 인구센서스나 사회통계조사의 종교식별법이 근본적으로 종교적 소속과 관련하여 한 개의 박스에만 체크하도록 선택지의 범위를 인위적으로 제한함으로써 인간의 복잡한 종교성을 양적으로 조작하는 측면이 강하기 때문이다. 미국에서는 불교적 명상법을 수행하면서도 스스로를 비종교인, 매주 교회를 가는 무신론자[18], 그리고 영적이지만 종교적이지 않은(spiritual, not religious) 수많은 젊은 지식층이 존재하는 것[19]과 마찬가지로, 한국에서도 점술적 믿음을 가진 기독교인들, 종교의례에 한 번도 참여하지 않으면서 자신을 불교인라고 여기는 사람들, 유교적 생활태도와 방식을 유지하면서도 스스로를 비종교인이라 여기는 사람 등 다양한 중층적 종교성(multiple religiosity)이 있다. 양적 연구의 이분법적 기준으로 보면 그들의 종교성을 분류하고 측정하기란 불가능에 가깝다.

---

18 Elaine H. Ecklund & Kristian Schultz Lee, "Atheists and Agnostics Negotiate Religion and Family," *Journal for the Scientific Study of Religion* 50/4, 2011, 728-743.

19 Robert C. Fuller, *Spiritual, but not Religious: Understanding unchurched America*, 2001.

결국 유형론적 관점에서 보면, 종교의 개념을 조직적 차원에서 정의하는 고전적 유형론을 버리고 현대 사회의 종교적 다양성에 부합하는 새로운 종교 유형론(new typology of religion)을 구축해야 한다. 유럽적 토양에서 만들어진 막스 베버(Max Weber)의 종파-교회(sect-church) 이분론이나 에른스트 트뢸치(Ernst Troeltsch)의 신비주의-종파-교회(mysticism-sect-church)의 삼분론은 종교조직을 종교 개념의 필수적 요소로서 상정함으로써 지구화 과정에서 일어나는 종교전통들 간의 다면적인 혼합과 분열 및 재생산 과정을 이해하는 데 큰 도움이 되지 못한다. '종교 없음'의 범주에 속하는 인구들은 개신교, 천주교, 불교, 유교와 같은 전통적 종교전통의 범주 밖에서 또는 초범주적 종교성을 추구하는 사람들인 것을 고려할 때, '종교 없음' 인구를 유형화할 수 있는 새로운 유형론의 개발이 종교정책적으로 절실히 필요하다.

예를 들어 한국의 인구센서스처럼 연령대를 구분하지 않고 종교적 정체성을 가질 수 없는 유아들까지 종교선택지에 체크하도록 함으로써 종교인구 비율에 대한 체계적 오류를 낳는 경우나 불교, 천주교, 개신교와 같은 거대한 종교범주들만 선택지에 포함함으로써 조사방법의 체계적 편향성을 보이는 경우는 현실의 사회조사들에서 어렵지 않게 확인할 수 있다.[20] 현실 사회의 종교성을 정확히 반영하는 종교식별법을 만들기 위해서는 '개신교', '불교', '유교', '기타'와 같은 거대 종교범주들을 종파(sect)-교파(denomination)별로, 보수적-중도적-개방적 태도별로, 기성종교-신종교별로, 세계종교-민족종교별로 다양한 하위범주(sub-category)들로 세분화하는 것이 필요할 뿐만 아니라 '종교 없음' 인구

---

20 유광석, 「한국 종교소수자의 현황과 문제점: 인구센서스와 해외 데이터베이스의 비교」, 『담론 201』 18/2, 한국사회역사학회, 2015, 43-63.

의 경우는 해외에서 개발된 'spiritual, but not religious(SBNR)', 'non-official religion', 'implicit religion', 'invisible religion', 'lived religion' 또는 'popular religion'과 같은 범주들을 활용하여 그들에 대한 새로운 유형화 작업을 모색할 수 있을 것이다.

특히 현대 영국인들의 종교성을 '소속 없는 신앙인(believing without belonging)'으로 묘사한 그레이스 데이비(Grace Davie)[21]의 통찰력에 더하여 '소속 있는 비신자(belonging without believing)' 그룹까지 함께 유형화할 수 있는 복합적 종교 유형론 모델의 개발이 한국적 상황에서도 요구된다. 이런 면에서 유럽이나 북미에서 '종교 없음' 그룹을 유형화하는 방법론과 경험적 시행착오들을 비교적 관점에서 고찰하는 작업 역시 한국의 종교적 특수성을 충실하게 반영한 한국적 종교 유형론의 개발에 유용하게 활용될 수 있을 것이다.

3) 종교다양성

한국 사회가 역사적으로 이전에는 경험해 보지 못한 종교적 다양성(religious diversity)이라는 거대한 '문화적 쓰나미'가 인적·물적 자원의 이동 증대 및 정보통신 및 교통기술의 발달로 제한 없이 한국 사회에 들어올 때, 종교적 정체성의 혼란과 충돌을 최소화할 수 있는 정책적 방향성을 세우는 데 '종교 없음' 인구의 종교적 정체성에 대한 정확한 이해는 매우 중요하다. 다원주의(pluralism)란 종교적 다양성을 추구하는 일관적인 사회적 태도이거나 하나의 이데올로기이며, 다원성(plurality)이

---

21 Grace Davie, *Religion in Britain since 1945: Believing without Belonging*, Oxford: Wiley-Blackwell, 1994.

란 경험적 현실 그 자체를 지칭하는 것이고, 다원화(pluralization)는 평화적 공존을 지향하는 사회화 과정을 의미한다.[22] 그 이름이 무엇으로 불리든, 다양성을 존중하든 경시하든 지구화 과정에 병행하여 종교적 다양성의 문제는 각 사회에 정책적 다원주의를 외적으로 강제함으로써 종교시장에서 단일하고 순수한 종교전통의 영역을 위축시키고 있다.

해방 이후 70년간 한국 사회는 빠른 경제적 성장과 산업화에 못지않게 개신교, 불교, 천주교의 급격한 성장을 경험하면서 일종의 과점적 종교시장으로 변모하였다. 그러나 국내의 종교적 다양성 문제에 대한 통합적 접근법이 전무한 진공상태에서 1990년대 이후 지구화 과정의 심화와 병행하여 북미와 유럽은 물론 중국과 동남아시아로부터 다양한 종교적 전통으로 무장한 이질적인 종교 인구의 대량 유입이 꾸준히 증대되고 있다. 특히 아시아 이슬람, 남방불교, 힌두교, 바하이교, 파룬궁, 뉴에이지, 라엘리안 운동, 아시아 가톨릭, 중국의 민속종교, 창가학회나 천리교와 같은 일본 신종교 등의 빠른 성장은 서구 사회의 세속적 종교문화와 함께 한국의 종교적 다양성 수준을 양적으로나 질적으로 더욱 복잡하게 만들고 있다. 한국의 토착문화에 적응하면서 수백 년의 전통을 가진 한국 불교 및 기독교와는 달리, 최근에 유입되는 종교들의 대부분은 외국의 토착문화와 인종적 정체성을 수반한 일종의 민족종교(ethnic religion)가 많다는 점에서 종교적 다양성에 대한 기존의 문화정책적 접근법의 한계를 방증하고 있다. '다문화정책'으로 대표되는 현재의 문화정책은 한국 사회가 직면하고 있는 종교다양성 문제와 관련하여 단일민족성이나 단일문화적 전통을 계승 및 발전시키는 차원에서 입안된 문화적 공존과 타협이 아니라, 종교적 다양성이라는 '새로운 사회적 사

22 피터 버거·안톤 지더벨트, 『의심에 대한 옹호』, 함규진 옮김, 산책자, 2010.

실(social fact)'에 기초한 구체적인 종교정책이 필요한 것이다.

이러한 종교시장의 다양성 수준에서 '종교 없음' 인구의 종교성에 대한 연구가 추구하는 가장 중요한 종교정책적 목표 중의 하나는 개인적이고 집단적인 종교적 선택의 폭이 넓어진 한국의 종교시장에서 '종교 없음' 인구의 종교적 필요가 무엇이고, 그들이 어떻게, 그리고 왜 변할 것인지를 정책적으로 예측하는 것이다. 개별적 종교전통에 집착한 기존의 미시적 연구들이 가진 근본적 한계는 한국 종교시장의 거시적 궤적과 역동성을 하나의 일관되고 통합된 이론이나 결정변수로 분석하거나 설명해 내지 못한 점에 있다.

따라서 '종교 없음' 인구를 포함하여 종교시장의 수많은 공급자와 수요자들의 기본적 행동 원리가 무엇이고 그들을 효율적으로 관리할 수 있는 종교시장 정책은 이론적으로 어떤 것이어야 하는지를 규명하는 작업은 지구화 시대에 필수적인 한국 사회의 문화적 생존 여건을 찾는 것과 무관하지 않다. 기존의 종교 연구들이 단순히 종교 간 대화나 공존의 문제로 지구화 사회의 종교적 다양성과 역동성을 이해하고자 하는 낭만적이고 이상적인 접근법에 머물러 있던 것과 반대로, 종교사회학의 새로운 패러다임으로 불리는 종교시장 이론에서는 종교시장의 공정한 경쟁 시스템과 종교적 자유의 실질적 보장이 종교시장 참여자들의 합리적 선택을 가능하게 하며, 결국 한 사회의 종교경제를 가장 효율적으로 만듦으로써 전체 사회 구성원의 종교적 만족도를 높이고, 글로벌 시민사회의 새로운 기초로서 종교가 기능할 수 있게 만들 것이다.

4. 이론적 맥락

종교적 자유와 국교 부인을 건국이념으로 채택한 미국 사회의 종교적 토대를 고려할 때 종교시장 이론의 탄생이 왜 미국적 역사와 사회구조를 반영한 것인지는 부연할 필요도 없는 것이지만, 종교사회학의 새로운 패러다임으로 불리는 종교시장 이론의 가장 큰 통찰력은 '종교 없음' 인구의 존재를 한 사회의 세속화 현상으로 가볍게 단정하지 않았다는 점에 있다. 이 이론을 주도적으로 건설한 로드니 스타크(Rodney Stark)는 유럽에서 가장 세속적인 사회로 인정된 스웨덴의 '종교 없음' 인구를 미국과 일본의 경우와 비교하면서 그들 중 대다수가 영성운동(spiritual movement) 및 무교회종교(unchurched religion)들에 참여하고 있음을 밝혀냈다.[23] 이러한 연구들은 후기세속사회(post-secular society)로 진입한 동시대 서유럽의 종교적 정체성이 무엇인지에 관한 세속화론자들과 종교시장 이론가들 간의 이론적 논쟁에 많은 시사점을 제공하고 있다.

'종교 없음' 범주와 관련하여 가장 의미 있는 시사점은 다원주의가 탈기독교화(de-Christianization)를 강제하는 것은 사실이지만, 탈기독교화와 세속화는 구분되어야 한다는 주장이다.[24] 탈기독교화는 종교적 변동의 한 부분으로서 이해되면 족한 것이고 그것이 모든 종교의 종말이나 쇠퇴로 이해될 필요는 없다는 것이다. 기업처럼 관료화되고 조직화된 거대 종교들에 소속되는 것에 피로감을 느끼는 현대인들이 '종교 없

---

23 Rodney Stark, Eva Hamberg & Alan S. Miller, "Exploring Spirituality and Unchurched Religions in America, Sweden, and Japan," *Journal of Contemporary Religion* 20/1, 2005, 3-23.

24 William H. Swatos & Kevin J. Christiano, "Secularization Theory: The Course of a Concept," *Sociology of Religion* 60/3, 1999, 223.

음' 범주로 대거 이탈하고 있음에도 불구하고 그들은 여전히 새로운 방법으로 영적 탐구나 가치를 추구하고 있고, 일정한 사회적 이슈들에 대해 종교적 정체성을 공적으로 표현하거나 방어하고 있다. 후기세속사회의 특징은 세속화 이론이 기초한 진화론적 근대화 모델[25]에서는 설명할 수 없었던 진보와 후퇴, 이성과 비이성, 과학과 신화, 신앙과 불신의 문화가 시민사회의 존재론적 기초를 이루면서 분리불가분하게 공존하고 있다는 점이다.

이런 측면에서 종교적 다양성이 증대하는 현대 사회의 새로운 종교 유형으로서 '종교 없음' 인구의 종교적 자본화는 하나의 종교경제가 로버트 벨라(Robert Bellah)의 '시민종교(civil religion)'와 같은 초규범적이고 메타적인 종교성을 상정하지 않고서도 시민사회의 윤리체계를 어떻게 효율적으로 작동시킬 수 있을지에 대한 이론적 설명으로서 종교시장 이론의 잠재력을 보여 준다. 북미 사회의 개신교 문화에 기초한 시민종교의 개념적 등가물을 한국에서는 유교, 인도에서는 힌두교, 일본에서는 신도, 인도네시아에서는 이슬람과 같은 방법으로 규정하고자 한다면, 엄밀히 말해서 한국의 시민종교는 유교가 아니라 인구의 절대다수를 차지하고 있는 '종교 없음' 인구의 종교성에서 먼저 찾아야 할 것이다. 이러한 개념적 등가물의 피상성과 단순성에 대한 한계는 별론으로 하더라도, '종교 없음' 인구가 실제로 그들의 시민윤리적 원천을 어디에 두고 있으며, 어떻게 윤리적으로 스스로를 정당화하는지에 대한 연구조차 없이 현대 한국인들의 종교성을 이론화하는 것이 얼마나 사변적이고 공허한 논의인지를 자문하지 않을 수 없다.

---

25 Jeffrey K. Hadden, "Toward Desacralizing Secularization Theory," *Social Forces* 65/3, 1987.

'종교 없음' 인구를 포함하는 하나의 종교경제를 상정한다면, 그것이 어떻게 자발적 결사체들의 장(field)으로서 시민사회의 구성요소가 될 수 있을지는 사실 시민사회의 개념 논쟁만큼이나 종교사회학자들에게 근본적 의문을 제기한다. 종교시장 이론가들이 당연시했던[26] 종교경제 시스템 내부의 지배구조를 해부하거나 폭로하는 비판적 대안 그룹으로서 '종교 없음' 인구의 개인적 자율성은 '건강한' 시민사회의 형성에 기여할 뿐만 아니라 민주주의의 본질적 구성요소로서 종교경제의 기능을 강화시킬 것이다. 종교적 가치에 기초한 환경·노동·복지·재해·이주와 관련한 수많은 비정부기구(NGO)나 사회적 기업들이 시민사회의 양적·질적 발전에 기여하고 있다는 것을 부정할 필요가 없는 것처럼, 세속주의나 휴머니즘 또는 심지어 반종교적 가치에 기초한 '종교 없음' 인구의 자발적 결사체들 또한 아직은 소수이지만 시민사회의 균형적 발전에 중요한 역할을 할 수 있을 것이다.

하버마스와 같은 비판이론가들에게 건강한 시민사회란 '구성원들에게 공유된 의미들을 기반으로 구성원들에 의해 운영되는' 사회다.[27] 종교경제는 바로 그 '공유된 의미들을' 건설하고 유지하며 내면화시키는 그 사회의 의미와 상징의 체계이고 행위규범의 원천이다. 특히 한국과 같은 소수 거대 종단들의 독과점과 정종유착(政宗癒着)으로 독과점 조직을 견제할 장치가 없고 구조적으로 왜곡된 종교경제에서는 '종교 없음' 인구의 자발적 결사체들에 의한 공적 영역(public sphere)에의 참여가 더욱 절실하다. 집단적으로 부패한 지배구조를 강제하고 있는 거대

---

26 로드니 스타크·로저 핑키, 『종교경제행위론』, 유광석 옮김, 북코리아, 2016, 제8장 참조.

27 마이클 에드워즈, 『시민사회: 이론과 역사, 그리고 대안적 재구성』, 서유경 옮김, 동아시아, 2015, 37.

종단들이 '건강한' 시민사회의 형성에 가장 큰 장애물로 작용할 수 있다는 것은 반드시 하버마스적 시민사회론에 의존하지 않더라도 쉽게 예측할 수 있다. 이런 면에서 종교시장경제의 효율성과 종교적 자원의 균형적 분배를 증진하는 데 세속적 시민단체나 조직들의 종교성이 매우 큰 기여를 할 수 있다. 매우 세속화된 형태의 종교 모델인 벨라의 미국적 시민종교[28]와 마찬가지로 지구시민사회를 지탱해 줄 지구시민종교(Global Civil Religion)의 도래를 기대할 수 있다면, 오늘날 '종교 없음' 인구의 종교성 또는 세속성의 진화는 민족국가의 한계를 넘어 글로벌의 맥락에서 더욱 중요한 연구 과제가 된다.

5. 나오며

이 논문은 '종교 없음' 인구에 대한 미국의 최근 연구 경향을 소개하고, 기존의 종교사회학에서는 철저히 무시되었던 '종교 없음' 인구의 종교성이 갖는 이론적·정책적 중요성에 대해 종교시장 이론적 맥락에서 그 당위성을 설명하고 분석하고자 하였다. 한국적 시민사회와 글로벌 시민사회의 기초적 의미체계로서 기여할 종교적 자본으로서, 지구화의 결과로 증대하는 종교적 다양성을 정책적으로 관리하고 분석하는 수단으로서, 그리고 현실 사회의 종교성을 그대로 반영할 수 있는 새로운 종교유형의 개발을 위해서 '종교 없음' 인구의 종교성에 대한 연구의 중요성을 설명하였다. 결과적으로 근대 서구 사회에서 개발된 '종교(religion)'

28 Warren S. Goldstein, "Secularization Patterns in the Old Paradigm," *Sociology of Religion* 70/2, 2009, 161.

의 개념은 근대 사회의 물질적·기술적 조건으로 포섭되지 않는 탈근대 사회의 구조적 환경으로 인해 새롭게 재정의되지 않을 수 없는 상태에 이르렀다.

또한 매우 시론적인 수준에서 이 논문은 후기세속사회로 진입한 유럽적 상황을 고려하여 유럽적 종교-시민사회 모델과 미국적 모델의 중간 지점에 위치한 한국적 시민사회의 양적·질적 발전 과정에서 '종교 없음' 인구가 어떻게, 그리고 왜 고려되어야 하는지를 설명하고자 하였다. 지구화라는 동시대적 추세를 거스를 수 없는 한국 사회의 종교적 다양성과 이질성의 증대는 전통종교에 소속되는 것을 거부한 새로운 세대에게 종교적 선택의 폭을 넓게 제공하고 있다. 전체 인구의 절반 이상이 종교적 소속이 없다고 답하는 상황이 한국 사회의 종교적 정체성이 상실되고 있다는 주장을 유지하는 세속화 이론의 궁극적 근거라면, 그들의 숨겨진 종교성을 찾아내고 구체화하는 것은 종교시장 이론의 당위론적 연구 과제다.

참고문헌

김성건, 『글로벌 사회와 종교』, 서울대학교출판문화원, 2015.

박준성·박은미·정태연, 「종교성이 일반적 신뢰, 자기-효능감 그리고 생활만족도에 미치는 영향: 개신교인과 비종교인의 생활양식 비교」, 『종교연구』 55, 한국종교학회, 2009.

버거, 피터·안톤 지더벨트, 『의심에 대한 옹호』, 함규진 옮김, 산책자, 2010.

스타크, 로드니·로저 핑키, 『종교경제행위론』, 유광석 옮김, 북코리아, 2016.

에드워즈, 마이클, 『시민사회: 이론과 역사, 그리고 대안적 재구성』, 서유경 옮김, 동아시아, 2015.

유광석, "Limitations of Religious Economy Model in Korean Religious Market," 『종교와 문화』 23, 서울대종교문제연구소, 2012.

유광석, 『종교시장의 이해』, 다산출판사, 2014.

유광석, 「한국 종교소수자의 현황과 문제점: 인구센서스와 해외 데이터베이스의 비교」, 『담론 201』 18/2, 한국사회역사학회, 2015.

유광석, 「합리적 선택 이론」, 김성건 외 지음, 『21세기 종교사회학』, 다산출판사, 2013.

유광석, 「합리적 선택 이론에서 종교적 수요의 안정성 논쟁」, 『담론 201』 16/2, 한국사회역사학회, 2013.

윤이흠, 「한국인 종교적 심성의 근원: 종교 인구통계의 허실」, 『정경문화』 245, 1985.

이수인, 「종교와 종교성 그리고 정치적 태도: 불교, 개신교, 천주교를 중심으로」, 『동향과 전망』 6, 한국사회과학연구소, 2013.

전성표, 「개신교인과 무종교인 사의의 도덕성 차이와, 개신교인의 도덕성에 미치는 종교적 영향」, 『한국사회학』 34, 한국사회학회, 2000.

조혜윤·손은정, 「종교성향과 불안과의 관계에서 종교적 대처와 낙관성의 매개효과」, 『상담 및 심리치료』 20/3, 한국심리학회, 2008.

최현종, 「종교성과 도덕적 판단 양태」, 『선교세계』 13, 서울신학대학교 기독교신학연구소, 2011.

테일러, 찰스, 『현대종교의 다양성』, 송재룡 옮김, 문예출판사, 2015.

Atran, Scott, *In Gods We Trust*, Oxford: Oxford University Press, 2002.

Bailey, Edward, "Implicit Religion," in *The Oxford Handbook of the Sociology of Religion*, New York: Oxford University Press, 2009, 801-802.

Bainbridge, William S., "Atheism," in Peter Clarke (ed.), *The Oxford Handbook of The Sociology of Religion*, New York: Oxford University Press, 2009.

Baker, Chris & Jonathan Miles-Watson, "Exploring Secular Spiritual Capital: An Engagement in Religious and Secular Dialogue for a Common Future?," presented at the 'Spiritual Capital Planning Meeting' on the 10-11 October, 2003.

Baker, Chris & Hannah Skinner, *Faith in Action: the Dynamic Connection between Spiritual and Religious Capital*, Manchester: William Temple Foundation, 2006.

Barrett, Justin L., *Why Would Anyone Believe in God? Walnut Creek*, California: AltaMira Press, 2004.

Berger, Peter L. & Anton Zijderveld, *In Praise of Doubt: How To Have Convictions Without Becoming A Fanatic*, HarperOne, 2009.

Berger, Peter L. & Robert Hefner, "Spiritual Capital in Comparative Perspective," presented at the 'Spiritual Capital Planning Meeting' on the 10-11 October 2003.

Boyer, Pascal, *Religion Explained*, New York: Basic Books, 2002.

Davie, Grace, *Religion in Britain since 1945: Believing without Belonging*, Oxford: Wiley-Blackwell, 1994.

Davie, Grace, "Is European Exceptional Case?," *International Review of Mission* 95 (378/379), 2006, 247-258.

Dawkins, Richard, *The God Delusion*, Boston: Houghton Mifflin, 2006.

Ecklund, Elaine H. & Kristian Schultz Lee, "Atheists and Agnostics Negotiate Religion and Family," *Journal for the Scientific Study of Religion* 50/4, 2011, 728-743.

Edwards, Michael, *Civil Society*, Polity Press, 2004.

Field, John, *Social Capital*, London: Routledge, 2003.

Fuller, Robert C., *Spiritual, but not Religious: Understanding unchurched America*, New York: Oxford University Press, 2001.

Glenn, Norval D., "The Trend in "no religion" Respondents to U.S. national surveys, late 1950s to early 1980s," *Public Opinion Quarterly* 51/3, 1987, 293-314.

Goldstein, Warren S., "Secularization Patterns in the Old Paradigm," *Sociology of Religion* 70/2, 2009.

Hadden, Jeffrey K., "Toward Desacralizing Secularization Theory," *Social Forces* 65/3,

1987.

Hamberg, Eva M., "Unchurched Spirituality," in *The Oxford Handbook of the Sociology of Religion*, New York: Oxford University Press, 2009, 748-751.

Hus, Becky, Amy Reynolds, Conrad Hackett & James Gibbon, "Estimating the Religious Composition of All Nations: An Empirical Assessment of the World Christian Database," *Journal for the Scientific Study of Religion* 47/4, 2008, 678-693.

Lim, Chaeyoon, Carol A. MacGregor & Robert D. Putnam, "Secular and Liminal: Discovering Heterogeneity Among Religious Nones," *Journal for the Scientific Study of Religion* 49/4, 2010, 596-618.

McGuire, Meredith B., *Lived Religion: Faith and Practice in Everyday Life*, New York: Oxford University Press, 2008.

Noise, David, *The Rise of Secular Americans: Nonbeliever Nation*, New York: Palgrave Macmillan, 2012.

Pew Research Center, *America's Changing Religious Landscape*, Washington D.C.: Pew Research Center, 2016.

Stark, Rodney, Eva Hamberg & Alan S. Miller, "Exploring Spirituality and Unchurched Religions in America, Sweden, and Japan," *Journal of Contemporary Religion* 20/1, 2005, 3-23.

Sherkat, Darren E., *Changing Faith*, New York and London: New York University Press, 2014.

Sherkat, Darren E., "Tracking the "Others": Dynamics and Composition of "Other" Religions in the General Social Survey, 1973-1996," *Journal for the Scientific Study of Religion* 38/4, 1999, 551-560.

Swatos, William H. & Kevin J. Christiano, "Secularization Theory: The Course of a Concept," *Sociology of Religion* 60/3, 1999.

Taylor, Charles, *Varieties of Religion Today: William James Revisited*, Harvard University Press, 2002.

Vernon, Glenn M., "Marital Characteristics of Religious Independents," *Review of Religious Research* 9/3, 1968, 162-170.

Vernon, Glenn M., "The Religious "Nones": A Neglected Category," *Journal for the Scientific Study of Religion* 7, 1968, 219-229.

Warner, Stephen R., "Approaching Religious Diversity: Barriers, Byways, and Beginnings," *Sociology of Religion* 59/3, 1998, 193-215.

White, James E., *The Rise of The Nones: Understanding and Reaching The Religiously Unaffiliated*, Grand Rapids, MI: Baker Books, 2014.

Woodberry, Robert, "Researching Spiritual Capital: Promises and Pitfalls," presented at the 'Spiritual Capital Planning Meeting' on the 10-11 October 2003.

American Religion Identification Survey, http://commons.trincoll.edu/aris/

Baylor Religion Survey, http://www.baylor.edu/mediacommunications/index.php?id=859483/

General Social Survey, https://gssdataexplorer.norc.org/variables/1076/vshow/

General Social Survey, https://gssdataexplorer.norc.org/variables/287/vshow/

General Social Survey, http://www.norc.org/Gss+website/

Korean General Social Survey, www.kasperskygss.com/

Korean Statistical Information Service, http://kosis.kr/

National Survey of Youth and Religion, www.youthandreligion.nd.edu/

Pew-Templeton Global Religious Future, http://www.globalreligiousfutures.org/

The Association of Religion Data Archives, www.thearda.com/

World Christian Database, www.worldchristiandatabase.org/

World Values Survey, www.worldvaluessurvey.org/

노인복지와 종교 기반 실버산업, 종교의 의미에 대한 재성찰: 실버타운을 중심으로[1]

전명수

1. 들어가며

실버타운은 본래 복지에 기반을 둔 노인들의 삶을 위한 주거를 의미하는 것으로, 법적으로 정립된 용어는 아니나 일반적으로 요양시설, 양로시설 등과 혼용되거나 그와 통합되어 사용되기도 한다. 보건복지부가 발간한 『2015 노인복지시설 현황』(이하 『2015 현황』)에 의하면 노인복지시설은 노인주거복지시설, 노인의료복지시설, 노인여가복지시설, 재가노인복지시설로 분류되고 있는데, 실버타운은 대부분 노인주거복지시설 중 양로시설과 노인복지주택에, 그리고 의료시설 중 일부 노인요양기관에 포함된다. 최근의 실버타운은 주거와 함께 의료와 생활여가 서비스를 쉽게 받을 수 있는 설비가 마련되어 있는 것이 특징으로, 다른

---

1 이 논문은 2015년도 정부재원(교육과학기술부 사회과학연구지원사업비)으로 한국연구재단의 지원을 받아 연구되었음(NRF-2015S1A3A2046920).

복지시설과 달리 정부 보조를 따로 받지 않고 60세 이상 입주민의 자비로 운영되는 시설에 국한해서 정의한다.

노인들만 모여 거주하는 형태의 실버타운의 필요성과 의미에 대해서는 그에 반대하는 주장이 일찍부터 제기된 바 있다. 노인들은 젊은이들과 분리되어서는 안 되고 통합된 공동체에서 함께 살아야만 한다는 것으로, 진정한 가족관계에서 서로를 도우면서 살 때 잘 부양될 수 있다는 것이다.[2] 그러나 이러한 실버타운이 병약한 노인들을 대상으로 했던 요양시설에서 발전된 복지의 한 형태라는 점을 고려한다면 가족과의 분리는 당연한 것이었다. 무엇보다 실버타운이 등장하게 된 이유 중 하나가 현대에는 이전과는 달리 '활동 노년층(active seniors)'이 증가하고 있다는 관점에 근거하는 것이어서, 이 시설의 이용을 가족들로부터의 분리가 아니라 오히려 자녀들에게서 벗어나 더 좋은 서비스를 받으면서 자유롭게, 그리고 독립적인 삶을 누리는 것으로 보기도 한다.

실제로 『2015 현황』에 나오는 최근의 실버타운들은 의료시설과 함께 고급화된 서비스를 제공한다. '더클래식 500', '삼성노블카운티', '노블레스타워', '서울시니어스분당타워', 'SK그레이스힐', '명지엘펜하임' 등 고층의 고급화된 실버타운들은 학교, 병원, 건설회사 등 민간 기업이나 단체가 적극적으로 참여해서 등장한 것들로, 모두 노인주거복지시설 중 양로시설과 노인복지주택 유형에 귀속되어 있다. 이들은 도심 가까이 위치하면서 근처 의료시설과 협력관계를 맺고 있고, 골프장부터 수영장, 다양한 피트니스 및 오락 시설과 생활편의 시설들을 확보하고 있다. 이들 실버타운의 입주는 어느 정도 경제력을 갖고 있는 노인들에게

---

2 J. Armand Burgun, "Integrated Housing for the Elderly," *Journal of Public Health Policy* 4/1, 1983, 65.

만 가능한 것이어서 이제 '노인'이 복지의 대상이기보다는 하나의 '상품'으로서 실버산업의 주요 품목으로 변화되고 있음을 보여 준다.

문제는 민간 기업에 의한 이러한 고급화된 실버타운의 운영이 종교 기반 실버타운에도 나타나고 있다는 것이다. 그간 종교계가 중심이 되어 운영해 온 유료 요양시설의 확장이라는 선상에서 본다면 현재 실버타운의 변화는 오히려 종교계가 주도한 측면이 보이기도 한다. 기독교 복지재단이 우리나라 최초의 유료 양로시설인 '유당마을'을 개소한 이후 1990년대에 들어가면서 주로 개신교와 가톨릭에 기반을 둔 이러한 유형의 유료 양로시설들이 지속적으로 나타났다. 그런가 하면 1999년에 설립된 '월명성모의집'과 2000년에 설립된 '흰돌실버타운'은 초기 종교 기반 복지주택으로, 특히 후자는 최근 고층의 고급화된 노인복지주택의 도래를 알려 주는 가톨릭 기반 실버타운이다. 유료 양로시설과 노인복지주택 모두 종교계가 선도한 것이다.

이와 같이 한국 실버타운의 역사에는 종교의 역할이 작지 않은 것으로 평가되지만, 그럼에도 최근 종교 기반 실버타운 역시 민간 기업들의 추세를 따라가는 양상을 보이고 있고, 이러한 과정에서 실버타운이 사회적 약자의 돌봄에 초점을 둔 종교복지적 특성보다는 오히려 경제적 지향이 드러난다. 종교라 해서 영리를 외면할 필요는 없으나 복지는 종교의 매우 중요한 영역이어서 문제가 제기되는 것이다. 그러나 만약 실버타운이 새로운 노인 주거문화의 패러다임으로 자유와 독립을 추구하는 변화된 노인의 삶과 관련이 있다면, 비록 일부이기는 하지만 노인들이 화려하고 고급스런 실버타운의 서비스를 받을 권리 역시 보장받아야 한다는 실버산업의 입장 역시 틀리지 않다. 따라서 이에 대한 논의는 종교, 특히 종교복지에서 종교의 의미와 역할에 대한 재검토로 이어져야 할 것으로 보인다.

2000년도에 들어와 실버타운은 각 종교계의 현안 문제가 되어 그에 대한 학술적 논의 또한 진행 중이다. 먼저 종교별로 이루어진 노인복지에서는 주로 각 종교 교리에 나타난 노인관에 초점이 맞추어졌고, 실버타운에 관한 논의도 재정적 어려움으로 인한 운영의 중단에 핵심이 있었으나[3] 이러한 어려움은 비종교 건설회사가 세운 '더 헤리티지'처럼 부도로 심각한 경영난에 봉착한 것도 있어 종교계 실버타운만의 문제는 아니었다. 이 논문에서는 개신교, 가톨릭, 불교 등 종교 기반 실버타운의 현황과 변화, 그리고 종교복지와의 관계 등을 살펴볼 것이다. 그러나 이 논문의 궁극적인 관심은 종교 기반 실버타운의 고찰을 통해 종교복지에서의 '종교'의 의미와 역할을 재성찰하는 데 있다. 자료는 『2015 현황』을 기반으로 운영 주체가 종교단체나 법인, 또는 종교 신자인 것을 중심으로 할 것이다.

2. 종교 기반 실버타운의 현황과 특성[4]

1) 기존 종교 기반 실버타운의 현황

최근에 지어진 개신교 '유당마을'[신관, 2014년 설립], 가톨릭 '마리스텔라'[2014년 설립], 불교 '운암시니어타운'[2017년 말 설립 예정]을 제외하고 1990년대 이후에 지어진 종교 기반 실버타운 중 대표적인 사례를 통해

3 『법보신문』, 2004. 8. 10, 「진단 한국불교 오늘과 내일 3: 불교 실버산업의 현실과 과제」.

4 이 논문에서 다루는 실버타운들의 입주 비용, 생활비, 서비스 프로그램들은 각 실버타운의 홈페이지와 안내서, 방문, 통화 등을 통해서 확인한 것이어서 별도로 출처를 표기하지 않고, 직접인용과 신문보도를 통해 알려진 내용들에 대해서만 그 출처를 밝히기로 한다.

살펴보자. 종교 기반 실버타운은 2000년대에 진입한 이후 새로운 비종교 일반 실버타운의 등장에 여러 모로 기여했을 것이라는 점에서 주목할 만하다. 일반적으로 통용되는 실버타운의 개념에 부합한 것은 앞에서 논한 것처럼 노인복지시설 중 양로시설과 노인복지주택이지만 '너싱홈' 같은 요양시설에도 실버타운이란 명칭이 붙기도 한다.

먼저 개신교 기반 실버타운 중 양로시설에 귀속된 것들을 살펴보자. 1988년 '유당마을'이 유료 양로원을 개설했고, 그 이후 많은 개신교 실버타운들이 뒤따라 설립되었다. 오산침례교회에서 운영하는 양로시설 로뎀실버텔[1999년 설립]은 정서 치료, 의료 치료, 종교 활동 등으로 구성되는데, 특히 종이접기, 서예, 쇼핑하기 등으로 치매를 예방하고자 하는 프로그램들이 활발하게 이루어진다. 연 1회 무료 정기검진을 받을 수 있으며 혈압, 당뇨 등에 대한 기본 건강 체크는 매일 실시된다. '유당마을'은 2014년 좀 더 고급화된 양로시설로 신관을 건축했다.

다음으로 노인복지주택에 귀속된 것들을 살펴보자. 양로 실버타운이 의료 서비스에 초점을 둔다면 노인복지주택은 다양한 문화생활 서비스를 제공하고, 이와 함께 요양시설을 운영해서 양로시설과 큰 차이가 없다. 성복교회의 '수동시니어타운'[2003년 설립]은 주거시설, 노인요양병원, 복지관이 함께 실버타운을 형성하고 있고, 부대시설로 수영장, 피트니스센터 등 도심에서 즐길 수 있는 문화레저 시설 역시 갖추고 있다.[5]

가톨릭계 실버타운으로 양로시설은 '미리내실버타운'[유무상통마을, 2001년 설립], '우술라의집'[2005년 설립] 외에 상당히 많은 편이다. '미리내실버타운'은 요양병원이 타운 내에 있는 전원형 실버타운이다. 가격

5 수동시니어타운은 본래 대한예수교장로회의 성복교회가 운영하는 것으로 확인되었으나 『2015 현황』에는 '개인'으로 바뀌었다.

부담을 줄인 의료 및 건강돌봄 서비스가 장점으로 알려져 있다. 노인복지주택 역시 가톨릭이 다른 종교에 비해 비교적 활발하게 운영 주체로 참여했다. 1999년에 바오로복지재단의 '월명성모의집'이 설립되었고, 2000년에는 부산에 로사사회봉사회의 '흰돌실버타운'이 건설되어 일찍부터 노인복지주택의 전형을 보여 주었다. 특히 '흰돌실버타운'은 요양센터, 복지의원, 종합복지관이 함께 있어 "건강과 생활의 조화를 추구하는 고품격 실버타운"이라는 표어가 말해 주는 것처럼 복합단지로서의 실버타운의 모습이 확실히 드러난다. 이들은 대부분 주로 저가의 실버타운이지만, 가톨릭에서도 2014년 다른 민간 기업의 고급화된 실버타운에 비견되는 '마리스텔라'를 설립했다.

불교 기반 실버타운은 대부분 노인요양시설들로, 사회복지법인 혜명복지원의 '혜명양로원'[1982년 설립]과 같은 양로시설이 없는 것은 아니나 불교복지에서는 2000년대에 들어와서도 여전히 요양시설의 설립을 중시하는 것으로 보인다. 불교계의 노인복지주택도 보이지 않아 2017년 말 완공 예정인 부산 신흥사 '운암시니어타운'이 주목된다. 불교 노인요양시설 중 대표적인 것으로 나주 미륵사 '백양실버타운'[2008년 설립]은 치매, 파킨슨병 등 노인성 질환을 가진 어르신이 생활하는 유료복지시설로 생활실과 휴게실, 물리치료실 등을 갖추고 있고, 복지타운에는 20여 명의 복지 전문가가 상주하며, 인근에 있는 여러 병원과 협약을 맺어 의료 서비스를 제공한다. 전주 정혜사 '상락정토마을'[2008년 설립]은 노인공동생활가정 유형에 속한다. 의료, 간호, 건강교육, 수지침, 한방진료 등 건강치료, 전문가 상담, 독서치료, 노래교실, 공연관람, 효도관광과 함께 나들이나 세탁을 돕는 생활 서비스까지 다양한 생활 서비스를 제공한다.[6]

이들 종교 기반 실버타운들을 비종교 실버타운과 비교해 보면 먼저 입주 비용과 생활비에서 훨씬 저렴하다는 것을 알 수 있다. 가톨릭의 '미리내실버타운', '월명성모의집', '흰돌실버타운', 개신교의 '공주원로원'[1996년 설립], 불교의 '일붕실버랜드'[2002년 설립] 등이 모두 저가 실버타운이다.[7] '일붕실버랜드'는 퇴소 시 원금을 돌려받는 입주보증금 제도뿐 아니라 9,000만 원에서 1억 6,000만 원을 선납 후 매월 생활비를 내지 않는 종신제 입주금 제도를 함께 운영한다. '공주원로원'은 15·18·22·23평형이 있고, 1인 기준 8,000만 원에서 1억 2,000만 원 사이다. 양로시설에 비해 노인복지주택은 이보다 가격이 높은 편이다. '수동시니어타운'은 16평형과 32평형이 있고, 입주 비용이 각 층마다 방향에 따라 조금씩 차이가 나지만 전체적으로 4,000만 원에서 1억 2,000만 원 사이이며, '흰돌실버타운'은 17·25·34평형이 있어 입주 비용이 1억 2,000만 원에서 2억 4,000만 원 사이이다.

동시에 이들 종교 기반 실버타운은 화훼 온실 운영, 텃밭 가꾸기 등을 할 수 있는 친환경 생활이 가능하다. '흰돌실버타운'의 프로그램 중 여가활동 서비스에는 텃밭 가꾸기가 포함되어 있다. '일붕실버랜드' 역시 중가 전원형에 비해 시설이 소박하고, 방 크기도 8-15평으로 작은 편이며, 입주자들이 텃밭을 가꾸고 주변을 산책하는 등 조용하고 평화롭게 지내는 분위기다. 또 하나의 큰 차이는 이들 종교 기반 실버타운들은 종교와 관계없이 입소자를 받아들이지만 예배를 위한 종교적 장소를 마련하고 있다는 것이다. 이것은 실버타운이 육신의 건강과 함께 노인들의 영적 구원을 위해 노력하는 곳이라는 의미다. 이 점은 특히 가톨릭 기반 실버타운에서 가장 활발하게 드러나고 있는데, '월명성모의집'은 신부가 상주하고 입주민의 90% 이상이 가톨릭 신자로, 매일 미사를 드

6 『미디어붓다』, 2008. 9. 22, 「도심속 실버타운 '상락정토' 개원」.

7 실버타운의 가격 평가는 한 블로거의 "실버타운 추천: 실버타운 선택 가이드", http://blog.naver.com/iamjunsungki/220283485871/를 참조했다.

리는 것이 중요한 일과 중 하나다. '흰돌실버타운'은 2015년 8월 '기도의 광장'을 마련했다.

이러한 종교 기반 실버타운의 특징은 그들만의 고유한 특성으로 볼 수는 없다. 비종교 일반 실버타운 중에도 의료재단이 운영 주체가 되고, 요양원을 단지 내에 두며, 특히 종교별로 예배공간을 마련한 곳이 보인다. 그러나 종교 기반 실버타운은 실버타운의 지향점을 종교적 차원에서 입주자들의 영성 개발에 둔 반면, 일반 실버타운은 고객에 대한 서비스 차원에서 종교실을 마련한다는 점이 다르다.

2) 최근 종교 기반 실버타운의 변화와 특성: '유당마을', '마리스텔라', '운암시니어타운'의 예

2000년 이후, 특히 2007년을 전후해서 실버타운 건설에 학교, 병원, 건설회사 등의 민간 기업이 진출하면서 가장 눈에 띄게 나타난 변화는 실버타운의 고급화다. 2007년은 복지제도에 바우처가 도입된 시기로, '복지의 시장화'를 이때부터로 주목하는 학자도 있다.[8] 실버타운 광고에 자주 등장하는 문구는 '호텔식', '고품격'이며, 건물의 고층화와 도심과의 근접성이 부각된다. 특히 이에 따라 입주 비용 역시 과거와는 달리 높게 책정되어 있다. 최근에 세워진 종교 기반 실버타운들에는 이러한 변화와 특성이 반영되어 있는 것으로 보인다.

먼저 '유당마을'은 전술한 것처럼 1988년에 세워진 우리나라 1호 개신교 기반 양로시설로, 실버타운에 대한 인식 변화를 이끌어 온 대표

---

8 김종해, 「사회서비스의 시장화, 무엇을 위한 것인가?」, 『한국사회복지학회 2008년도 춘계학술대회 자료집』, 2008, 106.

적인 곳 중 하나로 평가된다. 2014년 신관을 세워 고급화된 실버타운으로 그 모습을 일신하면서 일반 실버타운들의 트렌드를 좇고 있다. '유당마을'의 가장 큰 장점은 건강과 일상생활 능력에 따라 4단계 서비스를 통해 노인들을 돌본다는 것이다. 신관은 건강한 어르신, 본관 일부는 생활보조가 필요한 허약한 어르신, 유당케어홈은 24시간 케어가 필요한 어르신, 유당너싱홈은 장기요양등급을 받으신 어르신들이 거주하며, 이들에게 각각 차별화된 생활공간과 프로그램을 제공한다. 같은 양로시설에 포함되는 '삼성노블카운티'[2001]는 노인을 두 계열로 나누어 건강하고 활력 넘치는 시니어(Senior)가 독립적으로 생활하는 일반 세대[타워 A, B동]와 일상생활을 하는 데 도움이 필요한 시니어를 위한 프리미엄 세대로 구분하고, 양로시설로 너싱홈을 함께 운영하고 있다. 유당마을은 과거 종교 기반 실버타운과는 확실히 다르거니와, 오히려 새롭게 등장한 일반 실버타운의 특성을 따라가면서 거기서 한 걸음 더 나아갔다.

시설 면에서도 동일한 양상이 드러난다. 과거의 종교 기반 양로시설과 비교하면 '유당마을'[신관]은 일단 고층화[12층]되었고 방의 평수가 20·25·27·30·42평형으로 다양화되었으며, 크기가 넓어져서 선택의 폭이 커졌으나, 이에 따라 입주 비용이 1억 7,000만 원부터 2억 9,000만 원까지로 증가되었다. '삼성노블카운티'는 지상 20층, 지하 3층 규모의 건물 2동으로 이루어져 있고, 각 실의 면적은 30·40·50·70평형대로 평수가 단순히 주거용으로 볼 수 없을 만큼 커졌다. '유당마을'의 고층화와 42평형의 마련은 일반 실버타운의 고급화 추세를 반영한 것으로, 종교 기반 양로시설도 '요양'보다는 수익성에 좀 더 관심을 보여 준다는 의미로 이해된다.

서비스 역시 요양에 주목했던 과거 종교 기반 실버타운과 달리 의료, 생활, 피트니스, 여가 서비스를 망라하면서 마찬가지로 일반 실버타운에 근접하고 있다. '유당마을'은 부속의원이 있어 전담 의사, 간호사,

물리치료사가 양·한방 치료를 병행하며, 특히 신관에 거주하는 이들을 위해 피트니스센터, 영화관, 사우나, 노래방, 카페테리아 등 각종 취미교실과 동호회 등을 운영한다. '삼성노블카운티'는 노인들에게 간호, 간병, 전문 재활치료, 다양한 문화와 여가 활동, 이벤트 등을 기획하고 제공한다. 의료센터가 있어 1차 병원의 기능을 수행하고, 문화센터, 스포츠센터 등이 있으며, 부대시설로 은행, 증권사, 편의점 등이 입주해 있다.

가톨릭계 노인복지주택인 '마리스텔라'는 실버타운 내에 요양시설, 의료시설들이 있고 고층화·고급화를 지향한다. 지하 5층 지상 12층의 규모를 갖추고 있고, 24·35평형이 있어 큰 평수가 없는 대신 작은 평수도 없다. 층별·방향별 차이가 있으며 약 3억 원에서 4억 원 이상 사이다. 입주자들은 바로 옆에 위치한 가톨릭관동대학교 국제성모병원의 평생주치의 서비스를 통해 개인에게 맞는 질병예방 프로그램은 물론 건강검진 서비스를 제공받는다. 또한 성모요양원이 별도로 운영되어 입주자는 불의의 사고나 질병으로 장기 요양이 필요한 경우 요양원에서 관리를 받는다. 성당, 강당, 운동시설, 커뮤니티 공간, 하비숍, 사우나 등의 시설과 매일미사, 복음 묵상, 순교자 현양 및 가톨릭 영성을 위한 프로그램을 운영한다. 그러나 가톨릭 신자가 아니어도 입주가 가능하다.

불교계의 노인복지주택으로 2017년 말 이후 완공 예정인 '운암시니어타운'은 대한불교조계종 신흥사가 운영하는 곳으로, 지하 2층 지상 4층의 규모다. '운암시니어타운'이 내세우는 표어는 "호텔형 명품 시니어 라이프", "고품격 최첨단 주거, 의료, 문화, 휴식, 레저 등 복합형 시니어 타운"이고, 앞으로 사우나, 찜질방, 수영장 등을 건설할 예정이다. 피트니스센터, 요가실, 당구장, 탁구장, 물리치료실 등의 운동시설과 서예실, 도예실, 노인대학 등의 문화시설 또한 만들어질 예정이다. 60세 이상의 건강한 노인이고 보증금과 월 생활비를 낼 수 있으면 누구나 입주할 수 있고, 요리, 빨래, 청소와 같은 생활 서비스도 제공한다. 일반실과 특실로 나뉘어, 1인 중심으로 일반실은 1억 7,700만원이고, 특실은 2억 9,000만 원이다. 쾌적한 자연환경에 호수를 조성할 예정이며, 인근에 신흥사, 백병원, 백화점 등이 있다.

이와 같이 일반 실버타운의 특성을 '시설의 고층화'와 '설비 및 서비스의 고급화'로 요약할 수 있다면, '유당마을'과 '마리스텔라'는 이전의 종교 기반 실버타운들에 비해 고층으로의 변화를 보여 주고, '운암시니어타운'은 그러한 특성을 보여 주지 않는다. 고층화가 수익성과 관계있다는 점에서, 그리고 고층은 노인친화적이 아니라는 점에서 불교계 시니어타운이 노인복지와 실버산업 사이에서 전자에 좀 더 중점을 두는 것으로 평가할 만하지만, 설비와 서비스의 고급화를 지향하는 점에서 이 세 실버타운은 다르지 않다. 비종교 기반 노인복지주택인 '노블레스타워'[2008]는 도심에 위치하여 접근성이 강조되고, '효'와 '복지'를 아우른다는 점을 내세운다. 전체 3개 동 중 1개 동은 요양원이고, 2개 동은 각각 지하 2층/지상 14층, 지하 1층/지상 7층의 고층 건물이다. 주변 대학병원과의 의료협력 관계를 맺고 있으나 타워 내에 노블레스의원이 있어 실버 케어와 물리치료, 스포츠검진 등을 수행한다. 보증금은 18평형 기준 2억 5,000만 원으로, 서비스가 좀 더 고급화되었다. 그러나 이 세 실버타운 역시 요양원, 자체 병원과 주변 대형병원과의 의료협력 등 모두 동일 구조를 갖고 있으며, 서비스의 다양화·고급화에 많은 정성을 기울이고 있어 비종교 기반 노인복지주택과 큰 차이가 드러나지 않는다.

과거의 비종교 실버타운들이 노인복지시설에서 많은 것을 받아들였다면, '유당마을', '마리스텔라'나 '운암시니어타운'의 설비와 서비스의 고급화는 '노블레스타워'와 같은 비종교 실버타운들이 보여 주는 호텔식·고품격의 특성들을 좇거나 경쟁하고 있다는 느낌을 준다. 이는 일반적으로 이 세 곳을 '삼성노블카운티', '노블레스타워'와 함께 '고가' 실버타운에 포함시키는 것에서도 드러난다. 이들 세 실버타운은 모두 전원형과 도심형을 합친 것들로, 이것을 종교 기반 실버타운의 고유한 특성으로 볼 수 있을지는 미정이다. '흰돌실버타운', '상락정토마을'처럼 도심형으로 거론되는 종교 기반 실버타운이 없는 것은 아니나, 적어도 이들 세 실버타운은 분명히 최근 도심과의 근접성을 중시하는 비종교 실버타운들의 경향을 받아들이는 가운데 다른 한편 자연경관이 좋으면서 명상과 기도를 위한 종교적 장소로서 알맞다는 점을 부각시키고 있다.

그럼에도 이들 세 종교 기반 실버타운의 입주는 '실버' 자신이나 그 자녀들의 경제력이 우선해야 가능할 수 있는 것이다. 인터넷에 떠도는 '잘 고른 실버타운 열 효자 안 부럽다'는 말이 암시하는 바와 같이, 과거와 달리 이제는 부모님을 실버타운에 보내드리는 것이 효로 간주되는 시기가 오고 있다. 그러나 문제는 종교가 일부 계층만 향유할 수 있는 이러한 고가의 실버타운의 설립에 참여해야 하는지와, 그렇다면 실버타운은 종교 이념과 어떻게 관련되는지일 것이다.

3. 실버타운 건립을 통해 본 종교의 역할과 의미

1) 종교에서 바라보는 노인관과 노인복지의 관계

대부분의 기성종교가 부모를 공경하고 노인을 공경하라는 관점을 드러내지만, 이것이 단지 자녀나 젊은이들에 대한 교훈을 넘어 종교적 이념과 매우 긴밀하게 연계되어 있는 종교는 불교라고 할 수 있다. 불경에서 묘사되는 노인은 육체적으로 노쇠해 있는 사람, 또는 정신적으로 성숙해 있는 사람과 이 두 가지를 다 겸비하여 성숙한 인격을 갖춘 사람으로, 불경에서는 생활연령의 나이가 아닌 지혜의 나이로 생각하라고 말하고 있다.[9] 노인은 공경해야 하는 지혜로운 존재인 것이다.

더 중요한 것은 노인공경이 갖는 인과론적 인식이다. 불경에 의하면 빈천한 집에 태어나느냐 부유한 집에 태어나느냐는 부모·어르신·스승을 어떻게 모시느냐에 달렸으므로 '효'의 마음을 가지고 그들을 공경하고 소유를 베풀어야 한다는 것이다.[10] 효는 단지 현세의 부모만이 아니라 삼세의 부모로 확장될 수 있을 뿐더러, 더 나아가 스승을 섬기고 나이 든 어른들을 공경하는 것도 포함된다. 불경 중 부모에 대한 효의 중요성을 보여 주는 『부모은중경』, 『우란분경』 등은 효가 불교의 교리적 차원에서 접근되고 있음을 보여 준다. 이 경전들은 불교가 중국으로 들어오면서 출현한 위경(僞經)으로, 집을 떠나는 출가 윤리를 기반으로 하는 불교가 집에서 부모를 모시는 효를 이념적 근거로 삼는 중국에 토착화되는 과정에서 만들어져 새로운 효 사상을 전개한 것이다.[11] 이러한 효의 실천은 불교복지의 핵심을 이루고 있거니와, 이 점은 불교 기반 사회적 기업이나 복지시설 또는 시민사회단체의 운영과 활동에서도 드러난다.

기독교에서는 불교에서처럼 노인과 부모를 함께 언급하고 노인을 부모 섬기듯 하라는 효를 강조한다(「디모데전서」 5:1-2). 『구약성서』에서 노인은 존경의 대상, 지혜의 상징이고, 그 자체로 축복과 기쁨이며, 가르쳐야 하는 영적 특성을 지니고 있는 전통의 수호자다. 『신약성서』에서 노인은 주의 진리를 가르쳐야 할 특권과 사명을 지닌 자로서 공경을 받아야 하는 영적 성숙의 시기에 있는 사람이다. 장수는 선한 삶에 대한 보상이며 하나님의 축복이요, 계명을 지킨 자에 대한 하나님의 사랑의 표시로 인식되었고, 그런 까닭에 성경은 전통의 수호자인 노인의 지도

9 오현옥, 「노인문제에 관한 불교 포교방안 연구」, 『불교대학원논총』 7, 2000, 120.

10 원영상, 「불교의 효사상에 대한 고찰」, 『한국선학』 23, 2009, 559에서 재인용.

11 양은용, 「불교 효사상의 본질」, 『정토학연구』 22, 2014, 119.

를 받아야 하고, 공경해야 하며, 그 지혜의 가르침에 따라 살아가야 할 것으로 보았다.[12] 장 칼뱅(Jean Calvin)에 의하면 노인공경은 노인에게 애정을 표현하고 예의를 지킬 뿐만 아니라 그의 충고를 따르고 순종하며 자신에게 부과된 의무와 책임을 다하기 위해 최대한 능력을 다해서 그를 섬기는 것이다. 그는 부모공경을 곧 노인공경, 지도자에 대한 복종의 개념으로 발전시켰다.[13] 이것은 기독교가 노인을 단지 보살핌과 공경을 받는 수동적인 존재가 아니라, 지도자로서 좀 더 능동적이고 생산적인 존재로 보았음을 의미한다. 노화는 영성을 향한 과정일 뿐이다.[14]

가톨릭의 노인관은 가톨릭의 사회적 가르침과 긴밀히 연관된다. 가톨릭의 사회적 가르침은 노인 보호를 공동선의 한 요소라고 규정하는데, 이는 가족, 지역사회, 공공기관 등 여러 사회 단위들이 '보충성의 원리(principle of subsidiarity)'에 따라 도움을 제공해야 한다는 것이다. 즉 가족처럼 가장 직접적인 사회 단위가 노인 보호의 책임을 지되, 이를 수행하기에 자원이 불충분하다고 판명되면 더 큰 사회 단위가 원조하거나 책임을 지는 것이다. '공동선'을 강조하면서, 가톨릭의 사회적 가르침은 유복한 개인이나 계층은 대부분의 사람들이 비슷한 혜택을 누릴 수 있을 때까지는 스스로 그들의 권리를 향유하지 말 것을 명한다. 창조질서 속에서, 세대 간의 여러 의무는 가족 구성원들뿐 아니라 전체 사회에도 속하며, 그 의무에는 부자 노인들도 포함한 부유 계층의 가난한 노인들에 대한 의무가 포함된다.[15]

12 김영계, 「성경에 나타난 노인 공경사상」, 『칼빈논단』, 2003, 414-418.

13 이기양, 「네 부모와 노인을 공경하라: 칼빈과의 대화」, 『개혁신학』 15, 2004, 186.

14 프레드 판 타텐호베, 「노화에 관한 신학적 관점: 복음주의의 관점」, 멜빈 A. 킴블 외 엮음, 『노화, 영성, 종교』, 노인사목연구위원회 외 옮김, 소화, 2011, 1995, 478-481.

15 드류 크리스티안센, 「노화에 관한 신학적 관점: 가톨릭의 관점」, 멜빈 A. 킴블 외 엮음, 『노화, 영성, 종교』, 459-461.

종교[노인]복지에는 이러한 각 종교의 정신이 밑받침되어 있다. 실버타운이 노인복지시설로 규정되어 있으므로 '사회복지'의 틀 안에서 접근할 수 있거니와, 불교 사회복지는 불교가 목적으로 삼는 '해탈'과 인간이 처한 상황이나 생활상의 문제를 해결함으로써 그들이 행복[열반]을 도모할 수 있도록 도와주는 것을 목적으로 하는 사회복지가 결합한 것이다.[16] 불교사회복지에 있어서 가장 큰 실천 정신이 자비·보시·보은 사상이라면, 결국 불교의 노인복지는 노인에 대한 자비와 보시에 기초하면서 노인에게 은혜를 갚는 마음으로 공경하는 복지활동으로 볼 수 있다. 자비와 보시는 사회적 약자에 대한 베풂의 의미가 크지만 보은은 보답의 의미라는 점에서 불교 사회복지가 단지 자비심에 기반을 둔 '시혜'만을 강조한 것은 아니라는 점을 보여 준다.

기독교의 역사는 사회복지 실천의 역사로 볼 수 있을 정도로 기독교 사회복지의 역사는 성경의 역사와 같이한다. 기독교 사회복지는 하나님의 의도가 이 땅에 분명하게 구현되게 하기 위하여 그리스도의 정신과 삶을 바탕으로 시작된 것으로, 하나님을 믿는 신자들이 말씀에 순종하여 그 사랑을 전파하고 세상 가운데 실천해 나가는 기독교인들의 실천적인 노력으로 정의된다.[17] 이것은 기독교 사회복지의 정신이 이웃사랑에 근거한 것임을 의미하지만, 그 핵심은 이를 통해 하나님의 형상을 회복하고 하나님 나라를 확장하는 것에 둔다는 것으로,[18] 그것이 바로 인간의 진정한 행복을 추구하는 길이라는 인식이다. 하나님 나라가

---

16 김학주·임정원, 「불교사회복지의 현황 및 과제: 조계종과 천태종을 중심으로」, 『한국교수불자연합학회지』 17/2, 2011, 8.

17 김기원, 「기독교 사회복지의 학문적 정체성에 관한 연구」, 『서울장신논단』 14, 1998, 198-199.

18 박창우, 「기독교 사회복지의 목적에 관한 소고」, 『신학과 실천』 30, 2012, 436-438.

어떠한 나라를 의미하는 것인지는 신학적 해석에 따라 다르겠으나, 사회복지적 관점에서는 긍휼과 정의에 기반을 둔 사회가 될 것이다.[19]

가톨릭에서는 사회복지를 그리스도 사랑의 실천이요 하느님 정의의 구현 그 자체로 본다. 현세에서 그것이 가장 구체적이고 일상적으로 인간이 만들어 낸 제도의 형태를 띠고 나타나는 장이 바로 사회복지의 영역이라는 것이다.[20] 한편 문진영은 가톨릭 사회복지가 그리스도 정신에 따른 인간의 구원, 즉 그리스도 왕국의 실현인 데 비해 일반 사회복지는 개인적·구조적 요인에서 오는 인간 조건의 열악함을 극복하여 평등한 사회상을 실현하는 것으로 보았다. 그러나 가톨릭과 사회복지는 상호보완적인 관계이기 때문에, 가톨릭 사회복지의 궁극적인 관심 영역은 영적인 구원이지만 이를 위해 일반 사회복지의 최대 목표인 일상의 삶에서의 다양한 곤란의 해소, 특히 물질적 영역을 우선시하여 가난하고 소외된 이들의 문제를 해결하는 방식을 이용한다는 것이다.[21]

이러한 종교복지에서 대상을 '노인'에 초점을 둔다면 노인은 자비, 사랑의 종교 이념에 기반을 둔 섬김과 돌봄의 대상이면서 종교별 사회복지가 구현하고자 하는 은혜를 갚을 줄 아는 세상, 사랑과 평등과 정의, 그리고 공동선이 구현되는 세상을 이루기 위한 도구나 수단으로 볼 수 있다. 만약 실버타운을 노인복지의 일환에서 접근할 수 있다면, 그것이 과연 종교복지가 지향하는 이러한 궁극적인 목표와 부합하는지를 논의할 차례다.

---

19 전명수, 「종교사회복지의 이념과 실천 방식에 대한 재성찰: 종교사회복지의 이론화 작업의 일환으로」, 『담론201』 18/2, 2015, 74-78.

20 이태수, 「한국 가톨릭 사회복지의 현황과 전망」, 『가톨릭 사회과학연구』 13, 2001, 31.

21 문진영, 「한국 가톨릭 사회복지의 현황과 전망(한국가톨릭 사회과학연구회 제52회 연구발표회 토론 요지)」, 『가톨릭 사회과학연구』 13, 2001, 59.

2) 실버타운 운영 주체의 설립 목적과 비전에서 드러나는 '종교'의 의미

앞에서 살펴본 대로 노인은 부모와 동일시되고 공경받아야 할 존재로서, 지혜와 영적인 능력을 갖추고 있다. 따라서 종교복지는 영적 구원, 효의 사회화, 또는 공동선의 실현에 중점을 둔다. 그렇다면 각 기성종교의 이러한 노인관은 실버타운의 설립과 비전에 어떻게 반영되어 있을까. 최근에 등장한 종교 기반 실버타운들은 종교와 무관하게 경제력이 있는 일부 사람들에게 열려 있으나 실버타운이 복지시설의 하나라는 점에서 그 설립 목적이나 비전이 각 종교의 노인관과 사회복지의 실천에 있어 설득력이 있어야만 할 것이다.

우선 양로시설에서는 운영 목적과 비전으로 무엇보다 종교적인 이념을 제시하여 입주자들이 이곳에서 얻을 수 있는 종교적 기쁨을 부각시킨다. 양로시설인 '로뎀실버텔'은 설립 목적을 "삶의 모든 에너지를 자녀들을 위해 희생하시고 사회의 각 분야에서 최선을 다해 살아오신 천하보다 귀한 어르신들에게 예수 그리스도로 말미암은 참사랑과 평안, 그리고 영원한 천국을 소유하시고 경험하시도록 돕는 일"이라고 표방한다.[22] 이와 달리 노인복지주택의 경우 종교적인 수사보다는 '노인'들이 누릴 수 있는 시설과 서비스에 더 강조점을 둔다. '수동시니어타운'은 자연경관, 교통편의, 문화레저 시설, 병원 등 입주자가 받을 수 있는 시설과 서비스에 초점을 두면서 '어르신들'의 건강과 행복을 최우선으로 한다는 점을 강조한다.

가톨릭 기반 실버타운들은 한결같이 종교성을 드러낸다. 양로시설

22 로뎀실버텔 홈페이지 '설립 목적'.

인 '유무상통마을'은 "노인문제 해결의 일환으로 예수 그리스도의 사랑의 정신에 입각하여 어르신들의 일상생활에 편의를 제공한다"는 법인의 설립 목표에 걸맞게 더 깊은 배려와 사랑으로 어르신들을 내 안에 주님을 모시듯 하면서 하나님 나라를 완성시키려 한다는 다짐을 보여준다.[23] 복지주택 '휜돌실버타운'은 그곳을 '영적 공동체'로 규정하여 입주자가 영적인 사람으로 다시 태어난, 선택받아 존중받는 곳으로 소개한다. 동일한 가톨릭계이지만 전자가 노인들의 현재의 삶에 대한 돌봄에 초점을 둔다면 후자는 내세를 대비하는 데 좀 더 주력한다. 대체로 가톨릭계 노인복지주택은 노인보호를 공동선의 한 요소라고 규정하는 가톨릭의 가르침보다는 영적 공동체로서의 실버타운 이미지를 확립하는 데 열중하면서 종교성을 강하게 드러낸다.

불교계 실버타운은 그 목표로 한결같이 효를 내세운다. 양로시설인 '혜명양로원'은 자비사상을 바탕으로 경로효친의 미풍을 진작하고 노인들의 여생을 편안하고 안락한 생활로 유도하기 위하여 전 직원이 성심을 다하여 고령화사회의 제반 문제에 대처하고 있다고 말한다. '백양실버타운'은 노인장기요양시설이지만 국내 최고의 시설과 프로그램을 갖춘 노인복지센터의 모델이 되도록 하겠다는 스스로의 다짐처럼 양로시설이나 복지주택 수준의 서비스를 제공하려는 노력이 보인다. 개원법회에서는 "효를 실천하는 사회가 부처님 세상이다", "부모님 모시기를 부처님 모시듯 해야 한다"[24]는 법어들이 나왔다. 이와 같이 불교계 실버타운은 그 설립 목표에서 효의 사회화를 강조하면서 그것을 불교의 노인관이나 불교복지의 목표와 긴밀하게 연관시키고 있다.

---

23 유무상통마을 홈페이지 '인사말'.

24 『불교신문』, 2008. 10. 11, 「나주 미륵사, 백양실버타운 개원」.

이렇게 보면 과거 양로시설이나 일부 복지주택의 경우 설립 목적이 그들이 기반하는 종교의 이념을 반영하고 있으나, 이에 비해 노인복지주택을 포함한 최근의 실버타운들, 특히 이 논문의 대상인 '유당마을[신관]', '마리스텔라', '운암시니어타운'은 종교 이념보다는 일반 실버타운의 경우처럼 서비스, 생활의 만족을 더 부각시키려 한다는 느낌이 든다. '유당마을'은 인사말에서 지속적인 시설 리모델링과 차별화된 다양한 입주생활 서비스를 제공하려고 최선의 노력을 다하고 있다는 점만을 언급한다. 단지 비전에 나오는 '빛과 소금', '사랑과 믿음' 같은 구절에서 기독교 정신을 함축하고 있으나, 목표를 '즐겁고 편안한' 노후생활의 문제에 초점을 두고 있어 지혜의 상징으로서의, 그리고 지도자로서의 덕목을 갖춘 기독교적 노인관은 반영되어 있지 않다.

이에 비해 '마리스텔라'와 '운암시니어타운'은 종교성을 드러낸다. '마리스텔라'는 고령화시대가 안고 있는 다양한 개인적 삶의 고민들과 그로 인한 세대 간 갈등을 통합적이고도 실질적으로 해소해 나가기 위한 공간이자 공동체라 자임한다. 이것은 가톨릭의 사회의식이면서 복지의식인 공동선의 구현에 가깝다고 할 수 있으나, 실버타운의 입주를 통한 세대 간 갈등의 해소라는 측면에서 접근한 것은 재고의 여지가 있어 보인다. 그것은 개인적인 삶의 고민이 영적 구원의 문제라든가 자녀들과의 관계와 같은 것이라면 '마리스텔라'가 도움이 될 것이지만, 그러나 고령화시대의 고민 중 가장 큰 것이 경제 문제라면 실버타운은 해결책이 되기보다는 또 다른 갈등의 단서가 될 수도 있다.

불교는 고령화사회의 부작용을 질병, 경제적 부담, 가족 간 불화로 보면서 특히 효가 현대의 부작용을 치료할 수 있다는 입장을 보여 준다는 점에서 '마리스텔라'가 세대 간 갈등 해소에 힘쓰겠다고 하는 것과 유사하다. '운암시니어타운'은 불경의 부모은중 사상을 선양하기 위해 설립된 것이어서, "부모님에게는 안식처요 자식에게는 효행실천의 현장"으로, "경제적 상대 빈곤과 핵가족의 문화가 가정과 가족을 이완시키는 이때에 … 모든 분들의 현재와 미래를 행복하게 이어 주고 부모와 자식의 천륜을 부처님의 이름으로 확인시켜 주는 삶의 터전"임을 강조한다.[25] 만약 효가 실버타운의 직원들이 내 부모님께 효도하는 마음으로 입주한 노인들을 잘 모신다는 뜻을 포함한 것이라면 그것은 윤리가 아닌 서비스의 차원으로 보아야 한다. 동시에 실버타운을 해체된 가족을 이어 주는 삶의 터전이자 효행의 실천 장소로 간주하는 것보다는 실버타운의 거주를 "가족과 혈연공동체를 떠나" 새로운 영적 체험을 하고 있는 것으로 본 가톨릭의 관점이 더 진실에 가깝다고 할 수 있다.[26]

실버타운을 효 사상과 연결시키는 것은 불교뿐만이 아니다. 대순진리회의 사회복지법인 '대진복지재단'에서는 경로효친 사상과 인간의 근본 도리를 구현하기 위해 '동해약천온천 실버타운'을 운영하는 것이라 말하고, 비종교 실버타운인 '삼성노블카운티'는 전 직원이 효를 행하는 자식의 마음으로 노력한다고 자임한다. 실버타운에 거주하도록 하는 일 자체가 효행이건 실버타운의 입주자들을 자신의 부모님처럼 모시는 것이 효행이건, 실버타운은 장차 자식들에게 효 실천의 척도가 되는 사회적 변화를 이끌어 가는 촉매제가 될지도 모른다.

25 운암시니어타운 홈페이지 추천사.

26 휜돌실버타운 홈페이지 인사말.

4. 종교노인복지의 상업화와 그 영향: 종교의 의미에 대한 재성찰

실버타운은 대부분 60세 이상의 건강한 노인들을 대상으로 한다. 노인들은 신체적으로 약하고 적극적인 외부 활동이 어려운 이들이기는 하지만, 실버타운의 입주자들은 무엇보다 어느 정도의 보증금과 생활비를 낼 만한 경제적인 여력이 있는 사람들이며 아직 보호자 없이도 출입할 수 있는 노인들이어서 국가의 복지 대상자는 아니다. 이것은 종교 기반 실버타운 입주자들에게도 해당된다.

이러한 점에서 보면 비록 실버타운이 '복지시설'이기는 하지만 실버타운을 중심으로 하는 실버산업이 사회적 시장에 포함되는 것인지 아니면 경제적 시장에 포함되는 것인지 모호해진다. 실버타운을 복지의 민영화 또는 시장화나 상업화 등의 측면에서 접근해야 하는 것은 이 때문이다. 먼저 복지의 민영화란 서비스의 공급과 재원을 주도하는 국가가 그 역할 및 기능의 일부를 민간의 사적 제도에 이양하는 것으로, 이것은 다시 이윤추구(영리)와 비이윤추구(비영리)로 구분할 수 있다. 영리를 목적으로 서비스를 제공하는 것이 바로 시장화로,[27] 실버타운은 여기에 속한다. 복지제도를 실천하고 있는 국가에서는 그들이 운용하는 복지제도의 한계를 극복하려는 한 가지 대안으로 복지의 민영화를 시도하고 있다. 민영화는 비용 절감, 경쟁 유발, 효율성이나 서비스의 질 향상, 소비자의 선택 증진 등 다양한 이점이 있으나, 민간 부문의 독점 또는 부문 간 담합으로 과잉 이윤추구 현상과 같은 여러가지 부정적 측면 때문에 민영화가 완전한 대안이 될 수 없다는 데는 대부분의 학자들이

---

27 김종해, 「사회서비스의 시장화, 무엇을 위한 것인가?」, 105 각주 1.

동의하고 있다. 그럼에도 사회복지 서비스 질의 제고 및 범주의 다양화 등 서비스의 상품성을 확보하기 위해 어느 정도의 경쟁은 불가피하다는 시각이다.

이렇듯 민간 기업들이 실버타운 설립에 적극적으로 참여하면서 나타난 현상은 의료, 생활, 문화레저 등 제공하는 서비스의 다양화 및 고급화이고, 이에 따른 입주비와 생활비의 상승이다. 결과적으로 시장경제 내에서 서비스를 구매할 수 있는 계층에만 그 수혜가 돌아가게 된 것이다. 즉 서비스를 하나의 상품으로서 생산하고 분배함으로써 가난한 이들에게 덜 접근성이 있게 만든다는 것으로, "가장 필요한 계층에 서비스가 더 적게 돌아가게 된다(less service for those most in need)"는 복지의 시장화에 대한 비판[28]은 실버타운의 경우에도 해당되는 것이다. 동시에 중상위 계층으로의 이러한 서비스의 확장에 대해서는 사회복지의 소비자와 경제적 시장을 통해 획득된 서비스의 소비자 사이의 전통적인 구분을 흐리게 한다는 우려[29]와 복지의 시장화가 과연 사회복지의 중심 가치와 철학에 부합하는가에 대한 이념적 갈등을 일으킬 수도 있다는 비판이 동시에 제기되기도 했다.[30]

이러한 문제점은 종교 기반 실버타운에도 그대로 이어진다. 2014년 이후 설립된 세 종교 기반 실버타운은 서비스 면에서 일반 실버타운에 비견될 만큼 다양해지고 고급화되었으나, 높은 입주비나 생활비로

---

28 Mimi Abramovitz, "The Privatization of the Welfare State: A Review," *Social Work* 31/4, 1986, 257-264.

29 Neil Gilbert, "The Commercialization of Social Welfare," *The Journal of Applied Behavioral Science* 21/4, 1985, 368.

30 김정진·최명민, 「사회복지실천의 시장화, 전문성 제고의 대안인가?: 사회복지사의 개업실천을 중심으로」, 『한국사회복지학회 2008년도 춘계학술대회 자료집』, 2008, 128.

그 고급화된 서비스는 이를 필요로 하는 취약계층보다는 어느 정도 경제력을 확보한 중상층 이상만이 누릴 수 있는 혜택이 된 것이다. 그렇다면 실버타운은 종교복지의 가치와 이념에 부합하는 것인지, 종교복지에서의 '종교'란 무엇인지에 대해 논란이 제기될 수 있다. 사회복지가 모두 그러하겠지만 특히 종교 기반 사회복지는 그 이념적 특성이 사랑과 자비, 돌봄과 섬김이 중심이란 점에서 그 대상이 사회적 약자임을 이미 전제하고 있다. 『구약성서』의 히브리 예언자들은 굶주리는 사람, 집 없는 사람, 과부와 고아, 죄수와 나그네들을 '누가' 양육할 것인가를 외치면서 공동체의 모든 구성원과 제도가 사회적 약자의 돌봄에 기여해야 함을 주장했다.[31]

그러나 "'누가' 돌보고 '누가' 공급하느냐는 사회복지의 본질과 범위에 관한 중심 문제들"로, 종교복지가 사랑, 자비, 긍휼과 정의의 실천임에도 미국 종교단체가 정의보다는 긍휼에 더 우선권을 주는 것은 종교가 영리와는 무관하게 사회적 약자에 대한 가장 중요한 책임자임을 의미하는 것이다.[32] 2015년 9월 보건의료노조 바티칸 원정단은 교황청을 방문하는 과정에서 찾게 된 한 노인요양시설에서 "정부나 교회재단, 수도원이 운영하는 시설은 모두 영리를 목적으로 운영하지는 않는다"는 말을 듣고, "이날 방문은 인천교구가 돈벌이 중심으로 운영되는 국제성모병원의 실버타운 '마리스텔라'와 비교해 볼 때 과연 가톨릭이 가난한 자를 위

---

31 Mary Jo Bane & Brent Coffin, "Introduction," in Mary Jo Bane, Brent Coffin & Ronald Thiemann (eds.), *Who Will Provide?: The Changing Role of Religion in American Social Welfare* (electronic resource), Boulder, Colorado: Westview Press, 2000, 1.

32 Francis Schüssler Fiorenza, "Justice and Charity in Social Welfare," *Who Will Provide?: The Changing Role of Religion in American Social Welfare* (electronic resource), 73.

해서, 사회적 약자와 노인을 위해서 무엇을 해야 하는지, 어디를 향해야 하는지를 생생하게 말해 주는 방문이었다."라는 소감을 피력했다.[33] 이 역시 종교는 무엇보다 사회적 약자의 편에 있어야 함을 의미하는 것이다.

이러한 점에서 최근의 실버타운이 심화시킬 수 있는 불평등을 종교가 앞장서서 주도할 필요는 없으나, 그럼에도 삶의 질이 향상된 이 시대에 가난한 자의 기준을 어디에 둘 것인가와 실버타운의 거주는 종교복지의 범위에서 벗어나는 것인가 하는 문제를 고려한다면, 그것이 그렇게 단순한 문제 같지는 않아 보인다. '월명성모의집' 입주자의 90%가 가톨릭 신자인 데서 보이듯이 정확한 통계는 나와 있지 않으나 대체로 종교 신자들은 동일 종교계에서 운영하는 실버타운을 찾는 경우가 많아서, 일부 중상층 종교 신자들을 위해 종교가 고급화된 실버타운을 세우는 것이 문제가 된다고 보기는 어렵다. 종교는 가난한 자들에게 더 관심을 기울이기는 하지만 이들 역시 외면할 수는 없는 소중한 신자들인 것이다. 이들은 종교적 분위기를 좋아할 뿐더러 운영 면에서도 종교 기반 실버타운을 좀 더 신뢰한다는데, '흰돌실버타운'의 경우 청약 후 6개월 내지 1년 정도를 대기해야 한다는 데서도 이 점이 드러난다.[34]

그렇다면 종교 기반 실버타운의 문제는 그 존재 자체가 아니라 오히려 각 종교의 노인관, 종교노인복지의 가치를 이 실버타운의 운영에 얼마나 또 어떻게 반영시키는지가 될 것이다. 종교 기반 실버타운이 비종교 실버타운과 경쟁하기 쉽지 않을 뿐더러, 어쩌면 종교가 운영상의 더 큰 문제를 갖고 있을지도 모르고, 이 때문에 영리에 좀 더 주목할 수

---

33 『인천뉴스』, 2015. 9. 14, 「교황청은 가톨릭 정신 훼손하는 인천교구에 조사단을 파견하라」.

34 이한세, 『실버타운 간 시어머니 양로원 간 친정엄마』, 스파이어리서치앤드컨설팅, 2014, 668.

도 있다. 최근 종교 기반 실버타운이 설비와 서비스의 고급화를 서두르는 것은 이 때문일 것이다. '공주원로원'이 경영상의 어려움 때문에 관련 교회 재단에 매각되었는데, 이에 대해 은퇴 목회자를 위한 선교의 차원에서 설립된 원로원에 경제논리가 개입될 가능성이 높아졌다는 우려가 제기된 바 있다.[35] 종교 기반 실버타운은 종교복지와 영리 사이에서 보다 고민해야 할 책임과 과제를 안고 있는 것이다.

5. 나오며

이 연구는 종교 기반 실버타운을 중심으로 그것에 함축된 종교의 역할과 의미를 재검토해 보기 위해 시도된 것이다. 실버타운은 고령화사회의 문제를 해결하기 위한 복지정책 중 하나이면서 동시에 노인을 하나의 상품으로서 접근하는 경제적 수단이 되기도 한다. 종교 역시 이 산업에 참여하면서 동일하게 종교복지와 경제적 시장 사이에서 방황하는 양상을 초래한다. 그렇다면 종교에서의 노인은 어떠한 존재이며 종교복지에서의 종교의 역할과 의미는 무엇인지에 대한 재성찰이 요구된다.

종교의 정의가 어떻든 종교는 개인적 수준에서보다는 사회적인 차원에서 접근해 보아야 한다. 기독교와 불교 같은 기성종교의 궁극적인 목표가 개인의 영적 구원이나 해탈에 있기는 하지만, 그 대표적인 종교이념이 사랑과 자비라면 그것은 종교가 인간관계를 전제하고 있음을 보여 주는 것이다. '사랑하라', '자비를 베풀라'는 계명은 '나홀로'에 대한 것이 아니라 나와 타인과의 관계에서 요구되는 것으로, 종교가 사회

35 『아이굿뉴스 기독교연합신문』, 2012. 8. 20, 「통합, 공주원로원 사태 한시름 놓았다」.

통합, 사회변형, 사회통제의 기능을 한다는 것도 이 때문이다. 실버타운의 문제 역시 이러한 관점에서 살펴볼 만하다. 종교계가 고층의 건물을 짓고, 고품격 또는 호텔식 서비스를 행하는 수익성 실버타운을 운영하는 것은 이를 신뢰하고 그 서비스를 즐길 만한 경제력을 가진 입주자들의 수요가 있기에 가능한 것이다. '마리스텔라'는 2014년 4월 개소한 지 2년 만에 입주율 100%를 달성했다.[36] 특히 종교 신자들 중 동일 종교 소속 단체나 법인이 세운 실버타운을 찾는 이들에게 종교 기반 실버타운은 바로 그들이 종교적 평안을 누리면서 말년을 보내고 싶은 욕구를 충족시켜 준다는 점에서 선교의 차원에서도 기여하는 바가 있다.

다만 간과하지 말아야 하는 것은 우선 이러한 실버타운과 그곳에서 제공하는 각종 고품격 서비스가 종교복지에 끼치는 영향이다. 일반적으로 종교복지의 대상은 사회적 취약계층이나 정의롭지 못하고 불평등한 사회문제였으나, '복지시설'로서의 실버타운은 고급화된 서비스를 취약계층이 근접할 수 없는 상품으로 만들고 있는 것이다. 둘째로 이러한 종교 기반 실버타운들이 가져올 사회 분위기의 변화에 대해서도 주목해야 할 것이다. 종교가 고품격 실버타운의 거주를 효의 사회화로 간주함으로써 경제적 여유가 없는 대부분의 노인들을 고급화된 서비스로부터 배제하고, 그 자식들은 불효의 멍에를 메게 되거나 그들로 하여금 무리를 해서라도 부모를 실버타운으로 입주시키려 하는 시기가 올지도 모른다. 그렇다면 종교계는 앞장서서 불평등을 심화시키는 유형의 실버타운보다는 종교적 가치가 좀 더 구체적으로 반영되고 구현되는 형태의 실버타운에 초점을 둘 필요가 있고, 이러한 이유에서 종교계의 신중한 판단이 요구된다고 할 수 있다.

---

36 『이데일리』, 2016. 4. 28, 「시니어타운 마리스텔라 입주율 100% 달성」.

참고문헌

김기원, 「기독교 사회복지의 학문적 정체성에 관한 연구」, 『서울장신논단』 14, 1998, 197-228.

김영계, 「성경에 나타난 노인 공경사상」, 『칼빈논단』, 2003, 411-427.

김정진·최명민, 「사회복지실천의 시장화, 전문성 제고의 대안인가?: 사회복지사의 개업실천을 중심으로」, 『한국사회복지학회 2008년도 춘계학술대회 자료집』, 2008. 127-150.

김종해, 「사회서비스의 시장화, 무엇을 위한 것인가?」, 『한국사회복지학회 2008년도 춘계학술대회 자료집』, 2008, 105-122.

김학주·임정원, 「불교사회복지의 현황 및 과제: 조계종과 천태종을 중심으로」, 『한국교수불자연합학회지』 17/2, 2011, 7-29.

문진영, 「한국 가톨릭 사회복지의 현황과 전망(한국가톨릭 사회과학연구회 제52회 연구발표회 토론 요지)」, 『가톨릭 사회과학연구』 13, 2001, 58-60.

박창우, 「기독교 사회복지의 목적에 관한 소고」, 『신학과 실천』 30, 2012, 433-452.

보건복지부, 『2015 노인복지시설 현황』, 보건복지부 요양보험운영과, 2015.

양은용, 「불교 효사상의 본질」, 『정토학연구』 22, 2014, 113-137.

오현옥, 「노인문제에 관한 불교 포교방안 연구」, 『불교대학원논총』 7, 2000, 115-155.

원영상, 「불교의 효사상에 대한 고찰」, 『한국선학』 23, 2009, 553-590.

이기양, 「네 부모와 노인을 공경하라: 칼빈과의 대화」, 『개혁신학』 15, 2004, 181-203.

이태수, 「한국 가톨릭 사회복지의 현황과 전망」, 『가톨릭 사회과학연구』 13, 2001, 31-57.

이한세, 『실버타운 간 시어머니 양로원 간 친정엄마』, (주)스파이어리서치앤드컨설팅, 2014.

전명수, 「종교사회복지의 이념과 실천 방식에 대한 재성찰: 종교사회복지의 이론화작업의 일환으로」, 『담론201』 18/2, 2015, 65-92.

크리스티안센, 드류, 「노화에 관한 신학적 관점: 가톨릭의 관점」, 멜빈 A. 킴블 외 엮음, 『노화, 영성, 종교』, 노인사목연구위원회 외 옮김, 소화, 2011, 452-467.

판 타텐호베, 프레드, 「노화에 관한 신학적 관점: 복음주의의 관점」, 멜빈 A. 킴블 외 엮음, 『노화, 영성, 종교』, 노인사목연구위원회 외 옮김, 소화, 2011, 468-481.

Abramovitz, Mimi, "The Privatization of the Welfare State: A Review," *Social Work* 31/4, 1986, 257-264.

Bane, Mary Jo & Brent Coffin, "Introduction," in Mary Jo Bane, Brent Coffin & Ronald Thiemann (eds.), *Who Will Provide?: The Changing Role of Religion in American Social Welfare* (electronic resource), Boulder, Colorado: Westview Press, 2000.

Burgun, J. Armand, "Integrated Housin g for the Elderly," *Journal of Public Health Policy* 4/1, 1983, 64-68.

Fiorenza, Francis Schüssler, "Justice and Charity in Social Welfare," *Who Will Provide?: The Changing Role of Religion in American Social Welfare* (electronic resource), Boulder, Colorado: Westview Press, 2000.

Gilbert, Neil, "The Commercialization of Social Welfare," *The Journal of Applied Behavioral Science* 21/4, 1985, 365-376.

『미디어붓다』, 2008. 9. 22, 「도심속 실버타운 '상락정토' 개원」.

『법보신문』, 2004. 8. 10, 「진단 한국불교 오늘과 내일 3: 불교 실버산업의 현실과 과제」.

『불교신문』, 2008. 10. 11, 「나주 미륵사, 백양실버타운 개원」.

『아이굿뉴스 기독교연합신문』, 2012. 8. 20, 「통합, 공주원로원 사태 한시름 놓았다」.

『이데일리』, 2016. 4. 28, 「시니어타운 마리스텔라 입주율 100% 달성」.

『인천뉴스』, 2015. 9. 14, 「교황청은 가톨릭 정신 훼손하는 인천교구에 조사단을 파견하라」.

로뎀실버텔 홈페이지(http://www.rothemsilvertel.co.kr/).

"실버타운 추천: 실버타운 선택 가이드"(http://blog.naver.com/iam-junsungki/220283485871/).

운암시니어타운 홈페이지(http://www.xn--xe5b5ypc.com/).

유무상통마을 홈페이지(http://www.mirinesilver.com/).

휜돌실버타운 홈페이지(http://www.rosa.or.kr/).

'헬조선'과 '개독교' 시대의 인문주의

배덕만

1. 들어가며

2017년은 종교개혁 500주년의 해다. 한국 개신교회를 포함하여 세계 교회가 이 역사적인 해를 맞이하여 몹시 분주하다. 수많은 학술대회와 각종 기념행사, 그리고 다양한 종류의 서적과 연구물의 출판이 꼬리를 물고 이어진다. 하지만 이 뜻깊은 해를 맞이하는 한국 개신교회는 마냥 기뻐할 수 없는 상황이다. 부패한 가톨릭의 개혁을 천명하며 시작된 종교개혁, 그리고 그 연장선상에서 설립된 한국 개신교회가 현재 수많은 난제에 휩싸이며 선교 이래 최대 위기에 봉착해 있기 때문이다. 특히 '헬조선'이라고 불리는 이 나라에서는 청년들의 절망과 분노의 목소리가 빠르게 확산되고 있지만, 정작 한국 개신교회는 이런 사회적 현상에 대해 진지한 관심도, 별다른 해법도 가지고 있지 않다. 교회를 향해서도 '개독교'라는 세상의 욕설이 난무하지만, 이에 대해서도 별다른 대응 전략조차 마련하지 못하고 있다. 한국 사회가 점점 살기 어려운 곳으로 퇴보하는 상황에서, 내적 위기에 처한 한국 개신교회는 결국 세상의 '빛과 소금'이 아니다.

이런 한국 개신교회의 상황은 500년 전 종교개혁 전야의 유럽 교회와 여러 모로 닮았다. 지리상의 발견과 르네상스를 통해, 유럽은 중세에서 근대로 전환하기 시작했다. 이 과정에서 가톨릭교회는 기존의 관습을 고집함으로써 급변하는 시대에 적절히 적응하지 못했다. 민족국가의 출현, 오스만 튀르크의 침략, 흑사병과 장원제의 모순 등으로 유럽에는 불안감이 만연하고 위기의식이 고조되고 있었지만, 정작 세상을 구해야 하는 교회는 권력투쟁, 성직매매, 유물숭배, 성지순례, 성인숭배 같은 비성경적 관행의 범람 속에서 붕괴되고 있었다. 그런데 현재 한국 개신교회에도 매우 비슷한 증상들이 나타나고 있는 것이다. 신자유주의 체제 속에서 서민들의 삶이 하루가 다르게 피폐해지고 있지만, 교회는 더 심각한 내적 모순과 스캔들에 휩싸이며 개혁의 주체가 아니라 개혁의 대상으로 전락했기 때문이다. 극적인 방향 전환이 없다면, 한국 개신교회의 내일은 지극히 암울하다.

이런 한국 사회와 교회의 현실을 배경으로, 이 논문은 종교개혁의 출현에 결정적인 영향을 끼쳤던 르네상스 인문주의의 역할에 주목하며, '헬조선'과 '개독교'로 퇴화하는 한국 사회와 교회를 향한 역사적 교훈을 찾고자 한다. 르네상스 인문주의가 종교개혁의 유일한 배경도 아니고, 종교개혁 시대와 현재 사이에는 500년의 시대적 간극이 존재하며, 인문주의가 한국 사회와 교회를 위한 만병통치약이 될 수도 없다. 그럼에도 종교개혁 500주년을 맞이하는 해에 르네상스 인문주의와 현재 한국 사회·교회의 상관관계를 검토해 보는 것은 교회사적 차원에서 의미 있는 작업임에 틀림없다. 이 논문은 현재 한국 사회의 심각한 논쟁의 주제가 된 '헬조선' 현상, 그리고 '개독교'로 표현되는 한국 개신교회를 향한 사회적 비판과 위기를 분석하고, 이에 대한 인문주의적 교훈을 찾아보고자 한다.

2. '헬조선'과 '개독교'

1) '헬조선'

① 현상

최근 한국 사회에 유행하는 '헬조선'이란 용어는 2030세대가 대한민국을 풍자적으로 지칭하는 것으로서, '지옥(Hell) 같은 조선'이란 뜻이다. 지옥불이 치솟는 반도라는 뜻의 '지옥불반도'라는 말도 함께 통용되고 있다. 위키피디아에서 이 용어의 기원과 확산은 아래와 같이 설명된다.

> 디시인사이드 역사 갤러리에서 헬조센이라는 말로 사용된 용어였으며, KBS 드라마 〈정도전〉이 방영될 때에도 디시인사이드 정도전 갤러리에서 〈정도전〉 팬들을 놀리기 위해 헬조선이라는 말이 등장하기도 하였다. 그러다 청년실업 문제 등 정부정책에 대한 불만, 경제적 불평등, 과다한 노동시간의 문제, 아무리 노력해도 가난에서 벗어날 수 없는 현실, 또는 일상생활에서의 불합리 등에 사용되었다. 이후 트위터나 페이스북 등 SNS를 통해 언급량이 늘어 2015년 9월에 빠르게 확산되었다.[1]

이처럼 이 용어는 N포 세대(연애, 결혼, 출산, 취업, 내 집 마련, 꿈 등 모든 것을 무한대로 포기한 세대) 안에서 강력한 공감과 지지를 획득했으며, 다양한 방식으로 표현, 전달되며 젊은 세대를 초월해서 사회 전반에 영향을 끼치고 있다. 무엇보다 이런 현상의 공적 담론의 장이자 여론 형성

---

1 위키피디아 한국어판, '헬조선' 항목, https://ko.wikipedia.org/wiki/%ED%97%AC%EC%A1%B0%EC%84%A0/ 참조.

및 확산의 장으로 기능하는 인터넷 사이트들이 등장했다. '헬조선' 사이트(www.hellkorea.com)와 '헬조선연구소' 사이트(http://hellchosun.net)가 대표적이다. 뿐만 아니라 '흙수저 빙고 게임'[2]과 '부루반도 게임'[3] 같은 게임도 인터넷을 통해 크게 유행하고 있고, 소설가 장강명의 근작 『한국이 싫어서』(2015)의 인기도 이런 현상과 무관하지 않다. 21세기 한국대학생연합회 등을 비롯한 청년단체들도 '헬조선 뒤집기 딱지치기' 같은 행위극을 공연했고, '불만 합창'을 만들어 부르기도 했다.

'헬조선'과 함께 유행하는 신조어로 '노오력'과 '흙수저'가 있다. '노오력'은 노력을 희화화하여 탄생한 신조어로서, '노오력', '노오오력', '노오오오력'처럼 '노'와 '력' 사이에 '오' 자가 많이 들어갈수록 냉소의 강도가 심화된다. 이것은 노력을 강조하는 기성세대를 향해 '한국사회는 이미 노력으로 극복할 수 없는 상태가 되었다'는 근본적 비판과 불신을 표현한 것이다. 이 말은 2015년 5월 5일에 박근혜 대통령이 청와대에서 열린 어린이날 행사에서, 자신이 "나라가 발전하고, 국민이 편안하게 살기 위한 노력을 계속하다가 대통령까지 됐다"며 "정말 간절하게 원하면 온 우주가 나서서 도와준다."라고 말한 것이 유행의 원인이

---

2 '집에 비데 없음', '세뱃돈 10만 원 단위 못 넘어 봄', '알바해 본 적 있음', '집에 곰팡이 핀 곳 있음' 등의 항목으로 구성된 25칸이 세로, 가로, 대각선 어디로든 5개가 일치하면 흙수저에 해당된다.

3 다음은 『국민일보』에 소개된 '부루반도 게임'에 대한 설명이다. "시작부터 자살률 1위와 최저시급, 입시지옥 등에 시달리고 나면 2년 동안 감금돼 군대를 가야 하는데요. 군대를 갔다오고 나서도 전세대란과 고용불안, 갑을문화에 시달려야 합니다. 만 61세가 돼 국민연금을 받는다 하더라고 노인빈곤과 무능정치, 무한경쟁, 안전불감, 정부불신 등을 겪어야 하죠. 북핵문제와 국제정세, 이념대립, 역사전쟁, 노동착취 등은 피할 수 없습니다. 그럼에도 희망이 있습니다. 황금수저 카드가 있는데요, 물론 선택권은 없습니다. 금수저는 자산 20억 원, 흙수저는 자산이 마이너스 5,000만 원입니다." 『국민일보』, 2015. 11. 12, 「"현실반영 어마무시" Korea 부루마블 '씁쓸'」 참조.

되었다. 대통령의 이런 발언에 대해서 누리꾼들은 "내가 힘든 이유는 온 우주가 감동할 만큼 노오력하지 않았기 때문"이라고 응수했는데, 이것은 정부와 기성세대가 한국 사회의 구조적 문제는 간과한 채, 단지 개인적으로 "노력하면 된다"는 메시지를 전파하는 것에 대해 강한 불신과 반감을 표출한 것이다.[4] "금수저로 태어나려는 노오력이 부족했다", "노오력을 강요하는 헬조선을 탈출해야 한다", "노오력이 부족해서 흙수저로 태어났다", "노오력 안 한 내 책임" 등의 표현들이 대표적인 예다.[5]

'노오력'과 함께 '흙수저' 신드롬도 출현했다. 수저론은 "은수저를 물고 태어나다(born with a silver spoon in one's mouth)."라는 영국 속담에서 유래했다. 유럽 귀족층에서 은식기를 사용하고, 태어나자마자 유모가 젖을 은수저로 먹이던 풍습에서 기원한 속담이다. 그런데 이 속담에 빗댄, 소위 '인간등급론'이 청년들 사이에서 유행하기 시작한 것이다.[6] 금수저, 은수저, 동수저, 흙수저로 분류하다, 최근엔 똥수저까지 등장했다. 출생과 함께 부모의 직업, 경제력 등에 따라 본인의 수저가 결정된다는 일종의 이론으로서, 흙수저는 "부모의 능력이나 형편이 넉넉지 못한 어려운 상황에 경제적인 도움을 전혀 못 받고 있는 자녀를 지칭"한다.[7] 다

---

4 『경향신문』, 2015. 9. 16, 「헬조선은 극우들의 혐오 언어일까?」.

5 『경향신문』, 2015. 9. 4, 「헬조선에 태어나 노오오오오오력이 필요해」.

6 『중앙일보』, 2015. 10. 28, 「농담인데 불편하네 '수저 계급론'」.

7 네이버사전, '흙수저' 항목, http://krdic.naver.com/search.nhn?query=%ED%9D%99%EC%88%98%EC%A0%80&autoConvert=false/ 참조. "흙수저 10계명: 1. 포기하는 건 참겠지만, 가난한 건 평생 간다. 2. 흙수저가 노력하면 노력하는 흙수저다. 3. 성공하는 흙수저는 돈을 모아서 탈출하고, 실패하는 흙수저는 돈을 쓰면서 탈출한다. 4. 포기할 용기는 있지만 죽을 용기는 없다. 5. 애매한 흙수저보다 그냥 개거지가 편하다. 6. 노력하다 보면 돈이 아니더라도 언젠간 보상을 받는다. 7. 흙수저는 부끄러운 게 아니다. 그냥 ×× ×× 힘든 거다. 8. 흙수저라서 좋은 점은 여기서 더 잃을 게 없다. 9. 같은 흙수저끼리라도 서로 존중해 주도록 하자. 물론 내가 너보단

음의 인용문은 한국 사회에 팽배한 양극화 현상을 수저론으로 표현한 것이다.

> 금수저는 영어 유치원을 다니지만 똥수저는 어린이집에서 교사에게 폭행당한다. 초·중·고등학교 시절, 금수저는 어학연수를 떠나지만 똥수저는 PC방에서 게임을 한다. 대학생 때 금수저는 화려한 파티를 즐기지만 똥수저는 편의점에서 아르바이트를 한다. 대학을 졸업한 후, 금수저는 낙하산으로 좋은 직장에 취업하지만 똥수저는 면접관에게 90도로 폴더 인사만 한다. 은퇴 후, 금수저는 해외여행을 다니면서 노후를 즐기지만 똥수저는 판잣집에서 쓸쓸히 늙는다.[8]

② 주장

왜 젊은이들은 대한민국을 '헬조선,' 혹은 '지옥불반도'라고 부를까? 왜 젊은이들은 전쟁의 폐허와 독재의 강철군화 속에서 대한민국을 건설한 기성세대와 달리, 이 나라를 비판하고 어떤 희망도 갖지 못하는 것일까? 대한민국을 헬조선으로 인식하게 만드는 구체적 내용은 무엇일까?

무엇보다, 헬조선의 가장 중요한 문제는 청년취업 문제다. 대부분의 청년들이 대졸 이상의 학력을 갖고 있는 고학력 시대에 자신들의 학력에 적합한 직장이 보장되지 않음으로써 미래에 대한 청년들의 불안이 고조되고 있다. 뿐만 아니라, 드라마 '미생'에서 생생하게 묘사되었듯이 취업에 성공했을지라도 직장 내의 억압적 구조, 가혹한 차별, 치열한 경쟁, 불안한 고용 상황 등도 청년들에게는 견디기 힘든 고통이며,

---

더 낫지만. 10. 돈이 행복을 결정하는 건 아니다. 하지만 돈이 있으면 ×× 행복해질 수 있다." ××는 비속어다.

8 『뉴스앤조이』, 2015. 12. 27, 「흙수저로 오신 예수」.

이 나라를 '헬조선'으로 규정하게 만드는 요인이다. "비유하자면 삼성은 10명 일할 상황에 12명을 뽑아서 사람을 죽도록 괴롭힌 뒤 2명을 자르는 시스템이고, 현대는 10명 일할 상황에 8명을 뽑아서 죽도록 일하는 시스템이에요. 이게 한국에서 제일 좋은 직장이라죠."[9] '헬조선'에 대한 한 청년의 냉소적 평가다.

취업 문제에서 기인한 청년들의 '헬조선' 비판은 무능하고 무책임한 정부에 대한 날선 비판으로 이어진다. 경제적 위기뿐 아니라, 메르스와 세월호 같은 국가적 재난 앞에서 정부의 대책과 대응은 극단적으로 무능하거나 무책임했다고 청년들은 판단한다. JTBC가 2015년 9월에 실시한 설문(총 2,040명의 응답자 중 90%가 청년층)에서, "한국에서 사는 게 힘들다고 느낀 이유는?"이란 항목에 대해, "대형 사건사고나 정치적 문제 등으로 인한 정부 불신"이라고 대답한 응답자들이 가장 많았으며, "한국이 부끄럽다고 느낀 적이 있느냐?"는 질문에 93%가 "그렇다"고 답변했고, 그 이유는 '정치불신'이 압도적으로 많았다.[10]

그렇다면 청년들이 주장하는 헬조선의 해법은 무엇일까? 문제의 일차적 책임을 정부와 정치의 무능력에서 찾는 반면, 이에 대한 청년들의 해법은 정치가 아니라 '탈출'과 '죽창'이다. 취업에 실패한 이들뿐 아니라, 이미 남들이 부러워하는 직장에 다니는 사람들도 헬조선에서 탈출하는 것을 유일한 해법으로 믿고 있다. 해외에서 외국인으로 사는 것에 불편과 차별이 있더라도 헬조선에서 고통받는 것보다는 나을 것이라고 기대하기 때문이다. 앞에서 인용한 설문에서 "한국이 싫어서 다른 나라로의 이민을 생각해 본 적이 있냐?"라는 질문에 2,100명의 응답자

9 『경향신문』, 2015. 10. 2, 「헬조선에 태어나 노오오오오오력이 필요해」.

10 JTBC, 2015. 9. 17, 「한국 떠나고 싶다: 젊은층 '헬조선' 증후군」.

중 88%가 ‘있다’고 대답한 것이 이런 현상의 단적인 증거다. 하지만 탈출을 꿈꾸는 것보다 더 심각한 문제는 적지 않은 수의 청년들이 헬조선의 해법으로 ‘죽창’을 선택하는 것이다. 헬조선 사이트의 메인 화면에도 죽창 그림이 나온다. 이때 죽창은 혁명이나 변혁을 뜻하지 않는다. 죽창으로 상징되는 죽음 앞에서는 금수저나 흙수저가 모두 평등하다는 섬뜩한 의식이다. “네까짓 게 금수저라고 아무리 잘난 척해도 죽창 앞에서는 너나 나나 한 방에 나가 죽는 평등한 존재라고 말해 주는 것인데 속이 시원해지죠.”[11] 이 나라를 헬조선으로 생각하는 한 청년의 발언이다.

③ 해석

다수의 전문가들은 헬조선 현상을 ‘한국 사회의 구조적 문제에 대한 청년세대의 자각’으로 풀이한다. 경희사이버대학교 미디어커뮤니케이션학과 민경배 교수는 “청년세대가 한국 사회의 구조적인 문제에 대해 자각했다는 방증이다. … 이들의 구조적 문제에 대한 분노가 임계점을 넘어섰다.”라고 해석했으며,[12] 사회학자 류연미는 “지금 많은 사람들이 ‘헬조선’, 즉 ‘한국 사회가 지옥 같다’고 말하게 된 것은 이제 각자도생마저 불가능하며, 그것이 나의 노력의 부족이 아니라 이 국가의 구조적 문제라는 인식까지 도달했음을 의미하는 것이 아닐까 싶어요.”라고 진단했다. 경희대학교 경영학과 권영준 교수도 “정부도 정당도 청년세대의 분노를 달래지 못하고 있다. 오히려 불신만 심화시키고 있다. … 이대로라면 자생적 반사회주의자들이 급속도록 늘 수밖에 없다.”라고 상황의 심각성을 지적했다.[13]

---

11 『경향신문』, 2015. 9. 16, 「헬조선은 극우들의 혐오 언어일까?」.

12 『경향신문』, 2015. 9. 16, 「헬조선은 극우들의 혐오 언어일까?」.

13 『경향신문』, 2015. 8. 19, 「취업 청탁은 ‘윈윈’할 수 있다는 믿음에서 나와」.

반면 '헬조선' 현상에 대한 비판과 우려의 목소리도 적지 않다. 기본적으로 이들은 한국 사회의 구조적 문제에 대한 청년세대의 비판에 동의하지 않는 것이다. 그러한 비판을 근거 없는 불만으로 치부하거나, 부조리한 현실을 거부할 수 없는 현실로 인정하거나, 혹은 무능하고 무책임한 개인들의 이기적 불평으로 간주한다. 예를 들어 전 새누리당 김무성 의원은 "세계 모든 나라가 대한민국 성장과 발전을 부러워하는데 정작 나라 안에서는 '헬조선', '망할 대한민국'이란 단어가 유행한다."라고 비판했다.[14] 숭실대학교 문예창작학과 남정욱 교수는 "정상적인 인간이라면 이 대사에 정신이 번쩍 들어야 한다. '헬조선'은 분수를 상실한 불평분자들의 마음속에 있다."라고 주장했다.[15] 서울대학교 심리학과 곽금주 교수는 '헬조선'이라는 유행어에 대해 "개인의 분명한 잘못까지 사회 탓으로 돌리는 분위기를 조장할 수 있다. … 온라인에서 군중심리도 작동하는 것 같다. … 속이 시원해지면서 카타르시스 효과는 있겠지만 그게 너무 지나치면 문제가 된다."라고 우려를 표명했다. 노학자 이어령도 "우리는 숱한 고비를 넘겨 왔다. 지옥을 천국으로 만드는 도전정신이 필요하다. 남만 탓하면 영원히 지옥이다. 젊은이에게는 희망과 용기가 있다."[16]라고 '헬조선' 현상을 주도하는 청년들을 질책했다.

한편 적지 않은 수의 학자들은 '헬조선'에 대한 청년들의 문제의식에는 동의하지만, 이들이 보여 주는 반응과 태도에는 문제가 있다고 지적한다. 기본적으로 이들은 청년세대가 직면한 장벽의 규모와 범위가

---

14 『경향신문』, 2015. 10. 26, 「김무성, 왜곡되고 편협한 역사의식 가르치니… '헬조선' '망할 대한민국' 단어 유행해」.

15 『조선일보』, 2015. 10. 17, 「헬조선은 불평분자들 마음속에」.

16 『중앙일보』, 2015. 10. 31, 「'헬조선' 외는 젊은이여, 지옥을 천국으로 만들 용기 없는가?」.

엄청나다고 동의한다. 그래서 이들이 쉽게 낙담하거나 체계적 해법을 찾지 못한다고 평가한다. 이와 관련하여 류연미는 다음과 같이 진단한다.

> 하지만 이 지경까지 오게 된 요인이 너무나 촘촘하고 견고해서 어떤 대상을 잡아 이슈로 만들지조차 난망하다고 생각하게 된 사람들이 많다면, 여기에 저항하는 것 역시 손에 잡히지 않는 선택지일 것이고요. 저항 대상이 한국 사회 전체가 됐을 때 구체적인 실천 방식은 막막해진다는 것을 보여 줍니다.[17]

따라서 이런 난해한 문제를 해결하기 위해서는 정치권과 사회 전체가 힘을 모아야 한다. 불신과 패배의식에 사로잡힌 청년들에게 분발과 노력을 촉구하는 것은 현재로서 적절한 전략이 될 수 없기 때문이다. 중앙대학교 사회학과 이병훈 교수는 "나라를 떠나는 이들을 붙잡을 수는 없지만 젊은 세대가 대한민국을 더 나은 방향으로 바꾸려는 희망이라도 가질 수 있도록 사회 전체의 노력이 절실하다."[18]라고 평가했고, 서울대 사회학과 김석호 교수는 "'헬조선' 담론은 더 냉소적으로 변하고 있다. … 정치개혁과 시민사회 역량 강화로 풀어 나가야 하는데, 어쩌면 지금이 골든타임일지도 모른다."라고 지적했다.[19] 같은 맥락에서, 한겨레경제사회연구원 진명선도 "상식과 정상을 말하는 정치인들은 헬조선이 애국하지 않는 이유에 주목해야 한다."라고 정부를 향해 주문했다.[20]

동시에 청년들이 '망했다'는 비관 내지 포기에 머물지 말고 정치적

---

17 『경향신문』, 「헬조선은 극우들의 혐오 언어일까?」.

18 『한국일보』, 2015. 10. 9, 「'포기만 하며 사느니 한국 포기' 짐싸는 2030」.

19 『헤럴드경제』, 2015. 10. 12, 「'이맛에 헬조선 삽니다' 분노 넘어 조롱 만연 2030」.

20 『한겨레』, 2015. 8. 31, 「헬조선이 풍자하는 대한민국의 현실」.

해결의 주체가 되도록 주문하는 목소리도 있다. '헬조선'의 참담한 현실이 정치적 문제이며 그 책임이 정부에 있다면, 그래서 결국 이 문제의 해법이 정치적일 수밖에 없다면, 청년들이 정치적 해결을 위해 능동적으로 행동해야 한다는 것이다. 탈출이나 죽창 같은 해법은 결국 개인적·사적 차원에 머물기 때문에 궁극적 해법이 될 수 없다. 이런 입장을 대변하는 경희대학교 영미문화전공 이광택 교수의 생각은 다음과 같다.

> '망한민국'이나 '헬조선'이나 모두 이런 '망했다'는 수사에 기반을 둔 표현인 것 같다. 이 수사는 사회의 불평등이나 부조리에 대한 불만에서 기인했으면서도 실질적으로 어떤 정치적 기획도 기대하지 않도록 만든다는 점에서 문제적이다. … 지금 필요한 것은 '망했다'는 정서가 놓여 있는 자리에 '잘못됐다'는 생각을 놓는 것이다. '망했다'가 모든 것이 하나로 통합되어 버린 디스토피아를 전제하는 것이라면, '잘못됐다'는 디스토피아의 이미지가 누락하고 있는 지점을 밝혀내고 권리를 주장하는 것이다. … 정치는 '망했다'는 선언보다 '잘못됐다'는 선언에 가깝다. 무엇인가 '잘못됐다'고 생각하고 자신의 권리를 주장하는 과정이 바로 정치인 것이다.[21]

2) '개독교'

① 현상

한국 사회가 '헬조선'으로 명명되는 시대에, 한국 개신교회는 '개독교'

---

21 『경향신문』, 2015. 10. 7, 「망한민국」.

라는 새로운 이름을 얻었다.[22] 물론 이 용어는 한국 개신교회를 공정하고 정직하게 표현한 것일 수 없다. 따라서 이 용어에 내포된 편파성과 폭력성은 교회 안에서 강력한 반발을 불러왔다. 하지만 이 용어가 순식간에 대중화되었다는 사실은 한국 개신교회를 바라보는 교회 안팎의 시각이 그만큼 부정적이라는 사실을 단적으로 보여 준다. 한국 개신교회가 위기에 처했다는 것은 이미 다양한 통계를 통해 제시되었고, 교회 안에서도 몸으로 확인할 수 있다. 이는 '헬조선'으로 표현되는 한국 사회의 구조적 문제와 한국 개신교회가 직간접적으로 연루되어 있기 때문에 더욱 간과할 수 없는 문제다.

그렇다면 현재 한국 개신교회가 처한 현실은 어떠한가? 무엇보다도 한국 개신교회는 양적으로 급감하고 있다. 한때 경이적인 성장으로 세계를 놀라게 했던 한국 개신교회가 1990년대 중반을 기점으로 빠르게 축소되는 중이다. 이런 수적 감소는 특히 한국의 종교 인구가 꾸준히 증가하고 천주교인의 수가 급증하는 것을 고려할 때, 훨씬 더 심각한 의미를 갖는다. 양희송은 이에 대해 다음과 같이 정리한 바 있다.

> 한국 사회는 이 시기[1985-2005년] 동안 점점 더 종교적인 사회가 되어 가고 있다. 1985년에 종교를 갖고 있는 사람은 전 인구의 42.6%였다. 1995년에 이것이 50.7%가 되어서 처음으로 종교 인구가 과반수를 넘어

22 '개독'이란 표현이 등장한 것은 "2000년대 초반의 모 통신동호회 등을 통해서 안티 활동이 본격화되던 시점에 유발된 몇몇 논쟁 때문"이라고 하며, "단어를 쓰는 사람에 따라 개독교라는 단어는 교리나 성경 뜻의 본질을 잃고 무지하고 일부 썩어 빠진 타락한 개신교 신자들을 일컫는 말일 수도 있고, 개신교 혹은 기독교 전체를 일컫는 말일 수도 있다. 요즘에는 그냥 어느 기독교인이 마음에 안 드는 짓을 하면 그 사람에게 개독이라 욕하는 경우도 꽤 많다." 나무위키, '개독교' 항목, https://namu.wiki/w/개독교/ 참조.

> 서기 시작한다. 2005년에는 53.1%로 더욱 종교성이 강한 사회로 전진하고 있다. … 2005년 통계에 따르면 전체 4,700만 인구 중 불교의 규모가 가장 컸는데, 10,726,463명으로 전체 인구의 22.8%를 차지했다. 개신교가 두 번째 규모인 8,616,438명으로 18.3%였다. 천주교는 세 번째였는데, 5,146,147명으로 10.9%였다. 첫 10년간[1985-1995년]에 불교는 2,261,388명이 늘었고, 개신교는 2,271,054명이 늘었다. 천주교는 1,085,333명이 늘었다. … 1960년대 초반 종교 인구 통계와 비교하면 25년 만인 1985년의 종교 인구는 불교 6배, 개신교 10배, 천주교 3배 정도가 늘어난 숫자다. 그런데 이러한 양상이 다음 10년[1995-2005년]의 기간 동안 급격히 변한다. 큰 흐름은 이렇다. 불교 정체, 개신교 감소, 천주교 대약진. 불교는 10년 사이에 405,451명이 늘어나서 전체 인구의 22.8%를 구성한다. 그러나 이 증가 숫자는 인구성장률에 미치지 못했기 때문에 증가율은 -0.1%였다. 정체된 것이다. 개신교는 18.3%로 규모상 2위를 유지했지만, 내용은 확연한 감소세를 보였다. 약 144,000명이 줄어들었고, 성장률은 -1.4%였다. 가장 두드러진 현상은 천주교의 대약진이다. 인구 대비 6.7%에서 10.9%를 차지하는 규모가 된 것은 불과 10년 사이에 2,195,417명이 늘어나서 성장률 74%를 기록한 덕분이다.[23]

이 통계와 함께 고려해야 할 점은 교회 이탈자들, 그리고 비정통과 '가나안 성도'[24]의 숫자다. 2004년 갤럽의 조사에 의하면, 개신교를 거

---

23 양희송, 『다시 프로테스탄트』, 복있는사람, 2012, 25-28.

24 "젖과 꿀이 흐르는 땅을 일컬어 가나안이라고 하지만, 한국 교회의 잇따른 세습과 부패의 문제를 통해 교회를 안 나가는 신자들이 늘어나 생겨난 신조어로, 가나안을 거꾸로 해서 (교회) 안 나가는 성도(신자)들을 일컬어 가나안 성도라고 붙여지게 된 것"이다. 네이버 오픈사전, '가나안 성도' 항목, http://krdic.naver.com/user.nhn?docid=77fd1f1bcc0eced538a491ac7f7ad3ad/ 참조.

쳐 간 이탈자의 수가 758만 명으로 추산되었고, 이들 중에서 타종교로 개종한 수는 198만 명으로 집계되었다.[25] 한편 예장통합 이단사이비대책위원회의 자료에 따르면, 2005년 한국의 비정통교단은 150여 개로, 약 200-300만 명이 비정통에 빠져 있는 것으로 드러났다.[26] 그리고 한국기독교목회자협의회(한목협)가 2013년 1월에 발표한 설문조사에 의하면, "자신을 그리스도인이라고 밝힌 사람들 가운데 10% 정도가 교회에 출석하고 있지 않다고 답했다. 이를 그대로 적용해서 한목협은 '교회에 나가지 않는 그리스도인' 수를 100만 명가량으로 추정할 수 있다고 보았다."[27] 이런 정황을 고려한다면, 실제 교회에 출석하는 교인들의 수는 훨씬 적을 것이다.

동시에, 본질에서 벗어난 추문들이 교회 안에서 계속 발생하면서, 한국 개신교회에 대한 사회적 평가가 급격히 악화되고 있다. "목회자의 성 윤리 문제, 돈에 대한 탐욕의 문제, 시대에 맞지도 않고 성경적이지도 않은 타 종교를 향한 현대판 십자군 전쟁의 문제, 타락한 중세 시대에나 있었던 교권의 절대화 문제 등이 터져 나온 것이다."[28] 이런 현상에 대해서 최윤식은 불교·천주교와 비교하며 구체적인 수치로 문제의 심각성을 지적한다.

> 한국 기독교는 다른 종교에 비해 부정적 이미지가 많은 것으로 드러났다. 한국 교회 이미지에 관한 조사 결과를 보니, 한국 교회가 '영적인 문제에 해답을 주지 못하고 있다'는 81.4%, '지도자의 자질이 부족하다'는

25 양희송, 『가나안 성도 교회 밖 신앙』, 포이에마, 2014, 36.
26 최윤식, 『2020 2040 한국 교회 미래지도』, 생명의말씀사, 2013, 185.
27 양희송, 『가나안 성도 교회 밖 신앙』, 35.
28 최윤식, 『2020 2040 한국 교회 미래지도』, 13.

76%, '진리추구보다 교세확장에 관심을 갖고 있다'는 71.1%, '봉사 등 사회적 역할을 못하고 있다'는 69.9%의 반응이 나왔다. 반면 불교에 대한 인상은 '영적인 문제에 대한 해답을 제공한다', 가톨릭은 '지도자가 우수하고 대사회적 역할을 잘한다'고 응답했다. 그리고 '경제적으로 어려움에 직면했을 때 도움을 어디에 구할 것인가?' 하는 물음에 '기대할 곳이 있다' 70%, '사회단체' 13%, '사찰' 8.4%, '성당' 7.4%인 반면 '교회'는 0.7%밖에 되지 않았다. 참으로 비참한 결과다. 한국 교회의 사회적 공신력의 수준을 현저하게 드러낸 결과다.[29]

뿐만 아니라, 현실적인 위기가 한국 개신교회 생태계를 구성하는 주요 기관들의 위축·왜곡으로 이어지면서, 교회의 병리현상이 더욱 심화되고 있다. 제3세대 그리스도교 연구소의 김진호의 분석에 따르면 신학대학, 교회, 시민운동이 본질에서 벗어남으로써 한국 개신교회 위기의 원인이자 피해자가 되고 있다.

먼저 교단신학교 교육이 위기에 처했다. 학생들의 관심이 '교회성장학'이나 '목회상담학' 등에 치우쳐졌는데, 그것은 "사회와 국가, 역사, 세계 등에 대한 신학적 관심, 특히 자기성찰을 위한 인문학적 소양이 급격히 쇠락하는 현상을 동반했다." 특히 1992년 감리신학대학교 변선환, 홍정수 교수 파면 이후, "학문에 대한 교회의 통제가 본격화"되었고, "이후 신학자들이 침묵하면서 교회의 성찰 잠재성은 파탄지경에 빠지게 된다."[30]

둘째, 성장정체 및 감소로 인해 교회가 위기에 처했다. "2002년부

29 최윤식, 『2020 2040 한국 교회 미래지도』, 179-180.

30 김진호, 『시민 K, 교회를 나가다』, 현암사, 2012, 252-253.

터 2008년 사이 폐업한 교회의 수는 매년 1,300개 이상"으로 추산되며, "미자립 교회의 비율도 전체 교회의 40-50%"에 이른다. 동시에 1990년대 이후 많은 교회들이 재정적 압박에 시달리고 있는데, 주요 원인은 교회건축이다. 이런 재정적 부담은 교회의 사회부조나 복지지출을 줄이고, 교회성장에 몰두하게 만들었다. 그 결과, 교회마다 "미국발 번영신학의 성장 프로그램들을 도입하는 데 더 열을 올리게 됨으로써, 자기 자신과 세계에 대한 교회의 성찰 능력은 점점 더 감퇴하고 사회적 공공성에 대한 몰인식은 현저히 강화되는 결과를 초래했다."[31]

끝으로, 한국기독교교회협의회(NCCK)를 중심으로 한 기독교 시민운동이 크게 약화되었다. 1991년에 한국 정부가 경제협력개발기구(OECD)에 가입하면서 외국의 재정지원이 끊어지고 대형 교회들의 지원을 받게 되었다. 그 결과 NCCK의 진보성을 추동했던 인권위원회의 역할이 축소되었고, 한국 교회의 신앙과 신학은 사회적 공공성의 문제에 제도적으로 둔감해지기 시작했다.[32] 이처럼 현실적 위기가 신학의 변질과 사역의 왜곡을 초래하고 그것이 다시 교회의 위기를 심화시키는 악순환의 고리가 형성된 것이다. 이런 고리가 더욱 견고해지는 것이 오늘의 서글픈 현실이다.

② 원인

그렇다면 한국 개신교회는 왜 이런 비극적 상황에 처하게 되었을까? 한국 개신교회의 위기를 초래한 보다 근본적인 원인들은 다음과 같이 정리될 수 있을 것이다.

---

31 김진호, 『시민 K, 교회를 나가다』, 239.

32 김진호, 『시민 K, 교회를 나가다』, 237-242.

첫째, 한국 개신교회 안에 종교적 혼합주의가 만연해 있다. 기독교의 역사는 선교의 역사이며, 선교는 문화접변을 필연적으로 수반한다. 토착화 과정을 겪는 것이다. 물론 기존의 전통종교와 기독교 사이에는 공통점도 많으며, 그중에는 기독교의 수용과 빠른 성장에 긍정적 영향을 끼친 것도 적지 않다. 하지만 이 과정에서 전해 준 복음과 토착화된 복음 사이에는 주목할 만한 차이가 발생할 수밖에 없고, 그것의 부정적 화학작용이 한국 개신교회의 변질과 위기를 촉발했다. 자크 엘륄(Jacques Ellul)이 서구 기독교에서 발견했던 현상이 한국 개신교회에서도 동일하게 발생한 것이다.

> 대중들의 마음속 깊이 자리 잡은 신심이자 때로는 무의식적인 몇 천 년 된 신심이, 단 한 번의 세례와 '회심'으로 청산될 수 없었다. 이교도는 자신들의 이교를 가지고 교회에 들어왔다 … 서둘러서 기독교화된 주님들에게 그들이 살던 지역의 수호신을 버리게 할 수 없어서, 지역 수호신에게 세례를 베풀고 교회가 인정하는 성인으로 삼는 쪽을 택하였다. … 새 신도들에게 그들의 옛 신심들을 버리도록 요구하지 않았다. 일종의 다양한 종교의 집합소가 된 기독교의 틀 속으로 그들의 옛 신심들이 통합되었다. 이것은 아직 혼합주의는 아닌데, 우리는 혼합주의를 나중에 보게 된다.[33]

예를 들어, 한국 개신교회가 지나치게 기복주의로 경도된 것은 무속의 부정적인 영향 때문이다. 복을 구하는 것은 종교의 근본적 요소이

---

33 자끄 엘륄, 『뒤틀려진 기독교』, 박동열·이상민 옮김, 대장간, 2012, 76-78. 교회 속에 들어온 이교주의의 잔재와 그 역사에 대해서는 프랭크 바이올라·조지 바나, 『이교에 물든 기독교』, 이남하 옮김, 대장간, 2011 참조.

므로 그 자체를 비판할 수는 없다. 하지만 무속이 고등종교로 인정받지 못하는 것은 상대적으로 무속 안에 윤리와 공공성이 부재하거나 빈약하기 때문이다. 즉, 종교가 사적·이기적 목적을 위해 기능할 때, 종교는 사회통합 대신 분열과 갈등의 요인이 되기 쉽다. 뿐만 아니라, 무속은 단골의 사적 이익을 위해 점, 부적, 굿을 통해 무당이 신을 조정·통제하는 구조다. 이런 무속이 한국 개신교회에 영향을 끼쳐서, 기도, 예배, 헌금 등을 통해 하나님의 축복을 유도하고, 심지어 사적 이익과 교회성장을 위해 성령을 수단화하려는 모습마저 노출했다.[34] 뿐만 아니라, 유교의 삼강오륜이 미풍양속으로 인정될 수 있지만, 한국 교회 안에서는 성직주의와 교회세습이란 부작용을 낳기도 했다.[35]

둘째, 한국 개신교회는 끊임없이 세상·현실과 타협해 왔다. 사실 한국 개신교회는 한국의 근대사와 운명의 궤적을 공유한다. 조선이 쇄국의 문을 열면서 한국 개신교회의 역사도 시작되었고, 일제강점기, 분단과 전쟁, 냉전과 군부독재, 경제성장과 민주화의 터널을 한국 사회와 함께 통과하며 성장했다. 그 결과 한국 개신교회는 대한민국의 역사와 본질을 공유하고, 한국 교회사는 한국 근대사의 축소판이 되었다. 이 과정에서, 한국 개신교회는 때때로 일제, 공산주의, 독재정권에 저항하는 영웅적 모습도 보였지만, 기성체제 및 부당한 권력에 소극적으로 순응하거나 적극적으로 협력하는 기록도 남겼다. 특히 분단과 전쟁을 통과하면서 월남한 신자들을 중심으로 재구성된 한국 개신교회는 출신 성분

---

34 무속과 기독교의 복합적 관계에 대해서는 성서한국 엮음, 『공동체, 성경에서 만나고 세상에서 살다』, 대장간, 2015, 28-31 참조. 여기서 필자는 무속과 한국 개신교의 관계를 부정적 측면, 중립적 측면, 그리고 긍정적 측면으로 구분하여 분석했다.

35 교회세습반대운동연대 기획·배덕만 책임집필, 『교회 세습, 하지 맙시다: 교회세습반대운동연대 보고서』, 홍성사, 2016, 17-27.

과 종교적 특성상 자연스럽게 반공과 친미의 선봉에 서게 되었는데, 제1공화국부터 제5공화국까지 정치적 기반 및 정통성이 부족했던 정부가 한국 개신교회에 특혜를 베풀면서 밀월관계를 유지했다.[36]

이런 상황에서, 소수의 기독교인들을 제외하고, 한국 개신교회는 독재정부의 부당한 억압과 실정에 대해 예언자적 기능을 적절히 수행하지 못했고, 노동자들을 포함한 사회적 약자들의 '선한 이웃'이 되지 못했다. 대신 부흥운동, 전도·선교운동, 성령운동을 통해 교세 확장에 치중하며 양적 팽창에 성공했고, 한국 사회의 주변종교에서 주류종교로 변모했다. 이것은 때로는 생존을 위한 현실적 필요에 의해서, 때로는 역사적 경험과 신학적 확신에 근거해서 선택한 결정이요 결과였다. 하지만 현실과의 타협 및 순응은 한국 개신교회를 반쪽 종교로 만들었다. 예언자적 기능을 상실한 제사장적 종교, 사회구원을 포기한 개인구원의 종교, 보편적 가치보다 개인적 이익을 추구하는 종교, 공존과 상생 대신 배제와 분리에 익숙한 종교가 된 것이다.[37]

끝으로, 한국 개신교회 안에서는 신학이 제 기능을 수행하지 못했다. 한국 개신교회는 텍스트와 컨텍스트, 복음과 상황, 성경과 현장에서 양자의 균형 대신 텍스트, 복음, 성경을 일관되게 선택해 왔다. 하지만 컨텍스트에 영향을 받지 않는 텍스트는 없다. 복음은 상황 속에서 선포되고, 성경은 현장을 배경으로 해석되기 때문이다. 물론 텍스트가 컨텍스트에 대한 이해와 실천, 해석과 변혁에 영향을 주지만, 그 반대도 마

36 배덕만, 「정교분리의 복잡한 역사: 한국의 보수적 개신교를 중심으로, 1945-2013」, 『한국교회사학회지』 43, 2016, 175-224 참조.

37 한국 교회의 문제를 선교적 차원에서 다양하게 분석한 것은 김경재·김창락·김진호 외 지음, 『무례한 복음: 한국기독교의 선교, 그 문제와 대안을 성찰한다』, 산책자, 2007이 있다.

찬가지다. 동일한 말씀이 상황과 환경에 따라 전혀 다르게 해석되지 않는가! 동시에 아무리 상황과 환경이 변해도 결코 타협될 수 없는 복음이 존재한다. 결국 기독교는 이런 양극의 긴장 속에서 유동적으로 존재한다.

이런 맥락에서, 한국 개신교회는 '한국 사회와 문화 속에서 성경을 읽어 내면서 동시에 성경을 통해 한국 사회와 문화를 비판적으로 성찰하는' 한국적 신학을 만드는 데 실패했다. 현실의 억압과 왜곡 앞에서, 이에 대한 저항 대신 순응, 개혁 대신 타협을 선택함으로써, 한국 개신교회의 신학은 늘 타계적·개인적·영적 특성을 유지하되, 총체적·사회적·물리적 특성은 상실했다. 그 결과, 이런 실험의 산물이었던 민중신학, 토착화신학은 뿌리를 내리지 못했고, 그 자리를 번영신학과 교회성장학, 은사주의가 대체했다. 성경에 근거해서 이념과 자본의 위협을 비판하고 저항하는 대신, 이념과 자본의 눈으로 성경과 교회를 해석하는 경향이 지배적으로 나타났다. 우리의 현실과 전통에 근거한 신학 대신 크리스텐덤(Christendom)의 유산과 자본주의에 근거한 서구 신학을 수입하는 데 몰두했다. 그 결과, 한국의 독특한 현실에 근거하여 복음의 총체성을 추구하는 신학 대신, 탈맥락적·추상적·관념적·피상적·서구적 신학이 유행하게 된 것이다.[38] 신학의 왜곡은 필연적으로 목회와 사역의 왜곡으로 이어질 수밖에 없다.

③ 처방

한국 개신교회의 위기를 극복하기 위해 다양한 처방들이 제시되어 왔다. 앞에서 제시된 여러 병리현상들과 그것들을 초래한 요인들을 고려

38 배덕만, 『한국 개신교근본주의』, 대장간, 2010 참조.

할 때, 주목해야 할 처방들은 크게 세 가지로 정리할 수 있다.

첫째, 현재 한국 개신교회는 '사회적 영성'을 회복해야 한다. 한국 개신교회는 과도하게 사적·개인적·영적·이기적 모습을 드러내고 있다. 한국 개신교회에 만연한 기복주의, 신비주의, 개교회주의 등은 결과적으로 사회와 타자에 대한 관심을 약화시켰다. 구원이 개인적·영적 차원에 한정되고, 목회가 교회의 양적 성장에 치중하며, 신학과 성경해석이 철저히 초월적·추상적·개인적 차원에 머문다는 비판이 끊이지 않는다. 따라서 교회의 사회적 관심과 책임의 회복이 한국 개신교회 회복을 위한 중요한 해법으로 제시되는 것은 지극히 당연하다. 이와 관련하여 김진호는 다음과 같이 말한다.

> 나는 '사회적 영성'을 재발견하고 회복하는 특별한 노력이 필요함을 강조하고 싶다. 「요한복음」의 어법에 따르면 '영'은 '사람이 된 신'[예수]이 인간의 육체성의 한계를 극복하고 시공간적 경계를 가로질러 모든 이들의 마음속에 함께하는 존재다. 그러한 영의 속성을 영성이라고 한다면, 사회적 영성은 그 영이 교회 안에 갇혀 있는 것이 아니라 세상 속 구석구석에 두루 현존하고 있으며, 그 속에서 영이 된 신이 낯선 이들[타자]과 함께 살아가고 있다는 것을 함축하는 표현이다. 앞서 말했듯이 정치가 이웃을 적으로 만드는 과정이 아니라 적을 이웃으로 만드는 과정이라고 한다면, 이런 정치는 신앙의 사회적 영성화에 따르는 생각과 행위일 것이다. … 하여 정치세력화를 도모하는 오늘의 교회가 품어야 하는 생각은 '사회를 교회화'하는 것이 아니라 '교회적 신앙을 사회적 영성화'하는 것이다.[39]

---

39 김진호, 『시민 K, 교회를 나가다』, 252-253.

둘째, 한국 개신교회는 종교 본연의 초월적 가치를 추구해야 한다. 종교가 궁극적 관심이 되지 못하고 삶의 또 다른 수단으로 남용되는 상황에서, 궁극적 해법은 신앙의 본질을 회복하는 것이다. 복음이 제시하는 궁극적 가치 앞에서 우리의 삶과 존재 자체를 상대화하며 복음으로 우리 자신을 재구성하려는 노력 없이, 교회의 온전한 회복은 불가능하기 때문이다. 최규창은 다음과 같이 말한다.

> 교회가 추구하는 가치가 세속적 프레임을 초월하지 못하면 그 어떤 노력도 장기적으로 결실을 맺지 못할 것이다. 교회는 종교 본연의 '초월적 가치'를 보여 주어야 한다. 여기서 초월적 가치는 좌냐 우냐를 따지는 것이 아니라, 그것을 넘어서 '그리스도의 참된 제자'가 되는 삶을 말한다. 이것은 때로 자신의 이익에 심각한 타격이 되거나 밥줄과 목숨이 위태로워질 수도 있는 상황을 전제로 한다. 복음이 말하는 것이 무엇이며, 그것이 각 시대와 프레임에 어떻게 도전해 왔는지를 살펴보는 것이 중요하다. 복음은 인권이 무시되고 가난한 자가 억압받는 시대에도 인간이 하나님의 형상으로서 존귀하게 여겨져야 한다는 것을 역설한다. 정치적 입장을 우로 하건 좌로 하건 국가가 가난한 자들을 돌보고 개인의 자유를 확장하는 쪽으로 나가야 한다고 강조한다. 또한 인류의 불행이 다른 사람보다 더 편하고 잘살고 싶은 욕구에서 비롯된다는 사실을 인정하고, 그것을 극복하기 위해 자기 욕망을 쳐서 복종시키고 영성을 훈련해야 한다는 사실을 알려 준다. 또한 그것이 불교의 가르침과 같이 우주의 브라만과 합일되는 개인의 수도에 의해서가 아니라, 초월적인 창조주의 도움으로만 가능하다는 현실적 신비주의를 견지한다.[40]

40 최규창, 『고통의 시대, 광기를 만나다』, 강같은평화, 2012, 361-362.

끝으로, 한국 개신교회의 치유와 회복을 위해, 한국 개신교회의 생태계를 재구성해야 한다. 한국 사회 내에서 한국 개신교회가 처한 위치, 한국 개신교회가 감당해야 할 사명, 그리고 한국 개신교회의 역량과 한계를 고려할 때, 한국 개신교회의 회복은 한 개인이나 특정한 영역, 혹은 특정한 방식으로 쉽게 성취될 수 없다. 즉, 단 한 번의 복용으로 모든 문제를 해결할 만병통치약은 없다. 이에 대해 양희송은 다음과 같이 제안한다.

> 첫째, 지역교회와 개별 신앙 공동체의 장을 결코 (긍정적이든 부정적이든) 과소평가하지 말아야 한다. … 자신이 속한 신앙공동체를 최선의 상태로 만들어야 한다. 그런 곳을 만들든지, 아니면 그런 곳을 찾으라. 둘째, 연합운동의 장을 소중하게 여겨야 한다. 이런 장을 만드는 일과 그곳에서 행해지는 일은 격려받아야 하고, 좋은 결과들은 선의를 갖고 유통시켜야 한다. 이미 존재하는 거대 구조를 유지하는 데 모든 역량을 쏟을 것이 아니라, 이러한 혁신적 모험에 투자해야 한다. 셋째, '기독교 사회'를 위한 인프라를 구성해야 한다. 전 시대의 인프라들이 퇴색하지 않고 그러한 역할을 더욱 잘하도록 견인해야 한다. 하지만 언제나 새로운 시대는 새로운 사람과 새로운 조직의 등장과 더불어 시작된다. 과감한 시도들이 우후준순처럼 생겨나야 한다. 넷째, 시대정신을 붙잡아야 한다. … 한국 개신교는 우리 시대의 핵심적 과제를 과감히 부여잡고서, 이를 신앙적으로 풀어 내고자 하는 혼신의 시도 속에서 제 길을 찾아야 할 것이다. 개신교가 잘못하면 한국 사회도 망가질 수 있다. 반대로 개신교가 잘하면 한국 사회가 풀지 못한 해묵은 숙원을 해결할 수도 있다.[41]

41 양희송, 『다시 프로테스탄트』, 179-181.

3. '헬조선,' '개독교,' 그리고 인문주의

1) '헬조선'을 향해 인간의 가치를 선포하라

인문주의의 본질은 인간에 대한 관심과 존중이다. 중세의 크리스텐덤 체제에서, 인간은 관심의 중심이 아니었다. 하나님은 세상을 사랑하셨고 인간을 위해 독생자까지 희생하셨지만, 정작 교황 중심의 가톨릭 세계에서 인간은 타락한 죄인으로 정죄되었을 뿐이다. 하지만 인문주의자들은 인간, 특히 이성과 육체를 가진 존재로서 인간을 그 자체로 존중했던 그리스·로마 문명을 복원함으로써, 중세 사회에 새로운 인간관을 소개했다.[42] 비록 르네상스 인문주의자들도 중세의 신분제를 완전히 극복하지 못했고, 종교개혁자들은 아우구스티누스적 인간론을 고수하며 에라스무스와 결별했지만, 인문주의자들의 인간론은 계몽주의를 통과하면서 민주주의의 탄생으로 열매를 맺었다. 인간을 이성적·도덕적 존재로 규정했던 계몽주의 인간론과 인간의 자유와 평등을 주창하는 민주주의는 모두 인문주의의 산물이다.

'헬조선' 현상은 청년들이 인간으로서 온전한 대접을 받지 못하는 현실에 대한 비판에서 비롯되었다. 신자유주의 체제 속에서는 삶 자체가 시장으로 돌변하고, 모든 것이 상품으로 환원되며, 인간의 존재마저 가격이 매겨진다. 결국 무한경쟁, 적자생존, 승자독식의 잔인한 현실 속

---

42 '최초의 인문주의자'로 불리는 프란체스코 페트라르카(Francesco Petraca, 1304-1374)는 평생 동안 '사람이 어떻게 선해지는 것을 배울 수 있을까?'라는 질문과 씨름했는데, "고전을 공부하고 그 문체를 모방하며 그들이 사용한 언어를 사용한다면, 그리스·로마 시대의 사람들처럼 될 수 있고 결국 그들이 성취한 덕을 함께 나눌 수 있으리라."라고 생각했다. 시어도어 래브, 『르네상스 시대의 삶』, 김일수 옮김, 안티쿠스, 2008, 32.

에서는 소수만 살아남고, 다수는 '호모 사케르(Homo Sacer)'[43]로 처분된다. 가장 심각한 인간성 파괴가 자행되고 있는 것이다. 아무리 노력해도 살아남을 수 없는 세상, 국가마저 아무런 도움도 줄 수 없는 세상, 탈출과 죽창만이 해법이 된 세상은 그야말로 지옥이며, 그런 지옥에서 인간은 살 수 없다.

이런 상황에서, 교회는 인간에 대한 인문주의적 가치에 주목하며, 이 지옥 같은 현실을 향해 인간의 가치를 회복하라고, 인간을 상품이 아니라 생명체·인격체로 존중하라고 선언해야 한다. 성경이 인간의 죄성과 한계를 언급한다고 해서, 교회가 인간의 가치를 부정할 이유는 없다. 성경이야말로 인간의 한계와 가능성을 균형 있게 조명하면서, 인간의 가치를 강력히 선포하기 때문이다. 르네상스 인문주의자들은 신의 존재와 인간의 한계를 부정하지 않으면서, 인간의 가치를 존중했다. 심지어 에라스무스의 인간론을 거부했던 루터가 만인사제설을 주창하며 민주적 교회 개혁을 부르짖지 않았던가! 이런 맥락에서 양명수의 지적은 지극히 타당하다.

> 인본주의의 견제가 없다면, 또는 인본주의와 변증법적 관계를 용인하지 않는다면, 교회가 좋아하는 이른바 신본주의란 인간을 목적이 아닌 수단으로 전락시킨다. 하나님이 목적이라는 명제는 신앙인이라면 거부할 수 없다. 그러나 그것은 인간이 수단이 된다는 이야기와는 다르다. 사람은 교회의 수단이 될 수 없음은 물론이고 하나님의 수단도 될 수 없다. 이것

---

43 '호모 사케르'는 모든 법적 보호에서 박탈당한 인간, "벌거벗은 생명"을 가리킨다. 누구라도 죽일 수 있으며, 그런 행위 때문에 법적인 처벌을 받지 않는다. 이에 대해서는 조르조 아감벤, 『호모 사케르』, 박진우 옮김, 새물결, 2008 참조.

은 신학적으로 매우 중요하다.[44]

2) 성경 위에 교회를 다시 세우라

인문주의는 타락한 중세의 대안을 그리스·로마 시대에서 발견했다. 그 시대의 문화를 복원하기 위해서, 그들은 고전어 연구에 몰두했고 수많은 고대문헌들을 수집하여 주석을 달아 출판했다. 이런 학문적 노력은 히브리어와 그리스어로 기록된 성경연구로 이어졌으며, 이것이 Sola Scriptura를 외친 종교개혁의 발판이 되었다. 뛰어난 고전어 실력을 바탕으로 불가타의 오역을 발견했고, 이 성경에 근거해서 발전한 가톨릭 교회의 교리와 관행을 비판한 것이 종교개혁의 출발점이었던 것이다.[45] 에라스무스가 그리스어 『신약성경』을 편집하면서 농부와 상인들까지 이 성경을 읽게 되기를 소망하고, 마르틴 루터와 윌리엄 틴들(William Tyndale)이 위험을 무릅쓰고 독일어와 영어로 성경을 번역했던 것도 같은 맥락에서 이해할 수 있다.

'개독교' 현상은 중세 말의 타락한 가톨릭의 모습과 매우 유사하다. 죽음의 공포를 토대로 연옥교리와 면죄부 판매를 정당화하고, 교황이 황제와 세속의 권력을 다투며, 교회가 종교적 목적을 앞세워 십자군을 동원했다. 재정적 탐욕에 의해 성직이 매매되며, 성직자들에 의해 사생아들이 무수히 양산되고, 재물·치유·출산을 목적으로 유물과 성지순례가 성행했다. 이를 위해 신학자들이 성경과 무관한 교리를 만들고 신학

44 양명수, 『한국 교회 인문주의에서 배운다』, kmc, 2014, 229.

45 르네상스기 고전문헌 발굴을 위한 노력과 성경에 대한 비판적 연구에 대해서는 찰스 나우어트, 『휴머니즘과 르네상스 유럽문화』, 진원숙 옮김, 혜안, 2003, 78-93 참조.

적 정당성을 부여했다.[46] 그야말로 성경과 상관없는 종교가 된 것이다. 오늘날 개독교 소리를 듣는 교회도 유사한 증상을 보인다. 다양한 목적으로 헌금을 강요하고, 정치적 권력과 세속적 탐욕을 충족시키기 위해 성도들을 동원하며, 교회세습과 교회매매가 성행하고, 성직자들의 성추문이 꼬리를 물며, 천박한 기복신앙이 편만하여, '일천번제' 같은 이교적 관행이 교회 안에서 유행하고 있다. 교회가 분열되고 가나안 성도가 급증하며 비정통이 부흥하는 일차적 이유다.

해법은 교회가 성경으로 돌아가는 것이다. 모든 교리와 관행 위에 성경을 두는 것이다. 성경 앞에서 모든 것을 상대화하여 이교적·세속적 요소를 제거하고, 교회 안에서 주인 행세를 하는 우상들을 파괴하는 것이다. 이를 위해서 교회는 성경에 대한 진지하고 정직한, 그리고 철저한 연구와 묵상이 절대적으로 필요하다. 그리고 그 진리에 겸손하고 철저하게 순종하는 것이다. 고통스럽지만 부정할 수 없는 김영민의 비판 앞에 고개를 들 수 없다.

> 그래서 한국의 개신교인들은 공부를 매개로 모종의 신념에 이르는 게 아니라 제 마음대로 믿음을 얻은 뒤에 그제야 신학을 공부하는 것이다. 이 탓에 신학은, 애초 그 정당성(legitimacy)이 의심스러운 신념을 정당화(justification)하는 장치로서 동원되곤 한다. 이 때문에 믿지 않고는 사유(공부)할 수 없는 한국 신학의 독특한 풍경이 연출된다. … 나는 이 땅의 안팎을 가파르게 행군하거나 노량으로 바장이는 중에 성경을 하나의 텍스트로 정밀하게 독해하고 이를 바탕으로 신앙을 얻은 사람을 단 한 차

---

46 종교개혁의 배경에 대해서는 디아메이드 맥클로흐, 『종교개혁의 역사』, 이은재·조상원 옮김, CLC, 2011, 39-99 참조.

례도 본 적이 없다. 내가 과문한 탓이기도 하겠으나, 한국의 개신교 세계에서 그 같은 신자의 수를 의미 있는 통계로 기입할 수는 없을 것이다.[47]

3) 세상과 대화하는 법을 배우라

인문주의자들이 고대 그리스·로마를 연구했던 것은 자신들의 시대에 적합한 정치, 문화, 종교를 제시하고 싶었기 때문이다. 그들의 고전어 연구는 자국어의 발전으로 이어졌다. 단테가 자국어로 『신곡』을 쓰고, 루터가 독일어로 성경을 번역했던 것이 대표적인 예다. 또한 그들은 군주제가 보편적으로 시행되던 중세에 고대 로마의 공화정을 연구하고, 그것을 유럽의 정치적 대안으로 제시했다. 르네상스의 중심지였던 피렌체에서 페트라르카와 사보나롤라가 공화정을 실험하고, 영국에서 토머스 모어(Thomas More)가 『유토피아』를 통하여 자유와 평등의 사회를 꿈꾼 것이 그 증거다. 뿐만 아니라, 인문주의자들은 타락한 교회를 개혁하고, 전쟁 중인 세상에서 평화를 가져오고 싶었다. 이를 위해 그들은 추상적인 스콜라주의와 타락한 성직자와 교회를 비판하고 대안을 제시했다. 이런 목적을 성취하기 위해서 인문주의자들이 선택했던 무기는 글과 책이었고, 그들이 이용했던 제도는 인쇄소와 대학이었다. 글을 통해 세상과 소통하고, 인쇄소와 대학을 통해 생각을 유포하고 제도화한 것이다.

반면 현재 한국 개신교회는 세상 속에 존재하지만 세상과 소통하는데 심각한 장애가 있다. 기본적으로 세상을 타락한 곳, 구원의 대상으로 규정하기 때문에, 오직 전도와 선교의 관점에서 접근할 뿐이다. 세상의 요청에 귀 기울이고 세상의 필요를 채워 주기보다, 교회의 필요와 이

47 김영민, 『당신들의 기독교』, 글항아리, 2012, 12.

익에 근거해서 세상에 전략적으로 접근한다. 따라서 세상의 관심과 교회의 관심이 다르고, 세상의 언어와 교회의 언어도 매우 이질적이다. 그 결과 세상은 교회에 관심이 없으며, 교회는 세상과 대화하는 법을 잊어버렸다. 진화를 말하는 세상을 향해 교회는 창조를 주장하고, 민주주의를 주창하는 세상을 향해 교회는 신정주의를 선언하며, 다원주의와 관용을 요청하는 세상을 향해 교회는 호모포비아와 이슬람포비아를 선전한다. 냉전과 자본주의를 극복하기 위해 분투하는 세상을 향해 교회는 여전히 반공과 친자본주의의 아성으로 존재한다.

이런 상황에서, 교회는 한국의 현실과 상황을 정직하고 총체적으로 이해하며, 세상과 소통하기 위해 진지하고 성실하게 노력해야 한다. 이 과정에서 인문학의 도움이 절대적으로 필요하다. 필자는 이 문제에 대해서 이미 이렇게 제안한 적이 있다.

> 분단에서 기원한 특정 이념과 자본의 틀 속에서 한국 교회는 자신의 정치적·신학적 정체성을 형성해 왔다. 또한 미국과 달리 기독교는 한국에서 다른 고등종교들과 경쟁 및 상생의 관계를 유지하며, 자신의 입지를 보존·확대해 왔다. 한국 교회는 이런 현실을 부정할 수 없으며, 신학은 이런 현실을 자신의 학문적 대상으로 수용할 수밖에 없다. 이런 맥락에서, 한국에서 신학하기 위해선, 인문학적 통찰의 도움이 절대적으로 필요하다. 신학이 인문학과의 대화를 거부하거나, 그 필요성을 간과한다면, 신학은 시대적 적합성과 의사소통의 가능성을 상실할 수밖에 없다.[48]

---

48 배덕만, 「한국에서 신학과 인문학의 창조적 만남을 위한 교회사적 소고」, 『한국개혁신학』 32, 2011, 251.

4) 저항하는 지식인으로 발언하라

인문주의자들은 대학과 교회를 지배하던 스콜라주의를 당당하고 날카롭게 비판했다. 교회의 전통이란 미명하에 성경적 진리를 억압·왜곡하던 당대의 교회를 향해 개혁의 목소리를 높였다. 성경과 초대교회를 토대로, 성직자와 교회의 부패와 타락을 용감하게 지적하며 저항했다. 이를 위해 대학의 강단이나 교회의 고위직에 연연하지 않지 않고, 당시에 빠르게 발전하며 영향력을 행사하던 인쇄소를 중심으로 학문과 지성을 통해 시대와 싸웠다. 최고의 인문주의자 에라스무스, 자크 르페브르(Jacques Lefèvre d'Étaples), 요하네스 로이힐린(Johannes Reuchlin), 종교개혁을 주도했던 루터, 울리히 츠빙글리(Ulrich Zwingli), 필리프 멜란히톤(Philipp Melanchthon) 등은 모두 당대의 일급 학자들이자 개혁의 선봉에 섰던 영웅들이다.[49] 그야말로 인문주의자들, 특히 종교개혁자들은 비판적 지식인, 행동하는 지성, 저항하는 인텔리겐치아였다.

반면 현재 한국의 신학자들은 철저하게 교권에 종속되어 있다. 교파와 신학의 차이를 떠나, 대부분의 교단신학교는 교단의 통제하에 놓여 있으며, 학문의 자유나 교수의 신분이 제대로 보장되지 않는다. 교단의 전통적 입장에 대한 일체의 비판적 성찰이 불가능하며, 신학적 실험

---

49 에라스무스의 평전을 쓴 슈테판 츠바이크(Stefan Zweig, 1881-1942)는 인문주의자로서 에라스무스의 활동에 대해서 이렇게 평가했다. "르네상스 시대에 예술과 학문이 고대의 모범으로 되돌아가 멋지게 젊어졌듯이 에라스무스는 교회 본연의 근원을 파내고, 복음에 대한 교리로 환원해, 그와 함께 그리스도 자신의 말에 따라 '독단적 교리 아래 숨어 있는 그리스도를 적발해' 외형적 형식에 질식하고 있는 교회를 정화하기를 바란다. 이렇게 끊임없이 고양되는 희망을 가지고 에라스무스는—어디에서나처럼 여기에서도 선구자로서—종교개혁의 선봉에 선다." 슈테판 츠바이크, 『에라스무스 평전』, 정민영 옮김, 아롬미디어, 2008, 99.

도 거의 용납되지 않는다. 또한 신학자들의 수요와 공급의 균형이 깨지면서, 다수의 신진학자들이 신학교에서 자리를 얻지 못하거나, 다양한 명목의 비정규직 신분에 놓여 있기 때문에, 학교 내의 갑을관계도 극복하기 어렵다.[50] 따라서 한국 개신교회가 '개독교'로 추락하며 개혁에 대한 요청이 교회 안팎에서 쇄도해도, 신학자들이 이런 시대적 요구에 정당하고 용감하게 반응하기 어려운 것이 현실이다. 결국 신학교가 교회를 향해, 신학자들이 목회자들을 향해 '선생'의 자리를 지키지 못하고 오히려 고용인의 위치에 종속됨으로써, 한국 개신교회는 각성과 방향전환을 위한 또 하나의 중요한 기제를 상실하고 말았다.

모든 교회 개혁은 신학교 개혁과 함께 진행되었다. 그리고 그 일차적 책임은 신학자들, 신학 교수들에게 달려 있었다. 진리와 학문의 전당마저 세상의 유혹과 위협에 굴복하면, 교회 개혁의 가능성은 더욱 암담해질 수밖에 없다. 결국 해결의 실마리는 '신학자들이 얼마나 당대의 권력과 대세에 저항하며 진리의 수호자로서 사명을 다하느냐'에서 찾을 수 있을 것이다. 그래서 지금은 20세기를 대표했던 비판적 지식인이자 행동하는 지성이었던 에드워드 사이드(Edward Said)의 충고를 한국의 신학자들이 경청해야 할 때다.

> 인문학과 인문주의는 구성적으로 수정과 재숙고, 재생을 필요로 합니다. 일단 인문학이나 인문주의가 전통이라는 미라로 굳어 버리면, 그들 자신

---

50 "권력은 지성인의 흡수고용과 편입을 통해 여전히 지성인이 목소리를 효과적으로 침묵시키고 있으며, 지성인들이 자신들의 소명으로부터 일탈하는 사례가 변함없이 매우 빈번하게 발생하고 있다." 에드워드 사이드, 『권력과 지성인』, 전신욱·서봉섭 옮김, 창, 2011, 55.

의 본모습이기를 그치며, 숭배와 억압의 도구가 되어 버리고 맙니다.[51]

언제든, 어디서든, 변증법적으로, 대립적으로 제가 앞서 언급한 투쟁을 드러내고 설명하며, 강요된 침묵과 보이지 않는 권력의 정상화된 평온에 도전하고 이를 물리치는 것이 지식인의 역할입니다. 거대하고 거만한 권력 집단과 이 집단의 활동을 정당화하고 위장하고 신비화하면서 또한 권력에 도전하거나 이의를 제기하는 것을 막기 위한 목적으로 이용되는 담론 사이에는 사회적이고 지적인 상응관계가 있기 때문입니다.[52]

4. 나오며

위기에 처한 한국 사회를 위해 분투하며 이 사회의 미래를 준비해야 할 청년들이 이 나라를 '헬조선'이라고 부르며 '탈출'과 '죽창'을 운운하는 현상은 결코 간과할 문제가 아니다. 정치권이나 보수주의자들은 이런 현상을 무책임하거나 무능력한 개인들의 근거 없는 불평쯤으로 폄하하는 경향이 있으나, 상황은 그들이 생각하는 것보다 훨씬 더 심각하다. 애국이나 민족에 별다른 정서적 감흥이 없는 젊은 세대들은 이 땅에서 더 이상 희망을 찾을 수 없다고 판단할 때 언제든지 탈출을 감행하거나 죽창을 들 수 있기 때문이다. 상상해 보자. 청년들이 떠나고 아이들이 태어나지 않아서 거대한 양로원으로 변한 오늘의 농촌이 대한민국의 미래가 된다면 어찌할 것인가! 그것은 진정 '헬조선'이며 디스토피아다.

51 에드워드 사이드, 『저항의 인문학』, 김정하 옮김, 마티, 2012, 56.
52 에드워드 사이드, 『저항의 인문학』, 178.

지금까지 필자는 이 논문에서 현재 유행 중인 '헬조선'과 '개독교' 현상을 살펴보고, 이러한 위기 속에서 인문주의의 정신과 유산이 어떻게 적용될 수 있을지에 대해서 개인적 의견을 피력했다. 유럽 사회가 가톨릭과 프로테스탄트 사이에서 하나를 선택해야 했던 극단의 시대에 인문주의자들의 이성과 타협에 근거한 평화적 개혁안은 비현실적이고 유치해 보였을지 모른다. 하지만 모두가 당파적 이익에 몰두하여 진영논리에 함몰되고, 지성과 관용 대신 이념과 광기에 사로잡히며, 문명이 야만의 썰물에 휩쓸리는 현재야말로 지성과 윤리의 가치를 단단히 붙잡고 타협과 관용을 토대로 본질과 개혁을 추구해야 할 때다. 오늘날처럼 모든 것이 복잡하고 혼란스러운 때에는 효용성보다 본질에 충실한 것이 궁극적 해법이 된다고 믿기 때문이다. 이런 맥락에서 한국 개신교회는 인문주의를 통해 소중한 지혜와 유용한 무기를 얻을 수 있을 것이다. 현실과 힘의 논리에 장악된 사람들에게 인문주의자들의 언어와 논리는 유약하고 비현실적으로 보이겠지만, 역설적으로 그렇게 유약하고 비현실적인 것에 주목해야 할 만큼 이 시대는 지극히 극단적이고 광적이다. Ad fontes!

참고문헌

교회세습반대운동연대 기획·배덕만 책임집필, 『교회 세습, 하지 맙시다: 교회세습반대운동연대 보고서』, 홍성사, 2016.

김경재·김창락·김진호 외 지음, 『무례한 복음: 한국기독교의 선교, 그 문제와 대안을 성찰한다』, 산책자, 2007.

김영민, 『당신들의 기독교』, 글항아리, 2012.

김진호, 『시민 K, 교회를 나가다』, 현암사, 2012.

나우어트, 찰스, 『휴머니즘과 르네상스 유럽문화』, 진원숙 옮김, 혜안, 2003.

남경태, 『종횡무진 서양사 2』, 휴머니스트, 2015.

래브, 시어도어, 『르네상스 시대의 삶』, 김일수 옮김, 안티쿠스, 2008.

린제이, 토마스 M., 『종교개혁사 I』, 한국장로교출판사, 1993.

맥클로흐, 디아메이드, 『종교개혁의 역사』, 이은재·조상원 옮김, CLC, 2011.

바이올라, 프랭크·조지 바나, 『이교에 물든 기독교』, 이남하 옮김, 대장간, 2011.

박찬문, 『르네상스 휴머니즘에 대한 종합적 해석』, 혜안, 2011.

배덕만, 「정교분리의 복잡한 역사: 한국의 보수적 개신교를 중심으로, 1945-2013」, 『한국교회사학회지』 43, 2016, 175-224.

배덕만, 『한국 개신교근본주의』, 대장간, 2010.

배덕만, 「한국에서 신학과 인문학의 창조적 만남을 위한 교회사적 소고」, 『한국개혁신학』 32, 2011.

사이드, 에드워드, 『권력과 지성인』, 전신욱·서봉섭 옮김, 창, 2011.

사이드, 에드워드, 『저항의 인문학』, 김정하 옮김, 마티, 2012.

성서한국 엮음, 『공동체, 성경에서 만나고 세상에서 살다』, 대장간, 2015.

아감벤, 조르조, 『호모 사케르』 박진우 옮김, 새물결, 2008.

양명수, 『한국 교회 인문주의에서 배운다』, kmc, 2014.

양희송, 『가나안 성도 교회 밖 신앙』, 포이에마, 2014.

양희송, 『다시 프로테스탄트』, 복있는사람, 2012.

엘륄, 자끄, 『뒤틀려진 기독교』, 박동열·이상민 옮김, 대장간, 2012.

오형국, 『기독교 인문주의 전통의 연구』, 한국학술정보, 2008.

융, 마르틴, 『멜란히톤과 그의 시대』, 이미선 옮김, 홍성사, 2013.
조용석, 『츠빙글리』, 익투스, 2014.
존슨, 폴, 『르네상스』, 한은경 옮김, 을유문화사, 2013.
최규창, 『고통의 시대, 광기를 만나다』, 강같은평화, 2012.
최윤식, 『2020 2040 한국 교회 미래지도』, 생명의말씀사, 2013.
츠바이크, 슈테판, 『에라스무스 평전』, 정민영 옮김, 아롬미디어, 2008.
하위징아, 요한, 『에라스뮈스』, 이종인 옮김, 연암서가, 2013.
Hall, Basil, *Humanists & Protestants, 1500-1900*, Scotland: T&T Clark, 1990.
Klann, Richard, "Human Claims to Freedom and God's Judgment," in *Concordia Theological Quarterly* 54/4, Oct 1990, 241-263.
Meyer, Carl S., "Christian Humanism and the Reformation: Erasmus and Melanchthon," in *Concordia Theological Monthly* 41/10, Nov 1970, 637-647.
Preus, Daniel, "Luther and Erasmus: Scholastic Humanism and the Reformation," *Concordia Theological Quarterly* 46/2-3, Apr-Jul 1982, 219-230.
Rosin, Robert, "The Reformation, Humanism, and Education: The Wittenberg Model for Reform," *Concordia Journal*, 16/4, Oct 1990, 301-318.

『경향신문』, 2015. 8. 19, 「취업 청탁은 '윈윈'할 수 있다는 믿음에서 나와」.
『경향신문』, 2015. 9. 4, 「헬조선에 태어나 노오오오오오력이 필요해」.
『경향신문』, 2015. 9. 16, 「헬조선은 극우들의 혐오언어일까?」.
『경향신문』, 2015. 10. 7, 「망한민국」.
『경향신문』, 2015. 10. 26, 「김무성, 왜곡되고 편협한 역사의식 가르치니… '헬조선' '망할 대한민국' 단어 유행해」.
『국민일보』, 2015. 11. 12, 「"현실반영 어마무시" Korea 부루마블 '씁쓸'」.
『뉴스앤조이』, 2015. 12. 27, 「흙수저로 오신 예수」.
JTBC, 2015. 9. 17, 「한국 떠나고 싶다: 젊은층 '헬조선' 증후군」.
『조선일보』, 2015. 10. 17, 「헬조선은 불평분자들 마음속에」.
『중앙일보』, 2015. 10. 28, 「농담인데 불편하네 '수저 계급론'」.
『중앙일보』, 2015. 10. 31, 「'헬조선' 외는 젊은이여, 지옥을 천국으로 만들 용기 없는가?」.
『한겨레』, 2015. 8. 31, 「헬조선이 풍자하는 대한민국의 현실」.
『한국일보』, 2015. 10. 9, 「'포기만 하며 사느니 한국 포기' 짐싸는 2030」.
『헤럴드경제』, 2015. 10. 12, 「'이맛에 헬조선 삽니다' 분노 넘어 조롱 만연 2030」.

나무위키, '개독교' 항목, https://namu.wiki/w/개독교/
네이버사전, '흙수저' 항목, http://krdic.naver.com/search.nhn?query=%ED%9D%99%EC%88%98%EC%A0%80&autoConvert=false/
네이버 오픈사전, '가나안 성도' 항목, http://krdic.naver.com/user.nhn?docid=77fd1f1bcc0eced538a491ac7f7ad3ad/
위키피디아 한국어판, '헬조선' 항목, https://ko.wikipedia.org/wiki/%ED%97%AC%EC%A1%B0%EC%84%A0/

제2부

한국 사회와 종교

한국 이슬람교 이해하기: 의례와 현재의 모습을 중심으로

윤용복

1. 들어가며

2014년부터 전 세계의 큰 문제 가운데 하나로 나타난 중동 지역의 수니파 '이슬람국가(IS)'는 아직까지도 현재 진행형이다. IS는 중동 지역에서 나타난 문제로 종교적인 문제, 그 가운데서도 이슬람교의 이념을 등에 업고 나타났다. 이슬람교의 이념이 이들의 주장과 일치하는 것인가의 문제가 있기는 하지만, 중요한 것은 이들이 이슬람교를 전면에 내세우고 있다는 것이다. 과거에 이슬람교인들과 연관된 테러나 전쟁 등에 관한 사건들이 있었다. 그러자 이슬람교와 테러를 연관 지으려는 태도들이 나타나게 되었다. 이에 대해 이슬람교 측의 해명은 그것은 본래 이슬람교의 모습이 아니고, 그런 사람들은 이슬람교인들 가운데 일부에 지나지 않으며, 실제로 대다수의 이슬람교인들은 그런 테러와 관련이 없고 평화를 추구한다는 것이다. 이런 일련의 노력으로 인해 한국 사회에서 이슬람교에 대한 관심이 고조되면서 과거에 품었던 오해의 상당 부분이 해소되어 가고 있는 것으로 보인다. 그러나 아직도 진행되고 있는 IS사태로 인해 국제사회의 눈이 이들을 향하고 있으며, 또한 온라인으로 그들의 잔인한 처형 장면이 공개되면서 다시금 이슬람교와 테러는 논란의 중심에 서게 되었다. 이슬람교를 믿는 대다수의 사람들은 이러한 테러와 관련이 없지만, 언론을 통해서 이런 사실을 접하게 되는 일반인들의 눈에 이슬람교에 대한 모습이 다시 부정적으로 비치게 될지도 모를 일이다.

이슬람교에 대한 이해가 과거와는 많이 달라졌다고는 하지만, 그래도 아직 사람들이 쉽게 접하는 이슬람교에 대한 정보는 이런 일련의 사건들을 통해 다가오게 마련이다. 그리고 아직도 이슬람교는 한국 사회에서 낯선 종교임에 틀림없다. 그렇지만 한국 사회에 이슬람교가 알려지기 시작한 것은 매우 오래전의 일이다.[1] 언론에 자주 오르내리고 한국과 오래전부터 접촉하였음에도 불구하고 한국 사회에서 아직은 낯선 종교인 이슬람교는 더 이상 그저 낯선 종교로 있어선 안 될 것이다. 한국 사회에서 이슬람교가 차지하는 비중이 결코 작다고 할 수 없으며, 특히 현재 무슬림 인구가 빠르게 증가하고 있기 때문이다. 무슬림 인구가 증가하는 요인으로는 한국인이 이슬람교로 개종하는 것도 있지만, 그보다 훨씬 더 많은 외국 무슬림 인구의 한국 유입이 결정적이다. 많은 외국 무슬림들이 한국에 들어오면서 무슬림 인구가 증가했고, 따라서 한국 사회에서 이슬람은 더 이상 낯선 종교로 남아 있을 수 없게 된 것이다. 그러므로 이슬람 일반에 대한 이해도 중요하지만, 한국 사회에 뿌리를 내리고 있는 한국에 있는 이슬람에 대한 이해는 더욱 중요할 것이다.

1 이희수, 『이슬람과 한국문화』, 청아출판사, 2013, 62-109. 이희수는 이슬람교가 탄생하기 이전인 삼국시대에 이미 삼국인들이 중국을 왕래하면서 서역인들과 교류가 시작된 것으로 보고 있다. 그는 이슬람이 출현한 이후인 7세기 중엽 역시 신라인들이 중국을 왕래하면서 무슬림들과의 간접적인 교류가 있었을 것이며, 9세기 중엽 이후에는 직접 해로를 이용하여 신라인들과 교류를 하였을 것이라 주장한다.

그간 한국의 학계에서는 다양한 측면에서 이슬람에 대한 연구가 이루어졌다. 그 연구들은 이슬람교에 대한 연구, 그리고 이슬람 문화권에 대한 연구가 중심을 이루고 있다. 이들 연구에 비해 한국의 이슬람, 또는 한국과 연관된 이슬람 관련 연구는 다소 미흡한 측면이 있다. 한국 사회에서의 이슬람에 대한 이해의 측면도 보다 고려되어야 하리라고 본다.

한국 이슬람 등과 관련된 연구들 가운데 우선 꼽을 수 있는 것은 외국 무슬림의 한국 이주와 관련된 연구들로, 다양한 지역의 무슬림 이주와 관련된 연구논문들이 있다.[2] 두 번째는 이슬람 음식과 관련된 주제

---

2 조희선 외, 「한국사회 이주 무슬림 연구수행을 위한 모델 연구」, 『한국이슬람학회논총』 18/1, 2008; 정창근·김홍배, 「무슬림 이주여성의 인구통계학적 특성과 이슬람 문화몰입이 자녀교육행태에 미치는 영향」, 『한국중동학회논총』 33/3, 2013; 안정국, 「한국 이주 인도네시아 여성 무슬림의 혼인과 정착」, 『한국중동학회논총』 30/1, 2009; 김효정, 「한국 이주 남아시아 남성 무슬림 근로자의 문화적응모델 연구: 혼인을 통한 문화정체성 형성의 패턴 분석을 중심으로」, 『한국이슬람학회논총』 19/2, 2009; 김효정, 「한국 이주 남아시아 무슬림의 현황과 집단화: 남아시아 무슬림의 에스닉 집단화에 관한 연구」, 『한국이슬람학회논총』 18/3, 2008; 안정국, 「한국 이주 동남아시아 무슬림의 현황과 사회적 연결망」, 『한국중동학회논총』 29/1, 2008; 조희선 외, 「한국 이주 무슬림의 혼인현황과 정착과정연구」, 『지중해지역연구』 11/3, 2009; 이희수·조영주, 「한국의 무슬림 이주민들의 한국생활 적응방식과 신앙생활 조사 분석, 『한국중동학회논총』 33/1, 2012; 안정국, 「국내 이주 무슬림의 현황과 문화적 갈등」, 『한국이슬람학회논총』 22/1, 2012; 조희선, 「한국 이주 아랍 무슬림의 혼인과 정착, 그리고 문화적응에 관한 연구」, 『한국중동학회논총』 30/1, 2009;오종진, 「한국 이주 중앙아시아 무슬림의 현황과 조직화: 우즈베키스탄, 카자흐스탄, 키르기스스탄, 투르크메니스탄, 아제르바이잔, 타지키스탄 출신 무슬림들을 중심으로」, 『한국이슬람학회논총』 18/3, 2008; 김대성, 「한국 사회 내 터키인 무슬림 이주자의 현황 및 사회적 조직」, 『한국이슬람학회논총』 18/3, 2008; 송도영, 「국내 무슬림 이주자들의 생활영역과 초국적 성격: 서울 이태원 출입 무슬림의 사례」, 『한국이슬람학회논총』 24/2, 2014. 이 가운데 이주 무슬림을 주제로 2007년 한국연구재단 중점연구소 분야의 지원을 받아 수행된 연구논문들이 가장 많은 수를 차지한다.

의 논문들이 있다. 할랄 음식[3]에 대한 것이 주를 이루고 있기는 하지만, 이슬람 음식점과 관련된 연구도 있다.[4] 종교학 분야에서 이슬람교 관련 연구는 매우 빈약한 편이다.[5] 기독교 측의 이슬람 관련 연구 및 발언 등이 많이 나타나고 있는데, 선교 대상으로서의 이슬람이나 이슬람교의 확산에 따른 경계 등이 주제의 주를 이루고 있다.[6] 이 외에 한국과 이슬

---

3 할랄 음식은 식물보다는 동물의 고기류를 섭취하는 문제와 관계된다. 동물 가운데 쿠란에서 금기시하는 음식, 즉 하람(haram) 음식은 죽은 짐승의 고기, 피, 돼지고기 및 도살할 때 알라 이외의 이름으로 한 것, 교살된 것, 타살된 것, 추락사한 것, 뿔에 찔려 죽은 것 및 야수에 물려 죽은 것 등으로 규정된다. 김정위, 『이슬람 입문』, 한국외국어대학교출판부, 1998, 27. 이에 비해 먹을 수 있도록 허용된 음식이 할랄(halal) 음식이다.

4 송도영, 「종교와 음식을 통한 도시공간의 문화적 네트워크: 이태원 지역 이슬람 음식점들의 사례」, 『비교문화연구』 13/1, 2007; 송도영, 「한국 내 이슬람(할랄) 음식의 소비방식과 공급체계에 대한 문화적 해석」, 『한국중동학회논총』 32/1, 2011; 장건·조성기, 「국내 할랄닭고기 수급실태와 균형수급량 추계」, 『한국이슬람학회논총』 24/1, 2014; 엄익란, 「이슬람 식품 시장의 할랄 인증제도 의무화에 따른 한국 기업의 대응 방안」, 『한국이슬람학회논총』 23/3, 2013.

5 이진구, 「다문화시대 한국 개신교의 이슬람 인식: 이슬람포비아를 중심으로」, 『종교문화비평』 19, 2014; 송현동, 「한국 이슬람의 역사적 전개와 특징」, 『한국 종교교단 연구』 II, 한국학중앙연구원, 2007 등이 있다.

6 소윤정, 「이슬람 '수쿠크'의 한국 상황화에 관한 연구」, 『복음과 선교』 21, 2013; 맹미영, 「한국에서의 수피즘 확산을 통해 바라본 이슬람 선교 정책 이해: 이슬람 선교 전략의 문화적 측면을 중심으로」, 『복음과 선교』 24, 2013; 이정순, 「1970년대 이후 한국인의 이슬람 개종 요인 연구」, 『복음과 선교』 16, 2011; 장훈태, 「기독교에서 바라본 한국의 이슬람 정착과 근본적인 대처 방안」, 『복음과 선교』 19, 2012; 장훈태, 「현대 이슬람의 한국 포교 전략과 기독교의 대응」, 『복음과 선교』 17, 2012; 백광현, 「이슬람 바로알기: 이슬람 포교의 교두보가 된 한국」, 『활천』 648/11, 2007; 백광현, 「이슬람 바로알기: 한국을 공략하는 이슬람의 포교정책」, 『활천』 660/11, 2008; 이만석, 「이슬람을 바로알자: 이슬람은 국가안보 문제다」, 『한국논단』 244, 2010.

람권과의 교류[7], 이슬람 금융[8] 관련 연구들이 있다. 한편 한국 이슬람과 관련된 석사학위 논문들도 많이 있는데, 신학대학을 포함한 기독교계 대학원에서 이슬람의 포교, 이슬람권의 선교, 그리고 이슬람에 대한 경계를 나타내는 논문들이 많은 수를 차지하고 있으며, 이슬람 금융에 관한 논문들도 있다.[9]

이 논문은 한국의 이슬람교에 대한 이해에 초점을 맞출 것이다. 한국 이슬람교에 대한 전반적 소개, 한국과 이슬람의 접촉의 역사 및 기본적인 교리는 이미 다른 논문이나 저서[10]를 통해 다루어졌기에 여기에서는 논의의 중심을 한국 이슬람의 현재에 두고자 한다. 먼저 이슬람교의 기본 교리 가운데 예배, 즉 의례에 관해 알아보고, 이슬람에서 지내는 절기에 대해 파악해 볼 것이다. 다음으로 한국 이슬람교의 현재에 대해 알아보고, 한국 이슬람교의 특징과 미래에 대한 전망을 파악해 볼 것이다.

2. 이슬람교의 의례

누구든지 이슬람교가 진리라고 믿고 무슬림이 되고자 한다면, 샤하다(Shahādah), 즉 "나는 알라 이외엔 신이 없음을 증언한다. 나는 또 무함

---

7 Lee, Hee-Soo(Jamil), "Islam in Korea: History, Present Situation and Future Prospect," *Korea Journal of Islamic Culture* 1/1, Korea Institute of Islamic Culture, 1997.

8 온인주·장병옥, 「한국의 이슬람 금융 도입 가능성과 전망」, 『중동연구』 31/2, 2012.

9 이는 국회전자도서관을 검색해서 나온 내용인데, 한국 이슬람과 관련된 석사학위 논문 총 39편 가운데 17편이 기독교계에서 나온 것이며, 이슬람 금융 관련 논문은 4편이었고 나머지는 각기 다른 주제들로 이루어져 있었다.

10 이희수, 『이슬람과 한국문화』; 송현동, 「한국 이슬람의 역사적 전개와 특징」; Lee Hee-Soo(Jamil), "Islam in Korea: History, Present Situation and Future Prospect."

마드가 알라의 사도임을 증언한다(Ashhadu al-lā ilāha illā-Allāh, wa ashhadu anna Muḥammadan rasūlu-Allāh)."라고 선서하면 된다. 이 두 가지 증언으로서 그는 무슬림이 된 것이다.[11] 무슬림이 되고 나면 행해야 할 것이 신앙고백, 예배, 희사, 단식, 메카로의 성지순례인데, 이것들은 이슬람을 지탱하는 다섯 개의 골격이며 기둥[五柱]이다. 또한 무슬림이라면 알라 하나님,[12] 천사들, 성서들, 사도들, 마지막 날, 그리고 운명에 대한 여섯 가지 말[六信]을 믿어야 한다.[13]

이슬람교에서 의례라고 하면 위에서 말한 다섯 기둥을 모두 포함해야 할 것이다. 이 가운데서도 특히 의례의 중심은 예배에 있다. 무슬림은 하루 다섯 차례의—새벽, 낮, 오후, 저녁, 밤[14]—예배를 드리는데, 이슬람의 예배는 단 몇 분밖에 걸리지 않을 정도로 다른 종교들에 비한다면 매우 간단하다. 다만 예배에 들어가기 위한 절차가 중시된다. 우선 예배에 들어가려면 의복이나 몸을 깨끗하게 해야 하므로 예배에 앞서 반드시 깨끗한 물로 부분 세정(Udu)을 하거나 전체 세정(Gusl)을 해야 한다. 물을 구할 수 없는 경우, 병중이어서 물을 쓰면 병이 악화되거나 회복이 늦어질 수 있을 경우, 추운 겨울 찬물을 사용하면 건강을 해칠지

11 카말 알리 알-문타씨어, 『예배입문』, 하지 사브리 서정길 옮김, 주한 리비아 국민사무소, 1974, 15.

12 한국 이슬람교에서는 알라를 '하느님'이 아닌 '하나님'으로 번역해서 부르는데, 이것은 기독교의 기본 믿음인 삼위일체와 대비시키는 데 큰 의미를 두고 있다고 본다. I. A. 이브라힘, 『이슬람의 이해를 돕는 간단한 삽화 안내서』, 아미나 옮김, 아담출판사, 2009, 46-47, 65.

13 이에 대한 자세한 설명은 무함마드 A. 수하임, 『이슬람: 원리와 개론』, 최영길 옮김, 알림, 2008, 154-189; 송현동, 「한국 이슬람의 역사적 전개와 특징」, 150-156 참조.

14 차례대로 파즈르(Fajr), 주흐르(Zuhr), 아스르(Asr), 마그립(Magrib), 이샤(Isha)라고 부른다. 한국 이슬람에서 매주 금요일 발행하는 『주간 무슬림』에는 매일의 예배 시간표가 나와 있는데, 일정하지 않고 분 단위로 예배 시간이 매일 변화된다.

도 모를 경우 등은 깨끗한 모래 등을 이용해서 대체 세정을 한다. 많은 경우 부분 세정을 하게 되는데, 순서에 따라 손, 입, 코, 얼굴, 팔, 머리, 귀, 발을 차례대로 씻는다. 예배는 아잔[15]과 이까마[16]가 차례대로 낭송되고 나면 시작된다. 순서는 다음과 같다.[17]

❶ 의도(니야)

먼저 마음속으로 니야를 한다. 예를 들어 주흐르 예배 시는 다음과 같은 니야를 한다. "나는 하나님께 주흐르 예배를 드리고자 합니다."

❷ 예배의 시작(타크비-라툴 이흐람)

예배 참여자는 예배 시작의 표시로 양손을 귓볼까지 올리고 "알라후 아크바르"라고 말한다. 이때 시선은 절을 할 때 코와 이마가 닿을 곳에 둔다.

❸ 서 있는 자세(끼얌)

다음으로 손을 앞으로 마주 모아 팔짱을 낀 다음 쿠란의 개경장과

---

15 아잔이란 예배시간을 알리는 소리로서 그것의 순서는 다음과 같다. (1) 알라-후 아크바르(4회, 하나님은 위대하시다). (2) 아슈하두 알라-일라-하 일랄라(2회, 나는 하나님 외에 신이 없음을 증언하나이다). (3) 아슈하두 안나 무함마단 라수-룰라(2회, 나는 무함마드가 하나님의 사자임을 증언하나이다). (4) 하이야 알랏 쌀라-(2회, 예배보러 올지어다). (5) 하이야 알랄 팔라-(2회, 성공을 빌러 올지어다). (6) 알라-후 아크바르(2회, 신은 크시다). (7) 라-일라하 일랄라(1회, 하나님 외에 신이 없도다). 한국이슬람교, 『예배입문』, 한국이슬람교, 2012, 15.

16 이까마는 아잔 후, 본 예배가 시작되기 직전에 부르며, "까드 까마팃 쌀라-(예배가 지금 시작된다)"를 아잔의 (5) 다음에 첨가해서 2회 부른다. 한국이슬람교, 『예배입문』, 16.

17 한국이슬람교, 『예배입문』, 8-16.

짧은 장(혹은 절)을 암송한다.

❹ 반절(루쿠)

"알라 후 아크바르."라고 말하며 양 손바닥이 무릎을 감싸게 하고 상반신을 구부려 반절을 한다. 이 자세로 "수브하-나 랍비얄아지-임(위대하신 나의 주님께 영광이 있으시기를)."을 3회 반복하여 암송한다.

❺ 허리를 폄(까우마)

그 자세에서 "사미알라-후 리만하미다(하나님께서는 찬미드리는 자의 말을 들으시도다)."를 외우며 허리를 편다. 그리고 "랍바나-라칼함두(오, 주님이시여! 당신을 찬미하나이다)."를 암송한다.

❻ 첫 번째 절(싸즈다)

"알라 후 아크바르."를 말하며 엎드려 첫 번째 절을 한다. 이때 양 손바닥과 이마와 코, 발끝과 무릎이 바닥에 닿아야 한다. 그 자세로 "수브하-나 랍비얄아알라(지고하신 나의 주님에게 영광이 있으시기를)."를 3회 외운다.

❼ 앉음(잘사)

"알라-후 아크바르."라고 말하며 몸을 일으켜 두 번째 절을 하기 위해 잠깐 앉는다.

❽ 두 번째 절

두 번째 절은 첫 번째 절의 요령과 동일하며 두 번째 절이 끝나면 "알라-후 아크바르."를 말하며 일어선다.

❾ 타샤후드[18]

두 번째 라크아의 시작은 처음과 동일한 방법으로 하며 모든 예배는 두 라크아가 기본이므로 두 라크아가 끝나면 앉은 자세로 '타샤후드'를 암송한다. "아슈하두 알라-일라-하일랄라."를 암송할 때는 오른손 인지를 세운다.

❿ 쌀라-투 알란나비[19]

두 번째 라크아가 끝나면 '타샤후드'를 암송한 후 세 번째 라크아를 계속할 경우 일어서서 처음과 같은 방법으로 계속해서 예배를 하고, 두 라크아로 끝낼 경우 다음 순서로 '쌀라-투 알란나비'를 암송한 후 '쌀람'을 한다.

⓫ 쌀람

고개를 오른쪽으로 돌리면서"앗쌀라-무 알라이쿰 와라흐마 툴라-(하나님의 평화와 자비가 당신에게 깃드시기를)."를 말하고, 다시 왼쪽으로 고개를 돌리면서 같은 구절을 반복한다. 이때 시선은 자신의 어깨를 향한다. 이로써 2 라크아의 기본 예배가 끝난다.[20]

---

18 모두 아랍어로 암송하지만, 여기서는 번역 내용만을 인용한다. "모든 인사와 예배와 선행은 하나님을 위한 것입니다. 예언자여! 하나님의 평화와 하나님의 자비와 축복이 당신에게 있기를, 우리들에게, 그리고 선행하는 하나님의 종들에게도 평화가 있기를. 저는 하나님 외에 신이 없고, 무함마드가 그분의 종이자 사자임을 증언합니다." 한국이슬람교, 『예배입문』, 24.

19 이것도 아랍어로 암송하지만, 한글만 인용한다. "오 하나님이시여! 당신께서 이브라힘과 이브라힘의 가문 사람들에게 축복을 내리셨던 것처럼 무함마드와 무함마드의 가문 사람들에게도 축복을 내려 주소서. 실로 당신은 찬미와 영광을 받으시는 분이십니다.(2회 반복)" 한국이슬람교, 『예배입문』, 25.

20 무슬림이 따라야 하는 하루 다섯 차례의 의무예배 가운데 낮, 오후, 밤 예배는 4 라

이상과 같은 순서로 예배를 진행하는데, 혼자 할 수도 있고, 다른 사람들과 같이 할 수도 있다. 2인 이상이 되면 반드시 예배를 인도하는 사람이 있어야 하는데, 이를 이맘이라고 부른다. 물론 이때의 이맘은 지속적인 것이 아니라 단지 예배의 순간에만 국한될 뿐이다. 실제로 이슬람교에는 고정적인 성직자 제도가 없다. 따라서 이맘은 그저 여럿이 모여 예배를 볼 때 예배를 인도하는 역할을 할 뿐이다.[21] 그것은 예배에 대한 이슬람교의 믿음에 그 원인이 있다. 이슬람교에 따르면 예배시간은 예배드리는 사람이 하나님과 교통하는 직접적 교류의 순간이다. 따라서 하나님과 예배드리는 사람 사이에는 어떤 중개자도 존재하지 않게 된다.[22] 다른 예배들과 달리 금요합동예배인 주마예배에는 설교가 추가된다. 예배의 중심은 쿠란을 외우는 것이기 때문에 대부분 아랍어가 사용되지만, 금요합동예배에서의 설교 등은 보통 한국어와 영어가 사용되며, 아랍어가 사용되기도 한다.

오주(五柱) 가운데 하나인 단식은 라마단 달에 행하는데, 라마단 달은 음력으로 날짜를 정하기 때문에 매년 조금씩 변한다. 단식 때는 한 줄기 빛이라도 보이기 시작하는 새벽부터 해가 질 때까지 먹지도 마시지도 않는다. 해가 뜨기 전 새벽이나 마그립 예배가 끝난 후에 음식과

크아, 저녁 예배는 3 라크아, 새벽 예배는 2 라크아이고, 나머지는 2 라크아를 기본으로 하되 4 라크아까지 자율적으로 할 수 있다. 금요합동예배도 2 라크아를 한다. 또한 처음 2 라크아 때만 개경장과 쿠란의 짧은 장을 외우고, 3, 4 라크아를 할 때는 개경장만 암송한다. 한국이슬람교, 『예배입문』, 17-26.

21 그러나 현재 한국 이슬람교는 전적으로 이슬람에 헌신한다는 의미에서 전업 이맘 제도를 가지고 있으며, 이맘은 이사회의 추대로 임명된다. 한국 이슬람교에서 발행하는 『주간 무슬림』을 보면 한국 이슬람 중앙성원에서 매주 예배를 인도할 이맘이 누구인지를 알려 주고 있다.

22 한국이슬람교, 『이슬람은?』, 한국이슬람교, 2014, 4.

물을 먹을 수 있다. 라마단 기간 동안에는 하루 다섯 번의 예배 외에 이샤 예배 후 '타라위흐(Tarawih)'라고 하는 특별 예배를 행한다.[23] 라마단 달이 끝난 다음 날, 즉 이슬람력 10번째 달의 첫째 날에 행하는 축제를 '이둘 피뜨르(Eid al-Fitr)'라고 한다. 이둘 피뜨르는 무슬림들이 충실하게 단식을 행한 결과로서 전능하신 하나님께서 약속하신 보상을 무슬림들에게 내려 주는 은총과 축복의 날이다. 사원이나 특별히 마련된 장소에서 축제예배를 드리고 약 3일 동안 친척과 친지들을 방문하여 인사와 선물을 교환하며 축제를 지낸다.[24] 무슬림들은 라마단 단식을 거행하면서 이둘 피뜨르 예배 전까지 반드시 '자카툴 피뜨르(Zakatul-Fitr)'라고 하는 특별희사를 해야 하는데, 이것은 오주의 하나인 희사와는 다르다. 대략 식사 한 끼에 해당하는 금액을 내면 되는데, 참고로 한국 이슬람에서는 2014년 1인당 6,000원씩 모금하여 1,370여만 원이 모금되었다고 한다.[25]

오주의 마지막 기둥인 성지순례는 성인 무슬림이 일생에 적어도 한 번은 하나님의 사도인 무함마드의 출생지나 이슬람의 중심지인 메카로 가는 것이다. 매년 한 번 이슬람력 마지막 달 8일부터 12일 사이에 행해진다. 순례자가 메카의 외곽에 이르게 되면 남성은 머리카락을 자르고 몸에는 바느질을 하지 않는 두 조각의 백색 천으로 만든 이흐람이라는 옷을 걸친다. 여성은 몸매를 가릴 정도의 헐렁한 평복을 입는다. 메카에 입성하면 카바 사원을 일곱 바퀴 돌고, 예배를 올린 다음, 사파 언덕과 마르완 언덕 사이를 빠른 걸음으로 일곱 번 왕복한다. 9일에는 메카에서 13km 떨어진 아라파트 언덕에서 정오부터 일몰까지 서 있게 되는데,

---

23 한국이슬람교, 『라마단과 단식』, 한국이슬람교, 2014, 19.

24 한국이슬람교, 『이슬람은?』, 7.

25 한국이슬람교, 『주간 무슬림』 1189, 한국이슬람교, 2014.

이때 순례자들은 아브라함이 이스마엘을 하나님께 바치려고 했던 일을 상기한다. 메카로 돌아오면서 순례자들은 사탄에게 돌을 던지는 의례를 세 차례에 걸쳐 한다.[26]

10일에는 순례의 절정을 맞아 순례를 기념하는 이둘 아드하(Idul adha)라는 축제를 하게 되는데, 희생을 통한 축제이므로 '희생제'라고 부른다. 이둘 아드하는 이둘 피뜨르와 함께 무슬림들의 최대 축제이자 명절이다. 이날 무슬림들은 축제 예배를 한 후 아브라함이 남긴 전통에 따라 양과 염소 같은 가축을 희생 제물로 삼는다.[27] 제물로 바쳐진 고기의 1/3은 가난한 사람들에게 주고, 1/3은 이웃과 친구들에게 주며, 그리고 나머지 1/3은 가족 및 친척들과 나누어 먹는다.[28]

이슬람교 전통에서도 출생, 할례, 결혼, 상례 등 여러 통과의례가 있기는 하지만, 대부분 아랍의 관습적인 의례에 해당되므로 상례를 제외하면 종교적인 의미를 부여하기 어렵다. 예를 들어 출생의례는 매우 간단해서 종교의례라기 보다는 태어나는 아기에 대한 기원이라고 보는 것이 적절하다고 판단된다. 아기가 태어나고 조산원이 출산 소식을 전하면 아버지는 첫 번째 의식으로 아기 머리를 메카 방향으로 향하도록 안고 오른쪽 귀에 아잔을, 왼쪽 귀에 이까마를 불러 주는데, 이는 신에

---

26 김영경, 「이슬람의 종교의례」, 『한국이슬람학회논총』 10, 2000, 89-91.

27 이슬람식 도살 방법은 다음과 같다. 우선 도살될 동물의 머리를 메카 방향으로 하게 한 다음, '하나님의 이름으로'라는 의미의 '비쓰밀라'와 '하나님은 가장 위대하시다'라는 의미의 '알라-후 아크바르'를 암송한 다음 날카로운 칼로 고통을 최소화하는 빠른 방법으로 도살한다. 목구멍, 숨통, 그리고 목 혈관들을 베어 내지만 척수는 베지 않고 죽음에 이르게 하는데, 이는 동물의 피가 다 빠지도록 하기 위함이다. 이슬람에서는 피를 불결과 오염, 그리고 병을 일으키는 원인으로 보고 있다. 후세인 크르데미르, 『한국인들이 이슬람에 대해 궁금해 하는 33가지』, 이형주 옮김, 아담출판사, 2005, 150.

28 한국이슬람교, 『이슬람은?』, 7-8.

게 아기의 탄생을 고하고 은총을 구하는 것이라고 한다.[29]

상례도 매우 간단히 진행된다. 이슬람교에서의 상례는 죽음을 맞이하는 순간부터 진행된다고 볼 수 있다. 이슬람 신도가 죽음에 이르렀다고 판단되면 가능한 얼굴을 메카 방향으로 향하도록 해 준다. 그리고 샤하다의 첫 구절을 수시로 들려준다. 죽어 가는 사람도 할 수 있으면 따라서 한다. 숨을 거두게 되면 물과 비누로 시신을 깨끗하게 닦아 내고, 아마(亞麻)나 목면으로 짠 백색 천으로 시신을 싸고 끈으로 묶는다.[30] 다음으로 장례 예배를 하게 되는데, 일반 예배와 달리 선 자세로 진행된다. 그 절차는 다음과 같다.

❶ 장례 예배를 올리기 위한 의도를 다음과 같이 한다. "고인 ○○○을/를 위하여 장례 예배를 근행합니다."

❷ 총 네 번의 타크비르(알라-후 아크바르)를 하면서 고인의 명복을 비는 예배를 근행하게 되는데, 첫 번째 타크비르 후에는 개경장(알 파-티하)을 외우고 두 번째는 하나님의 사자 무함마드를 위한 기도(쌀라-투 알란 나비)를 한다. 그리고 세 번째 타크비르 후에는 고인에 대한 기도를 한다. 마지막 타크비르를 한 다음 오른쪽으로 한 번의 쌀람(앗쌀라-무 알라이쿰 와 라흐마 툴라-)을 하고 예배를 끝낸다.[31]

29 이희수, 「이슬람사회의 통과의례: 아랍 문화권을 중심으로」, 『비교문화연구』 2, 1995, 176.

30 김영경, 「이슬람의 종교의례」, 92-93.

31 한국이슬람교, 『이슬람은?』, 18-19.

이슬람교에서는 숨을 거둔 후 24시간 이내, 즉 되도록 빨리 매장[32] 하는 것이 일반적이며, 또한 매장이 원칙이다. 관은 사용하지 않으며 시신은 오른쪽 어깨를 바닥으로 해서 옆으로 뉘고 얼굴은 메카 방향을 향하도록 한다. 분묘는 단순해서 지면에서 10cm정도 높이로 그것이 무덤임을 알 수 있으면 될 정도로 소박하게 하는 것이 일반적이다. 장례 후 40일간의 애도 기간을 거치면 유족들이 모여 특별예배를 올린다.[33]

3. 한국 이슬람교의 현재

정확한 통계는 나와 있지 않지만, 현재 한국에는 대략 약 19만 명의 무슬림 인구가 있는 것으로 언급되고 있다. 2015년 현재 한국인 무슬림이 3만 5,000명에서 4만 명 정도로 언급되고 있고, 한국 거주 외국 무슬림들은 15만 명 전후로 추산되고 있다.[34] 외국 무슬림들이 한국에 들어오기 시작한 것은 한국 사회에 외국인들이 본격적으로 들어오게 된 1990년대부터였다. 1993년 11월 당시 3D 업종에 저개발국 외국인 근로자들

---

32 2004년 8월 카타르 정부의 재정지원으로 충청북도 충주시 양성면의 진달래 공원묘지 내에 3800m^{2}의 대지를 확보하여 무슬림 묘지를 마련하였다. Tamer Musa, 「한국에서 무슬림으로 살아가기: 한국 무슬림의 이슬람화 과정에 관한 연구」, 서울대학교 국제대학원 석사학위 논문, 2006, 23.

33 김영경, 「이슬람의 종교의례」, 93-95.

34 각 논문에서 밝힌 수치가 조금씩 차이를 보이고 있기는 하지만, 대략 이 수치에 근접하고 있으며, 필자가 한국 이슬람교 중앙성원을 방문해서 술레이만 이행래 명예이맘과의 면담에서 전해 들은 수치이기도 하다. 윤희중, 「다문화사회 적응에 대한 국내 이주무슬림의 인식분석: 한국사회를 중심으로」, 『중동연구』 32/3, 2013, 160. 이 논문에서는 국내 한 연구소에 조사의뢰한 결과를 발표한 『한겨레』의 기사를 인용해 2011년 현재 137,000명의 이주무슬림이 있다고 하였다.

을 합법적으로 고용할 수 있도록 마련한 산업기술연수생제도가 시행되면서 여러 나라의 외국인 근로자들이 한국 사회에 들어오게 되는데, 이때 외국인 무슬림들도 한국 사회로 입국하게 된 것이다. 또한 2000년대 들어서는 이들 뿐만 아니라 외국인 유학생들이 급증하면서 동시에 이슬람 국가의 유학생들도 한국에 들어오게 되었으며, 국제결혼을 통한 외국인들의 유입도 외국 무슬림들이 한국 사회에 정착하게 되는 또 다른 요인이 되었다. 한국 사회가 국제사회에 개방되면서 많은 외국인들이 다양한 목적으로 한국 사회에 진출하게 되고 덩달아 외국 무슬림들의 숫자도 증가하게 된 것이다. 한국 사회가 국제화·개방화되어 있는 한 외국인들의 수는 증가하게 될 것이고, 마찬가지로 이런 추세에 따라 외국 무슬림들의 한국 거주도 지속적으로 증가하게 될 것으로 판단된다.

이렇게 볼 때 한국 사회에서 이슬람은 적어도 불교나 기독교와 같은 주류 종교는 아닐지라도 주요 종교로 부상하고 있음에 틀림없다. 물론 외국인 무슬림들의 증가로 인한 많은 수의 무슬림들을 놓고 볼 때 한국인 무슬림들만의 수는 많지 않기 때문에 별로 크게 느껴지지 않을 수도 있다. 그러나 무슬림들은 생활과 종교가 다른 어느 종교보다도 밀접히 연관되어 있고, 앞에서 보았듯이 예배적인 특성까지 감안한다면 다른 종교와 같은 기준을 적용할 수는 없다고 본다. 왜냐하면 특별한 경우를 제외한다면 무슬림들은 일상생활에 있어서도 이슬람 법체계인 샤리아를 준수하며 살아가고 있고, 예배의 경우에도 국적과 상관없이 모두가 함께 참여할 수 있도록 하기 때문이다. 이것은 기독교를 비롯한 다른 종교들에서는 볼 수 없는 모습이다. 특히 의례가 거의 정형화되어 있는 천주교의 경우에도 대부분의 미사전례가 각국의 언어로 진행되기에 한국에 거주하는 외국인 신도가 한국인들의 미사에 참석하기란 쉽지 않다. 따라서 가능하다면 동일한 언어를 사용하는 사람들만을 위한 의례를 별도로 진행하게 된다. 그러나 이슬람교의 경우는 국적과 상관없이 공동예배를 보는 것이 가능하기에, 금요일에 진행되는 공동예배에는 한국 무슬림들만의 예배나 외국 무슬림들만의 예배가 따로 이루어지는 것이 아니라 그들이 함께 참여해서 예배가 진행되고 있다. 따라서 이들은 서로 국적이 다름에도 불구하고 무슬림이라는 공동 연대의식을 쉽게 가질 수 있으며, 그것은 다른 종교전통들에서는 볼 수 없는 모습이기도 하다. 그러므로 비록 외국의 무슬림이라고 하더라도 현재 한국에서 활동하고 있다면 적어도 그 순간은 한국의 사회와 문화에 영향을 줄 수 있기 때문에 이슬람을 단순히 이방인의 낯선 종교로 볼 것이 아니라 보다 가까이에 있는 종교로 보아야 할 것이다.

2015년 현재 우리나라에 있는 이슬람 성원, 즉 마스지드는 16개이고 그보다 작은 기도소, 즉 무살라는 80-100여 개로 추산된다. 그러나 기도소의 숫자는 사실 변동이 큰 편이다. 새로 생겼다가 또 사라지는 일이 자주 반복되기 때문이다. 마스지드라고 하는 성원들 가운데 열 곳은 독자적인 건물을 지어서 사용하고 있는데, 순수하게 한국 무슬림들만의 힘으로 이루어진 곳은 없고, 거의 대부분 한국 거주 외국 무슬림들, 외국 무슬림 국가 및 외국 무슬림 독지가의 지원, 또는 그들만의 노력으로 이루어진 곳들이다.[35] 예를 들어 안산, 포천, 부천 등지의 성원은 그곳에 무슬림 노동자들이 많이 모여 있는 관계로, 성원을 마련하는 데 이들의 노력이 적지 않게 들었으며, 이후의 종교 활동도 이들 외국 무슬림들이 중심이 되고 있다. 사실상 서울, 부산, 경기도 광주, 전주, 안양 성원을 제외하면 나머지는 모두 이주 외국 무슬림들을 중심으로 운영되는 성원들이다. 이슬람 성원과 관련된 이슬람교만의 특징은, 한번 이슬람 성원으로 지정되면 특별한 사유가 없는 한 그곳은 영원히 이슬람 성원으로

35 한국 이슬람교 중앙회 홈페이지(http://www.koreaislam.org/) 참조.

이용되어야 한다는 것이다. 따라서 현재와 같은 상황이 지속된다면 각 지방의 마스지드가 지어진 곳은 그 지역 이슬람 문화의 중심지 역할을 할 수도 있다.

한국 이슬람교 중앙회의 주요 활동은 전국 이슬람 성원과 이슬람 센터의 지원 및 관리와 이슬람 선교를 위한 각종 책자의 발간, 아랍어 강좌 등의 이슬람 관련 문화강좌 운영, WAMY(세계무슬림청년협의회) 캠프와 이슬람 여름 어린이 캠프 등의 이슬람 선교 캠프 개최, 쿠란 낭송 대회 개최, 이슬람 교리 세미나 개최 등이다.[36] 이 밖에도 이둘 아드하와 이둘 피뜨르 행사를 진행하고 라마단 기간의 날짜와 매일의 예배시간을 정하는 등의 일을 하고 있다. 이와 같은 한국 이슬람교의 운영을 위한 결정 사항은 전체 지도자 회의를 거쳐서 합의에 의해 결정된다.

이슬람교 중앙회에서 발행하는 각종 책자는 이슬람 성원을 방문하는 사람들에게 무료로 배포되고 있다. 그 가운데 1981년 3월 13일 첫 발간을 시작한 『주간 무슬림』은 주보로서 무슬림 및 비무슬림들에게 이슬람에 대한 지식을 제공하고 있다. 현재 매주 발행되고 있는 『주간 무슬림』의 구성을 보면 차례, 금주의 쿠란, 금주의 쿠뜨바(Khutba, 설교), 오늘의 하디스, 파트와(Fatwa), 이슬람의 예절, 주간 소식, 예배시간표, 전국 이슬람 성원 연락처의 순으로 이루어져 있다. 이 가운데 쿠란, 하디스, 예절, 주간 소식란은 한글과 영어로 병기되어 있고, 파트와, 예배시간표, 성원 연락처는 한글만으로 되어 있다. 한글만으로 되어 있는 부분이 있기는 하지만, 대부분이 영어로 병기되어 있는 것은 한국 이슬람의 성격을 단적으로 보여 주고 있다고 할 수 있다. 실제로 매주 금요일 서

36 김철호, 「이슬람거리의 형성과 한국인무슬림의 입교과정」, 영남대학교 대학원 석사학위 논문, 2011, 17.

울 중앙성원을 가 보면 외부의 관광객들 이외에 이슬람식 복장을 한 외국인 무슬림들의 비율이 매우 높은 것을 알 수 있고, 사무실에서 사무를 담당하는 외국 무슬림들도 볼 수 있다.

한국 이슬람교중앙회의 산하기구로는 한국 무슬림 신도회, 한국 이슬람 문화연구소, 술탄 마드라사, 자문위원회가 있다. 한국 무슬림 신도회는 청년회, 학생회, 여성회, 장년회로 구성되어 각기 집회, 이슬람 강좌, 무슬림 가족 교육, 친목 도모 등의 활동을 하고 있다. 한국 이슬람 문화연구소는 이슬람을 주제로 각종 세미나 및 강연회를 개최하고 이슬람 관련 책자 번역과 저술 등 이슬람을 연구하는 활동을 하고 있으며, 술탄 마드라사는 무슬림 어린이들을 교육하는 활동을 수행하고 있다. 자문위원회는 선교활동에 관한 자문 및 지원을 수행한다. 이들은 모두 서울 중앙성원에 위치하고 있다.[37]

2005년 발간된 『한국 이슬람 50년사』를 보면 국제 이슬람 학교 설립, 이슬람 문화센터 설립, 이슬람 대학 건립 등과 같은 미래 선교계획이 잡혀 있다. 국제 이슬람 학교 설립은 어린이들을 대상으로 하는 초등학교와 유치원을 개설한다는 것이고, 이슬람 문화센터 설립은 이슬람에 관심을 지닌 내외국인 모두에게 이슬람 상담을 통해 포교의 교두보 역할을 할 수 있도록 한다는 것이며, 1970년대 말부터 구체화되기 시작한 이슬람 대학 건립은 비록 처음의 계획에서 축소되기는 하였지만, 진행중에 있다고 언급하고 있다.[38] 그러나 실상 그 이후의 전개 과정을 보면 술탄 마드라사를 제외한 나머지는 중단된 상태다.

한국에서 교육기관을 통한 이슬람 전파가 없었던 것은 아니었다.

37 김철호, 「이슬람거리의 형성과 한국인 무슬림의 입교과정」.

38 한국 이슬람교 중앙회, 『한국 이슬람 50년사』, 한국 이슬람교 중앙회, 2005, 38-39.

1981년 여름부터 육영재단 소속의 부산 남도여자중학교에서는 이사장의 결정으로 파키스탄인을 초청하여 이슬람을 가르쳤다고 한다. 1983년 이슬람을 받아들인 이 학교의 학생은 300명을 넘고, 1984년에는 450명을 넘어섰다. 1983년 육영학원 이사회는 이슬람 고등학교를 세우기로 하고 우마르 압달라 카멜(Umar Abdullah Kamel)이라는 실업가에게 건축비 지원을 제안하였다. 양측의 회의를 거쳐 1984년 3월 20일 합의서가 작성되고, 학교명을 알리 빈 아비 탈립(Ali bin Abi Talib)으로 한 고등학교를 설립하기로 하였다. 학교 부지와 일부 건축비, 그리고 운영비 등은 학교 측에서도 부담을 하기로 하였다. 이 학교는 1986년 3월 1학년 348명을 모집하면서 한국 최초의 이슬람 고등학교가 되었다. 그러나 건축 과정에서 계약 사항을 제대로 이행하지 못한 학교 측의 문제로 인해 1987년 학교의 운영권을 다른 인수자에게 넘기면서 최초의 이슬람 고등학교는 문을 닫게 된다.

이슬람 대학의 설립도 비슷한 과정을 밟게 된다. 1978년 한국 이슬람교 연합회는 이슬람 대학의 설립을 추진하기로 하고 모금운동을 전개하는 한편 1979년 한국을 방문한 사우디아라비아 나이프 빈 압둘아지즈(Naif bin Abdulaziz) 내무부 장관에게 이 안을 제안하였다. 그리고 그는 이 안을 한국 정부에 소개하면서 부지 제공을 타진했다. 1980년 한국과 사우디아라비아 양국 정부 사이에 실무접촉이 진행되었다. 한국 정부는 용인에 43만m^2 부지를 제공했고, 이어서 1981년 7월 31일 문교부는 6가지의 승인 조건을 제시하면서 대학 설립을 인가했다. 그러나 이 역시 처음의 계획대로 제대로 진행되지 못하고 건축이 지연되다가 결국 한국 이슬람교 연합회 재단 이사회 이사 7명 전원의 합의를 거쳐 부지를 2005년 9월 26일 용인시에 매각함으로써 이슬람 대학 건립 계획은 백지화되어 버렸다.[39]

교육기관을 설립하고자 하는 이러한 계획이 제대로 실행되지 못하자 현재 한국 이슬람교에서는 기초부터 다시 시작하려는 계획을 하고 있다고 한다. 유치원을 제대로 운영하고, 그것이 기초가 잡히면 초등학교, 그리고 단계적으로 중학교, 고등학교 등으로 범위를 확장하려고 한다는 것이다.[40]

한국 이슬람교는 교육기관 외에 사회복지기관 운영이나 활동, 한국 종교들과의 대화창구인 종교연합운동이나 대화운동 등에도 현재는 참여하지 않고 있다. 이주 외국인 무슬림들을 위한 법률자문 의료봉사 등의 역할을 일부 했다고는 하지만, 사실 이런 것은 오히려 한국 이슬람교의 활동보다는 개신교를 비롯한 기독교 측의 활동이 더 활발하다.

4. 한국 이슬람교 읽기

한국 이슬람교를 어떻게 파악할 수 있을까? 이 문제는 두 가지로 나누어 볼 수 있다. 첫째, 외국의 이슬람교와 대비되는 한국 이슬람교만의 모습, 즉 한국적인 모습을 말할 수 있다. 둘째, 한국에서 다른 종교들과 대비되는 이슬람교의 차이점을 말할 수 있다. 이 논문은 한국에 있는 이슬람교를 다루기 때문에 외국의 이슬람교와 대비되는 한국 이슬람교만의 모습을 우선적으로 볼 것이고, 부수적으로 다른 종교와 이슬람교의 차이점도 함께 언급할 것이다. 한국 이슬람교가 외국의 이슬람교, 그리고 한국의 다른 종교들과 차이를 보이는 모습에 대해서는 한국 이슬람교에서 공식적으로 인정한 교리나 입장을 볼 것이지만, 그와 무관한 한

---

39 이 과정에 대한 자세한 논의는 최영길, 「한국인을 대상으로 한 이슬람 교육기관 설립과 그 결과에 관한 연구」, 『한국이슬람학회논총』 22/3, 2012, 7-14 참조.

40 이는 앞의 각주 34에서와 마찬가지로 면담 과정에서 들을 수 있었다.

국 무슬림들의 종교생활의 특징적인 모습도 함께 언급할 것이다.

이슬람교의 주요 특징 가운데 하나는 정교일치를 추구하는 것이며, 일상생활도 이슬람법인 샤리아에 기초한다는 것이다. 특히 사우디아라비아를 비롯한 아랍권의 이슬람 국가들은 이슬람교를 국교로 하고 있기 때문에 국민들은 모든 일상생활에서 샤리아의 규제를 받는다. 그렇다면 종교의 자유가 있는 세속국가인 한국의 무슬림들은 어떻게 살아갈까? 스스로 이슬람법의 규제를 받으며 살아갈까? 당연한 말이겠지만 한국의 무슬림들은 샤리아를 기본으로 하되 한국의 국내법과 상충될 경우 국내법을 준수하도록 하고 있다.

이러한 것과 관련해서 한국의 사회문화 속에서 나타나는 한국인 무슬림들의 종교생활의 특징적인 모습들이 나타난다. 첫 번째가 한국인 무슬림들은 이슬람의 주요 계율인 오주를 실천하기 어렵다는 것이다. 이슬람교에서는 매주 금요일 낮 예배는 금요합동예배를 하도록 권하고 있지만, 한국 사회에서는 금요일이 공휴일이 아니어서 무슬림들이 낮 예배에 공동으로 참석하기가 쉽지 않다. 따라서 많은 한국 무슬림들은 개인예배를 드릴 수밖에 없다. 그러나 이조차도 쉽지는 않다. 무슬림들은 하루에 다섯 번의 기도를 해야 하지만, 바쁜 사회생활로 인해 각 시간에 맞춘 개인예배조차도 지켜 나가기가 어렵다는 것이다. 라마단 기간에 하는 단식의례도 한국 무슬림들에게는 수행하기 어려운 의무에 속한다. 가족 전체가 무슬림이 아닌 일부 무슬림들은 성원 등에 모여서 무슬림들끼리 하는 집단 단식을 행하기도 하지만 대체로 부분적인 단식에 그치고 있다. 자카트의 의무규정도 한국 무슬림들이 잘 지키지 않는 의무에 속한다. 자카트가 잘 지켜지지 않는 주된 이유는 아직 한국 무슬림들이 그것을 필수적 종교 의무라고 여기지 않는 데 있다. 메카로의 성지순례도 강제적인 의무가 아니며 역시 다른 종교적 의무에 비해 덜 중요하게 생각하고 있기 때문에 극히 일부가, 그마저도 외국 이슬람 단체의

도움으로 다녀오는 정도다.[41]

두 번째로 들 수 있는 것이 식습관의 문제인데, 한국인 무슬림들은 이슬람교에서 규정하는 식습관을 제대로 지키기 어렵다. 이슬람교에서는 금기로 여겨지는 음식이 있는데, 그 가운데 가장 문제가 되는 것이 술과 돼지고기이며, 이슬람식으로 도축되지 않은 육류도 역시 문제가 된다. 음식에 관한 금기는 한국인 무슬림들이 종교생활을 함에 있어서 어려운 문제로 등장한다. 한 논문에 따르면 한국 사람이 사회생활을 하는 데 있어 단체회식 등에서 술과 돼지고기는 피할 수 없는 부분으로 이야기되고 있다. 돼지고기는 어느 정도 소고기나 닭고기 등으로 대체가 가능하지만, 한국에서 사회생활을 하면서 술과 완전히 단절될 수는 없다. 여기에 더해 할랄 음식에 대한 규정은 한국 무슬림들의 신앙생활을 더더욱 힘들게 만든다.[42] 한국에서 생산된 가공식품이 육류를 재료로 사용했을 경우 할랄 규정을 지킨 것을 찾을 수 없음은 명백하다. 그러나 현재 한국의 소비행태로 보면 가공식품은 멀리할 수는 있지만 완전히 끊을 수는 없는 형편이다. 따라서 사실상 거의 대부분의 한국인 무슬림들은 할랄 음식 규정도 제대로 지키기 어렵다. 이러한 불편한 점 때문에 과거 한국 이슬람교에서는 도축장에 이슬람식 도축을 하도록 계약했었지만, 불편함을 비롯한 여러 가지 문제로 인해 현재는 수입 육류에 의존하고 있다고 한다. 그렇지만 이를 이용하는 사람들은 주로 외국인 무슬림들이다.

---

41 알리셰르 바하라모프, 「한국인의 이슬람에 대한 이해 태도: 9·11 테러 전후를 중심으로」, 한국학중앙연구원 한국학대학원 석사학위 논문, 2009, 25-26. 자카트 의무나 성지순례 등과 같은 부분은 이슬람교를 방문해서 면담을 통해서도 확인할 수 있는 것들이었다.

42 송도영, 「한국 내 이슬람(할랄) 음식의 소비방식과 공급체계에 대한 문화적 해석」, 226-229.

세 번째로 이야기할 수 있는 것은 한국만의 모습이라기보다는 이슬람교 일반의 특징적 모습이며, 다른 종교와 비교되는 모습이라고 해야 할 것이다. 그것은 다름 아닌 이슬람 의례의 모습인데, 대부분의 이슬람교 의례가 매우 간단하다는 것이다. 앞에서 소개한 예배, 장례식 등이 그러하고, 결혼식이나 다른 의례들도 대부분 예배를 기초로 하지만 예배 자체가 간단하게 진행되기에 복잡하게 전개될 수 없는 구조다. 1985년 한국 최초의 이맘 윤두영의 장례식을 소개한 신문기사에 따르면 10분 만에 이슬람식 장례가 끝났다고 한다.[43] 이슬람의 연중행사 중 가장 중요하다고 하는 두 축제일의 경우에도 전체적인 시간은 길게 이루어지지만 실제로 하는 종교적인 의례행위는 매우 단순한 것이라고 할 만하다. 한국적인 모습이라고 해 봐야 예배시간에 설교할 때 한국어를 사용하는 정도일 것이다.

이슬람교의 의례와 관련해서 언급할 것은 유교식 의례인 제사와의 유사성과 차이점이다. 차이점이라면 한국의 유교식 제사는 종류가 다양하다는 것이다. 그러나 제사 자체만을 놓고 본다면 유교식 제사는 단순한 측면이 있다. 제사의 종류가 다양하고 각 종류에 따라 절차에 조금씩 차이는 있지만, 유교식 제사는 큰 틀에서 조금씩 가감하는 정도다. 이슬람식 의례도 이와 유사하다고 말할 수 있다. 또한 제사를 지낼 때 제주는 보통 집안의 가장이 담당한다. 말하자면 고정된 사제계층이 따로 있는 것이 아니라 누구든 경우에 따라 제주가 될 수 있는 것이다. 이슬람교도 마찬가지로 원칙적으로 누구나 이맘이 될 수 있다는 면에서 둘은

---

43 『동아일보』, 1985. 2. 23, 「「이맘」 尹斗榮옹 별세 國內 첫 이슬람式 장례」. 신문에서는 최초의 이슬람식 장례라고 하였지만, 이보다 먼저 1979년 3월 한국 이슬람교 협회 초대 회장이었던 우마르 김진규가 최초의 이슬람식 장례를 했다고 한다. 한국 이슬람교 중앙회, 『한국 이슬람 50년사』, 57.

비슷하다고 할 수 있다. 더불어 이슬람은 사제가 없기에 신과 인간이 직접 교감하게 된다. 중개자가 필요없다는 말이다. 제사에서도 제사에 참여한 사람들은 조상과 직접 교감한다는 면에서 같은 모습을 지닌다. 차이점은 이슬람교에서는 예배의 대상이 알라이고 유교의 제사에서는 그것이 조상이라는 점이다.

네 번째로 언급할 수 있는 것은 한국 이슬람교의 신도 구조다. 앞에서도 이야기했지만 다른 종교와 달리 한국의 이슬람교는 외국 무슬림들이 압도적으로 많은 구조다. 그것은 이슬람 자체에 원인이 있다기보다는 세계적으로 국제 간 인구의 이동이 활발하게 진행되면서 나타난 현상이다. 한국에 외국인이 급증한 일차적 요인은 한국의 노동시장에 부족한 노동인력을 외국으로부터 수급한 사실이다. 다음으로는 유학생의 증가를 꼽을 수 있는데, 한국의 경우 저개발 국가 출신의 유학생이 증가하면서 자연스레 이슬람 국가 출신의 유학생도 동반 증가하고 있다. 국제결혼의 비율이 높아지는 것도 외국 무슬림 숫자의 증가와 연결된다. 외국 무슬림들의 경우 영구히 한국에 거주하는 것이 아니기 때문에 계속해서 구성원이 바뀐다는 특징이 있다.

한편 한국인 무슬림들의 구조적 특징은 역사와 관련이 있다. 1950년대 말 한국 이슬람교 초창기에는 이슬람교로 개종한 사람들은 수도 매우 적었고 대체로 순수한 종교적 동기에서 출발했다. 그러나 한국에 중동 건설 붐이 일기 시작한 1970-1980년대에 많은 한국인 근로자들이 중동에 진출하면서 무더기로 이슬람으로 개종하는데, 순수하게 종교적 동기에서 개종한 사람들도 있었겠지만, 경제적 동기에서 입교한 사람들이 대부분이었다. 이렇게 입교한 사람들 중에서 귀국하고 난 이후에도 계속해서 무슬림으로서의 삶을 지속하는 사람은 미미하다.[44] 따라서 3만 5,000명에서 4만 명으로 추산하는 한국 무슬림 가운데, 실제로 제대로 무슬림으로서의 삶을 영위하는 사람이 얼마나 될지는 파악하기가 쉽지 않다.

다섯 번째로는 국제결혼을 통한 입교 과정에서 남녀 차별에 관한 문제를 들 수 있다. 대체로 이슬람에서는 여성을 존중하고 보호한다는 논리를 내세우지만, 종교의 자유라는 기준으로 보았을 때 이슬람교 입교 과정은 근본적으로 남녀를 차별하고 있다. 무슬림 여성은 비무슬림 남성과의 결혼이 인정되지 않지만 반대의 경우는 허용된다. 따라서 한국인 비무슬림 남성이 무슬림 여성과 결혼하려면 남성이 무슬림이 되거나 결혼 후 여성이 이슬람을 포기해야 한다.[45] 외국인 남성 무슬림과 결혼한 한국 여성의 경우에는 미리 무슬림이 되거나 결혼 후 무슬림이 되는 경우가 많다.

이상과 같은 한국 이슬람교의 모습을 전체로 조망하자면, 기본적으로 한국의 이슬람교는 아직 한국적 이슬람교는 아니다. 한국의 이슬람교인들은 대부분의 이슬람식 관습을 그대로 따라 하려는 모습을 보인다. 예외적인 것은 한국의 실정법에 저촉되는 것은 금지하는 선에서 타협하는 것으로 생각된다. 그러나 현실적으로 한국인 무슬림들이 이슬람의 샤리아나 관습을 그대로 받아들이기에는 어려움이 따른다. 가령 예배, 성지순례, 자카트, 금요공동예배, 단식 등을 한국인 무슬림이 제대로 지키는 것은 현실적으로 매우 어렵다. 그러나 어려움이 있다고 해서 한국 이슬람교가 '한국인 무슬림은 이런 의무를 똑같이 지키지 않아도 된

---

44 김철호, 「이슬람거리의 형성과 한국인 무슬림의 입교과정」, 38.

45 결혼 이전에 남성이 무슬림이 되면 되겠지만, 그렇지 않을 경우 여성들이 무슬림 공동체와 단절되는 것으로 보인다. 알리세르 바하라모프, 「한국인의 이슬람에 대한 이해 태도: 9·11 테러 전후를 중심으로」, 27; 이정순, 『21세기 한국 이슬람의 어제와 오늘』, 도서출판 대서, 2012, 58-59. 이정순의 책은 기독교적인 시각이 반영된 것이기 때문에 안의 내용에 모두 동의할 수는 없지만, 실제 개종 사례에 관한 것은 사실이라고 보인다.

다'고 공식화하지는 않았다. 그보다는 정확히 제대로 지키라는 것이 기본적인 입장이다. 그렇다면 이러한 것을 어기는 한국인 무슬림들은 죄를 지으며 살아가고 있는 것이 된다.

한편 이슬람교는 자주 언론에 오르내리지만, 그리고 우리 주위에 20만 명에 가까운 사람들이 살면서 신앙생활을 하고 있지만, 무슬림이 아닌 다른 한국인들에게 이슬람교는 아직도 낯선 종교다. 이슬람교가 아직 우리에게 낯선 이유는 다음의 몇 가지로 말할 수 있다. 첫째, 시간적으로 이슬람은 한국에서 활동을 시작한 것이 이제 막 반세기가 지난 종교이다. 비록 고대부터 이슬람과 한국 사회의 접촉이 있었다고 하더라도, 현재 한국 사회에서 활동하고 있는 이슬람 공동체는 1950-1960년대부터 본격적으로 생겨나기 시작한 것이다. 그것은 6·25전쟁에 유엔군의 일원으로 참전한 터키군의 포교로부터 비롯된다. 따라서 현대 한국인들에게는 시간적으로도 생소할 수밖에 없다. 둘째, 이슬람교인이 아닌 일반인이 이슬람을 접할 기회가 별로 없다는 점도 또 하나의 이유가 될 수 있다. 비록 한국 사회에서의 활동 시간이 많지는 않았지만, 과거 기독교가 한국 사회에서 했던 활동들과 비교해 보면 보다 쉽게 수긍이 가리라 생각된다. 한국 이슬람교는 교육, 의료, 사회복지 등 여러 측면에서의 활동이 전무하기 때문에 특별히 이슬람에 관심을 지니지 않는 한 일반인이 이슬람을 접하기란 쉽지 않다. 셋째, 현재 한국 사회에서 간접적으로 이슬람을 접하게 될 때는 긍정적인 모습보다는 부정적인 모습이 더 쉽게 대중에게 다가온다. 매스컴은 연일 중동의 불안정한 정세에 대해 보도하고, 일부 종교전통에서는 이슬람교에 대한 위험성을 언급하며 이슬람포비아를 확산시키고 있다.[46] 더구나 아랍 및 이슬람권

46 한국 사회에서의 이슬람포비아에 대해서는 이진구, 「다문화시대 한국 개신교의 이

에서 간혹 나타나는 여성에 대한 비인간적인 행위, 알라의 이름으로 나타나는 세계 각 지역의 테러, 그리고 외국인들에 대한 막연한 편견 등이 함께 자리하고 이런 요소들로 인해 이슬람교에 대한 부정적인 인식이 확산되는 것도 이슬람교에 거리를 느끼게 한다.

한국의 이슬람교는 앞에서도 보았듯이 포교(dawah)를 위해 여러 가지 노력을 하고 있다. 그러나 그들의 포교는 기독교의 포교와는 다르다. 이슬람교에 가입하라고 길거리에서 선전하지는 않는다. 그저 행실을 보여 줄 뿐이다. 그리고 이슬람교를 알고 싶은 사람들에게 상담이나 책자, 그리고 세미나 등을 통해 알려 줄 뿐이다. 그러나 1950년대부터 시작된 한국 이슬람교는 한 번씩 신자 수가 늘어나는 이른바 붐이 있었지만 전술한 한국인 무슬림들의 신앙생활의 어려움, 선교사의 부족, 언론을 비롯한 출판물이나 한국 사회 일부에서의 이슬람에 대한 왜곡 등으로 어려운 점들이 있다.[47]

5. 나오며

한국 이슬람교의 현상을 보면서, 그리고 한국 사회에서 나타나는 이슬람에 대한 왜곡된 정보에 대처하는 한국 이슬람교의 모습을 보면서 몇 가지를 지적하는 것으로 글을 마치려 한다. 언급되는 순서는 중요도와는 아무런 상관이 없다.

첫째, 흔히 이슬람에 대한 왜곡이라면 여성불평등이 우선적으로 언

슬람 인식: 이슬람포비아를 중심으로」 참조.

47 한국 이슬람교 중앙회, 『한국 이슬람 50년사』, 41.

급된다. 이에 대한 이슬람교의 대처는 부정으로 나타난다. '그래도 너희에 비하면 우리가 더 낫다', '역사적으로 우리가 먼저 여성평등을 고려했다'라고 하면서 과거 서구와 그 이외의 다른 나라, 한국까지도 거론한다. 틀린 말은 아니지만, 현재는 어떨까? 왜 그동안 다른 종교와 문화는 이슬람에 비해 뒤처졌던 여성에 대한 평등을 지적하는 입장이 되었을까를 먼저 돌아보는 것이 우선적이어야 하지 않을까? 아랍 국가에서는 관습상 못하더라도 한국 이슬람교는 할 수 있지 않을까? 가령 터키는 이슬람 국가이지만 세속 국가를 표방하면서 종교의 자유를 인정했다. 따라서 여성이 히잡을 쓰건 안 쓰건 자유에 맡긴다. 히잡을 쓰는 것의 장점을 말하기보다는 자율에 맡기는 것이 더 낫지 않을까? 앞에서 거론한 여성은 남성과 달리 무슬림 남성과만 결혼해야 한다고 하는 것도 역시 불평등이다.

둘째, 예배에서 한국어가 부분적으로 사용된다는 것 이외의 한국 이슬람교의 특성을 파악하기가 어렵다. 무슬림이기 때문에 이슬람의 축제나 여러 생활양식을 의례화를 통해 받아들이는 것은 납득할 수 있지만, 무슬림들이 신앙생활을 하면서 문제점이나 어려운 점들이 있다면 한국 사회의 특성에 맞게 변화시키는 것이 가능하지 않을까? 이는 지나치게 무리한 요구일지도 모른다. 그러나 『주간 무슬림』에서 보이는 것처럼 분 단위까지 예배시간을 고정시키고 있는데, 사회생활에서 이미 은퇴한 사람이나 시간을 마음대로 조정할 수 있는 자유직업인이 아니라면 모두가 죄인이 될 수밖에 없다. 한국 사회에서 이러한 것들은 비록 자유직업인일지라도 사실상 지키기 어려울 수 있는 부분이다. 이것은 음식 문화에서도 마찬가지로 이야기될 수 있다.

셋째, 의례, 특히 장례와 관련해서 이슬람식의 장례는 되도록 빨리 매장하는 것을 원칙으로 한다. 대체로 한국의 무슬림도 이를 따르도록 하고 있는데, 한국의 전통적인 장례와는 다른 모습이다. 특히 24시간 안에 매장한다는 것은 무슬림들만의 장례라면 모르겠지만 적어도 한국 사회에서는 무슬림이 아닌 다른 사람들에 대한 기본적인 배려가 있어야 할 것이다. 한국 사회는 다종교사회이기 때문이다. 한국에는 다른 종교를 믿는 사람, 종교를 믿지 않는 사람들이 있으며, 한국 사회의 무슬림들은 그들끼리만 사회적 삶을 영위하는 것이 아니라 다른 종교인들, 비종교인들과 함께 어울려서 삶을 살아가고 있는 것이다. 이들에게 이러한 장례 문화는 낯설고 쉽게 받아들이기 어렵다. 사실 이런 장례식의 근원은 아랍이라는 지역의 특성을 반영한 것이 아닌가?

이유야 어디에 있든 한국 사회에서 이슬람에 대한 시각에 오해와 편견이 많은 것은 사실이다. 그러나 그렇다고 해서 그들이 잘못 알고 있고 우리는 모두 그렇지 않다는 논리로 일관하는 것이 옳은 것일까? 그리고 정말 그들이 모두 오해한 것일까? 그들의 지적에 수긍할 수 있는 면은 전혀 없을까? 문화와 지역적 특성을 고려하지 않고 한 곳의 문화만이 옳다고 주장할 수 있는 것일까?

9·11테러 이후 이슬람을 소개하는 여러 가지 책자, 강연회, 대담, 토론 등이 마련되어 한국인들에게 이슬람에 대한 다양한 정보가 보급되었다. 그런데 이슬람 관련 서적들을 통해 나오는 논의는 서구 중심적인 시각을 비판하는 흐름이 중심에 있다. 한쪽으로 치우친 시각을 개선해 주기에 바람직한 현상이라고 할 만하다. 그러나 그러한 치우친 시각에 대응하는 논리는 테러가 이슬람과 관련이 없음을 강조하기 위해 원래 이슬람은 화해와 용서, 절충과 합의를 통한 '평화'의 메시지였음을 역설하는 것이다. 다시 말해 '이슬람=평화, 미국=평화의 적'이라는 이분법적인 선과 악의 대립구도를 만들어 내는 것이다.[48] 이슬람은 모두 평

---

48 고병철, 「9·11테러 이후 한국 사회의 이슬람 인식」, 『종교문화비평』 5, 2004, 292.

화이고 미국은 모두 평화의 적인가? 이런 방법이 과연 이슬람교를 제대로 이해하게 하는 것일까 하는 의문이 든다.

이슬람에 대한 한국 사회의 올바른 이해도 필요하지만, 한국 이슬람교에서도 한국 사회에 적응하려는 노력과 함께, 이런 식의 대응 논리에서도 벗어나는 일이 필요하지 않을까?

참고문헌

고병철, 「9·11테러 이후 한국 사회의 이슬람 인식」, 『종교문화비평』 5, 2004.

김대성, 「한국 사회 내 터키인 무슬림 이주자의 현황 및 사회적 조직」, 『한국이슬람학회논총』 18/3, 2008.

김영경, 「이슬람의 종교의례」, 『한국이슬람학회논총』 10, 2000.

김정위, 『이슬람 입문』, 한국외국어대학교출판부, 1998.

김철호, 「이슬람거리의 형성과 한국인 무슬림의 입교과정」, 영남대학교 석사학위 논문, 2011.

김효정, 「한국 이주 남아시아 남성 무슬림 근로자의 문화적응모델 연구: 혼인을 통한 문화정체성 형성의 패턴 분석을 중심으로」, 『한국이슬람학회논총』 19/2, 2009.

김효정, 「한국 이주 남아시아 무슬림의 현황과 집단화: 남아시아 무슬림의 에스닉 집단화에 관한 연구」, 『한국이슬람학회논총』 18/3, 2008.

맹미영, 「한국에서의 수피즘 확산을 통해 바라본 이슬람 선교 정책 이해: 이슬람 선교 전략의 문화적 측면을 중심으로」, 『복음과 선교』 24, 2013.

Musa, Tamer, 「한국에서 무슬림으로 살아가기: 한국 무슬림의 이슬람화 과정에 관한 연구」, 서울대학교 국제대학원 석사학위 논문, 2006.

백광현, 「이슬람 바로알기: 이슬람 포교의 교두보가 된 한국」, 『활천』 648/11, 2007.

백광현, 「이슬람 바로알기: 한국을 공략하는 이슬람의 포교정책」, 『활천』 660/11, 2008.

소윤정, 「이슬람 '수쿠크'의 한국 상황화에 관한 연구」, 『복음과 선교』 21, 2013.

송도영, 「국내 무슬림 이주자들의 생활영역과 초국적 성격: 서울 이태원 출입 무슬림의 사례」, 『한국이슬람학회논총』 24/2, 2014.

송도영, 「종교와 음식을 통한 도시공간의 문화적 네트워크: 이태원 지역 이슬람 음식점들의 사례」, 『비교문화연구』 13/1, 2007.

송도영, 「한국 내 이슬람(할랄) 음식의 소비방식과 공급체계에 대한 문화적 해석」, 『한국중동학회논총』 32/1, 2011.

송현동, 「한국 이슬람의 역사적 전개와 특징」, 『한국 종교교단 연구』 II, 한국학중앙연구원, 2007.

수하임, 무함마드 A., 『이슬람: 원리와 개론』, 최영길 옮김, 알림, 2008.

안정국, 「국내 이주 무슬림의 현황과 문화적 갈등」, 『한국이슬람학회논총』 22/1, 2012.
안정국, 「한국 이주 동남아시아 무슬림의 현황과 사회적 연결망」, 『한국중동학회논총』 29/1, 2008.
안정국, 「한국 이주 인도네시아 여성 무슬림의 혼인과 정착」, 『한국중동학회논총』 30/1, 2009.
알리세르, 바하라모프, 「한국인의 이슬람에 대한 이해 태도: 9·11 테러 전후를 중심으로」, 한국학중앙연구원 한국학대학원 석사학위 논문, 2009.
알리 알-문타씨어, 카말, 『예배입문』, 하지 사브리 서정길 옮김, 주한 리비아 국민사무소, 1974.
엄익란, 「이슬람 식품 시장의 할랄 인증제도 의무화에 따른 한국 기업의 대응 방안」, 『한국이슬람학회논총』 23/3, 2013.
오종진, 「한국 이주 중앙아시아 무슬림의 현황과 조직화: 우즈베키스탄, 카자흐스탄, 키르기스스탄, 투르크메니스탄, 아제르바이잔, 타지키스탄 출신 무슬림들을 중심으로」, 『한국이슬람학회논총』 18/3, 2008.
온인주·장병옥, 「한국의 이슬람 금융 도입 가능성과 전망」, 『중동연구』 31/2, 2012.
윤희중, 「다문화사회 적응에 대한 국내 이주무슬림의 인식분석: 한국사회를 중심으로」, 『중동연구』 32/3, 2013.
이만석, 「이슬람을 바로알자: 이슬람은 국가안보 문제다」, 『한국논단』 244, 2010.
이브라힘, I. A., 『이슬람의 이해를 돕는 간단한 삽화 안내서』, 아미나 옮김, 아담출판사, 2009.
이정순, 「1970년대 이후 한국인의 이슬람 개종 요인 연구」, 『복음과 선교』 16, 2011.
이정순, 『21세기 한국 이슬람의 어제와 오늘』, 도서출판 대서, 2012.
이진구, 「다문화시대 한국 개신교의 이슬람 인식: 이슬람포비아를 중심으로」, 『종교문화비평』 19, 2014.
이희수, 『이슬람과 한국문화』, 청아출판사, 2013.
이희수, 「이슬람사회의 통과의례: 아랍 문화권을 중심으로」, 『비교문화연구』 2, 1995.
이희수·조영주, 「한국의 무슬림 이주민들의 한국생활 적응방식과 신앙생활 조사 분석」, 『한국중동학회논총』 33/1, 2012.
장건·조성기, 「국내 할랄닭고기 수급실태와 균형수급량 추계」, 『한국이슬람학회논총』 24/1, 2014.
장훈태, 「기독교에서 바라본 한국의 이슬람 정착과 근본적인 대처 방안」, 『복음과 선교』 19, 2012.

장훈태, 「현대 이슬람의 한국 포교 전략과 기독교의 대응」, 『복음과 선교』 17, 2012.
정창근·김홍배, 「무슬림 이주여성의 인구통계학적 특성과 이슬람 문화몰입이 자녀교육행태에 미치는 영향」, 『한국중동학회논총』 33/3, 2013.
조희선 외, 「한국사회 이주 무슬림 연구수행을 위한 모델 연구」, 『한국이슬람학회논총』 18/1, 2008.
조희선 외, 「한국 이주 무슬림의 혼인현황과 정착과정연구」, 『지중해지역연구』 11/3, 2009.
조희선, 「한국 이주 아랍 무슬림의 혼인과 정착, 그리고 문화적응에 관한 연구」, 『한국중동학회논총』 30/1, 2009.
최영길, 「한국인을 대상으로 한 이슬람 교육기관 설립과 그 결과에 관한 연구」, 『한국이슬람학회논총』 22/3, 2012.
크르데미르, 후세인, 『한국인들이 이슬람에 대해 궁금해 하는 33가지』, 이형주 옮김, 아담출판사, 2005.
한국이슬람교, 『라마단과 단식』, 한국이슬람교, 2014.
한국이슬람교, 『예배입문』, 한국이슬람교, 2012.
한국이슬람교, 『이슬람은?』, 한국이슬람교, 2014.
한국이슬람교, 『주간 무슬림』 1189, 한국이슬람교, 2014.
한국 이슬람교 중앙회, 『한국 이슬람 50년사』, 한국 이슬람교 중앙회, 2005.
Lee, Hee-Soo(Jamil), "Islam in Korea: History, Present Situation and Future Prospect," *Korea Journal of Islamic Culture* 1/1, Korea Institute of Islamic Culture, 1997.

『동아일보』, 1985. 2. 23, 「「이맘」 尹斗榮옹 별세 國內 첫 이슬람式 장례」.

한국 이슬람교 중앙회 홈페이지(http://www.koreaislam.org/).

한국 개신교의 장소 점유 전략: 서울 지역 교회들의 세 유형을 중심으로[1]

유요한

1. 들어가며: 한국 개신교의 장소 점유 양상

오늘날 대한민국 서울에서 가장 영향력 있는 종교는 그리스도교이며 그 중에서도 개신교의 비중이 높은 것은 분명하다. 통계청이 2015년 12월 발표한 인구주택총조사에 따르면 한국 전체 인구의 27.7%가 그리스도교 신자다. 개신교와 가톨릭을 구별해서 살펴보면 전국 인구의 19.7%를 차지하는 개신교 신자가 7.9%를 차지하는 가톨릭 신도보다 수적으로

---

1 이 논문은 필자가 영어로 작성하여 출간한 "From Megachurches to the Invisible Temple: Placing the Protestant 'Church' in the Seoul Metropolitan Area," in Joanne Punzo Waghorne (ed.), *Place/No-Place in Urban Asian Religiosity*, Berlin: Springer, 2016, 29-47의 내용을 확장하고 발전시킨 것임을 밝힌다. "From Mega-churches to the Invisible Temple: Placing the Protestant 'Church' in the Seoul Metropolitan Area"는 2009년 가을 'Place/No-Place: Spatial Aspects of Urban Asian Religiosity' 라는 주제로 미국 뉴욕 시러큐스에서 열린 국제학술대회에서 발표되었던 것으로, 그 이후 7-8년 동안 논문에서 사례로 들었던 교회들에 생긴 변화들과 국내 사회적 상황의 변동이 전혀 고려되지 못한 아쉬움이 있었다. 이 논문에서는 이후에 변화된 양상을 반영하여 명시하고, 그것을 근거로 논지를 더 명확히 발전시키고자 했다.

훨씬 더 많다.[2] 참고로, 전국적으로 약 56%의 인구가 "종교 없음" 항목을 선택했고, 불교 인구는 15.5%였다. 주목할 점은, 서울의 그리스도교 신자 비율이 전국 수치보다 훨씬 더 높다는 것이다. 서울 시민의 34.9%가 그리스도교 신자인 데 반해[개신교 24.2%, 가톨릭 10.7%], 오직 10.8%만이 불교 신자다. 무종교인이 점점 늘어 가는 추세 속에서, 서울 인구의 1/4은 자신을 개신교 신자라고 간주하고 있는 것이다.

넘쳐나는 인구와 극도로 높은 주택 가격은 서울에서 현재 개신교 교회들이 장소를 점유하는 양상의 변화를 유발하고 있다.[3] 예를 들어, 수백 혹은 수천 가구가 살고 있는 대부분의 아파트 상업 지구에는 상가 건물 일부를 사용하는 작은 교회들이 설립되어 있다. 이와 대조적으로, 몇몇 대형 교회들은 은행지점, 상점, 식당과 같은 사업체들에 교회가 소유하고 있는 건물 일부를 대여함으로써, 교회 재정 확보를 위해 자신들의 상업 지구를 운영한다. 또한 충분한 자금을 유지할 수 없는 교회들은 부동산 가격이 훨씬 낮은 서울 밖으로 이동할 수밖에 없는 반면, 서울에 보유하고 있던 건물의 가치가 높아진 교회들은 같은 가격으로 더 넓은 공간을 활용할 수 있는 교외로 이동하기도 한다. 그러나 개신교의 장

---

2 통계청, 「2015 인구주택총조사」, http://kostat.go.kr/portal/korea/kor_nw/2/9/1/index.board?bmode=read&aSeq=358170/ 참조.

3 2008년 12월 인구주택총조사에 따르면, 서울은 605km^2 이상의 면적에 1,045만 명의 인구가 살고 있는 대도시다. 뉴욕시가 787km^2 의 면적에 836만 명의 인구가 살고 있는 도시라는 사실과 비교해 보면, 서울이 얼마나 붐비는 곳인지를 알 수 있다. 점점 더 많은 위성도시들이 만들어지고 있고 교외 주거 지역이 도시를 따라 확장되고 있음에도 불구하고, 서울의 인구와 부동산 가격은 매년 치솟고 있다. 국토연구원에 따르면, 서울의 수입 대비 주택 가격은 뉴욕시보다 더 높다. 이 논문에서 제시하는 개신교의 장소 점유 양상을 이해하기 위해서는 1988년 서울 올림픽 이후, 많은 부유층이 서울시의 남동 지역인 강남으로 이주한 사실을 비롯하여 서울 시내 인구 분포의 다른 요소들도 고려되어야 한다.

소 점유를 이해하기 위해서는 인구의 변화나 부동산 시장의 상황 등 사회경제적인 요인뿐 아니라, 종교 내부의 요인들도 충분히 고려되어야 한다. 즉, 종교적 이상과 동기도 개신교 교회들의 실제적인 장소 선택에 큰 영향을 끼치는 변수로 간주되어야 하는 것이다. 이 논문은 개신교의 교리와 이상, 그리고 이에 따른 도덕적 선택이 현대 한국 개신교 교회들의 장소에 대한 관점의 형성과 성스러운 장소를 확보하는 전략에 어떤 영향을 미치고 있는지에 주목할 것이다.

대부분의 한국 개신교 교회들이 장소를 점유하는 전통적인 방식은 특정 지역에 거주하는 주민들을 중심으로 그 지역 내에 건물을 포함한 공간을 확보하는 것이었다. 교회 건물의 규모는 교회의 신자 수와 경제적 상황을 반영한다. 어떤 교회가 설립된 이후 처음 이용하는 장소는 종종 상업 지역 내에서 임차한 건물의 일부이기도 하겠지만, 만약 그 교회의 규모가 커지고 자본이 축적된다면 보통 교회 소유의 건물을 구입하거나 새로 건축한다. 더 많은 신자들이 모이고 경제적 상황이 더 나아지게 되면 그 교회는 더 큰 건물이나 장소를 점유하고자 한다. 바로 이러한 과정이 개신교회들이 한정된 특정 지역에서 장소를 획득하는 전통적인 방식이다.

그런데 현대 서울의 개신교회들에는 이러한 형태 외에도 장소를 획득하고 점유하는 세 가지 유형의 새로운 양상이 나타난다. 첫 번째 양상은 만 명 이상의 교인이 출석하는 대형 교회들이 '성스러운 장소'의 확장을 시도하는 것이다. 소위 '메가처치(megachurch)'들은 서울에서 가장 발전된 지역에 값비싼 별도의 건물을 새로 건축한다. 원래 있던 주 건물은 물론 새로 지은 확장된 건물들까지 '성전'이라고 칭하는 것에서 확인할 수 있듯이, 이러한 유형의 교회들은 물리적인 장소의 가치를 강조한다. 두 번째 양상은 노숙인들을 대상으로 하는 교회나 저소득층 거주 지역에 위치한 교회처럼 규모가 작고 재정 상황이 나쁜 교회들에서 찾을 수 있는 양상이다. 이 소규모 교회들은 서울에서 공공장소를 예배 장소로 사용한다. 예배를 위한 자신들만의 장소를 가질 여유가 없을 뿐 아니라 예배 장소를 반드시 확보해야 한다고 생각하지도 않는다. 이 교회들은 대개 작은 행정관리실만 따로 운영하며, 뒷골목, 놀이터, 지하철역 복도 등을 임시 성소로 사용한다. 마지막으로 세 번째 양상의 교회들은 '장소'를 세우는 데 힘을 쏟는 대신, 평신도 교육, 사회복지기금 마련, 문화운동 참여와 같은 다른 방면에 교회의 자원을 사용한다. 이 교회들 중에는 교인 수가 많고 따라서 재정적 상황이 좋은 교회들도 적지 않다. 특기할 점은, 이러한 교회들에 참여하는 신자들 중 적지 않은 수가 교육을 많이 받은 지식인층이라는 것이다. 또한 담임 목회자의 설교 및 교회 운영 능력이 뛰어나고 교회 지도층의 사회적 영향력이 높은 경우가 많다. 그들은 교회가 건물이 아니라 성스러운 공동체라고 믿으며, 따라서 물리적 장소에 집착하는 일은 신의 뜻과 개신교 정신에 맞지 않다고 믿는다. 이 교회들은 교회 운영을 위해 소규모 공간을 유지하면서, 예배, 교육, 교제 등 일요일에 신자들이 모여서 하는 활동을 위해서는 인근 학교의 강당이나 관공서 공간 등을 빌려 쓴다.

이 논문에서 필자는 이 세 유형에 속하는 교회들이 추구하는 원칙과 이상이 장소에 대한 관념과 장소 획득 결정에 끼치는 영향을 보이고자 한다. 이를 위해, 각 유형별로 두 개의 표본 교회들을 선택하고, 여섯 개의 교회들을 방문하여 여기서 장소가 어떻게 사용되는지 조사했다. 또한 교회의 홈페이지, 목사들의 글, 그리고 목사들과의 인터뷰가 실린 대중매체 기사를 철저하게 분석했다. 예수마을교회와 소망을찾는이교회의 경우 인터넷이나 매체를 통해 얻을 수 있는 정보가 거의 없었기 때문에, 목회자를 비롯한 소속 교인들이 장소를 이해하는 방식을 확인하기 위해 교회를 직접 방문하여 인터뷰하는 방식으로 자료를 구했다.

2. 신개발지역에 지(支)교회를 세우는 메가처치들

첫 번째 유형의 교회들은 대개 신도 수가 만 명 이상인 메가처치들이다. 전체 신도 수가 증가함에 따라 원래 사용하는 장소가 비좁아지면 메가처치들은 종종 교회의 양적 규모와 재정을 유지하고 확장하기에 좋을 것으로 예상되는 지역에서 새로운 장소를 점유해 왔다. 보통 신개발지역을 선호하는데, 특히 서울의 강남 지역이나 강남에 가까운 신도시에서 새로운 장소를 찾았다. 소망교회와 광림교회를 비롯한 한국의 대표적인 개신교 대형 교회들 중 일부는 1970년대 말과 1980년대 초에 강남에 설립되거나 구도심 지역으로부터 강남으로 이주했다. 주지하다시피 당시 강남은 급격히 발전하고 있었고, 곧 서울에서 가장 부유한 지역이 되었다. 강남을 중심으로 하는 교회들의 교세 확장이 뚜렷해지면서, 다른 대형 교회들도 재정적으로 부유한 신자들이 몰려 있는 이 지역이 새로운 발전의 중심이 될 수 있다는 것을 인식했다. 이러한 상황에서 강남 이외의 지역에 있던 몇몇 대형 교회들이 원래 장소에 본교회를 유지하면서 이 지역에 지교회를 설립하는 일이 생기게 된다. 나아가 강남에 새로 생긴 교회가 전체 교회들의 중심지의 역할을 하게 되기도 한다.[4]

이러한 장소의 실제적인 선택은 각 교회들이 추구하는 종교적 이상과 일치한다. 그들의 가장 중요한 목표 또는 모토는 '선교'와 '확장'이라는 두 단어로 요약될 수 있다. 이 교회들에서 선교와 확장이 다른 임무들보다 중요하게 여겨지는 이유 중에는 교회가 양적으로 성장하면 도움

---

4 메가처치의 본교회들이 원래 강남에 위치한 경우에는, 광림교회처럼 지교회를 위한 새로운 장소로 분당과 같은 근처 교외 지역을 선택한다. 한편 은혜와진리교회와 같이 서울 주변 위성도시에 설립된 메가처치들은 다른 위성도시에 새로운 지교회를 세우기도 한다.

이 필요한 이웃을 돕는 일과 같은 다른 일들을 더 잘할 수 있는 조건이 갖추어진다는 생각도 자리하고 있다. 이들이 추구하는 선교 사업은 영향력이 미치는 영역을 확장함으로써 가능해진다. 웹사이트와 매체에서 분명하게 밝히고 있듯이, 그들은 종종 본교회 건물은 물론 새로운 지교회 건물 역시 '거룩한 성전들'이라고 부른다. 새로운 장소의 점유는 신의 뜻이 성취되는 중요한 과정인 셈이다.

첫 번째 유형의 교회들이 갖는 또 다른 특징은 많은 경우 교회의 설립자이기도 한 담임목사의 카리스마가 매우 강하다는 점이다. 지교회의 예배가 담임목사가 집전하는 본교회 예배의 생중계 방송을 보는 것으로 이루어지는 것을 보면, 본교회와 지교회의 결속 및 여러 지교회들 사이의 결속에 담임목사의 카리스마적인 지도력과 설교가 필수적이라는 것을 알 수 있다. 카리스마적인 설립자가 은퇴하거나 그의 영향력이 약해지면 지교회가 본교회로부터 독립하기도 한다.

장소 점유와 관련된 첫 번째 유형의 사례들은 여의도순복음교회, 온누리교회, 광림교회, 은혜와진리교회, 지구촌교회 등 초대형 개신교 교회들에서 찾을 수 있다. 그중에서도 이 논문에서는 여의도순복음교회와 온누리교회에 초점을 맞추었다. 먼저 장소에 대한 이해를 중심으로 이 교회들의 역사와 현재 상황을 살펴보고, 이 교회들이 추구하는 목표와 이상이 새로운 장소 확보에 어떻게 반영되었는지 밝히도록 하겠다.

1) 사례 1: 여의도순복음교회 제2성전[5]

여의도순복음교회는 흔히 세계에서 가장 신도 수가 많은 교회라고 한다. 2009년 당시 약 40만 명의 사람들이 제1성전의 신도로 등록되어 있었고, '여의도순복음교회'라는 명칭을 사용하는 지교회들의 신도 수를 모두 계산한다면, 전체 신도 수는 70-80만 명에 이르렀다. 이 교회는 1958년 조용기 목사에 의해 설립되었다. 그는 그리스도교 교인이 되면 질병을 치유받고 가난을 극복할 수 있다고 가르침으로써 한국전쟁 이후 가난하고 좌절한 사람들의 마음을 사로잡는 데 성공했다. 처음 교회 건물은 서대문구에 위치했으나, 1973년 교회의 신도가 만 명을 넘어서고 충분한 재산이 축적되자 여의도로 자리를 옮겼다. 여의도는 국회와 많은 금융 기관들의 본사가 있는 곳으로, 당시 서울의 중심지 중 한 곳으로 여겨졌다. 그로부터 12년 후, 여의도순복음교회는 서울에서 부동산 가격이 가장 높은 강남에 '강남 성전'을 설립하게 된다. 교회의 장소가 상류층 사람들이 새롭게 형성한 최고의 교육 및 주거 지구이자 지금은 서울의 상업 및 금융의 중심지가 된 곳으로 확장된 것이다. 강남 성전의 첫 번째 장소는 그 지역의 큰 건물에서 임차한 공간이었으나, 1988년에는 독립된 건물의 건축이 시작되었다. 완공 이후 건물의 공식 명칭은 '여의도순복음교회 제2성전'으로 바뀌었다.

이 교회는 '성전'이라는 용어를 사용하여 장소의 중요성과 성스러움을 강조한다. '교회'라는 단어는 물론, 그 기원이라 할 수 있을 그리스어 εκκλησια, 라틴어 ecclesia도 전통적인 그리스도교에서는 원래 '공동

---

5 여의도순복음교회 홈페이지(http://www.fgtv.com/); 여의도순복음교회 제2성전 홈페이지(http://www.fgtv2.com/); 『국민일보』, 2009. 3. 30, 「여의도순복음교회 지교회 독립 본격 착수」 등 참조.

체'를 뜻한다는 점을 고려한다면, 여의도순복음교회의 물리적 장소에 대한 강조에 동의하지 않는 개신교 신자들도 많이 있을 수밖에 없다는 것은 당연한 일이다. 그러나 한편으로는 많은 한국 개신교 신자들이 이 거대한 교회를 인정하고 존중해 온 것도 사실인데, 이는 한국 개신교에서 교회와 목사들이 흔히 교세를 확장하는 능력을 준거로 평가되어 왔다는 데에서 원인을 찾을 수 있을 것이다. 또한 마치 『구약성서』의 이스라엘 민족이 예루살렘에서 그러했던 것처럼, 이 교회 교인들 중에는 그들의 신성한 장소가 '성전'의 장엄함을 성취할 때 신의 뜻이 충실히 이행되는 것이라고 생각하는 사람들이 있다. 실제로 여의도순복음교회가 건축을 위해 기금을 모을 때 이 점이 매우 강조되었다는 점도 주목해야 할 것이다.

전체 담임목사의 카리스마에 의해 지교회들이 연합되는 특성상, 제2성전을 담당하는 목사의 주요 업무는 설교가 아니라 신도들을 잘 관리하는 것에 국한되었다. 조용기 목사는 2008년 5월 은퇴할 때까지 제1성전에 있으면서 제2성전을 운영하며 교인들을 가르치고 이끌었다. 제1성전에서 조용기 목사의 설교를 중심으로 진행된 예배가 제2성전의 예배 시간에 중계되었고, 제2성전의 홈페이지에는 '예배는 조용기 담임목사의 강력한 메시지를 통해 당신이 하나님의 은혜를 경험하여 거듭날 수 있도록 이끌 것'이라는 안내문이 공지되었다.[6] 여의도순복음교회의 확장은 계속되어, 강남의 제2성전을 모범으로 삼아 20개의 지교회가 더

---

6 은혜와진리교회가 여의도순복음교회를 모범으로 삼아 발전했다는 점도 언급할 필요가 있을 것이다. 여의도순복음교회 조용기 목사의 동생인 조용목 목사가 설립한 은혜와진리교회 역시 모교회의 예배를 지교회에 중계한다. 그러나 이 교회는 서울 안에서 장소를 구하지는 않는데, 아마도 여의도순복음교회와의 갈등을 피하기 위해서일 것이다. 이 교회는 서울이 아니라 서울의 위성도시에 본교회와 지교회 모두를 설립했다. 은혜와진리교회 홈페이지(http://www.grace-truth.org/) 참조.

설립되었다.

여의도순복음교회의 모토는 "하나님의 은혜를 이웃과 나누는 교회, 세계 선교에 대한 하나님의 계획을 실현하는 교회"이다. 여의도순복음교회가 이기적으로 확장만을 추구한다는 비판이 외부로부터 제기된 이후, 1990년대에 교회는 사회복지를 위해 예산을 할당하고 복지 사업을 시작했다. 특히 여의도순복음교회는 가난한 이들을 위한 의료를 지원하고 있다. 수십 년 전에는 조용기 목사가 다양한 종류의 질병을 가진 많은 사람들을 기적적으로 치료했다고 전해졌다면, 이제는 교회가 가난한 이들을 위해 제도적인 의료 지원을 제공한다. 물론 여의도순복음교회가 새롭게 확장한 장소에서는 큰소리로 기도하는 전형적인 오순절교회식의 모임이 계속되고 있다. 신자들의 종교적 경험이 없었다면 교회의 확장이 불가능했을 것이다. 신을 경험한 교인들은 새로운 장소를 확보하는 것이 신의 성스러운 업무이고, 선교 사업의 일부로서 계속되어야 하는 일이라고 믿는다.

앞서 언급했듯이, 카리스마적인 담임목사의 퇴임 이후 본교회와 지교회의 결속은 약화되며, 성스러운 장소에 대한 강조도 약해질 수 있다. 조용기 목사가 은퇴할 때 대부분의 지교회들이 공식적으로 독립을 결정했다. 또한 '성전' 대신에 '교회'라는 명칭을 사용하기 시작했다. 그 이후 '제2성전'은 '여의도순복음제2교회'라고 불리게 되었다. 하지만 성스러운 장소로서 교회에 대한 이해와 설립자인 담임목사에 대한 높은 의존도는 한동안 변하지 않은 듯하다. 2009년 당시 건물 표지판에는 '성전'이라는 명칭이 수정되지 않은 채 그대로 있었고, 신자들은 여기에 별 신경을 쓰지 않았다. 조용기 원로목사의 영향력도 상당한 기간 동안 지속되고 있다.[7] 새로운 담임목사인 이영훈 목사가 제1교회에서 대부분의 설교를 담당하게 된 이후에도 많은 신도들은 여전히 은퇴한 조용기 목사가 이끄는 예배에 참석하기를 원했다. 2009년 기준으로, 조용기 목사가 담당했던 일요일 1시 예배는 제1교회에서 사람들이 가장 많이 참석하는 예배였다. '제2교회'와 다른 지교회들도 다른 시간대에는 그 지교회의 목사가 설교하지만 1시 예배 시간에는 조용기 목사가 설교하는 제1교회의 예배를 방송했다. 당시 '제2교회'의 홈페이지에는 조용기 목사의 온라인 설교 코너가 새 목사의 설교 코너 위인 가장 눈에 띄는 곳에 위치해 있었다. 이후의 변화 과정에 대해서는 추후 다른 연구가 필요할 것이다.

여의도순복음교회의 사례에서 우리는 물리적 장소에 대한 공동체의 이해가 확장 전략의 근거로 사용된다는 사실과 설립자인 담임목사의 카리스마에 의해 지교회가 본교회와 결속되는 양상을 확인할 수 있었다. 설립자의 카리스마가 약화된 이후 장소 확장에 대한 공동체의 이해가 변화되는 양상에 대해서는 조금 더 지켜봐야 할 것으로 보인다.

2) 사례 2: 온누리교회 양재성전[8]

온누리교회는 교회 설립 초기부터 '「사도행전」에 나오는 바로 그 교회'를 목표로 삼고 선교와 확장을 강조했다. 이 교회는 1985년에 설립된 이후 하용조 담임목사의 강력한 지도력과 감동을 주는 설교에 힘입어

---

7 이 논문을 위해 처음 연구를 시작했을 때부터, 조용기 목사는 자금 횡령의 죄목으로 기소되어 있는 상태였다. 그는 교회와 마찬가지로 이 혐의를 부인하고 있다. 퇴임한 지 9년이 되어 가는 2017년 1월 현재에도 그의 영향력은 여의도순복음교회에 여전히 강하게 남아 있다.

8 온누리교회 홈페이지(http://onnuri.or.kr/); 위키백과 한국어판, '하용조' 항목, https://ko.wikipedia.org/wiki/%ED%95%98%EC%9A%A9%EC%A1%B0/; 『뉴스앤조이』, 2003. 5. 21, 「온누리교회, 선교인가 문어발 확장인가!」 등 하용조 담임목사 인터뷰 수록 매체 기사 참조.

빠르게 성장했다. 맨 처음 70명으로 출발한 신자 수는 5년 후 2,500명으로 늘어났고, 2010년 전체 교인 수는 약 6만 명이었다. 급격히 성장한 다른 메가처치들과 마찬가지로, 온누리교회도 선교 사업과 부흥회를 강조했고, 해외 선교사들을 지원하는 데 막대한 자금을 사용했다. 또한 한국에서 처음으로 '경배와 찬양 예배'를 시작했는데, 이후 이러한 방식의 예배는 한국 개신교회들 사이에서 유행이 되기도 했다. 이 예배는 보통 여러 시간의 찬양과 통성 기도, 방언, 짧은 설교로 구성된다는 점에서 '오순절교단 방식'이라고 할 수 있다. 하용조 목사는 오순절교단식의 종교경험을 제공했을 뿐 아니라 신자들의 지적인 욕구도 효율적으로 충족시켰다. 온누리교회에서는 부유하고 지적인 그리스도교 신자들의 마음을 끄는 프로그램이 성공적으로 개발되었다. 하용조 목사는 당시 많은 한국 그리스도교 신자들에게 지적으로 다가갈 수 있는 세미나와 부흥회를 열기 위해 영국과 미국의 유명 설교자들, 복음주의자들, 신학자들을 초대했다. 또한 이 교회에서는 복잡한 현대 사회에서 소외감을 느끼며 살고 있는 많은 젊은 한국인들의 관심을 끈 '내적 치유 프로그램', 붕괴된 가정을 회복시킬 목적으로 열린 '아버지 학교'와 '신혼부부 학교', 그리고 음악에 대한 젊은 사람들의 열정을 만족시켜 주는 '찬양 대학'과 같이, 한국인들이 전에는 들어 보지 못한 여러 새로운 프로그램이 제공되었다. 또한 온누리교회는 젊은이들 중심의 예배를 위해 나이트클럽을 빌리는 등 한국에서 전례 없는 파격적인 행사를 열기도 했다. 결국 이 모든 프로그램들은 교회의 확장에 유용한 수단인 셈이었다.

온누리교회는 효율적인 그리스도교 선교를 위해 매우 체계적인 계획을 수립했다. 1994년에는 온누리교회가 비그리스도교 국가에 2,000명의 선교사를 파견하고 만 명의 전임 목사를 길러 내겠다는 '2000/10000 비전' 프로젝트가 발표되었다. 이 계획의 실현을 위해서는 교세의 확장과 더 큰 장소의 확보가 반드시 필요했다. 온누리교회 홈페이지의 '온누리 발자취'에는 이 "2000/10000 비전 가속화를 위해 양재성전에서 확장예배"를 드렸다고 명시되어 있다.[9] 교회가 성장하면서 서빙고동에 있는 원래의 교회 건물은 비좁아졌다. 그러나 서빙고동 건물 주변에는 확장할 만한 공간이 충분하지 않았다. 온누리교회는 새로운 장소로 강남 지역에 속한 양재동을 선택했다.

2003년에는 '액츠 29(Acts 29)'라고 불리는 새로운 운동이 시작되었다. 이 운동의 명칭은 선교 사업을 통해 28장에서 끝나는 「사도행전」에 덧붙일 스물아홉 번째 장을 쓰겠다는 각오에서 비롯되었다. 이 운동에는 전 세계에 온누리교회를 모범으로 하는 교회들을 가능한 한 많이 세우는 계획이 포함되어 있다. '온누리'라는 교회 이름과 잘 부합하는 이 계획은 2009년까지 차근차근 잘 실현되었다. '비전(vision)교회'라고 불리는 지교회들이 국내 여러 도시들뿐만 아니라 한국인들이 많이 거주하는 도쿄, 오사카, 로스앤젤레스, 뉴욕, 보스턴, 시드니, 베이징, 상하이 등의 외국 도시들에도 설립되었다. 이렇게 확장된 지교회들을 관리하기 위해 교회의 운영체계가 개편되었고, 새로 고용된 목사들은 각 지교회의 성장을 위해 필요한 행정 업무에 힘을 집중하도록 요청되었다. '비전교회'가 세워진 지역에 있던 기존 교회들이 온누리교회의 확장에 강하게 반발해 왔지만, 이 계획은 그대로 추진되고 있다.

여의도순복음교회의 지교회들과 마찬가지로, '비전교회들'도 '온누리'라는 이름을 사용한다. 한국에서 온누리교회에 속한 여러 지역 교회들은 '온누리교회 (지역명)캠퍼스'라고 불린다. 따라서 서빙고동에 있는 본교회는 '온누리교회 서빙고캠퍼스'라고 불리고, 수원에 새로 세워진 비전교회는 '온누리교회 수원캠퍼스'라고 불린다. 온누리교회의 이

9 온누리교회 홈페이지(http://onnuri.or.kr/).

름을 사용하는 많은 지역 교회들 가운데 서빙고캠퍼스와 양재캠퍼스가 본교회로 여겨진다. 하용조 목사는 2008년 10월에 있었던 『크리스천 투데이』와의 인터뷰에서 "전체 캠퍼스의 두 기둥은 서빙고와 양재다. 나머지 비전교회들은 위성과 같은 역할을 담당한다."라고 말했다.[10] 이것이 아마 서빙고와 양재에 있는 교회 건물들만이 '서빙고성전'과 '양재성전'으로 불리는 이유일 것이다. 여의도순복음교회와 같이, 온누리교회도 '성전'이라는 용어를 사용함으로써 이 장소의 성스러움과 중요성을 강조하고 있다.

이 논문에 사용된 자료를 정리하던 2009년에는 하용조 목사가 서빙고성전과 양재성전 모두에서 번갈아 가며 설교했다.[11] 각 캠퍼스와 비전교회에 예배를 인도하는 책임을 맡은 목사가 있었지만, 설립자인 하용조 담임목사는 모든 지교회들의 관리에 큰 영향력을 행사했다. 대부분의 지교회들은 성탄절, 부활절, 새해 첫날, 교회창립기념일 등과 같이 중요한 절기 및 기념일의 예배 시 하용조 목사가 설교와 사회를 담당하는 예배를 방송으로 중계했다. 몇몇 지교회에서는 매주 본예배가 끝난 후 서빙고나 양재에서 하용조 목사가 했던 설교를 녹화하여 방송하는 방식으로 이루어지는 예배가 제공되었다.

---

10 『크리스천투데이』, 2008. 10. 14, 「온누리교회, 23주년 맞아 대대적 조직개편 단행」. '캠퍼스'라는 용어는 소위 '기둥교회들'과 '비전교회들' 사이의 가까운 관계를 강조하는 것으로 보인다. 특기할 점은 외국에 있는 비전교회들은 캠퍼스라는 용어를 사용하지 않는다는 것이다. 그들은 지역명과 '온누리교회'의 합성어를 명칭으로 한다. 예컨대 로스앤젤레스에 세워진 교회는 '로스앤젤레스 온누리교회'가 되는 것이다. 기둥교회들과 외국에 있는 비전교회들 사이의 관계에 대해서는 앞으로 더 조사가 필요하다.

11 하용조 목사는 이 논문의 초고가 완성된 이후인 2011년 8월 2일에 사망했다. 2012년부터는 이재훈 목사가 온누리교회 담임목사를 맡고 있다.

지금까지 살펴본 여의도순복음교회와 온누리교회가 확장을 추구하는 양상에서, 이 두 교회를 하나의 유형으로 묶을 수 있는 유사성들을 확인할 수 있었다. 첫째, 이 교회들은 선교와 교세 확장이라는 교회의 목표를 실현하기 위해서는 원래 자리를 잡은 장소 이외의 새로운 장소를 필요로 한다. 그들은 새로운 성스러운 장소, 즉 새로운 교회 건물을 세우는 일을 신이 명령한 임무라고 생각한다. 둘째, 이 교회들이 사용한 '성전'이라는 명칭은 장소 그 자체의 중요성을 분명하게 보여 준다. 셋째, 지도자들의 카리스마적 능력은 흩어져 있는 많은 장소들을 하나의 교회로 통합하는 것을 가능하게 한다. 넷째, 두 교회 모두 강남의 부유한 지역에 새로운 장소를 선정하여 확장이 효율적으로 뒷받침되도록 했다. 다섯째, 원래 건물이 있던 장소와 더불어 강남의 새로운 장소는 여러 다른 지교회의 확고한 기반으로 여겨진다.

3. 섬김과 봉사를 위한 근거지를 확보하고자 하는 교회들

두 번째 유형의 교회들은 예배를 위한 공간의 점유에 큰 의미를 부여하지 않는다. 대개 서울의 도심이나 부도심에 있는 노숙인 밀집 지역이나 빈민가인 '쪽방촌' 부근에 자리를 잡은 교회들이 이 유형에 속한다. 이 교회들은 노숙인들에게 식사와 추위를 피할 곳을 제공하고 쪽방촌 주민들의 재활을 돕는 것이 신으로부터 받은 사명이라고 생각한다. 따라서 이 교회들이 필요로 하는 장소는 예배당 중심의 전형적인 교회 건물이 아니라 무료급식, 재활, 단기 숙박, 아동 보육 등이 가능한 복지센터다. 이 유형의 교회들은 대개 신의 뜻이 실현되는 성스러운 공간이 특정한 물리적인 장소에 제한된다고 여기지 않기 때문에, 예배는 가난한 사람들과 노숙인들이 모이는 길거리, 지하철역, 기차역 광장, 공원 등지에서 이루어진다. 이 교회들이 일하는 성스러운 장소는 도시 전체로 확장될 수 있고, 도시 생활의 평범한 공간과 일치한다.

이 절에서 필자는 '고통받는 이웃을 위한 교회: 소망을 찾는 이'(이하 '소망을찾는이교회')와 '광야교회'의 사례를 다룰 것이다. 소망을찾는이교회는 서울역 부근에서, 광야교회는 영등포역 부근에서 노숙인과 쪽방촌 주민들을 위해 영적인 도움과 물질적인 도움을 함께 제공하려고 노력한다. 이 두 교회들이 표방하는 장소 획득 전략은 다르지만, 고통받는 사람들에게 선한 이웃이 되어 주고 그들을 돕는 것이 목표라는 점은 일치한다. 이 교회들의 설립자 및 지도자들은 자신들의 임무가 소외된 사람들을 돕고 그들에게 자립의 희망을 주는 것이라고 생각한다.

소망을찾는이교회의 목사와 교인들은 자신들의 공동체를 '소망을찾는이교회'라는 명칭에서 '교회'를 뺀 '소망을찾는이'라는 호칭으로 부르는데, '교회'라는 단어가 흔히 공동체가 아닌 건물을 연상시키기 때문이라고 한다. 이 교회가 임대하여 사용하는 서울역 쪽방촌 인근의 공동주택 건물 1층에는 작은 사무실, 노숙인들이 스스로 조리할 수 있는 주방을 갖춘 쉼터, 소형 예배실 겸 쪽방촌 아동들을 위한 공부방이 갖추어져 있다. 일요일 예배는 서울역 지하 통로나 근처 공원에서 열린다.[12] 두 번째 사례인 광야교회는 2007년에 독립된 건물을 건축했다. 쪽방촌 내에서 무료급식을 하던 작고 낡은 교회 건물이 서울시에 의해 철거되기 얼마 전, 많은 한국 개신교 신자들의 재정적 후원을 받아서 꽤 그럴듯한

---

12 논문을 위한 자료를 수집하던 2009년 당시 서울역 주변의 공공장소에서 예배를 열고 노숙인들에게 음식을 제공하는 교회들을 셋 이상 확인할 수 있었다. 그중에서 본부 역할을 하는 장소를 중심으로 장기적인 계획을 분명히 밝히고 있던 소망을찾는이교회를 사례로 선택했다.

건물이 지어진 것이다. 하지만 이 건물은 '홈리스복지센터'라고 불리며 대부분은 노숙인들을 위한 쉼터로 사용된다. 광야교회는 장소를 획득한 이후에도 여전히 매주 길거리에서 예배를 시행하고, 노숙인들과 쪽방촌 주민들에게 음식과 생필품 등을 제공하고 있다.

1) 사례 1: 서울역 부근 '소망을찾는이교회'[13]

2001년 12월에 설립된 소망을찾는이교회는 서울역 근처 빈민가에 있다. 이 교회의 공식 명칭은 '고통받는 이웃을 위한 교회: 소망을 찾는 이'이지만, 목사와 교인들 모두 '소망을찾는이'라는 명칭을 사용함으로써 건물이나 장소가 아닌 신자들의 공동체가 교회의 중심이라는 것을 강조하고자 한다. 매주 예배에 참여하는 약 100여 명 중에서 20명 정도는 다른 개신교 교회에서 파견된 자원봉사자들이고, 과거에 노숙인이었으나 교회의 도움으로 직업을 갖고 정착한 사람들이 20-30명 정도 있다. 나머지는 경제적인 자립 능력이 없는 노숙인이거나 극빈층이다. 처음 시작할 당시에는 일요일 예배가 서울역 지하 통로에서 열렸으나, 2007년 이후 2017년 현재까지 서울역 건너편에 있는 작은 공원이 예배 장소로 사용된다. 교회는 건물을 가지고 있지 않다. 작은 공동 주택의 1층을 대여해 작은 사무실, 주방, 노숙인 쉼터 등을 갖추어 놓고, 주중에는 주로 쪽방촌 주민들의 자녀들을 교육하는 공간으로 이용한다.

소망을찾는이교회의 설립자인 김용삼 목사는 가장 명문이라 인정되는 신학대학과 대학원을 졸업하고 대형 교회에서 부목사로 일했다.

---

13 소망을찾는이교회 홈페이지(http://hopeseeker.org/)를 참조했고, 교회의 설립자인 김용삼 목사와 주일학교 교사들을 포함한 몇 명의 자원봉사자들을 인터뷰하여 자료를 보완했다.

그는 부목사 시절 서울역 근처에서 노숙인들을 위해 자원봉사를 하면서 자신의 소명이 가장 가난한 사람들을 위해 목회를 하는 것임을 깨달았다. 김용삼 목사는 매일 쪽방촌 주민들의 자녀들을 위한 무료 공부방을 운영하고, 1주일에 하루는 노숙인들을 돌보러 서울역으로 나간다. 물티슈로 노숙인들의 얼굴과 손발을 깨끗하게 닦아 주고, 가벼운 상처에는 연고를 발라 주며, 음식이나 생필품을 나누어 준다. 또한 1주일에 두 번 그들과 함께 성경 공부도 계속하고 있다. 김용삼 목사는 하나님 앞에서 모든 사람은 존귀하며, 존귀하게 대접받아야 한다고 주장한다. 노숙인들과 극빈자들은 자존감이 없기 때문에, 자신의 임무는 그들이 자존감을 회복할 수 있도록 돕는 것이라고 말한다. 필자와의 대화 중 그는 교회의 목표에 대해 다음과 같이 말했다.

> 나에게는 교회를 위한 꿈이 있습니다. 그리스도 안에서 나는 진정으로 아름다운 교회를 세우기 원합니다. 많은 신도들을 끌어들이는 웅장한 교회 건물을 건축하는 것을 꿈꾼다는 의미는 아닙니다. 나는 하나님을 기쁘게 하는 진정한 교회를 이루고 싶습니다. … 그 교회에서는 가난한 사람들과 부유한 사람들이 거리낌 없이 함께 예배를 드립니다. 배우지 못한 사람들과 배운 사람들, 강한 사람들과 약한 사람들이 같은 지위와 같은 권위를 가집니다. … 교회는 이웃을 향한 사랑과 고통받는 사람들을 위한 연민을 가지고 있기 때문에 고통의 장소가 될 수밖에 없습니다.

그는 성서에 나타난 섬김과 평등이라는 이상이 교회 공동체에서 실현되어야 한다고 강조한다. 김용삼 목사는 이러한 이상의 실현을 위해 건물이 꼭 필요한 것은 아니라고 생각하면서도 한편으로는 공동체를 위한 장소가 확보되기를 원한다. 그는 서울역에서 멀지 않은 곳에 5층 건물을 짓는 장기적인 계획을 가지고 있다. 그중 5층만 예배 등 종교적인 목적을 위한 공간으로 사용할 생각이다. 김용삼 목사에 따르면, 일반적인 교회들은 건물 안에 노숙인들이 들어오는 것을 싫어하기 때문에 이들을 환영하는 독자적인 예배 장소가 필요한 상황이다. 4층에는 노숙인, 알코올중독자, 외국인 노동자, 가출 청소년 등이 숙박할 수 있는 시설을 갖추고, 3층은 쪽방촌 아이들의 교육을 위해 사용할 예정이다. 이 가난한 아이들은 자존감을 기르고 빈곤의 악순환을 끊기 위해 반드시 교육을 받아야 한다는 것이다. 2층은 장기 실직자들의 재정적 독립을 돕는 재활 작업장으로 제공될 것이고, 1층은 쪽방촌의 노인들을 위한 쉼터로 사용될 것이다.

서울에는 청량리역 근처에 있는 다일교회나 영등포역 부근의 광야교회와 같이 자신들의 장소를 주로 복지센터로 사용하는 교회들이 몇 개 있다. 그러나 소망을찾는이교회가 자신만의 장소를 확보하는 일에 성공하지 못하더라도 이는 그리 중요한 일이 아니다. 김용삼 목사와 신자들은 장소 없이도 자신들이 할 수 있는 일들을 할 것이라고 말한다. 이들은 이미 건물 없이도 '단꿈운동(Cut and Dream Movement)'을 시작했다. 빈곤의 대물림을 '끊고' 가난한 아이들의 정신에 '꿈'을 심어 주기를 기대하면서, 이 교회는 좁은 임대 공간에서 매일 노숙인들과 쪽방촌의 자녀 10여 명에게 음식을 제공하며, 이 아이들이 학교에 가도록 돕고 방과후 프로그램을 제공한다. 또한 재정 후원자들의 도움을 받아 쪽방촌 주민에게 월세를 지원하고, 자녀가 있는 가정을 더 나은 주거환경으로 옮겨 주는 일도 해 왔다. 지금까지 이 교회와 후원자들의 지원으로 20여 가정이 동자동 쪽방촌을 떠나 더 안락한 거주지로 자리를 옮겼다. 자원봉사자들의 인력과 후원자들의 재정 지원이 원하는 만큼 충분하지는 않지만, 교회는 어려운 환경 속에서도 성공적으로 사역을 지속하고 있다.

이 교회가 추구하는 이상을 실현하기 위해서는 장소가 필요한 것이 사실이다. 이 장소는 노숙인들과 극빈자들을 위해 봉사하고자 하는 소망을찾는이교회가 사역을 수행하는 도구에 불과하다. 그러므로 장소가 확보되지 않는다고 하더라도, 이 교회는 어려움 속에서도 자신의 임무를 묵묵히 수행해 나갈 것이다. 이 교회는 지하철 복도와 공원에서 예배를 열어 왔다. 물론 정부당국과 이웃들은 이러한 공공장소에 노숙인들이 모이는 것을 좋아하지 않는다. 그러나 어느 장소이든지 예배의 성스러운 시간 동안에는 성스러운 장소가 된다. 미르체아 엘리아데(Mircea Eliade)가 오래전에 지적했듯이, 종교적인 사람들은 어떤 세속적인 공간도 항상 "성스러운 공간의 쉬운 대체물"로 바꿀 수 있기 때문이다.[14]

2) 사례 2: 영등포역 부근 '광야교회'[15]

늦은 밤 영등포역 대합실을 지나가다 보면 무리 지어 앉아 있는 많은 노숙인들을 보게 된다. 여러 도시계획 프로젝트들이 영등포역 부근의 빈민가를 깨끗하게 치우려고 시도해 왔지만, 여전히 이곳에는 서울역 근처보다 더 큰 쪽방촌이 남아 있다. 단정하게 새로 지어진 광야교회 건물은 노숙인들이 모여드는 영등포역 바로 뒤, 그리고 이 쪽방촌 바로 옆에 있다. 임명희 목사는 1988년 쪽방촌에 있는 $10m^2$ 규모의 작은 판잣집에서 광야교회를 시작했다. 1992년에는 이 판잣집을 확장하여 쪽방촌 내에 주방이 달린 작은 노숙자 쉼터를 건립했다. 이는 전국 각지로부터 전해진 헌금 덕분에 가능했다. 교회를 시작한 이후 임명희 목사는 여

14 Mircea Eliade, *Patterns in Comparative Religion* (trans. Rosemary Sheed), New York: Sheed & Ward, 1958(1949), 384.

15 광야교회 홈페이지(http://www.kwangya.org/); 이태형, 「주다가 망한 교회가 되자: 임명희 광야교회 목사」, 『배부르리라: 작은 교회 희망의 씨앗』, 좋은생각사람들, 2009, 173-196; 『동아일보』, 2001. 5. 24, 「광야교회 임명희목사」; 『조선일보』, 2003. 11. 26, 「서울 영등포 '쪽방촌' 봉사자들」 등 참조.

러 사람들에게 광야교회의 사역을 알리려고 노력해 왔고, 다른 교회에 초빙되어 설교할 때마다 광야교회에 헌금하여 절망에 빠진 노숙인들을 돕도록 신자들을 설득했다. 몇몇 신문과 방송에서 임명희 목사와 광야 교회의 헌신이 보도된 이후 더 많은 개신교 신자들이 "선한 사마리아인으로 살자"는 이 교회의 이상 실현에 동참하기 위해 돈을 기부했다. 이 때부터 임명희 목사는 교회 공간을 노숙인들의 임시 숙소로 제공했고, 때로는 쪽방촌과 영등포역 부근에 텐트를 세워 노숙인들이 추위를 피할 공간을 만들어 주기도 했다. 서울시가 광야교회의 옛 건물이 포함된 쪽 방촌 일부 지구를 철거하기로 결정했을 때, 임명희 목사와 후원자들은 새로 건물을 건축하기로 했다. 전국의 후원자들부터 약 30억 원의 건축 기금이 모금되었고 이 돈으로 2007년 7월 지하 2층/지상 6층의 건물이 완공되었다.

이 건물은 '광야교회'라는 이름과 함께 '광야 홈리스복지센터'라는 이름도 가지고 있다. 지하층은 예배실로 사용되지만, 건물 공간 대부분은 노숙인들과 쪽방촌 주민들을 위한 복지시설로 사용되고 있다. 1층은 주방과 식당이고, 2층은 목욕실과 세탁실이다. 3층부터 5층까지의 전체 공간은 노숙인들의 생활공간으로 사용되며, 여기서 약 100명의 노숙인들이 공동체 생활을 하며 재활을 위해 노력한다. 의료 자원봉사자들이 방문하여 아픈 사람들을 돌보며, 노숙인들을 위한 다양한 직업교육 프로그램이 제공된다. 6층에 있는 교회 사무실과 지하 예배 공간에서는 상담사들이 알코올중독자들의 치유를 위해 일한다. 교회는 그럴듯한 건물을 가지고 있지만, 망설임 없이 길거리로 나간다. 특히 매주 화요일 자정에는 교회 건물에 들어오기를 꺼려 하는 노숙인들을 만나기 위해 영등포역 구내에서 예배를 보고 음식과 생필품들을 노숙인들에게 나누어 준다.[16]

임명희 목사는 1987년에 노숙인 자원봉사를 하기 위해 영등포역을 처음 방문했다. 당시에 그는 중국 선교사를 준비하는 신학생이었다. 그러나 노숙인들과 쪽방촌 주민들의 비참한 상황에 충격을 받고는 그들을 위해 자신의 삶을 헌신하기로 결심했다. 그가 성매매 여성들과 쪽방촌 주민들을 돕는 일을 하면서 여러 크고 작은 어려움들을 경험했다는 것은 방송 등을 통해 한국 개신교인들 사이에 널리 알려졌다. 약 30명의 신자들을 제외하고는 250명이 넘는 신자들 대부분이 과거 한때 노숙인이었다. 노숙인을 포함하여 매일 1,000명 이상의 가난한 사람들이 광야교회 복지센터에서 제공하는 무료급식을 먹는다. 급식을 비롯한 복지센터의 일들은 서울과 주변 교외에 있는 여러 교회들에서 온 많은 자원봉사자들의 도움으로 꾸려 간다. 앞서 언급했듯이 이 교회의 표어는 "선한 사마리아인으로 살자"이며, 이 이상을 실현하기 위해 "주다가 망하자", "사랑할 수 없는 사람을 사랑하라", "버티기를 잘하자" 등의 실천 사항을 제시한다. 이 교회는 항상 예수가 비천한 신분으로 이 땅에 내려와 사랑받을 수 없는 사람들을 사랑했다는 것을 강조한다. 그러므로 신자들에게 예수는 이 교회의 표어와 실천 사항을 처음 만들고 모범을 보인 모델인 것이다.

임명희 목사는 오늘날 많은 교회들이 거대하고 화려한 건물을 건축하는 것에 강력하게 반대한다. 신자 수가 증가하더라도 그 수에 따라 장소를 확장하는 것은 신의 뜻이 아니라는 것이 그의 주장이다. 임명희 목사는 광야교회가 건축한 것은 예배당이 아니라 노숙인들이 살 수 있는 쉼터라는 점을 강조한다. 그는 또한 교회에는 깨끗하고 넓은 장소가 필요 없다고 단언한다. 과도한 공간을 확보하는 것은 오히려 예수가 보여

16 2009년에는 금요일 저녁과 목요일 자정에 영등포역 앞 노상에서 집회를 가졌으나, 2017년 현재는 화요일 자정에만 영등포역 구내에서 모인다. 반면 복지센터가 확고하게 자리를 잡으면서 건물 내에서 이루어지는 활동은 더 다양해지고 규모도 확대되었다.

준 목표를 교회가 고수하고 실현하는 데 방해가 될 뿐이라는 것이다. 길거리에서 예배를 시작한 지 20년이 지난 후, 광야교회는 새 건물을 건축했다. 그러나 이 교회가 전형적인 의미에서의 장소를 설립하고자 하지 않았다는 점은 분명하다.

소망을찾는이교회와 광야교회의 공통분모는 다음과 같이 요약될 수 있다. 첫째, 이 교회들은 많은 노숙인들과 극빈층이 거주하는 서울의 중심부에 위치해 있다. 둘째, 이 두 교회는 도움이 필요한 사람들에게 봉사하는 삶을 살겠다는 목표를 가진 목사들에 의해 시작되었다. 셋째, 이 교회들의 핵심적인 신자들은 두 부류로 구분할 수 있다. 소속된 교회의 목사들처럼 봉사와 섬김에 삶을 헌신하고자 하는 신자들이 한 축을 이룬다면, 한때는 노숙인이었으나 교회의 도움으로 과거의 삶을 극복한 신자들이 다른 한 축을 이룬다. 일반적인 개신교회에서는 보기 어려운 구성원의 유형이 나타난다고 할 수 있다. 넷째, 두 교회 모두 교회 외부로부터 오는 많은 자원봉사자들과 재정 후원자들의 도움으로 운영된다. 다섯째, 이 교회들은 가능하다면 어느 곳에서든지 예배가 이루어질 수 있다고 생각한다. 어떤 장소도 그들의 예배 시간 동안에는 성스러운 장소가 되는 것이다. 여섯째, 두 교회 모두 가난한 사람들을 좀 더 효율적으로 돕기 위해 장소 점유를 원하지만 장소 그 자체에 큰 중요성을 부여하지는 않는다. 장소는 오직 선한 이웃이 되겠다는 더 큰 목표를 수행하기 위해서만 필요하다는 점을 그들은 분명히 한다. 이 교회들이 확보하고자 하는 장소는 섬김과 봉사를 위한 근거지인 것이다.

4. 장소 확보를 거부하는 교회들

두 번째 유형과 세 번째 유형에 속하는 교회들은 중요한 공통점을 가지고 있다. 그들은 장소를 획득하거나 성전을 짓는 것 외에 신이 그들에게 기대하는 더 중요한 일이 있다고 생각하는 것이다. 이들은 성스러운 장소 자체보다 신의 뜻을 따라 윤리적으로 살아가는 것이 더 중요하다고 믿으며, 『구약성서』에서 선지자 예레미야(Jeremiah)가 했던 말에서 그 근거를 찾는다.

> 너희는 이것이 여호와의 성전이라, 여호와의 성전이라, 여호와의 성전이라 하는 거짓말을 믿지 말라. 너희가 만일 길과 행위를 참으로 바르게 하여 이웃들 사이에 정의를 행하며 이방인과 고아와 과부를 압제하지 아니하며 무죄한 자의 피를 이곳에서 흘리지 아니하며 다른 신들 뒤를 따라 화를 자초하지 아니하면 내가 너희를 이곳에 살게 하리니 곧 너희 조상에게 영원무궁토록 준 땅에니라.[17]

예레미야가 지적한 내용대로, 이 교회들은 신자들의 삶에서 성스러운 장소 자체는 별 의미가 없고 윤리적인 삶이 중요하다고 강조한다. 이들이 장소를 점유하고자 하는 방향에 따라 다시 두 유형으로 구별한 것이 두 번째 유형과 세 번째 유형인 것이다. 두 번째 유형의 교회들이 어려운 이웃을 섬기기 위한 근거지로서의 장소를 확보하고자 했다면, 세 번째 유형의 교회들은 독자적인 예배 장소의 점유를 거부한다. 두 번째

17 『구약성경 개역개정판』, 「예레미야」, 7:4-7. 또한 11절 중 "내 이름으로 일컬음을 받는 이 집이 너희 눈에는 도둑의 소굴로 보이느냐" 하는 부분도 참조.

유형의 교회들과는 달리, 이 교회들은 독자적인 장소를 가질 능력이 있음에도 불구하고 이를 추구하지 않는다. 이들은 교회 건물 건축 대신 평신도 교육, 사회복지 기금 마련, 문화운동 참여와 같이 다른 일에 재원을 투입하려고 한다. 이 교회들은 교회 운영과 행정을 위해 최소 규모의 장소만을 유지하고, 일요일 예배를 위해서는 인근 학교나 관공서의 강당을 빌려 쓴다. 이 유형의 교회에 소속된 목회자와 신자들 중에는 개혁적인 성향의 지식인들의 비율이 높다. 그들은 물리적인 장소에 대한 집착은 교회를 신성한 공동체로 보는 개신교 정신에 맞지 않는다고 생각한다.[18]

서울에 있는 세 번째 유형의 교회들 중 높은뜻숭의교회, 주님의교회, 경향교회, 한영교회, 디딤돌교회 등이 한국 개신교 신자들에게 잘 알려져 있다. 여기서 필자는 한국 개신교계에서 세 번째 유형의 교회로 가장 유명한 '높은뜻숭의교회'와 외부에 많이 알려지지 않았고 비교적 규모가 작은 '예수마을교회'의 사례들에 집중하고자 한다. 이 두 교회들의 인적 자원과 재정 규모가 다르기 때문에, 장소를 사용하는 방식에서도 차이가 있을 수밖에 없을 것이다. 그러나 이 두 교회들이 추구하는 이상적인 교회의 모습은 유사하며 따라서 장소에 대한 태도와 재정 사용에 대한 관점도 상당 부분 일치한다. 교회 구성원의 측면에서 말하자면, 평신도들 가운데 이른바 지식인층이라 불리는 사람들의 비율이 매우 높고, 담임목사들은 한국 개신교에서 중요한 역할을 담당해 온 인물들이다. 무엇보다도 두 교회 모두 성서에 나타나는 이상적인 교회의 모

18 어떤 교회들은 충분한 인력이나 재정적 지원이 없기 때문에 장소를 최소한의 규모로 유지하고 예배를 위해 강당 등을 빌려 쓰는 것이 사실이다. 하지만 이 교회들은 장소가 아니라 신을 뜻을 실현하는 공동체로서의 교회 개념을 공유하기 때문에 장소의 확장과 점유에 많은 에너지를 쏟지 않는 것도 분명하다.

습을 이루기 위해서는, 교회의 목표로나 임무를 성취하는 방식으로나 장소의 획득이 고려되어서는 안 된다고 강조한다.

1) 사례 1: 예수마을교회[19]

1998년에 설립된 예수마을교회는 독립된 교회 건물을 가지고 있지 않다. 3층짜리 작은 상가 건물의 2층을 빌려 사용하고 있다. 교회는 이 공간을 사무실, 카페 분위기의 회의실(교인들은 이곳을 '문화공간 숨'이라고 부른다), 아동들의 놀이 및 교육공간으로 나누어 사용한다. 매주 일요일 예배는 인근에 있는 관악구 YWCA 센터의 강당에서 열린다. 이 교회는 6-7명이 들어가기에도 넉넉하지 않은 사무실 공간을 나누어 일부를 개발도상국 출신인 외국 대학생들의 연합체인 '국제학생협회(International Students Fellowship)'가 무료로 쓰도록 하고 있다. 이 교회는 건물을 소유할 계획이 없기 때문에 사회복지 프로그램, 선교 사업, 북한 이탈 주민 지원 등에 비교적 높은 비율의 재정을 사용할 수 있다. 설립 초기에 전체 신도 수가 20명도 채 되지 않을 때조차 예산의 10%를 교회 밖의 도움이 필요한 사람들을 위해 배정했다. 2010년 이후부터는 30%의 예산을 교회 내부의 일과 직접적으로 연관되지 않은 일에 쓰기로 교회 내규에 명시하고 이를 실천해 오고 있다.

예수마을교회는 서울대학교와 가까운 곳에 위치한다. 신자 수는 약 200명으로, 교회의 규모가 그리 크지 않다고 할 수 있다. 교인의 40% 정도가 서울대학교 학생들이나 갓 대학을 졸업한 젊은이들이며, 이 비

19 이 항목을 위한 충분한 정보를 수집하기 위해 2010년 당시 시무하던 이승장 목사와 방준범 전도사를 인터뷰했다. 이승장 목사는 2012년 8월 퇴임했고, 후임인 장승익 목사가 2017년 현재 예수마을교회 담임을 맡고 있다.

율은 근처 교회들 중에서 가장 높다. 많은 학생들이 졸업 이후 교회를 떠나 직장을 구하는 곳으로 이사하기 때문에, 학생 비율이 높은 것이 재정적인 면에서는 교회에 좋지 않다. 학생들은 든든한 재정 후원자가 아니라 오히려 교회에 의해 지원받고 교육받을 필요가 있는 사람들이지만, 예수마을교회는 학생들을 지원하는 것을 소명으로 생각한다. 학생들은 교회에 있는 '문화공간 숨'에서 자유롭게 모임과 세미나를 열고, 도서관을 이용하듯이 공부하며, 소규모 성경공부도 진행한다. 이들은 근처에 있는 YWCA 강당에서 예배를 드리는 것에 대해 불편함을 느끼지 않는다. 예수마을교회가 장소를 점유하고 사용하는 양상은 일반 한국 개신교회의 건물에서 볼 수 있는 모습과는 확연히 다르다. 이 교회의 젊은 지식인들은 자신들의 교회가 다른 교회들을 닮아 가기를 원하지 않는다. 성서에 나타난 교회의 이상은 장소의 점유 및 확장과 일치하지 않는다는 점에 동의하는 학생들만이 졸업 이후에도 예수마을교회에 남는다.

교회는 작지만 설립자 이승장 목사는 한국 개신교 복음주의자들 사이에서 잘 알려진 인물이다. 그는 대학 졸업 후 영국에서 대학원 과정을 마쳤으며, 한국에서 잘 알려진 대학선교단체인 기독대학인회(Evangelical Student Fellowship; ESF)의 초대 총무를 역임했고, 학원복음화협의회의 상임대표를 맡기도 했다. 이승장 목사는 교회가 '성경이 말하는 완전한 복음을 수행할 것'을 바라는데, 그것은 '이웃을 섬기고 사람을 가르쳐 의롭게 함'으로써 이루어질 수 있는 것이다.

앞에서 언급했듯이, 한국 개신교 목사들은 종종 신도 수를 늘리는 능력, 다시 말해 교회 확장 능력을 준거로 평가를 받는다. 그럼에도 불구하고 이 교회의 목표는 장소를 확장하고 신도들의 수를 늘리는 것이 아니며, 따라서 목사는 교회의 규모를 확장하는 일에 헌신하지 않아 왔다. 대신에 그는 교회 밖의 일에 많은 힘을 쏟았다. 이 교회를 세우고 담임목사로 활동하면서도, 또 2012년 담임목사직에서 물러난 후에도 그는 계속해서 왕성한 복음주의 운동가로서 활동하고 있고, 여전히 외부 강연 요청을 거절하지 않고 젊은 청중들에게 영감을 준다. 담임목사가 자신들에게 관심을 집중해 주기를 원하고 교회의 역량을 신자들에게 쏟아야 한다고 생각하는 몇몇 신도들은 불평하기도 했고 때로는 교회를 떠나기도 했다. 하지만 교회의 이상에 동의하는 사람들은 이 교회의 방향에 대해 자랑스럽게 생각한다. 설립 당시부터 교회에 출석했던 방준범 목사(인터뷰 당시 예수마을교회 전도사)는 필자와의 인터뷰에서 "성서가 가르쳐 주는 이상적인 비전을 유지하는 것은 아름다운 일입니다. 물론 이상을 지키고 작은 교회를 유지하는 것이 쉽지는 않습니다. 어떤 신도들은 동의하지 않고, 가끔 견디지 못하는 신도들도 있습니다. 그러나 예수마을교회의 이상은 앞으로도 유지될 것이고 이를 따를 것입니다."라고 말했다. 이 교회의 장소에 대한 개념과 실제적인 장소의 선택은 그들이 보기에 성서적으로 이상적인 교회의 목표에 기초해 있다.

2) 사례 2: 높은뜻숭의교회[20]

높은뜻숭의교회는 2001년 김동호 목사에 의해 설립되었다. 첫 예배에 99명의 신도들이 참석했고, 2008년 교회를 넷으로 분립할 때에는 매주 5,000명의 신자들이 출석하는 대형 교회가 되었다. 김동호 목사는 이 교회를 세우기 전에도 저명한 설교자이자 교회에서 존경받는 목사였으며,

20 높은뜻숭의교회 홈페이지(http://www.soongeui.org/index.asp/); 높은뜻연합선교회 홈페이지(http://www.godswill.or.kr/); 『교회와 신앙』, 2008. 11. 2, 「높은뜻숭의교회 분립, 제 고집 때문입니다」; 『교회와 신앙』, 2009. 7. 13, 「높은뜻숭의교회, 분립 6개월만에 40% 성장」; SBS 뉴스, 2008. 11. 23, 「성전은 없다」; 『연합뉴스』, 2008. 11. 19, 「숭의교회 4개 교회로 '발전적 해체'」 등 참조.

한국 개신교 교회의 사회사업을 적극적으로 주도한 인물이기도 했다. 그는 승동교회, 영락교회, 동안교회 등 안정적이고 규모가 큰 기존 교회들에서 성공적으로 사역을 해 왔으나, 기존 교회들이 할 수 없던 일을 감당하여 신의 뜻을 이루기 위해 높은뜻숭의교회를 시작했다. 이 교회는 처음부터 건물 확보에는 별 관심을 보이지 않았다. 행정 업무를 위해 작은 사무실을 임차했을 뿐이었고, 예배는 숭의여자대학교의 강당에서 이루어졌다.

"하나님이 주인 되는 교회를 세우자"라는 높은뜻숭의교회의 모토는 이 교회의 목표를 잘 보여 준다. 김동호 목사는 이 목표를 실현하기 위해서는 교회의 모든 것이 철저히 성경에 근거해야 한다고 생각한다. 그는 많은 한국 개신교회들에서 흔히 나타나는 목사들의 독재적인 교회 지배는 성경에 부합하지 않는다고 지적한다. 전문적인 목사직이 존중받아야 하는 것은 사실이나, 개신교 전통에 따르면 모든 신자들이 성직자와 다를 바 없기 때문이다. 그는 교회의 모든 신자들이 도덕성과 성실성에서 청교도적인 수준을 유지할 것을 요청한다. 동시에 신자들의 책무 역시 중요하다. 신자들은 교회가 자신들을 섬길 것으로 기대해서는 안 되며 자신들이 교회는 물론 교회 밖의 이웃들을 섬겨야 하는 것이다. 이 교회는 처음부터 이웃을 섬기는 일에 최선을 다하고자 했다. 교회 창립과 동시에 마련된 정관에는 최소한 전체 예산의 1/3을 교회 밖의 도움이 필요한 사람들과 사업들을 지원하는 데 사용해야 한다고 명시되어 있다.

게다가 이 교회는 "하나님이 주인 되는 교회"는 건물이나 물리적인 장소를 소유하는 것에 집착해서는 안 된다고 단언한다. 이러한 맥락에서 '보이지 않는 성전 건축' 운동이 2007년 1월 시작되어 2017년 현재까지 진행 중에 있다. 눈에 보이는 건물이 아니라 신이 원하는 뜻을 세우는 일을 해야 한다는 것이다. 이 교회에서 추구하는 '보이지 않는 성전'에는 세 개의 기둥이 있다고 한다. 첫 번째 기둥은 가난한 사람들이 독립할 수 있도록 돕는 것이다. 이를 위해 교회는 극빈자들이 '쪽방촌'으로부터 벗어날 수 있도록 하기 위해 제대로 된 거주지를 제공한다. 또한 신용협동조합을 운영하여 극빈층들이 작은 사업이라도 시작할 수 있도록 자금을 제공한다. 두 번째 기둥은 '북한 이탈 주민들을 지원하는 것'이다. 이 교회는 북한 이탈 주민들이 한국에 정착하도록 돕는 것이 남북한의 통일에 기여할 것이라고 믿으면서, 북한 이탈 주민들이 근무하는 사회적기업과 북한에서 온 어린이를 위해 설립된 '여명학교'를 운영한다. 세 번째 기둥은 젊은이들의 학업을 돕는 것이다. 재능 있는 학생들이 재정적인 어려움 때문에 학업을 중단하는 것을 막을 목적으로 이 교회 외부의 학생들에게 많은 장학금을 수여한다. 높은뜻숭의교회는 이 세 목적을 효율적으로 달성하기 위해 '열매나눔재단'을 조직했다. 이 교회는 건물 구입 및 유지에 필요한 기금으로 '하나님을 기쁘게 하는 일들'을 지원하는 일이 가능해졌다고 믿는다. '보이지 않는 성전'의 건축은 눈에 보이는 장소를 포기함으로써 실현될 수 있는 것이다.

이 교회가 '보이지 않는 성전 건축' 운동을 얼마나 진지하게 여기고 있는지는 2009년 높은뜻숭의교회를 네 개의 교회로 분립시키기로 결정한 사실에서 분명히 드러난다. 신자 수가 5,000명을 넘어서자 강당을 빌려주었던 숭의여자대학교는 2009년 1월까지 자리를 비워 줄 것을 요구했다. 이때 일부 신자들은 교회 건물을 건축하자고 제안했다. 2007년부터 이 교회는 '보이지 않는 성전 건축' 운동을 위해 총 200억 원 정도의 기금을 마련하기로 결정하고 상당액을 이미 준비했기 때문에, 이 자금을 이용하면 교회 건물을 짓는 것은 어려운 일이 아니었다. 그러나 김동호 목사는 기존의 관념을 깨고 교회를 네 개로 분리하자는 혁신적인 제안을 했다. 교회를 분리해 서울에 있는 네 개의 다른 지역으로 각각 자리잡게 한다면, 신도들은 가장 가까운 교회에 가기로 선택할 수 있고 장소를 빌리는 것도 그리 어렵지 않을 것이었다. 무엇보다도 그는 장소를 구입하여 눈에 보이는 건물을 건설하는 것이 '보이지 않는 성전 건축' 운동과 모순된다고 믿었다. 당회와 신도 총회는 김동호 목사의 제안을 받아들이기로 결정했다. 이 교회의 일에 헌신적으로 참여하는 많은 신자들은 성경에 따라 사회에 긍정적인 영향을 끼치는 이상적인 교회를 세우는 일에 대해 관심을 둔, 개혁적인 성향의 지적인 사람들이다. 그들은 교회를 네 개로 분리하기로 한 자신들의 결정을 자랑스러워한다.

2009년 1월, '높은뜻'이라는 명칭을 사용하는 네 개의 교회들은 마포, 용인, 남산, 쌍문동 지역에 설립되었다. 이 교회들 중 어느 하나도 건물을 가지고 있지 않고, 부근의 학교 강당을 빌려 쓰고 있다. 각각의 교회에는 담임을 맡고 있는 목사가 있다. 김동호 목사는 '높은뜻연합선교회'의 대표직을 맡아 각 교회의 독립을 향상시키기 위해 네 교회를 돌아가며 설교해 왔다.[21] 이 네 교회들은 첫 번째 유형에서 다루었던 지교회들과는 다른 특징을 지니고 있다. 김동호 목사는 2010년부터 네 개의 교회가 완전히 독립할 것이고, 자신은 더 이상 이 교회들의 결정에 참여하지 않을 것이라고 선언했다. 일부 신도들이 김동호 목사가 설교하는 곳을 따라다니기 위해 네 교회 중 하나에 등록하기를 거부한다는 이야기를 들었을 때, 그는 그렇게 하는 것은 "하나님이 주인 되는 교회"의 이상을 따르지 않는 것이라고 그들을 책망했다고 한다. 김동호 목사에 따르면, 메가처치가 되는 것은 "하나님이 주인 되는 교회"라는 이 교회의 목표 실현을 가로막는 일이다. 그래서 이 교회는 메가처치가 되지 않

21 김동호 목사는 2016년 12월 높은뜻연합선교회 대표에서 물러나며 은퇴했다. 높은뜻연합선교회의 사무실은 2005년 교회 교육관으로 명동에 마련한 '청어람' 빌딩 3층에 있다. 이 건물에는 여러 NGO들이 입주해 있으며, 2014년 이후부터는 열매나눔재단에서 이 건물을 관리하고 있다.

으려 하고, 심지어 장소를 확보하고 건물을 짓는 일을 거부하는 것이다.

예수마을교회와 높은뜻숭의교회의 사례들로부터 세 번째 유형의 교회들이 갖는 몇 가지 특징들을 정리할 수 있다. 첫째, 이 두 교회들은 예배 장소를 확보하고 건물을 건축할 여유가 있음에도 불구하고 그렇게 하지 않는다. 두 번째 유형에 속하는 교회들처럼, 이 교회들은 장소 자체를 교회의 필수적인 구성 요소로 생각하지 않는다. 장소를 소유하고 유지하는 것은 교회가 이상을 실현하는 데 집중해야 할 관심을 흐트러뜨린다. 둘째, 예산 중 높은 비율을 교회 외부의 일에 사용한다. 교회가 장소 소유를 포기했기 때문에 이러한 예산 집행이 가능해진다. 셋째, 이 교회들은 규모 면의 확장을 목표로 삼지 않고, 오히려 이러한 종류의 성장이 갖는 부작용에 대해 경고한다. 넷째, 교회의 원칙을 분명하게 표현하는 목사들은 한국 개신교에서 영향력을 가지고 있는 엘리트들이다. 교회의 많은 신도들 또한 지식인층인데, 이들은 성경에서 확인할 수 있는 이상적인 교회의 모습을 실현하는 데 관심을 두고 있다.

5. 나오며: 한국 개신교의 장소 점유 양상과 종교적 이상

지금까지 이 논문에서 현대 한국 개신교회들이 이상적인 '교회'를 세우기 위해 장소를 획득하고 사용하는 양상의 세 가지 유형을 살펴보았다. 세 유형 모두에서 '교회'라는 용어에 대한 신학적 서술은 장소와 관련된 지형적 의미를 가지고 있었다.

첫째, 현대 한국에는 확장을 위해 최근 개발 지역에 지교회를 세우는 메가처치들이 있다. 이 교회들은 카리스마적인 설립자 아래에서 성장해 새로운 지역으로 확장해 간다. 그들은 새로운 장소를 획득하는 일을 신이 그들에게 부여한 성스러운 임무라고 보며, 주요한 위치에 있는 교회 건물들을 '성전'이라고 부르고 그 장소의 성스러움을 강조한다. 이 교회들은 강남 지역처럼 서울 시내의 핵심적인 위치에 지교회들을 세움으로써 확장을 효율적으로 지속하고자 한다. 둘째, 일부 작고 가난한 교회들은 예배를 위해 특정 장소가 필요하다고 생각하지 않으며, 노숙인들과 극빈층을 열성적으로 지원하는 데 전념한다. 이 교회의 목사나 주요 참여자들이 확보하고자 하는 장소는 교회 건물이 아니라 가난한 사람들을 위한 복지센터다. 그들은 다른 사람들을 돕는 일에 초점을 맞추는 것이 하나님이 부여한 교회의 주요 임무라고 생각한다. 세 번째 유형에 속하는 교회들은 경제적 여유가 있을지라도 독자적인 예배 장소의 확보를 거부한다. 이 교회들은 구체적인 장소를 건축하는 것보다는 하나님의 뜻에 걸맞은 더 중요한 일들이 있다고 믿는다. 이 세 번째 유형의 교회의 교인들은 교회가 장소 획득에 집착하는 것은 신이 성경을 통해 제시한 이상을 성취하는 데 방해가 된다고 생각한다. 건물을 건축하려는 시도를 포기함으로써 무료 세미나실을 운영하고, 해외에서 온 유학생들에게 무료로 사무실을 제공하며, 가난한 사람들을 도와주는 신용협동조합을 설립하고, 남북한의 통일을 준비하는 계획을 수립하는 것 등 교회 외부의 일에 상대적으로 많은 예산을 쓸 수 있다.

필자는 현대 한국 개신교회들에서 '장소'와 '교회'의 다양한 개념이 발전되는 모습을 보이고자 했다. 어떤 교회들은 특정한 장소를 성스러움의 중심으로 확보하여 이를 확장하는 전략을 짜고, 어떤 교회들은 전통적인 교회 부지와 건물을 얻는 것을 거부한다. 나아가 일레인 페이절스(Elaine Pagels)가 초대 그리스도교 교회와 관련하여 "종교적 통찰과 도덕적 선택은 실제 경험에서 현실적 통찰 및 선택과 일치한다."라고 주장한 것을 현대 한국 개신교에서 확인할 수 있다.[22] 최근 페이절스를 비롯한 많은 학자들은 현실적 문제가 종교적 통찰과 도덕적 선택에 영향을 주는 사례들에 초점을 맞추고 있다. 그러나 그 역(逆)도 성립할 수 있다는 것을 기억해야 할 것이다. "종교적 통찰과 도덕적 선택" 역시 현실적인 선택에 강하게 영향을 끼치며, 그것은 현대 한국 개신교회들의 장소 점유 사례들에서 분명하게 드러난다. 한국 개신교회들의 장소에 대한 이해는 이들이 추구하는 종교적인 원칙과 이상으로부터 큰 영향을 받는 동시에, 장소를 확고하게 점유할 것인지 아니면 장소 확보를 거부할 것인지의 현실적 선택에 영향을 끼친다는 것을 확인할 수 있었다. 막스 베버(Max Weber)가 한 세기 전에 주장했던 것처럼,[23] 신자들이 이해하고 추구하는 종교적 원칙과 이상이 종교 공동체의 사회적·경제적 요소와 관련된 현실적 문제를 결정할 수 있는 것이다.

---

22 Elaine Pagels, *Adam, Eve, and the Serpent*, New York: Vintage Books, 1989, xxvii.

23 Max Weber, *The Protestant Ethic and the "Spirit" of Capitalism* (trans. Peter Baehr & Gordon C. Wells), New York: Penguin Books, 2002(1905).

참고문헌

『구약성경 개역개정판』, 대한성서공회, 1998.

이태형, 「주다가 망한 교회가 되자: 임명희 광야교회 목사」, 『배부르리라: 작은 교회 희망의 씨앗』, 좋은생각사람들, 2009, 173-196.

통계청, 「2015 인구주택총조사」(http://kostat.go.kr/portal/korea/kor_nw/2/9/1/index.board?bmode=read&aSeq=358170/).

Eliade, Mircea, *Patterns in Comparative Religion* (translated by Rosemary Sheed), New York: Sheed & Ward, 1958(1949).

Pagels, Elaine, *Adam, Eve, and the Serpent*, New York: Vintage Books, 1989.

Weber, Max, *The Protestant Ethic and the "Spirit" of Capitalism*, translated by Peter Baehr & Gordon C. Wells, New York: Penguin Books, 2002(1905).

YoHan Yoo, "From Megachurches to the Invisible Temple: Placing the Protestant 'Church' in the Seoul Metropolitan Area," in Joanne Punzo Waghorne (ed.), *Place/No-Place in Urban Asian Religiosity*, Berlin: Springer, 2016, 29-47.

『교회와 신앙』, 2008. 11. 2, 「높은뜻숭의교회 분립, 제 고집 때문입니다」.

『교회와 신앙』, 2009. 7. 13, 「높은뜻숭의교회, 분립 6개월만에 40% 성장」.

『국민일보』, 2009. 3. 30, 「여의도순복음교회 지교회 독립 본격 착수」.

『뉴스앤조이』, 2003. 5. 21, 「온누리교회, 선교인가 문어발 확장인가!」.

『동아일보』, 2001. 5. 24, 「광야교회 임명희목사」.

SBS 뉴스, 2008. 11. 23, 「성전은 없다」.

『연합뉴스』, 2008. 11. 19, 「숭의교회 4개 교회로 '발전적 해체'」.

『조선일보』, 2003. 11. 26, 「서울 영등포 '쪽방촌' 봉사자들」.

『크리스천투데이』, 2008. 10. 14, 「온누리교회, 23주년 맞아 대대적 조직개편 단행」.

광야교회 홈페이지(http://www.kwangya.org/).

높은뜻숭의교회 홈페이지(http://www.soongeui.org/index.asp/).

높은뜻연합선교회 홈페이지(http://www.godswill.or.kr/).

소망을찾는이교회 홈페이지(http://hopeseeker.org/).

여의도순복음교회 제2성전 홈페이지(http://www.fgtv2.com/).
여의도순복음교회 홈페이지(http://www.fgtv.com/).
예수마을교회 홈페이지(http://www.yesumaul.org/).
온누리교회 홈페이지(http://onnuri.or.kr/).
위키백과 한국어판, '하용조' 항목, https://ko.wikipedia.org/wiki/%ED%95%98%EC%9A%A9%EC%A1%B0/
은혜와진리교회 홈페이지(http://www.grace-truth.org/).

새마을운동에 대한 개신교의 태도: 1970년대 초반 개신교계 신문을 중심으로

이유나

1. 들어가며

이 논문에서 필자는 새마을운동에 대한 개신교의 태도를 개신교계 신문들을 통해 살펴보고 그 특징들을 파악하고자 한다. 1970년대 초반 등장한 새마을운동은 사업 초기에 해당하는 1974년까지 상당한 성과를 거두었으며, 전 국민적 운동으로 확산되었다고 알려져 있다. 그렇기 때문에 새마을운동이 당시를 살펴보기에 중요한 주제라는 점은 의심의 여지가 없다. 새마을운동은 특히 박정희 정권 전반에 걸친 근대화의 기조가 축약된 사업으로 주목받아 왔으며, 현재도 다양한 학문 분야에서 관련 연구들이 진행 중이다.

특히 역사학계에서는 지방사 자료로서 새마을운동 아카이브를 구축하여 박정희 시대의 일상사를 파악하려는 체계적인 연구[1], 새마을운

1 성공회대학교 민주주의 연구소 내의 새마을운동 아카이브(www.saemaul70.or.kr/)를 통해 확인할 수 있다.

동에 관한 구술 연구[2] 등 새로운 역사학적 방법론을 사용하는 연구들이 등장하면서 다양한 결과들이 도출되고 있다. 그러나 아직까지 새마을운동과 종교의 관계를 다룬 연구들은 찾아보기 힘든 것이 사실이다.[3] 이러한 배경하에서 이 논문은 새마을운동과 종교의 관계를 확인하기 위한 시론적인 작업으로 새마을운동과 관련된 개신교의 반응을 보고자 한다. 이를 위해 『기독공보』, 『교회연합신보』 등의 개신교계 신문들을 중심으로 분석하고, 『동아일보』, 『경향신문』 등에 등장한 사건들도 확인하면서 그 흐름을 파악하려 한다. 새마을운동이 본격적으로 시작된 1970년대 초반을 중심으로 하는 바, 1970년부터 1974년까지의 신문 내용들을 주로 살펴보고 그 특징들을 확인하고자 한다.

2. 새마을운동의 전개

박정희 시대에는 끊임없는 '운동'들이 만들어졌다. '재건국민운동'으로 시작되어 '대혁신운동', '신생활운동', '새마을운동' 등으로 이어진 관(官) 주도 운동들을 관통하는 특징은 이른바 정치·경제·사회·문화 등 모든 분야에 걸쳐 펼쳐진 조국 근대화에 있었다. 이 중에서도 새마을운동은 박정희 정권의 핵심 사업이었으며 지금까지도 그 명맥이 이어지고 있다. 그렇다면 새마을운동은 어떻게 전개되었나. 여기서는 새마을운동의 출현 시기인 1970년대 초반을 중심으로 그 맥락을 파악해 보기로 하

2 이에 관한 대표적인 연구로는 김영미, 『그들의 새마을운동』, 푸른역사, 2009가 있다.

3 최근 새마을운동과 개신교의 주제로 된 연구는 임병진, 「새마을운동의 태동에 관한 기독교적 관점에서의 연구」, 『로고스경영연구』 13/1, 한국로고스경영학회, 2015가 있다.

겠다.

박정희 정권은 1960년대의 근대화가 기본적 국력 배양을 내용으로 하는 경제 개발이었다고 규정하고, 1970년대의 근대화는 경제 개발이 생활 향상에 직결되도록 하는 것으로 방향을 정했다.[4] 이에 새마을운동은 1970년대의 근대화를 상징하는 민족의 과업이며, 5·16의 이념을 계승, 발전시키는 것이라고 규정했다. 새마을운동의 기본적인 아이디어는 박정희 대통령이 5·16 기념식에서 했던 연설 내용에서 확인할 수 있다.

> 새마을운동은 안정의 그늘에서 싹트는 안일과 타성의 병폐를 배격하며 성장의 이면에서 활개 치는 낭비와 사치를 퇴치하는 정신혁명이다. … 조국 근대화를 위한 일사불란의 국민총화를 이룩하는 원동력이며 5·16 정신을 생활화하고 민족의 주체성을 토착화하는 민족의 약진운동이다.[5]

이러한 아이디어가 내포된 새마을운동은 도시와 농촌의 급격한 소득 격차와 농촌의 공동화 현상 등의 시대적 상황과 맞물리면서 농촌 중심의 사업으로 진행됐다. 새마을운동은 1970년 박정희 대통령의 제안으로 10월 내무부가 주관한 새마을 가꾸기 사업으로 시작되었다. 전국의 이동 부락에 정부가 최소한의 자재만을 공급하고 주민들이 하수도를 보수하고 공동 우물 빨래터 등을 만드는 사업을 진행했다. 내무부는 새마을 가꾸기 10대 사업계획을 마련했는데, 마을 앞산 푸르게 만들기, 마을 안까지 길 넓히기, 마을 앞 소하천 및 둑 보수, 퇴비장 만들기, 소류

4 『경향신문』, 1972. 5. 16, 「박대통령, 5·16 민족상 시상식서 강조, 새마을운동은 민족약진운동」.

5 『경향신문』, 1972. 5. 16, 「박대통령, 5·16 민족상 시상식서 강조, 새마을운동은 민족약진운동」.

지 모래 파내기, 관정 보수 및 관리, 마을 청소 및 메워진 하수도 보수, 공동 우물 만들기, 공동 빨래터 만들기, 쥐 없는 마을 만들기 등을 그 내용으로 하고 있었다.[6] 이때 등장한 자조·자립·협동의 새마을 정신에 관한 기본적인 아이디어는 1971년 9월에 있었던 박정희 대통령의 연설에서 확인할 수 있다.

> 새마을 가꾸기 운동의 정신을 나는 최근에 새마을 정신이라고 그럽니다. 새마을 정신이란 뭐냐. 자조와 자립과 협동 정신입니다. 내가 항시 입이 닳도록 국민들에게 당부하는 이야기지만, 특히 우리 농민들은 잘살아 보겠다는 의욕이 있어야 되겠다. 내 힘으로 잘살아 봐야 되겠다. 내가 남보다 더 노력해서 한번 잘살아 보자 하는 자조정신, 또 남에게 의지하거나 의지할 생각을 하지 않고 내 힘을 가지고 해 보겠다 하는 자립정신, 또 한 동네에 있어서는 온 동네 사람들이 서로 단결하고 협동해 나가는 협동정신, 이러한 정신이 갖추어지게 되면 우리 농촌은 불과 몇 년 이내에 완전히 일어납니다. 다른 나라 어느 농촌에 비해 보더라도 조금도 손색이 없고 부끄럽지 않은 그런 농촌이 될 수 있다고 나는 확신합니다.[7]

'잘살아 보자'는 목표에 맞춘 자조·자립·협동의 정신을 기본으로 하는 새마을운동은 정부의 조직화된 사업으로 전국 농촌으로 확대 시행되었다. 정부는 활발한 전개를 위해서, 시·도 단위로 만들어진 새마을 학교에서 새마을 지도자들을 양성했고,[8] 이들은 새로운 농업 기술뿐만

---

6 『동아일보』, 1970. 10. 2, 「里洞마다 새마을運動」.

7 대통령 비서실, 『박정희대통령연설문선집 새마을운동』, 고려서적주식회사, 1978, 125.

8 『경향신문』, 1972. 3. 8, 「시·도 단위 학교부설 새마을 지도자 양성 내무부」.

아니라 자조·자립·협동의 정신을 행동으로 옮기고 실천하는 임무를 부여받았다. 정부는 농촌 새마을운동의 추진 목표를 잘사는 마을 건설에 두고, 이를 실현하기 위해 환경개선, 정신개조, 소득증대 등의 순환적 방법론을 마련하고 시행했다.[9] 특히 정신개조는 환경개선과 소득증대를 위한 전제조건으로 기능했으며, 생산을 저해하는 풍습을 폐습이라고 규정하여 없애는 방식을 취했다.

이후 유신체제로 돌입하면서 '10월 유신이 곧 새마을운동이고, 새마을운동이 곧 10월 유신'이라는 기치하에 농촌과 도시, 농민과 지식인의 구별 없이 국민 모두가 이른바 새마을 정신에 관한 교육을 받기에 이른다.[10] 이에 초·중·고등학교의 교과서에 새마을운동과 관련된 내용들이 등장했고, 사회 지도층을 위시한 다양한 분야의 사람들이 새마을 연수를 받으며 새마을 정신을 익혔다.[11] 그렇다면 이러한 전개 상황 속에서 개신교는 어떤 반응들을 보였는지 구체적으로 살펴보기로 하자.

3. 새마을운동에 관한 개신교의 해석

새마을운동에 대한 당시 개신교의 공식적인 입장은 1972년 6월 10일 발표된 '대한기독교연합회'의 성명서를 통해서 확인할 수 있는데, '400만 성도의 새마을운동'이라는 성명서의 내용은 다음과 같다.

> 격동하는 시대, 급변하는 국제 정세하에서 전 민족이 일치단결하여 남북

9 오유석 엮음, 『박정희 시대의 새마을운동』, 한울아카데미, 2014, 357.
10 대통령 비서실, 『박정희대통령연설문선집 새마을운동』, 307-335.
11 『경향신문』, 1976. 7. 12, 「새마을교육 통해 농촌 현실 알았다」.

통일과 조국 근대화의 위업을 성취하기 위해 전 민족의 자조·자력·협력 정신을 촉구하는 새마을운동에 참여할 것을 다짐한다. 「새 마음, 새 생활, 새 마을, 새 천국」 운동을 본래의 사명으로 하는 우리 4백만 기독교인들은 새마을운동의 선봉이 되어 새마을운동을 우리 생활과 마음속에 실천시킴으로써 우리의 5천 년 묵은 구습을 벗어나 우리 민족도 선진국 못지않게 다 같이 잘살고 다 같이 구원을 받도록 전 기독교인의 총력을 기울일 수 있도록 최대의 힘을 바치겠다.[12]

대한기독교연합회의 성명서는 당시 새마을운동에 관해 개신교가 적극적으로 참여하겠다는 의지를 강하게 피력하고 있다. 당시 교회는 새마을운동을 실생활과 정신적인 면에서 오랫동안 쌓였던 퇴폐, 미신, 나태, 불성실, 불신풍조에 도전하는 정신혁명 운동이자 국민혁명 운동으로 인식한 것으로 보인다.[13] 그렇기 때문에 새마을운동에 어떻게 참여할 것인가에 관한 적극적인 제안들도 있었다. 구체적으로는 교회의 신앙적인 운동과는 별개로 교회의 새마을운동을 따로 구상할 것과, 이를 통해서 정부의 새마을운동과 유기적으로 관련을 맺어야 한다는 주장 등이 등장하기도 했다.[14]

그런데 당시 개신교는 자조·자립·협동이라는 새마을운동의 기조에는 반대의 입장을 갖지는 않았으나, 정신혁명인 새마을운동을 관(官)이 주도하는 것에 관해서는 다소 비판적이었던 것으로 보인다.[15] 새마을운동이 진행되는 상황 속에서도 개신교의 이런 관점은 계속 유지되고

---

12 『교회연합신보』, 1972. 6. 18, 「교회의 새마을운동에 점화」.

13 『교회연합신보』, 1972. 6. 18, 「새마을운동과 교회」.

14 『교회연합신보』, 1972. 6. 18, 「새마을운동과 교회」.

15 유동식, 「역사의식과 새마을운동」, 『기독교사상』, 1972. 6, 22-23.

있었다. 개신교는 이상적인 새마을운동을 위해서는 양적인 경제 성장과 더불어 정신개발 운동이 병행되어야 한다고 생각했다.[16] 관 주도의 새마을운동은 실질적인 면에서는 괄목할 만한 성장을 보여 주었지만, 농민의 자발적인 참여가 결여되고 농촌 간의 경쟁이 가속화되는 등의 폐해를 낳았고 결국 정작 중요한 정신적인 근대화를 이루는 데는 실패했다는 것이다.[17] 이는 관 중심의 새마을운동이 교회 중심의 새마을운동으로 바뀌어야 함을 의미했다.

개신교는 1920년대부터 YMCA 등을 통한 협동조합운동 등을 통해 농촌계몽운동을 펼쳐 왔고 국민 의식개발을 진행해 왔기에 새마을운동도 이러한 개신교의 역사와 무관하지 않다. 그들에게 새마을운동은 국가의 정책적 사업이 아니라 개신교인으로서 감당해야 할 역사적 의무였다.[18] 새마을운동이 내세운 자조·자립·협동의 정신은 개신교인의 생활에 이미 깊숙이 뿌리 내린 정신이었고, 아침을 밝히는 새벽종 소리는 한 세기 동안 민족의 잠든 영혼을 일깨워 온 개신교의 종소리였던 것이다.[19] 실제로 이러한 새마을운동 평가는 개신교의 자기 이해를 보여 준다. 이들은 개신교가 이미 이 땅에 들어오면서부터 새마을운동을 시작했고, 그것은 교회가 여러 가지 명목으로 선창한 운동이며, 삼천리 반도 금수강산은 하나님이 주신 유업이기 때문에 가꿔야 하는 것은 다름 아닌 하나님 자녀의 소명이라고 이해했다.[20] 이러한 소명은 근대화에 성공한 선진국들의 사례를 통해서 더욱 설득력을 얻게 되었다. 덴마크, 이

16 『동아일보』, 1973. 11. 26, 「새마을운동 이대로 좋은가. 공개강좌를 통해 본 관점」.
17 『교회연합신보』, 1974. 12. 22, 「새마을운동과 교회」.
18 『교회연합신보』, 1970. 1. 18, 「신풍(新風)운동을 일으키자」.
19 『교회연합신보』, 1975. 8. 10, 「기독교와 새마을운동: 일교회(一教會)의 참여를 위하여」.
20 『교회연합신보』, 1974. 12. 22, 「새마을운동과 교회」.

스라엘 등의 근대화는 정부 주도가 아닌 나라와 민족을 사랑하는 신앙운동이라고 평가하면서 성서적인 차원으로 끌어올려 신앙운동으로 승화해야 한다는 주장들도 등장한다.[21] 이들의 주장처럼 개신교는 한 세기 전부터 이미 근대와 문명을 담보하던 종교였고, 이러한 정체성은 이제 조국 근대화의 역사적 사명 앞에서 더욱 빛을 발해야 하는 것이었다.

새마을운동에 대한 당시 다른 종교들의 이해도 확인할 수 있다. 천주교는 전국상서국장회의에서 새마을운동에 적극적으로 참여할 것을 결의하고, 천주교농촌청년회의 주도로 농어민의 정신 개발과 농어촌 지도자 양성 등을 추진했고, 불교에서는 새마을운동에 호응하기 위해 불교 내부의 분파 활동을 억제하기로 결의하는 등의 적극적인 자세를 취했다.[22] 반면 개신교에서는 새마을운동과 관련한 새로운 사업들에 관한 활발한 논의가 진행된 것은 아니었다. 새마을운동에 호응하는 차원으로 알려진 개신교 사업으로는 건전하고 성실한 노래를 보급하여 사회의 퇴폐풍조에 도전한다는 취지를 가진 YMCA의 '노래하는 시민운동' 정도가 있었다.[23] 당시 개신교는 새마을운동과 관련된 새로운 사업을 전개하기보다는, 새마을운동을 통해 중요한 주제로 등장한 '농촌'과 '미신타파' 등에 주목한 것으로 보인다. 또한 이와 더불어 조국 근대화의 가능성을 전 국민의 복음화에 두고 전 국민을 대상으로 한 선교에 박차를 가했다. 개신교는 자신들만의 새마을운동을 펼쳐 나갔다. 이러한 움직임 속에서 개신교는 때로는 정부 주도의 새마을운동의 훌륭한 조력자 역할을 했고, 때로는 새마을운동이 지향하던 주제들을 종교적인 주제로

---

21 『기독공보』, 1973. 1. 20, 「목적이 위주요, 방법은 따라야」.

22 『동아일보』, 1972. 4. 26, 「새마을 적극 참여」; 『매일경제』, 1972. 4. 22, 「佛敎서도 새마을운동」.

23 『교회연합신보』, 1972. 7. 9, 「청소년 정서 순화 전주 Y서 '노래의 광장' 프로 인기」.

바꾸면서 적극적인 주체의 역할을 담당했다.

4. 개신교의 새마을운동

1) 지역사회의 기수: 교회 중심의 농촌 새마을운동

개신교의 농촌운동은 일제강점기부터 있어 왔지만 박정희 정권이 들어서면서 더욱 활발하게 전개되었다. 이는 개신교와 정권이 '농촌 계몽'이라는 동일한 목적을 갖고 있었기에 가능한 일이었다. 박정희 정권이 새마을운동을 본격적으로 시작하기 이전부터 개신교는 각 단체를 중심으로 새마을운동을 전개했던 것으로 보인다. '대한농민회본부'는 십자군 새마을건설운동을 펼쳤는데, 이는 전국 4만여 부락을 중심으로 향토개발을 목표로 한 운동이었다. 이들의 실천 요강에는 술·담배·도박·사신우상 철폐 운동, 저축증대, 아침마다 기도회 개최, 관혼상제의 검소화 등이 있다.[24] '한국기독교사회봉사회'도 지역사회 개발의 일원으로 농촌에 상임 전담지도요원을 배치하여 농촌 계몽에 적극적인 자세를 보였다.[25] 1965년의 복음화 운동의 일환으로 파생된 '농어촌복음화추진위원회'에서는 농어촌 지도자 강습회 등을 개최했고, 농어촌의 복음화와 경제적 향상을 위해 농업센터 등을 건립하려는 노력들을 보였다.[26] 또한 '한국기독교애농회'가 조직되어 전국에 10개 지회를 두고 각 지방 책임자가 독자적으로 활동하며 농민 교육을 실시하거나 농촌 교역자들의 자

24 『기독공보』, 1966. 4. 16, 「새마을건설운동, 대한농민회본부서 전개」.

25 『교회연합신보』, 1973. 6. 3, 「변화된 농촌개발운동」.

26 『한국기독공보』, 1966. 4. 9, 「농촌센타 건립연구, 1일 농어촌복음화추진위」.

립 담당 훈련을 하기도 했다.[27] 감리교단 차원에서 농촌 지도자 강습회 등을 열고 농촌 근대화를 모색하는 상황들도 포착된다.[28]

본격적인 새마을운동이 시작되는 1970년대 초반에는 농촌과 관련된 개신교의 두 가지 흐름을 확인할 수 있다. 첫째는 각 교단 차원에서의 농촌계몽운동이다. 장로교단은 이미 1937년 총회에서 농촌부의 해산을 결의했지만, 1970년대에 들어서 다시 농촌부를 설치하고 농촌 교회 및 지역의 자립 방안을 모색하기 시작했다. 당시의 농촌 교회 교역자들은 교육의 수준이 도시에 비해 상당히 낮았는데, 경제적인 이유로 목회를 그만두고 농민이 되는 경우도 꽤 많았던 것으로 보인다.[29] 장로교 총회는 신용협동조합 사업 등을 펼쳐서 농촌 교역자들의 경제적 자립을 유도하거나, 농어촌 교역자 자녀의 장학 계획과 교역자 의료 보험 등을 마련하는 방안들을 내놓았다.[30] 또한 농한기를 중심으로 도시 교회의 교역자가 농촌에 자비량 부흥회를 하거나, 도시 교회가 농촌 교회를 돕는 자매결연 활동 등을 펼치면서 농촌 교회에 관심을 보이기 시작했다.[31] 이러한 움직임은 농어촌 교회의 자립이 곧 한국 교회 자립의 첩경이라는 당시 개신교의 이해를 보여 준다.[32]

둘째는 농촌 목회자의 새마을 지도자 활동이다. 가나안농군학교로 잘 알려진 김용기 장로는 새마을 지도자의 선구자 역할을 담당했다. 그는 1930년대부터 개인적으로 농촌운동을 진행했으며, 이후 가나안농도

27 『기독공보』, 1974. 1. 5, 「지역사회의 기수, 최근무 목사」.

28 『교회연합신보』, 1969. 10. 5, 「연합농촌지도자강습회, 감리회 3부 연회 주최」.

29 『장로회보』, 1973. 8. 31, 「농촌지도자구제시급: 경제난 때문에 농사로 전향해」.

30 『기독공보』, 1973. 2. 3, 「총회 주일 맞아 각부 사업을 살펴본다」.

31 『기독공보』, 1973. 1. 20, 「농어촌교회 부흥 박차」; 『기독공보』, 1973. 3. 24, 「농어촌 교회 중흥 총력」.

32 『기독공보』, 1973. 1. 27, 「신용협동조합 운영, 농촌 교회 자립에 박차」.

원을 세우고 가나안농군학교 등을 포함한 이상촌을 건설했다. 가나안농도원은 1962년 당시 국가재건최고회의 의장이었던 박정희가 직접 방문하여 시스템을 익히고 이를 재건운동과 이후 새마을운동에 활용할 정도로 큰 호감을 보였던 것으로 알려져 있다.[33] 실제로 김용기가 제안한 빈곤퇴치, 소득증대, 환경개선, 관혼상제 간소화 등의 주제와 방법은 새마을운동이 제안한 내용들과 거의 유사하다. 그런데 그는 새마을운동을 정신을 개조하는 새마음운동으로 이해했으며, 농촌의 소득증대 운동에 머무를 것이 아니라 정신을 계발하는 것이 새마을운동의 가장 중요한 목표라고 여겼다.[34] 그리하여 가나안농군학교는 이후 새마을 지도자들을 양성하는 기관으로 활용되면서 각계각층의 정신교육을 담당했고, 새마을운동의 전개에서 중요한 위치를 차지했다. 기독교 냄새를 제거해 달라는 당국의 요청을 거절한 후 새마을운동과의 관계가 다소 멀어지긴 했지만, 이후 김용기는 1966년 막사이사이상과 1973년 인촌문화상을 받으면서 국내외에 널리 알려졌다.[35]

한편 당시 농촌 지역의 개신교 사역자들은 각 지역의 대표적인 새마을 지도자로 활동하면서 지역사회의 기수 역할을 담당한 것으로 보인다. 이들은 농촌 마을을 단위로 한 각종 사업의 지도자 역할로 마을의 소득증대와 환경개선에 일조할 뿐만 아니라, 이로 인해 많은 교인들을 확보하기도 했다.[36] 1970년대 초반 『기독공보』는 '지역사회의 기수'라는 코너를 마련해서 각 지역 목회자들의 새마을운동 활약상을 소개

---

33 새가정 편집부, 「가나안 농도원에 가다」, 『새가정』 129, 새가정사, 1965. 6, 47.

34 『동아일보』, 1973. 12. 27, 「새마을운동은 새마음운동: 박대통령 8대 취임한 돌: 김용기씨에 듣는다」.

35 가나안복민연구소 엮음, 『가나안복민운동』 1, 가나안문화사, 1990, 37.

36 『교회연합신보』, 1970. 2. 15, 「농촌 교회도 살길 있다」.

했는데, 이들은 대부분이 새마을운동의 기수로 인정받아 국가로부터 표창을 받은 사람들이었다. 일례로 당진군 석문면 삼화교회 이인화 목사는 대통령 훈장을 받으면서 교계뿐 아니라 각종 매스컴을 장식한 유능한 새마을 지도자였다. 그는 구습(舊習)에 얽매인 가난한 마을에서 새마을운동을 전개하기로 결심하고, 새마을 지도자로 선출되었다. 새벽 5시에 울리는 교회 종소리에 맞춰 새벽 예배 후 공동작업을 이끌면서 마을의 소득증대에 지대한 영향을 미쳤고, 교회 주도의 새마을운동의 전형을 보여 주었다.[37] 또한 지역사회 발전과 농촌 근대화에 이바지한 공로로 인간상록수상을 받은 강원도 춘성 동산교회의 김석동 목사는 교회 내에 동산실업학교라는 교육기관을 마련하고 주민들에게 영농 기술 등을 지도하기도 했다.[38] 이들은 '교회'를 마을 공동체의 구심점으로 삼았다. 교회는 마을 사람들의 작업장이자 교육 기관이었고, 그 속에서 이른바 정신 교육과 종교 교육이 함께 이루어진 것이다. 예컨대 국가로부터 인간상록수상을 받았던 김영석 전도사는 지보재건학교를 교회 내에 설립하고, 생산 교육뿐 아니라 성경 공부 등을 했던 것으로 나타나 있다.[39] 이렇듯 새마을 목사라고 불리던 수많은 농촌 사역자들은 예수의 부름을 받은 목회자가 굶주린 농촌을 구하지 않으면 안 된다는 사명감으로 새마을 지도자가 되었고, 신앙을 통해 황무지를 옥토로 개간한 역군이 되었다는 이미지를 구축해 갔다.

37 『교회연합신보』, 1975. 7. 20, 「교회 주도의 새마을운동, 대통령 훈장 받은 이인화 목사」.

38 『기독공보』, 1972. 1. 15, 「인간 상록수 김석동 목사」.

39 『기독공보』, 1972. 8. 19, 「미래향토문화엘리트 키우는 인간 상록수 김영석 전도사」.

2) 미신타파의 기수

새마을운동이 지향한 근대화는 비생산적인 전통들을 없애는 것이기도 했다. 비생산적인 전통, 이른바 폐습으로 불리던 항목 중에는 미신이 있었다. 미신타파는 새마을운동의 중요한 내용이었고, 특히 장승과 서낭당으로 상징되는 미신은 성공적인 새마을운동을 위해 사라져야 할 첫 번째 대상이었다. 잘살지 못하는 이유는 잘못된 미신에 사로잡혀 있기 때문이다.[40] 실제로 미신타파에 관한 담론이 비단 새마을운동에서 처음 등장한 것은 아니었다. 박정희 정권 초기부터 미신은 조국 근대화를 위해서는 제거해야 할 필수 목록 중 하나였다. 초·중·고등학교의 교과서에서 미신타파가 다루어졌고, 언론은 미신의 전근대성을 끊임없이 주요하게 다루었다. 새마을운동의 차원에서 정신계몽이나 생활개선 운동의 한 항목으로 미신타파를 강조한 대목은 여러 차례 확인할 수 있다.[41] 조국의 번영과 국민의 행복한 내일을 위해서 미신타파는 먼저 이룩해야 할 선결 과제였다.[42]

새마을운동이 전개되면서, 마을길을 넓히고 주민 공동 시설을 짓는 것 못지않게 마을의 종교적 상징물을 없애는 것이 중요해졌다. 1972년에 장승과 서낭당 등의 문화재에 관한 보호령을 만들고 이를 문화재로 여기는 정책을 펼치기도 했지만, 이러한 정책은 큰 성과를 거두지 못했다.[43] 일례로 새마을운동의 결과로 충청도에서는 마을의 문화재가 사

---

40 신범식 엮음, 『새마을운동』, 서울신문사, 1973, 116.

41 김원, 『박정희 시대의 유령들: 기억, 사건 그리고 정치』, 현실문화, 2011, 367.

42 『경향신문』, 1974. 1. 14, 「미신타파」.

43 『동아일보』, 1972. 5. 6, 「장승, 서낭당 보호령: 새마을에 밀려나던 고유의 민속」.

라졌기에 전통적인 마을을 보존하는 것이 거의 불가능했다.[44] 개신교는 미신타파의 전위대 역할을 담당했던 것으로 보인다. 농촌 목회자들은 새마을 지도자의 권위로 장승과 서낭당을 없앴고, 영적인 힘을 무기로 마을의 귀목을 예배당의 마루로 사용하면서 미신타파를 실제로 행했다.[45]

미신타파는 비단 농촌 지역뿐만 아니라 도시에서도 이루어졌다. 서울의 빈민촌이었던 망원동 지역의 망원교회는 대규모의 굿이 이루어지던 신당(神堂)을 허물고 그 자리에 교회를 건립했는데, 이는 주민들의 미신, 우상 숭배가 생활을 퇴보시킨다는 목사의 판단에 따른 것이었다고 한다.[46] 미신타파는 직접적인 대상물을 파괴하는 행위뿐만 아니라, 미신에 관련되었던 사람들의 개종과도 관련된다. "복음으로 가난을 이기자"라는 표어를 앞세워 도시 빈민 선교에 앞장섰던 활빈교회의 대대적인 전도 활동은, 외색 종교로 낙인 찍혔던 창가학회 신도들과 남녀 무당, 전문 도박사 등의 개종을 이끌면서 미신타파의 목소리를 더욱 높이게 되었다.[47] 이들은 이후 미신타파에 적극적으로 앞장서는데, 관련 종사자들을 전도하는 등의 활동을 전개하면서 미신타파의 선봉장 역할을 자처했다.

한편 1970년대 초반 개신교계 신흥종교들이 사회 문제로 부각되기 시작하면서 개신교의 구별짓기가 시작되었다. 당시 일간 신문들은 신흥종교를 '사이비종교', '유사종교' 등의 이름으로 규정했고, 이는 근대화의 구호가 메아리치는 상황에 등장하는 전근대적인 미망(迷妄)의 상

44 『동아일보』, 1978. 1. 25, 「충청도 자취감춘 고유의 농촌 민속 마을 육성 차질」.
45 김영수, 「우상의 귀목이 예배당의 마루로」, 『활천』 356, 1971, 49-50.
46 『기독공보』, 1973. 1. 20, 「5백년 신당 헐고 교회 건립」.
47 『기독공보』, 1973. 3. 3, 「소외지대 現場선교」.

징이 되었다.[48] 사회정화의 선두주자를 자처했던 개신교는, 교회의 자체 정화가 없이는 사회정화나 사회개발을 운위할 자격이 부여되지 않는다고 판단했던 것으로 보인다.[49] 이에 개신교는 신흥종교를 사이비 이단으로 규정하고 사교의 극복을 가장 시급한 과제로 두었다.[50] 당시 활동하던 동방교, 전도관, 통일교, 장막성전, 여호와 새일교단, 삼광수도원, 새마을전도회관 등에 대하여, 이름은 각기 다르지만 모두 신비주의적 체험과 감언이설로 신도들을 속이는 공통점을 가진, 교회 속에 침투한 샤머니즘으로 평가했다.[51] 무속과 신흥종교는 같은 부류로 의미화되면서, 그들은 개신교 내부의 미신으로 규정되었다.[52] 그렇기 때문에 개신교의 정화를 위해서 이른바 전근대적인 종교로 상징되던 무속과 닮은꼴인 신흥종교들은 반드시 없애야 하는 것이었고, 이는 이후에도 신흥종교에 대한 기본적인 태도가 된 것으로 보인다.

3) 정신혁명의 기수: 조국 복음화

1970년대 초반 개신교는 스스로를 근대화 정신혁명의 기수로 여겼다. 정부의 목표가 조국 근대화였다면, 개신교의 목표는 조국 복음화가 되었다. 당시 개신교는 조국 근대화의 선결 조건이 바로 조국 복음화에 있다고 전제했다. 이러한 복음화는 마침 선교 100주년을 앞두고 있던 한국 개신교의 최우선 과제이기도 했다. 1964년부터 시작된 ‘전국복음화

48 『동아일보』, 1976. 2. 13, 「사이비종교를 뿌리 뽑자」.

49 『교회연합신보』, 1973. 1. 14, 「동방교타도연합전선출현」.

50 『장로회보』, 1974. 2. 28, 「사이비 종단의 도전」.

51 『기독공보』, 1973. 1. 27, 「사이비 종파는 정화되어야 한다」.

52 이광규, 「미신이란 무엇인가」, 『새가정』 218, 새가정사, 1973, 32-35.

운동'은 이러한 취지를 담고 있었으며 1970년대 초반에 이르러 강력한 영향력을 가지게 되었다. 전국복음화운동을 주도했던 한경직 목사의 설교에는 '회개와 복음', 그리고 '정신혁명'이 절묘하게 결합되어 있다.

> 개인으로도 사회로도 먼저 할 것은 정신혁명입니다. 회개운동입니다. 중생운동입니다. 영적 부활운동입니다. 새로운 피조물의 운동입니다. 이 운동은 먼저 누구로부터 시작할 것입니까? 각각 나로부터 시작해야 될 것입니다. … 내가 만일 정신혁명의 십자군에 입대했다고 할 것이면 먼저 어디에서 시작할 것입니까? 먼저 가까운 곳에서 시작해야 합니다. 내 가족 가운데 아직도 주를 모르는 이가 있으면 거기서 시작해야 될 것입니다. 내 친척 가운데, 그다음에 내 친구 가운데, 그다음에 나와 같이 한 직장에서 일하는 이들 가운데, 먼저 가까운 데서 시작해야 될 것입니다 … 먼저 나 자신이 정신혁명을 하고, 이 정신혁명 십자군의 그다음에는 내가 입대를 하고, 그다음에는 가까운 곳에서부터 먼저 이 정신혁명 운동을 일으켜야 될 것입니다.[53]

정신혁명은 개신교인의 회개로부터 시작하여 주위 사람들에게 전해야 하는 운동이었고, 이는 복음화라는 개신교의 절대 사명으로 자연스럽게 이어졌다. 기독교적 건국론을 주장하던 한경직의 이러한 생각은 서서히 당시 개신교인들이 공유하는 아이디어가 되었다. 선교에 박차를 가하여 조국에 정신혁명을 일으키자는 생각은, 교회가 시대적 사명을 감당해야 한다는 기치 아래 개신교의 교회 연합 움직임으로 나타

---

53 한경직, 「먼저 정신혁명(1970년 5월 24일 주일 낮 예배)」, 『한경직목사 설교전집』 12, 한경직목사기념사업회, 2009, 76-77.

났고, 이는 1970년대 초반을 화려하게 장식한 대규모 집회들로 이어지게 된다. 1973년의 빌리 그레이엄(Billy Graham) 초청 집회와 '엑스플로 74'가 이러한 예들이다. 빌리 그레이엄 초청 집회가 있기 이전부터 장로교 총회의 전국복음화운동위원회는 이른바 복음 운동을 펼치면서 대규모 행사를 준비했다. 1971년에는 '생활 속의 그리스도' 운동을, 1972년에는 '그리스도로 한국을 새롭게'라는 운동을 전개했고, 복음화 전도대회를 지속적으로 개최하면서 빌리 그레이엄 전도대회의 예행연습을 진행했다. 특히 1972년에는 전국적으로 실시되는 새마을운동과 함께, 집회를 통해서 전 국민에게 '새마음운동'을 심어 준다는 취지로 순천과 대전, 원주 등 각 지역에서 대규모 집회를 열었다.[54] 새마음운동에 관한 자세한 내용을 당시 자료에서 확인할 수는 없지만, 이는 앞서 밝혔듯이 개신교가 새마을운동의 정신적 측면을 강조하는 의미이자 이에 관한 새로운 실천 양상으로 해석할 수 있을 것이다. 이와 맞물린 시기 '엑스플로 74'의 준비 상황에서도, 청년층을 중심으로 이른바 정신혁명과 관련된 내용들이 등장한다. 한국대학생선교회가 주최한 일련의 모임들은 개신교 정신에 따른 사회개조 운동과 농촌의 근대화 운동 등을 펼쳤던 것으로 알려진다.[55] 이들은 특히 농촌의 근대화 교육을 위해 사랑방 성서학교 등을 운영하는 등의 활동을 전개했는데, 이러한 운동의 취지는 기존의 수동적인 선교 자세에서 벗어나서 적극적으로 그리스도의 사랑을 전하는 것이었다고 한다.[56] 1970년대 초반 개신교는 당시 새마을운동이

54 『기독공보』, 1972. 6. 24, 「그리스도로 한국을 새롭게, 새마음운동도 전개: 전국서 학개 전도대회 개최도」.

55 『경향신문』, 1971. 8. 6, 「기독정신 통한 사회정의 구현을」; 『경향신문』, 1971. 12. 25, 「한국 대학생 선교회 민족 복음화 운동」.

56 『동아일보』, 1973. 1. 13, 「농촌 찾아 근대화 교육 나서, 한국 대학생 선교회 「사랑방 성서학교」」.

지향하던 조국 근대화를 조국 복음화로 전유하고 이를 시대적 사명으로 여기면서 자기 증식에 매진하였다.

5. 나오며

지금까지 1970년대 초반 등장한 새마을운동과 개신교의 관계 양상을 당시 발행된 개신교계 신문들을 중심으로 살펴보았다. 지금까지 살펴본 내용을 정리하면 다음과 같다. 개신교는 새마을운동에 비교적 동의했으며, 계몽과 미신타파 등에 관해서는 농촌 사역자들이 주도적인 역할을 담당하면서 적극적으로 동참하였다. 이는 개신교가 가졌던 문명화와 근대화의 종교로서의 자기 이해를 통해서 가능했다. 또한 새마을운동을 일종의 정신혁명으로 파악한 개신교는 자신들이 주도하는 새마을운동을 전개했다고 판단된다. 이에 개신교는 스스로를 정신혁명의 기수로 의미화하면서 조국 근대화를 위한 선결 조건으로 조국 복음화에 박차를 가하는 양상을 보였다.

이 논문에서는 당시 개신교의 또 다른 축인 이른바 진보적인 개신교를 중심으로 한 도시 선교의 출현과 전개 등을 다루지는 않았다. 이들의 활동과 새마을운동과의 관련성 등이 규명된다면, 우리가 지금까지 다루었던 새마을운동과 개신교의 관계에 대한 새로운 조망이 가능할 것이다. 아울러 1970년대 중반을 거치면서 정신혁명을 담당한다는 의미로 등장한 박근혜 전 대통령 중심의 '새마음운동'과 그와 관련된 개신교의 '구국선교단' 활동 등도 면밀히 검토해야 할 필요성이 있다. 이러한 주제들은 아쉽지만 추후의 연구 과제로 남기고자 한다.

참고문헌

가나안복민연구소 엮음, 『가나안복민운동』 1, 가나안문화사, 1990.
강인철, 『저항과 투항: 군사정권들과 종교』, 한신대학교출판부, 2013.
김영미, 『그들의 새마을운동』, 푸른역사, 2009.
김영수, 「우상의 귀목이 예배당의 마루로」, 『활천』 356, 1971.
김원, 『박정희 시대의 유령들: 기억, 사건 그리고 정치』, 현실문화, 2011.
김응호 엮음, 『대한예수교장로회총회 80주년 기념집(1912-1992)』, 대한예수교장로회총회 출판국, 1992.
대통령 비서실, 『박정희대통령연설문선집 새마을운동』, 고려서적주식회사, 1978.
손봉호·조성표 편저, 『한국사회의 발전과 기독교』, 예영커뮤니케이션, 2012.
새가정 편집부, 「가나안 농도원에 가다」, 『새가정』 129, 새가정사, 1965, 47.
신범식 엮음, 『새마을운동』, 서울신문사, 1973.
오유석 엮음, 『박정희 시대의 새마을운동』, 한울아카데미, 2014.
유동식, 「역사의식과 새마을운동」, 『기독교사상』, 1972. 6.
이광규, 「미신이란 무엇인가」, 『새가정』 218, 새가정사, 1973, 32-35.
임병진, 「새마을운동의 태동에 관한 기독교적 관점에서의 연구」, 『로고스경영연구』 13/1, 한국로고스경영학회, 2015.
한경직, 「먼저 정신혁명(1970년 5월 24일 주일 낮 예배)」, 『한경직목사 설교전집』 12, 한경직목사기념사업회, 2009.

『경향신문』.
『교회연합신보』.
『기독공보』.
『동아일보』.
『매일경제』.
『장로회보』.

새마을운동 아카이브(www.saemaul70.or.kr/).

만해 한용운의 종교관과 한국 사회: 만해의 불교 인식을 중심으로

강은애

1. 들어가며

일제하 불교계의 거두(巨頭) 만해 한용운(1879-1944)은 다방면에 걸친 저술 활동과 적극적인 사회실천 운동으로 불교계는 물론 식민지하 민족의 삶에 지대한 영향력을 미친 인물이었다. 그는 당시 종교 간의 경쟁이 치열한 상황을 목격하고, 특히 약진하는 기독교를 의식하여 '철학적'이고 '종교적'인 성질을 겸비한 불교가 미래 문명시대에 가장 잘 부합하는 종교임을 강조하였다. 나아가 사회진화론이 팽배한 우승열패(優勝劣敗)적 시대 상황 아래 종교다원사회라는 새로운 종교 환경을 맞아 불교가 근대적 종교로서 탁월한 경쟁력을 가진 우수한 종교임을 역설하였다.

『조선불교유신론』(1913)은 만해가 전 생애 동안 펼친 다양한 불교 내·외적 활동의 청사진 역할을 한 최초 저술로, 그의 종교 및 불교 인식을 파악할 수 중요한 자료다. 만해는 철저한 종교수행인으로서 자신의 정체성을 망각하지 않고, 살아 있는 역사의 현장 속에서 사회 제반 문제에 적극적으로 동참하였다. 독립운동에 주도적으로 가담하는 등 다양한 사회활동의 이면에는 진리로서의 불교에 대한 강한 자부심과 사회문제

해결의 실마리로서의 불교적 진리에 대한 확고한 믿음이 자리 잡고 있었다. 근대화의 물결이 거세게 밀려드는 격랑의 시대에 불교가 그 도도한 흐름을 선도할 수 있는 사상적 자원을 풍부하게 내포하고 있음에도, 그 진가를 제대로 발휘하지 못하는 안타까운 현실을 목도한 만해는 불교의 파격적인 유신(維新)을 통해 어지러운 시대의 난국을 타개하고자 하였다.

이에 만해의 '불교 인식'이 잘 드러난 몇몇 글들과 『조선불교유신론』을 중심으로 만해의 종교관에 천착해 보고자 한다. 만해의 사상은 세월이 흐르면서 시대 상황에 따라 점차 변모하고 그 외연을 넓혀 가지만, 주조음은 『조선불교유신론』의 틀에서 크게 벗어나지 않는다.

만해는 불교의 위대성을 가로막고 있는 온갖 비불교적인 요소들을 혁파하는 것이 개혁이라고 보고, '유신(維新)이란 파괴의 자손이며, 파괴는 유신의 어머니'라고 정의한다. 물론 파괴는 불교를 부수자는 것이 아니라 왜곡된 현상을 바로잡아 불교의 본지로 돌아가자는 것[1]으로, 만해는 불교의 근본정신을 토대로 하되 시대의 흐름에 따른 변용[방편]은 불가피함을 『조선불교유신론』에서 주장한다. 그러므로 만해의 불교 인식에 나타난 종교관을 살펴봄으로써 근대기 한국 사회의 종교인으로서 만해가 꿈꾼 종교적 이상을 가늠해 볼 수 있을 것이다.

---

1 서재영, 「한국근대 불교개혁론의 전개와 교단개혁: 조선불교유신론을 중심으로」, 『한국선학』 24, 한국선학회, 2009, 296.

2. 만해의 종교관

1) 다종교 상황과 종교 인식

근대 한국 불교는 기독교의 비판이나 사회주의의 반종교 운동 등에 반응하면서 종교의 의미나 역할에 대해서 종래에 비해 한층 더 깊은 해석에 이르고 있었다.[2] 서구 문명을 등에 업고 급속히 성장해 나가는 근대화된 기독교 세력과 사회주의자들의 반종교 운동이라는 양대 흐름을 직면한 불교계는 그 당시 막 유입된 '종교'라는 개념으로 '불교'를 재정비하여 근대종교로서 '불교'의 정체성을 확립하여 낡은 틀을 새롭게 단장하고자 하였다. 만해를 비롯한 개화기 불교계 인사들은 타종교, 특히 기독교의 급성장에 위협을 느끼며, 격변하는 시대 상황을 간파하여 불교의 변화와 쇄신을 모색하였다.

만해는 1910년 무렵의 종교계 상황에 대해 "지금 다른 종교의 대포가 엄청난 소리로 땅을 흔들고, 그 교세가 도도하여 하늘에 닿을 듯하며, 그 물이 점점 불어나 이마까지 넘칠 지경인데 조선 불교는 어떻게 할 것인가."[3]라며 기독교에 대한 위기의식과 경계심을 드러내었다.

만해 사상의 형성기에 해당하는 1900년대 초반은 다양한 근대 담론들이 유입되며 새로운 담론의 장이 형성되던 시기였다. 우리의 전통적 사유와 서구적인 근대적 사유가 만나는 이 시공간은 다양한 인식이 출몰하고 충돌했다는 점에서 정치(精緻)한 이해가 요구[4]되는 시점이며,

---

2 김상현, 「한국 근대사의 전개와 불교」, 『불교학보』 60, 불교문화연구원, 2011, 264.

3 한용운, 『조선불교유신론』, 최경순 옮김, 민족사, 2015, 110.

4 이선이, 「'문명'과 '민족'을 통해 본 만해의 근대 이해: 『조선불교유신론(朝鮮佛教維新論)』과 『조선독립(朝鮮獨立)의 서(書)』를 중심으로」, 『만해학연구』 3, 만해학술원,

이때 형성된 '종교'에 대한 인식은 그 후 한국 종교계에 상당히 오랫동안 영향을 미치게 된다.

기독교의 불교 비판에 대해 만해는 불교야말로 가장 근대적인 요소들을 함유하고 있다면 맞선다. 즉 만해에게 근대는 불교 안에 이미 내재되어 있는 무엇이었다. 문명이 쉽게 만해에게 수용될 수 있었던 것은, 문명이 서구에서 유입된 무엇이 아니라 이미 우리 속에 내재되어 있는 것이라고 그가 인식했기 때문이라는 분석이다.[5] 만해는 불교가 근대적 진리론이나 철학적 사유체계를 갖춘 매우 수준 높은 고등종교라는 낙관론적인 인식을 하였던 것이다.

한말 일제하 기독교는 상승가도에 있었다. 기독교의 교세 확장을 지켜본 만해는 기독교에 관심을 가지게 되었지만, 이 당시 기독교에 대한 그의 이해는 불교 우위론적 입장에서 다소 피상적이고 방어적인 모습을 보인다. 극단적으로 유일신교 전통의 종교는 이생의 고통과 고뇌를 근원적으로 해결하는 것이 아니라, 심리적 위안을 통해 희망을 갖게 하는 임시적이고 일시적인 기능으로서, 올바른 믿음이 아니라 미혹된 믿음이라고 혹평하였다.

반면 개신교는 스스로 문명종교라고 하면서 타종교에 대해서는 윤리, 철학, 유사종교, 미신 등으로 평가하여 종교가 아니라고 하였다. 특히 불교에 대해서는 철학이나 미신이라고 비판하였다. 불교의 철학화란 불교에 인격적 신이 결여되었다고 하여 종교로서의 자격을 갖추지 못했다고 비판하는 것이고, 불교의 미신화란 불교의 잡신숭배나 우상숭배를 강조하여 역시 불교가 종교로서의 자격을 갖추지 못했다고 강조하는

2007, 35.

5 이선이, 「'문명'과 '민족'을 통해 본 만해의 근대 이해: 『조선불교유신론(朝鮮佛教維新論)』과 『조선독립(朝鮮獨立)의 서(書)』를 중심으로」, 38-39.

것이다.[6] 이러한 기독교의 불교 비판에 맞서 불교는 전통종교에 혼재되어 있던 미신적인 종교 요소들을 타파하고, 새로운 시대에 적합한 근대적 불교로 변신하고자 하였다. 특히 철학적 종교로서의 불교의 특성을 강조함으로써 기독교의 비판에 역으로 응수하였다. 철학적 체계를 갖춘 보다 이성적이고 합리적인 종교로서 불교의 위상을 정립하려는 전략을 펼친 것이다.

2) 종교심의 '보편성'과 종교의 '자율성'

① 종교심의 보편성

만해는 일제의 사찰령 반포와 사회주의자들의 반종교 운동이 성행하자, 종교의 본질과 역할 등에 대한 자신의 의견을 다채로운 글들을 통해 적극적으로 개진하였다. 이는 사찰령 시행으로 인해 종교의 자유가 위협받는 현실을 적시하고, 반종교 운동주의자들이 주장하는 종교 무용론의 모순점을 비판하여 종교의 보편성과 고유성 및 자율성을 주장한 것이었다. 만해는 종교는 인중(人衆)을 지도하여 현실에 발 딛고 있는 인간들의 행복에 기여하는 것이 종교의 본래적인 의의라고 선포하였다.[7]

> 종교는 그 여하한 종류를 물론하고 모두 세상을 초월하기를 권하며, 이 진세(塵世) 이외의 낙원이 있는 것을 설(說)하나, 그러나 그 입각(立脚)하는 바는 결코 이 세상을 이별한 후의 낙원이 아니고, 이 인생을 초탈(超

---

6 이진구, 「근대 한국 개신교의 타종교 이해: 비판의 논리를 중심으로」, 『한국기독교와 역사』 4, 한국기독교역사연구소, 1995, 146.

7 한용운, 「朝鮮佛教의 改革案」, 『불교』 88(1931. 10.), 『한용운전집』 2, 불교문화연구원, 2006, 164.

脫)한 후의 신생(新生)이 아니라, 이 세상 속의 천당이며 이 인생 속의 신생활(新生活)인 즉, 재래종교(在來宗敎)가 산중에 은퇴(隱退)하여야만 도미(道味)를 깨닫는 줄로 알고, 인생을 초탈하여야만 실로 도인(道人)이 되는 것으로 알아 온 것은 한 폐단(弊端)이라 할 것이며, 진리의 발견이라 하지 못하겠도다. 종교는 사람을 초월하는 것 같으나 기실은 사람을 참사람으로 되게[化] 하는 것이며, 사람을 참생명으로 인도하여 참 생활을 하게 하는 것이다. 환언(換言)하면 무한한 생명은 곧 유한한 이 진세(塵世)에 실현하는 것이로다. 절대(絕對)가 어찌 상대(相對)를 떠나서 존재하리오. 만일 그러하면 절대가 아니로다. 절대는 상대에 대하여 절대이며, 상대는 절대에 대하여 상대라, 우리는 이를 깨달아야 할지로다.[8]

만해는 초월적 영역을 다루는 것이 종교의 본래 목적이라 보지 않고 진세, 즉 현실에 철저히 뿌리 내린 종교의 역할에 역점을 두고 있다. 이러한 그의 사상에서 불교, 특히 화엄사상을 통해 당대 문제를 해석하려는 만해의 관점[9]을 엿볼 수 있다. 그는 현실을 도외시하는 종교에 큰 의미를 부여하지 않았다.

종교라는 것은 인위적 제도로 좌우하지 못하는 것이요, 인간 내면생활의 자연적 표현으로 시대와 지역을 따라 변경되는 것은 종교적 원질(原質)이

---

8 한용운, 「佛敎維新會: 佛敎의 自治와 新活動의 필요」, 『불교』 87(1931. 9.), 『한용운전집』 2, 132.

9 일례로 1914년 범어사에서 간행된 『불교대전』은 화엄적 불교사상과 진속불이의 불교사상을 일반 대중이 쉽게 접할 수 있도록 불교경전의 정수만을 발췌하여 단행본으로 출간한 만해의 역작이다. 만해가 경전의 대중화를 위해 고군분투하여 일군 결실이다.

아니고 다만 종교적 외형(外形)에 지나지 못하는 것이다.[10]

만해는 시대와 지역을 초월한 종교심의 보편성과 원형적인 종교심이 인간의 내면에 내재해 있다고 보았다. 즉 종교심은 인간의 고유한 본능이고, 인간의 유한성에서 종교심이 발현된다고 보았다.

한편 만해는 종교의 '보편성'과 '자율성', '초월성'을 들어 사찰령의 부당성을 반박하였고, 불교의 자율성 확보를 주장하였다. 또한 인간의 삶에서 종교는 본질적 조건이며 자연 현상이므로 결코 사라질 수 없는 것이라고 하여 반종교주의자들의 종교부정론을 반박하였다. 그는 인간에게 보편적이며 본질적인 속성 중의 하나로 '종교성(종교심)'을 들고 있으며, 종교라고 하는 것은 어느 국가나 민족을 초월한 전 인류의 공통적 현상[11]임을 널리 표방하였다.

'종교적 인간(homo religiosus)'의 특성을 간파한 만해는 인간의 종교적 심성은 원초적 특성으로 영원하리라 여겼다. 한편 그는 반종교 운동을 펼치는 사회주의자들의 마르크스를 향한 맹목적 믿음이야말로 미신 혹은 광신적 경향을 보인다고 비판하면서 종교, 특히 불교에 대한 확고한 믿음을 가지고 평생 불교의 그늘 아래 자신의 다양한 행적들을 펼쳐 나갔다.[12]

---

10 한용운, 「新 러시아의 宗教運動」, 『불교』 107(1933. 6.), 『한용운전집』 2, 267.

11 송현주, 「한용운의 불교·종교 담론에 나타난 근대사상의 수용과 재구성」, 『종교문화비평』 11, 2007, 125.

12 강은애, 「만해 한용운의 행적에 대한 종교학적 고찰」, 『선문화연구』 18, 한국불교선리연구원, 2015, 20.

② 종교의 자율성

> 사찰령(1911. 6.)은 정교분리의 원리에 위반됨은 물론 각국의 기정한 헌법 정신에 배치되는 것이요, 조선 내에서도 조선 불교에만 한하여 있는 특수 현상이다. 그리하여 조선 불교는 다른 종교에 비하여 의혹을 받게 되고 치욕을 느끼게 되는 것이다. 조선 불교는 다른 종교와 일반 사회로부터 '관제불교'라는 지칭을 받게 되는 동시에 특수 감정을 지닌 조선 대중으로부터 점점 소격(疏隔)하게 될 우려가 있다. 이것은 조선 불교의 큰 불행이다.[13]

만해는 사찰령의 시행으로 타 종교와 달리 통제와 감찰의 강도가 심한 불교가 일본의 종교정책에 따라 좌지우지되는 것을 맹렬히 비판하였다. 당시 세력을 급속히 팽창시키고 있던 기독교와 비교하여 그 부당성을 제기하면서 세계 보편종교로서 불교의 동등한 자유권과 종교의 자율성을 확보하고자 부단히 노력하였다.

> 정치와 종교는 서로 보조할 수 있는 것이요, 서로 간섭할 수 없는 것이다. 정치는 국가를 본위로 하는 사무적 행위니 인민의 표현 행위(表現行爲)를 관리하는 것이요, 종교는 지역과 족별(族別)을 초월하여 인생의 영계(靈界), 즉 정신을 정화순화(淨化淳化), 혹 존성화(存性化)하여 표현 행위의 근본을 함양하며, 안심입명(安心立命)의 대도(大道)를 개척하느니, 종교는 인위적 제도로 제한 혹은 좌우할 수 없는 것이다. 종교는 그 성질에 있어서 시간과 공간을 초월하여 전 인류의 정신계를 영도하느니, 지역적이요 단명적인 인위적 제도, 즉 정치로써 종교를 간섭한다는 것은 훈유

13 한용운, 「政·教를 分立하라」, 『불교』 87(1931. 9.), 『한용운전집』 2, 144-145.

> (薰蕕)의 동기(同器)와 같아서 도저히 조화를 얻을 수 없을 뿐 아니라 도리어 사람에게 불행한 결과를 줄 뿐일 것이다.[14]

이처럼 만해는 종교와 정치는 상호 보조적으로 역할을 분담할 수 있지만, 상호 영역을 침해해서는 안 된다는 입장을 분명히 하였다.

> 종교성은 만유 통유(萬有通有)의 존재요, 종교의 의식의 행사는 표현 동작의 필연적 현상이니, 이것이 어찌 인위적 제도로 좌우할 바이리오. 종교는 신성불가침이다. 정치와 종교는 근본으로부터 그 성질이 다른 것이니, 종교는 정치를 간섭하지 않고 정치는 종교를 간섭하지 못하는 것이니, 정교분립(政教分立)의 의미에서 각국의 헌법은 종교의 자유를 허하였다.[15]

신성불가침적인 종교의 고유한 영역을 주장하며, 인위적인 제도의 영역인 정치와 거리 두기를 주장한 것이다.

만해는 '정교분리'의 담론을 불교계에 널리 유포시키고 종교의 자율성과 보편성이라는 인식을 확산시키는 데 일조하였다. 주지하듯이 이 '정교분리' 담론은 서구 근대 사회의 역사적 산물로서 그 자체로 근대적 성격을 지닌 것이다. 만해는 종교와 정치의 영역을 구분하고, 종교와 정치의 상호 불간섭의 원리와 종교의 초월성을 널리 불교계에 각인[16]시킴으로써 불교계 내 근대적 종교 담론을 유입하여 시대에 부합하는 종교로서의 불교의 독자적 위상을 정립해 나가고자 하였다.

---

14 한용운, 「政·教를 分立하라」, 134.

15 한용운, 「政·教를 分立하라」, 135.

16 송현주, 「한용운의 불교·종교 담론에 나타난 근대사상의 수용과 재구성」, 136.

만해가 정치와 종교의 차이성을 역설한 것은 양자 사이의 간섭을 배제하기 위해서였다. 특히 정치가 종교에 간섭할 수 없음은 "종교는 신성불가침이다."라는 말로 강조하였다. 종교의 불가침성에 대해 만해는 종교성이 인류보편적 성격을 지니고 있다는 점과 모든 나라의 헌법에 종교의 자유가 허용되고 있다는 점[17]을 그 논거로 제시하였다. 만해는 일제의 사찰령 시행으로 인해 당시 불교계의 자율성이 심각하게 훼손되고 있는 상황과 보편적 종교로서의 불교의 신성불가침성이 침해받고 있는 부당성을 불교계에 널리 인지시켰다.

③ 반종교주의 비판

> 종교는 정신생활의 낙원이요 천국이다. 일구(一句)의 법문으로 만장(萬丈)의 업화(業火)를 냉각하고, 편각(片刻)의 선열(禪悅)로 백겁(百劫)의 무명(無明)을 돈제(頓除)하느니, 종교는 지상의 예술이요 최고의 도덕이니, 부르조아지에 있어서 그러하고, 프롤레타리아에 있어서 더욱 그러하다. 부르조아 계급은 어느 정도까지 육체, 즉 물적 생활의 안전을 얻는 고로 생활상에 다소의 연대성을 가진 정신에 있어서 비교적 안녕을 유지할 수 있으나, 물적 생활에 고통을 받는 프롤레타리아는 종교가 아니고서는 도저히 정신적 위안을 얻을 수 없을 것이다.[18]

만해는 당시 사회주의자들이 주장한 반종교주의 운동의 모순점을 비판하면서 종교의 가치와 필요성을 역설하였다. 특히 종교가 인간의 정신에 미치는 영향과 의미들을 강조하면서 정신적인 면에서 프롤레타

17 장석만, 「만해 한용운과 정교분리원칙」, 『불교평론』 3/3, 2001, 106.

18 한용운, 「反宗敎運動에 대하여」, 『한용운전집』 2, 불교문화연구원, 2006, 280.

리아에게 종교가 더욱 절실하다고 보았다. 만해는 반종교주의자들의 주장과 달리 오히려 물적 토대가 약한 민중들에게 종교가 정신적 위안물로서 더욱 필요하리라는 반론을 제기하며, 반종교주의자들의 종교무용론에 대해 반박하였다.

> 마르크스의 무신론자는 모든 종교를 부인하여 여러 가지의 이론을 전개하는 동시에 그 실행 방법을 강구하기에 이르렀으니, 이것이 또한 역사적 진전의 피하기 어려운 현상일 것이다. 그 반종교의 이론을 종합하여 보면, 종교는 주관적인 인식, 즉 신앙으로서의 환영(幻影) 되는 미신의 신기루(蜃氣樓)요, 객관적 존재의 진리가 아니며, 종교는 부르조아지의 유희장이며, 종교는 비과학적으로 대중을 우혹(愚惑)하는 것이며, 종교는 계급 의식을 몽매(蒙昧)케 하는 것이라는 등등이다. 마르크스의 무신론을 숭상하여 반종교 운동을 전개코자 하는 자는 무조건 일치병진(一致竝進)하여 실로 기성 종교 이상의 신앙을 가지고 있으니, 그들을 반종교의 신도라고 볼 수밖에 없다. 다시 말하면 그것이 종교적 심리(心理)인 동시에 신앙적 동향(動向)이라는 것이다.[19]

만해는 반종교 운동주의자들이야말로 그들이 주장하는 '주의'와 '마르크스'의 신봉자들로서 종교인들이 신앙의 대상에 갖는 믿음 행위와 다를 바 없는 종교 행위를 한다고 보았으며, 그들의 이율배반적 행위를 다음과 같이 비판하였다.

> 반종교 운동의 마르크스주의자는 그 반종교 운동의 심리가 실로 종교심

19 한용운, 「反宗教運動에 대하여」, 278.

의 발로이다. 왜 그러냐 하면, 반종교 운동자가 사람사람이 다 마르크스의 유물론, 역사관, 무신론 등을 일일이 검토하여 변증법적으로 최후의 결안(決案)을 얻은 후에 반종교를 운위하는 것이 아니라, 그 대부분은 무조건 마르크스를 신봉하게 되는 것이다. 마르크스의 경제학은 자본주의를 배제하고 공산주의를 창도하여, 프롤레타리아 계급에 복음을 주었다 하여 사회주의자로서는 마르크스에 대하여 신불(神佛) 이상으로 신앙하게 된다. 사회주의자의 대부분으로 마르크스를 볼 때에는 각자의 행복을 위한 신앙적 대상이 되고 만다.[20]

종교심은 인생의 구유(具有)한 본능적이므로 도저히 일시적 제도로 종교를 반대할 수는 없는 것이다. 종교는 영생(永生)이요, 불멸이다. 반종교 운동은 중생계(衆生界)를 떠나서야 비로소 성공이 있을 것이다.[21]

만해는 인간이 존재하는 한 종교는 항존할 것이라는 강한 신념을 가지고 있었다.

불교도의 불(佛)을 신앙하는 것이나, 신교도의 신(神)을 신앙하는 것이나, 반종교 운동자의 마르크스를 신앙하는 것이나 그 형식에 있어서는 다소의 차이가 있다 할지라도 신앙적 종교심의 발로는 일반이다. 종교적 신앙심으로 반종교 운동을 한다는 것은 얼마나 큰 모순이냐. 이것은 공간을 피하기 위하여 달아나는 사람과 같아서 그 목적을 달할 수가 없을 것이다.[22]

---

20 한용운, 「反宗教運動에 대하여」, 279.

21 한용운, 「反宗教運動에 대하여」, 280-281.

22 한용운, 「反宗教運動에 대하여」, 279.

만해는 종교심은 인간의 원초적인 심리로서 인간이 공간을 피하여 생존할 수 없듯이 인간이 존재하는 한 종교와 함께 영속하리라고 재차 강조하였다.

3. 만해의 불교 인식

1) '종교' 개념의 유입과 '불교'

1876년 개항 이후 한국 사회에는 근대성이 형성되면서 전통적 종교지형이 해체되고 새로운 종교지형이 형성되었다. 이 과정에서 전통적 사회에서 존재해 온 불교는 새로 유입된 서구세계의 사상사조와 만나 과거와는 이질적인 경험을 하게 되었다. 서구 근대성의 한국 사회로의 유입 가운데에서도 '종교' 개념의 전래 혹은 형성은 하나의 중요한 사건이었다.[23] '종교' 개념은 한국 종교계 전반에 지각 변동을 일으켰고, 불교계 역시 이러한 변화의 물결에 예외일 수 없었다.

이때 누구보다 국내외 정세와 동향에 민감했던 만해는 서양철학자들의 철학 개념을 원용하여 불교철학의 우수성을 논증하였다. 석가는 철학의 대가이며, 불교는 철학적 종교로서 동서양철학과 합치되는 부분이 많다고 하였다. 이와 같이 불교를 철학적이고 동시에 종교적인 성질을 가진 '철학적 종교'로 규정한 것은 일본 메이지 시기의 대표적인 불교 사상가 중 한 사람인 이노우에 엔료(井上圓瞭)의 영향[24]이 그 시발점

---

23 송현주, 「근대 한국불교의 종교정체성 인식: 1910-1930년대 불교잡지를 중심으로」, 『불교학연구』 7, 2003, 328.

24 송현주, 「"불교는 철학적 종교": 이노우에 엔료(井上圓瞭)의 '근대일본불교' 만들

이라 할 수 있다.

이전에는 존재하지 않았던 유개념(類概念)으로서의 '종교' 개념이 확산되자 불교가 자신을 어떻게 한 종교로서 자리매김하고자 노력했는지 그 과정을 살펴보는 것은 근대 불교가 처했던 복잡하고 다양한 종교적 지형을 인식하는 데 기여할 것이다. 근대 불교는 기독교 중심으로 정의된 '종교' 개념, 그리고 당시 유행했던 '종교진화론' 등 비교적 낯선 종교 담론들에 대해 불교의 입장에서 대응해야 할 과제가 있었다. 불교는 새로 유입된 '종교' 개념을 이해해야 함은 물론 그것을 통해 불교를 재인식해야 했으며, 나아가 그 범주 안에 불교의 위상을 정립[25]해야 하는 시대적 과제를 안게 되었다.

당시 기독교의 불교에 대한 비판 논리는 두 가지 축을 중심으로 하여 전개되었다고 볼 수도 있다. 기독교는 불교를 지적 전통(elite tradition)과 민간 전통(popular tradition)으로 분리하여 지적 전통에 대해서는 '철학'이라고 명명하는 동시에 민간 전통에 대해서는 '우상숭배' 내지 '미신'으로 규정함으로써, 두 전통을 사실상 모두 '종교'의 영역에서 배제[26]하여 불교의 종교성을 부인하고자 하였다.

불교의 '종교성'을 둘러싼 기독교의 도전에 불교는 먼저 불교가 철학을 포함한 종교임을 들어 반박하고 나섰다. 불교는 철학을 포함한, 또는 철학과 조화를 이룬 종교, 즉 한마디로 '철학적 종교'[27]임을 스스로 인정하며, 자체 내에 이미 근대적인 철학 사상이 내포되어 있는 우월한

기」, 『불교연구』 41, 2014, 343-344.

25 송현주, 「근대 한국불교의 종교정체성 인식: 1910-1930년대 불교잡지를 중심으로」, 329.

26 이진구, 「근대 한국 개신교의 타종교 이해: 비판의 논리를 중심으로」, 146.

27 송현주, 「근대 한국불교의 종교정체성 인식: 1910-1930년대 불교잡지를 중심으로」, 344.

종교임을 역으로 강조하였다.

개항 이후 서구 문명과 종교에 수동적으로 개방된 불교계는 새로 유입된 '종교' 개념으로 자신의 종교적 정체성에 대해 새삼 숙고해 볼 기회를 갖게 되었다. 서구의 '종교' 개념과 기독교적 신 관념이 불교에게 분명 하나의 위협적인 도전이기 때문이었다. 기독교 중심의 종교 정의는 불교를 종교의 범위에서 배제하는 결과를 낳았으며, 그로 인해 불교는 '철학'이나 '무신론', '미신' 등으로 정의되었다. 서구의 '종교' 개념을 그대로 따른다면 불교는 종교의 범주에 소속되지 못하는, 그래서 '비종교' 또는 '거짓 종교'로 전락할 가능성이 있었다. 따라서 불교는 기독교에 의해 던져진 불교의 종교 정체성의 위기에 대해 몇 가지 주요 담론들을 통해 대응했다. 그 대표적인 것이 '불교는 철학적 종교', '불교는 무신론이지만 모든 종교보다 고등한 발전단계', 그리고 '불교는 해탈을 중심으로 한 선정(禪定)의 종교로서 고유한 특징을 지닌다'는 것 등이었다. 이러한 대응의 과정을 통해 불교는 서구의 '종교' 개념이나 기독교 중심의 신의 개념에 대립한, 혹은 신 개념이 '결핍된' 종교로서가 아니라 많은 종교들 가운데 하나의 고유한 특성을 지닌 종교로서 자신의 위치를 찾아간 것으로 보인다. 비로소 수구적이고 방어적인 자세에서 탈피하여 자신의 고유한 존재 의미를 드러낼 수 있게 되었던 것이다.[28] 그야말로 위기가 오히려 기회가 될 수 있듯이 당시 서구 기독교의 혹독한 공격에 직면한 불교는 타자가 자신을 규정하는 논리를 곱씹어 새롭게 자신의 정체성을 확립해 가는 계기로 삼았다.

불교는 기독교 중심의 종교 정의의 도전에 맞서 끝까지 종교로서의

28 송현주, 「근대 한국불교의 종교정체성 인식: 1910-1930년대 불교잡지를 중심으로」, 356.

정체성을 포기하지 않았다. '종교'라는 영역에서 밀려나지 않기 위해, 아니 그 중심부로 진입하기 위해 불교는 불교의 세계관의 핵심을 포기하지 않으면서 오히려 기독교를 넘어서는 방식으로 불교의 의미를 새롭게, 적극적으로 해석해 내었다. 그 결과 '불교는 철학에 불과하다'는 기독교의 비판을 넘어서 '불교는 철학을 포함한 매우 철학적인 종교'라는 명제를 만들어 내었던 것이다. 또한 '불교는 무신론에 불과하다'라는 기독교의 비판에 대해서 '불교의 무신론은 기독교적 유신론의 단계를 훌쩍 뛰어넘은 더 진화된 종교'라는 대답으로 응수했던 것이다. 이렇게 하여 불교는 '종교가 아닌 것'이 아니라 '참된 종교임'을 선포하였다. 그리고 더 나아가 불교의 종교적 특성에 대해 관심을 돌림으로써 하나의 고유한 '종교'로서 존재할 수 있는 의미 기반을 확보하였다.[29] 불교는 서구 종교의 비판에 대응하여 스스로를 성찰하며, 근대적 '종교'로 자리잡아 나갔던 것이다.

2) '철학적 종교'로 자리 잡기

만해는 『조선불교유신론』의 '불교의 성질을 논함[論佛教之性質]'에서 불교는 종교적 성질과 철학적 성질을 모두 갖춘 종교로서 우수하며 문명사회에 적합한 종교라고 평가하였다. 철학적 종교로서 불교의 특성을 강조하는 이면에는 '근대화'라는 시대적 과제가 배후에 깔려 있다. 이는 불교의 전근대적 이미지를 탈피하고 시대정신을 반영하는 종교로서 불교의 위상을 고양시키고자 한 노력의 일환이다. 종교는 종교이되 종전

29 송현주, 「근대 한국불교의 종교정체성 인식: 1910-1930년대 불교잡지를 중심으로」, 356-357.

의 불합리하고 비이성적인 종교의 구태를 벗어나 근대 이성주의와 합리주의에 상응하는 종교로서 시대를 선도하는 불교의 근대적인 이미지를 부각시키고자 한 것이다.

> 중생계가 끝이 없기 때문에 종교계가 끝이 없고 철학계도 끝이 없는 것이니, 다만 문명의 정도가 날로 진보하면 종교와 철학이 점차 높은 차원으로 발전하게 될 것이며, 그때는 그릇된 철학적 견해나 미신 같은 것이 어찌 다시 눈에 띄겠는가. 종교이면서 철학인 불교는 미래에 도덕·문명의 원료 구실을 할 것이다.[30]

만해는 앞으로 도덕·정신문명의 시대가 도래할 것을 예측하며, 다가올 시대에 철학적 종교로서 불교가 참으로 그 진가를 발휘할 수 있으리라 기대하였다.

만해는 당시 진화론의 영향으로 종교와 철학도 점점 발전하여 인간의 인지가 성숙됨에 따라 그릇된 견해나 신앙은 서서히 자멸하리라 보았다. 또한 다가올 도덕과 문명의 시대에 불교는 가장 적합한 종교가 되리라는 낙관적 태도를 견지하였다. 하지만 당시 불교는 조선시대 숭유억불 정책의 여파로 양적으로나 질적으로 수준이 너무 척박하여 불교의 본래 정신이 왜곡되어 진가를 발휘하지 못하고 있다고 평가하였다.[31]

만해는 불교의 종교적 성질을 다음과 같이 언급하였다.

> 사람들이 종교를 믿는 까닭은 무엇인가. 우리들의 가장 큰 희망이 여기

---

30 한용운, 『조선불교유신론』, 54.

31 강은애, 「만해 한용운의 행적에 대한 종교학적 고찰」, 23.

에 있기 때문이다. 희망이란 생존과 진화의 자본이니, 만약 희망이 없다면 제멋대로 행동하고 게을러 하루하루 즐기며 만족할 것이다.[32] 그런데 사람이 미신에 한 가닥 희망을 건다는 것은 참으로 비참한 일이다. 미신이 공로가 있는 듯하지만, 그 폐단은 공로보다 더 많다.[33] 하지만 불교는 그렇지 않다. 중생이 미신에서 벗어나지 못할까 두려워하기 때문에, 경전에서 말하기를 "깨달음을 원칙(準則)으로 삼는다."라고 했고, 또 "중생들을 부처님의 지혜의 바다에 들어가게 하기 위하여"라고 했으며, 정각(正覺)·정변(正遍)의 주장이 어느 경에서나 모두 그런 취지였으니, 이 점에 대해 부처님이야말로 지극하였다.[34]

종교적 성질에 대해 만해는 불교가 미신의 종교가 아니라 지혜로 믿는 종교라는 것을 강조하였다. 그가 이러한 시각에서 불교의 종교적 성질을 강조한 것은 기독교를 비롯한 다른 종교와의 차별성을 드러내기 위한 것이며, 그것은 현실적으로 서구 문명과 연계된 기독교에 대응하기 위한 고민이 반영된 것으로 추측된다.[35] 당시 기독교의 빠른 성장에 위기감을 느낀 만해는 미신적인 기독교의 믿음에 반해 지혜의 종교인 불교의 탁월성을 부각시키고자 한 것이다.

중국인 량치차오(梁啓超)는 말했다.

불교, 기독교 두 가지 모두 외래종교로 중국에 들어와 불교는 크게 번성

32 한용운, 『조선불교유신론』, 30.

33 한용운, 『조선불교유신론』, 33.

34 한용운, 『조선불교유신론』, 33-34.

35 조명제, 「한용운의 『조선불교유신론』과 일본의 근대지(近代知)」, 『한국사상사학』 46, 2014, 326.

> 하고 기독교는 번성하지 못한 것은 어째서인가. 기독교는 오직 미신을 주장하고 그 철리(哲理)가 천박해 중국 지식인의 마음을 충족시키지 못했기 때문이고, 불교는 본래 종교와 철학 양 측면이 있어 도(道)를 얻으려는 최종 목표가 깨달음에 있고, 도에 들어가는 법문(法門)이 지혜에 있고, 도를 닦아 힘을 얻는 것은 자력(自力)에 있으니, 불교는 보통 종교와 같다고 볼 수 없다.[36]

만해는 량치차오의 이러한 사상을 비판 없이 그대로 답습하여 불교 인식의 기초를 다져 나갔다. 한말 일제하라는 척박한 상황 속 세계 정세나 외래 문명을 폭넓게 접하기가 어려운 현실에서 일본과 중국을 거쳐 흘러 들어온 사상의 렌즈를 통해 사회 현상을 바라본 만해의 분석에는 일정 부분 한계가 있었음을 부인할 수 없다. 하지만 만해는 누구보다 당면한 현실 문제를 종교적 관점에서 파악하여 나름의 해법을 모색한 선구적 종교 지도자였다.

당시 서구에서 유입된 기독교에 대한 위기의식과 경쟁의식은 불교계에도 상당히 영향을 미치고 있었다. 즉 기독교와의 차별성을 통해 불교의 정체성을 확보하려는 량치차오의 입장이 고스란히 만해에게 계승되어 그의 불교 인식을 형성하는 데 지대한 영향을 미쳤던 것이다.

> 동서고금의 철학에서 금과옥조(金科玉條)로 삼아 온 내용도 사실 불경(佛經)의 각주에 불과한 점은 말할 나위도 없을 것이다.[37] 사람마다 지닌 불성(佛性)이 같고 진리가 같기 때문에 길은 달라도 같은 결론에 이르고 만

36 한용운, 『조선불교유신론』, 39-40.

37 한용운, 『조선불교유신론』, 53.

갈래가 하나의 근원이 되니 불교는 철학적 진리(眞理)의 큰 나라라 하겠다.[38]

만해는 동서철학의 핵심 내용들이 모두 불교 안에 이미 내장되어 있다는 우월론적 관점을 견지하였다.

철학적 성질에 대해 만해는 서양 철학이 불교와 합치된다는 것을 강조하면서 데카르트, 베이컨, 칸트 등의 학설을 인용하여 설명한다. 이러한 언설에서 만해는 특히 칸트 철학에 주목하여 길게 서술하였다. 그는 불교의 진여(眞如)와 칸트의 진아(眞我)를 등치시켜 이해하고, 칸트의 자아론이 개별적 자아에 한정되어 보편적 자아를 논의하지 못한 한계를 지닌다고 비판[39]하면서 서구 철학자들의 철학 사상을 불교와 비교하여 해석하는 작업을 수행하였다.

4. 만해의 종교 실천

1) 종교수행인 만해

만해는 자신이 불교를 믿는 세 가지 이유를 다음과 같이 밝혔다. 첫째, 불교는 그 신앙이 자신적(自身的)이어서 오직 자신의 마음, 즉 자아를 통해서만 불(佛)을 성(成)한다. 여기에서 말하는 소위 자아라 함은 자기의 주위에 있는 사람이나 물을 떠나서 하는 말이 아니다. 사람과 물을 통한

---

38 한용운, 『조선불교유신론』, 54.

39 조명제, 「한용운의 『조선불교유신론』과 일본의 근대지(近代知)」, 327.

'자아'다. 둘째, 불교의 교지(敎旨)는 평등인데, 석가의 말씀에 의하면 사람이나 물(物)은 다 각기 불성(佛性)을 가지고 있으므로 평등하다. 셋째, 불교가 말하는 심(心)은 물(物)을 포함한 심이지만, 정신이 육을 지배하는 편이 많아 보이므로 삼계유심(三界唯心)·심외무물(心外無物)[40]이다.

> 불교는 그 신앙에 있어서는 자신적이요, 사상에 있어서는 평등이요, 학설로 볼 때에는 물심(物心)을 포함, 아니 초절(超絕)한 유심론(唯心論)이요, 사업으로는 박애·호제(互濟)인 바, 이것은 확실히 현대와 미래의 시대를 아울러서 마땅할 최후의 무엇이 되기에 족하리라 합니다. 나는 이것을 꼭 믿습니다.[41]

만해는 현세적이자 미래지향적인 진리로서 불교를 확신하고, 자신의 모든 사회활동의 지침으로서 불교적 진리관에 입각하여 문학활동, 독립운동, 개혁운동 등의 행적을 남긴 종교수행인이었다.

> 우주 만유(萬有)에는 불성(佛性)이란 다 있어서 그것은 멸(滅)하는 것도 아니고 감(減)하는 것도 아닌 것입니다. 색즉시공이니까 산대도 죽는대도 별로 두렵거나 피하고 싶은 생각이 없습니다. 일체는 불성으로 돌아갈 뿐이지요.[42]

만해의 생사를 초월한 투철한 믿음은 독립운동으로 수감되었을 때

---

40 한용운, 「내가 믿는 佛教」, 『개벽(開闢)』 45(1924. 3.), 『한용운전집』 2, 288.

41 한용운, 「내가 믿는 佛教」, 288-289.

42 한용운, 「인생은 사후에 어떻게 되나: 기자와의 문답」, 『삼천리』 1/8(1929. 8), 『한용운전집』 2, 290.

죽음을 뛰어넘는 순교자적 항쟁의 모습으로 드러났다. 생사를 초탈한 확고한 믿음 위에 종교수행인으로서 항일·독립운동을 삶의 현장에서 몸소 실천해 나갔던 것이다.

> 비구의 출가는 출가 그것이 최대 목적이 아니요, 이진(離塵) 출가하여 오도 수행(悟道修行)의 목적을 달하면 곧 출산 입세하여 도생제중(度生濟衆)의 구경(究竟) 목적에 종사하는 것이다. 그러면 출가라는 것은 불교를 온전히 오수(悟修)하려는 일시의 방편이요, 최대 목적은 일체 중생을 제도하여 자타 함께 불도를 성취하자는 것이다.[43]

만해는 불교가 '무부무군자지교(無父無君子之敎)'로 비판받는 상황을 해명하며 출가는 일시적인 방편으로 대중 속에서 중생 제도가 불교의 궁극 목표임을 강조한다. 만해의 대중 구제의 몸짓은 산과 저잣거리를 오가며 자신이 체득한 깨달음을 사바세계에 구현하고자 한 종교수행인으로서의 실천 행위라 할 수 있다.

1917년 12월 3일 밤 10시경 39세의 만해는 강원도 설악산 오세암에서 수행자로서 내적 체험의 극치라 할 수 있는 '오도(悟道)'를 경험하게 된다. 이 체험은 만해가 향후 전개하는 다양한 행적들의 원천적인 힘으로 작용한다.[44] 종교의 절정 체험을 경험한 만해는 거침없이 사회 속에서 자신의 깨달음을 현실화하기 위해 다차원적으로 분투한다. 만해가 용(用)적 차원에서 다양한 변신을 꾀하였음에도 불구하고, 체(體)적 차원에서 그의 정체성은 여전히 선사(禪師)로서 불교수행자였으며, 용적

---

43 한용운, 「佛敎와 孝行」, 『불교 新』 13(1938. 5.), 『한용운전집』 2, 338.

44 강은애, 「만해 한용운의 행적에 대한 종교학적 고찰」, 14.

차원의 모든 행적들은 바로 수행 그 자체로 갈무리되어 만해의 내적 성장과 성숙에 촉매제 역할을 하였다.[45]

2) 중생구제의 대중불교

종교를 자본주의를 옹호하는 부르조아의 향략적 유희물로 보아서 자본주의 몰락과 동시에 종교도 사멸하리라고 보는 것은 종교에 대한 인식 부족의 착각이다. 종교, 그중에서도 불교와 같은 것은 교리 자체에 있어서 평등주의, 비사유주의(非私有主義), 즉 사회주의의 소질을 구유(具有)하고 있는 것이나, 그것을 설명하려면 상당한 시일과 지필(紙筆)을 요하겠으므로 후일의 기일로 미루거니와 종교라는 것은 시대와 근기(根機)를 맞추어서 중생을 제도하는 것이 본령인 이상, 자본주의니 사회주의니 하는 모든 주의와 제도의 구속을 받지 아니하고, 그 시대 그 중생에 적응한 방편으로 중생을 제도하는 가장 현실적·과학적 실행을 하는 것이다. 그러므로 자본주의 시대에 있어서는 그 시대에 적응한 방편이 있고, 사회주의 시대에 있어서는 그 시대에 적응한 방편이 있을 것이다. 다시 말하면 종교라는 것은 인간 사회를 철학적·윤리적 혹은 정치적으로 어느 제도를 구성하려는 것이 아니라, 어느 곳 어느 때 어느 사람을 물론하고 그의 기연(機緣)대로 제도하여 마지않는 것이 종교의 금도(襟度)요 본령이다. 자본주의를 옹호하는 부르조아의 유희물이 되어서 프로 계급의 해독이 된다는 것은 그 이론의 부족은 고사하고 종교의 본회(本懷)를 인식하지 못하는 것이다. 종교는 제도에 구니(拘泥)하는 것이 아니요, 제도를 초

45 강은애, 「만해 한용운의 행적에 대한 종교학적 고찰」, 16.

월하여 거기에 구니되지 아니할 뿐 아니라 간섭도 하지 않는 것이다.[46]

만해는 종교의 궁극적 목표는 바로 중생 제도에 있으며, 시대와 주의를 초월하여 이 과업을 완수하기 위해 적절한 방편의 활용이 필요함을 강조한다. 그는 대중불교 운동으로써 자신의 종교적 이상을 실현해 나가고자 하였다. 1913년 30대 중반의 나이에 만해가 불교의 개혁과 유신을 위해 집필하였던 『조선불교유신론』의 의욕적 개혁정신은 인생의 중후반으로 접어들면서 대중 속으로 깊이 스며들어 현실 속에서 불교의 이상과 정신을 펼쳐 나가게 한다. 1920년대 후반 이후에는 앞서 1910년대 초의 유신 논의와는 다른 차원의 개혁론을 주창하였는데, "산간에서 가두로, 승려에서 대중으로"[47]라는 구호로 잘 알려진 불교 대중화 운동과 함께 사찰령을 비판하고 주체적 민족불교를 지향하는 변모된 모습을 찾을 수 있다.

1920년대의 불교혁신론은 사찰령 체제의 모순을 인지하고 그것을 극복하려는 시도로 새롭게 제기되었고, 특히 불교의 정치적·경제적 독립성 확보에 목표를 두고 있었다. 한편 이전 시기부터 추구되어 온 불교 대중화와 사회화 운동도 본격화되었다.[48]

'일체 중생은 모두 불성이 있다(一切衆生 皆有佛性).' 이것이 불교의 이상이므로 불교는 일체 중생의 불교요, 산간에 있는 사찰의 불교가 아니며, 계

46 한용운, 「世界 宗教界의 回顧: 佛紀 二九五八年」, 『불교』 93(1932. 3.), 『한용운전집』 2, 277.

47 한용운, 「朝鮮佛教의 改革案」, 167.

48 김용태, 「한국 근대불교의 대중화 모색과 정치적 세속화: 대처식육을 중심으로」, 『불교연구』 35, 2011, 118.

행(戒行)을 지키고, 선정(禪定)을 닦는 승려의 불교가 아니다. 불교가 출세간의 도가 아닌 것은 아니나, 세간을 버리고 세간에 나는 것이 아니라 세간에 들어서 세간에 나는 것이니, 비유컨대 연(蓮)이 비습오니(卑濕汚泥)에 나되, 비습오니에 물들지 아니하는 것과 같은 것이다. 그러므로 불교는 염세적으로 고립독행(孤立獨行)하는 것이 아니요, 구세적(救世的)으로 입니입수(入泥入水)하는 것이다. 대중불교(大衆佛敎)라는 것은 불교를 대중적으로 행한다는 의미니, 불교는 반드시 애(愛)를 버리고 친(親)을 떠나서 인간 사회를 격리한 뒤에 행하는 것이 아니라, 인간 사회의 만반현실(萬般現實)을 조금도 여의지 않고 번뇌(煩惱) 중에서 보리(菩提)를 얻고 생사 중에서 열반(涅槃)을 얻는 것인즉 그것을 인식하고 실천하는 것이 곧 대중불교의 건설이다.[49]

만해는 이를 강조하며, 인생의 후반기에 접어들면서 자신의 내적 종교체험을 현실 속에 구현하려는 실천행에 더욱 주력하였다. 대중과 더불어 민중의 삶 속에서 불교의 깨침을 실현하려는 강한 의지를 가진 만해의 화광동진(和光同塵)적 삶이 바로 심우장(尋牛莊)[50] 생활이었다.

만해의 불교 구세주의는 민중불교, 대중불교, 불교사회화 운동으로 점차 확산되었다. 대사회적 활동과 중생구제 운동은 불교진리에 대한 만해의 확신과 자신의 내적 종교체험에 입각한 종교적 실천행위의 발현이라 할 수 있다.

불교는 중생을 제도(制度)하기 위하여 입니입수(入泥入水)하는 것이 본령

---

49 한용운, 「朝鮮佛敎의 改革案」, 167쪽.

50 만해가 말년에 거하였던 곳으로, 성북동에 있다. 총독부 돌집을 마주 보기 싫다고 북향으로 지었다고 한다.

> 인즉, 중생의 집합체인 사회를 떠나서 그 본령을 실시할 수가 없는 것이므로, 사회는 불교로서의 제도할 최요(最要)의 대상이 되는 것이다. 그런데 과거에 있어서 얼마 동안 정치적·사회적 여러 가지 관계로 쇠퇴 일로를 밟아서, 산간벽지에 칩거(蟄居)하여 일반 사회와 격리하게 되어 인간 사회를 떠나 산간 암혈(巖穴)에 은거하는 것이 불교의 진리인 줄로 오인하게까지 되었던 조선 불교도는 무엇보다도 먼저 불교의 사회성을 재인식하고 또 그것을 실행하지 아니하면 아니 될 것이다.[51]

만해는 깨달음의 사회화·역사화의 기본 테제로서 중생구제를 중심에 두었다.

만해는 "어느 종교든 종교라고 명목(名目)한 이상에는 창생(蒼生)의 구제를 목적하는 것은 물론인데, 이미 창생의 구제를 목적할 것 같으면 세상을 떠나 세상을 구(救)할 것이 아니라 세상에 들어와서 세상을 구할 것이니, 마치 병자를 떠나 병자를 치(治)할 수 없고, 병자의 손을 잡아 맥(脈)을 보며 가슴을 두드려 진찰한 후에 적당한 약을 투(投)하는 것과 같도다."[52]라고 하며, 중생구제라는 과업을 완수할 때 비로소 완전한 종교로서 그 역할을 다하는 것이라고 보았다.

5. 나오며

만해가 구성해 낸 종교적 담론은 근대 식민지 시기를 살았던 불교인이

---

51 한용운, 「三本山會議를 展望함」, 『불교 新』 15(1938. 9.), 『한용운전집』 2, 194.

52 한용운, 「佛教維新會: 佛教의 自治와 新活動의 필요」, 132.

변화하는 시대상과 자신의 전통적 종교적 신념을 결합시킨 한 예로서 주목할 가치가 있다. 만해는 종교를 인간 개인의 실존과 민족의 운명 양자에 매우 중요한 핵심적 문제로 파악하였다. 그는 종교를 통해 사회적 실천에 깊숙이 관여했으며, 그의 종교관은 당대 사회현실과 괴리되지 않고 시대적 영향과 깊이 조우하고 있었다. 그가 이루어 낸 종교적 담론, 사상과 실천은 전통적 종교인이 근대적 상황 속에서 자신의 사상을 새롭게 형성하고 구성해 내는 한 방식을 보여 준[53] 당대 불교계의 표본이라 할 수 있다.

1910년 무렵의 만해는 조선 불교의 현실은 정확하게 보았으나 그것을 민족적 현실 속에서 보는 데까지 이르지는 못한 것 같으며, 불교의 평등 개념은 인식하고 있었으나 일본 제국주의와 식민지 조선 사이의 불평등은 인식하지 못한 것 같다는 염무웅의 지적[54]처럼 보다 거시적인 정치적·사회적 역학 구조 속에서 불교와 민족의 상황을 파악하지 못한 한계가 있었다. 또한 만해의 '철학적 종교'로서의 불교 자리 잡기나 자유, 평등주의 사상 역시 메이지 일본이 근대화하는 과정 속에서 받아들인 서구 사상이나 철학 개념이 중국의 량치차오를 거쳐 만해에게 전해지면서 왜곡된 것이기도 하였다. 불교의 불성평등이나 구제를 서구의 평등이나 자유와 동일한 의미로 해석한다거나, 단순한 자구적 번역으로 의미를 동일시하는 무리수를 두기도 하였다.

혈기왕성하였던 청년 만해는 당시 불교가 처한 현실에 대해 대체로 정확하고 비판적인 견해를 갖추고 있었으나, 국외 정세와 맞물려 돌아가는 국내 상황에 대한 안목은 제대로 갖추지 못한 채 자신의 생각을

---

53 송현주, 「한용운의 불교·종교 담론에 나타난 근대사상의 수용과 재구성」, 『종교문화비평』 11, 2007, 103.

54 염무웅, 「만해 한용운」, 『한용운전집』 4, 불교문화연구원, 2006, 395.

저돌적으로 개진한 측면이 있었다. 그럼에도 불구하고 만해만큼 구한말 일제하의 격동기에 불교계는 물론 전 민족의 미래를 위해 '중생제도'라는 불교 이상의 외연을 초불교적으로 실현해 낸 인물도 없었다.

만해의 종교관은 일본의 이노우에 엔료의 『불교활론서론(佛教活論序論)』과 『불교활론본론(佛教活論本論)』, 그리고 량치차오의 『음빙실문집(飮氷室文集)』을 통해 많은 부분 수용되었다. 특히 불교의 특성을 '철학적 불교'로 정의하며 서구 기독교의 불교 비판 논리에 대응한 점은 당대 동아시아 지식인들이 근대화라는 시대적 과업을 이루는 과정 속에서 '불교 정체성'을 확립하려는 노력의 도미노적 영향이 만해에게도 미쳤던 것이다.

사회적 관심에 몰두하고 민족문제를 고민하던 유가적 지식인 만해가 불교로 방향을 틀고 종교를 통한 사회개조, 민족문제의 해결을 모색하게 되었다. 따라서 이 시점에서 만해에게 어떤 의식의 변화가 있었는가 하는 것은 매우 중요한 문제가 된다. 만해는 백담사에 머물면서 불교라는 종교가 민족문제 해결에 매우 중요한 역할을 할 수 있으리라는 인식에 도달했다. 그는 불교를 서구 근대 사상과 조화를 이룰 수 있는 사상적 깊이를 지닌 종교로 파악했고, 그 가능성은 량치차오의 『음빙실문집』을 통한 서구 사상과의 접촉에 의해 확신을 얻은 것이다.[55] 근대적 종교로서 사상적 가능성을 담보하고 있는 불교에 대한 믿음을 바탕으로 만해는 모든 대외활동을 추진해 나갔다. 종교인, 더 정확히는 불교수행인으로서 자신의 종교관 및 불교관을 대사회적 활동의 원천으로 삼은 것이다.

끊임없는 자기창조가 대승불교의 역사라면, 그 발전의 단계에서

55 송현주, 「한용운의 불교·종교 담론에 나타난 근대사상의 수용과 재구성」, 112.

'번뇌즉보리'와 '생사즉열반'을 자각하여 공의 지혜와 방편 사상의 강조를 통해서 번뇌와 생사계를 역사·정치계로 파악하고, 그 속의 악과 투쟁하고 인욕하는 보살을 이상적 인격으로 제시하고 실천했다는 점에서 만해의 불교 이해는 대승의 중생구제 사상을 그 논리의 극점으로까지 발전시킨 것[56]이라 평가할 수 있다. 만해는 대승불교의 보살(Bodhisattva)을 이상적 모델로 삼아 내적 깨달음을 현실 사회 속에서 실현하고자 하였던 것이다. 결국 만해 한용운의 독특한 종교관은 대승불교의 창조적 변용이 낳은 시대적 산물이라 할 수 있다.

56 허우성, 「만해의 불교이해」, 『만해학보』, 만해학회, 1992, 116.

참고문헌

강은애, 「만해 한용운의 행적에 대한 종교학적 고찰」, 『선문화연구』 18, 한국불교선리연구원, 2015, 7-44.

김상현, 「한국 근대사의 전개와 불교」, 『불교학보』 60, 불교문화연구원, 2011, 263-289.

김용태, 「한국 근대불교의 대중화 모색과 정치적 세속화: 대처식육을 중심으로」, 『불교연구』 35, 2011, 109-138.

서재영, 「한국근대 불교개혁론의 전개와 교단개혁: 조선불교유신론을 중심으로」, 『한국선학』 24, 한국선학회, 2009, 281-326.

송현주, 「근대 한국불교의 종교정체성 인식: 1910-1930년대 불교잡지를 중심으로」, 『불교학 연구』 7, 2003, 327-359.

송현주, 「"불교는 철학적 종교": 이노우에 엔료(井上圓瞭)의 '근대일본불교' 만들기」, 『불교연구』 41, 2014, 299-353.

송현주, 「한용운의 불교·종교 담론에 나타난 근대사상의 수용과 재구성」, 『종교문화비평』 11, 2007, 102-139.

염무웅, 「만해 한용운」, 『한용운전집』 4, 불교문화연구원, 2006, 386-405.

이선이, 「'문명'과 '민족'을 통해 본 만해의 근대 이해: 『조선불교유신론(朝鮮佛教維新論)』과 『조선독립(朝鮮獨立)의 서(書)』를 중심으로」, 『만해학연구』 3, 만해학술원, 2007, 34-54.

이진구, 「근대 한국 개신교의 타종교 이해: 비판의 논리를 중심으로」, 『한국기독교와 역사』 4, 한국기독교역사연구소, 1995, 131-160.

장석만, 「만해 한용운과 정교분리원칙」, 『불교평론』 3/3, 2001, 93-111.

조명제, 「한용운의 『조선불교유신론』과 일본의 근대지(近代知)」, 『한국사상사학』 46, 2014, 313-338.

한용운, 「내가 믿는 佛教」, 『개벽』 45(1924. 3.), 『한용운전집』 2, 불교문화연구원, 2006, 288-289.

한용운, 「反宗教運動에 대하여」, 『한용운전집』 2, 불교문화연구원, 2006, 278-281.

한용운, 「佛教와 孝行」, 『불교 新』 13(1938. 5.), 『한용운전집』 2, 불교문화연구원,

2006, 337-342.

한용운, 「佛教維新會: 佛教의 自治와 新活動의 필요」, 『불교』 87(1931. 9.), 『한용운전집』 2, 불교문화연구원, 2006, 132-134.

한용운, 「三本山會議를 展望함」, 『불교 新』 15(1938. 9.), 『한용운전집』 2, 불교문화연구원, 2006, 193-195.

한용운, 「世界 宗教界의 回顧: 佛紀 二九五八年」, 『불교』 93(1932. 3.), 『한용운전집』 2, 불교문화연구원, 2006. 272-277.

한용운, 「新 러시아의 宗教運動」, 『불교』 107(1933. 6.), 『한용운전집』 2, 불교문화연구원, 2006, 265-267.

한용운, 「인생은 사후에 어떻게 되나: 기자와의 문답」, 『삼천리』 1/8(1929. 8.), 『한용운전집』 2, 불교문화연구원, 2006, 288-290.

한용운, 「政·教를 分立하라」, 『불교』 87(1931. 9.), 『한용운전집』 2, 불교문화연구원, 2006, 134-144.

한용운, 『朝鮮佛教維新論』, 불교서관, 1913.

한용운, 『조선불교유신론』, 최경순 옮김, 민족사, 2015.

한용운, 「朝鮮佛教의 改革案」, 『불교』 88(1931. 10.), 『한용운전집』 2, 불교문화연구원, 2006, 160-169.

허우성, 「만해의 불교이해」, 『만해학보』, 만해학회, 1992, 61-120.

유불회통의 동아시민성 함양

김용환

1. 들어가며

이 논문에서 필자는 한국 사회와 종교 문제를 인식하고 동아시민성[동아시아 블록형성의 시민성]을 함양하고자 『직지』에 나타난 무심의 동아시민성과 명재윤증(明齋尹拯, 1629-1714)의 실심에 나타난 공감의 실심실학을 회통하여 그 방안을 마련하고자 한다. 유불회통의 맥락에서 불교의 정신과 유교의 정신은 개인과 집단 사이를 이어 주고 매개하는 공공실천으로 공사(公私) 관계의 협력을 중시한다. 특히 동아시민성에서 사익과 공익이 상관연동을 이루는 '상반상생(相反相生)'으로 공공실천 전략을 모색할 수 있을 것이다.[1]

동아시민성 가치를 결정짓는 것은 사회적 지위나 명예 또는 재산을 갖고 있는가의 여부보다 동아시민으로서 품성에 얼마나 부합되는가 하

1 김용환, 「공공철학 체계와 실천윤리」, 『근대한국과 일본의 공공성』 1, 성남: 한국학중앙연구원출판부, 2015, 139.

는 것이다. 그러기에 21세기는 동아시민성으로 의식하며 살 수 있는 요건을 모색할 필요가 있다. 동아시민으로서의 소망은 동아시아 지역의 구성원으로서 연대감과 상호존중의 의식으로 사는 것이다. 이 경우 개체성을 넘어서 상호주관성의 '빈 마음'이 무심이다. 이러한 '빈 마음'은 동아시민에 어울리는 본마음이다. 왜냐하면 마음으로 형상을 취하여 실다운 것으로 여긴다면 그것은 견성하지 못했음을 말하기 때문이다.[2] 동아시민으로 텅 비우고 있어야 동아시민에 적합한 어울림이 이루어진다. 동아시민으로 어울림이 있어야 그 삶이 보다 새롭고 활기차게 된다.

동아시민으로 자긍심을 가지고 고마워하고 만족할 줄 안다면, 동아시민으로서의 행복이 가능해진다. 동아시민의 가슴은 동아시민의 존재적 어울림의 핵심이다. 어울림의 가슴 없이는 조화를 기대할 수 없다. 동아시민으로서의 연대의식이나 정겨운 음성도 그 가슴에서 싹이 튼다. 가슴은 동아시민의 회통 통로다. 동아시민의 가슴의 소리를 듣기 위해서는 상대에게 묻고 또 물어야 된다. 건성으로 묻지 말고 들리는 소리에 귀를 기울이고 간절하게 물어야 된다.

21세기의 블록경제가 형성됨에 따라 동아시민으로서의 이웃에 다가서고 친절하게 접근할 필요가 있다. 동아시민으로서 연대성의 가치를 발견하기 위해 이 논문에서는 백운경한(白雲景閑, 1298-1374)의 직지무심(直指無心)[3]과 명재윤증의 실심무실(實心務實)[4]의 가치를 회통시켜 보고자

2 무비 스님, 『직지강설 하』, 불광출판사, 2012, 289-290.

3 동국대학교출판부, 『韓國佛教全書』 6, 『白雲和尚語錄』, 2002, 656. "又有最妙一方便或以無心 或以無念"이라 하여 백운은 간화를 방편으로 수용하면서 무심무념으로 진경(眞境)을 삼았다. 그는 선은 무심일도(無心一道)이기에 화두(話頭)조차 버릴 것을 강조하였다. 따라서 백운의 무심선은 중국의 임제선과 차이를 보인다.

4 송인창, 「명재윤증의 무실의 경세학」, 『무실과 실심의 유학자, 명재윤증』, 청계, 2001, 456. "입지(立志)'가 독실하면 '성인(聖人)'의 성품이 나의 성품이 되고, '무

한다.

백운경한은 고려 말 대선사로서, 원(元)나라에 들어가 석옥청공(石屋淸珙, 1272-1341)의 법을 받고 돌아와서 해주 신광사에서 크게 선풍을 드날린 선지식이다. 그는 무심(無心)과 무념(無念)의 참뜻을 깨닫게 되어 사사로움을 버리고 마음을 비우는 지혜로운 선택의 여정을 남겼다. 버리고 비우지 않고서는 새것으로 채워지지 아니한다. 그 여백은 그저 비어 있는 것이 아니라, 무심·무념의 텅 빈 충만으로 동아시민성의 활동상을 이어 주고 매개함을 의미한다.

또한 명재윤증은 입지(立志)를 세우면 실심(實心)이 서고, 실심을 세우면 실공(實功)에 힘쓸 수 있어 결국 실덕(實德)에 이를 수 있다는 무실수양을 표방한다. 이 방법에서 동아시민성 함양의 지혜와 방법을 모색할 수 있다. 명재는 이(理)와 기(氣)의 묘합(妙合)을 전제로 만사만물의 전개를 설명한다. 그에게 있어 모든 존재의 양상은 '기발이승(氣發理乘)'의 구조로 집약되며, 현상계에서의 유행은 '이통기국(理通氣局)'의 존재양상으로 나타난다.

2. 직지무심에 의한 깊은 동아시민성

1) 국가국민성과 동아시민성의 차이

세계화의 추세가 뚜렷해짐에 따라, 세계생활 지형이 관련 블록을 형성하면서 새로운 시민성 함양으로 일신하고 있다. 우리는 '유럽연합(EU)'

실(務實)'의 태도가 지극하면 사물이치가 모두 '실리(實理)'임을 깨닫게 된다."

을 통하여 이러한 변화를 실감한다. 한중일과 인도는 오랜 세월을 함께 이어 오면서 대립과 갈등의 상극 상황을 이루었지만, 상생협력의 무드를 조성한 사례도 적지 않았다고 할 것이다. 이에 국가국민성과 구별되는 동아시민성을 생각해 볼 수 있다.

'국민'이라는 개념은 국가 의존·종속 개념에 기반을 두기에 어려운 문제가 발생하면 국가가 해결해 주기를 바라는 이기적인 개체생명이다. 반면에 '시민'이라는 개념은 국가가 시키지 않아도 스스로 자각을 통해 타인을 배려하며 국가의 의존성에서 비교적 자유로운 개체생명이다. 원래 '시민'이라는 개념은 그리스에서 폴리스(polis, community)의 전체를 이루는 '부분(citizen)'의 의미에 해당한다. 전체로서의 공(公)에 대한 부분으로서 '사(私)'라고 말할 수 있다. 시민과 연동된 '시민성(citizenship)'은 사적 시민(citizen)으로서의 자질 또는 조건을 의미한다. '회원자격(membership)'은 구성원으로서 '일원(member)'으로서의 의미와 구별되며, '우정(friendship)'이 '친구(friend)'와 의미의 차이가 나듯이 '동아시민성'은 동아시민 공동체의 일원으로서의 자질, 성품을 말한다. 이러한 자질을 함양하기 위해서 동아시민 공동체 구성원으로서의 교육이 요청된다.

한중일과 인도는 동아시민 공동체 토양을 다지면서 다양한 문화교류를 이어 왔다. 그런데 이제까지 동아시민 자격에 관한 의식이나 동아시민 공동체의 정체성에 대한 논의는 없었다. 연대의식에 기초하기보다 상대적 우월감을 과시하거나 상대를 정복 대상으로 삼아 분쟁을 일삼았기에 새로운 형태의 동아시민 의식이 요청된다. 동아시민 연대의식을 통해 상호 존중하는 가운데 동아시민 구성원으로서의 감정이나 욕구를 습관적으로 체질화하는 노력이 필요하다. 그 범위는 남북한, 중국, 일본과 인도를 중심으로 주변 국가를 포함한다.

인도를 포함하게 된 것은 인도의 시성(詩聖) 라빈드라나트 타고르

(Rabindranath Tagore)가 『동아일보』 기자에게 건네준 '동방의 등불'이라는 제목의 시를 통해 동아시아의 예언자적 비전과 격려를 나타냈기 때문이다. 그는 "일찍이 아시아의 황금 시기에 빛나던 등불의 하나 코리아. 그 등불 한 번 다시 켜지는 날에 너는 동방의 밝은 빛이 되리라."[5]라고 썼다.

수출이 경제성장의 동력인 동아 국가들은 무역, 투자, 기술 분야에서 경쟁을 벌인다. 지금까지는 미국이 동아시아의 대량생산 제조업을 지탱할 수 있게 하는 수요자로서 시장 역할을 해 왔다. 상호 보완적 무역 구조가 가져다준 기회의 창은 예정보다 일찍 종말을 구할 가능성이 있다. 그렇다면 이 시점에서 중국이 이제까지 미국이 해 왔던 수요자의 역할을 하지 못한다면 많은 동아 국가들은 미래에 새로운 수요자로서 인도를 생각하게 된다. 따라서 동아에서 '패권 이동(hegemonic transition)'을 도울 제도적 기반으로서 동아시민 공동체 형성은 눈여겨볼 대목이다.

동아시민은 동아시민성의 회원자격에 합당한 '행위의 표준'으로서의 자질이나 품성을 가진 인간을 말한다. 동아시민의 '행위의 표준'에 따르는 이는 덕 윤리 관점에서 동아공동체 삶을 중시하고 동아시민의 행위자 중심의 성품이나 인격 형성을 충족하는 대화와 지혜를 중시한다. 이는 동아시민의 행위를 동아시민 공동체의 전통이나 관습에서 형성된 사회적 맥락을 중시하고 동아시민의 미래지향적 삶의 비전을 모색하는 데 방점을 두기 때문이다.

이처럼 동아시민은 한중일과 인도를 중심으로 그 밖의 주변 나라들

---

5 1929년 3월 28일, 일본 도쿄에 들렀던 타고르는 『동아일보』 기자에게 다음과 같이 '동방의 등불(The Lamp of the East)'을 써 주었다. "In the golden age of Asia, Korea was one of its lamp-bearers. And that lamp is waiting to be lighted once again for the illumination in the East.'"

을 포괄한다. 이러한 맥락을 고려할 때, 동아시민은 동아시민 공동체의 전통이나 관습에서 우러나온 시민으로서의 품격을 갖추고 동아시아의 미래지향적이며 표준적인 행위를 실천하는 동아시민 공동체 구성원이 된다. 나아가 동아시민성 함양으로 최소 덕목을 상정하면서 그것을 합당성의 잣대로서 동아시민 공동체에 합당한 공통 덕목으로 자리매김하게 하는 실천 노력을 수반하게 된다.

그런데 동아시민은 동아시민성 함양을 위한 것으로서의 동아시민에 대한 상호존중과 배려가 전제된다. 배려윤리의 입장에서 동아시민의 권리와 정의 못지않게 책임과 배려의 조화를 통해 그것을 공공덕목으로 정착시켜 나갈 필요가 있다. 과거 일본은 동아시아의 일원이면서도 '탈아입구(脫亞入歐)'를 통해 일본 근대화의 특수성을 반영하였다.[6] 따라서 어느 한쪽을 지나치게 중시하거나 다른 쪽을 철저히 배제하려는 태도는 경계해야 할 것이다. 아울러 국가횡단매개의 관점에서 자국 중심에서 벗어나 배려 범위를 동아시아 수준으로 확대하고, 자연적 배려에서 동아시민이라는 자각에 토대를 둔 윤리적 배려로 확산시킬 필요가 있다.

2) 직지무심에 의한 일심·개심·무심의 상관연동

청주는 『직지』의 고향이다. 『직지』를 통해서 일심·개심·무심의 상관사유를 전개한 백운경한은 중국 호주(湖州) 하무산(霞霧山)으로 직접 가서 인도의 지공선사, 중국의 석옥청공에게서 직지인심 가치를 깨닫는다. 그는 이를 널리 전파하고자 세계 최초의 금속활자본 『직지심체요절(直

6 김기봉, 「동아시아 담론: 어디서 왔으며, 어디로 가야 하는가?」, 『동아시아 문화와 사상』 6, 2001, 21.

指心體要節)』을 펴내 동아시민성 함양의 방향으로 직지무심을 설파하였는데, 이는 한중일과 인도를 함께 아우른다. 백운선사는 『고려사』에서 1346년 5월 왕명으로 기우(祈雨) 의식을 주관한 승려로 기록되어 있다. 충남 장곡사 금동약사여래좌상의 조성과 기우의식을 담당한 백운선사는 장곡사 발원문에서 "가뭄이 들 때에는 단비를 내려주시고"라는 표현으로 민중을 대신한 기원을 나타낸다.

또한 백운선사가 제자들에게 남긴 유명한 화두(話頭)가 『속경덕전등록(續景德傳燈錄)』 권22에 나타나 있다. 그는 "내가 30년 전에 참선하기 전에는 산은 산이고 물은 물로 보았다. 그런데 선지식을 친견하여 깨침에 들어서는 산은 산이 아니고 물은 물이 아닌 것으로 보았다. 지금 편안한 휴식처를 얻고 나니 마찬가지로 산은 다만 산이요 물은 다만 물로 보인다. 그대들이여, 이 세 가지 견해가 같은 것이냐 다른 것이냐?" 라고 했다.[7] 『직지』는 육도중생의 다심을 일심으로 각성하게 하여 동아시아의 깊은 시민성으로 함양하고 상호대화를 통하여 무착(無着)·무심(無心)의 구경(究竟)에 이르고자 노력한 문화 콘텐츠다. 『직지』는 동아시민들의 '깊은 시민성 대화록'이라고 할 것이다.

국가횡단매개로 서로를 열고 더불어 살리는 개심에서 '직지무심'의 사회실천으로 나아가는 길이 국가폐쇄성을 극복하는 방편으로 제시되었다. 우리는 이 길에서 자국 중심에서 벗어나 동아시민으로 나아가는 문화 콘텐츠의 가치를 발견한다. 이 콘텐츠는 동아시민성 함양교육에 관한 미래 비전을 제공한다.

그와 관련하여 먼저 동아시민 공동체에 대한 일심(一心)의 '책임의

7 동국대학교출판부, 『白雲和尙語錄』, 『韓國佛教全書』 6, 2002. "老僧三十年前未參禪時,見山是山, 見水是水, 乃至後來親見知識有入處, 見山不是山, 見水不是水, 而今得箇休歇處, 依前見山祇是山. 見水祉是水, 大衆這三般見解是同是別."

식' 함양을 꼽을 수 있다. 동아시민 공동체를 체험하는 동북아시민성은 서로 상통하는 책임의식을 함양한다. 이는 책임의식의 적용 범위가 과거의 지방향토의식이나 국가국민의식에 매여 있지 않고 국가횡단매개로 동아시민성을 함양하는 일심의 책임의식으로 나아갈 수 있게 한다.

또한 동아시민 공동체에서 서로를 여는 '개심(開心)'의 열린 태도를 들 수 있다. 이는 동아시민 공동체 형성을 위한 기본 덕목이다. 서로의 차이를 인정하고 존중하는 상호 호혜의 열린 교육이 되려면, 동아시아 경제·문화·사상의 교류가 원만하고 활발하게 이루어지도록 공통적인 덕목 진작이 열린 태도로 모색될 필요가 있다.

역대의 여러 불조사(佛祖師)의 게(偈), 송(頌), 찬(讚), 가(歌), 명(銘), 서(書), 법어(法語), 문답(問答) 중에서 선(禪)의 요체(要諦)를 깨닫기 위해 필요한 사항은 필요한 것을 초록(抄錄)하여 찬술(撰述)한 것이다. 불조는 부처님과 조사란 뜻이며, 직지(直指)는 바로 가리킨다는 뜻이고, 심체(心體)는 마음바탕의 본체, 요절(要節)은 주요 내용의 구절을 가리키는 것이기에 불조심요(佛祖心要)에 해당한다.

그리고 동아시민성 함양은 무심(無心)에 근거한 '인권존중'의 실천이다. 동아시민성 함양으로 북한의 인권문제에 접근함으로써 남북통일의 비전도 모색할 수 있다. 인권존중은 동아시민성 함양의 지향점이다. 인권존중의 가치는 21세기의 화두로서 동아시민 공동체의 상호존중, 상호배려의 계기를 마련할 수 있으며 그 기반조성을 다지는 시민성 함양으로 정비할 수 있다.

특히 석옥청공은 임종에 이르러 백운선사에게 다음의 '사세송(辭世頌)'을 남겼다.

> 맑은 바람 팔아 흰 구름 사니 살림살이 바닥나 뼛속까지 가난하네. 남은 건 두어간 초옥뿐이니 떠난 뒤 불 속에 던져 태워 버리게.[8]

『육조단경』에 나타난 혜능선사의 사상은 자성청정심을 무념(無念), 무상(無相), 무주(無住)로서 설명한다. 인간이 절대자유, 무심일 때 부처이고 법신불이다. 혜능선사는 이 같은 논점에서 종래 교설, 삼신불(三身佛), 삼보, 사홍서원, 삼귀의 등을 달리 해석하였다.

삼신불을 밖에서 구하는 것이 아니라 자신에게서 구한다. 불생불멸·청정무구의 마음 자체가 법신이다. 마음의 부처가 변화하면 화신이 된다. 신심의 과보는 보신으로 나타난다. 삼보는 대상물로서의 부처가 아니다. 혜능은 몸과 마음에서 분리된 부처를 인정하지 않는 관점에서 설법을 하였다. 많은 사람들은 아미타불을 숭배하고 왕생극락하기를 바란다. '아미타불을 부르면 극락에 가는 것인가'라는 질문에 대하여, 혜능선사는 '마음을 닦지 않는 미혹한 자가 서방정토를 생각하면 정토는 멀리 있지만 마음을 청정히 하는 자라면 눈 깜짝할 사이에 정토에 간다'고 대답하였다. 결국 정토는 마음의 산물이다.

따라서 부처는 자성일 뿐, 몸 밖에서 구하지 말라고 한다. 자성이 미혹하면 부처는 중생이며 자성을 깨달으면 부처다. 혜능선사는 조사선을 가르쳤다. 조사선은 생활에 관한 것이고, 무애자재의 인간 본성을 올바로 보는 것을 말한다.

중국의 육조혜능선사에게 있어 깨달음은 고요히 앉는 좌선에서 얻어지는 것이 아니다. 그것은 법성을 자각한[見性] 자유자재의 마음으로, '삼과법문(三科法門)·삼십육대(三十六對)'로서 마음이 자유로우면 모든 존재와 여여(如如)할 수 있다고 했다. '삼과법문'은 음(蔭)·계(界)·입(入)이다. 음(蔭)은 오음(五陰)이요, 계(界)는 십팔계(十八界)요, 입(入)은 십이입

---

8 『白雲和尙語錄』, "白雲買瞭賣淸風 散盡家私徹骨窮 留得數間茅草屋 臨別付與丙丁童."

(十二入)이다. 오음(五陰)은 색음(色陰)·수음(受陰)·상음(相陰)·행음(行陰)·식음(識陰)이고, 십팔계(十八界)는 육진(六塵)·육문(六門)·육식(六識)이다.

법의 성품[法性]은 육진·육문·육식을 일으키며 만법을 포함하기에 함장식(含藏識)이다. 자성이 삿되면 열여덟 가지 삿됨이 일어나고, 자성이 바르면 열여덟 가지 바름이 일어난다. 악의 작용을 지니면 중생이요, 선이 작용하면 부처이다. '삼십육대(三十六對)'에는 무정(無情)에 대한 다섯 대법(對法)이 있다. 하늘과 땅이 상대(相對)요, 해와 달이 상대이고, 어둠과 밝음이 상대이며, 음과 양이 상대이고, 물과 불이 상대다. 또한 말과 형상의 대법에 열두 가지가 있다. 유위(有爲)와 무위(無爲), 유색(有色)과 무색(無色), 유상(有相)과 무상(無相), 유루(有漏)와 무루(無漏), 현상[色]과 공(空), 움직임[動]과 고요[靜], 맑음[淸]과 흐림[濁], 범(凡)과 성(聖), 승(僧)과 속(俗), 늙음[老]과 젊음[少], 큼[大]과 작음[少], 길[長]과 짧음[短], 높음[高]과 낮음[下]이 상대를 이룬다.

그리고 자성이 일으켜 작용하는 대법으로 열아홉 가지가 있다. 삿됨[邪]과 바름[正], 어리석음[癡]과 지혜[惠], 미련함[愚]과 슬기로움[智], 어지러움[亂]과 선정[定], 계(戒)와 잘못됨[非], 곧음[直]과 굽음[曲], 실(實)과 허(虛), 험함[險]과 평탄함[平], 번뇌(煩惱)와 보리(菩提), 사랑[慈]과 해침[害], 기쁨[喜]과 성냄[嗔], 버림[捨]과 아낌[慳], 나아감[進]과 물러남[退], 남[生]과 없어짐[滅], 항상[常]과 덧없음[無常], 법신(法身)과 색신(色身), 화신(化身)과 보신(報身), 본체[體]와 작용[用], 성품[性]과 모양[相] 상대를 이룬다.

열아홉 가지 대법에 나타나듯이, 유정·무정 대법으로 어(語)·언(言)과 법(法)·상(相)에 열두 가지 대법이 있고 바깥 경계의 무정(無情)에 다섯 대법이 있다. 자성이 일으켜 작용하는 열아홉 가지의 대법을 합쳐 모두 서른여섯 가지 대법을 상정한다. 이 삼십육 대법을 알아서 쓰면 일체의 경전에 통하고 출입에 곧 양변을 떠난다. 삼십육 대법이 사람의 언어와 함께하며, 밖으로 나와서는 모양에서 모양을 떠나고[相離相], 안으로 들어와서는 공에서 '공을 떠나니[空離空]', 공(空)에 집착하면 오직 무명만 기르고, 모양[相]에 집착하면 오직 사견만 기른다.

육조혜능은 좌선을 부정하고 마음 본성을 불신(佛身), 무심을 선이라 하였다. 혜능선사는 선이 생활 속에 있으며 무한자재한 인간본성을 보는 것이라 했다. 혜능선사의 조사선(祖師禪)은 난세에 사는 민중의 괴로움에 파고들었다. 중생이 부처라는 혜능선사의 선은 반가운 소식이 아닐 수 없었다. 혜능선사를 종조로 하는 남종의 선지는 중국 전역에 퍼져 마침내 오가(五家)의 가풍이 새롭게 일어나게 되었다. 무심의 가역적 '상호주관성'으로 조망하면, '무심(無心)은 도(道)와 부처[佛]로 나아가게 하는 수행법'이다.[9]

동아시민 교육은 이러한 혜능의 무심에 근거하면 깊은 시민성으로 소통할 수 있다. 무심에 근거하여 국가를 횡단으로 매개하면 다중시민성 교육이 된다. 동아시민과 더불어 행복한 동아시민 교육으로서 소통기반을 공유한다. 동아시민 교육은 무심에 근거하여 깊은 시민성 대화를 요체로 한다. 동아시민성 실천을 위해 한스 샤틀(Hans Schattle)은 자각의 중요성을 강조하면서 자각·책임·참여의 시민성을 주장한다.[10]

동아시민 교육이 협동학습 활동과 교육훈련을 통해 깊은 시민성으로 나아감으로써 남과 나라는 두 마음을 넘어서는 교육공동체의 형성이 가능하다. "집착이 없는 것이 곧 해탈이요, 구하는 것이 있으면 또한 그물에 걸리네. 자비로운 마음으로 일체에 평등하면 진여와 보리가 저절

9 김성수, 「직지의 내용분석을 통한 백운화상의 '무심'에 관한 연구」, 『서지학연구』 55, 2013, 207.

10 Hans Schattle, *The Practices of Global Citizenship*, Lanham: Rowman & Littlefield Publishers, 2008, 29-30.

로 나타나리. 남과 나라는 두 마음이 있으면 대면하고도 부처님 얼굴을 보지 못한다."[11] 공공단체와 언론기관, 민의 자발적 참여에 의한 상호 협조 체제 구축은 동아시민 교육의 발전 과제다. 자발적 참여자를 대상으로 동아시민 교육에 참여시키면서 외연을 꾸준하게 확대시킬 필요가 있다. 따라서 넓은 공감대의 확보를 위해 실심무실이 요청된다.

3. 실심무실에 의한 넓은 동아시민성

1) 명재윤증의 실심무실

동아시민 교육행사나 축제 등을 통해서도 동아시민성 이해의 폭을 넓힐 수 있다. 한중일은 대승불교의 공통분모와 함께 유교 토대를 공유한다. 이를테면 한국의 실심실학(實心實學)과 중국의 성리실리(性理實理), 그리고 일본의 실용실학(實用實學)을 이어 주고 살리면 유불회통의 동아시민성 함양교육의 기반을 마련할 수 있다. 한중일과 인도를 주축으로 배타적이지 않고 서로를 살리는 국가횡단매개의 합당성으로 동아시민성 함양교육을 정착시켜 나갈 수 있다.

한국의 명재윤증은 실심실학을 통해 선비다움을 보여 준 조선의 선비다. 그는 조선 사회의 정치적 현안이자 학문적 논쟁 대상인 '예송(禮訟)'에 대해서 개방적 태도를 나타냈다. 당시 진행된 '예송'은 이학(理學)

11 동국대학교출판부, 『佛祖直指心體要節』, 『韓國佛敎全書』 6, 631. "可笑衆生蠢蠢 各執一般益異見 但欲傍鏊求餠 不解返本觀麵 麵是邪正之本 由人造作百變 所須任意縱橫 不假偏耽愛戀 無着卽是解脫 有求又遭羅罥 慈心一切平等 眞如菩提自現 若懷彼我二心 對面不見佛面."

의 철학적 원리와 종법(宗法)과 연계되어 최고 권력, 왕권의 정통성에 대한 논쟁으로 이어졌다. 권력을 놓고 목숨을 건 정치적 논쟁이었기에, 명재는 '이(理)'의 무위를 강조하면서도 '이발(理發)'에 대해서는 거부하였다. 명재의 이러한 입장은 이이(李珥)의 '이론(理論)'을 계승한 것이다. 일찍이 율곡은 조제론(調劑論)을 펴면서 붕당화합을 중시하였다. 명재는 율곡 사상을 이어서 노론과 남인의 화해(和解)를 주창하였다.

그의 예학은 김장생(金長生)과 이이의 학맥에 연원을 두고, 기호학파 예학의 종장으로서 깊은 영향을 미쳤다. 따라서 그의 실학은 천리(天理)를 인식하고, 의리를 분별하며, 구체적 정사(政事)와 생산 활동이 가능한 지식과 능력을 중시한다. 실학은 '실사구시(實事求是)'에 그 목적을 둔다. '실(實)'의 개념은 '천리'다. 명재는 이이의 이기(理氣)의 관점에서 '마음[心]'을 설명한다. 마음은 모든 이치를 갖추고 만사에 대응하지만 그 형체는 기로써 이루어진다. 지각 기능에서 중요한 것은 정확하고 객관적인 판단이다. 그 공정성은 '허령(虛靈)'이다. '허령불매(虛靈不昧)'는 '마음'의 본체가 '맑고 고요하며 지각기능을 완전히 갖춘 작용'을 의미한다.

명재의 무실(務實)은 정하곡(鄭霞谷)의 양명학으로 전환되고, 양득중(梁得中, 1665-1742)의 양명양지와 실사구시의 통일로서 반위학(反僞學)의 실학으로 발전하였다.[12] 또한 명재는 사람의 한 '마음(心)'을 인심과 도심으로 나누는 것은 잘못이라 하였다. 인심과 도심이 실심의 '메타(meta)'로 만나기에, 도심이 인심을 통제할 이유가 사라진다. 조선의 선비 명재에게서 나타나듯이 현대 윤리는 메타 방식의 '윤리적 사고 하기'를 중시한다. 공감능력은 개개인의 행복을 넘어 시민공동체 구성원들이

12 유명종, 「명재윤증의 유학사적 위상으로서의 실학」, 『유학연구』 5, 1972, 1.

이루어 가는 공공행복을 메타적 관점에서 생각한다.

메타윤리는 다양한 편견을 인식하고 편견과 차별의 대상자들이 그 상태에서 벗어나도록 돕는다. 윤리적 문제는 사람들 사이에 갈등이 생길 때 발생하는 문제다. 윤리 원리를 준거로 삼아 이루어지는 윤리적 판단은 규정적이면서 '보편화 가능성'이 있는 판단이 된다. '윤리적 사고하기'의 과정은 일련의 절차, 즉 형식으로 이루어진다. 그 형식은 합리성의 기준에 얽매여 사고하고 판단하는 것이 아니라 메타 차원에서 이루어지는 새로운 범주와 만난다. 동아시민성 함양에서는 조선의 선비, 명재의 실심실학의 방식으로 '윤리적 사고 하기'를 중시한다. 인식, 감정, 행위능력을 연마하는 데 있어, 인지·정의·행위 세 측면의 도덕성을 메타로 통합시킨다. 먼저 어떤 문제가 윤리적 문제인가를 인식한다. 다음은 어떻게 해야 윤리적 행동이 될 수 있는가를 사고한다. 그리고 메타적으로 판단한다. 마지막으로 그 판단을 실천으로 옮겨 행동한다.

이 절차는 '윤리적 사고 하기'를 연속적으로 묻는 절차에 해당한다. 무엇보다도 어떤 대상을 '윤리적 문제로 인식하기' 위해서는 형식적이고 합리적인 준거가 요청된다. 윤리적 문제로 인식하는 과정에서 그 문제에 관련된 사람들의 이익을 공정하고 합당하게 다룬다. 윤리 문제로서 인식하는 과정은 준거의 공정성과 적용의 합당성을 메타적 관점에서 중시한다. 명재는 윤리적 행동이 어떻게 나타날 것인가를 고민하면서 율곡이 강조한 천도는 실리이고 인도는 실심이라는 구절에 충실하였다.[13]

세계화 시대는 동아시민들이 공유할 수 있는 메타윤리 규범을 요청한다. '공정이익에 대한 상호고려의 규범'이라는 형식의 틀이 지구촌 시대에 세계시민의 입장에서 함께 공유할 수 있는 메타윤리 형식이다. '공

13 율곡 이이, 『율곡전서(栗谷全書)』, "天道卽實理, 而人道卽實心."

정이익에 대한 상호이익 고려'의 메타 형식에서 '상호이익'은 윤리 문제로서 구체적인 내용이 되지만, '공정이익의 고려'로서의 윤리규범은 형식적 접근을 한다.

이 시대에서는 그 누구도 그가 속해 있는 한 지역, 한 국가의 문화적 영향권에서 벗어날 수 없다. 국가의 구성원은 여전히 국가의 윤리규범을 내면화하는 내용적 접근이 필요하며 도덕적 문제해결을 위해서 메타윤리 접근도 요청된다. 선비정신은 '인간이 마땅히 걸어야 할 길[道理]'로서, 도덕적 실천력에 그 생명력이 있다. 오늘의 선비도 부조리한 현실을 고발하고, 도덕 사회를 구현하기 위해 선도적 역할을 하는 '비판적 지성'의 역할을 담당한다. 사회비판적 기능의 핵심은 '절의(節義)'다. 절의는 '절개'와 '의리'의 합성어다. 절개는 올바른 신념이나 신의를 굽히지 않으려는 꿋꿋한 태도이며, 의리는 사람으로서 지켜야 할 도리다. 선비가 꿈꾸는 사회는 대도(大道)의 구현세계로서 대동세계(大同世界)다. 대도는 우주규범의 원리이자, 삼라만상의 존재원리다.

선비가 바라보는 대동세계는 천도(天道)와 인도(人道)가 함께한다. 인도가 천도를 따르지 않으면 지상의 혼란이 생긴다. 이렇게 천도의 법도가 허물어진 세계가 소강(小康)세계이고, 그 혼란을 극복하고 천도와 인도가 일치되는 세계가 대동세계다. 선비의 삶과 선비다움에 대한 공감(empathy)은 현대윤리 사고와 연결되는 메타윤리에서 그 공감대를 형성한다. 명재가 아무리 실심무실을 강조했어도 그것은 담헌 등이 실심실학을 내세워 수기뿐만 아니라 안인에 이르기까지 사업의 효과적 처리와 올바른 대응을 역설한 것과 차이가 난다.[14]

14 윤사순, 「무실과 실심의 유학자, 명재윤증」, 『명재윤증의 성리학적 실학』, 충남대학교 유학연구소, 2012, 510.

현대의 사이버공간이 넓게 확산되면서 공감의 상실과 부재로 말미암아 많은 사람이 실제적인 고통을 겪게 된다면, 고통의 해결은 '말함(saying)'에 근거한 메타윤리의 접근에 있다. 선비 덕성은 타자에 대한 공감을 수용하는 '말함(saying)'으로 드러난다. 다른 사람의 사랑을 온전히 이해할 수 없듯이, 다른 사람의 고통도 온전히 납득하기 어렵다.

현대 사회의 선비 덕성은 선비다움의 '말함(saying)'을 메타적 차원으로 구현하는 데서 드러나게 될 것이다. 선비다움의 말함은 넓은 동아시민성 함양의 토대가 될 것이다. 선비다움의 '말함'은 '프락시스(praxis)'보다 '프랙티스(practice)'에 가깝다고 할 것이다. '프락시스'가 개인의 자유의지에 근거한 실천행위라고 한다면, '프랙티스'는 개인 차원의 반성적 인지를 매개하기보다 사회문화적으로 습득된 공감행위로서 '말함'이라는 합리적 설명이 첨가되어 폭넓은 공감대로 이어지기 때문이다.[15]

2) 넓은 동아시민성 함양

넓은 동아시민성의 함양은 동아시민 공동체에서 지향하는 행위의 표준에서 찾아진다. 동아시민에게는 공감의 도덕성이 중요하다. 그것은 동아시민에 합당한 도덕적 추론능력이나 판단능력을 말한다. 또한 동아시민성은 동아시민 공동체의 미래 비전을 중시한다. 그런데 인지능력도 활용된다. 그 정당화는 합당성의 잣대로 이루어지지만 품성으로서 규정성이나 공정성을 함께 고려한다.

넓은 동아시민성은 동아시민 공동체의 삶에서 우러나오며, 그 형식

15 Pierre Bourdieu, *Out of Practice*, Cambridge University Press, 1997, 27.

은 상호주관성을 고려하여 합당한 공감대를 확산함에 달려 있다. 동아시민성은 동아시아의 공공성에 합당한 국가횡단매개 의식이 중시된다. 국가횡단매개 의식은 국가국민성에서 벗어나지만 모든 인류국가 상대의 횡단매개의 합당성까지는 요구하지 않기에 국가국민성과 세계시민성 사이의 선택적 지혜를 어떻게 활용하는지가 관건이다.

한중일과 인도의 국가횡단매개의 합당성에 적합하지 않은 사례는 북한의 핵개발, 일본 아베 정권의 배타적 역사의식, 남중국해에 건설하는 산호인공섬 주변 12해리 해역권리에 대한 중국의 주장 등이다. 이는 동아시민성의 자질에서 비판적 대상이 된다. 한중일과 인도는 자국 중심의 국가경영이나 사회실행에서 벗어나 동아시민의식으로 배려하는 폭을 넓힌 사회실행을 위해 기본 덕목을 개발함으로써 넓은 동아시민성을 함양할 수 있다.

동아시민 공동체는 국가횡단매개의 합당성 실천을 위한 기본 덕목을 개발하여 동아시민 교육으로 시민을 육성해야 한다. 그 교육방법으로는 비판담론과 공담담론을 구성하기 위한 분석접근이 필요하다. 기존의 자국 중심 내용의 텍스트를 대상으로 비판담론을 형성하며 동아시민 공동체 형성을 위한 담론으로 바꾸어야 한다. 기존의 도덕과 윤리과목, 종교과목, 지리과목, 사회과목 등의 텍스트에 나오는 공간 이미지 담론을 동아시민 공동체의 관점에서 비판적으로 분석하고, 동아시민 사회로서 잘못 이루어진 이미지를 바로잡고자 제반 오류를 시정하는 동아시민 교육 콘텐츠 개발이 선행되어야 한다. 이를테면 자국 중심의 폐쇄적 교육공간에서 이루어지는 텍스트를 동아시민 공동체 의식에서 비판하고 꾸준히 그 대안을 모색함으로써 동아시민 공동체 형성담론으로 생산, 확대시켜 나가야 한다.

또한 공감 담론의 콘텐츠도 개발해야 할 것이다. 국가횡단매개에 근거한 새로운 교육은 개방성에 근거하여 공감 담론으로 전개하고, 교육소비 공간도 동아시민성 함양을 위한 이미지 마련으로 공감교육을 꾸준히 확대시킨다. 동아시민 공동체는 차별적 이미지 담론이 어떻게 폐쇄적으로 작동했는지를 점검, 확인한다. 객관적으로 이루어진 교육 담론을 생산, 재현하는 구체적 사례에 적용하는 교육으로 구성한다.

아울러 텍스트에 나타난 차별적 교육공간 및 이미지 담론을 과감하게 해체하는 교육이 수반될 때, 국가정체성 중심의 폐쇄적 한계를 벗어나서 이타적 동아시민성 교육으로 발돋움할 수 있게 될 것이다. 2015년 세계교육포럼에서 세계시민교육 강화를 통해 세계시민 교육에 앞장서도록 하였다. 그런데 세계시민교육은 인류국가횡단매개를 전제로 이루어지기에 공간 범위가 지나치게 확대되어 혼돈이 수반되고, 새로운 교육을 시작하기에는 준비할 내용이 상당히 많다.

동아시민성 함양을 위한 교육은 동아시아 자원을 이용한다. 가령 멸종 위기의 청주 원흥이방죽 두꺼비, 수원의 청개구리 등에 관한 담론을 통해 수질오염이 원인임을 이해하고 바닷물이 자국 경계를 벗어나 자신의 식단까지 위협하는 사실을 인식하여 공감대를 이루어 간다. 생태계가 파괴되면 동아시민 모두에게 피해가 간다는 사실을 공감한다. 향토문화 공동체와 국가국민 공동체에서 벗어나 동아시민으로 거듭나며 상호소통으로 고통을 경감시켜 동아시민성을 함양할 수 있다.

4. 직지무실 회통의 동아시민성 함양

1) 직지와 무실의 유불회통

직지무실은 깊은 직지무심과 외연을 넓힌 실심무실의 복합구조로 구성된다. 직지에 의한 무심개신(無心開新)은 동아시민의 깊은 차원을 밝히는

데 도움을 주고, 실심무실은 중국의 실리, 일본의 실용과 연동하여 공감대를 넓히게 된다. 무실의 공감정서는 동아시민으로서의 정서 토대를 구축한다. 직지미분으로 깊이 있게 동아시민성을 함양하고, 무실적분으로 동아시민의 공동 연대의식을 고양시킨다. 이러한 '진공묘유(眞空妙有)'의 조화는 생명상통에서 비롯한다.

생명의 진리는 성주괴공(成住壞空)으로 표현되며 개체생명의 묘유는 생로병사로 표현된다. '은생어해(恩生於害)'로 혹은 '해생어은(害生於恩)'으로 무량세계를 이룬다. 그것들은 다양하고 무궁무진하여 동일한 개체생명은 없다. 개체생명은 음양상승(陰陽相承)으로 이어져서 양극과 모순의 법칙으로 그 원동력을 이어 간다. 음양상승은 상생과보(相生果報)나 상극과보(相剋果報)로 이어지고 매개되는 생명실상의 원리다.

직지무실에 나타난 동아시민의 세계는 조화의 의미를 살린다. 강자와 약자 사이의 조화를 찾는 사회적 지혜는 음양상승의 원리에 바탕을 둔 것으로, 음 또는 양으로 대표되는 잠재 에너지의 양극성을 증가시킴으로써 생명체의 창발을 유도하는 변증법적 원리다. 음양의 한 극에서 다른 한 극으로 움직이며 순환하는 변화에서 음양 에너지의 통합된 이원성을 따라 생명실상이 작동한다. 음양의 대대관계(待對關係)와 오행의 상생상반의 변화를 통해 동아시민의 생명실상의 전통 의미로 해석할 수 있다.[16]

음과 양은 중립적이며 균형적인 에너지다. 개체생명이 진급하려면 그 에너지를 양면과 음으로 왕래하면서 창발동력을 갖춘다. 개체생명은 암수, 천지, 주야, 생사 등을 비롯한 무한 대립의 양극성을 현실에서 수용할 때 생명으로써 출현, 존재한다. 또한 동력으로 삼아 동아시민으로

---

16 정병석, 「주역의 질서관」, 『동양철학연구』 25, 동양철학연구회, 2001, 238-250.

창발력을 발휘한다. 또한 본래면목(本來面目)은 자기의 본래 모습이며 천연 그대로의 심성을 말하기에 본지풍광(本地風光)이고 법성이고 생명실상이다.[17]

원래 본래면목은 부모에게서 태어나기 전 면목[父母未生前面目]을 말한다. '개개면전명월백(箇箇面前明月白)'으로 '모든 사람 낱낱이 그 사람 얼굴 앞에 밝은 달이 환하니 떠 있다'고 한다. 아울러 '인인각하청풍취(人人脚下淸風吹)'이라, '사람 사람마다 그 다리 밑에는 맑은 바람이 불고 있다'고 한다. 시원하게 바람이 불 때 모든 사람 얼굴에 다 바람이 부는 것이지, 특수한 사람에게만 부는 것이 아니라는 것이다. 팔식(八識)에 녹화된 온갖 번뇌와 망상을 제거하기 위해서, 생각이 일어날 때마다 '이뭣고?'의 화두참구로 타파(打破)[18]하면 그 본래면목을 깨닫는다.

무량겁(無量劫) 업장(業障)이 소멸(消滅)되고, 유루복(有漏福)을 성취하여 세세생생(世世生生) 불회상(佛會上)에서 만난다. 큰 항아리에 물을 가뜩 담아 놓고 그 항아리를 큰 돌로 내려치면 항아리가 깨지면서 물이 터져 나오듯 화두를 타파하고 '참 나(근원적 생명력과 상관연동하는 나)'를 깨닫는다. 활구참선(活句參禪)은 의심(疑心)으로 화두를 참구(參究)하고 화두를 타파하여 견성성불(見性成佛)한다. '사구참선(死句參禪)'은 참선을 이론으로 분석하고, 종합하고, 비교하고, 더듬어서 알아 들어가는 참선이다. 1,700공안을 낱낱이 따져 해답을 찾는 것은 깨닫지 못한 중생심(衆生心)이요 사량심(思量心)이다.

생사윤회가 '사량분별(思量分別)'로 일어난다. 공부를 하되 다른 사람이 설파(說破)하여 주기를 구하지 아니한다. 비록 설파하더라도 그것

---

17 동국대학교역경원, 『한글대장경』, 동국대학교역경원, 2010, 169.

18 타파(打破)는 화두(話頭)에 대한 의심(疑心)을 분쇄하여 모든 번뇌와 망상과 사량분별을 끊는 것이다. 잠을 잘 때나 꿈속에서도 그 화두가 들리게끔 한다는 것이다.

은 남의 일이요, 자기와 상관이 없다. 힘써 수행하지 않고 남이 설파하기를 구하는 것도 이와 같다.[19] 참선이 무심(無心)으로 이끌고, 무심에서 재보시·법보시·무외보시(無畏布施)를 하게 되면 무주상(無住相) 보시를 이룬다. 그것은 다함없는 무루복(無漏福)이 된다. 윤회 고리로 작용하는 유루복(有漏福)이라도 무주상 보시를 통해 그 복은 한량이 없다. 유주상(有住相) 보시가 되어 부담을 주면 서먹하게 된다. 보시는 무주상으로 하면 무루복과 연결된다. '직지미분과 무실적분의 복합성'은 동아시민성 전개에서 중요한 의미를 지닌다. 개체생명체가 생사/강약으로 나뉘어 분화 대립하는 것 자체가 동아시민 사회의 새로운 창발력으로 구체화되는 것이다. 한 스님의 다음 물음에 해충국사는 다음과 같이 말하였다.[20]

> "교학 가운데는 다만 유정이 성불한다는 것은 보이지만 무정이 수기를 받는다는 것은 보이지 않습니다. 또한 현겁천불 가운데 누가 무정불입니까?" 혜충국사가 대답하였다. "예컨대 황태자가 아직 왕위를 받기 전에는? 오직 일신뿐이었으나 왕위를 받은 뒤에는 전 국토가 모두 왕에게 귀속이 된다. 어찌 국토가 따로 왕위를 받는 일이 있어서이겠는가? 지금 다만 유정이 수기를 받고 성불할 때에 시방의 국토가 모두 비로자나 법신불이 된다. 어찌 다시 무정들이 수기를 받는 일이 있어서이겠는가?"

유정, 무정이 공공으로 청정법신 비로자나불이다. 꿈을 꿀 때 꿈속에 나타난 산천초목과 일체 산하대지들은 꿈속 현상이다. 왕이 되고 거

---

19 동국대학교역경원, 『한글대장경』, 180-181.

20 동국대학교출판부, 『韓國佛教全書』 6, 83. "師云 如皇太子 未受位時 唯一身耳 受位之後 國土 盡屬於王 寧有國土 別受位乎 今但有情 受記作佛之時 十方國土 悉是遮那佛身 那得更有無情受記耶."

지가 되어도 꿈속 일이다. 깨닫지 못한 사람의 마음에는 부처까지도 생멸하고 변화하는 무상의 존재로 비친다. 기차를 타고 빨리 달릴 때는 산이 움직이는 것으로 보이듯 생멸하는 사람의 눈에는 생멸하지 않는 것도 생멸하는 것으로 보인다.

2) 동아시민성의 원융함양

우주생명은 '우주만유의 본원'이자 '일체중생의 본성'이다. 개체생명은 우주생명으로서의 통일된 속성을 지니면서 각 개체생명 나름의 특징과 다양성을 지닌다. 우주생명은 초월적 존재이지만 동시에 개체를 통하여 편재하며 개체를 통해 그 식과 에너지가 발현되기에 동아시민은 우주생명이자 개체생명이다.

전체생명과 개체생명의 상관연동의 관점에서 동아시민을 보면, 근본불성에서 만나 깨친 분상으로 서로 위하고 섬기는 처처불상(處處佛像)이라는 생명가치를 일상에서 실천할 수가 있다.[21] 우주생명에서 개체생명을 알 수 있고, 개체생명을 통하여 우주생명의 본질을 알 수 있다. 인체의 각 세포가 완성된 인체의 모든 정보를 갖추고 있는 것처럼 각 개체는 완성된 우주로 파악될 수 있는 것이다. 세계가 존재하기에 내가 상관연동으로 존재한다. 이것이 우주생명과 개체생명의 은혜로운 상관연동 관계이다.

개체생명 활동은 연기적 상관연동으로 없어서는 살지 못하는 관계다. 상관연동의 관계는 개체생명이 지닌 우주생명을 유추하게 한다. 전

---

21 노권용,「사은사상의 신앙적 의미의 재조명」,『원불교사상과 종교문화』41, 원불교사상연구원, 2005.

체적으로 얽히고설키어 일체화를 이루는 중중무진(重重無盡)의 상관연동으로 말미암아 수많은 개체와 개체 사이에 무량한 다양성의 관계가 서로를 규정하고 서로 영향을 미치며 어울려 존재한다. 하나의 입자가 그 속에 다른 또 하나의 완전한 우주를 담고 있으며 그 우주는 더욱 작은 무수한 입자들로 구성되어 있다. 또 그 하나하나의 입자 속에는 또 다른 작은 우주가 재현된다. 이 과정은 끝없이 반복되는 프랙털(fractal)이다.[22]

이러한 세계관에 입각해 본다면, 우주생명에 바탕을 두고 개체생명이 종적·횡적으로 또는 동시다발적이며 다차원적으로 전개되어 있다고 볼 수 있는데, 마치 인드라망의 거울과 같이 동시에 '일즉일체 일체즉일(一卽一切 一切卽一)'[23]과 연결되어 있다고 말할 수 있다. 깊은 시민성에서 바라보면, 모든 곳에 법신불이 계시다. 이는 무한성 의식이 편재함이며, 개별생명체는 상관연동으로 법신불 의식과 에너지를 경험한다는 말이다. '처처불상'이 이러한 원리에 바탕을 두기에 '사사불공'의 당위성이 수반된다. 처처불상에서 개체생명으로서 동아시민은 법신불의 나타남이다.

동아시민은 태어난 순간부터 전체생명, 법신불의 분화신이다. 따라서 법신불의 온 생명이 동아시민을 통하여 경험되고 이해된다. 다만 이러한 사실을 깨닫지 못한 동아시민이 온전한 전체생명을 회복하도록 인도할 필요가 나타난다. 이 작업이 사사불공이다. 사사불공의 궁극은 '상대와 좋은 관계에 도달하는 정도'에 그치지 않고, '상대를 온전한 생명, 법신불을 회복하도록 하는 정도'에까지 이르는 것이다. 전체생명, 무심

---

22 정윤표, 「프랙탈 우주론」, 『한국정신과학회 학술대회논문집』 2, 한국정신과학학회, 1995, 17.

23 의상의 「법성게」에 나오는 표현으로, 화엄교학의 핵심적 개념이다.

의 법신불은 동아시민으로서 개체생명의 성취와 진급을 보장하는 기반이다. 그것은 인과법칙으로 이루어진다. 세상은 전체와 개체생명 사이와 개체와 개체생명 사이의 상생과 진급의 축제를 벌이는 생명의 터전이다.

전체생명과 개체생명 사이의 존재 구도는 '피은(披恩)'과 '보은(報恩)'의 상관연동이다. 먼저 개체생명 동아시민은 전체생명 법신불의 '피은'의 존재다. '보은'하는 길은 무심의 법신불을 진실로 이해하고 그에 합치하는 뜻을 세워 동아시민과 함께 무실로 연대하는 일련의 과정이다. 동아시민은 무심의 깊이와 무실의 연대의식으로 자유로운 창발력을 발휘한다. 동아시민이 전체생명으로서의 본질을 회복하고 자유와 자비가 충만한 상태에 이르는 것이 유불회통의 원융함양(圓融涵養)이다. 이 상태는 동아시민 공동체의 광대무량 낙원이다.

5. 나오며

한국 사회와 종교 문제에서는 유불회통이 중요하다. 직지무실에서는 동아시민의 연대의식을 위해서 업(karma)의 수준에 맞는 맞춤 형태의 모습과 에너지로 깊은 시민성과 넓은 시민성 함양을 포괄하게 된다. 직지의 관점에서 자신이 무심하면 법신불이고 행하면 화신불이다. 무실의 관점에서 동아시민으로서 입지를 통해 널리 실천하게 되면, 동아시민으로서의 연대감을 확보하게 된다. 동아시민도 유불회통의 도에서 나왔기 때문에 서로를 알고 공명하며, 서로를 알고 기뻐하며 연대의식을 표출한다.

가만히 있어도 정교한 생화학 작용으로 소화 작용이 이루어지듯이, 동아시민으로 뜻을 세우고 유불회통으로 실천에 진력을 쏟게 되면 다차원적 교감작용이 일어난다. 동아시민의 삶을 통해 유럽연합과 같은 블록을 형성하여 평상심을 회복하고 내면의 치유력을 작동시키게 된다. 동아시민의 연대적인 치유력이 점차 살아나고 증대하게 되면 역사왜곡이나 과거 상처로부터 해방될 수 있다. 두려움의 근본은 무엇이든 될 수 있는 내면의 생명력을 믿지 못하는 데 있다.

부정성의 습관과 능력의 제한이 그러하다. 마음을 조복(調伏)받고 부정성을 수정하고 동아시민으로 말함을 일깨우는 방법이 중요하다. 자신의 몸이 유불회통의 몸임을 알고 귀하게 대접하는 일, 그 몸을 통한 체험 에너지와 의식이 고귀한 생명력으로 이어져 있다는 사실을 통해 동아시민의 처처불상을 향한 사사불공이 이루어진다. 이 세상은 유불회통의 광명세계다. 관세음의 32상(相)과 32응신(應身), 천수천안(千手千眼)의 지혜와 권능이 동아시민의 공감대를 이루고 선비다움의 무실정신이 서로를 배려하고 상생으로 이끄는 원동력이 된다.

자신의 내면에 지혜 권능이 있음을 신뢰하는 것이 유불회통의 믿음이다. 비록 고통의 차별상으로 눈앞에 펼쳐지더라도 생명실상을 근원적으로 관조함으로써 동아시민 영성의 새 밝힘으로 다가서게 되고 동아시민 공동체의 희망의 법등을 밝힐 수 있다. 이 법등이 동아시민 공동체의 불만과 불평에서 비롯하는 어둠의 장막을 헤치고 새로운 생명 살림으로 이어지게 될 것이다.

21세기에는 한중일이 국경을 넘어서는 동아시민성의 상생맥박(相生脈搏)으로 유럽연합에 상응하는 조화로운 어울림 공동체로 거듭나 동아시민의 '율려(律呂)'를 회복하는 새 길을 열어 갈 필요가 있다. 동아시민이 전체생명으로서의 본질을 회복하고 자유와 자비가 충만한 상태에 이르는 것이 유불회통의 동아시민성 원융함양의 방향이라고 생각된다. 이는 곧 오늘의 한국 사회의 종교 문제를 내일의 동아시민성 함양의 문제로 성찰하는 방향이 될 것이다.

참고문헌

김기봉, 「동아시아 담론: 어디서 왔으며, 어디로 가야 하는가?」, 『동아시아 문화와 사상』 6, 2001.

김성수, 「직지의 내용분석을 통한 백운화상의 '무심'에 관한 연구」, 『서지학연구』 55, 2013.

김용환, 「공공철학 체계와 실천윤리」, 『근대한국과 일본의 공공성』 1, 성남: 한국학중앙연구원출판부, 2015.

김용환, 「관음신앙의 사회적 공공성 연구」, 『한국교수불자연합학회지』 22/1, 서울: 한국교수불자연합회, 2016.

김용환, 『한국윤리교육 백문백답』, 좋은 기업 위드, 2016.

김태창, 『상생과 화해의 공공철학』, 동방의 빛, 2010.

노권용, 「사은사상의 신앙적 의미의 재조명」, 『원불교사상과 종교문화』 41, 원불교사상연구원, 2005.

동국대학교역경원, 『한글대장경』, 동국대학교역경원, 2010.

동국대학교출판부, 『白雲和尙語錄』, 『韓國佛敎全書』 6, 2002.

동국대학교출판부, 『佛祖直指心體要節』, 『韓國佛敎全書』 6, 2002.

무비 스님, 『직지강설 하』, 불광출판사, 2012.

변종헌, 「세계시민성 관념과 지구적 시민성의 가능성」, 『윤리교육연구』 10, 한국윤리교육학회, 2006.

선화상인, 『능엄경강설(상·하)』, 불광출판사, 2012.

송인창, 「명재윤증의 무실의 경세학」, 『무실과 실심의 유학자, 명재윤증』, 청계, 2001.

유명종, 「명재윤증의 유학사적 위상으로서의 실학」, 『유학연구』 5, 1972.

윤사순, 「무실과 실심의 유학자, 명재윤증」, 『명재윤증의 성리학적 실학』, 충남대학교 유학연구소, 2012.

율곡 이이, 『율곡전서(栗谷全書)』.

이법화 옮김, 『묘법연화경』, 영산법화사출판부, 1990.

이케다, 다이사쿠, 『새로운 가치창조의 시대로』, 화광신문사, 2010.

전관응 대종사, 『불교학대사전』, 홍법원, 1994.

정병석, 「주역의 질서관」, 『동양철학연구』 25, 동양철학연구회, 2001.
정윤표, 「프랙탈 우주론」, 『한국정신과학회 학술대회논문집』 2, 한국정신과학학회, 1995.
차차석, 「석옥 청공과 태고 보우의 선사상 비교」, 『한국선학』 3, 한국선학회, 2002.
황인규, 「백운경한과 고려말 선종계」, 『한국선학』 9, 한국선학회, 2004.
Bourdieu, Pierre, *Out of Practice*, Cambridge University Press, 1997.
Carr, David & John Haldane (eds.), *Spirituality, Philosophy and Education*, NY: Routledge, 2013.
Gowans, Christopher W., *Buddhist Moral Philosophy*, NY: Routledge, 2015.
Küng, Hans, *Global Responsibility*, SCM Press, NY: The Continuum, 1996.
Nussbaum, M. C., Kant and Stoic Cosmopolitanism, *Journal of Political Philosophy* 5/1, 1997.
Schattle, Hans, *The Practices of Global Citizenship*, Lanham: Rowman & Littlefield Publishers, 2008.
Smith, Wilfred C., *The Meaning and End of Religion*, San Francisco: Harper & Row, 1978.

대종교 단군민족주의와 한국 종교 연구: 이능화의 조선신교론(朝鮮神教論)을 중심으로

삿사 미쓰아키(佐佐充昭)

1. 들어가며

한국 종교에 관한 본격적인 학술 연구는 서양에서 유입된 근대적인 '종교(religion)' 개념의 전파와 더불어, 19세기 후반에 유럽에서 성립된 종교학의 수용을 통해 한말 일제강점기로부터 시작되었다. 해방 이전의 한국에서 종교 연구가 어떻게 전개되었는지에 대해서는 김종서에 의한 자세한 연구가 있다. 김종서는 「한말·일제하 한국 종교 연구의 전개」라는 논문에서 해방 이전의 한국 종교 연구를 서양인, 일본인, 한국인에 의한 것 세 종류로 분류하면서 그 내용과 특징에 대해 자세히 고찰하였다.[1] 거기서 그는 "한국인으로서 한국 종교 연구를 본격적으로 개척하기 시작한 것은 말할 것도 없이 이능화이다."라고 하며, 이능화를 '한국 종교계의 아버지'라 칭할 만큼 그 업적을 높이 평가하였다.[2] 실제로 그

1 김종서, 「한말·일제하 한국 종교 연구의 전개」, 『한국사상사대계』 6, 한국정신문화연구원, 1993.

2 김종서, 「한말·일제하 한국 종교 연구의 전개」, 289.

자신이 불교 신자였던 이능화는 1910년대에 한국 불교에 관한 역사연구에 진력한 후, 1920년대 이후부터는 기독교, 유교, 도교, 무속, 풍수사상 등 한국 종교 전반에 관한 폭넓은 문헌연구를 시도하여 방대한 업적을 남겼다.[3] 이능화가 행한 한국 종교 전반에 관한 체계적인 문헌연구는 현재 한국 종교사 연구의 기초가 되고 해방 후의 한국 종교학계에 적지 않은 영향을 주었다. 특히 한국인 주체의 한국 종교학사를 이야기할 때는 빼놓을 수 없는 인물 중 하나인 것이 사실이다.[4]

한편 이능화는 역사학자들 사이에서 소위 '친일파'로 분류되고 비판을 받기도 한다. 이능화는 조선총독부의 각종 문화사업에 종사하였으며, 특히 총독부의 『조선사』 편찬사업에 한국인 위원으로 당초부터 참가한 인물이기 때문이다. 실제로 그는 1922년 12월에 '조선사편찬위원회'가 발족되었을 때 동회의 위원으로 위촉된 후, 1925년 '조선사편수회'로 개편되었을 때도 재임되며 1938년까지 『조선사』 편찬사업에 관여하였다.[5] 그 공적이 인정되어 1929년에는 일본 측에서 훈6등 서보장(瑞寶章)을 수여받고 1940년에도 『조선사』 편찬 공로자로서 소화천황으로부터 은배(銀杯) 1개를 받았다. 이와 같이 조선총독부가 추진한 각종

---

3 『朝鮮佛教通史』(1918), 『朝鮮基督教及外交史』(1928), 『朝鮮解語花史』(1927), 『朝鮮巫俗考』(1927), 『朝鮮女俗考』(1926), 『朝鮮道教史』(1959) 등의 저서를 남겼다. 또한 「朝鮮醫藥發達史」, 「風水地理說에 관한 연구」, 「神教源流考」, 「朝鮮宗教史」 등의 논문을 발표하였다. 이능화가 남긴 논저들을 정리하여 1978년에 중앙대학교 영신아카데미 한국학연구소에서 『이능화전집』 전 8권이 간행되었다.

4 한국 종교학계에서는 1993년 봄·가을의 학술대회를 '이능화의 종교사학'이라는 주제하에서 개최하여 이능화가 한국 종교학에 끼친 의의에 대해 검증하였다. 이때 발표된 논문들을 1권의 단행본으로 묶은 것이 이종은 엮음, 『이능화연구: 한국종교사학을 중심으로』, 집문당, 1994다.

5 이능화의 경력에 관해서는 이하중, 「이능화 연보」, 이종은 엮음, 『이능화연구: 한국종교사학을 중심으로』, 199 참조.

학술 문화사업에 적극적으로 협력하였다는 이유로 한국의 역사학계에서는 이능화를 '친일파'로 규정하며 그 업적에 대해서도 부정적인 평가를 내리고 있다.[6]

이능화에 대한 이와 같은 상반된 평가는 '일본의 식민지 지배에 찬동하였는가 아니면 반대하였는가?'라는 이항대립적인 기준을 바탕으로 주체적인 민족의식의 유무를 판단하려고 하는 것이라 하겠다. 그런데 최근의 한국 근대사 연구에서는 이러한 '친일/반일'이라는 이분법적 인식에서 식민지 한국에서 활동한 사상가들을 단순히 분류해 버리는 것에 대해 비판의 목소리도 높아지고 있다.[7] 실제로 이능화를 친일파로 규정하는 최대 요인이 된 조선총독부의 『조선사』 편찬사업에 대해 본다면, 이능화는 일본 측이 제시한 역사인식에 전면적으로 찬동한 것이 아니었음을 알 수 있다. 오히려 그는 조선사편찬위원에 임명된 후 『조선사』에서 '단군'을 어떻게 기술하는지의 문제를 둘러싸고 일본 학자들과 심한 논쟁을 벌였다. 그리고 일본 학자들이 주장한 단군부정론이 채택되자, 이능화는 그에 반발하여 단군의 실재를 학술적으로 증명하려는 논설을 여러 언론 매체를 통해 발표해 나갔다.

이 논문에서는 이능화가 지닌 이중성, 즉 '조선총독부 문화사업에 대한 협력'과 '한국인으로서의 주체적 종교 연구'라는 이중성에 대해 '제국 일본/식민지 조선'의 연쇄하는 담론 공간[8]에서 활동한 한국인 엘

---

6 '제2의 독립운동 〈친일청산〉'을 호소하면서 간행된 『친일인명사전』에서도 '이능화'에 관한 항목을 3쪽에 걸쳐 게재하고 있다.

7 예를 들어 윤해동은 식민지지배와 근대성의 문제를 연관시키는 이른바 '식민지 근대성(colonial modernity)'의 관점에서 '저항'과 '협력'이 서로 침투된 '회색지대'로서의 '식민지 공공성'에 대해 문제를 제기하였다. 이에 관해서는 윤해동, 『식민지의 회색지대』, 역사비평사, 2003 참조.

8 趙寛子, 『植民地朝鮮/帝國日本の文化連鎖: ナショナリズムと反復する植民地主義』,

리트 지식인의 '식민지적 주체성(colonial subjectivity)'의 문제를 분석하고자 한다. 이때 특히 이능화가 제창한 '조선신교론(朝鮮神教論)'에 초점을 맞출 것이다.[9] 이능화는 조선총독부의 『조선사』 편찬사업에 참여하는 가운데 실증사학을 바탕으로 한 사료비판의 방법으로는 '단군'의 실재를 증명할 수 없음을 깨닫게 되었다. 그에 따라 그는 한국에는 외래종교가 유입되기 전에 단군에 의해 창시된 '신교(神教)'라는 고유종교가 존재하였다고 주장하며[10] 그 신교의 존재를 종교학, 민속학, 언어학 등 당시 한국 사상계에 유입된 최신의 근대학문을 통해 증명함으로써 간접적으로 단군의 실재를 밝혀내려고 하였다. 그때 이능화가 주장한 한국 고유의 신교란, 일본인 역사학자들의 단군부정론에 정면으로 대립하고 창도된 대종교의 '단군신교(檀君神教)'와 동일한 것이었다. 이에 관해서 이능화는 대종교 신도들과 교류하고 있었던 최남선을 통해 대종교의 단군민족주의에 근거한 한국 고유 신교론을 흡수한 것이라 생각된다.[11] 그러나 한편으로 이능화가 제창한 조선신교론은 일본 제국주의의 식민지 권력에 의해 왜곡된 근대 학문의 영향을 강하게 받은 것이기도 하였다.

이상과 같은 관점에서 이 논문에서는 조선총독부의 『조선사』 편찬사업에 참가한 이능화가 대종교도들과 직간접적으로 교류하여 대종교가 창출한 단군민족주의로부터 큰 영향을 받으면서 일본 학자들이 주장한 단군부정론에 대항하려고 한 사실에 대해 살펴보겠다. 이 논문의 고찰을 통해서 제국 일본의 근대적 학술체계와 대종교 계통의 민족주의사

東京: 有志舍, 2007, 2.

9 이능화의 조선신교론에 관해서는 신광철, 「이능화의 한국 신교 연구」, 『종교학연구』 11, 서울대학교 종교학연구회, 1992가 있다.

10 김종서, 「한말·일제하 한국 종교 연구의 전개」, 292.

11 대종교의 단군민족주의에 관해서는 佐佐充昭, 「한말·일제시대 檀君信仰運動의 전개: 大倧教·檀君教의 활동을 중심으로」, 서울대학교대학원 박사학위 논문, 2003 참조.

학이 교차하는 '회색의 담론 공간' 속에서 이능화의 조선신교론이 형성되었음을 밝히고자 한다. 그것을 통해 대종교의 단군민족주의가 일제강점기 한국의 종교 연구에 끼친 영향에 대해 논해 보겠다.

2. 대종교에 의한 단군민족주의의 창도

한일합방 이후 데라우치 총독에 의한 무단통치가 행해진 1910년대에 있어서 한국인의 주체적인 역사 연구는 해외에 망명한 독립운동가들에 의해 이루어졌다. 그중에서도 1909년 2월에 나철이 창설한 대종교는 단군을 한민족의 정신적 구심점으로 삼는 단군민족주의를 창도하여, 특히 중국 영내에서 활동한 우파 민족주의자들의 역사관에 막대한 영향을 주었다.[12] 대종교가 창도한 역사관은 대략 다음과 같이 요약할 수 있다. (1) 신인(神人) 단군의 지상 강림에 따라 '배달국(倍達國)'('박달(博達)' 또는 '박달(朴達)'이라고도 표기함)이라는 거대한 민족국가가 고대에 형성되었다. (2) 배달민족은 단군이 창시한 고유한 종교를 신봉하였으며, 고대의 제천(祭天) 의례 속에 그 모습이 전해진다. (3) 배달민족은 시대의 변천에 따라 수많은 부족과 국가로 분열되었는데, 그들은 본래 단군의 후예로서 같은 민족이다. 그러므로 만주와 한반도를 포함한 동북아시아 전역은 배달민족의 영토다. (4) 동북아시아에서 활동한 모든 부족과 국가는 배달민족으로서 같은 종교를 신봉하여 공통의 제천의례를 행하였다. (5) 한반도에서는 고려왕조 때의 몽고 침입으로 인해 단군에서 유래

---

12 佐佐充昭,「亡命ディアスポラによる朝鮮ナショナル·アイデンティティの創出: 大倧教が大韓民國臨時政府運動に及ぼした影響を中心に」,『朝鮮史研究會論文集』43, 2005 참조.

하는 고유종교는 단절되었다가 그 후 무속(巫俗)이나 선도(仙道) 속에서 그 전통이 보유되었다. (6) 일제의 식민지 지배라는 위기적 상황 속에서 단군의 고유종교는 대종교(大倧教)로 부흥되었다. 그리고 대종교 신앙을 바탕으로 한민족은 일치단결하여 독립운동을 전개함으로써 옛날에 배달민족이 영유한 동북아시아의 전 영토를 회복해야 한다.

대종교가 창도한 이러한 역사관은 일본의 천황제 이데올로기에 저항하기 위한 대항 담론으로 창출된 것이며,[13] 디아스포라로 해외에 망명한 독립운동가들을 하나로 단결시키는 원격지 내셔널리즘[14]으로 기능하였다. 나아가 일제가 '일선동조론(日鮮同祖論)', '만선사관(滿鮮史觀)' 등의 이데올로기를 내걸고 제국주의 지배를 한국으로부터 만주로 확대해 나가는 과정에서 대종교의 대조선주의사관(大朝鮮主義史觀)은 그에 대항하는 카운터 헤게모니(counter hegemony)를 형성하게 되었다. 현재 흔히 일제의 식민지주의 사관에 대항하기 위해 창도된 한국인 주체의 역사학을 '민족주의사학'이라 총칭하는데, 일제강점기에 활약한 민족주의 사학자들의 대부분이 대종교 신도였으며, 대종교의 단군민족주의로부터 큰 영향을 받고 있었다. 이 사실을 밝히기 위해 이하에서 당시를 대표하는 민족주의사학자였던 김교헌, 박은식, 신채호, 최남선의 활동에 대해 고찰해 보겠다.[15]

---

13 佐佐充昭, 「韓末における檀君教の『重光』と檀君ナショナリズム」, 『朝鮮學報』 180, 2001 참조.

14 ベネディクト·アンダーソン (Benedict Anderson), 關根政美譯, 「〈遠隔地ナショナリズム〉の出現」, 『世界』 586, 1993. 9.

15 김종서는 한국인에 의한 한국 종교 연구의 효시로 민족주의사학자들이 행한 한국 종교사 연구를 거론하고 있는데, 거기에 나온 역사학자들[박은식, 장지연, 신채호, 김교헌, 정인보]은 모두 대종교 신도들이었다. 김종서, 「한말·일제하 한국 종교 연구의 전개」, 286-288 참조.

김교헌(1868-1923)은 나철의 명을 받아 1916년에 대종교 제2대 교주에 취임한 인물이다. 명문 양반인 경주 김씨 집안에서 태어난 김교헌은 대종교에 입교하기 전에 조선왕조의 엘리트 관료로 출세 코스를 걸어갔다. 1903년에 문헌비고편집위원, 1909년에 규장각부제학과 국조보감인위원에 임명되는 등 대한제국 정부의 역사관계의 요직을 역임하였다. 한일합방 후 김교헌은 나철과 만나 그 민족의식에 크게 감화되어 대종교에 입교하였다. 그 후 김교헌은 그가 갖고 있었던 역사학의 지식을 바탕으로 단군 국수사관의 체계화를 시도하며, 대종교의 경전 해석본과 『신단실기』(1914), 『신단민사』(1924) 등의 역사서를 편찬하였다.[16]

박은식(1859-1925)은 양명학자로 알려진 독립운동가인데, 그도 대종교에 입교하여 교단의 간부로 활동하였다.[17] 한일합방 후 중국으로 망명한 박은식은 1911년 5월부터 만주 환인현에 있는 윤세복(1881-1960)의 집에 기숙하였다. 윤세복은 1923년에 김교헌의 명을 받아 대종교 제3대 교주가 된 대종교 간부였다. 경상남도의 대지주인 부농의 집안에 태어난 윤세복은 1910년에 대종교에 입교하였다. 그 후 그는 나철의 명을 받아 민족독립운동의 기지를 만들기 위해 모든 재산을 처분하여 만주 서간도 땅에 이주하였다. 바로 이때 박은식이 서간도로 가서 윤세복이 착수한 교육사업에 참여하게 되었다. 당시 윤세복은 동창학교라는 사립학교를 설립하여 재만 교포 자제를 위한 민족교육을 행하고 있었다. 박은식은 그 학교에서 역사 교재를 저술하면서 한국사 수업을 담

16 김교헌에 관해서는 大倧教倧經倧史編修委員會 엮음, 『大倧教重光六十年史』, 대종교 총본사, 1971, 365 참조.

17 1914년에 지교(知教), 1916년에 상교(尙教), 1922년에 서이도본사전리(西二道本司典理)로 임명되었다. 서도본사를 총괄한 신규식이 사망한 후부터는 상하이 지역의 대종교 활동에 진력하여 1926년 10월에는 정교(正教)로 임명되었다. 大倧教倧經倧史編修委員會 엮음, 『大倧教重光六十年史』, 838 참조.

당하였다. 특히 1911년에 『동명왕실기』, 『발해태조건국지』, 『몽배금태조』, 『명림답부전』, 『천개소문전』, 『대동고대사론』 등의 역사서를 잇달아 저술하였다. 그 역사서의 내용을 보면 박은식이 사상적·신앙적으로 대종교에 깊이 귀의하고 있었음을 확인할 수 있다.[18] 그 후 박은식은 상하이로 건너갔다. 상하이에는 중국 혁명파 인사들과 신뢰관계를 구축한 대종교의 간부 신도인 신규식(1879-1922)이 민족독립운동의 거점을 형성하고 있었다. 또한 대종교의 지부로 서도본사(西道本司)가 상하이에 설치되었는데, 박은식은 그곳을 거점으로 민족독립운동에 종사하였다.

또한 일제강점기 당시 가장 저명한 민족주의사학자로 알려진 신채호(1880-1936)도 1910년대에 대종교와 깊은 관계를 지니고 있었다.[19] 신채호는 1914년에 윤세복의 요청을 받아 그가 경영하는 동창학교의 교육사업에 참여하였다. 앞에서 말한 바와 같이 이 학교에는 이미 박은식이 초빙되어 역사교육에 종사한 일이 있었다. 신채호도 대종교도들의 인맥을 통해 이 학교에 초대되었던 것이다. 신채호가 동창학교 시절에 저술한 『꿈하늘(夢天)』과 『조선상고문화사』에는 대종교의 교리 및 역사

---

18 박은식과 대종교의 관계에 관해서는 佐佐充昭, 「1910年代以降における朴殷植の民族獨立運動と『國魂』論の提唱: 大倧教との關係を中心に」, 『朝鮮學報』 228, 2013 참조.

19 신채호는 1920년대 이후 무정부주의에 경도되어 대종교의 영향권에서 떠났다. 특히 만년의 신채호는 대종교의 경전들을 위서(僞書)로 부정하는 등 대종교의 교리 비판을 행하였기 때문에 대종교 측은 그를 신도로 취급하고 있지 않다. 그러나 1910년대에 한해서 본다면 신채호는 대종교의 교리나 단군 사상으로부터 큰 영향을 받았으며, 그의 독립운동도 대종교도들과 협동하면서 행해졌던 것이 사실이다. 그 증거로 1910년대의 대종교 신도명단인 『종교영질(倧教榮佚)』(서지사항 불명, 대종교 총본사 소장)에는 "申采浩, 癸, 四, 二十"(5쪽)이라 쓰여 있다. 이것으로 신채호가 1913년[癸丑]경에 대종교에 소속되어 있었음을 알 수 있다. 1916년 8월 초대 교주 나철이 황해도 구월산 삼성사에서 자결하였을 때 신채호는 「도제사언문(悼祭四言文)」을 지어 나철의 죽음을 애도하였다. 단재신채호전집간행위원회 엮음, 『개정판 단재 신채호전집』(하), 형설출판사, 1995, 500 참조.

관으로부터의 영향이 현저히 보인다.

한편 한국 국내에서 활동한 최남선(1890-1957)도 이미 한말 시대부터 대종교와 깊은 관계를 갖고 있었다.[20] 최남선은 한일합방 이전인 1906년에 신문관을 설립하여 언론·출판 활동을 대대적으로 전개하였다. 일본의 식민지지배에 의해 한국의 전통문화가 상실되어 가는 것을 우려한 최남선은, 한국의 고서와 고전을 수집, 보존하고 그것을 편찬, 간행할 목적으로 1910년 10월에 '조선광문회'를 설립하였다. 조선광문회는 서울에 있는 신문관 2층에 설치되고 1911년부터 1918년까지 약 20여 종의 고전과 한국 최초의 국어사전인 『훈몽자회(訓蒙字會)』 등을 간행하였다. 이 조선광문회의 출판사업에도 대종교도들이 깊이 관여하였다. 조선광문회의 기록을 보면 동회의 고문 및 종사(従事)로 박은식, 유근, 김교헌, 이인승, 남기원, 주시경, 김두봉, 이규영, 권덕규 등이 참

20 대종교 측에는 다음과 같은 기록이 전해지고 있다. "육당 최남선 선생은 만철(満鉄) 위촉으로 북지순회(北支巡回) 강연 기회에 발해고도(渤海古都) 동경성을 시찰케 되었다. 그때에 대종교당에 선착하여 단군 천진전(天眞殿)에 참배한 후 윤단애(단애는 윤세복의 호) 선생께 진배악수(進拜握手)하시고 두 무릎을 꿇고 말없는 순간 두 눈에 손수건만 번갈아 젖어졌다. 너무 감개한 표정으로 말문을 열어 '해외에서 큰 책임을 지시고 계신 선생님을 이처럼 뵈옵고 보니 평소에 하고 싶던 많은 말씀은 다 간 데 없고 그저 황감할 뿐입니다. 저도 일찍 김무원(무원은 김교헌의 호) 종사와 유석농(석농은 유근의 호) 선생의 전통적 훈도(薫陶)를 받은 대종교 숭봉자이오나 외면에는 불교신자로 행세하면서 단군론을 세상에 문헌으로 밝히려는 일편단심(一片丹心)에서 전 생애와 역량을 다 바치려고 희생적 모욕적 이용을 당하면서 또한 어떠한 의심을 받더라도 목적한 바 성공되는 날 저의 사명을 다한 줄 압니다. …' 하였다." 그 당시 기행문 제목은 송막연운본록(松漠燕雲本録)이다. 이현익, 「대종교인과 독립운동연원」, 『알소리』 10, 한뿌리, 2011, 105-106 참조. 이에 관해 최남선 자신이 쓴 「송막연운록(松漠燕雲録)」에 기록이 남아 있는데, 그 내용은 대종교 측 자료와는 약간 다르다. 대종교와 최남선의 관계에 대해서는 김동환, 「육당 최남선과 대종교」, 국학연구소 엮음, 『한국학보고서: 배달민족의 역사의식과 사상가들』, 한뿌리, 2008, 358-360 참조.

여하였는데, 그들 중에서 이인승과 남기원 이외는 모두 대종교도들이었다.[21] 실제로 최남선은 대종교 관련 서적의 출판에 협력하고 있는 점이 주목된다. 일례로 1912년 9월에 오혁(吳赫)의 명의로 대종교총본사에서 『대종교시교문(大倧教施教文)』이 발행되었다. 이것은 대종교 교리를 간결히 정리한 팸플릿과 같은 것이었는데 신문관에서 인쇄되었다. 또한 제2대 교주 김교헌의 『신단실기』도 1914년에 조선광문회에서 간행되었다. 이러한 출판사업을 통해 최남선과 대종교가 1910년대부터 깊은 관계를 갖고 있었음을 알 수 있다.[22]

한국인의 학술·언론 활동이 지극히 제한된 1910년대에 있어서 독립운동가들의 대부분은 한국 국내에서의 활동이 곤란해졌다. 한편 대종교의 교단조직은 한국 국내뿐만 아니라 간도, 상하이, 블라디보스토크 등 중국과 러시아에서 활동 거점을 갖고 있었다. 해외로 망명한 독립운동가들은 대종교의 교단 네트워크를 이용하면서 항일독립운동을 전개하였고,[23] 특히 대종교의 단군민족주의 사상은 한국인 주체의 역사 연구를 지향한 민족주의사학자들의 역사인식에 큰 영향을 주었다.

---

21 오영섭, 「조선광문회연구」, 『한국사학사회보』 3, 2001, 108.

22 그 후에도 최남선은 한국 국내에 설치된 대종교 남도본사와 깊은 관계를 가졌다. 1928년 1월에 대종교 남도본사에서 『한빛』라는 종합잡지(총 6호)가 발간되었는데, 최남선은 모든 호에 걸쳐 기사를 실었으며 실질적으로 이 잡지를 주관하고 있었다. 이에 관해서는 佐佐充昭, 「日帝下 大倧教 南道本司의 활동」, 『종교학연구』 22, 한국종교학연구회, 2003 참조. 또한 이능화도 『한빛』(창간호, 1928. 1.)에 「조선 역사 유물·유적」이라는 기사를 게재하였다.

23 예컨대 북간도에 설립된 대종교의 청호시교당(青湖施教堂)은 나철이 만주포교의 기지로 사용한 곳이며, 중국·러시아 방면으로 망명한 독립운동가들의 정보 거점의 역할을 하고 있었다. 이에 관한 상세한 내용은 대종교도인 조창용(趙昌容)이 쓴 『백농실기(白農實記)』의 「북간도시찰기(北艮島視察記)」에 기술되어 있다. 조창용, 『백농실기』, 독립기념관 한국독립운동사연구소, 1993 참조.

3. 조선총독부 『조선사』 편찬에 있어서의 단군 논쟁

주지한 바와 같이 조선총독부의 『조선사』 편찬사업은 식민통치의 일환으로 계획된 것이었다. 이와 관련하여 1916년 7월에 발표된 「조선반도사편찬요지」에는 다음과 같은 내용이 기술되었다.

> [한국에는] 고래로부터 역사서가 많이 존재하고 또한 새롭게 저작된 것들도 적지 않다. 그런데 전자는 독립 시대의 저술이고 현대와의 관계가 결핍되어 있고 헛되이 옛 독립국의 꿈을 추상시키는 폐해가 있다. 후자는 근대 조선에 있어서 일본과 청국, 일본과 러시아의 세력 경쟁을 저술하면서 조선의 배반을 설하며, 혹은 '한국통사'라 칭하는 재외조선인의 저서와 같은 것은 사실의 진상을 구명하지 않고 함부로 망설을 흩뿌린다. 이러한 역사 사적이 인심을 미혹시키는 해독은 정말로 말함을 금치 못할 정도이다. 그렇다 하더라도 이것들을 절멸시키는 대책을 강구하는 것은 헛수고로 끝날 뿐만 아니라 거꾸로 그 전파를 격려하게 될지도 모른다. 오히려 옛 사서를 금지시키는 대신에 공명정대한 사서를 만드는 것이 지름길이 되고 또한 효과도 더 현저히 있을 것이다. 이것이 조선반도사의 편찬을 필요로 하는 주된 이유이다. 만약 이러한 서적을 편찬하지 않으면 조선인들은 만연하게 병합과 연관이 없는 고서 또는 병합을 저주하는 서적들을 읽는 것에 그치게 된다. … 이렇게 되면 어떻게 조선인 동화의 목적을 달성할 수 있겠는가?[24]

---

24 朝鮮總督府朝鮮史編修會 編, 「朝鮮半島史編纂趣旨」, 『朝鮮史編修會事業概要』, 朝鮮總督府, 1938, 6. [ ] 안의 내용은 필자가 삽입한 것이다. 이하 이 책은 '『사업개요』'라 약칭한다.

일본 측의 의도가 명확히 기술된 글인데, 여기서 특히 주목할 만한 것은 조선총독부가 식민통치를 수행하는 데 있어서 다음의 두 가지 종류의 역사서를 큰 패해가 된다고 생각하였던 점이다. 첫째는 한일합방 이전의 고려·조선왕조나 대한제국시대에 편찬된 역사서이며, 둘째는 한일합방 이후에 간행된 일본 제국주의 침략을 비판하는 역사서다. 그 당시의 상황에 비추어 구체적으로 말하면, 첫째의 역사서란 최남선이 주관한 조선광문회에서 간행한 고서와 고적들이며, 둘째의 역사서란 박은식의 『한국통사』가 실명으로 거론되고 있듯이 해외로 망명한 독립운동가들이 간행한 역사서를 가리킨 것으로 생각된다.

그런데 이 서적들의 대부분이 비밀리에 구축된 대종교의 교단 조직망을 통해서 편찬, 간행된 역사서들이었다. 우선 첫째의 조선광문회의 출판사업을 보면 대종교 제2대 교주인 김교헌을 비롯해 대종교의 국내 지부인 남도본사를 주도한 유근(1861-1921) 등이 고서적의 제공과 편집, 간행 등에 크게 공헌하였다.[25] 또한 둘째의 서적도 예컨대 박은식이 1915년에 중국에서 간행한 『한국통사』는 상하이에서 독립운동에 종사하고 있었던 박은식이 대종교 간부인 신규식을 통해 알게 된 중국 혁명파 인사들의 강력한 정치적·재정적 지원을 받으면서 출판된 책이었다.[26]

25 유근은 한말에 『황성신문』 사장을 맡았고 합방 후 『동아일보』 설립에도 깊이 관여하여 동 신문의 편수감독을 맡은 한국 언론계의 중진이었다. 『동아일보』, 1921. 5. 21, 「嗚呼石儂先生」에서는 유근에 대해 "배달민족의 정신을 향상시키기 위해 대종교에 헌신하여 … 최남선 씨와 손을 잡아 날마다 상실되어 가는 조선의 고서적을 널리 세상에 전하기 위해 조선광문회를 조직하여 편집 사무에 종사하였다."라고 전하고 있다. 또한 『동아일보』, 1931. 12. 28, 「大倧敎都司敎, 寧古塔에서 長逝」에서는 김교헌에 대해 "최남선 씨의 주관으로 일어난 조선광문회의 고서 간행 사업에서도 김 씨의 원조는 실로 컸었다."라고 전하고 있다.

26 閔弼鎬 編, 「睨眼申圭植先生傳記」, 『韓國魂』, 普信閣, 1971, 128-129.

이러한 역사서들을 근절할 수 없다고 판단한 조선총독부 측은, 일본의 식민통치를 정당화시키는 역사서를 이른바 '정사(正史)'로서 편찬하려고 하였다. 그리고 이 『조선사』 편찬사업에 한국인 역사가들을 끌어들임으로써 민족주의사학자 진영을 회유하려고 한 것이다. 이렇게 해서 당시 한국에서 가장 정력적으로 학술활동을 벌이고 있었던 이능화와 최남선이 조선총독부의 『조선사』 편찬사업에 편집위원으로 동원되었다.

그러나 한국인을 편집위원으로 영입했다 하더라도 조선총독부의 『조선사』 편집방침이 변경된 것은 아니었다. 『조선사』 편찬사업에 있어서의 식민지주의적 성격은 『조선사』 안에서 '단군'을 어떻게 취급하느냐는 문제에 단적으로 나타났다. 당시 『조선사』 편찬을 담당한 일본인 역사학자들은 사료비판에 의해 과학적인 역사학을 확립한 랑케의 독일사학을 도입하면서 개설된 제국대학교 동양사학과에서 훈련을 받은 학자들이었다. 그들은 실증주의에 근거한 문헌비판의 방법에 의해 고대의 신화나 전설의 사실성을 부정하는 것을 학풍으로 삼았다. 그러므로 『조선사』 편찬사업에 참가하기 전부터 이미 그들은 단군이나 고조선의 존재를 부정하는 연구를 내놓고 있었다.[27] 조선총독부의 『조선사』 편찬사업에 있어서도 일본인 역사학자들은 단군신화에 대해, 몽고 침입에 의한 고려왕조의 국가적 위기의식을 시대 배경으로 하여 한 승려에 의해 불교 경전을 바탕으로 날조된 가공의 이야기에 지나지 않다고 여겨 단군의 존재를 완전히 부정한 것이다. 이리하여 결국 『조선사』에서의 단

---

27 일본에서 동양사학의 개척자로 알려진 나카 미치요(那珂通世)를 효시로 하여, 일본의 근대 동양사학을 확립한 시라토리 구라키치(白鳥庫吉), 그리고 미우라 히로유키(三浦周行), 이마니시 류(今西龍), 이나바 이와키치(稻葉岩吉), 다카하시 도루(高橋亨), 오다 쇼고(小田省吾) 등 『조선사』 편찬사업에 관여한 일본 학자들은 모두 단군의 실재성을 부정하는 견해를 발표하고 있었다. 이에 관해서는 신종원 엮음, 『일본인들의 단군연구』, 민속원, 2009 참조.

군 기사는, '신라 혁거세거서간(赫居世居西干) 21년, 고구려시조 동명성왕 원년(東明聖王元年)'의 고구려 건국에 관련된 기사의 주와 고려시대 공민왕 24년 직산군백문보(稷山君白文寶)의 상소문 안에서 취급되었을 뿐이었다. 이와 같이 단군 및 단군고조선의 존재는 『조선사』의 전면에서 완전히 배제되고 말았다.

단군에 대한 이러한 취급에 대해 한국인 위원들은 크게 반발하였다. 이능화에 관해서 말하면 그는 1922년 12월 8일의 제1회 위원회에서 "조선의 상고대에는 단군조선, 기자조선, 위만조선이 있었기 때문에 삼국 이전을 고대조선으로 하"고 "[단군의] 건국신화는 민족의 정신을 발휘하는 것이므로 꼭 수록하고 싶다."[28]라고 호소하였다. 그러나 이 위원회에서는 『조선사』 편찬의 사실상의 책임자였던 이마니시 류(今西龍)의 결석을 이유로 단군 문제는 무시되고 말았다.[29]

이와 관련하여 『조선사』 편찬을 주도하고 있었던 이나바 이와키치(稻葉岩吉)는 제1회 위원회에서 단군 문제가 거론된 해인 1922년 9월에 『지나사회사연구(支那社會史研究)』를 간행하였다. 그 책의 '조선의 문화 문제'라는 장에서 그는 "조선의 역사는 중국의 정치적 실패자가 반도로 도망가고 콜로니(colony)를 건설한 것이 발단이 되며, 그 콜로니가 왕성하였을 때를 가늠하여 만주 지방의 부여족이나 기타의 민족들이 남하(南下)하여 제각기 분할을 하였던" 것이라고 주장하였다.[30] 나아가 단군신화에 대해서도 다음과 같이 말하였다.

독립된 민족신앙의 중심으로 매진하고자 하는 조선인의 오늘날은 경축

28 『사업개요』, 19-20.

29 『사업개요』, 24-25.

30 稻葉岩吉, 『支那社會史研究』, 東京: 大鐙閣, 1922, 275-276.

> 할 만한 것이지만 전설은 어디까지나 전설에 지나지 않고 역사가 아님을 이해해야 할 것이다. 전설에는 대부분 신앙이 부가되어 있으므로 민족의 장래를 지시하고 그 생활을 다루는 것에 부족함이 없다 하더라도 그것만으로 민족 성립의 유래를 알 수는 없다. 그뿐만 아니라 일본 국가의 일원이라는 이해를 지니는 것이 불가능해진다.[31]

여기서 말하는 "독립된 민족신앙"이란 단군을 정신적 구심점으로 삼는 신앙을 가리킨다고 생각된다. 나아가 이 바로 뒷부분에서 최남선의 이름을 들면서 단군을 중시하는 역사인식을 통렬히 비판하고 있다. 그리고 "한반도는 그 지리상의 관계로 인해 한 개의 독립국으로 존재하는 것이 불가능한 사실"을 입증해야 한다고 하면서, 조선총독부 위정자들을 향해 "현재의 총독부 역사편찬사업을 확대하여 우후죽순과 같이 발생하는 조선인의 역사편찬에 대해 올바른 이해를 지니게 하여야 한다."라고 호소하였다.[32]

이러한 입장에서 이루어진 일본 학자들의 단군부정론에 대해 최남선은 "조선의 역사로부터 단군을 제거하려는 것은 일본 학자의 전통적 오류일 뿐만 아니라 일본의 위정자들이 조선 정신을 말살하기 위한 하나의 필요 수단이다."라고 하여 맹렬히 반발하면서,[33] 단군을 중심으로 하는 국학운동을 정력적으로 전개해 나갔다.[34] 그리고 이능화도 최남선과 같은 입장에서 단군을 학술적으로 증명하기 위한 조선신교론을 전개

---

31 稲葉岩吉, 『支那社會史研究』, 279.

32 稲葉岩吉, 『支那社會史研究』, 281-286.

33 『동아일보』 1926. 2. 11-12, 「檀君否認의 妄」.

34 최남선의 단군 연구에 관해서는 全成坤, 『日帝下文化ナショナリズムの創出と崔南善』, J&C, 2005 참조.

해 나갔다.[35]

4. 이능화의 조선신교론

1) 대종교 민족주의사학에 근거한 신교론의 제창

이능화는 불교 연구자로 활약한 1910년대부터 이미 대종교가 창도한 단군신교론에 관심을 갖고 있었다. 1912년에 간행한 『백교회통(百教會通)』의 제9장 「대종교와 불교의 대조」에서는 여러 가지 종교 중의 하나로 대종교와 불교를 비교하고 있다.[36] 또한 『불교진흥회월보』에 발표한 「조선인과 각 종교」에서도 "최근 어떤 사람이 신단(神檀)의 실기(實紀)를 수집하여 우리 조상의 종교는 곧 조선의 고대신교(古代神教)임을 제창하였다."[37]라고 하여 김교헌의 『신단실기』에 대해 언급하고 있다.

그 후 이능화는 1918년 3월에 『조선불교통사』를 간행하였는데,[38] 그 하편에 수록된 「조선고대신교기행(朝鮮古代神教已行)」에서 조선신교론을 본격적으로 논하였다. 이 논설에서 그는 단군의 가르침을 '신교(神

35 이능화와 최남선이 행한 한국 종교 연구에 관해서는 김종서가 자세히 정리하고 있다. 김종서, 「한말·일제하 한국 종교 연구의 전개」, 289-298 참조. 이 논문도 김종서의 연구 성과로부터 많은 시사를 받았다.

36 李能和, 『百教會通』, 朝鮮佛教月報社, 1912, 50. 이 책은 불교를 중심으로 모든 종교가 소통, 통합됨을 주장한 것인데, 한국 최초의 비교종교학 서적이라 평가되고 있다. 이에 관해 김종서는 "희미하나마 단순한 진리주장보다는 종교다원주의적 입장에서 신앙 자체에 초점을 맞추는 현대 종교학적 시작을 배태하고 있는 것"이라고 지적하고 있다. 김종서, 「한말·일제하 한국 종교 연구의 전개」, 290 참조.

37 李能和, 「朝鮮人과 各宗教」, 『佛教振興會月報』 1/9, 1915, 3.

38 李能和, 『朝鮮佛教通史』, 新文館, 1918.

教)'와 '선파(仙派)'로 분류하면서 '신교'에 관해서는 김교헌의 『신단실기』를 인용하여 대종교의 단군신교론을 저술하고 있다.[39] 또한 「현대종교(現代倧教)」에서는 "구한말 광무 8년 병오(丙午)에 나철과 오혁 등이 단군신교(檀君神教)를 다시 부흥하여 대종교(大倧教)로 개칭하였다."[40]라고 하여 대종교를 단군신교의 부활로 설명하였다. 나아가 "대종교에서는 삼신일체(三神一体), 즉 천주(天主), 천신(天神), 신인(神人)을 설하고, 기독교에서는 삼위일체(三位一体), 즉 성부(聖父), 성자(聖子), 성신(聖神)을 설하고, 불교에서는 삼신(三身), 즉 법신(法身), 보신(報身), 화신(化身)을 설하는데, 이것들은 일즉삼(一卽三), 삼즉일(三卽一)."[41]이라 하며, 대종교의 삼신일체의 교리를 기독교의 삼위일체나 불교의 삼신설과 비교하고 있다. 또한 「단군환인내천제석(檀國桓因迺天帝釈)」에서는 환인과 환웅과 단군이 삼신(三神)이라 하며, 대종교의 근본경전인 『삼일신고(三一神誥)』의 천훈(天訓), 신훈(神訓), 진리훈(真理訓)을 인용하고 있다.[42] 이 책은 최남선이 주관한 신문관에서 출판되고 최남선이 교열하였다. 이러한 사실에서 이능화는 최남선과의 교류를 통해 이미 1910년대 후반부터 대종교의 단군신교론의 영향을 받고 있었음을 알 수 있다.

그리고 1920년대 이후 『조선사』 편찬사업에 참가한 것을 계기로 이능화는 조선신교론을 본격적으로 제창해 나가게 된다. 이것은 앞에서 말한 바와 같이 『조선사』 편찬에 참가한 일본 학자들의 단군부정론을 비판하고 그것에 반박을 가하기 위한 것이었다고 생각된다. 그때 이능

39 李能和, 『朝鮮佛教通史』(下編), 1080. "朝鮮檀君, 教有二途, 一爲神教, 奉事桓因天是也, 一爲仙派, 傳承広成子是也, 按大倧教書神檀實記云."

40 李能和, 『朝鮮佛教通史』(下編), 1082.

41 李能和, 『朝鮮佛教通史』(下編), 1098.

42 李能和, 『朝鮮佛教通史』(下編), 239.

화는 외래종교가 유입되기 이전에 한국 고유의 종교가 존재하였다고 가정하며 이 한국 고유의 종교를 '신교'라 칭하고 단군신화 속에서 그 흔적을 찾으려고 하였다.

이능화의 조선신교론은 1920년대에 발표한 「조선신교원류고(朝鮮神教源流考)」(1923)[43], 「고조선단군(古朝鮮檀君)」(1927)[44], 「조선신사지(朝鮮神事誌)」(1)-(11)(1929)[45] 등의 논설에서 체계적으로 정리되고 있다. 그것을 보면 이능화의 조선신교론이 대종교의 단군 사상을 근간으로 한 것이었음을 알 수 있다. 예를 들어 「조선신교원류고」(『동명』 제25호, 1923)에서는, 고대 동북아시아 전역에는 동이족(東夷族) 혹은 구이(九夷)라는 중국과 다른 거대 민족이 널리 활동하고 있었고 중국에 식민지를 만들었다고 하면서 그 민족을 '박달족(朴達族)'이라 칭하고, 그들이 원시종교인 '신교(神教)'를 공통적으로 믿고 있었다고 설명하였다. 나아가 이 고대 신교는 하늘의 제사를 주관한 제사장(祭祀長)을 중심으로 하는 샤머니즘이었다고 하며 한국 고대 종교의 흔적은 무속과 풍류도, 조선단학(朝鮮丹學) 속에 남아 있다고 주장하였다. 또한 「고조선단군」(『동광』 제12호, 1927)에서는 '동북이(東北夷)'의 여러 민족들은 '신교'로서 신단제(神壇制)를 공통적으로 지니고 있었다고 하며 「동북이단제신사계통도(東北夷壇制神事系統圖)」를 작성하였다. 그 계통도를 보면 동북아시아에 분포한 모든 민족들을 단군의 자손으로 여기는 대종교의 대조선주의사관(大朝鮮主義史觀)을 그대로 표현한 것임을 알 수 있다.

---

43 일본의 잡지인 『史林』 제7권 3호-제8권 4호(1922. 7-1923. 10)에 한문체로 게재되었다. 그 후 한국어로 번역되어 『동명』 제25호-제37호(1923. 2-5)에 발표되었다.

44 『동광』 제12호(제2권 4호)에 게재되었다. 이 논문의 전반부는 후에 발표될 「조선신사지」 제1집, 「고조선단군」의 내용과 거의 같다.

45 잡지 『조선』 제135-146호(1929. 1-12)에 연재되었다.

그러나 1920년대 이후에 발표된 이능화의 조선신교론에서는 그 이전의 신교론과는 달리, 조선총독부의 『조선사』 편찬사업을 통해 수집된 수많은 문헌자료들이 인용되고 있다. 특히 1929년에 발표한 「조선신사지」에서 그는 방대한 역사 자료를 근거로 단군신교의 실재를 증명하려고 시도하고 있다.[46] 이와 같이 이능화의 조선신교론은 대종교 계통의 민족주의사학자들의 연구 성과와 동시에 『조선사』 편찬사업에서 발굴, 수집된 자료들을 근거로 하여 제창된 것이었다.

2) 조선신교론의 근대 종교학 수용

또한 이능화의 조선신교론에는 당시의 종교학(및 그 인접 학문 분야)의 연구 성과가 많이 수용되었던 것이 큰 특징이다. 앞에서 말한 바와 같이 이능화의 조선신교론은 일본 학자들의 단군부정론을 반박하기 위해 제창된 것이었다. 그러므로 이능화는 일본 학자들이 의거한 실증주의사학과는 다른 학문 분야, 특히 종교학의 연구 성과를 적극적으로 수용하려고 하였다. 때마침 당시의 서구에서는 진화론에 대한 관심이 높아져 종교의 원초적 기원과 그 발전 형태를 탐구하기 위해 언어학이나 문화인류학의 연구 방법을 사용한 고대 종교와 신화에 대한 분석이 성행하고 있었다. 이능화는 일본 학자들의 학술논문을 통해 당시의 서구 학계에서 거론되고 있었던 종교학의 연구 성과를 흡수하여 그것을 바탕으로 단군신교의 실재를 증명하려고 하였다.

이때 이능화가 수용한 종교학의 연구 성과는 일본 학자들과 한국

---

46 영신아카데미 한국학연구소 엮음, 『이능화전집(속집)』, 영신아카데미 한국학연구소, 1978, 24.

학자들 사이에서 쟁점이 되고 있었던 '단군'을 둘러싼 글자 문제에 집중적으로 적용되었다. 이 논쟁에 대한 상세한 설명은 지면상의 제한으로 여기서는 생략하겠다. 그런데 이러한 단군 논쟁이 벌어지고 있었던 와중에 가장 오래된 『삼국유사』의 원본이 이마니시 류(今西龍)에 의해 발견되었다. 이마니시 류가 입수한 정덕임신경주판본(正德壬申慶州板本)은 『조선사』 편찬에서 저본으로 정해지고 교토제국대학교에 소장되었다. 그런데 최남선은 이 원본을 직접 확인한 결과 몇 가지 중요한 사실을 발견하였다. 첫째는 '단군'의 한자 표기가 '나무 목 변의 단군(檀君)'이 아니라 '흙 토 변의 단군(壇君)'이라 기술되어 있었던 것이다. 둘째는 '환인(桓因)' 부분이 원래 '환국(桓國)'이라 쓰여 있던 흔적이 있었던 것이다. 이 두 가지 사실은 한국 학자들 사이에서 단군부정론을 뒤집는 중요한 근거로 여겨졌다.

당시 일본 역사학자들은 단군이 강림한 태백산을 묘향산으로 비정하고 고려시대의 불교 승려가 각종 불교 경전을 참고로 묘향산의 향나무를 '우두전단(牛頭旃檀)'이라 여겨 신인(神人) 단군이라는 가공의 인물을 날조하였다고 보았다. 그리고 단군의 조부인 환인에 대해서도 그것이 각종 불교 경전에 나오는 '제석환인(帝釋桓因)'을 가리킨다고 보았다.[47] 그런데 한국 학자들은 '흙 토 변의 단군(壇君)'을 채용하여 '단(壇)' 자가 고대 제사장이 사용한 신단(神壇)을 지칭한다고 설명하였다. 그렇게 함으로써 '나무 목 변의 단군(檀君)'의 '단(檀)' 자를 묘향산의 단목과 연관시키려고 한 일본 학자들의 불교날조설을 논박하려고 한 것이다.

또한 '환인(桓因)/환국(桓國)'의 문제에 대해서도 한국 학자들은 '환

---

47 이에 대해서는 白鳥庫吉, 「檀君考」, 『學習院輔仁會雜誌』 28, 1894; 白鳥庫吉, 「朝鮮の古傳說考」, 『史學雜誌』 5/12, 1894 등 참조.

국(桓國)'이 올바른 글자이며, '환인(桓因)'이란 글자는 단군 왕조의 사실을 없애 보려고 한 일본 학자들이 나중에 고친 것이라고 주장하였다. 그들이 '환국'에 고집한 것은 그것이 불교날조설을 부정할 수 있음과 동시에 고조선 왕조의 실재도 증명할 수 있다고 생각하였기 때문이다. 그런데 이때 주목해야 할 것은 '흙 토 변 단군(壇君)'과 '환국(桓國)'설을 정당화하기 위해 일본으로부터 수입된 종교학의 연구 성과가 원용되었다는 사실이다.

이능화의 신교론에 관해서 우선 '환인(桓因)/환국(桓國)' 문제에 대해 살펴본다면 이능화도 '환국'설을 주장하고 있었음을 알 수 있다. 이때 「조선신교원류고」에서는 '환국'설을 뒷받침하기 위해 대종교의 '배달국(倍達國)'설을 주장하며 그 대종교의 민족 개념을 증명하기 위해 일본 학자의 언어학설을 소개하고 있다. 이에 관해 이능화는 이미 『조선불교통사』에서 다음과 같이 설명하고 있다.

> 어족(語族)을 연구하는 사람은 몽고어와 일본어와 조선어의 문법이 동일하다고 한다. 도쿄제국대학교 이과대학(理科大學) 강사인 도리이 류조(鳥居龍藏) 씨의 강연에 의하면 도리이 씨도 또한 몽고어를 우랄알타이[烏拉亞爾泰] 어족(Ural-Altaic Languages)으로서 일본어, 조선어, 만주어는 서로 유사하며 형제와 같은 관계에 있다고 한다. 그러나 이웃의 중국어와는 전혀 관계가 없는 것은 매우 이상한 것이다. 상현(尚玄)[이능화의 호인용자—필자 주]이 생각하기를 만약 언어 종류의 맥락을 연구한다면 우선 종족의 원류를 구별하여야 한다. 대종교의 교서인 『신단실기』에 의하면 조선 단군의 후예를 배달족(倍達族)이라 하며, 이것이 조선족, 북부여족, 예맥족, 옥저족, 숙진족의 다섯으로 분파되었다고 한다.[48]

이와 같이 그는 일본의 인류학자인 도리이 류조의 연구를 통해 우랄알타이 어족이라는 개념을 알게 되며, 이 언어학설을 사용하면서 대종교가 창도한 배달민족설을 증명하려고 한 것이다.

한편 '단군(檀君)/단군(壇君)' 문제에 대해서도 이능화는 '흙 토 변 단군(壇君)'설을 강력히 주장하였다. 이에 관해 그는 「신교원류고」에서 "檀君은 잘못한 것이고 壇君이 옳다.", "동이(東夷)에는 예전에 壇壝(단유)의 군(君)이 있었다. 이것을 단군(壇君)이라 한다.", "단목(檀木)에 내린 것이 아니라 하늘에 제사하는 단(壇)을 관리하는 제사장(祭祀長)의 역할을 하였기 때문에 단군(壇君)이라 칭하였다."라고 논하였다.[49] 그리고 세계 각지의 신(神) 관념에 대해 설명하면서 하늘에 제사를 지냈던 단군(壇君)에 대해 다음과 같이 말하고 있다.

> 태고로부터 세계 각국에 여러 가지 신도(神道)가 존재하였다. 인도인은 브라흐마(梵天王), 유태인은 구약성경의 천신(天神), 카르데아인은 바알(Baal), 아라비아인은 알라(Allah), 그리스인은 아폴로(Apollo). 그 본질은 똑같고 원초 민족의 종교 사상이 동일한 연원에서 나온 것임을 알 수 있다. 우리 동이(東夷)에 있어서 태고의 민족이 신봉한 신은 천신(天神), 일월신(日月神), 성진신(星辰神), 풍뇌우신(風雷雨神), 산천신(山川神), 곡신(穀神), 인귀(人鬼), 병액신(病疫神), 형법신(刑法神), 사명신(司命神) 등이 있는데 이것들은 모두 신시단군(神市壇君)의 가르침으로부터 나왔다.[50]

여기서는 여러 신들을 모시는 원시종교가 세계 각지에 존재하였다는 것을 근거로 단군신교의 실재를 증명하려고 하고 있다. 또한 여기서

---

48 李能和, 『朝鮮佛教通史』(下編), 584.

49 李能和, 「神教源流考(3)」, 『동명』 27, 1923. 3, 한국학자료원, 2006, 71.

50 李能和, 「神教源流考(1)」, 『동명』 25, 1923. 2, 한국학자료원, 2006, 31.

특히 주목하고 싶은 것은 세계 각지에 존재한 원시종교를 '신도(神道)'로 표현하고 있다는 점이다. 이것에서 알 수 있듯이 단군신교의 실재를 증명하기 위해 이능화가 수용한 종교학 이론이란 국가신도 체제하에서 일본의 색채를 강하게 띤 종교학설이다.

나아가 잡지 『조선』에 발표한 「조선신사지」에서는 한국의 신교와 일본의 신도를 비교하는 부분이 더 많이 나온다. 구체적으로 보면 우선 제1집의 모두에서 흙 토 변의 '단군(壇君)'을 강조하면서 "단군(壇君)은 태고의 신권군자(神權君主)이다. 조선 고대에는 산 위에 단(壇)을 설치하여 나무를 심어 제천 의식을 행하였다. 이것이 단군(壇君)의 시작이다."[51]라고 하였다. 나아가 "조선의 단군(壇君)은 동이(東夷)의 군장(君長)이고 그 단수(壇樹)의 제도는 최고(最古)의 것이다."라고 하며, "단수(壇樹)의 제도는 본래 동북이(東北夷) 고유의 고속(古俗)"이고 동북아시아에서는 "조선의 것이 본원이고 중국과 일본의 것은 본래 조선에서 전해진 것이다."라고 하였다.[52] 더하여 일본 신도에 대해 "히모로기(神籬, ヒモロギ)는 조선의 고어다. 『일본서기』 수인천황(垂仁天皇) 3년 봄 3월 조에 '新羅王天日槍來帰焉将來物 … 熊神籬一具'라고 쓰여 있는데, 히모로기란 본래 조선의 것이고 이것이 즉 신단(神壇)이다."[53]라고 하면서 일본 시도의 히모로기가 단군의 신단에서 유래한다고 설명하였다. 또한 한국어의 '검(儉, Kam)', '곰(熊, Kom)'과 일본어의 '神(カム, Kam)', '熊(クマ, Kuma)'는 동일한 어원이고 한국의 검주(儉+注/乙)와 일본의 시메나와(注連, しめ縄)도 동일한 것이며, 한국어의 신단수의 신수(神樹)를 '감나무'라고 하는데 이것도 일본어의 '칸나미(神奈備, カンナミ)'와 동일한 것이라고

51 영신아카데미 한국학연구소 엮음, 『이능화전집(속집)』, 6.
52 영신아카데미 한국학연구소 엮음, 『이능화전집(속집)』, 10.
53 영신아카데미 한국학연구소 엮음, 『이능화전집(속집)』, 12.

하였다. 그리고 이러한 일본의 신도(神道) 용어는 모두 한국의 단군신교에서 유래한다고 논하였다.[54]

그런데 이와 같은 이능화의 주장은 일제가 제창한 '일조동조론(日鮮同祖論)'을 뒷받침하기 위해 일본 학자들이 주장한 비교언어학설에 의거한 것이었다. 실제로 이능화는 「조선신사지」 안에서 '일선동조론'의 대표적 이데올로그였던 가나자와 쇼자부로(金澤庄三郞)가 일본의 교육 잡지에 게재한 "어학 연구의 취미, 일본어의 칸나미(神奈備)는 조선어인 것이다"라는 제목을 붙인 논설을 인용하면서 '칸나미=감나무'설을 주장하고 있다.[55] 또한 아오야기 난메이(青柳南冥)가 간행한 『조선문화사』에 나타난, 일본과 한국은 같은 천강인종(天降人種)으로서 신국(神國)이라는 설을 인용하면서,[56] "한국은 본래 환인, 환웅의 나라임을 뜻하는 환국(桓國)이며, 바꿔서 말하면 하늘에서 내린 주족(主族)이 입국한 신국(神國)이다."라고 주장하였다.[57] 이능화가 조선신교론을 제창하는 과정에서 시도한 이러한 고찰은 결과적으로 일본 신도(神道)의 기본 관념이나 가치관을 내면화시켜 일본 제국주의의 천황제 이데올로기를 한국 사상계에 뿌리내리게 하는 이른바 '의식의 식민지화(colonization of consciousness)'를 초래하였다고 볼 수 있다.

---

54 영신아카데미 한국학연구소 엮음, 『이능화전집(속집)』, 12-14.

55 영신아카데미 한국학연구소 엮음, 『이능화전집(속집)』, 15.

56 인용된 내용은 青柳鋼太郎, 『朝鮮文化史大全』, 京城新聞社, 1924의 제3편 제1장에 있다. 아오야기 난메이에 관해서는 김종서, 「한말·일제하 한국 종교 연구의 전개」, 268 참조.

57 영신아카데미 한국학연구소 엮음, 『이능화전집(속집)』, 45.

5. 나오며

이능화는 조선총독부의 『조선사』 편찬사업에 참가하는 한편, 일본 학자들의 단군부정론에 대항하기 위해 단군을 기원으로 삼는 조선신교론을 제창해 나갔다. 이와 같은 조선총독부와의 '협력'과 단군 논쟁을 둘러싼 '저항'이라는 이중성은 '식민지적 주체(colonial subjectivity)'가 지닌 자기 분열성에 기인한 것이라 생각된다. '동화'와 '차별'이 항상 공존한 식민지 조선의 문화공간 속에서 '식민지적 주체'는 '협력과 저항', '친일과 반일'이 공존하는 폐쇄된 회로 안에 갇혀 있었다. 거기에는 '지배자의 문화가치를 흡수하려는 지향성'과 '피지배자의 토착문화로 회귀하려는 지향성'이라는, 겉으로 보기에는 상반된 것같이 보이지만 실제로는 공범관계에 있는 두 가지 심리 경향이 항상 공존하고 있었던 것이다.[58]

이 점과 관련하여 특히 조선총독부에 소속된 한국인 직원들은 식민지 관료기구의 말단 직원이면서도 식민지에서 선발된 소수의 엘리트로서, '식민지주의의 전달자'와 '식민지지배에 대항하는 저항의 대변자'라는 상반된 역할을 짊어지게 된 '양면가치적(ambivalent)' 존재였다. 이능화도 조선총독부의 각종 문화사업에 협력하는 한편, 식민지 조선의 대표적인 지식인으로서 한민족의 역사적 근원인 단군을 보호하기 위해 그 실재를 소리 높이 호소하였다. 그러나 단군의 실재를 증명하는 작업은 일본 학자들이 헤게모니를 장악한 학술 분야 안에서 일제가 구축한 근대적 학문지식 체계를 사용하면서 행할 수밖에 없었다. 그것은 또한 식민지주의적 가치체계를 불가피하게 내면화하는 것기도 했다. 조선총독부의 말단 관료로 활동한 이능화의 경우도 일제가 강요한 식민주의사관으

58 鄭百秀, 『コロニアリズムの超克』, 浦安: 草風館, 2007, 12.

로부터의 도피를 도모하면 도모할수록 일본 제국주의의 동화 이데올로기에 깊이 침식되어 갔다. 이렇게 해서 이능화가 제창한 조선신교론은 일제의 지배논리였던 국가신도의 '의태(擬態, mimicry)'로서 일선동조론 이데올로기를 한국 사상계에 재생산하는 역할을 담당하게 된 것이다.

이능화가 제창한 조선신교론은 단지 일제강점기의 『조선사』 편찬 사업과 연관된 문제를 넘어 현대에 이르는 큰 과제를 제기하고 있다. 앞에서 말했듯이 실증주의사학에 근거한 일본 학자들의 단군부정론에 대항하기 위해 이능화는 단군을 기원으로 하는 고대신교의 존재를 가정하여 역사학과는 다른 학문 분야인 종교학의 연구 성과를 원용하면서 그 실재를 증명하려고 하였다. 그런데 마침 그때 중국 영내에 망명한 대종교 계통의 민족주의사학자들을 중심으로 단군민족주의가 창도되었다. 그것은 일본 '천황'의 적대적 카운터파트(counterpart)인 '단군'을 한민족의 구심점으로 삼아 천황제 이데올로기에 대항하기 위한 저항민족주의를 창출하려고 한 것이었다. 이능화는 단군을 창시자로 하는 고유종교의 존재를 주장한 대종교의 단군 사상의 영향을 받게 되며, 한국의 종교와 민속, 특히 무속과 선도[단학, 丹學]를 단군과 관련시키면서 연구하려고 하였다. 이렇게 해서 이능화는 일본으로부터 유입된 종교학의 연구 성과를 원용하면서 대종교가 창도한 단군신교론을 학술적으로 증명하는 형식으로 조선신교론을 전개해 나갔던 것이다.

한국인에 의한 한국인 주체의 종교학은 1920년대에 최남선과 이능화를 중심으로 도입되었다고 볼 수 있다. 그런데 그것은 이 논문에서 살펴보았듯이 단군신교의 실재를 학술적으로 증명하는 목적으로 이루어진 것이다. 그 때문에 일제강점기 한국에서의 종교 연구는 대종교의 단군민족주의로부터 크게 영향을 받게 되었다. 예컨대 이능화에 대해 본다면 『조선무속고』(1927)에서는 모두의 제1장 「조선 무속의 유래」에서, "조선민족은 태고의 시대에 신시(神市)를 두고 교문을 열고 천왕환웅(天

王桓雄)과 단군왕검(壇君王儉)을 하늘에서 내려온 신, 또는 신격(神格)을 가진 자로 여겼다. 옛날에는 무당이 하늘에 제사 지내고 신을 모시고 사람들의 존경을 받았다. … 조선 고대 신교의 연원과 조선민족의 신앙과 사상 및 조선 사회의 변천 과정을 연구하기 위해서는 무속에 주목하여 관찰하는 것이 불가결하다."[59]라고 하면서, 한국의 무속 연구를 단군신교의 변천 과정에 관한 고찰의 일관으로 규정하고 있다. 또한 『조선도교사』(1927)에서도 제1장 총설에서 "조선 최초의 군장을 단군이라 한다. … 단군 삼세(三世)의 사적과 최근의 도가삼청(道家三清)의 설은 우리 해동(海東)이 신선(神仙)의 연총(淵叢)임을 가리키고 있다."라고 하며,[60] 제3장 「삼신산(三神山)」에서도 "우리 조상들은 모두 신시(神市)가 이끈 삼천단부(三千団部)의 후예로 태어났다. 환인, 환웅, 왕검의 삼신(三神)이 문화를 창시하여 그 기초를 정하였다. 그 공덕이 전송되고 항상 잊지 않았고 옛 인민들은 그 영산(靈山)을 가리켜 삼신산(三神山)이라 하였다. 그 신성한 풍속은 널리 중국에도 전파하여 중국의 인민은 그 신화(神化)를 사모하였다."[61]라고 하면서, 중국 신선설의 기원이 한국의 단군에 있음을 역설하였다. 또한 이능화는 1930년에 중앙불교전문학교의 강사로 임명되어 1935년에 조선종교사에 대한 강의를 하였다. 그때도 단군신교를 한국 종교의 근원으로 보는 입장에서, (1) 조선무속의 원류, (2) 조선인의 풍수사상, (3) 조선비기(朝鮮秘記)·조선의 참의사상(讖緯思想)이라는 세 가지 주제를 정하여 강의를 하였다.[62]

해방 후 한국의 종교학계에서는 이능화를 '한국 종교학의 개척자'

---

59 李能和, 「朝鮮巫俗考」, 『啓明』 19, 1927, 1.

60 李能和, 『朝鮮道教史』, 普成文化社, 1994, 355.

61 李能和, 『朝鮮道教史』, 362.

62 李能和, 「朝鮮宗教史」, 『이능화전집』 8, 한국학연구소, 1983, 목차 참조.

로 평가하여 일제강점기에 이능화가 이루어 낸 한국 종교 연구의 업적을 적극적으로 계승하려고 하였다. 해방 후 한국에서는 민족분단과 군사독재라는 불행한 역사 속에서 민족통일을 실현하기 위해 민족주의 사조가 고조되었다. 그러한 사회적 풍조를 따라 이능화가 제시한 고대 종교를 기원으로 하는 한국 고유의 민족성의 해명이라는 민족주의적인 명제가 한국 종교학계에서도 계승되었다고 본다. 물론 민주화가 달성되고 국제화가 진행된 1990년대 이후부터는 민족주의가 상대화되고 한국 종교 연구 분야에서도 다양하고 성숙한 연구 성과가 많이 나왔다. 그런데 최근 일본 사회의 우경화나 중국의 동북공정 등 주변 국가들의 움직임에 대항하기 위해 일부 국수주의적인 연구기관이나 학회에서 한국의 전통문화, 특히 선도(仙道)나 무속 전통의 뿌리를 고대신교에서 찾아내고자 하는 경향이 다시 일어나고 있는 것 같다.[63] 지구화(globalization)의 반동으로서 대두하고 있는 문화적 내셔널리즘(cultural nationalism)의 문맥에서 일찍이 대종교가 창도한 단군민족주의가 다시 부흥되며, 이능화가 제창한 조선신교론[단군신교론]이 여전히 주목을 받고 있는 것이다.

이능화의 학술활동에 관해서는 '친일/반일'이라는 단순한 이항대립적인 관점에서 의론되는 경우가 많다. 하지만 일본 제국주의와 한국 민족주의의 '적대적 공범관계'의 산물이었던 이능화의 한국 종교 연구가 해방 후에 계승되었고,[64] 일본 내셔널리즘의 카운터파트로 만들어진 저항민족주의가 여전히 현대 한국 사회에 잔재해 있다. 이 문제야말로 앞으로 비판적으로 검토해야 할 과제가 아닌가 생각된다.

63 이에 대한 예로는 '국제뇌교육종합대학원대학교', '국학연구원', '세계환단학계' 등의 학계 및 연구기관들을 들 수 있다.

64 임지현, 『적대적 공범자들』, 소나무, 2005 참조.

참고문헌

김동환, 「육당 최남선과 대종교」, 국학연구소 엮음, 『한국학보고서: 배달민족의 역사의식과 사상가들』, 한뿌리, 2008.
김종서, 「한말·일제하 한국 종교 연구의 전개」, 『한국사상사대계』 6, 한국정신문화연구원, 1993.
단재신채호전집간행위원회 엮음, 『개정판 단재 신채호전집』(하), 형설출판사, 1995.
大倧教倧經倧史編修委員會 엮음, 『大倧教重光六十年史』, 대종교총본사, 1971.
閔弼鎬 編, 「睨眼申圭植先生傳記」, 『韓國魂』, 普信閣, 1971.
신광철, 「이능화의 한국 신교 연구」, 『종교학연구』 11, 서울대학교 종교학연구회, 1992.
신종원 엮음, 『일본인들의 단군연구』, 민속원, 2009.
영신아카데미 한국학연구소 엮음, 『이능화전집』(전8권), 영신아카데미 한국학연구소, 1978.
영신아카데미 한국학연구소 엮음, 『이능화전집(속집)』, 영신아카데미 한국학연구소, 1978.
오영섭, 「조선광문회연구」, 『한국사학사회보』 3, 2001.
육당전집편찬위원회 엮음, 『육당최남선전집』 6, 현암사, 1973.
윤해동, 『식민지의 회색지대』, 역사비평사, 2003.
李能和, 「古朝鮮檀君」, 『동광』 12, 1927.
李能和, 『百教會通』, 朝鮮佛教月報社, 1912.
李能和, 「神教源流考(1)」, 『동명』 25, 1923. 2, 한국학자료원, 2006.
李能和, 「神教源流考(3)」, 『동명』 27, 1923. 3, 한국학자료원, 2006.
李能和, 『朝鮮道教史』, 普成文化社, 1994.
李能和, 「朝鮮巫俗考」, 『啓明』 19. 1927.
李能和, 『朝鮮佛教通史』, 新文館, 1918.
李能和, 「朝鮮神教源流考」, 『史林』 7/3-8/4, 1922. 7.-1923. 10.
李能和, 「朝鮮神事誌」(1)-(11), 『조선』, 1929. 1-12, 135-146.
李能和, 「朝鮮人과 各宗教」, 『佛教振興會月報』 1/9, 1915.
李能和, 「朝鮮宗教史」, 『이능화전집』 8, 한국학연구소, 1983.
이종은 엮음, 『이능화연구: 한국 종교사학을 중심으로』, 집문당, 1994.

이하중, 「이능화 연보」, 이종은 엮음, 『이능화연구: 한국종교사학을 중심으로』, 집문당, 1994.

이현익, 「대종교인과 독립운동연원」, 『알소리』 10, 한뿌리, 2011.

임지현, 『적대적 공범자들』, 소나무, 2005.

조창용, 『백농실기(白農實記)』, 독립기념관 한국독립운동사연구소, 1993.

『종교영질(倧敎榮佚)』(서지사항 불명, 대종교총본사 소장).

佐佐充昭, 「한말·일제시대 檀君信仰運動의 전개: 大倧敎·檀君敎의 활동을 중심으로」, 서울대학교 박사학위 논문, 2003.

佐佐充昭, 「日帝下 大倧敎 南道本司의 활동」, 『종교학연구』 22, 한국종교학연구회, 2003.

친일인명사전편찬위원회 엮음, 『친일인명사전』, 민족문제연구소, 2009.

稻葉岩吉, 『支那社會史研究』, 東京: 大鐙閣, 1922.

白鳥庫吉, 「檀君考」, 『學習院輔仁會雜誌』 28, 1894.

白鳥庫吉, 「朝鮮の古傳說考」, 『史學雜誌』 5/12, 1894.

ベネディクト·アンダーソン(Benedict Anderson), 關根政美譯, 「〈遠隔地ナショナリズム〉の出現」, 『世界』 586, 1993. 9.

全成坤, 『日帝下文化ナショナリズムの創出と崔南善』, J&C, 2005.

鄭百秀, 『コロニアリズムの超克』, 浦安: 草風館, 2007.

趙寬子, 『植民地朝鮮/帝國日本の文化連鎖: ナショナリズムと反復する植民地主義』, 東京: 有志舍, 2007.

朝鮮總督府朝鮮史編修會 編, 「朝鮮半島史編纂趣旨」, 『朝鮮史編修會事業概要』, 朝鮮總督府, 1938.

佐佐充昭, 「1910年代以降における朴殷植の民族獨立運動と『國魂』論の提唱: 大倧教との關係を中心に」, 『朝鮮學報』 228, 2013.

佐佐充昭, 「亡命ディアスポラによる朝鮮ナショナル·アイデンティティの創出: 大倧教が大韓民國臨時政府運動に及ぼした影響を中心に」, 『朝鮮史研究會論文集』 43, 2005.

佐佐充昭, 「韓末における檀君教の『重光』と檀君ナショナリズム」, 『朝鮮學報』 180, 2001.

青柳綱太郎, 『朝鮮文化史大全』, 京城新聞社, 1924.

『동아일보』, 1921. 5. 21, 「嗚呼石儂先生」.

『동아일보』, 1926. 2. 11-12,「檀君否認의 妄」.
『동아일보』, 1931. 12. 28,「大倧敎都司敎, 寧古塔에서 長逝」.

기복(起復)과 조선 사회의 유교권력: 『조선왕조실록』을 통해 보는 효와 충의 갈등

허남린

1. 들어가며

기복(起復)은 부모상을 당하여 거상(居喪) 중인 사람을 국왕이 불러 벼슬을 시키며 일을 보게 하는 것을 지칭하는 용어다. 부모상을 당한 본인의 의사와 관계없이 삼년상이 끝나기도 전 100일, 5개월, 혹은 1년이 경과하면 국왕이 당사자를 임의로 불러내어 출사(出仕)하게 하는 것으로, 탈정기복(奪情起復)이라고도 했다.[1] 거상 중인 당사자가 스스로 기복하는 경우도 있기는 있었지만, 원칙적으로 기복은 예조의 상주와 대간에 의한 서경(署經)의 행정 절차를 거치고 최종적으로는 국왕이 결정하는 전권 사항에 속했다. 그렇다고 기복에 관한 왕권이 일방적으로 관철되는 것은 아니었다. 국왕이 탈정기복을 명하면, 당사자 및 신하들은 대부분

1 기복은 한당(漢唐)시대에 그 예가 보이기 시작하며, 한반도에서는 고려시대 10세기 말부터 상을 당한 관리를 100일이 지난 후에 기복출사시킨 사례가 기록되어 있다. 그러나 삼년상이 널리 정착이 되지 않았던 고려시대에 기복이 특별한 의미를 갖는지에 대해서는 재고의 여지가 있다.

즉각 기복의 명을 거둘 것을 청원하고 국왕은 자신의 판단에 따라 청원의 수용 여부를 결정하였다.[2] 기복의 명이 자동적으로 수용되는 경우는 거의 없었기 때문에 국왕이 행사하는 기복출사의 명은 조선시대를 통하여 항상 논란거리가 되었다.

왜 기복을 문제로 삼았는가? 대사간, 대사헌, 이조판서, 예조판서 등 요직을 두루 역임했던 이기(李墍)는 그의 『송와잡설(松窩雜說)』에서 임진왜란의 혼돈 속에서 무너진 상례의 예법에 대해 다음과 같이 기술하고 있다.

> 임진년 왜란 이후에 조정에서 무사에게 기복해서 종군하라는 명이 있었다. 비록 종군하더라도 기복의 복색이 그대로 있었는데, 졸곡도 지내기 전에, 혹은 연상(練祥, 소상)도 마치기 전에, 고기를 먹고 채색 옷을 입어 조금도 어려워하는 기색이 없었으니, 그 무부(武夫)에 대하여서는 나무랄 것도 못 되거니와, 문관(文官)으로서 재상의 반열에 있는 자도 자기 스스로 기복한 자가 많았다. 혹은 모집을 핑계 대고, 혹은 의병을 핑계하여 윤리와 기강을 돌보지 않고 오로지 자신을 이롭게 하기만 일삼았다. 선비로서 스스로 글을 읽었다는 사람이나 예법을 배웠다고 자칭하는 자도 모두 상복을 입지 않고 한 집안에 윗사람 아랫사람, 어른 아이 할 것 없이 하나도 상례를 실행하지 않았다.[3]

이기는 삼년상이란 "천경지의(天經地義)이며, 백성이 지켜야 할 도

2 조선 초기 기복에 대한 규정과 절차에 관한 자세한 논의를 위해서는 안호용, 「조선시대 삼년상과 기복제도」, 『한국사회』 15/2, 고려대학교 한국사회연구소, 2014, 109-114 참조.

3 이기, 『송와잡설(松窩雜說)』.

리"라고 단정지었다. 그럼에도 아무런 거리낌 없이 자행하는 기복을 보며, 그는 조선은 이미 "금수(禽獸)의 지경"에 빠져들었다고 한탄했다.[4] 이와 같은 통탄스런 상황을 이기는 예법질서의 기운이 무르익었던 중종대의 상황과 대조하고 있다.

> 중종이 즉위하자 예전의 예법을 회복하였고, 정덕(正德) 기묘년(1519) 무렵에는 여러 현인(賢人)이 조정에 가득하여 『주자가례(朱子家禮)』를 강구해서 당시 후진들이 앞을 다투어 따랐다. 그리하여 여염에서는 단지(斷指)·할고(割股)·철죽(啜粥)·여묘(廬墓) 사는 일은 흔히 있는 일들이었고, 혹 지나치게 슬퍼하여 얻은 병이 고질이 되어도 오히려 권도(權道)를 따르지 않아 그대로 죽는 자가 또한 많이 있었다.[5]

이기는 『주자가례』에 명시되어 있듯이 부모상에 대해서는 삼년상을 정성으로 지키는 것이 천성(天性)을 따르는 효도이며, 이를 어기는 것은 권도(權道)라고 지탄하고 있다. 권도의 풍조는 언제부터 싹트기 시작했는가? 이기는 명종대부터라고 지적하고 있다.[6]

> 명종 때에는 이에 한 가지 핑계로써 스스로 편리하게 하려는 의논이 있어, '3년 동안 여묘를 사는 것은 가례(家禮)의 본뜻이 아니고, 권도를 좇는 것이 성인(聖人)의 남긴 가르침'이라는 것이었다.[7]

---

4 이기, 『송와잡설』.

5 이기, 『송와잡설』.

6 『주자가례』는 중종반정 이후에 서서히 보급되기 시작하였고, 사대부들이 『주자가례』 중에 특히 관심을 보였던 것은 삼년상을 핵심으로 하는 상제례였는데, 실제 『주자가례』의 생활화는 17세기 후반 이후에 이르러서의 일이었다.

7 이기, 『송와잡설』.

부모의 상을 당해서는 3년 동안 여묘를 사는 것이 지당함에도 불구하고, 권도를 좇아 상주가 반혼(返魂, 장사 지낸 후 신주를 집으로 모셔 오는 일), 즉 "궤연[혼백·신주를 모셔 두는 곳—필자 주]을 받들고 집으로 돌아와서 스스로 병을 핑계하고 안방에 거처하면서 마시고 먹고, 손님 접대하기를 평소와 다름없이 하는" 지경에까지 이르렀다고 이기는 통탄하고 있다.[8]

이기의 현실 진단은 다음 세 가지로 요약할 수 있을 것이다. 첫째, 중종대에는 사림파[조광조] 등의 노력으로 『주자가례』의 예제가 정비되었다는 인식이다. 둘째, 중종대의 『주자가례』적 예제가 수구파가 득세하면서 점차 무너져 갔다는 인식이다. 셋째, 이러한 수구파의 득세 속에서 타락해 가던 상례의 예법이 임진왜란 시기에 완전히 망가져 조선은 금수의 지경에 빠지고 말았다는 주장이다. 이기가 중종대와 명종대를 대비하면서 상례의 타락을 주장하고 이를 질타하는 배경에는 나름의 계파적 정치 이해가 개재되어 있음을 부정할 수 없다. 하지만 동시에 이기가 제시하는 현실 인식과 주장에서 우리는 임진왜란 이후의 조선 사회가 지향해 가는 방향을 읽을 수 있다.

한 사회에 있어서의 문화 수준 혹은 건강 상태를 부모에 대한 삼년상의 시행 여부로 가늠할 수도 있는 것인가? 이기를 비롯한 조선 후기의 지배사족은 3년간의 여묘 혹은 삼년상이야말로 유교적 예법질서의 핵심으로서 사회질서의 기축이 되어야 한다고 믿었다. 그리고 이들은 기복이 횡행하고 있는 것으로 보아 조선은 타락의 길을 걷고 있으며, 이를 되돌려 상례의 기강을 다시금 바로 세우지 않고는 인간의 지고한 가치를 회복할 수 없다고 주장했다. 이들에게 있어서는 삼년상이 한 사회

8 이기, 『송와잡설』.

의 문화의 수준을 가늠하는 중요한 척도이자 문화 그 자체의 실현통로였다. 이들은 특히 조선의 예법질서가 왜적의 침입으로 심각하게 파괴되었다고 보고, 전후 이러한 추세를 역전시키지 않으면 제대로 된 사회는 회복될 수 없다고 천명했던 것이다.

부모에 대한 삼년상을 문화 일반 혹은 사회질서의 건강도와 연결시키려 했던 이들의 의도는 어디에 있었는가? 부모에 대한 3년간의 여묘살이와 사회질서의 연계는 조선 사회에서만 볼 수 있는 독특한 현상이었다.[9] 세상의 누가 뭐라 해도 조선의 사대부들은 양자는 불가분의 관계에 있다고 믿고 그에 따라 행동했다. 이기 등이 말하는 대로 명종대 이전에는 정말로 자신들이 생각하는 예법질서가 확립되어 있었는가? 조선의 예법사회질서를 논함에 있어 임진왜란은 어떠한 의미를 갖는가? 전란 후 기복출사를 통해 보는 조선의 예법질서는 어떻게 전개되어 갔는가? 지배사족들이 삼년상의 준수를 강조한 사회문화적 혹은 정치적 의미는 무엇인가? 본 논문에서는 기복에 대한 조정에서의 논의를 중심으로 조선의 사대부 지배층이 추구하고 실현하고자 했던 것이 무엇이었는지 그 일면을 검토해 보고자 한다.

이를 위해 먼저 임진왜란 이전 조정에서 논의되었던 기복 문제와

9 중국에서는 여묘살이를 하는 고례가 없다고 조선의 관리들도 인식은 하고 있었다. 유교적 맥락에서 제례의 중심은 종묘(宗廟)로, 여묘살이는 실은 유교적 전통과는 거리가 먼 것이었다. 한편 유교의 종주국인 중국에서는 지켜지지만 조선에서는 따르지 않는 풍습도 있었다. 아내가 남편 집으로 시집가는 친영이 그 예다. 예법에 관한 한 중국 성인이 제시한 모범을 따른다고 하면서도 실제로는 필요에 따라 자의적으로 취사선택했다. 김성우, 『조선중기 국가와 사족』, 역사비평사, 2001, 263-264 참조. 16세기의 상제와 여묘살이의 실례에 대해서는 김경숙, 「16세기 사대부가의 喪祭禮와 廬墓生活: 이문건의 『默齋日記』를 중심으로」, 『국사관논총』 97, 국사편찬위원회, 2001, 121-125 참조.

유교정치의 맥락을 살펴보고, 그다음으로 임진왜란 이후 시기의 기복 문제와 예법질서에 대한 논의를 검토하기로 한다. 임진왜란을 전후한 시기를 상호 비교함으로써, 기복에 관한 논의가 어떻게 변모되어 갔는지, 그 변화가 함축하는 예법질서의 정치적 맥락은 무엇인지, 기복이 갖는 사회문화적 의미는 무엇인지를 추론해 보고자 하는 것이 본 논문의 지향점이지만, 기복에 대한 선행 연구가 빈약한 상황에서 이 질문들에 대한 충분한 논의를 이끌어 내기란 쉽지 않다.[10] 본 논문은 우선은 기복과 관련된 자료의 소개에 의미를 두고자 한다.

강제성을 동반하는 기복은 전적으로 왕권에 속하는 사항으로, 따라서 기복과 관련된 자료는 기본적으로 국왕의 정치행적을 면밀히 기록한 왕조실록에 의존하지 않을 수 없다. 본 논문에서 인용하는 자료의 대부분이 실록기사인 연유가 여기에 있다. 기복의 명령을 받은 당사자는 국왕에게 사직원의 상소를 올리는 것이 보통이었기 때문에, 이들 상소 관련 자료는 많지는 않지만 당사자의 문집 등에 전재되어 있는 경우도 있다. 본 논문에서는 이들 문집자료도 일부 인용한다.

2. 임진왜란 이전의 기복과 유교정치

태조 7년(1398) 간관(諫官) 유관(柳觀) 등이 상서(上書)하여, "가만히 보건대, 직수(職守)도 없고 관계되는 바도 없는 자가 성인(聖人)의 제도를 돌보지 않고, 묵은 관습에 따라서 겨우 백 일만 차면 길복(吉服)을 입고, 혹

10 선행 연구로는 황향주, 「고려 起復制와 14세기말 起復論爭」, 『한국사론』 7, 서울대학교 국사학과, 2011; 문광철, 「조선 초기의 起復 제도」, 『역사와 담론』 56, 호서사학회, 2010; 안호용, 「조선시대 삼년상과 기복제도」 참조.

은 백의(白衣)·백립(白笠)으로 조로(朝路)에 분주하게 돌아다니며 조금도 부끄럽게 여기지 않는" 풍조가 만연해 있다고 우려를 표명하였다.[11] 여기에서 유관은 "묵은 관습"과 "성인의 제도"를 대비하면서, 새로운 왕조가 출범한지 수년이 지났어도 아직도 고려의 "묵은 관습"이 횡행하고 있음을 지적하였다.

유관이 언급하는 이상적인 유교질서는 다음과 같았다.

> 원컨대, 이제부터는 장상(將相)의 신하로서 관계가 지극히 중한 것 외에는 기복(起復)을 허락하지 마시옵고, 숙위(宿衛)하는 무신(武臣)은 특별히 탈정(奪情)을 명하여 그 일을 맡기시고, 만일 상제(喪制)를 마치기를 기다리지 않고 스스로 최질을 벗는 자가 있으면 엄히 법으로 다스리고, 겸하여 본사(本司)와 본주(本州)에서 기복을 진청(陳請)하는 예(例)를 금하여 요행을 바라는 마음을 꺾고 인륜(人倫)을 두텁게 하소서.[12]

이에 대해 태조는 동의하였다.

고려의 묵은 관습으로부터 새로운 성인의 예법으로 옮겨 가는 과정에 있어 유관은 기복이 하나의 척도가 될 수 있음을 제언하였다. 성인이 제정한 상제(喪制)를 지키는 것은 중요하다는 점과 이를 어기는 기복에는 신중을 기해야 한다는 상소였다. 그럼에도 아직 14세기 말의 단계에서는 성인이 제정한 상제라도 부득이 필요한 경우에는 '변례(變禮)'에 따라 '왕사(王事)에 종사'하는 것은 용납될 수 있고, 특히 무관에 대한 기복은 상황에 따라 신축적으로 운용될 수 있다는 인식을 새 왕조의 지배

11 『태조실록』 13권, 7년(1398) 2월 1일(무인).

12 『태조실록』 13권, 7년(1398) 2월 1일(무인).

층은 널리 공유하고 있었다.[13]

정종 1년(1399)에도 기복에 대한 논의가 있었으나 그 논조에는 별 변화가 없었다. 문하부(門下府)에서 상서(上書)하여 시무(時務)를 진술(陳述)하였는데, 그 내용은 평상시의 상황에서는 부모에 대한 삼년상은 지키는 것이 옳지만, 경우에 따라서는 예외도 있을 수 있다는 것이었다.

> 3년의 상(喪)은 만세의 떳떳한 법이요, 기복하는 제도는 한때의 변례(變例)입니다. 그러나 국가가 위태하고 어지러울 때에는 신하로서 재주가 장상(將相)을 겸하고, 그 몸이 국가 안위(安危)에 관계되는 자가 있으면 반드시 탈정기복하여 일을 맡기는 것은 참으로 부득이하여 하는 것입니다.[14]

왕권이 필요로 한 경우에 변례에 따라 국왕이 신하들을 기복시키고 있음을 알 수 있다.

그럼에도 같은 해 8월에 정종이 모친상을 당하여 여묘살이를 하던 전백영(全伯英)을 대사헌으로 임명하려 하자 문하부에서 상서를 하여 특히 간관(諫官)의 경우는 기복을 삼가야 한다고 건의했다.

> 간관은 헌체(獻替)를 맡아서 임금을 바르게 하고, 헌사(憲司)는 규찰을 맡아서 백료(百僚)의 잘못을 고치게 하니, 이로 인하여 대간(臺諫)의 관원은 반드시 먼저 자기를 바르게 한 연후에야 임금에게 어려운 일을 책망할

---

13 태조대에도 경우에 따라서는 국왕의 기복 명령이 당사자의 청원에 의해 혹은 신하들의 반대로 인해 무산된 경우도 있었지만, 이러한 경우는 아주 드물었다. 기복의 명이 철회된 예에 대해서는 『태조실록』 12권, 6년(1397) 7월 25일(갑술); 『태조실록』 12권, 6년(1397) 11월 29일(정축) 참조.

14 『정종실록』 2권, 1년(1399) 8월 19일(병진).

수 있고, 풍속을 규찰하여 다스릴 수 있는 것입니다.[15]

기복의 시행에는 직책에 따라 분별이 있어야 한다는 건의를 정종은 받아들였다.

이를 시발로 하여 이후 기복에 대한 저항은 서서히 대두되기 시작하였다. 특히 기복에 반대하는 근거로 항상 언급되는 삼년상의 "천리(天理)"는 국왕도 무시하기 힘든 유교적 논리였다. 태종 2년 사헌부는 국왕에 상소하여 왜 기복에 신중을 기해야 하는가를 설명했다.

> [기복은] 병란(兵亂) 때의 변례(變例)이고, 평상시에는 행할 수는 없는 것이옵니다. 대저 사람이 태어난 지 3년이 된 연후에야 부모의 품에서 떨어지기 때문에, 3년의 슬픔이 있는 것은 천리로서 인정이 지극한 것입니다. 비록 우부(愚夫)·우부(愚婦)일지라도 모두 마땅히 스스로 슬픔을 다해야 될 것입니다.[16]

그러면서도 태종 10년(1410)의 예에서 보듯 "장상(將相)·대신(大臣)으로 국가의 안위(安危)에 관계된다면 탈정기복하는 것이 권도"라고 기복의 여지를 남겨 놓았다.[17]

기복출사의 명에 대해 이의가 제기되는 경우, 최종 결정권은 물론 국왕의 손에 있었다. 태종 6년(1406) 권근(權近)이 다시 상서하여 기복을 사양하면서, "충성을 하자면, 반드시 효도하는 것이 앞서야 하며, 다스림을 이루자면 인륜을 두터이 하는 것보다 큰 것이 없습니다. 효도를 능

---

15 『정종실록』 2권, 1년(1399) 8월 19일(병진).

16 『태종실록』 4권, 2년(1402) 7월 28일(기유). [ ] 안의 내용은 필자가 삽입한 것이다.

17 『태종실록』 20권, 10년(1410) 8월 5일(기해).

히 다하지 못하는데 충성스럽다고 어찌 일컫겠으며, 인륜을 능히 두터이 못하는데 다스림이 어찌 잘 이루어지겠습니까?"라고 기복의 문제를 충과 효의 관계로 설명했다.[18] 권근은 기복은 효와 직접 관련되는 문제로 이는 국가에 대한 충에 우선되어야 한다고 언급했다. 이에 대해 태종은 역으로 충은 효에 앞서는 것이라는 입장을 표명하였다. 이후 기복의 문제에 관해서는 충과 효의 상호역학 속에서 이해하고 접근하고자 하는 경향이 두드러지기 시작했다.[19] 말하자면 기복의 문제는 충이 우선이냐 효가 우선이냐의 논의로 귀결되어 전개되어 갔던 것이다.

세종조에는 적어도 45건 이상에 달하는 기복의 사례가 기재되어 있다. 이 가운데는 부모상을 당한 신하가 국가에 대한 소임이 중요하다는 핑계로 스스로 기복을 하고 추후 국왕의 승인을 받은 예도 포함되어 있었지만, 대부분의 사례에서는 왕권과 예법 사이의 긴장관계가 여실히 보인다.[20] 세종 9년(1427) 모친상을 당한 좌의정 황희에 대해서는 3개월이 지나자 세종은 기복하고 조정에 출사하라는 명을 내렸다. 이에 황희는 전(箋)을 올려 이르기를, "전쟁으로 위급하고 어려울 때에 국가의 안위(安危)를 책임지고 좌우하는 사람이라면 부득이하여 임시로 그렇게 할 수도 있겠으나, 요즈음처럼 무사태평한 때에 어찌 부득이하다 하여 권

18 『태종실록』 11권, 6년(1406) 5월 13일(임인).

19 충과 효의 갈등관계는 중국, 조선, 일본에서 전개된 유교문화의 본질을 이해하는 데 있어 중요한 단면을 제공해 준다. 국가의 지배 원리를 중심으로 전개되는 정치적 윤리인 충과 가족을 중심으로 하는 개인적 윤리인 효의 상호관계에 대한 탈경계적 비교연구는 아직 없는 실정이다. 앞으로의 중요한 연구 과제라 할 수 있다.

20 스스로 기복한 예는 다음이 있다. "지고부군사(知古阜郡事) 김방(金倣)이 전라도 도절제사진무(都節制使鎭撫)의 직첩을 받고 부임하기 전에 아버지 상을 당하여, 겨우 백 일을 지난 금년 정월에 이르러 제 마음대로 상복을 벗고 진영(鎭營)에 부임하여 행공(行公)하고 있다." 『세종실록』 10권, 2년(1420) 10월 16일(신해).

도로 행하는 제도에다 보잘것없는 몸을 적용하여 고금의 대전(大典)을 무너뜨릴 수 있겠습니까."라고 재고를 청원했다.[21]

세종은 비답을 내리기를, "상(喪)을 지켜 복제(服制)를 마침은 비록 효자의 지극한 정리이나 나라를 위하여 권도를 따르는 것도 또한 인신(人臣)에게 있어서는 절의(節義)이다. … 임금과 어버이는 오륜에 있어 다만 이름과 자리만 다를 따름이요, 충(忠)과 효(孝)는 두 가지 도(道)가 아니고 시행하는 것은 모두 한가지이다."라고 하면서 황희의 상소를 받아들이지 않았다.[22] 세종은 기복은 임금이 판단할 왕권에 속하는 권도라 하면서, 충과 효는 대등한 가치이지만 최종 결정은 국왕의 의중에 달려 있다는 점을 강조했다. 세종은 여기서 더 나아가 같은 해 11월 말에 기복출사한 황희에게 허약해진 몸을 보신하기 위해 고기를 먹으라고 강권했다. 이에 황희는 "성상께서 신이 늙었으매 혹시 병이 날까 가엾게 여기셔서 고기를 먹으라고 명하시니 어찌 감히 따르지 않으오리까 하면서 머리를 조아리며 울고서 자리에 나아가 먹었다."[23] 기복을 시키고 고기를 먹게 하는 것은 효는 왕권과 결합된 충에 종속되어 있음을 보여주는 퍼포먼스였다. 기복출사한 신하에게 국왕이 고기를 먹이는 풍경은 15세기 중후반까지 종종 있었다.

그럼에도 주어진 범위 내에서 조정의 유신(儒臣)들은 예법의 원칙을 정립시키고자 지속적으로 노력하였다. 세종 11년(1429) 좌사간 유맹문(柳孟聞) 등이 상소하면서, 기복은 임시방편의 권도라고 강조했다.

삼가 『육전(六典)』을 상고하건대, '3년간의 상기(喪期)는 천하의 공통된

21 『세종실록』 38권, 9년(1427) 10월 8일(임술).
22 『세종실록』 38권, 9년(1427) 10월 8일(임술).
23 『세종실록』 38권, 9년(1427) 11월 27일(신해).

상례이므로, 친부모의 복제(服制)는 그 제도를 좇는 것을 허용하되, 그중에서 국가에 관계되는 요긴한 사무에 있어서 반드시 기복하여야 합당할 자는 탈정기복한다' 하였으니, 대개 기복이라는 것은 한때의 권도이지 만대의 떳떳한 법은 아닌 것입니다.[24]

또한 기복은 풍속의 퇴화를 가져온다는 의론도 제기되었다.

기복하라는 명이 여러 번 내리면 조정의 관원 중에 단상(短喪)하는 이가 자못 많을 것이며, 아래에서 보고 느끼는 자가 또한 유행처럼 쏠리게 될까 걱정입니다.[25]

다른 한편에서는 타협책으로 탈정기복은 숙위군사, 역관, 혹은 중인계급으로 한정해야 한다는 목소리도 있었다.[26]

기복에 대한 다양한 반대논리가 제기되는 가운데, 조선 전기의 지배사족들은 특히 두 가지의 논점을 구축하고자 힘을 기울였다. 하나는 자신들은 삼년상을 지키지 못하는 일반 백성들과는 질적으로 다르고 따라서 확실히 구별되어야 한다는 주장이었다. 세종 20년(1438) 왜통사(倭通事) 윤인보(尹仁甫)를 기복하게 하여 출사시키고자 하는 국왕에 대해 우헌납(右獻納) 배강은 다음과 같이 아뢰었다.

무지한 백성은 겨우 백 일만 지나면 함부로 상복을 벗어버리기도 하는데, 지금 또 긴하지도 않은 임무로서 자주 기복시키면 나라의 법이 스스

24 『세종실록』 43권, 11년(1429) 2월 16일(임진).

25 『세종실록』 38권, 9년(1427) 11월 12일(병신).

26 자세한 사항을 위해서는 『세종실록』 50권, 12년(1430) 12월 6일(임신) 참조.

로 무너지고 풍속이 더욱 박하게 될까 신 등은 염려합니다.[27]

중인계급에 속하는 왜통사의 예를 들었지만, 전달하고자 하는 메시지는 삼년상의 예법은 지배층과 일반 백성을 구분하는 기준이 된다는 점이었다. 다른 하나는 자신들은 고려와는 다른 새 왕조의 중추라는 주장이었다. 세종 24년(1442) 사간원에서 상소했다.

고려의 말기에 세상에는 현명한 임금이 없고 고을에는 선량한 풍속이 없어서, 부모의 상(喪)을 당하고도 겨우 백 일만 지나면 술 마시고 육류(肉類)를 먹는 것을 평일과 다름이 없이 하였으며, 혼인을 하고 연회를 즐기는 등 하지 않는 일이 없었습니다.[28]

이러한 논리에 대해 국왕은 다른 각도에서 왕권의 정치논리를 정립하고자 했다. 세종 15년(1433) 3월 모친의 상을 당하고 소상을 겨우 지낸 예문제학(藝文提學) 윤회(尹淮)에게 세종은 기복하여 출사하라는 명을 내렸다. 이에 윤회는 『예경(禮經)』과 『경제육전(經濟六典)』의 규정을 예로 들며, 기복은 전시(戰時)의 변례 이외에는 시행될 수 없다고 상소하였다. 그러나 이를 윤허하지 않은 세종은 다음과 같이 공과 사의 논리를 전개하였다.

효자로 어버이 상(喪)을 당하여 비록 예(禮)를 지켜서 상제를 마치고자 하나, 충신으로 나라에 몸을 허락하였으니 또한 사(私)를 따라 공(公)을

27 『세종실록』 80권, 20년(1438) 3월 21일(을사).
28 『세종실록』 97권, 24년(1442) 7월 14일(임신).

잊을 수 없는 것이다.[29]

당시의 시국이 윤회의 출사를 꼭 필요로 하는 상황은 아니었다. 여기에서 세종이 강조하고 있는 것은 상례는 사(私)의 영역에 속하는 효의 문제이고, 이에 반해 조정에의 출사는 공(公)의 영역에 속하는 충의 문제로서, 공이 사보다는 우위에 서야 한다는 점이었다.

세조는 기복의 관철에 보다 적극적이었다. 세조 연간에는 30여 건에 가까운 기복의 예가 있었다. 1457년 7월 홍윤성(洪允成)을 기복(起復)시켜 지중추원사(知中樞院事) 경상우도도절제사(慶尙右道都節制使)로 삼으려 했다. 당시 홍윤성은 모친상을 당하여 향리에 있었다. 세조는 홍윤성을 임명하면서, "경(卿)은 나의 마음을 받아 사정(私情)을 억누르고, 장례(葬禮)가 끝난 뒤에는 마땅히 속히 소명(召命)하는 데 나와서, 친히 방략(方略)을 받고 기거(起居)"하라고 명했다.[30] 홍윤성은 이를 거절하지 못했다. 세조 역시 부모를 위한 상례는 사정(私情)에 속하는 것으로, 보다 중요한 것은 국가의 공사(公事)이며, 이를 위해서는 충성을 다하는 것이 우선되어야 하는 가치임을 강조했다.[31] 15세기 중엽의 상황은 "금혁(金

---

29 『세종실록』 59권, 15년(1433) 3월 15일(무진).

30 『세조실록』 8권, 3년(1457) 7월 21일(임오).

31 한편, 1458년 세조가 전 좌의정(左議政) 정창손(鄭昌孫)을 기복시켜 영의정(領議政)으로 삼고자 했으나, 정창손은 세 번이나 상소를 올리고 "효도(孝道)는 백행(百行)의 근본이니, 부모에게 효도하지 못하면 임금에게도 능히 충성하지 못하는 것입니다. 전(傳)에 이르기를, '충신(忠臣)은 효자(孝子)의 가문(家門)에서 구하라'고 한 것도 이 때문입니다."라고 강하게 주장하자 이를 받아들였다. 『세조실록』 14권, 4년(1458) 12월 18일(임신) 참조. 정창손의 경우는 예외적인 사례라고 할 수 있다. 1459년(세조 5년) 세조는 전 공조판서(工曹判書) 최항(崔恒)을 기복시켜 육전(六典)을 수찬(修撰)하도록 명하였으나, 최항은 "대저 충성하는 것은 한이 없으니 옛날 사람의 부모에게 효성할 날은 짧고, 임금에게 충성할 날은 길다는 구분도 또한

革)으로 인하여 기복하고 혹은 병들어 쇠약하다고 고기를 권하도록 하니, 상제가 침체(沈滯)되어 옛날과 같지 아니하였다."라고 할 정도가 되었다.[32]

임금과 나라에 대한 충성과 부모에 대한 효도는 각기 지고의 가치로서, 서로 상충되는 상황을 맞았을 때에는 관계 설정이 쉽지 않은 유교적 덕목이었다. 왕권과 길항관계에 있는 사족지배층은 자신들의 고유한 사적 영역에 속하는 효도를 우선시하고자 했지만, 왕권은 여기에 쉽게 양보하려 들지 않았다. 15세기의 단계에서 유신(儒臣)들은 충과 효는 어느 한쪽이 일방적으로 상위에 서는 것이 아니라 동전의 앞뒷면처럼 동시에 실행될 때 그 가치가 더욱 발휘된다고 주장하는 선에서 대개 멈추었다. 삼년상에 대한 지배사족들의 이론적 주장이 난무하는 가운데, 그럼에도 널리 자행되고 있는 기복 현상에 대해 예종은 "근래에 기복하는 사람들이 많은데, 모두 슬픈 얼굴이 없고 도리어 자랑스러운 기색이 있었다."라고 언급하면서 기복에 대한 지배사족들의 이율배반적인 모습을 꼬집기도 했다.[33]

성종조에도 기복은 다반사였다. 부친상을 당해 1년이 지나지 않아 기복의 명을 받았던 영안북도절도사(永安北道節度使) 어유소(魚有沼)는 성종 4년(1473) 다시 모친상을 당했다. 성종은 그에게 재차 기복하여 출사할 것을 명했다. 이에 대해 어유소는 다음과 같이 사양했다.

충성과 효도는 본래 두 문(門)에서 나오는 것이 아닙니다. 신이 어미의

이런 까닭입니다."라고 하면서 세 번 상소를 올렸으나, 세조는 끝내 이를 받아들이지 않았다. 『세조실록』 16권, 5년(1459) 5월 12일(계사) 참조.

32 『세조실록』 8권, 3년(1457) 7월 21일(임오).

33 『예종실록』 6권, 1년(1469) 7월 24일(을사).

> 임종을 보지 못하고 또 복제(服制)를 마치지 못하였으므로 사람의 자식으로서의 행실에 조금도 취할 바가 없으며, 부모에게 효행(孝行)이 이미 없으므로 다시 임금에게 옮길 만한 충(忠)도 없습니다.[34]

자신은 효를 다하지 못한 인물로, 따라서 충을 할 능력도 없으므로 기복의 명을 거두어 달라는 청원이었다. 하지만 성종은 이를 받아들이지 않았다.

연산군 시기로 접어들면서, 기복출사의 명으로 상징되는 왕권은 시간이 지나면서 그 위세를 크게 떨치기 시작했다. 연산군은 "쓸 만한 사람을 상제에 얽매어 일을 맡기는 데 때를 잃으니, 이는 옳지 못하다."라고 하면서, 삼년상의 상제를 무시하려고까지 했다. 1505년 연산군은 전교하였다.

> 3년의 상기(喪期)는 성인(聖人)이 제정한 바로, 상하(上下)가 통행(通行)한 지 오래다. 그러나 시의(時宜)를 참작하여 제도를 새로이 한 것도 또한 시왕(時王)의 제도인 것이니, 달을 날로 바꾸는 제도[以日易月制]를 위에서 이미 행하였거늘, 아랫사람이 홀로 삼년상을 행하는 것이 가하랴. … 이제부터, 양부모의 상은 백 일로 마치고 친부모의 상도 참작하여 강쇄(降殺)함이 어떠한가?[35]

연산군은 여기에서 더 나아가 1506년 "이 뒤부터 기복하는 인원(人員)은 옥색 옷을 입지 말고 화려한 옷을 입으라."라는 명령을 내리기까

34 『성종실록』 26권, 4년(1473) 1월 30일(신유).

35 『연산군일기』 58권, 11년(1505) 6월 30일(계미). 연산군의 경우도 100일간의 상기를 인정한 것은 적어도 고례의 졸곡(卒哭) 관습을 무시할 수 없었기 때문이다.

지 했다.[36] 아무리 국왕이지만 100년 이상을 끈질기게 주창해 온 삼년상의 예제가 전교 하나로 무너질 수는 없었다. 연산군이 먼저 무너졌다.

연산군이 폐위되고 중종이 들어서자 새 시대를 맞은 유신들은 연산군 치하에서 기복출사의 명에 대해 순응적이었던 태도를 빠른 걸음으로 바꾸기 시작했다. 연산군이 폐위되기 전, 김수동은 모친상을 당해 연산군이 주장했던 대로 "단상(短喪) 제도"에 따라 "최복(衰服)을 벗고 복직하여 고기 먹기를 예와 같이 하였었다."[37] 그러나 연산군이 폐위되자 그는 성종에게 다음과 같은 변으로 기복을 거두어 줄 것을 간청했다.

> 3년의 상은 천자로부터 서인에 이르기까지 통행되는데, 지금 신은 어머니의 상을 당하여 기복하여 종사(從仕)하니, 크게 천륜을 무너뜨렸습니다. 그래서 재삼 상 마치기를 계청했으나 윤허되지 않아 애통하고 민망함을 이기지 못하고 있습니다. 폐주조에 상제가 크게 무너져 비록 식견이 있는 선비라도 겨우 반달이 지나면 벼슬길에 나가고 고기를 먹으니, 예로부터 이와 같은 일은 아직 없었습니다.[38]

재빠른 김수동의 변신에 중종도 동의하지 않을 수 없었다.

중종조에 들어서 기복은 점차 비판의 대상이 되고, 기복의 명이 신하들의 반대로 무산되는 사례가 증가하였다. 이는 폐주가 된 연산군을 부정하는 의미도 있었다. 일례로 박원종은 "신도 또한 상중에 있었을

---

36 『연산군일기』 62권, 12년(1506) 5월 19일(무술). 기복출사할 경우 나머지 상기 중에는 참복[짙은 푸른 계통의 옷]과 연각[연한 각대]을 착용하는 것이 상례였는데, 여기에서 연산군은 이를 벗어 버리라고 지시한 것이다.

37 『중종실록』 20권, 9년(1514) 3월 12일(을해).

38 『중종실록』 1권, 1년(1506) 10월 2일(정미).

때인데, 폐주(廢主)가 기복시키고 또한 고기를 먹도록 권했으며, 장수를 시켜 형벌을 쓰는 일들을 하지 않는 것이 없게 하였으니, 이는 또한 마지못해 한 것입니다."라고 변명을 했다.[39] 마찬가지 맥락에서 사신(史臣)은 논하기를, "김수경(金壽卿), 강홍(姜洪), 조익(趙翊), 변성(邊成)은 모두 한때의 사대부(士大夫)였는데, 폐조의 혼란할 때에 상을 당한 지 한 달 남짓하여 채복(彩服)을 입고 고기를 먹으며 희롱과 웃음이 자약(自若)하였었다. 그런데도 반정(反正) 후에 그 죄가 폭로되지 아니하였으므로 여전히 조정에 참렬(參列)하였었다."라고 기복에 대해 뒤늦은 비판을 가하면서, 국왕에게 삼년상의 원칙은 확립되어야 한다고 촉구했다.[40]

1510년 부산포, 내이포, 염포 등 삼포에서 왜란이 발생하자 중종은 여러 무관들을 기복시켜 현장에 파견했다. 그러나 왜란이 진압되고 평상으로 돌아오자 국왕은 기복에 대한 비판에 주의를 기울이지 않을 수 없었다. 종중은 다음과 같이 전교했다.

> 천자로부터 서인에 이르기까지 모두 삼년상을 거행한다. 만일 문정(門庭)에 침범한 도적이 있다면 오히려 기복하여 종군하여야 하지만, 평시에 군액(軍額)이 적은 것을 염려하여 삼년상을 들어 주지 않는다면 매우 사체에 합당하지 못하다. 또 모두가 다 아는 효성이 독실하여 향리에서 추장 받는 자 외에는 들어 주지 않기로 한다면, 이런 사람은 역시 적을 것이다. 아들 된 사람으로 어버이 위하는 마음이 어찌 경하고 중함이 있겠는가. 삼년상 거행하기를 원하는 자는 『대전』대로 시행하라.[41]

---

39 『중종실록』 5권, 3년(1508) 1월 30일(무진).

40 『중종실록』 16권, 7년(1512) 7월 24일(을미).

41 『중종실록』 16권, 7년(1512) 7월 24일(을미).

중종대에 이르러 기복을 억제하려는 경향은 고조되고 삼년상이 널리 장려되면서 유교적 상례에 대한 논의는 전환점을 맞이하는 것 같았다.

하지만 현실은 그리 녹록하지 않았다. 명종 10년(1555) 사헌부는 임금에게 아뢰었다.

> 오늘날처럼 빠짐없이 기복하여 효치(孝治)의 교화(敎化)를 완전히 손상하였다고는 듣지 못했습니다. 이번에 변방의 사정이 이러하니 진실로 경상(經常)의 예법을 지킬 수 없기는 합니다만은 단지 그중에 무재(武才)가 특이하여 군중(軍中)에서 꼭 필요한 사람만 뽑고, 그 나머지의 있으나 없으나 무방한 사람은 기복하지 말도록 하여 군정(軍政)의 근본이 도타워지게 하소서.[42]

중종이 말하던 "문정(門庭)에 침범한 도적", 즉 "변방의 사정"은 명종대에 들어와서도 기복의 필요성을 존속시키는 요인으로 인식되었다. 1555년의 변방의 사정이란 왜구가 전라도 강진, 진도 일대에 대거 침입해 약탈을 자행했던 을묘왜변, 즉 달량왜변을 지칭한다. 외적의 침입 혹은 도적의 출현 시 이를 막고 소탕해야 하는 무관들에게 있어 기복은 필요한 조치였다. 그럼에도 사헌부는 국방의 문제가 있다 하더라도 무관의 기복은 최소한의 수준으로 억제해야 한다고 주장했고, 이에 대해 명종은 변방의 사정이 매우 시급하므로 그러한 제안은 받아들일 수 없다고 선언했다.

국가의 방위를 생각할 때, 삼년상의 보장은 두 방향에서 국가에 큰 타격을 가져올 수 있는 문제였다. 삼년상을 이유로 국방에 필요한 자리

---

42 『명종실록』 18권, 10년(1555) 5월 17일(경술).

를 무관이 3년간이나 비우게 하는 것도 문제였고, 또한 부모상을 핑계로 국가방위의 위급한 상황에서 스스로 자리를 떠 피신해 버린다면 군사는 성립될 수 없기 때문이었다. 기복에 대한 논의는 1592년 일본의 대거 침략으로 전쟁이 발발, 국가가 백척간두의 위기로 몰리는 상황하에서도 끈질기게 이어져 갔다.

1593년 1월 대제학 홍성민(洪聖民)은 모친상을 당하자 선조에게 체직을 청하면서 "예로부터 기복하는 거사는 반드시 국가가 위급할 때 있는 것으로, 기용되는 사람은 대부분 군려(軍旅)의 일 때문이었지 문화(文華)의 임무를 맡기기 위해 기복시켰다는 것은 아직 듣지 못했습니다."라고 항변했다.[43] 문관은 기복의 대상이 될 수 없다는 주장이었다. 이에 선조도 결국은 홍성민의 체직을 허락했다. 1593년 4월 사간원은 "삼년상으로 말하면 천하 고금에 공통적으로 행하여져 온 것이니, 난리를 핑계하여 인기(人紀)를 없앰으로써 대란(大亂)의 조짐을 만들어서는 안 된다."라고 하면서, 현재 "대단치 않은 서관 말직(庶官末職)이나 내지(內地)에 있는 수령들까지도 모두 기복시켜 잉임(仍任)되어 있는데", 이는 사회의 "윤기(倫紀)가 완전히 없어진 것"이라고 경고하였다.[44] 같은 달 사헌부는 마찬가지로 국왕에게 기복의 무질서에 대해 경종을 울리려 했다.

> 성균 학유(成均學諭) 김직재(金直哉)는 그의 아비가 적중에서 죽었는데 처음에는 원수를 갚기 위해 스스로 기복했다가 군중에 있게 되어서는 도리를 어기고 멋대로 굴며 평소와 다름없이 술을 마시고 고기를 먹으니, 사람들이 모두 침을 뱉고 더럽게 여겼습니다.[45]

---

43 『선조실록』 34권, 26년(1593) 1월 3일(무오).

44 『선조실록』 37권, 26년(1593) 4월 21일(을사).

45 『선조실록』 37권, 26년(1593) 4월 24일(무신).

1594년 전쟁이 소강상태로 접어들자, 기복에 대한 저항은 더욱 세어져 갔다. “거상(居喪)하는 자가 고기를 먹고 기복하면 흑의(黑衣)를 입어 점점 오랑캐 풍속에 물든다.”라는 경고도 있었고,[46] “『예기(禮記)』에 이르기를 ‘군자는 남의 거상(居喪)하는 슬픈 정리를 빼앗지 않고 나의 거상하는 슬픈 정리도 빼앗겨서는 안 된다’고 하였습니다.”라는 경전의 전거를 제시하기도 했다.[47] 심지어는 “근래에는 상기(喪紀)가 무너져서 수척한 상제를 볼 수 없으므로 유식자가 한심해한 지 오래입니다. 개인 스스로 기복한 자는 이미 국법을 파괴한 것입니다.”라며 삼년상은 국법이라는 주장도 제기되었다.[48]

삼년상의 예법과 기복은 전란의 혼란기에 여러 면에서 편리한 도구이기도 했다. 삼년상은 전장의 위험으로부터 도망가 몸을 피하기 위한 수단으로 남용되기도 했고, 의병이라 핑계하고 스스로 기복하여 관곡(官穀)을 요구하는 기제이기도 했으며, 국가를 위해 기복했으니 관직을 달라고 요구하는 근거이기도 했다. 선조는 무관에 대해서는 비변사의 강력한 요청에 따라 대부분 기복을 명했으나, 문관에 대해서는 때로는 대간들의 반발을 사지 않으려고 신중을 기하기도 했다.[49] 기복출사의 명에 대한 반발은 있었으나, 임진왜란의 전란기에는 어느 시기보다 기복의 예가 많았다.

저항과 반발에 강도의 차이가 있기는 했지만, 전체적으로 보아 임

46 『선조실록』 48권, 27년(1594) 2월 14일(계해).

47 『선조실록』 57권, 27년(1594) 11월 3일(정축).

48 『선조실록』 60권, 28년(1595) 2월 15일(무오).

49 대간의 기복출사에 대한 저항은 법적으로 보장되어 있었다. 상중에 기복하려는 대상자는 예조에서 양사(兩司)에 통보하여 양사의 서경(署經)을 거쳐 의첩(依牒)을 내주어야 관직을 제수할 수 있는 것이 법적 절차였기 때문이었다. 『선조실록』 68권, 28년(1595) 10월 23일(임술) 참조.

진왜란 이전의 조선에서는 기복이 다반사로 행해졌다. 기복출사의 명은 반란의 발생, 도적의 발흥, 북로남왜의 병란, 외교 업무, 내의원의 필요 등의 계기로 발령하는 것이 가장 빈번하였으며, 따라서 무관, 숙위군사, 중인[의원, 통사 등]의 기복이 가장 많았다. 기록상으로는 재위 기간이 비교적 길었던 세종, 세조, 그리고 성종대에 기복의 사례가 많이 남아 있다. 연산군, 중종, 명종대로 접어들면서 기복의 횟수는 감소하는 경향을 보였지만, 그래도 기복은 조선 전기 전 시기에 걸쳐 산견된다.

기복출사의 명령이 내려지면 고위직인 경우 당사자의 대부분은 상소를 하여 3년의 상제를 마치게 해 달라고 요청하고 사직을 청하는 것이 통례였다. 기복출사 명령의 취소를 청원하는 근거로 제기되는 사유는 다양했다. 기복을 꼭 해야 할 만큼 국가의 상황이 그리 위급하지 않다, 자신이 기복출사를 해야 할 정도로 국가가 필요로 하는 중요한 인재가 아니다, 병이 나서 출사할 수 있는 상태에 있지 않다, 부모상을 당해 아직 매장도 제대로 하지 못했다 등 여러 이유를 들곤 했다. 특히 조정의 언관들은 기복출사의 부당성을 개진하는 데 언제나 적극적이었다.

기복출사에 대한 저항에 있어 특기할 점은 지위가 높은 문관일수록 자신들의 반론을 돋보이게 하고자 노력했다는 점이다. 이들은 성인의 말 혹은 유교 경전에 나와 있는 효의 궁극적 가치, 효치(孝治)의 이상 혹은 예법의 원리를 인용하거나, 자신들은 지위가 낮은 관원들과는 다르다거나, 일반 백성들과 자신들은 엄격히 구별되어야 한다는 등의 논리를 각인시키고자 했다. 사족지배층은 이를 통해 자신들이 이상적인 유교적 사회질서의 선봉에 서 있음을 강조하고, 왕권으로부터 침해받지 않는 효의 자율공간을 확보하고자 노력했다.[50] 그럼에도 조선 전기에

50 효치 혹은 효치사상에 대한 경전적 이론적 논의에 대해서는 김해영, 「正祖의 孝治

국왕은 왕권의 필요에 따라 기복출사를 관철하고자 했고, 대체로 관철되는 경우가 많았다.

3. 임진왜란 이후의 기복과 유교정치

임진왜란 이후 전쟁 분위기는 얼마간 지속되었다. 여기에 여진 세력의 성장으로 서북지방의 방비책이 현안으로 떠오르자, 광해군은 "서북지방의 사태가 날이 갈수록 우려스러우니, 문신·무신들 가운데 상(喪)을 당한 자들도 미리 초계(抄啓)해 두었다가 다시 오랑캐의 형세를 보아 가면서 조종조(祖宗朝)의 예에 따라 기복시켜 조발해 쓰라고 비변사에 이르라."라고 지시했다.[51]

그러나 임진왜란을 겪었음에도 기복출사에 대한 전체적인 분위기는 광해군 초기부터 더욱 부정적으로 흐르고 있었다. 이미 광해군 1년(1607)에 사간원이 아뢰었다.

> 군자판관(軍資判官) 곽규(郭珪)는 사람됨이 교활하고 마음 씀이 형편없는데, 지난 정유년에 적을 토벌한다는 명분으로 사사로이 스스로 기복하여 비변사에 청탁해 관작을 받으려 꾀하였습니다. 이와 같이 윤리를 무너뜨린 사람은 의관의 반열에 끼어서는 안 되니, 사판(仕版)에서 삭제하소

思想 構造」, 『유교사상연구』 43, 한국유교학회, 2011, 233-239; 문재윤, 「선조대 '법조(法祖)'의 정치원리와 이이의 경장론」, 『한국동북아논총』 14/2, 한국동북아학회, 2009, 287-290 참조.

51 『광해군일기』 127권, 10년(1618) 윤4월 17일(을해).

서.[52]

여기에서 말하는 정유년은 1597년으로, 당시는 재개된 왜적의 대공세로 국가의 존망이 다시금 위태롭던 시기였다. 그럼에도 불구하고 스스로 기복하여 관작을 탐냈다고 높은 벼슬은 아니지만 곽규를 사판(仕版), 즉 벼슬아치의 명단에서 영원히 추방해야 한다고 건의한 것이다.

광해군 10년(1618) 부친상을 당한 전 찬성 박승종(朴承宗)에게 임금은 명나라에서 징병을 요청해 오는 등 사태가 급박하게 돌아가고 있는 전시체제나 마찬가지이므로 부친의 발인은 끝냈을 터이니 기복하여 변방의 대책을 강구하라고 명했다. 그러나 박승종은 상소를 올려 상직(相職) 및 체부(體府)의 직책을 체차해 달라고 국왕을 압박했다. 광해군은 이를 쉽사리 받아들이지 않았다. 임금과 박승종의 줄다리기는 약 1년간 계속되었다. 박승종의 버티기에 대해 조정의 의견은 박승종에 호의적이지 아니하였다.

> 승종은 이때 아버지의 상중에 있었는데 왕이 기복할 것을 명하였으므로 사직한 것이다. 승종은 아버지가 살아 있을 때에도 자식의 도리로 섬기지 않았으며, 상중에 있으면서도 예를 지키지 않고 날마다 여러 첩들을 가까이하였다. 그러니 상을 마치게 해달라는 청이 어찌 그의 본심이었겠는가.[53]

박승종이 공의를 두려워하여 기복을 거절하였으면서도 자신은 상

52 『광해군일기』 18권, 1년(1609) 7월 22일(신축).

53 『광해군일기』 138권, 11년(1619) 3월 12일(을미).

규에 맞지 않게 행동했다고 비판이 거세었다. 임진왜란 이후 삼년상의 상례는 점차 공의의 사회규범으로 자리 잡아 가고 있었다.

인조대의 문신이자 학자였던 김상헌(金尙憲)은 1624년 대거 기복 명령이 내려진 데 대해 상소문을 올렸다. 1624년은 인조반정 시 공로를 세웠으나 추후의 논공행상에서 2등공신이 된 데 대해 불만을 품은 이괄(李适)이 난을 일으킨 해였다.

> 뜻하지 않게도 역적 이괄이 반란을 일으켜 이들을 섬멸하는 계책이 급하였고 서둘러 그들이 침입해 오는 것을 막아야 하는 상황이었으므로 인재들을 널리 등용하여 쓸 생각을 하셨습니다. 이에 특별히 조정에서 건의한 데 따라 권제(權制)를 행하여 자최(齊衰)나 참최(斬衰)의 상을 당해 있는 자들을 모두 기복시키게 하셨습니다. 그리하여 효를 위주로 하여 다스리는 세상에서 자식으로서 친상(親喪)을 마치지 못하게 하였으니, 이는 실로 조정에서 변란을 만나 행한 부득이한 조처입니다.[54]

기복의 필요성을 인정하면서도, 김상헌은 인조에게 예제의 중요성을 강조하는 것을 잊지 않았다.

> '병란이 일어났을 때에는 기복을 피하지 말아야 한다'는 것은 옛날부터 있었던 제도이기는 하지만, 재주가 병란을 제압하는 것을 감당해 낼 만하여 나라의 안위에 관계된 자가 아닐 경우 함부로 예제(禮制)를 변경하여 정(情)을 빼앗는 일을 해 성인께서 만들어 놓은 큰 예제를 무너뜨려서

54 김상헌, 『청음집(淸陰集)』, 제17권(1624, 인조 2년) 정월.

는 안 됩니다.[55]

인조대의 국가 상황은 초반부터 위기 상황의 연속이었다. 국가안위와 기복의 문제에 대한 논의는 전환점을 향해 가고 있었다.

인조 15년(1637) 좌의정 최명길은 국왕에게 올린 글에서 지난 수십 년간의 상황을 되돌아보면서 기복과 관련된 대표적인 두 인물인 이덕형과 박승종을 비교하였다.

> 선조(宣祖) 갑오년은 적이 물러간 지 이미 3년이 되었고 남쪽 변방에 남은 왜구가 있기는 하였으나 이미 명나라 군사의 도움을 받아 회복될 형세가 십중팔구는 이루어졌으므로 참으로 오늘날처럼 아침저녁에 망할 형세에 비할 것이 아니었는데도, 고(故) 상신(相臣) 이덕형(李德馨)을 기복하여 병조 판서로 삼자 여러 번 상차한 뒤에는 마침내 감히 사양하지 못하였고, 혼조(昏朝)에서는 박승종(朴承宗)을 또한 기복하여 정승을 제수하였는데 굳이 사양하고 나오지 않아 벼슬을 떠나고 집에서 3년을 지냈습니다. 오늘날에 이르러서 박승종은 효자라는 이름을 얻지 못하였으나 이덕형만은 중흥(中興)한 어진 정승이 되었습니다.[56]

최명길은 권도의 입장에서 삼년상을 관철한 박승종을 내치고 기복에 응해 국가경영에 공헌한 이덕형을 높이 평가하였다.

이와 같은 입장에서 최명길은 조선 후기의 기복 문제에 있어 한 획을 긋는 장유(張維)에 대해 다음과 같이 평가하였다.

---

55 김상헌, 『청음집(淸陰集)』, 제17권(1624, 인조 2년) 정월.

56 『인조실록』 35권, 15년(1637) 8월 5일(경자).

장유의 소본(疏本)을 보니 번번이 나라에 금혁이 없다는 것으로 핑계 삼았는데, 이것은 매우 사려 깊지 못한 말입니다. 동궁이 북쪽의 인질이 되고 온 백성이 상처를 입어 말할 수 없는 화가 눈앞에 닥쳐 있으니, 금혁이 이보다 심한 것이 있겠습니까. 어버이의 은혜와 임금의 의리는 때때로 상치될 때가 있으나 집과 나라의 존망은 일치됩니다. 나라가 망하고 집이 깨져 충성과 효도를 다 잃는다면 요상은 아마 후세에 스스로 해명할 수 없을 것입니다.[57]

나라가 망하고 깨지는 상황에서 어버이에 대한 상례의 결벽을 주장하는 것은 심각한 문제가 있다는 이의제기였다. 그러나 정묘호란과 병자호란의 혹독함을 겪었음에도 최명길의 의견은 조선 사회에 있어 외롭게 남아 있는 예외적인 견해에 불과했다.

조선 후기의 기복출사에 대한 사족층의 입장은 17세기 중반 장유에 의해 대표되었다. 장유는 누구인가? 『인조실록』은 장유에 대해 다음과 같은 기사를 싣고 있다.

신풍부원군(新豊府院君) 장유가 졸하였다. 장유의 자는 지국(持國)이고, 호는 계곡(谿谷)으로, 판서 장운익(張雲翼)의 아들이다. … 그 뒤에 기복되어 정승에 제수되었으나, 소를 열여덟 번이나 올리면서 끝내 나아가지 않았다. 이에 마침내 체직되었는데, 오래지 않아 병으로 죽었다.[58]

최명길이 앞에서 말한 "장유의 소본"이란 인조의 기복출사의 명에

57 『인조실록』 35권, 15년(1637) 8월 5일(경자).

58 『인조실록』 36권, 16년(1638) 3월 17일(경진).

대해 이를 거부하면서 올린 "열여덟 번"의 상소를 지칭함을 알 수 있다. 모친상을 당한 후, 국왕이 내린 기복의 명에 대해 열여덟 번의 상소를 올리며 버틴 장유는 조선 후기의 기복의 문제를 검토함에 있어 중요한 위치를 차지한다.[59]

장유는 첫 번째 상소에서 우선 상례와 국가의 법도는 서로 떨어질 수 없는 관계에 있음을 강조했다.

> 상기(喪紀)야말로 예법 가운데 가장 큰 것이요, 강상(綱常)이야말로 세상을 지탱하는 동량(棟樑)이라고 하였습니다. 따라서 상기가 한 번 허물어지면 예법이 없어지고 강상이 무너져 버리는 만큼, 사람이 사람답게 되지 못하고 국가가 혼란에 빠져 망해 버릴 것은 더 말할 나위도 없다 하겠습니다.[60]

장유는 무엇보다 상기는 예법의 근본이고 이것이 허물어지면 나라가 망할 수 있다고 전제했다. 금혁을 구실로 친상(親喪)을 당한 사람이 기복하여 탈정하는 것은 『예경(禮經)』에도 있지 않은 것으로, 과거의 문란해진 법도 가운데 그래도 상례 하나만은 명맥을 유지해 왔는데, 이를 지킴으로써 국체(國體)가 보전되고 상기(喪紀)가 부지될 수 있게 해 달라고 간청했다. 그러나 인조는 이를 받아들이지 않았다. 이렇게 해서 장유의 상소는 계속되었다.

세 번째 상소에서 장유는 어버이를 섬기는 효와 임금을 섬기는 충의 관계에 대해 정의를 내렸다.

59 장유의 기복 관련 논의는 안호용, 「조선시대 삼년상과 기복제도」, 115-117 참조.
60 장유, 「기복배상사면소(起復拜相辭免疏)」, 『계곡집(谿谷集)』.

> 어버이를 섬김은 은혜를 위주로 하는 것이고 임금을 섬김은 의리를 위주로 하는 것으로서 은혜와 의리의 경중(輕重)은 각기 마땅한 바가 있다고 하겠습니다. 그러나 은혜 위주로 어버이를 섬기는 일을 극진히 하지 못하고서 임금을 섬기는 의리를 제대로 다하게 된 경우는 아직 있지 않았습니다. 그래서 '어버이를 효성스럽게 섬기기 때문에 그 정신이 임금에 대한 충성심으로 이어질 수 있는 것이다' 하였고, '충신을 얻으려면 반드시 효자의 가문에서 구해야 한다' 하였던 것입니다. 그러니 충성이나 효성이 비록 그 정신은 일관된 것이라고 하더라도 어찌 내외(內外)와 본말(本末)의 차이가 없기야 하겠습니까.[61]

여기서 장유는 부모에 대한 효와 임금에 대한 충을 내(內)와 외(外), 본(本)과 말(末)의 관계로 설정하고, 효가 충에 우선한다는 입장을 분명히 했다.[62] 다른 말로 사은(私恩)의 영역인 상제(喪制)의 예법이 공사(公事)인 왕명(王命)보다 근본적이고 보다 중요하다는 선언이었다. 이를 인조가 받아들일 리 만무했다.

장유의 상소는 계속되었다. 세 번째 상소에 대해 보인 인조의 반응, 즉 "금혁이 있을 때에는 피하지 않는 법이고, 또 나랏일을 먼저 하고 개인의 일은 뒤로 돌려야 한다."라는 비답에 대해, 장유는 중국의 고사까지 동원하면서 "죽음을 무릅쓰고" 정면에서 반박했다.

---

61 장유, 「기복배상사면소[삼소(三疏)]」, 『계곡집』.

62 '효자가문에서 충신 난다'는 언설에서의 '효자'는 『주자가례』에 대한 실천의 강도에 의해 정의되는 개념이었다. 이에 대해 조금 이후의 시기이기는 하지만 성호 이익은 신분제 사회에서 『주자가례』의 획일적 적용의 어려움을 들어 이에 대해 의문을 표시했다. 김덕균, 「성호 이익의 개방적 효제윤리 연구」, 『동양철학연구』 54, 동양철학연구회, 2008, 50-55.

> 임금과 어버이의 분한(分限), 그리고 충성과 효성의 도리를 말하면, 원래 안에서 어버이를 모시다가 밖으로 나가 임금을 섬기고 그 효성을 미루어서 충성심을 발휘하게 되는 것이니, 어찌 본말(本末)과 선후(先後)의 차이가 없다고야 하겠습니까. … 옛적에 온교(溫嶠)는 소매를 뿌리치고 국가의 위난(危難)을 구하러 나아가 마침내 중흥(中興)의 위업을 세웠고, 조포(趙苞)는 어미를 내버려 둔 채 적(賊)을 공격하여 국토를 방어하는 직책을 스스로 완수하였으니, 나랏일을 먼저 하고 개인적인 일을 뒤로 돌렸다고 해도 될 것인데, 그럼에도 불구하고 이들 모두는 선유(先儒)로부터 비난을 받는 일을 면치 못하였습니다. 이와 반대로 서서(徐庶)가 임금을 버리고 어미에게 돌아간 것을 선유들이 인정하였음을 보면 그 의리가 또한 분명하다고 해야 하지 않겠습니까.[63]

삼년상으로 상징되는 어버이에 대한 효성은 임금에 대한 충성에 비해 근본적이고 우선하는 것으로, 부모에 대한 효를 위해서는 임금에 대한 의리도 버릴 수 있다는 대담한 반박이었다.

인조도 간단히 물러서지 않았다. 이에 대해 장유는 계속하여 상소를 올리고 사직을 청원했다. 여덟 번째 상소에서 그는 다시금 결의를 다졌다.

> 사람이 한 세상 살아가는 동안에 자기 몸을 단속해야 할 것으로는 오직 예(禮)와 의(義)가 있을 뿐이라고 여겨집니다. 그런데 예는 친상(親喪)보다 중요한 것이 없고 의는 무턱대고 나아가는 것보다 어그러지는 것이 없으니, 이 두 가지를 잘못 행할 경우 어떻게 하늘과 땅 사이에 스스로

63 장유, 「기복배상사면소[사소(四疏)]」, 『계곡집』.

> 설 수가 있겠습니까.[64]

삼년상을 지키지 못하게 되면 "천하 후세에 죄를 얻는 것"이라고 말하면서, 차라리 처벌을 받았으면 받았지 기복에 응할 수는 없다고 천명하였다. 그러면서 장유는 "친상(親喪)을 당한 사람을 기복시키는 것은 사람의 도리로 볼 때 변고에 속하는 일로서, 공자께서도 이미 심각하게 배척하신 바이다."라고 하며 기복의 명을 내린 인조에게도 경고를 울렸다.[65]

인조는 끝내 장유의 뜻을 굽힐 수 없었다. 장유는 열일곱 번째 상소에서 박승종의 예를 들며, 자신은 그와는 인간이 다르다는 점을 분명히 했다.

> 지난 무오년 연간에 박승종이 부친상을 당했을 때 그를 기복시켜 정승에 임명하였다고 합니다. 그런데 승종이 출사하려 하지 않는데도 불구하고 조정이 체직을 허락하지 않고서 3년을 마치도록 하였으므로, 지금까지도 논자들이 그 일을 추하게 여기고 있습니다. 대체로 볼 때 승종이 출사하려 하지 않은 것은 잘못된 것이 아닌데 다만 강력하게 사직을 청하지 않은 것만큼은 그의 죄라고 하겠습니다.[66]

기복 명령이 있으면 이에 대해서는 단호하게 거부하고 당연히 사직해야 한다는 내용이었다.

장유가 삼년상을 관철하기 위해 열여덟 번이나 상소를 올리면서 저

---

64 장유, 「기복배상사면소[팔소(八疏)]」, 『계곡집』.

65 장유, 「기복배상사면소[구소(九疏)]」, 『계곡집』.

66 장유, 「기복배상사면소[십칠소(十七疏)]」, 『계곡집』.

항했다는 점도 주의를 끌지만, 보다 중요한 점은 국왕인 인조도 기복출사를 거부하는 일개 신하에 대해 왕권의 강제력을 일방적으로 발동하지 못했다는 점이다. 기복출사의 집행을 자제했을 뿐만 아니라, 열여덟 번이나 상소를 하며 왕명을 반박하는 신하에 대해 처벌은커녕 역으로 그 저항의 논리에 결국 굴복하고 말았다는 점은 중요한 의미를 갖는다.

실제로 장유의 상소 이후, 조선 후기의 국왕들은 기복에 대해 극히 소극적이 되어 갔고, 기복이 이루어진 사례가 있다고 해도 관련된 인물들의 지엽적인 정치적 비중으로 인해 그 논의가 공론의 큰 주의를 끌지 못하였다.[67] 국왕이 상중에 있는 사람이 필요해 기복하여 출사하라고 명해도 신하들은 이에 대해 결사적으로 반대하는 경향을 보였기 때문이었다. 숙종 14년(1688) 국왕은 다음과 같이 김진규(金鎭圭)를 기복시켜 일을 시키려 했으나 뜻을 이루지 못했다.

> 임금이 서울과 지방의 화사로서 모사(摹寫)할 만한 자가 없고, 전(前) 지평(持平) 김진규가 회사(繪事)에 능력이 있었으나 현재 우복(憂服) 중에 있으니, 기복하여 모사하게 하려고 하였으나, 대신과 여러 신하들이 모두 불가하다 하므로, 이에 정지하였다.[68]

전 지평의 기복조차 성사를 못시키는 상황에서 문무고관을 기복시키는 일은 국왕이라 해도 쉽지 않았다.[69] 이와 같은 흐름이 19세기 중반

---

67 장유 이후의 포괄적인 기복 사례에 대해서는 안호용, 「조선시대 삼년상과 기복제도」, 130-133 참조.

68 『숙종실록』 19권, 14년(1688) 3월 3일(병자).

69 주목을 요하는 하나의 예외적인 경우도 있었다. "영의정 김창집(金昌集)이 정고(呈告)한 지가 달포가 지나고 임금이 세자와 더불어 여러 차례 비답(批答)을 내리고 위유(慰諭)를 내려 돈면(敦勉)하였는데, 이때에 이르러 기복하여 정사를 보았다." 『숙

까지 200년 이상에 걸쳐 거의 변함없이 지속되었다.

여기에 변화의 징조가 나타난 것은 홍경래의 난(1812)이 발생했을 때였다. 평안도의 몇몇 전직 지방관원들이 스스로 기복을 하고 난의 진압에 나섰고, 국왕도 이를 수용했다.[70] 50여 년 후 19세기 후반부터는 외세의 침입으로 병인양요(1866), 신미양요(1871), 청일전쟁(1894-1895) 등의 위기상황이 연이어 터지며 국가가 내우외환에 깊이 빠져들었다. 고종 19년(1882) 국왕은 전교를 내렸다.

> 지금 외무(外務)가 방대하니 모든 문제를 신속히 처리하여 늦지 않게 하라. 그리고 본인의 의사를 무시하고 기복하는 것으로 말하면 우리 왕조에서 이미 그렇게 시행한 전례가 많다. 전 참판(前參判) 민영익(閔泳翊)을 협판통리아문사무(協辦統理衙門事務)로 차하(差下)하고 기복하여 공무를 보게 하라.[71]

그러나 민영익은 사직상소를 올리고 기복의 부당함을 아뢰었다. 이에 고종은 강한 어조로 기복출사의 명에 따를 것을 독촉했다.

> 이 어려운 시기에 경의 처지로서는 나라를 근심하고 개인의 문제를 잊어버림은 응당 다른 사람들보다 배나 더해야 할 것이다. 그리고 효성을 충성으로 옮기는 것은 또한 반경합도(反經合道)로서 더욱이 『예경(禮經)』에

종실록』 61권, 44년(1718) 2월 7일(병술). 이 사례에 대해서는 보다 면밀한 검토가 필요하지만, 김창집의 경우는 조선 후기의 기복의 소멸 경향에 별다른 영향을 끼치지는 못했다.

70 『순조실록』 16권, 12년(1812) 6월 9일(경술).

71 『고종실록』 19권, 19년(1882) 11월 29일(신해).

> 서도 깊이 허락한 문제이다. 더구나 지난날의 사첩(史牒)의 기록에서 우리 왕조의 명석(名碩)으로서 그렇게 한 사람들을 많이 찾아볼 수 있음에랴? 정례(情禮)와 의분(義分)은 본래 두 가지가 아니니 다시는 번독스럽게 하지 말고 속히 공무를 행하라.[72]

비상시국에 민영익은 기복출사를 무조건 거부할 수 없었다.

날이 갈수록 국가의 존망이 불투명해지는 가운데, 고종은 공사를 불문하고 국력을 총동원하여 시무에 대처하지 않을 수 없었다. 청나라가 전쟁에서 일본에 패하여 수모를 겪고, 일본의 제국주의적 야욕이 문 앞에 다가오고 있었던 1896년 총호사 조병세(趙秉世)는 국왕에게 정신을 차리자고 상소를 올렸다.

> 예법이란 나라가 있으면 있고 집이 있으면 있는 법이니, 어찌 예법을 없애 버린 나라와 집이 있겠습니까? 신이 마음속으로 몹시 의심스럽고 괴이하게 생각하는 것은 기복입니다. 고약한 무리들과 상천(常賤)들도 모두 부모상에 27개월 동안 상복을 입는 제도를 아는데, 지금은 기복을 항식(恒式)으로 여겨 벼슬길에 나서는 길로 삼으니, 어찌 효성을 미루어 충성을 다할 리가 있겠습니까? 이런 습관을 빨리 없애 윤리를 바로잡으소서.[73]

1898년 최익현(崔益鉉)은 풍전등화에 처한 국가를 어떻게 하면 되돌릴 수 있는지 여러 시책을 국왕에게 긴급 제안하였다. 그 여러 제안

---

72 『고종실록』 19권, 19년(1882) 12월 2일(갑인).

73 『고종실록』 34권, 33년(1896) 10월 31일.

가운데 최익현은 기복의 문제를 빼놓지 않았다. 그는 여덟 번째의 항목에서 기복을 금지하여 풍속을 바로잡으라고 하면서, 다음과 같이 언급하였다.

> 신은 들으니, 요즘 관청에서 이른바 복기(復期)라는 것이 있어서 부모의 상사를 당한 지 얼마 되지 않아 곧 상복을 벗어 버리고 버젓이 벼슬에 나오면서도 전혀 부끄러워하는 기색이 없다고 합니다. … 옛날에는 거상 중에 술을 마시고 고기를 먹는 자에 대해서는 사람들이 진실로 풍속에 손상을 준다고 하여 나라의 먼 끝 변방으로 내쫓아서 중국을 오염시키지 못하도록 청하였는데, 만일 애초에 거상하지 않은 사람을 본다면 다시 무엇이라고 말하겠습니까? 신이 바라건대 오늘부터 무릇 중앙과 지방의 관리로서 기복하여 벼슬에 나오는 자들은 모두 내쫓고 복기의 규례를 영원히 혁파하신다면 천만다행일 것입니다.[74]

최익현은 문무를 가리지 말고 삼년상의 규례를 완수하지 않는 자는 모두 추방하라고 주장했다.

조선 후기에 있어 고종대는 예외적인 시기였다. 500년을 지속해 온 왕조가 망해 가는 시기였다. 온 국력을 총동원해 내우외환으로부터 국가를 구해야 하는 절박한 상황에 처해 있음에도 많은 유신들과 식자들은 삼년상에 관해서는 쉽게 양보하려 들지 않았다. 국왕은 이들의 요구를 마냥 들어줄 수도 완전히 무시할 수도 없는 진퇴양난의 상황에 있었다. 기복의 문제에 관해 정부는 1895년 '기복에 관한 각령(閣令)'을 시행하여 "정우(丁憂)한 지 30일이 지난 관원을 기복하게" 하고, 그 뒤 본 각

74 『고종실록』 38권, 35년(1898) 12월 10일.

령의 시행착오를 거쳐 1899년에 '기복령'을 제정하였는데, 그것이 법령으로 공포된 "거상 중에 있는 사람을 불러내어 벼슬을 시키는 데 관한 안건"이었다.[75] 그 내용은 다음과 같았다.

> 현임 관직에 있는 사람을 부득불 거상 중에 불러내어 벼슬을 시켜야 할 경우는 부모의 상사(喪事)를 당한 지 백 일이 지난 뒤에 칙임관(勅任官)은 조칙에 의해 불러다 벼슬을 시키며, 주임관(奏任官)과 판임관(判任官)은 본인이 소속되어 있는 장관이 의정부(議政府)와 토의를 거쳐 상주하고 재가를 기다린다. 무관학도 졸업생으로서 영군(領軍)으로 있는 자, 법률학도 졸업생으로서 3년 이상 재판소에서 일하고 있는 자, 순검(巡檢)으로부터 점차 승급하여 경무(警務)의 직책에 있는 자는 의정부에서 토의를 거쳐 판례대로 상주하고 재가를 받아서 거상 중에 벼슬을 시킨다.[76]

이러한 일련의 법령으로 조선의 기복에 관한 왕권의 역사는 이론적으로는 종장을 고하게 되었다.[77]

---

75 안호용, 「조선시대 삼년상과 기복제도」, 139-140.

76 『고종실록』 39권, 36년(1899) 5월 8일.

77 그러나 법령이 반포되었다고 해서 오랜 기간 시행되어 온 관습이 하루아침에 소멸될 것은 아니었다. 기복의 문제는 그 후에도 왕조 말까지 문제가 야기되고 논의가 지속되었다. 이에 대한 자세한 논의는 안호용, 「조선시대 삼년상과 기복제도」, 143-150 참조.

4. 나오며

기복의 역사는 무엇을 말해 주는가? 조선 후기에 기복의 관행이 거의 소멸되었거나 주변으로 밀려났다는 것은 조선 사회에 대해 무엇을 말해 주는가? 사족지배층이 왕권에 의한 기복출사의 명을 봉쇄할 수 있었다는 것은 조선 후기에 있어서는 '충'의 가치에 대해 '효'의 가치가 우위를 확보했다는 것을 의미한다. 왕권정치에 종속될 수밖에 없었던 사족들은 이에 대항하여 기복의 철폐라는 '효의 전략'을 끈질기게 추구했고, 17세기 이후에는 이의 실현을 보았다. 조선 후기의 사회에 있어 삼년상으로 상징되는 부모에 대한 '효'는 누구도 건드릴 수 없는 지고의 가치로 확립되었던 것이다.

조선 후기에 있어 효의 가치에 대항하거나 이를 공격하는 것은 윤리적으로, 그리고 정치적으로 이길 수 없는 위험한 게임이었다. 효의 가치는 누구도 도전할 수 없는 사족층 가족윤리의 근간이 되었다. 사족들은 일제히 삼년상으로 대표되는 효의 인륜에 대한 신성성을 중화문명의 전거를 동원하면서 구축하여 갔다. 효의 지고성은 중국의 성인이 모두 언급했으며 유교 경전에 수없이 강조되어 있고 문명의 중심인 중국에서도 강고하게 실행되고 있다고 주장하면서 이러한 전례를 근거로 효의 가치를 신성화했다.[78] 효는 가족윤리의 모태가 되고, 가례를 통해 실행

78 하지만 조선의 사대부들이 상상하는 것처럼 『주자가례』적 예법질서가 중국에서 보급, 정착된 것은 아니었다. 청나라에 갔던 연행사들의 관찰은 이를 잘 전해 주고 있다. 당시의 중국은 지역에 따라 차이가 있었지만, 상제례에 있어 불교적 요소가 강하게 침투하여 있었고, 예법질서의 근간을 이루는 존비질서가 조선 사대부의 눈으로는 이해할 수 없을 정도로 흐트러져 있었으며, 화장(火葬)의 습속도 광범히 퍼져 있었다. 이에 대한 자세한 논의는 하숙의, 「17-18세기 조선사절의 중국 예속 관찰」, 『국학연구』 16, 한국국학진흥원, 2010, 550-569 참조.

으로 옮겨졌다. 효의 인륜이 부모에 대한 삼년상의 상례로 표상화되고, 이는 왕권이라도 마음대로 할 수 없는, 그리고 나아가 왕권에 대한 비판의 준거로 무기화되어 갔다.

사족층이 자신들을 왕권의 대척점에 위치 지우고 나아가 자율적인 효의 공간을 확보했다는 것은 정치경제적으로는 사족층의 배타적 권력공간의 구축을 의미했다. 충에 우선하는 효의 가족윤리는 왕권의 침해로부터 사족을 보호하고, 위기의 상황에서는 왕권으로부터 사족을 도피시켜 줄 수 있는 피난처의 역할을 했다. 뿐만 아니라 효의 가치는 사적 윤리의 차원을 벗어나 공적 윤리의 지위까지 얻게 됨으로써, 공사(公事)로서의 효의 실행은 전세, 부역, 군역의 수취권을 독점하는 왕권에 대한 대항적 정치무기로서의 의미도 갖게 되었다.[79] 조선 후기 사족 남성들이 군역으로부터 거의 완전히 면제될 수 있었던 것은 그들의 권력공간이 얼마나 강대해지고 정당화될 수 있는가를 보여 주었다.

기복출사의 거부로 대표되는 삼년상 상례의 확립은 임진왜란 이후 점차 이완되어 가는 신분사회에 있어 사족층이 자신들의 사회적 지위를 특권화하는 기제였다. 삼년상의 상례는 1년 내내 자기 노동에 생존을 의존해야 하고 더욱이 사족의 수탈경제에 종속되었던 일반 백성 및 노비계층에게는 그림의 떡이었다. 이들 피지배계층이 삼년상의 상례를 엄격히 준수한다는 것은 당시의 사회경제 여건에서는 불가능에 가까웠다. 때문에 기복은 아무리 내려와도 중인계층 정도에까지만 의미가 있는 왕권의 행사였던 것이다.

임진왜란 이후 사족층은 노비의 도망, 평민 신분의 와해, 비양반 계

79 효를 둘러싼 사의(私義)와 공의(公義)의 논쟁 및 효가 충에 앞선다는 논거의 핵심이 되는 것은 효의 행위는 천리(天理)의 공(公)의 범주에 속한다는 조선 후기의 사고의 흐름과 관련이 있다.

층의 신분상승 노력, 종래의 특권적인 경제력의 부분적 부식 등 여러 문제들에 직면하였다. 뿐만 아니라 유향소에서 향청으로의 변화, 수령과 아전들에 대한 통제력의 약화, 재지에서의 권력 장악력의 약화 등의 추세 속에서 사족지배층은 『주자가례』의 철저한 준수를 통해 자신들을 타 신분계층과 구분짓고 배타적인 사회적 지위를 주창할 필요가 있었다. 즉 지배계층으로서의 특권을 확보하기 위해서는 피지배계층과 엄격히 구분되는 신분의 사회적 표식이 필요했고, 이러한 노력에 있어 삼년상 상례의 확립은 유용한 도구였다.

궁극적으로는 기복출사의 무화, 즉 삼년상을 중심으로 한 『주자가례』의 확립은 사족 중심의 종법질서가 그 완성도를 높여 가는 것을 의미했다.[80] 장자 중심의 상속제도, 제사권의 집중은 사족층의 내부 단결 및 힘의 결속에 있어 중요한 기제였다. 친족에 있어서는 문중의 결속으로 나타났고, 여기서 종법과 문중단결을 위한 수단으로서의 자기들만의 특권적인 상제례는 유용한 수단이었던 것이다. 권력, 특권, 부, 명예 등의 이익추구에 중요한 통로의 역할을 한 『주자가례』의 예법은 더 나아가 인간문명의 핵심요소로 주창되면서, 이에 대한 어떠한 변형이나 도전도 용납되지 않았다. 기복 문제의 저변에는 사족층의 독점적인 특권적 물질구조가 있음을 간과해서는 안 될 것이다.

80 조선 후기의 종법질서의 구축 과정에 대한 연구로는 정지영, 「조선 후기 호주승계 방식의 변화와 종법질서의 확산: 17·8세기 『단성호적』에 나타난 과부와 그 아들의 지위를 중심으로」, 『한국여성학』 18/2, 한국여성학회, 2002; 김언순, 「18세기 종법 사회 형성과 사대부의 가정교화: 가훈서를 중심으로」, 『사회와 역사』 83, 한국사회사학회, 2009; 박례경, 「『주자가례』 속의 인간과 사회: 새로운 종법 이해와 재구성의 고례적 맥락에 대한 성찰」, 『국학연구』 16, 한국국학진흥원, 2010 참조.

참고문헌

『고종실록』.
『광해군일기』.
『명종실록』.
『선조실록』.
『성종실록』.
『세조실록』.
『세종실록』.
『숙종실록』.
『순조실록』.
『연산군일기』.
『예종실록』.
『인조실록』.
『정종실록』.
『중종실록』.
『태조실록』.
『태종실록』.
김상헌, 『청음집(淸陰集)』.
이기, 『송와잡설(松窩雜說』.
장유, 「기복배상사면소(起復拜相辭免疏)」, 『계곡집(谿谷集)』.

김경숙, 「16세기 사대부가의 喪祭禮와 廬墓生活: 이문건의 『默齋日記』를 중심으로」, 『국사관논총』 97, 국사편찬위원회, 2001, 115-149.
김덕균, 「성호 이익의 개방적 효제윤리 연구」, 『동양철학연구』 54, 동양철학연구회, 2008, 41-70.
김성우, 『조선중기 국가와 사족』, 역사비평사, 2001.
김언순, 「18세기 종법사회 형성과 사대부의 가정교화: 가훈서를 중심으로」, 『사회와 역사』 83, 한국사회사학회, 2009, 117-156.

김해영, 「正祖의 孝治思想 構造」, 『유교사상연구』 43, 한국유교학회, 2011, 223-251.
문광철, 「조선 초기의 起復 제도」, 『역사와 담론』 56, 호서사학회, 2010, 369-403.
문재윤, 「선조대 '법조(法祖)'의 정치원리와 이이의 경장론」, 『한국동북아논총』 14/2, 한국동북아학회, 2009, 283-303.
박례경, 「『주자가례』 속의 인간과 사회: 새로운 종법 이해와 재구성의 고례적 맥락에 대한 성찰」, 『국학연구』 16, 한국국학진흥원, 2010, 107-138.
안호용, 「조선시대 삼년상과 기복제도」, 『한국사회』 15/2, 고려대학교 한국사회연구소, 2014, 103-157.
정지영, 「조선 후기 호주승계방식의 변화와 종법질서의 확산: 17·8세기 『단성호적』에 나타난 과부와 그 아들의 지위를 중심으로」, 『한국여성학』 18/2, 한국여성학회, 2002, 5-35.
하숙의, 「17-18세기 조선사절의 중국 예속 관찰」, 『국학연구』 16, 한국국학진흥원, 2010, 537-574.
황향주, 「고려 起復制와 14세기말 起復論爭」, 『한국사론』 7, 서울대학교 국사학과, 2011, 2-78.

제3부

종교학의 시선으로 학문하기

종교학 안에서
종교철학하기

김영원

1. 들어가며: 철학의 대상으로서의 종교?

철학을 여러 가지로 정의할 수 있겠지만 기본적으로 철학은 범주의 체계를 구성하고 평가하는 기획으로 이해할 수 있다. 여기서 범주는 매우 기초적인 개념들, 즉, 양, 질, 시간, 공간, 존재 등등의 사고의 근본이 되는 개념들을 의미한다. 플라톤, 아리스토텔레스, 아퀴나스, 데카르트, 라이프니츠, 스피노자, 흄, 칸트, 헤겔 등 모든 철학의 거인들이 한 것은 이 근본이 되는 개념의 체계를 창조하고, 비판하고, 발전시키는 일이었다. 그들의 철학은 결국 범주의 체계를 구성한 것이었다. 좀 더 정확하게 표현하자면 철학은 사물들, 지식, 그리고 윤리의 체계적인 설명을 발전시키는 노력이다. 그래서 전통적으로 철학은 형이상학(존재론), 인식론, 그리고 윤리학을 그 분과로 가진다. 결국 철학은 전체를 보고 그 체계를 구성하고 평가하는 작업이다. 따라서 이 세상에서 철학의 범주를 벗어나는 것은 없다고 이야기할 수 있다.

이러한 철학의 우월한 지위를 가정한 종교철학의 시작은 일반적으로 스피노자의 『신학정치론(*Tractus Theologico-politicus*)』으로 본다.[1] 이런 형태의 종교철학에서 종교는 철학의 체계 내에서만 대상화되고 의미를 가진다. 예를 들어 종교는 칸트의 경우처럼 이성의 한계 안에서 도덕적인 실천의 보루로 요청되거나 헤겔의 종교철학 강의에서처럼 철학으로 지양(aufhebung)된다.

그러나 철학의 대상이 된 이후에도 종교는 다양한 다른 학문분과의 연구대상이 되어 왔다. 에밀 뒤르켐(Émile Durkheim)은 종교의 사회학적 측면에 주목하여 토템과 터부를 분석하였고, 막스 베버(Max Weber)는 자본주의 안에서의 종교[프로테스탄티즘]의 기능에 관하여 논하였다. 또한 프로이트(Sigmund Freud)는 정신분석학적 측면[오이디푸스 콤플렉스]에서 종교의 기원에 관하여 논하였고, 융(Carl G. Jung)은 집단 무의식의 측면에서 여러 종교 현상을 설명하였다. 또한 윌리엄 제임스(William James)는 심리학적 입장에서 인간의 종교경험을 분석하였다. 또 종교에 대한 이러한 다양한 학문적 접근들에 대하여 각 종교 전통 내에서도 다양한 응답들이 생산되고 있다. 이러한 현상은 크게 두 가지 사실을 우리에게 시사한다.

첫째, 종교의 의미는 철학적 범주만으로 완전하게 설명되지 않는다. 철학 이후로 사회학, 정신분석학, 심리학 등의 여러 학문에서 종교를 대상으로 설명을 시도했다는 사실은 철학적 설명만으로 드러나지 않는 종교의 여러 가지 측면이 있다는 사실을 웅변적으로 증명한다. 둘째, 종교에 대한 다양한 학문적 접근에도 불구하고 신학이나 교의학이 계속해서 담론을 생산하고 있다는 사실은 학문적 접근만으로 다가갈 수 없는 종교의 근원적 측면이 분명히 존재한다는 사실을 암시적이지만 분명하게 우리에게 보여 준다.

---

1 김현태, 『종교철학』, 가톨릭대학교출판부, 1996, 27.

이러한 관점에서 종교철학은 종교를 분석하는 여러 학문체계들과 경쟁 관계에 있으며 종교를 연구하는 하나의 방법론으로 종교학과 대립 혹은 경쟁 관계에 있는 기획으로 이해되어 왔다. 그러나 철학이 처음부터 세계를 이해하고 분석하는 체계로서만 기능한 것이 아니었다. 피에르 아도(Pierre Hadot)에 따르면 철학의 시작은 오히려 지혜와의 합일이라는 영성훈련에 가까운 목표를 가진, 인간의 삶을 구성하고 창조해 나가는 삶의 방식의 하나였다. 이러한 철학의 본성을 생각해 볼 때, 철학은 오히려 종교학의 연구대상으로 자리매김할 수 있는 가능성을 가지고 있으며, 종교철학은 종교학 안에서 종교학이 괄호치고 있는 영역에 접근할 수 있는 가능성을 가질 수 있다. 이러한 가능성을 좀 더 명료하게 드러내기 위해 우선 조너선 스미스(Jonathan Z. Smith)의 종교와 종교학에 대한 이해를 분석하고 그 이해의 빛 아래에서 피에르 아도가 설명하는 철학에 대해 반성적으로 분석하고자 한다.

2. 종교학자와 종교 상상하기

1) 종교학자와 철학자(신학자)

조너선 스미스는 그의 책 『지도는 영토가 아니다(*Map Is Not Territory*)』 마지막 장에서 인문학으로서의 종교학에 대한 자신의 입장을 설명하면서, 다음과 같이 종교학자의 종교 연구를 철학자 및 신학자의 입장과 대조한다.

> 내가 다른 맥락에서 썼듯이, 철학자 혹은 신학자는 아르키메데스와 함께 다음과 같이 외칠 수 있는 가능성을 가진다. “나에게 설 수 있는 장소

> 를 준다면 나는 세상을 움직일 것이다." 그러한 사상가는 실질적인 시작점, 심지어는 만물이 연원하는 관점, 그리하여 그가 명료한 시야를 확보할 수 있는 관점인 기원(The Beginning)을 획득할 수 있는 가능성을 가진다. 역사가는 그러한 가능성을 가질 수 없다. 주어진 세계의 복잡다단함과 상관없이 서 있을 수 있는 장소가 그에게는 없다. … 역사가의 관점은 명료한 시야를 견지할 수 없다.[2]

스미스가 종교학의 성격을 부각시키기 위해 사용한 신학자와 철학자에 대한 일종의 희화화(戱畵化)는 종교학의 지향점과 대비되는 철학과 신학의 상황을 정확하게 비추어 주는 면이 있다. 칸트에 이르기까지, 혹은 소위 포스트모던 담론이 꽃피기 전까지의 철학자의 임무는 세계를 정확하게 설명할 수 있는 관점을 제시하는 것이었다. 칸트 이전의 형이상학은 물론, 그 형이상학의 한계를 지적하며 자신의 체계를 확립하려 했던 계몽주의 철학에서도 확고한 개념체계를 통해 주어진 세상의 제반 현상을 명료하게 설명하는 능력이 철학자의 자질을 판단하는 기준이었으며, 철학자들이 세계에 대한 체계적인 설명을 생산할 수 있는 능력의 기원(The Beginning)은 인식자의 인식론적 혹은 존재론적 구조와 능력 그 자체였다. 철학자들은 이러한 체계를 바탕으로 종교의 의미와 기능에 대해 철학적으로 명료한 설명을 만들어 낼 수 있는 가능성을 가진다.

신학자에게도 그 종류는 다르지만 분명하게 주어진 시작점이 있었다. 신학자의 주 임무는 자신이 속한 전통의 맥락 안에서 교리의 의미를 명료하게 묘사하고 설명하는 것이었다. 다시 말해, 공동체 안에서 절대

---

2 Jonathan Z. Smith, *Map Is Not Territory: Studies in the History of Religions*, Leiden: E. J. Brill, 1978, 289-290.

적이며 신적인 기원을 가지는 것으로 받아들여지는 교리와 의례들을 그 전통에 적합하고 명료하게 설명하는 능력이 신학자의 자질을 판단하는 기준이었다. 따라서 신학자들은 전통과 교리에 의거해서 종교적 현상들에 대한 분명한 의미부여와 가치판단을 할 수 있는 가능성을 가진다. 물론 신학자들은 기존의 전통과 교리가 온전하게 답변할 수 없는 새로운 현상에 직면했을 때 전통과 교리의 궁극적 기원인 거룩함(The Holy) 혹은 성스러움(The Sacred)으로 돌아가 전통과 교리를 재해석하는 과정을 반복하기는 하지만, 이 과정 가운데에서도 분명한 시작점이 있다는 사실은 변하지 않는다.

그러나 스미스가 묘사하는 인문학자로서의 종교학자의 임무는 철학자나 신학자와는 달리 특정한 기준에 의거하여 현상의 의미를 명료하게 하는 것이 아니라, 그 현상의 불투명함과 복잡다단한 형태들을 그 모습 그대로 드러내는 것이다. 그래서 스미스는 종교학자를 "비전의 사람(a man of vision)"이라기보다는 "통찰력의 사람(a man of insights)"으로 규정한다.[3] 그렇다면 이 통찰력의 사람은 종교 현상을 어떻게 바라보는가?

이 통찰력의 사람은 종교 현상을 신적 기원으로부터 발현되는 것이라고 보지 않는다. 혹은 철학의 대상이 되는 특정한 개념이나 현상이라고 보지도 않는다. 종교학자에게 종교는 일반적인 인간 현상(human phenomenon)이다.[4] 스미스는 종교를 인간 현상으로 볼 수 있게 된 근거로서 후기 칸트주의 세계(post-Kantian world) 안에서의 인간과 세계에 대한 새로운 이해를 제시한다. 스미스는 후기 칸트주의 세계 안에서 "인간은 세계를 창조하는 존재(a world-creating being)로 정의되며 문화는 세

---

3 Jonathan Z. Smith, *Map is not Territory: Studies in the History of Religions*, 290.

4 Jonathan Z. Smith, *Map is not Territory: Studies in the History of Religions*, 290.

계건설(world-construction)의 상징적 과정으로 이해된다."[5]라고 주장한다.

이러한 그의 인간과 세계 이해는 신칸트주의자로 분류되는 에른스트 카시러(Ernst Cassirer)의 영향에 기인한 것으로 보인다. 자신의 지적 자서전이라고 할 수 있는 「결정적인 순간에("When the Chips Are Down")」에서 스미스는 카시러가 자신의 종교 이론을 전개하는 데 있어 토대가 되는 다섯 가지 전제들을 주었다고 한다.[6] 첫째, 상징은 단순히 생각이 표현된 껍질이 아니라 생각의 양식(mode)이다. 둘째, 인류학적 사고는 근본적으로 언어적이다. 인간은 언어로 세계를 구축하며 또한 그 언어를 사고함으로써 구축된 세계로부터 해방되기도 한다. 셋째, 이러한 의미에서 신화는 이성적이다. 넷째, 신화는 이성적이기 때문에 철학적으로 접근할 수 있다. 다섯째, 이러한 철학함의 적합한 범주는 역사다. 이 다섯 가지 전제가 결국 드러내 주는 것은 그가 이해하는 인간이 지극히 이성적이며 자율적이라는 점이다. 인간을 인간 되게 하는 능력은 결국 상황 안에서 언어를 통해 사고하는 능력이다. 이 사고하는 능력을 통해 인간은 세계를 구성하기도 하고 그 구성된 세계를 재창조하기도 한다.

이러한 관점에서 스미스는 『지도는 영토가 아니다』에서 다음과 같이 종교를 정의한다.

> 종교는 의미 있게 거주하는 '공간(space)'을 가지기 위해 인간적·역사적 조건의 경계 안에서 자신의 상황을 조종하고 다루는 힘에의 추구다. … 종교는 한계들을 발견하고 또한 인간답게 존재함(humane existence)을 위한 한계들을 창조하는 특유한 형태의 인간의 창조성이다. 종교를 연구할

5 Jonathan Z. Smith, *Map is not Territory: Studies in the History of Religions*, 290.

6 Jonathan Z. Smith, "When the Chips Are Down," in *Relating Religion: Essays in the Study of Religion*, Chicago: The University of Chicago Press, 2004, 4-5.

> 때 우리가 연구하는 것은 신화, 의례, 그리고 변화의 경험들을 통해 그러한 힘의 위치들을 배치하고 구성하여 (그 안에) 거주하려는 다양한 시도들이다.[7]

즉, 인간은 단순히 세계를 인식하고 분석하는 데 머무르지 않고 자연과 타인과의 물리적·정신적 상호작용 가운데 언어를 통하여 개인적으로, 그리고 공동체적으로 자신의 세계를 구성하는 존재다. 사실 태양의 운행과 달의 운행, 그리고 별의 움직임은 그 자체로서는 특별한 의미가 없다. 그러나 전 세계적으로 그 방식은 다르지만 다양한 역법이 발달하였으며, 그 역법에 따라, 그리고 다양한 계절의 변화와 농업의 시기에 상응하여 각 시기에 신화와 의례를 통하여 의미를 부여하고 할 일을 정하였다. 또한 많은 사회에서 이러한 자연적 변화에 대한 해석인 신화와 의례를 사회에 대한 이해에 적용하여 사회의 구성과 운영에 대한 정당화의 논리로 사용하였다. 또한 이렇게 수립된 문화적·언어적 의미체계 안에 태어난 개인은 이 상징적 의미체계를 습득하고 그 의미체계에 순응하는 방식으로 혹은 대립하고 혁신하는 방식으로 자신의 정체성과 공간을 형성해 나간다.

이 종교 정의가 분명하게 드러내는 스미스의 종교와 종교학에 대한 입장은 종교는 기본적으로 인간 현상이며 종교학은 근본적으로 인간학이라는 점이다. 신학자들과 같이 성스러움 그 자체나 그 성스러움으로부터 비롯된 교리나 의례만을 기준으로 종교에 접근하거나, 철학자들과 같이 근원적 존재나 특정한 신의 개념을 대상으로 삼고 연구한다면 명료한 신학적 평가나 잘 정돈된 철학적 분석은 얻을 수 있을지 모르겠지

---

7 Jonathan Z. Smith, *Map Is Not Territory: Studies in the History of Religions*, 291.

만 실제 종교적 삶을 살아간 사람들의 삶의 방식에 접근할 가능성을 가지지는 못한다. 이에 비해 종교학자는 다양한 종교전통들 바깥에서 그 전통이 어떻게 자신들의 세계를 구축하고 혁신해 나가는가를 드러내는 담론을 생성하기 위한 노력을 기울이는 사람들이다. 그렇다면 이러한 종교학자들의 담론들은 어떤 의미에서 종교 현상들에 대한 의미 있는 담론이 될 수 있는가? 또한 종교학자들이 생성하는 담론의 한계는 무엇일까? 이에 대한 해답은 스미스의 '종교 상상(구성)하기'라는 개념을 살펴볼 때 발견할 수 있다.

2) 종교, 종교학, 구성적 상상력

스미스는 『지도는 영토가 아니다』에서 보여 준 종교와 종교학에 대한 인간학적인 이해를 이후에 출판된 『종교 상상하기(*Imagining Religion*)』의 서문에서 다음과 같이 "상상(imagination)"이라는 단어로 좀 더 명료하게 표현한다.

> 만약 우리가 고고학적이고 문헌적인 기록들을 정확하게 이해했다면, 인간은 역사 이래로 신들을 **상상해 왔으며** 그 신들과 상호작용하는 양태들을 가져왔다. 그러나 인간, 더 정확히 말하면 서양인들은 역사에 있어 단지 몇 세기 동안 종교를 상상해 왔다. 이 이차적이고 반성적인 상상력이 모든 종교학도들의 중심적인 선점 과제가 되어야 한다. 즉, 이런저런 문화에서 이런저런 기준에 의해 종교적이라고 특징지어질 수 있는 깜짝 놀랄 만한 양의 자료들, 현상들, 인간의 경험들과 표현들이 있지만, **종교를 위한 자료는 없다**. 종교는 학자의 연구를 위한 창조물이다. 종교는 학자의 비교와 일반화의 상상적 활동에 의해 오로지 그의 분석적 목적들을 위해 창조되었다.[8]

겉보기에 매우 과격한 주장처럼 보이는 스미스의 선언은 사실 해석학적인 기획과 문제를 분석적인 언어로 표현한 것이다. 문화와 시대적 거리가 있는 자료들이나 현상을 해석할 때 의식하든 의식하지 못하든 간에 해석자는 자신이 속해 있는 공동체의 분류체계에 따라 대상을 구성하고, 그 대상에 의미를 부여한다. 오로지 이 과정을 통해서만 자료들은 그 해석자의 인식 작용이 작동하는 분류체계 안에서 유의미해진다. 즉 종교학자는 자신의 틀에 의거하여 종교를 구성해 낸다. 이러한 의미에서 종교학은 '종교 상상하기'다. 종교학은 '종교 상상하기'이기 때문에 종교학자는 이 상상이 행해지는 상황을 항상 명확하게 의식하면서 반성적으로 작업해야 한다.

자신의 분류체계를 반성적으로 의식함을 강조하는 스미스가 제안하는 종교학은, 종교학자의 상상력 안에서 구성된 종교 현상이 종교학자의 분류체계 안으로 완전히 환원되는 것이 올바른 '종교 상상하기'라고 보지 않는다. 이러한 이유에서 스미스는 제대로 된 '종교 상상하기'의 자료를 고르는 데 있어 세 가지 조건을 제시한다.[9] 첫째, 선택된 자료를 충분히 이해하기 위해서 그 자료 자체, 자료의 역사, 그리고 해석의 전통을 철저하게 분석하고 이해하는 작업이 선행되어야 한다. 둘째, 그 자료가 종교학의 종교 상상하기의 중요한 이론이나 근본적인 질문에 도움이 되어야 한다. 셋째, 그 구성된 자료와 종교학의 주요 이론이나 질문을 연결할 수 있는 구체적인 방법이 있어야 한다.

이 세 가지 조건 중 우리는 첫 번째 조건에 주의를 기울일 필요가 있다. 아무리 종교학의 질문과 이론에 도움이 되는 자료를 선택한다 할

---

8 Jonathan Z. Smith, *Imagining Religion: From Babylon to Jonestown*, Chicago: The University of Chicago Press, 1982, xi. 고딕체 강조는 필자.

9 Jonathan Z. Smith, *Imagining Religion: From Babylon to Jonestown*, xi-xii.

지라도 그 자료가 그 자체의 맥락을 떠나서 오로지 종교학의 이론만을 위해서만 재단될 경우 그 자료는 유의미한 자료로서 기능하지 못한다. 표층적인 의미로는 종교학자의 분류체계에 깔끔하게 맞아 떨어지지 않는 자료를 있는 그대로 자신의 분류체계 안에 위치시켜 소화해 내고 의미를 부여하게 될 때, 혹은 더 나아가 자신의 분류체계 안에서 상대적으로 소외되어 왔던 요소들의 중요성을 새롭게 인식하도록 할 때, 종교학자는 더욱 풍성한 학문적 성과를 얻을 수 있다. 왜냐하면 너무 깔끔하게 재단된 자료는 결국 기존의 분류체계가 요구하는 바를 동어반복적으로 되풀이하고 그 분류체계를 더욱 공고히 하는 예에 머무를 수밖에 없기 때문이다. 이것이 스미스가 익숙한 것과 낯선 것의 긴장 사이에서 작업함[10]을 주장하는 이유다. 익숙한 것과 낯선 것 사이의 긴장 사이에서 사고함이 바로 '종교 상상하기'에서 '상상하기'의 실체다.

스미스는 이러한 익숙한 것과 낯선 것 사이의 긴장 속에서 그 상황을 이해하고 구성하는 능력, 즉 상상력이 현대인들만의 전유물이라고 주장하지 않는다. 이 상상력은 종교라고 테두리 지을 수 있는 인간 현상 안에서 언제나 발견할 수 있는, 인간이라면 누구나 가지고 있는 구성적 창조성이다.[11] 이러한 스미스의 태도에서 우리가 주의를 기울여야 하는 것은 그가 종교인들을 바라보는 태도와 인간에 대한 근본적 이해다. 그는 자신의 자료 안에 있는 종교인들의 마음이 '종교 상상하기'를 수행하는 자신의 마음과 동일한 구조를 가진 것으로 간주한다. 그가 『종교 상상하기』의 제2장 「비교에 자리 잡고 있는 주술("In Comparison a Magic Dwells")」에서 보여 주듯이 소위 원시인들이라고 불리는 인간들의 주술

10 Jonathan Z. Smith, *Imagining Religion: From Babylon to Jonestown*, xiii.

11 Jonathan Z. Smith, *Map is not Territory: Studies in the History of Religions*, 303.

과 계몽되고 과학적이라고 간주되는 비교종교학적 방법론 사이에 본질적인 차이점은 없다.[12] 심지어 「결정적인 순간에」의 마지막에서 그는 이렇게까지 이야기한다.

> 종교는 철저하게 상황을 통해 사고하는 인간의 행위이며, 레비 스트로스의 금언, '인간은 항상 균등하게 잘 사고해 왔다'에 동의함을 요구하는 이해이다.[13]

즉, 종교학자의 사고와 종교인의 사고는 그 능력과 구조에 있어 차별이 없다는 것이 그의 종교 이해의 기저에 흐르고 있는 확신이다. 이러한 그의 인간 이해는 후설의 현상학과 하이데거의 현존재(Dasein) 분석을 통한 존재론적(ontological) 자아분석 이후 철학 안에서 선험적 자아(transcendental ego)를 극복하려는 시도들이나 구조주의 언어학을 기반으로 한 언어론적 전회(linguistic turn) 이후의 언어학적인 철학적 연구들에서 드러난 자아와 의미세계 사이의 역전된 관계를 지시한다기보다는, 앞에서 밝혔듯이 오히려 신칸트주의의 영향, 특히 카시러의 영향을 받아 자아의 구성적 능력과 신화의 합리성에 주목해 온 그의 연구 경향에 기인한다.

이러한 점에서 스미스의 '종교 상상하기'는, 그 구성적 상상력의 활동을 반성적으로 인식한다는 점에서 차별성을 가지기는 하지만, 인간의 보편적 구성적 상상력이 학문적 공동체 안에서 발현된 한 형태다. 따라서 스미스의 '종교 상상하기'의 타당성과 신뢰성은 종교학자의 사고방

12 Jonathan Z. Smith, *Imagining Religion: From Babylon to Jonestown*, 19-26.

13 Jonathan Z. Smith, "When the Chips Are Down," 32.

식과 종교인들의 사고방식 사이의 인간이라면 누구나 가지고 있는 구조적 유사성에 의지하고 있다고 볼 수 있다.

결론적으로 스미스의 '종교 상상하기'는 종교학이 종교 현상에 대해서 학자들이 생산하는 이차적 담론이라는 사실을 의식적으로 자각해야 함을 일깨우는 동시에 이 상상하기가 종교학자들이 종교 현상을 적합하게 묘사할 수 있는 길임을 보여 준다. 다른 이들의 구성적 상상력의 산물을 분석하는 방법은 우리 스스로의 구성적 상상력에 의지하는 길 외에는 없다. 결국 모든 인간에게 공통된다고 여겨지는 마음의 능력이나 구조가 있다는 것을 전제로 해서—물론 그것이 무엇인지를 구체적으로 주장하는 것은 위험한 발상이이지만—종교인들의 창조적 작업의 상황을 종교학자의 상상력 안에서 재구성하고 그 의미를 찾는 것이 종교학이라는 사실을 스미스의 '종교 상상하기'는 분명히 보여 준다. 주어진 경전이나 의례의 범위가 없는 종교학자들에게 이러한 접근법은 종교학의 담론에 타당성과 의미를 부여하는 탁월한 길 중 하나이며, 종교 현상의 상황을 상상함으로써 종교 현상을 종교학자의 상상력 안에서 재구성하는 '종교 상상하기'는 분명 의미 있는 작업이다.

그러나 이러한 접근은 의도적으로 기원(The Beginning)의 문제를 괄호 치기 하기 때문에, 일차적인 상상하기, 즉 직접 성스러운 세계를 구성하고 성스러움을 살아간 이들의 상상력을 온전히 담기에는 한계가 있다. 물론 스미스의 '종교 상상하기'는 종교인들이 어떻게 그러한 세계를 상상했는지를 종교인들이 자신들을 이해했던 것보다 더욱 구체적이고 분석적으로 드러내 줄 수 있을 것이다. 이 분석을 받아들일 때 종교인들은 자신들의 삶을 더욱 반성적으로 볼 수 있는 기회를 가진다. 그러나 진정한 성스러움을 살아가는 종교인들은 그 구성적 상상력을 통해 구성적 상상력이 닿을 수 없는 것을 상상하고 꿈꾸며 살아간다. 폴 리쾨르(Paul Ricoeur)의 용어를 빌려 설명하자면, 반성을 통해 자신을 객관화하지 못한 "첫 번째 순수성(first-naïveté)" 안에 있는 인간들의 구성적 상상력은 그 비판을 거친 "두 번째 순수성(second-naïveté)"을 가진 이들에게 좀처럼 허락되지 않는 영역을 약속의 땅으로 받았다.[14] 자신의 존재함 자체를 거룩함에 헌신한 자들의 사고와 자기 고백은 모든 현상을 인간 현상으로 보는 스미스의 '종교 상상하기'로는 담을 수 없는 부분을 상상하며 담고, 심지어는 살아간다. 이들이 경험했던, 혹은 현대에도 소수의 사람들만이 경험하는 이 삶은 인식론적 상상하기를 넘어선 존재론적 헌신하기를 통해서만 맛볼 수 있는 약속의 땅이다.

아이러니하게도 일반적으로 종교학과 같은 위치에서 종교를 분석하는 체계로 이해되는 철학이 오히려 '종교 상상하기'가 멈추는 그 영역을 지향하고 살아가는 영성훈련의 특징을 가진 삶의 양식으로 이해될 수 있다는 점은 종교학과 종교철학의 관계를 다시 생각하게 할 수 있는 기회를 우리에 준다. 즉, 철학을 지혜와의 합일을 지향점으로 하는 하나의 생활양식으로 볼 때, '종교 상상하기'의 지평선에서 우리는 철학이 종교를 분석하는 체계로서가 아니라 '종교 상상하기'의 대상으로서 종교학과 만나는 지점을 발견할 수 있다. 이를 위해 피에르 아도의 철학에 대한 이해를 살펴보자.

14 두 번째 순수성에 관한 리쾨르의 설명에 대해서는 Paul Ricoeur, *The Symbolism of Evil* (trans. Emerson Buchanan), Boston: Beacon Press, 1969, 347-357; Paul Ricoeur, *Essays on Biblical Interpretation*, Philadelphia: Fortress Press, 1980, 6-7 참조.

3. 철학이 종교학의 대상이 되는 지점

1) 삶의 방식으로서의 철학

종교철학의 방법론인 철학은 분명 인식의 체계다. 인식의 체계로서의 철학은 스미스의 '종교 상상하기'와 대립 혹은 경쟁 관계에 있는 기획일 수밖에 없다. 그러나 철학은 처음부터 인식의 체계였는가? 프랑스의 고대철학사가인 피에르 아도는 고대철학에서는 현대철학의 중심이 되는 철학적 담론이 일차적인 철학의 특징이 아니라, 지혜와의 합일을 추구하는 영성훈련의 특징을 가진 철학적 삶의 양식이 철학을 규정하는 첫 번째 요소라고 본다. 철학적이라고 특징지을 수 있으며 철학자가 아닌 다른 사람들과는 근본적으로 차별화되는 삶의 양식을 그는 다음과 같이 표현한다.

> 어떤 경우에서건, 그들 모두에게 (에피큐로스 학파, 스토아 학파, 플라톤주의자들 등등) 철학적 삶은 지혜의 기준에 따라 살고 생각하려는 노력이었으며, 이 초월적 상태를 향한, 비록 끝이 없기는 하지만, 운동 혹은 진행이 될 것이었다.[15]

이러한 삶의 방식을 추구하는 길은 종교적 훈련이나 명상에 가까웠으며,[16] 현재 철학의 중심이 되는 철학적 담론은 철학의 본질이라기보다는 이러한 삶의 방식을 가르치는 언어들을 이차적으로 기록한 기록물

---

15 Pierre Hadot, *Philosophy as a Way of Life* (trans. Michael Chase), MA: Blackwell Publishing, 1995, 59.

16 Pierre Hadot, *Philosophy as a Way of Life*, 59.

에 불과했다.[17] 이러한 의미에서 고대인들은 그럴듯하고 독창적인 철학적 담론을 많이 만들어 내는 사람을 철학자라고 부르기보다는 철학적인 삶의 방식에 따라 충실하게 살아가는 사람을 철학자라고 불렀다.[18] 예를 들어 황제 마르쿠스 아우렐리우스는 생전에 철학자로 불렸지만, 결코 생전에 사람들에게 널리 읽힌 철학적인 담론을 생산한 적이 없다. 물론 『명상록』이 지금까지 철학의 고전으로 읽히고 있지만 그것은 사후에 발견된 그의 일기였다. 그가 철인으로 불리운 이유는 그의 철저한 스토아적 금욕생활, 즉 황제임에도 불구하고 기름진 음식, 여인, 편안한 잠자리를 멀리하고 정신적인 활동에 집중하는 그의 생활양식 때문이었다. 고대철학에서는 철학적인 삶의 양식[철저하게 금욕적이며 지혜와의 합일을 추구하는 삶]이 철학의 본질이었지, 체계적인 담론을 생산하는 것은 철학자를 철학자 되게 만드는 본질적 요소가 아니었다.

고대철학에서 철학적 담론이 철학의 본질적 측면으로 여겨질 수 없는 또 한 가지 이유는 철학적 삶의 본질로 여겨지는 지혜와의 합일 경험은 결코 담론에는 담길 수 없다는 점이다. 즉 철인은 자신이 본질이라고 여기는 것과 합일에 이르기 위한 생활양식을 선택하며, 철학적 담론은 그 경험에 대한 이차적인 진술이다. 다시 말해 철학적 담론을 생성할 때에는 결코 그 합일의 경험을 할 때와 같은 정신상태에 있지 못하다. 따라서 이 경험은 담론의 차원에 온전히 담길 수 없다. 그러나 그렇다고 해서 철학적 담론이 중요하지 않은 것은 아니다. 아도는 종교적 훈련에 가까운 철학적 훈련과 삶의 방식이라는 맥락 속에서 철학적 담론은 영성훈련으로서의 그 본래의 모습을 드러낸다고 본다.

---

17 Pierre Hadot, *Philosophy as a Way of Life*, 62-63.

18 피에르 아도, 『고대철학이란 무엇인가』, 이세진 옮김, 이레, 2008, 233.

2) 영성훈련으로서의 철학적 담론

아도는 철학적 삶과 관련한 철학적 담론의 의미와 중요성을 다음 세 가지로 설명한다.[19] 첫째, 철학적 담론은 이론적으로 철학적 삶에 대한 선택을 정당화한다. 바꾸어 말하면 철학적 삶에 대한 정당성을 합리적으로 변호하기 위해서 철학적 담론이 발전하게 되었다. 세계 내의 인간의 위치를 발견하기 위해서 자연학이 발전했고, 동료 인간들과의 올바른 관계를 정립하기 위해서 윤리학이 발달했으며, 자연학과 윤리학에 쓰이는 담론의 규칙들을 정의하다 보니 논리학과 인식론이 발달했다. 즉, 철학적 담론은 철학적 삶을 체계적으로 정당화하는 수단으로 발달되었다.

둘째, 이렇게 형성된 담론은 그 자체로 철학적 삶을 불러일으킬 수 있는 수단이 되거나 철학적 삶의 필수적 요소가 될 가능성을 가진다. 철학적 훈련의 이차적 결과물이기는 하지만 동시에 이 훈련에 도움이 되기 위해 기록된 담론이기 때문에 철학적 담론은 "교육적이고 훈육적이고 치유적인" 기능을 충분히 할 수 있다.[20] 궁극적인 합일의 경험에 기초한 담론을 반복해서 읽고 이해하는 훈련은 분명 철학적 삶으로 나아가는 구체적이고 실천적인 방식 가운데 하나다. 물론 고대철학에도 복잡한 담론의 체계가 존재하지만, 에피쿠로스주의자들이나 스토아주의자들은 자신들의 담론을 일반인들도 생각할 수 있는 짧은 경구 같은 것으로 간결하게 제시해서 암송하고 되새기도록 하기도 했다. 마치 우리가 유명한 사람의 말을 좌우명으로 삼고 살아갈 때 그것이 일정한 방향성을 제시하듯이 철학적 담론은 분명히 우리에게 특정한 삶의 방향으로

19 피에르 아도, 『고대철학이란 무엇인가』, 236-242.

20 피에르 아도, 『고대철학이란 무엇인가』, 237.

인도한다. 더 나아가 아도는 이러한 철학적 담론은 그리스도교에서 볼 수 있는 일종의 선교적 차원의 문서로도 이해될 수 있다고 보았다.[21]

셋째, 철학적 담론은 구체적으로 철학적 삶의 양식을 훈련하는 그 형식들의 하나로 나타나며, 그 성격은 영성훈련에 가깝다. 최초의 형태는 플라톤의 아카데미아, 아리스토텔레스의 학교 등에서 나타난다. 이들 학교들에서는 대화를 통해 공동의 학문추구를 위해서 지성을 따라 사는 삶, 즉 담론을 형성하는 그 공동체적인 삶 자체가 철학적 생활양식을 훈련하는 형식이었다. 또한 명상도 스스로와의 대화라는 점에서 철학적 담론은 그 생활양식의 일부다. 이는 걷는 명상이나 침묵하는 명상과도 같은 맥락에 있다. 즉 철학적 담론은 명상과도 같은 영성훈련의 양식으로 이해할 수 있다.[22] 이는 마르쿠스 아우렐리우스의 경우에도 마찬가지였다. 그의 『명상록』은 결국 스스로의 영성훈련의 결과물이었으며, 이러한 의미에서 담론의 생성 그 자체가 자신이 최고의 가치로 여기는 곳으로 나아가는 영성훈련, 즉 명상의 과정이었던 것이다.

이렇듯 고대철학은 영성훈련을 특징으로 하는 생활양식으로 이해되었으며, 철학적 담론은 이 철학적 생활양식의 일부라는 것이 고대세계의 일반적인 이해였다. 이러한 생활양식으로서의 철학이 오늘날과 같이 지식의 체계로 이해된 것은 아이러니하게도 철학이 일종의 시녀로서, 하나의 생활양식이 아니라 그리스도교라는 생활양식을 설명하는 하나의 체계로서 신학에 흡수되면서였다.[23] 이태하는 신의 전적인 은총에 기초한 종교개혁자들의 구원관이 "개개인으로 하여금 덕을 쌓는 데 유익한 명상과 수양으로서의 철학의 가치"를 상실하게 했다고 주장하기

---

21 피에르 아도, 『고대철학이란 무엇인가』, 238-239.

22 피에르 아도, 『고대철학이란 무엇인가』, 240-242.

23 피에르 아도, 『고대철학이란 무엇인가』, 339-343.

도 한다.[24] 그러나 아도에 따르면 그럼에도 불구하고 생활양식으로서의 철학은 면면히 이어져 왔으며, 이러한 철학의 특징은 데카르트, 칸트, 쇼펜하우어, 키르케고르, 니체, 비트겐슈타인, 메를로-퐁티 등 현대철학자들에게서도 분명히 나타난다.[25]

이들 중 근대철학의 시조로 볼 수 있는 데카르트의 경우는 현대철학에서 철학적 담론이 영성훈련으로서 어떻게 의도되었고 기능할 수 있는가를 보여 주는 좋은 예가 된다. 데카르트의 대표적인 저작인 『성찰』은 일반적으로 그의 인식론적 토대를 세우기 위한 순수한 철학적 저작으로 알려져 있지만, 그 형식과 내용은 6일간의 그리스도교적 명상의 형태를 띠고 있다.[26] 특별히 그는 독자를 위한 서언에서 다음과 같이 분명하게 이야기한다.

> 이 일을 함에 있어 나는 많은 사람들로부터 칭찬을 받을 것을, 또 많은 사람이 이 책을 읽어 줄 것을 기대하지 않는다. 나는 다만 진심으로 나와 더불어 성찰하며, 자신의 정신을 감각으로부터, 모든 선입견으로부터 떼어 놓을 수 있고 또 떼어 놓으려고 하는 사람들을 위해 이 책을 쓰고 있다.[27]

---

24 이태하, 「종교개혁과 종교철학」, 서양근대철학회, 『서양근대 종교철학』, 창비, 2015, 27-28.

25 피에르 아도, 『고대철학이란 무엇인가』, 351-359.

26 데카르트의 『성찰』의 기독교적 명상과의 형식적 내용적 관련성에 관한 자세한 논의는 Amélie Rorty, "The Structure of Descartes' *Meditation*," in Amélie Rorty (ed.), *Essays on Descartes' Meditations*, Berkeley: University of California Press, 1986, 1-20 참조.

27 René Descartes, *Oeuvres De Descartes* (edited by Charles Adam & Paul Tannery), Paris: Librairie Philosophique J. Vrin, 1983, VII: 9. 이하 'AT'로 표기; *The Philosophical Writings Of Descartes* (3 vols., trans. John Cottingham, Dugald Murdoch,

즉 데카르트가 대상으로 삼고 있는 독자와 그 독자들에게 기대하는 일은 단순히 자신의 주장을 평가하고 분석하는 순수철학적 영역을 넘어서서 특정한 정신적 상태에 이르기 위한 훈련을 함께하는 영성훈련의 단계로 나아가는 실천적 참여를 포함한다. 그리고 각 성찰의 마지막을 살펴볼 때에도 데카르트 자신이 이러한 훈련의 모범을 보여 주려 하고 있음을 알 수 있다. 특히 3성찰 마지막에서 이는 분명해진다.

> 이런 것을 더 주의 깊게 검토하기 전에, 또 이것에서 도출되는 다른 진리를 고찰하기 전에, 나는 여기서 잠시 머물러 이 완전한 신을 명상하고 그의 속성을 음미하며, 황홀감에 눈먼 정신이 그 힘이 닿는 데까지 비할 수 없는 장대한 빛의 아름다움을 바라보고 찬양하며 숭배하는 것이 마땅하다고 생각된다. 장엄한 신의 명상 속에 내세의 더할 나위 없는 지복이 있음을 우리가 신앙을 통해 믿듯이, 이와는 비할 수 없는 것이지만 우리는 이런 성찰을 통해 현세에서 가질 수 있는 가장 큰 기쁨을 누리고 있음을 경험하기 때문이다.[28]

여기서 데카르트는 명시적으로 자신의 철학적 명상과 그리스도교 전통 안에서의 신에 대한 명상을 대비시키며 그 유사성과 차이점을 보여 주고 있다. 이는 앞에서 아도가 주장한 것처럼 데카르트의 경우에 있어서도 철학이 단순히 진리를 분석하는 담론에 머무는 것이 아니라 진리의 빛에 참여하는 특정한 사고방식과 생활방식을 포함하는 것이라는

Robert Stoothoff & Anthony Kenny), Cambridge: Cambridge University Press, 1988, II: 8. 이하 'CMSK'로 표기; 르네 데카르트, 『성찰』, 이현복 옮김, 문예출판사, 1997, 26. 이하 '이현복'으로 표기.

28 AT, 51; CMSK, 36; 이현복, 78-79.

사실을 알 수 있게 한다. 다시 말해 데카르트의 철학은 단순히 철학적 담론이라기보다는 특정한 생활양식을 포함하는 영성훈련에 가깝다는 사실을 우리는 발견할 수 있다.

이러한 아도의 관점을 받아들인다면, 철학적 담론은 단순히 종교적인 자료를 재단하고 분석하는 종교학과 경쟁하는 체계라기보다는 '종교 상상하기'의 대상, 다시 말해 종교학의 대상이 될 수 있다. 예를 들어, 앞에서 간단히 소개한 데카르트의 성찰은 그 자체로 훌륭한 종교철학적 담론인 동시에 영성훈련으로서 '종교 상상하기'의 대상이 될 수 있다.[29] 더 나아가 데카르트의 성찰은 하나의 분석체계임을 멈추지 않으면서 '종교 상상하기'가 다가갈 수 없는 기원(The Beginning)의 문제에 대해 실천적으로 천착한다는 점에서 '종교 상상하기'로서의 종교학에 대한 보완적인 기획이 될 수 있다. 즉 철학적 담론은 분석적 기획이 되기를 멈추고 근원에 대한 진지한 탐구로 나아갈 때 '종교 상상하기'의 상상력을 자극하는 하나의 종교 현상이 되며, 이 종교 현상을 탐구할 때 '종교 상상하기'는 그것이 의식적으로 멈추는 그 자리에서 근원의 향기를 선물로 받을 수 있는 가능성을 가진다.

4. 나오며

지금까지 이 논문에서는 조너선 스미스의 '종교 상상하기'와 피에르 아도의 '삶의 방식 혹은 영성훈련으로서의 철학의 개념'에 대해 살펴보았

29 종교철학으로서의 데카르트 철학의 평가에 대해서는 이경희, 「데까르뜨: 초월적 신성과 세속적 합리주의의 가교」, 서양근대철학회, 『서양근대 종교철학』, 창비, 2015, 67-97 참조.

다. 스미스의 '종교 상상하기'는 모든 인간이 자신의 세계를 구성하는 구성적 상상력을 공유한다는 가정 아래 종교를 인간이 의미 있게 자신의 세계를 구성하는 여러 가지 활동과 그 결과물들로 정의했다. 이러한 종교 정의하에서 종교 연구자는 같은 구성적 상상력으로 종교 현상에 대한 유의미한 담론을 생산할 수 있다.

피에르 아도는 세계를 이해하고 분석하는 틀로서의 철학적 담론으로 환원된 현대철학의 경향과 대비하여, 고대철학은 철학적 담론이 중심이 아니라 지혜와의 합일을 향한 끊임없는 영성훈련으로 묘사될 수 있는 특정한 삶의 양식임을 주장했다. 철학을 분석과 설명의 체계로 보지 않고 영성훈련의 특징을 가진 삶의 양식으로 볼 때, 철학, 그리고 철학을 바탕으로 한 종교철학은 더 이상 종교학과 대립 혹은 경쟁 관계에 있는 기획으로 드러나지 않고 오히려 종교학의 대상이 되는 하나의 종교 현상으로 나타날 가능성을 가진다.

그럼에도 불구하고 하나의 분석체계로서 철학의 성격이 완전히 사라지는 것은 아니기 때문에 종교철학은 종교학 안에서 종교학이 괄호치기 하고 있는, 스미스식으로 말하자면 '종교학자들에게는 허락되지 않는 기원(The Beginning)의 영역에 접근'할 수 있는 가능성을 가질 수 있다. 다시 말해 종교학을 '종교 상상하기'로 이해하고 철학을 '영성훈련의 특징을 가진 삶의 양식'으로 정의할 때, 종교학은 종교철학을 포괄하고 종교철학은 종교학이 다가가지 못하는 영역을 종교학에 넌지시 전해주는 모습을 구성적으로 상상해 볼 수 있다. 이때 종교철학은 종교학 안에 자리 잡게 되고 동시에 종교철학은 종교학의 상상력을 유의미한 방향으로 이끌 가능성을 가지게 된다.

참고문헌

김현태, 『종교철학』, 가톨릭대학교출판부, 1996.

데카르트, 르네, 『성찰』, 이현복 옮김, 문예출판사, 1997.

서양근대철학회, 『서양근대종교철학』, 창비, 2015.

아도, 피에르, 『고대철학이란 무엇인가』, 이세진 옮김, 이레, 2008.

이경희, 「데까르뜨: 초월적 신성과 세속적 합리주의의 가교」, 서양근대철학회, 『서양근대 종교철학』, 창비, 2015.

이태하, 「종교개혁과 종교철학」, 서양근대철학회, 『서양근대 종교철학』, 창비, 2015.

Descartes, René, *Meditations on first philosophy*, Cambridge: Cambridge University Press, 1996.

Descartes, René, *Oeuvres De Descartes* (edited by Charles Adam & Paul Tannery), Paris: Librairie Philosophique J. Vrin, 1983.

Descartes, René, *The Philosophical Writings Of Descartes* (3 vols., translated by John Cottingham, Dugald Murdoch, Robert Stoothoff, & Anthony Kenny), Cambridge: Cambridge University Press, 1988.

Hadot, Pierre, *Philosophy as a Way of Life* (translated by Michael Chase), MA: Blackwell Publishing, 1995.

Ricoeur, Paul, *Essays on Biblical Interpretation*, Philadelphia: Fortress Press, 1980.

Ricoeur, Paul, *The Symbolism of Evil* (translated by Emerson Buchanan), Boston: Beacon Press, 1969.

Rorty, Amélie (ed.), *Essays on Descartes' Meditations*, Berkeley: University of California Press, 1986.

Smith, Jonathan Z., *Imagining Religion: From Babylon to Jonestown*, Chicago: The University of Chicago Press, 1982.

Smith, Jonathan Z., *Map Is Not Territory: Studies in the History of Religions*, Leiden: E. J. Brill, 1978.

Smith, Jonathan Z., "When the Chips Are Down," in *Relating Religion: Essays in the Study of Religion*, Chicago: The University of Chicago Press, 2004.

두려운 낯섦(Das Unheimliche): 성스러움을 이해하는 키워드

최정화

1. 들어가며: 프로이트의 '도플갱어'

정신분석학자 지크문트 프로이트(Sigmund Freud)는 「두려운 낯섦("Das Unheimliche")」(1919)이라는 글에서 자신이 기차 안에서 겪었던 작은 에피소드에 대해서 이야기한 적이 있다.[1] 프로이트가 야간 기차 여행을 하고 있을 때였다. 기차가 덜컹거리면서 프로이트가 머물던 열차 칸의 문이 복도의 화장실 쪽으로 열렸다. 그는 어떤 나이 든 신사를 보게 되었다. 잠옷을 입고 겨울 모자를 눌러 쓴 남자의 모습은 그다지 마음에 들지 않았다. 밤중에 낯선 사내가 복도에서 방을 잘못 찾아온 것으로 생각하고 그 남자에게 설명을 하려던 찰나 프로이트는 그 사내가 사실은 덜컥 열린 문에 달려 있는 거울에 비친 자기 자신의 모습이라는 것을 알게 되었다. 그 순간 프로이트가 느꼈던 순간적인 오싹함과 경악은 일종

1 Sigmund Freud, "Das Unheimliche," *Gesammelte Werke* Bd. XII, Frankfurt am Main: 1999(1919), 227-278; 지그문트 프로이트, 「두려운 낯섦」, 『예술, 문학, 정신분석』, 정장진 옮김, 열린책들, 2004, 399-452.

의 '도플갱어(독: Doppelgänger, 영: double)'의 체험으로 볼 수 있다. 같은 시간에 동시적으로 동일인물이 다른 장소에서도 목격된다는 도플갱어 현상은 거울 속에 비친 '나'를 다른 사람으로 착각한 뒤 그 대상이 스스로임을 알게 될 때 느끼는 기괴한 감정과 비슷하다. 도플갱어에 대해서 느끼는 두려움을 들여다보면 인간이 가지는 고대적이고 원형적인 '두려운 낯섦'의 감정이 오늘날까지 이어진 것이 아닌가 묻게 된다. 프로이트는 이 '두려운 낯섦'을 인간 무의식에 있는 '원시적' 종교 관념으로 보고, 미학과 정신분석학에서 중요한 개념으로 다룰 것을 건의한 바 있다. 아름다운 정신만이 미학과 종교학의 대상이 아니라 기괴하고 낯선 것을 연구하면서 인간 정신의 다차원적인 심층으로 들어가자는 지적 초청을 한 것이다.

그 '초청'은 근 100년 동안 미학, 문화학, 심리학 영역에서 활발한 연구를 이끌어 냈다. 프로이트 중심으로 담론화된 '두려운 낯섦'의 논의를 종교학의 영역으로 끌어들이기 위해서 필자는 이전 연구에서 프로이트와 루돌프 오토(Rudolf Otto)를 병치시켜서 이해하고자 한 바 있다.[2] 이런 연구가 가능했던 근거는 '두려운 낯섦'에 대한 오토의 연구가 프로이트보다 2년 앞서 발표되었으며 '두려운 낯섦'에 대해서 오토와 프로이트가 가지고 있는 연결점이 시사하는 바가 있다고 생각했기 때문이다. 이 논문은 이전 연구의 연장선상에서 논의를 심화해 보고자 한다. 두려움과 불안에 대한 프로이트와 오토의 연구의 논리적 귀결점이 어떻게 나올까 하는 소박한 궁금증이 보잘것없는 연구 활동의 원동력이 되었다.

이러한 종류의 연구는 기본적으로는 정신분석학, 미학, 문예이론에

2 최정화, 「억압된 마음의 회귀와 성스러운 체험으로서의 두려운 낯선 마음」, 『인문연구』 76, 영남대학교 인문과학연구소, 2016, 267-296.

서 다루는 중요 개념과 종교학 개념의 접점을 찾으면서 종교학을 바탕으로 논의를 심화시키려는 목적에서 출발한다. 종교적 세계와 예술적 세계를 인간이 구축한 정신세계의 최고봉이라고 한다면 이러한 두 개의 세계 속에서 인간 정신의 어떠한 독특한 층위를 찾아내어 개념화하는 것은 종교학자와 미학자, 그리고 인간의 마음을 연구하는 심리학과 같은 다양한 학문의 학자가 즐겨 하는 작업이 될 것이다.

이러한 때 우리의 마음을 기묘하게 사로잡는 하나의 중요한 개념이 바로 프로이트가 말한 '두려운 낯선' 마음이다. 인간이 느끼는 독특한 심리적 경험을 지칭하며, 영어로는 '언캐니(uncanny)', 독일어로는 '운하임리히(unheimlich)'로 번역된다.[3] '운하임리히'는 한국어로 '섬뜩한', '기괴한', '오싹한' 등으로 옮긴다. 프로이트가 인간의 마음을 나타내는 학문적 개념어(terminus technicus)로 선정한 후 여러 학문 영역에서 번역 과정을 거치면서 '두려운 낯섦'으로 정착되고 있다. 영어 '언캐니(un-canny)'는 '할 수 있다(to can)'의 부정 형태에서 나온 형용사이며 '할 수 없는', '알 수 없는'이라는 본래 의미에서 지금의 뜻으로 옮겨 왔다. 서양 고전 문서 중 희랍어 문헌에서는 찾기 힘들다. '낯설다'는 개념 'ξενος(xenos)'가 있으나 언캐니적 감각(sense of uncanniness)이 내포하는 섬뜩함과 낯선 두려운 의미는 없다고 알려져 있다. 라틴어 표현들 중에서 완전한 대응어는 아니지만 비슷한 느낌을 나타내는 표현들은 구체적인 시간 및 장소와 관련해서 사용된다. 대표적으로 'locus suspectus(의심이 드는 장소)'나 'intempesta nocte(폭풍우가 몰아치는 밤)' 등의 표현들이 있다.[4]

3 두려운 낯섦의 명사형은 일반적으로 영어로는 'the uncanny'나 'a sense of uncanniness'로, 독일어로는 'das Unheimliche'로 통용된다.

4 Michaela Greb, *Numen und Macht: Die Bedeutung des Heiligen und des Unheimlichen in Religion und Kunst heute*, Frankfurt am Main: Peter Lang, 2011, 54-55.

이어지는 본문은 크게 두 부분으로 나뉜다. '두려운 낯섦'의 심리적 특징을 알아보기 위하여 초기 심리학의 논의를 살펴본 후 본격적으로 프로이트의 '두려운 낯섦'의 이론으로 들어간다. 그다음으로 '두려운 낯섦'과 종교와의 연관성에 초점을 맞추면서 루돌프 오토의 종교론으로 좁혀 갈 것이다. 이 독특한 감정은 프로이트와 오토 모두에게 그 기원에 있어서 종교경험과의 연관성 속에서 논의되고 있는 만큼 마지막으로 두 학자의 '두려운 낯섦'에 대한 공통적인 인식을 끄집어 낸다. 프로이트에게 '무의식'의 '원시적'인 영역으로 남아 있는 부분이 오토에게는 새로운 개념과 연관될 수 있는 가능성이 열리는 지점에서 본문은 끝날 것이다. 논문의 말미에서는 이러한 연구가 불안과 두려움에 대한 우리 시대의 종교적 치유에 도움을 줄 수 있는지에 대한 잠정적이고 제한적인 대답을 시도해 보고자 한다.

2. '두려운 낯섦'의 심리적 특징

1) 초기 심리학에서의 '두려운 낯섦'

정신분석학적으로 '두려운 낯섦'은 인간 무의식의 영역에 속하는 감정이다. 프로이트는 두려운 낯섦이라는 특수한 감정을 일반적인 불안, 공포, 공황상태적 감정 등과 구별하기 위해서 '운하임리히(unheimlich)'를 비슷한 다른 감정과 구별되는 특수 개념적 용어로 사용했다. 섬뜩함의 일종이라고 할 수 있는 이 감정은 어디에서 생겨나는 것일까? 인간은 이성적으로나 논리적으로 설명할 수 없는 불가해(不可解) 앞에 놓일 때 불안해지며 어떠한 상황에서는 그러한 불안함을 넘어서 존재의 위협을 받는 공포감까지 느끼게 된다.[5] 섬뜩함은 몸을 오싹하게 하는 두려움

(Grauen)의 일종으로, 이러한 섬뜩함을 느끼게 되는 공간은 시체들이 매장된 무덤, 아무것도 없이 버려진 폐허의 공간이나 처형장이 대표적이다. 종교심리학적 해석에 따르면 이러한 섬뜩함의 장소들은 시간의 흐름과 단절, 생명의 무상함과 관련되어 있다.[6] 무덤은 살아 있는 사람이 망자의 공간에 들어선 것이다. 폐허와 같이 잊힌 장소는 생기가 없고 삶의 에너지가 빠져나간 과거 속의 단절된 공간이다. 처형장은 목숨이 붙어 있는 사람이 순식간에 죽음의 영역으로 넘어갈 수 있는 생(生)의 위협적 공간이다.

이러한 섬뜩함과 두려움의 감정을 종교와 관련시켜서 이론화한 것은 심리학에서 먼저 진행되었다. 종교경험의 기저에는 인간이 모르는 존재에 대해서 가지고 있는 두려운 낯섦이 있다는 것이다. 지금까지 이 주제에 대해서는 프로이트 중심으로 다루어져 왔으나, 프로이트 이전 심리학의 논의들이 그의 연구에 시발점이 되었기에 간략하게 다루고자 한다.

심리학자 윌리엄 맥두걸(William McDougall)은 1908년 인간의 본능을 일곱 가지로 나누었다. 이 기본 본능에 대한 연구는 사회심리학과 인류학에 적지 않은 영향을 미쳤다.[7] 그 본능에 해당하는 감정과 활동은 다음 표와 같이 도식화할 수 있다.

---

5 심리학에서 불안(Angst)은 구체적인 대상이 없는 막연한 두려움이고 공포(Furcht)는 두려움을 주는 대상 앞에서 느끼는 감정으로 구별되는 것이 일반적이나, 이 논문에서는 일상 언어의 관습을 따라서 두려움의 강도로만 구별하기로 한다. 즉, 막연하고 약한 두려움의 일종을 불안이라는 말로, 위협을 느낄 정도의 거대한 두려움을 공포라는 말로 사용한다.

6 Michaela Greb, *Numen und Macht: Die Bedeutung des Heiligen und des Unheimlichen in Religion und Kunst heute*, 51-52.

7 대표적으로 문화와 인간심리를 설명하는 데 자주 사용되고 있는 콘라트 로렌츠(Konrad Lorenz)의 본능(Instinkt) 개념의 시초는 일반적으로 맥두걸의 본능 이론으로 본다.

[표] 윌리엄 맥두걸의 본능 모델(Instinktmodell)[8]

동기 (Antrieb)	감정 (Affekt)	행동 (Verhalten)
도망 본능 (Fluchtinstinkt)	불안 (Angst)	물러섬/도망 (Zurückweichen/Flucht)
방어 본능 (Abwehrinstinkt)	혐오 (Ekel)	밀침 (Zurückstoßen)
싸움 본능 (Kampfinstinkt)	분노 (Zorn)	공격 (Angreifen)
호기심 (Neugier)	경이 (Staunen)	가까이 다가감/알아봄 (Annähern/Prüfen)
모성적·부성적 보호 본능 (Elterlicher Pflegeinstinkt)	배려, 애정 (Fürsorge/Zärtlichkeit)	보살핌, 먹을 것을 줌 (Pflege/Füttern)
자기보존 본능 (Selbsterhaltung)	자만 (Überheblichkeit)	자랑함/위압적인 행동 (Vorzeigen/Imponieren)
자기비하 본능 (Selbsterniedrigung)	부정적 자기감정/비굴함 (Negatives Selbstgefühl/ Unterwürfigkeit)	슬금슬금 피하기/굴종 (Wegschleichen/ sich unterwerfen)

출처: Wolfgang und Ute Schönpflung, *Psychologie: Allgemeine Psychologie und ihre Verzweigungen in die Entwicklungs-, Persönlichkeits- und Sozialpsychologie, Ein Lehrbuch für das Grundstudium* (3rd edition), Weinheim: Beltz, 1995, 388; Hanno Willenborg, *Das Heilige zwischen Gefühl und Emotion. Die klassischen Emotionstheorien von Charles Darwin, Wilhelm Wundt, William James und William McDougall im Vergleich zu Rudolf Ottos gefühlszentrierter Religionstheorie des Numinosen*, Leipzig: Kirchhof & Franke, 2011, 381**에서 재인용.**

맥두걸은 종교적 행동에 종교적 감정이 관여하는 부분은 [표] 감정의 첫 번째 항목인 불안(Angst), 네 번째 항목인 경이(Staunen)로 보았다.

8 심리학자 볼프강 숸플룽(Wolfgang Schönpflung)이 맥두걸의 이론을 일목요연하게 정리한 것을 번역한 것이다.

인간의 본능과 불안, 종교를 연결시킨 심리학 초창기의 연구로 시발적 의미가 있다. 이후 심리학에서 감정과 본능에 기반하여 종교 행위를 설명하는 모델로 기능했다.

에른스트 옌치(Ernst Jentsch)는 심리학 진영에서 거의 최초로 이 주제에 천착했다. 프로이트도 선행 연구로 옌치의 논문을 읽고 인용했다. 옌치의 1906년 「두려운 낯섦의 심리학에 관하여("Zur Psychologie des Unheimlichen")」[9]는 당시 프로이트가 언급했던 유일한 선행 연구였다. 그는 '어떤 낯선 것과 직면할 때 느끼는 지적 불확실성(intellektuelle Unsicherheit gegenüber Fremdem)'에서 불안함이 온다고 보았다. 지식이나 정보가 부족한 상태, 인간의 이성으로 파악이 불가능할 것 같은 미지의 공간, 불명확한 존재, 불가사의한 현상 앞에서 인간은 불안함을 느낀다. 이런 것을 두려운 낯섦, 즉 '운하임리히(unheimlich)'라고 부른다. 옌치의 이론은 상식적인 관점에서 추론 가능한 이론이다. 19세기 말부터 문예와 학계에서 이러한 주제에 대해 쏟아진 관심은 독일 낭만주의의 연장선상에 있다.[10]

---

9 독일어로 쓰인 이 소논문은 프로이트가 유일한 선행 연구로 언급하면서 후대에 더 유명해졌다. 근래의 영어 번역본으로는 J. Collins & J. Jervis, *Uncanny Modernity: Cultural Theories, Modern Anxieties*, New York: Palgrave Macmillan, 2008의 11장 "Document: 'On the Psychology of the Uncanny'(1906): Ernst Jentsch"의 216-228 참조.

10 환승환, 「자아의 분열인가, 통일성에 대한 욕망인가? — 패러다임 변환기의 문화현상으로서 도플갱어 연구 (1)」, 『독일언어문학』 63, 한국독일문학회, 2014, 305-330 참조.

2) 프로이트와 '두려운 낯섦'

옌치의 상식적인 이론에 비해서 프로이트의 '운하임리히'는 처음 듣는 사람들에게는 상당히 의아하게 느껴질 수 있다. 익숙하지 않은 것, 낯선 것에서 불안한 감정이 나온다는 옌치의 상식적인 주장과는 달리 프로이트는 두려운 '낯선' 감정의 본질적 '낯익음'에 대해서 말하고 있다. 누군가에게 낯설고 친숙하지 못한 어떠한 미지의 것에서 두려움의 감정이 나온다는 옌치의 관찰에 완전히 반대하는 입장은 아니다. 의식적인 측면에서는 옌치와 같은 결론이 가능하다. 프로이트는 의식적인 두려움을 지나서 무의식적인 면, 심층심리적인 면에서 이 두려움이 어디에서 나왔냐고 묻는다면 우리를 아주 낯설고 두렵게 하는 것이 사실은 우리에게 낯선 것이 아니라는 점을 지적한다.

옌치와 프로이트는 공통적으로 한 문학작품을 분석하면서 낯선 두려움이 자아의 심리 안에서 어떠한 방식으로 드러나는지 보여 준 바 있다. 낭만주의 작가 에테아 호프만(E. T. A. Hoffmann)의 1817년 작품 『모래 사나이(*Der Sandmann*)』는 주인공 나타나엘이 겪는 두려움와 자아분열을 다룬 환상주의 계열의 소설이다. 나타나엘은 어린 시절에 유모에게서 잠을 자지 않는 아이들의 눈에 모래를 뿌리고 눈을 뽑아 간다는 모래 사나이의 전설을 듣고 두려움을 가진다. 이 모래 사나이를 현실화한 것처럼 그에게 두려움을 주는 인물은 아버지의 지인 변호사 코펠리우스다. 그는 짐작 불가능한 이상한 실험을 하기 위해서 가끔 나타나엘의 집을 방문하고 아버지를 만난다. 한번은 어린 나타나엘이 그 수상한 실험 모임을 염탐하려다 코펠리우스에게 걸린다. 어린 나타나엘은 그로부터 눈을 뽑아 버리겠다는 위협과 놀림을 받는다. 아버지는 그러한 모임을 하던 어느 날 원인 모를 폭발로 숨지는데, 그로 인해 나타나엘에게 모래 사나이, 코펠리우스, 아버지의 죽음이 연결되어서 심리적 트라

우마로 남게 된다. 설명할 수 없는 두려움을 가지고 있는 나타나엘의 자아는 점차로 분열되며 혼란스러운 양상을 보인다. 대학생이 된 나타나엘은 맞은편 건물 교수의 집에 사는 아름다운 처녀 올림피아에 대해서 은밀한 애정의 감정을 가지고 몰래 그녀를 관찰하게 된다. 이때 새로운 인물이 등장하는데, 그것은 안경장수 코폴라다. 그는 사실 교수와 더불어 올림피아를 제작한 사람이다. 나타나엘은 교수 집에서 코폴라가 올림피아의 눈을 빼는 것을 목격한 후 올림피아가 인형이란 것을 알게 된다. 나타나엘은 안경장수와 예전 아버지의 지인 코펠리우스가 도플갱어라고 생각하고, 이러한 생각은 나타나엘을 계속적인 불안과 정신착란으로 이끈다. 수년 후 도플갱어가 자기를 따라다닌다는 생각을 지울 수 없었던 나타나엘은 높은 탑에서 지상으로 뛰어내린다. 코폴라와 약혼녀의 눈 앞에서 자살한 것이다.[11]

모래 사나이와 안경장수는 '눈'과 관계된다. 모래 사나이는 아이들의 눈을 가져가고, 안경장수는 인형 올림피아의 눈을 뺀다. 프로이트는 눈을 잃어버리는 것을 무의식에 있는 억압된 거세불안(repressed fears of castration)과 거세 콤플렉스(castration complex)와 연결시켰다. 그리스 비극의 주인공 오이디푸스가 스스로 눈을 뽑은 것처럼 고대 신화와 인간의 환상 속에서 눈과 성기는 상호치환적이라고 보았다.

정신분석학에서 본 '도플갱어'는 분열되는 또 다른 자아의 모습이다. 도플갱어에 대해서 우리들이 가질 법한 두려움은 낯선 타인에게서

---

11 E. T. A. Hoffmann, *Der Sandmann* (Rudolf Drux [hg.]), Stuttgart: Reclam, 1994(1816). 소설의 내용 정리는 프로이트의 요약을 따르지 않았다. 프로이트가 정신분석학 이론을 정당화하는 방식으로 호프만의 소설을 요약했다는 비판이 있기 때문이다. 그에 대해서는 김서영, 「『두려운 낯섦』에 나타난 요약의 문제점: 프로이트의 요약을 넘어서」, 『라깡과 현대정신분석』 5/1, 한국라깡과현대정신분석학회, 2003, 81 참조.

낯익은 사람의 모습을 보았을 때, 정신분석학적으로는 타자에게서 바로 나의 모습을 발견할 때 느끼는 두려움이다. 이것은 일상에서 자신을 다른 사람으로 착각했을 때의 놀라움과도 같은데, 프로이트가 기차 여행 중 경험했던 에피소드도 이러한 맥락에서 설명될 수 있다.

프로이트의 이론에서는 이러한 느낌, 즉 낯선 사람에게서 익숙한 사람이나 자기 자신을 발견할 때 우리가 가지고 있는 그 '두려운 낯섦'의 느낌을 억압 기제(Verdrängung)로 설명한다. 트라우마, 사고, 회피, 방임 등의 방식으로 이러한 사건을 무의식 깊은 곳에 억압하고 있다가 어느 순간 우연히 그 억압된 마음이 회귀할 때 고통으로 변형되어 나타나는 것, 그것이 다름 아닌 '두려운 낯섦'이라고 본 것이다. 운하임리히(un-heimlich)에서 반대 접두사 '운(un)'은 프로이트 정신분석학에서 억압의 표식으로 해석된다.

'두려운 낯섦'의 독일어 단어를 보면 프로이트의 이론이 잘 설명된다. '하임리히(heimlich)'와 반대 접두사 '운(un)'이 붙여진 운하임리히(unheimlich)가 서로 반대어일 것이라는 예상은 쉽게 무너진다. 1877년판 프로이트가 참고했던 그림 형제의 독일어 사전(Deutsches Wörterbuch)에 나온 '하임리히'의 뜻은 '숨어 있는, 비밀스러운'이다.[12] '집(heim)'에서 파생된 말로, '각자의 집에 감추어져 있는 것 같은 비밀스러운'이라는 뜻으로 발전되었을 것이다. 그림 형제와 프로이트의 시대를 지나면서 현대의 '하임리히'는 '숨기다'는 의미로 종교 분야에서 신비적이고 비의적인 뉘앙스로 즐겨 사용된다. '비밀스러운', '미지의', '연구를 해보아도 완전히 이해할 수 없는' 등의 의미를 내포한다.

'비밀스러운'이라는 뜻의 하임리히(heimlich)는 '섬뜩한', '두려운'

12 지그문트 프로이트, 「두려운 낯섦」, 410.

이라는 운하임리히(unheimlich)와 일맥상통한다. '운하임리히'가 사실은 '하임리히'를 배제하지 않고 그것들이 서로를 배태하고 있다는 마음의 작용과 비슷하다. 프로이트는 독일어의 이러한 점에 주목해서 이 두 개의 문법적 반대어가 의미상 모순적이지 않듯이 낯설고 두려운 감정이 사실은 익숙한 마음의 현상이라는 것을 밝히고자 했다. 물론 프로이트의 이러한 언어학적 접근 방식은 독일어에만 적용되는 것으로, 보편적인 심리 현상을 설명하는 데 적합하지 않다는 비판을 받는다.[13] 언어학적 논증의 특수성과 제한성에도 불구하고 '두려운 낯섦'에 대한 프로이트의 예리한 포착의 의미가 반감되지는 않을 것이다.

운하임리히, 즉 '두려운 낯섦'은 사실 낯선 것이 아닌 친숙한 것, 이미 내 안에 있는 것들이 억압 기제에 의해서 오랜 시간 억눌려 왔다가 어느 순간 드러난 것이다. 프로이트는 셸링이 이러한 마음의 현상을 정확하게 정의했다고 보았다. 그것은 '어둠 속에 있어야만 했으나 밖으로 드러나 버린 것(everything is unheimlich that ought to have remained secret and hidden but has come to light)'이다. 살아가면서 어떠한 이유로 억압당한 지점이 의식으로 나오는 순간(emergence of repressed elements of the human psyche)에 낯선 두려움을 느낀다. 의식에서 애써 억누르고 있던 어떤 무의식이 특정 대상과 조우하거나 어떠한 계기를 통하여 솟구쳐 오르고 두려움에 쌓이게 된다. 그 두려움의 기원을 찾다 보면 어린 시절의 경험이나 거세불안증과 같은 유아적 콤플렉스로 더듬어 갈 수도 있는 것으

13 프로이트 논증 방법에 대한 비판적인 시각을 견지하는 연구는 D. Mclintock & H. Haughton, *Sigmund Freud: The Uncanny*, London: Penguin Books, 2003, lxiii; Lorne Dawson, "Otto and Freud on the Uncanny and beyond," *Journal of the American Academy of Religion* 57/2, Oxford: Oxford University Press, 1989, 291; 최정화, 「억압된 마음의 회귀와 성스러운 체험으로서의 두려운 낯선 마음」, 『인문연구』 76, 영남대학교 인문과학연구소, 2016, 279-283 참조.

로, 타인의 눈에는 별것 아닌 사소한 것으로 비추어질지 모른다. 하지만 그 일이 우연히 비의도적으로 반복되는 과정에서 그 전지성과 강력함을 믿게 된다. 그것을 경험하는 사람은 '빠져나올 수 없는 숙명성'을 믿게 되면서 이 두려움은 더욱 고착화되어 간다.[14]

3. 종교감정으로서의 '두려운 낯섦'

1) '성스러움'과 '두려운 낯섦'

고전 종교학 분야에서 두려운 낯섦에 주목한 종교학자는 루돌프 오토다. 그는 『성스러움(*Das Heilige*)』(1917)에서 인간이 느끼는 누미노제적 감정의 양가성을 심층적으로 논의하였다. 누미노제는 두려움(tremendum)과 끌림(fascinans)이라는 일견 모순되는 것 같은 상이한 감정의 층위에 놓여 있다. 누미노제적 두려움(numinose Scheu)으로 '두려움(awefulness)', '압도성(majestas)', '힘(energy)'이라는 하위 요소들이 이에 속한다. 첫 번째 속성 '두려움(awefulness)'을 가장 특징적으로 설명하는 개념으로 '두려운 낯섦'이 등장한다. 인간의 종교적 경험은 누미노제적 감정에서 발전한 것으로, 이 누미노제적 감정의 시초가 바로 '두려운 낯섦'이다.

> 이와 같은 '켕기는 것(uncanny)'[두려운 낯섦]에 대한 느낌 가운데서 종교적 두려움은 처음 싹트기 시작한 것이다. 그러한 '공포'와 그것의 '거친' 형태들, 그리고 언젠가 태곳적 인간의 마음속에 생소하고 새롭게 나타난

---

14 지그문트 프로이트, 「두려운 낯섦」, 428-429.

> '켕기는 것'[두려운 낯섦]에 대한 느낌으로부터 모든 종교사의 발전은 시작되었으며, 이 새로운 출발과 더불어 인류에게 하나의 신기원이 수립된 것이다. '귀신'들과 '신'들이 이 뿌리에서 나왔고 '신화적 감각'과 '환상'의 여타 산물들도 이 감정이 객체화되는 가운데서 산출되었다.[15]

'두려운 낯섦'이 중요하게 등장하게 되는 맥락을 인용하여 보았다. 누미노제는 성스러운 것에서 윤리적인 요소를 뺀 개념이다. '피조물적 감정', '두려운 신비', '매혹성', '장엄함'이 그에 포함된다. 누미노제를 설명하면서 오토가 가장 공을 들인 부분이 '두려운 신비'인데, 이러한 신비를 설명하면서 '두려운 낯섦'이 등장한다. 인간이 느끼는 성스러운 감정에는 이 세상의 인간적인 언어로는 설명할 수 없는 굉장히 이질적이고 두려운 뭔가가 있다는 것, 그래서 번역자 길희성은 이것을 제대로 설명할 수 없게 신경 쓰이고 찜찜하다는 의미에서 '켕기는 것'이라고 번역한 것으로 추측된다.

2) '누미노제적 두려움'의 생물학적 반응

오토는 『성스러움』과 그것을 보충한 논문집 『누미노제와 관련된 논문들(*Aufsätze das Numinose betreffend*)』(1923)에서 누미노제적 두려움이 자연적인 두려움과 다르다는 점을 역설했다. 일반적 불안이라는 본능과 종교행위를 연결시킨 맥두걸과는 다르다. 인간이 자연적이고 본능적으로 가지고 있는 불안(natürliche Angst)과 두려움(Furcht)과는 본질적으로 다른,

15 루돌프 오토, 『성스러움의 의미』, 길희성 옮김, 분도, 2003, 50-51. [ ]안의 내용은 필자가 삽입한 것이다.

종교적인 특수한 두려움을 '누미노제적 두려움(numinose Scheu)'이라고 했다.[16] 이 둘은 '질적으로 상이한 감정(Gefühle auf Qualitätsunterschiede)'이라는 것인데, 이 둘의 차이를 어떻게 알 수 있는가. 여기에 대한 오토의 접근과 그 나름의 '방법론'이 특징적으로 주목받으며 최근 몇 년간 오토 연구자들 사이에서 쟁점이 되었다.

오토와 불안(Angst)에 대해서 연구하는 페터 쉬츠(Peter Schüz)는 불안과 종교의 문제에 접근하는 그 나름의 '실증적 관찰과 분석(empirische Beobachtung und Analyse)'이 20세기 초 오토의 특징적인 면이라고 지적한다.[17] 그 실증적인 관찰과 분석 중에서 가장 구체적이면서도 오늘날까지 논쟁이 되고 있는 부분은 누미노제적 두려움이 인간의 신체에 미치는 영향에 대해 관찰함으로써 인간의 영혼을 해석하는 특유의 방법론이다. 기본적으로 신체의 반응을 통해서 어떠한 경험이 누미노제적인지 아닌지를 판단할 수 있다는 생각이었다.[18] 『성스러움』에는 '두려운 낯섦' 앞에서 인간의 몸이 보이고 있는 반응에 대해서 다음과 같이 서술되

---

16 오토의 '누미노제적인 두려움'의 특성에 대해서 주목한 최근의 연구는 Peter Schüz, "Numinose 'Scheu' als 'artlich andere Zuständlichkeit'," in Peter Schüz & Jörg Lauster (eds.), *Rudolf Otto, Theologie-Religionsphilosophie-Religionsgeschichte*, Berlin: De Gruyter, 2014, 127-141 참조.

17 P. Schüz, "Numinose 'Scheu' als 'artlich andere Zuständlichkeit'," 137. 오토의 종교이론에 있어서 신체의 반응과 종교적 두려움과의 연관에 대해서는 H. Willenborg, *Das Heilige zwischen Gefühl und Emotion: Die klassischen Emotions-theorien von Charles Darwin, Wilhelm Wundt, William James und William McDougall im Vergleich zu Rudolf Ottos gefühlszentrierter Religionstheorie des Numinosen*, 64-195 참조.

18 오토의 이러한 접근 방식에 대한 주류 심리학계의 비판 가운데 대표적인 것으로는 Mario Wandruszka, *Angst und Mut*, Stuttgart: Klett-Cotta, 1981(1950) 참조. 여기서 마리오 반드루츠카는 오토가 신체의 반응을 가지고 '종교적인 두려움'과 '자연적인 두려움'을 나누는 것에 의문을 제기하고, 종교적인 두려움 역시 심리학적 두려움의 하위 영역이라고 주장한다.

어 있다. '켕기는 것'이라고 되어 있는 부분을 이제는 '두려운 낯섦'으로 바꾸어서 인용하겠다.

> 놀라운 점은 '두려운 낯섦(das Unheimliche)' 앞에서의 이 독특한 공포는 자연적인 공포나 경악에서는 결코 발견되지 않는 독특한 신체적 반응을 자아낸다는 사실이다. "찬물을 끼얹듯 소름이 끼친다."라든가 "등골이 오싹하다."라는 표현들은 이것을 말해 준다. 오싹함이란 어떤 초자연적인 것이다. 더 날카로운 심적 성찰을 할 수 있는 능력이 있는 사람은 누구든지 이러한 '공포'가 자연적 공포와 비교해 볼 때 단지 그 정도로 강도에 있어서 차이가 난다거나 혹은 그것이 유별나게 강도를 지닌 것이 전혀 아니라는 것을 알 것이다. … 어떤 자연적인 공포도, 단순히 강하기 때문에 그것으로 변하지는 않는다. 우리는 이루 말할 수 없을 정도로 공포와 불안과 경악에 사로잡혔다 하더라도 '두려운 낯섦'의 감정은 털끝만치도 가지지 않을 수 있는 것이다.[19]

『성스러움』의 이어지는 부분에서는 자연적인 두려움과 본질적으로 다른 종교적 공포의 느낌이 생동감 있게 묘사되어 있다. '으스스함', '골수를 파고드는 느낌', '머리카락이 치솟는 느낌', '사지가 떨림' 등 다양한 신체적 증상을 누미노제적 두려움의 증거로 들었다.

오토는 독특한 종교적 두려움을 잘 드러내는 표본으로 아이들의 종교경험에 관심을 가졌다. 20세기 초에는 유아발달 심리에 관한 주제가 새로운 학문으로서의 심리학과 교육학 등에서 봇물을 이루었다. 오토 역시 그 주제에 관심을 가지고 있었고 당시 유행하기 시작한 방법론

---

19 루돌프 오토, 『성스러움의 의미』, 52.

인 실험 심리학(Experimentalpsychologie)이 제공하는 정보를 가지고 '실증적' 방식으로 아이들의 종교경험을 탐색했는데, 특히 아이들이 지니는 불안과 종교적 두려움에 주목하였다. 오토는 「러스킨과 파커의 누미노제 경험("Numinoses Erlebnis bei Ruskin und Parker")」에서 영국 예술평론가 존 러스킨(John Ruskin)과 미국 신학자 시어도어 파커(Theodore Parker)의 어린 시절 경험에 대해서 분석했다.[20] 러스킨은 청소년기에 느꼈던 종교경험을 묘사하면서 '모든 자연 속에 스며 있는 성스러움(Sanctity in the whole nature)'을 구체적으로 표현했다. "기쁨과 동시에 본능적인 경외를 느끼며 형체 없는 혼이 있는 것과 같은 상상을 하게 되는 정의할 수 없는 두려움의 전율(instinctive awe, mixed with delight; an indefinable thrill, such as we sometimes imagine to indicate the presence of a disembodied spirit)"[21]을 기록하였다. 이 경험은 언어로 온전히 표현될 수 없지만 '기쁨(joy)', '두려움(fear)', '마음의 굶주림(heart-hunger)' 등으로 다양하게 묘사되고 있다. 또 다른 예로 든 시어도어 파커의 어린 시절 종교경험에 대한 기록에서도 비슷한 감정들이 발견된다. 어린 시절의 종교경험은 의식적인 것이 아니기 때문에 빨리 잊어버린다. 잠이 깬 후에는 꿈속의 일들이 제대로 기억나지 않는 것과 마찬가지다.

종교경험을 한 아이들과 청소년들은 어른이 되고 세속의 일들(cares of this world)에 함몰되면서 청소년기에 느꼈던 강렬한 종교경험이 퇴색되어 가는 것을 공통적으로 이야기하고 있다. 이에 착안하여 오토는 어린아이들은 종교적인 교육을 받지 않아도 어른에 비해서 '누미노제적

---

20 Rudolf Otto, "Numinoses Erlebnis bei Ruskin und Parker," *Aufsätze das Numinose betreffend*, Stuttgart/Gotha: Friedrich Andreas Perthes, 1923, 56-60.

21 Rudolf Otto, "Numinoses Erlebnis bei Ruskin und Parker," 56.

기질이 높다(erhöhte Anlage für das Numinose im Kinde)'는 주장을 한다.[22] 종교가 인간이 만들어 낸 '문화'라기보다는 본능에 가깝다고 보는 것이다. 이러한 시각은 맥두걸의 본능 이론과 종교적 감정에 대한 기본적 시각과 유사하다.

오토는 인생의 초기, 즉 어린 시절의 종교경험과 인류 초기의 종교경험을 같은 선상에서 이해한다. 유아기를 인류의 '원시' 시대에 대입한다. 유년기와 청소년기에 종교경험을 강렬하게 겪듯이 고대의 민족들이나 '야생의(wilde)' 민족들에게도 종교적 기질이 두드러진다. 오토는 그러한 민족들을 '유아기의 민족들(Kindheitsvölker)'로 비유했다. 아이들이 종교적인 감수성이 더 발달된 것과 마찬가지로 '유아' 상태에 있던 원시 민족, 고대의 인류들과 여전히 그러한 '고대적'이고 '야생적' 삶의 방식을 고수하는 민족들은 누멘을 받아들이는 본질적 자질(ursprüngliche Anlage)이 풍부하다고 본 것이다.

3) '두려운 낯섦'과 종교적 기원

끝으로 프로이트와 오토의 '두려운 낯섦'과 종교론을 종합적으로 이해하고자 한다. 앞에서 살펴본 바와 같이 프로이트는 '두려운 낯섦'을 완전히 낯선 것이 아니고 이미 친숙한 것이 억눌려 있다가 어느 순간 회귀할 때 나타나는 극도의 불안과 공포로 보고 있다. 억압된 유아기적 콤플렉스(infantile complex)가 회귀하면서 나타나는 것이 개인적인 무의식에서 나타나는 것이라면, 집단무의식적으로 개인의 무의식에 영향을 주는 것은 '원시적인 믿음(primitive beliefs)'이다.

---

22 Rudolf Otto, "Numinoses Erlebnis bei Ruskin und Parker," 58.

프로이트는 인간의 유아기에 반복되는 환상들이 역사시대 이전부터 있었던 인간의 경험과 맞닿아 있다고 보았다. 오토가 한 개인의 어린 시절과 '인류의 유아기'와 '유아 단계의 민족들'에서 두려운 낯섦의 시초를 발견했던 것과 마찬가지이다. 유아기의 환상과 유아 콤플렉스의 밑바탕에는 인류가 가진 '원시적인 믿음'이 도사리고 있다. 현대인들은 인류 초기의 '원시적 믿음'이 극복되었다고 생각하지만, 그것은 우리의 무의식에 잠재하고 있다가 어떠한 계기를 통하여 의식으로 드러난다. 그러한 종교적 믿음에는 대표적으로 정령신앙인 애니미즘이 있다. 인류학자 에드워드 타일러(Edward B. Tylor)의 애니미즘 이론과는 다소 맥을 달리하면서 프로이트는 애니미즘 개념을 심리적인 측면에서 포괄적으로 사용한다. 현실과 환상의 무경계, 사물의 의미와 기능이 상징을 넘어서 구체적으로 드러남, 환상으로 간주되었던 것이 누군가에게는 실재하는 듯 눈앞에 나타날 때를 애니미즘의 범주 안에 넣는다.[23] 억압되었던 무의식이 회귀하는 것은 현대인들에게 남아 있는 '애니미즘'이 발동되는 것으로 본다. 프로이트는 이를 '생각의 전능성이 자극을 받을 때'라고 설명한다.[24]

에테아 호프만의 『모래 사나이』에서 나타나엘이 인형 올림피아에 가지는 감정은 애니미즘적이다. 나타나엘은 맞은편 집에 사는 교수가 소장한 인형 올림피아의 눈이 빛에 반사되어 반짝이는 것을 보고 아름답다고 느끼고 살아 있는 여자라는 착각을 한다. 소설 속 프로타고니스트처럼 사람들은 사물 안에서 살아 있는 것과 유사한 점을 발견하고 인간의 생명적 기운을 느끼며 사물에서 영(靈)을 감지할 때가 있다. 이럴

---

23 지그문트 프로이트, 「두려운 낯섦」, 438-439.

24 지그문트 프로이트, 「토템과 터부」, 『종교의 기원』, 이윤기 옮김, 열린책들, 2004, 제3장 참조; 지그문트 프로이트, 「두려운 낯섦」, 433.

때 '두려운 낯섦'을 느낀다. 프로이트뿐만 아니라 옌치도 인간의 이러한 애니미즘적 성향을 지적한 바 있다. 그는 인형과 마네킹을 볼 때 사람들이 느끼고 있는 두려운 낯선 감정이 무엇인지에 대하여 "어떠한 존재가 겉으로 보아서는 꼭 살아 있는 것만 같아 혹시 영혼을 갖고 있지 않나 의심이 드는 경우, 혹은 반대로 어떤 사물이 결코 살아 있는 생물이 아님에도 불구하고 우연히 영혼을 잃어버려서 영혼을 갖고 있지 않은 것이 아닌가 하는 의심"[25]을 할 때 두려운 낯섦을 느낀다고 말한다. 사물에게서 영이 있다고 의심하는 것과는 반대로 영혼이 나간 사람처럼 행동하는 사람 앞에서도 비슷한 감정을 느낀다. 예컨대 간질과 공황장애로 인한 발작과 인간의 감정을 넘어선 것 같은 광적인 행동 등을 마주할 때 그럴 것이다.

애니미즘적 상상력 외에 프로이트는 두려운 낯선 마음을 유발하는 인간의 '종교적' 사고방식으로 주술(Magie)적 사고, 생각의 전지전능성(Omnipotenz)에 대한 믿음, 욕망의 순간적인 실현가능성에 대한 확신, 숨어 있는 해로운 힘들에 대한 믿음, 죽은 자들의 영혼이 살아 있고 돌아온다는 믿음을 꼽았다.[26] 두려운 낯섦의 근간을 종교에서 찾은 것은 오토 역시 마찬가지다.

오토에게 '누멘(Numen)'이란 "아직 신적인 것, 신성(Gottheit)으로 이름 붙여지기 전의 불명확하고, 신비에 가득 찬, 초인간적인 어떤 것"을 지칭하는 말이다.[27] 그것은 '내적 무서움으로 가득한 두려움'이며 '으스스하게' 우리를 '전율(Erschauern)'시키는 힘을 지닌 어떤 것이다.[28] 그

---

25 지그문트 프로이트, 「두려운 낯섦」, 412.

26 지그문트 프로이트, 「두려운 낯섦」, 444.

27 Rudolf Otto, "Numinoses Erlebnis bei Ruskin und Parker," 60.

28 루돌프 오토, 『성스러움의 의미』, 49.

렇다고 해서 종교적 경험이 두려운 것만은 아니다. 거기에는 인간을 매혹시키는 힘 또한 내재해 있다. 성스러운 두려움을 인간적으로 친숙한 용어로 표현하자면 '무시무시(sich grauen)'하거나 '어마어마하다' 같은, 정확한 표현이 불가능한 언어를 사용하게 된다. 종교 감정의 핵심으로서 여타의 것으로 환원할 수 없는 특수성이 바로 '두려운 낯섦'에서 나온다. 주지하다시피 종교적 감정의 비환원성에 대한 오토의 이러한 태도는 종교현상학의 고전적인 '문제거리'로 오랫동안 논쟁이 되어 왔다. 종교 감정의 환원불가능성이 종교의 자류적(自類的, sui generis) 특징으로 귀결될 수 있는가는 심리학에서 심리적 실재(psychical reality)의 문제와도 연결된다.[29]

'두려운 낯섦'을 무의식의 '원시성'으로 놓아 둔 프로이트와 달리 오토에게 그것은 '숭고함(the sublime)'의 영역으로 확장된다. 누멘적인 감정은 '두려운 낯섦'으로부터 시작하여 시간이 지나면서 초기의 거친 야생성이 점차 순화되고 세련되면서 숭고성을 띄게 된다. 하지만 본질적으로 종교를 '종교적'으로 만드는 것은 인간의 내면에 존재하는 무시할 수 없는 '두려운 낯섦'으로부터 시작한다. 이 감정들에서 다양한 신들에 대한 상상력이 생기고, 신화와 의례가 만들어지고, 인간의 종교사가 시작된다. 종교현상학에서 말하는 종교경험의 '전적으로 독자적인', 환원불가능한 종교경험의 핵심에는 바로 이러한 '두려운 낯섦'의 논의가 자리 잡고 있는 것이다. 이것이 숭고함과 연결되는 지점에 대해서는 『성스러움』을 직접 인용해 보는 것이 빠를 것이다.

---

29 이러한 측면에서 오토의 '두려운 낯섦'의 종교적 특수성에 비판적인 시각을 견지한 연구로는 Lorne Dawson, "Otto and Freud on the Uncanny and beyond," 289 이하 참조.

> 누멘적인 것의 감정은 더 높은 단계들에 있어서는 비록 단지 귀신의 공포와는 다른 것으로 나타나지만 그래도 자신의 본래의 계보와 친척관계를 부정할 수는 없다. 귀신 신앙이 다신 신앙으로 고양된 지 오래다 할지라도 제신들은 언제나 누멘들로서 어떤 '으스스함', 즉 '켕기며 공포적인' 독특한 성격을 지니고 있으며 이 성격은 '숭고성'에 의하여 완성되거나 도식화되게 된다. 그리고 이러한 요소는 최고의 단계인 순수한 하느님 신앙의 단계에서도 사라지지 않을 뿐만 아니라 본질상 사라질 수도 없다. 단지 부드러워지고 세련될 뿐이다. 거기서는 '무시무시함'이 무한히 숭고하게 된 형태로 다시 나타나서 영혼은 그 가장 깊은 뿌리 속까지 깊이 떨며 침묵한다.[30]

프로이트는 '두려운 낯섦'의 섬뜩함과 공포를 인류의 종교적인 믿음의 잔존물로, 그것이 현대까지 인간의 무의식에서 가끔 소환되어 나오는 독특한 것으로 해석했다. 프로이트에게 '원시적' 잔여인 것이 오토에게는 사라져 가는 종교의 매력을 '발견'하는 원천이 되었다. 인간을 전율로 떨게 하는 누미노제적인 야생의 감정은 체계적인 이론과 신학적 도식화의 과정을 거쳐서 낯선 존재 앞에서 느끼는 장엄함이 되며, 피조물적인 감정은 겸손함으로 발전하게 된다. 이로써 '켕기는' '두려운 낯섦'이 종국에는 '숭고함(the sublime)'의 주제와 연결되는 이론적 통로를 확보하게 된다.

---

30 루돌프 오토, 『성스러움의 의미』, 53.

4. 나오며: 종교는 불안을 치유할 수 없다?

이 논문은 심리학과 미학에서 프로이트를 중심으로 논의된 '두려운 낯섦'에 대한 기존의 관점을 종교 이론과의 연관성을 중심으로 분석하였다. 프로이트의 미학 개념으로서의 '두려운 낯섦'이 지니는 종교 이론의 한계를 오토의 논의를 통하여 확장하고자 하였다. 프로이트의 '두려운 낯섦'의 원시 종교론은 오토의 종교론과 만나면서 숭고함으로 연장된다. 종교적 경험에 대한 서술어로 사용하고 있는 '성스러움(das Heilige)'이라는 개념에 대한 하위 분석어로서 이 '두려운 낯섦'이 유용하게 사용될 수 있다. 이러한 방식으로 고전 개념을 새롭게 포착하는 과정은 종교학적 개념을 정치화(精緻化)하는 작업의 일환이다.

마지막으로 종교적 마음 치유가 문화적 유행이 된 오늘날의 '사태'에 대해서 본론의 결말이 어떠한 시사점을 줄 수 있는지 생각해 볼 차례다. 한마디로 말하자면 오토 종교론의 논리적 귀결은 종교가 불안의 치유에 별다른 소용이 없다는 것이다. 쉬츠는 오토의 종교론에서의 불안과 두려움의 문제에 대해 정확히 지적하고 있다.

> 종교를 불안 노이로제를 없애는 민간 심리요법으로 이해하려는 시도는 오늘날까지 꾸준히 이어진다. 오토는 이러한 경향에 대한 완전한 반대자라고 할 수 있다. 왜냐하면 병적인 노이로제적 불안의 문제를 완전히 병리심리학의 몫으로 두었기 때문이다. 종교적인 불안은 '피조물 감정(Kreaturgefühl)'으로서 사실 종교적인 경험의 핵심인 것이다.[31]

31 Peter Schüz, "Numinose 'Scheu' als 'artlich andere Zuständlichkeit'," 141의 각주 47.

오늘날 그리스도교 신학에 근거한 일반 불안심리, 노이로제적 불안 치료와 심리상담이 이루어지는 상황에 대한 오토적인 답은, 그러한 시도는 심리학의 영역이라는 것이다. 자연적인 불안은 '종교'의 영역이 아니므로 정신분석학자와 심리치료사의 몫으로 남겨 두어야 한다. 종교적인 두려움에 관해서 호소하는 사람이 있다면 그것은 오히려 종교적인 경험의 진수를 체험한 것이다. '종교는 불안을 치유할 수 없다'는 문장으로 결론을 낸다면 논쟁과 오해의 여지를 줄 수 있기에 결론의 소제목으로서 조심스럽게 물음표를 찍어 본다. 물론 이것은 오토의 종교론에 한정되어 있고 일반화할 수는 없다. '두려운 낯섦'의 논리적 귀결은 그 토픽만큼이나 친숙하지 않은 결말을 이끌어 낸다.

프로이트와 오토는 공통적으로 일상적이지 않은 것, 친숙하지 않은 것에서 미적이고 종교적인 것의 진수를 이끌어 낸다. 이 논문에서 다루었던 '두려운 낯섦'이 그렇다. 전통적인 아름다움을 넘어서는 기괴하고 낯선 공포에서 미학의 주제를 잡아 낸 프로이트나, 선하고 윤리적인 것이 아닌 누미노제적 두려움에서 성스러움의 진수를 발견한 오토는 그러한 의미에서 파격적이다. 이러한 파격의 덕목은 우리에게 인간 정신과 문화 속 미지의 영역들에 대한 범상치 않은 시선을 선물한다는 것이다. '두려운 낯섦'의 개념은 여전히 우리에게 '성스러움'을 보는 녹슬지 않은 시선을 제공한다.

참고문헌

김서영, 「『두려운 낯섦』에 나타난 요약의 문제점: 프로이트의 요약을 넘어서」, 『라깡과 현대정신분석』 5/1, 한국라깡과현대정신분석학회, 2003, 73-96.

오토, 루돌프, 『성스러움의 의미』, 길희성 옮김, 분도, 2003.

최정화, 「루돌프 오토의 『성스러움』이 탄생되기 전후의 맥락: 누미노제 개념의 기원을 찾아서」, 『종교와 문화』 22, 서울대학교 종교문제연구소, 2012, 37-58.

최정화, 「억압된 마음의 회귀와 성스러운 체험으로서의 두려운 낯선 마음」, 『인문연구』 76, 영남대학교 인문과학연구소, 2016, 267-296.

프로이트, 지그문트, 「두려운 낯섦」, 『예술, 문학, 정신분석』, 정장진 옮김, 열린책들, 2004, 399-452.

프로이트, 지그문트, 「토템과 터부」, 『종교의 기원』, 이윤기 옮김, 열린책들, 2004.

호프만, E. T. A., 『모래 사나이: E. T. A. 호프만 단편선』, 김현성 옮김, 문학과지성사, 2012.

환승환, 「자아의 분열인가, 통일성에 대한 욕망인가? — 패러다임 변환기의 문화현상으로서 도플갱어 연구 (1)」, 『독일언어문학』 63, 한국독일문학회, 2014, 305-330.

Collins, J. & Jervis, J., *Uncanny Modernity: Cultural Theories, Modern Anxieties*, New York: Palgrave Macmillan, 2008.

Dawson, Lorne, "Otto and Freud on the Uncanny and beyond," *Journal of the American Academy of Religion* 57/2, Oxford: Oxford University Press, 1989, 283-311.

Freud, Sigmund, "Das Unheimliche," *Gesammelte Werke* Bd. XII. Frankfurt am Main, 1999(1919), 227-278.

Greb, Michaela, *Numen und Macht: Die Bedeutung des Heiligen und des Unheimlichen in Religion und Kunst heute*, Frankfurt am Main: Peter Lang, 2011.

Hoffmann, E. T. A., *Der Sandmann* (Rudolf Drux [hg.]), Stuttgart: Reclam, 1994(1816).

Mclintock, D. & Haughton, H., *Sigmund Freud: The Uncanny*, London: Penguin Books, 2003.

Otto, Rudolf, *Das Heilige: Über das Irrationale in der Idee des Göttlichen und sein Verhältnis zum Rationalen*, München: C. H. Beck, 1963(1917).

Otto, Rudolf, "Numinoses Erlebnis bei Ruskin und Parker," *Aufsätze das Numinose betreffend*, Stuttgart/Gotha: Friedrich Andreas Perthes, 1923.

Schönpflung, Wolfgang und Ute, *Psychologie: Allgemeine Psychologie und ihre Verzweigungen in die Entwicklungs-, Persönlichkeits- und Sozialpsychologie, Ein Lehrbuch für das Grundstudium* (3rd edition), Weinheim: Beltz, 1995.

Schüz, Peter, "Numinose 'Scheu' als 'artlich andere Zuständlichkeit'," in Peter Schüz & Jörg Lauster (eds.), *Rudolf Otto: Theologie-Religionsphilosophie-Religionsgeschichte*, Berlin: De Gruyter, 2014, 127-141.

Wandruszka, Mario, *Angst und Mut*, Stuttgart: Klett-Cotta, 1981(1950).

Willenborg, Hanno, *Das Heilige zwischen Gefühl und Emotion: Die klassischen Emotionstheorien von Charles Darwin, Wilhelm Wundt, William James und William McDougall im Vergleich zu Rudolf Ottos gefühlszentrierter Religionstheorie des Numinosen*, Leipzig: Kirchhof & Franke, 2011.

프로이트와 융의 심층심리학과 무의식: 무의식 개념과 종교의 연관성을 중심으로

성해영

1. 들어가며: 심층심리학과 '무의식'

무의식(unconsciousness)은 프로이트(Sigmund Freud)와 융(Carl G. Jung)이 발전시킨 심층심리학(depth psychology)의 핵심적인 개념이다. 정신분석학(psychoanalysis)과 분석심리학(analytical psychology)은 의식의 심층적 차원에 주목하는 대표적인 심층심리학이다. 그들이 제안한 무의식 개념은 당시에 지배적이던 합리주의적 인간 이해에 근본적인 의문을 제기했고, 이 과정에서 꿈, 신화, 욕망과 같은 개념들의 중요성을 재조명했다. 그 결과 신화학을 비롯해, 문화비평, 종교 연구 등에 큰 영향을 끼쳤다는 것은 주지의 사실이다.

이 논문은 프로이트와 융 심리학의 핵심 개념인 무의식이 종교와 어떻게 연관되는가에 주목한다. 프로이트와 융의 종교 이해를 포함해 그들의 심층심리학이 종교 현상과 인간의 종교성을 해석하는 데 어떤 기여를 했는지를 살피는 것이 글의 주된 목적이다. 두 사람 모두 무의식으로 상징되는 의식의 심층적 차원이 인간 존재의 온전한 파악에 결정적이라고 보았지만, 인간의 종교성을 바라보는 관점은 사뭇 달랐다. 이

점에서 무의식 개념을 매개로 한 프로이트와 융의 비교는 인간 종교성을 전체적인 시각에서 조망하도록 돕는다. 방대한 저작을 남긴 프로이트와 융의 비교는 쉬운 작업이 아니지만 종교심리학의 전모를 파악하기 위해서는 필수적이다.

글의 구성은 다음과 같다. 심리학을 성립시키는 근본적인 전제 요건으로 인간의 심리적 경험 혹은 의식 현상이 어떻게 연구될 수 있는지를 우선 살핀다. 그런 연후에 프로이트와 융의 무의식 개념을 인간 종교성과 연결시켜 정리한다. 두 학자가 무의식 개념과 종교성을 어떻게 연관시켰는지를 비교함으로써 종교심리학이라는 큰 틀 속에서 두 개념의 상호 관계를 파악하겠다는 의도다. 이 과정에서 프로이트와 융의 해답 시도가 삶의 구체적인 정황에서 출발했다는 사실을 지적하고자 한다. 그들의 문제의식이 그들이 처한 당대의 구체적인 현실에서 영향을 받았다는 것이다. 끝으로 그들의 심층심리학적 연구가 우리 사회에 어떻게 활용될 수 있는가 하는 물음으로 글을 마무리한다.

2. 인간 심리의 연구 가능성과 '심리적 실재'

심리학은 인간의 '심리(psyche)' 혹은 '의식(consciousness)'을 다루는 학문이다. 통상 '마음(mind)'은 '육체(body)'나 '물질(matter)'에 대응되는 개념으로 이해된다. 그런데 인간 마음에서 일어나는 심리적 현상은 주관적이기에 직접적인 관찰이 불가능하다는 근본적인 한계를 지닌다. 타인의 마음은 물론이거니와 우리 자신의 마음조차 모두를 납득시키는 '객관적' 방식으로 연구될 수 없다. 이러한 특성 때문에 인간 마음을 연구해 객관적인 법칙을 발견하려는 심리학은 근대적 학문 분야에서 후발 주자가 될 수밖에 없었다.

프로이트와 융은 이런 어려움에도 불구하고 인간 마음을 연구하고자 시도했던 학자들이다. 그렇다면 그들은 인간 심리의 연구 가능성을 어떻게 모색했을까? 마음이 물리적 세계가 보여 주는 수준의 객관성을 갖기 어렵다는 사실은 분명하다. 그러므로 물질적 대상을 직접 다루고 조작하는 물리학, 화학, 생물학과 같은 자연과학과 달리 심리학은 연구 대상의 차원에서 근원적인 어려움에 봉착한다. 게다가 연구 과정에서 연구자의 주관적인 의도나 심리 상태가 연구 대상의 심리와 섞이기 쉽다는 위험도 해결해야 한다. 연구자의 의도가 연구 대상의 마음에 영향을 주기 용이하다는 것이다.[1] 주관성이 뒤섞일 수밖에 없는 상황은 현대 학문이 요구하는 객관성과 보편성을 담보하는 데 또 다른 부담으로 작용한다.

두 사람은 이 문제를 어떻게 해결했을까? 그들은 '심리적 실재'라는 개념을 제안했다. 융은 정신질환을 위시한 '심리적 현상'의 실재성이 심리학적 연구 가능성의 기반이라고 보았다.[2] 이런 입장은 두 사람 모두 심리적 질환을 치료했던 의사였다는 사실을 반영하고 있다. 환자의 심리적 상태와 경험은 치료 대상의 확보라는 점에서 실재적일 수밖에 없었다. 심리적 질환을 포함한 심리적 현상이 물리적 실재에 버금가는 객관성을 갖기 어렵더라도, 심리적 질환의 실재성을 부정하면 치료 대상을 증발시키는 모순에 직면하기 때문이다. 또한 '심리적 질환'의 발생과

---

1 프로이트와 융은 치료라는 관점에서 분석의(分析醫)가 환자와 심리적인 상호작용을 피할 수 없다고 주장한다. '전이'와 '역전이'가 대표적인 개념이다. 지그문트 프로이트, 『정신분석학 개요』, 프로이트 전집 15, 열린책들, 2004, 452-456; 칼 융, 「제반응의 치료적 가치」, 『정신요법의 기본 문제』, 융 기본 저작집 1권, 솔, 2001, 113-119 참조.

2 치료 대상으로서 심리적 현상의 실재성을 어떻게 확보할 것인가라는 물음은 칼 융, 「실제 정신치료의 기본 원칙」, 『정신요법의 기본 문제』, 13-36 참조.

치유가 일어나는 과정 역시 보편성과 실재성을 갖는다고 주장했다.

즉, 심리 현상의 주관성에도 불구하고, 감정, 이성, 오감에 기초한 인식 작용을 포함해 심리적 질환의 발생 및 치유 과정 등에 연관된 심리적 과정은 보편적이므로 합리적 탐구와 이해의 대상이 될 수 있다는 것이다. 심리 구조가 갖는 보편성은 이처럼 심리학 성립의 근본 전제가 되었다. 그러나 비판도 만만치 않다. 비판의 핵심은 치료라는 실용적 목적이 아닌 객관성을 기초로 한 '학문 연구'라는 이론적인 장에서도 심리 구조의 보편성이 기능할 수 있는가 하는 것이다. 예컨대 프로이트의 꿈 분석이나 융의 원형 개념에 입각한 신화와 상징 분석이 자연과학이 전제로 삼는 객관성에 필적할 수 있는가라는 물음에 쉽게 답하기는 어렵다. 결국 이 문제는 실증적 자연과학과 해석학적 성격이 강한 인문학의 구분을 다시 상기시킨다.

인간의 마음 자체와 여기서 발생하는 여러 심리 현상이 자연과학이 요구하는 객관성을 담보할 수 없다는 사실은 분명하다. 그러나 인간의 마음 자체를 포함해 다양한 심리적 작용이 전적으로 주관에 불과하다고 간주하기는 어렵다. 심리학의 연구가 객관적으로 관찰가능한 대상을 다루는 자연과학과는 다른 방식을 취해야 한다는 점은 명확하지만, 심리학적 연구를 가능하게 만드는 심리 구조의 보편성과 규칙성 역시 부정하기 곤란하다는 의미다. 즉, 자연과학적 객관성을 확보하지 못하더라도 현실적 타인의 마음이 내 마음속에서 심리적으로 재구성되어 공감적으로 이해될 수 있다는 사실은 인정되어야 한다.

달리 표현하자면 공감적 이해 과정을 모두가 확인할 수 있는 방식으로 드러낼(demonstration) 수 없다는 사실이 타인의 마음을 이해할 수 없다는 주장으로 확대될 수는 없다. 과거 특정 시점에 읽어 내지 못했던 저자의 주관적인 의도를 뒤늦게 공감하는 경험은 우리에게 생소하지 않다. 타인의 심리적 의도가 뒤늦게 이해되는 현상을 우리는 분명하게 인식하며, 이 사건을 타인과 공유할 수도 있다. 이는 심리적 현상의 경우 '이해'와 '실현'이 구분될 수 있다는 것을 뜻한다. 물리적 법칙은 지구 어느 곳에서나 차이 없이 보편적으로 실현된다. 그 점에서 보편성이 곧 실현가능성이다. 그러나 이와 달리 심리적 실재의 보편성은 실현된 사실에서 찾아져서는 곤란하다. 실현되지 않은 심리적 이해가 곧장 실현 불가능성으로 받아들여져서는 안 된다는 것이다. 실현가능성은 얼마든지 유보된 것일 수도 있기 때문이다.

게다가 인간의 종교성과 종교 현상을 심리학적 관점에서 이해하려 시도할 경우 앞서 언급한 심리학 자체의 근원적인 한계 외에 또 다른 어려움에 봉착한다. 종교가 대단히 복합적인 현상이기 때문이다. 종교는 역사적이며 심리적이며 사회적인 현상이므로, 단일한 차원에서 말끔하게 설명되기 어렵다. 종교적 현상 중에서 특히나 종교체험은 전형적인 개인의 심리적 경험이다. 인간의 마음에 주목했던 프로이트와 융은 실제로 인간의 종교성과 종교체험에도 지대한 관심을 가졌다. 그리고 그들의 심층심리학적 접근은 다른 차원으로 환원될 수 없는 종교성의 독특한 차원이 드러나게 만들었다.[3] 특히 두 사람의 심층심리학은 무의식 개념을 통해 인간의 종교성과 종교체험을 보다 입체적으로 파악하는 데 큰 통찰을 주었다.

---

3 종교심리학은 종교체험의 이해를 포함해, 종교 지도자와 신도의 관계 분석, 종교적 상징이나 의례의 해석, 신앙과 믿음의 심리적 분석 등에 이르는 다양한 차원에서 도움을 준다.

3. 프로이트와 융의 '무의식' 개념과 종교

심층심리학의 '무의식' 개념은 의식이 완전히 사라진, 의식이 없는 상태를 뜻하는 것으로 곧잘 오해된다. 그러나 프로이트와 융이 제안한 무의식은 표면적인 의식이 인식하지 못하는 의식의 층위가 존재한다는 사실을 뜻한다. 인간 의식이 다층적이라는 전제다. 인간의 의식은 쉽사리 인식되는 표면적인 층위와 그렇지 못한 심층적인 차원, 달리 말해 무의식으로 이루어진다. 그러므로 무의식은 의식의 결여가 아닌 표면적 의식이 인식하지 못하는 심층적인(deep) 차원의 의식을 의미한다. 이런 주장 때문에 프로이트와 융의 심리학은 '심층(depth)심리학'이라 불리며, 무의식은 심층심리학을 구성하는 핵심 요소가 된다.

나아가 인간 의식의 무의식적 차원이 우리에게 전혀 인식되지 못한다면 무의식 개념 자체는 무의미할 수밖에 없다. 프로이트와 융은 무의식이 예외적인 경우에 표면적인 의식에 드러나 인식될 수 있다는 점을 거듭 강조했다. 프로이트가 강조한 '꿈', '말실수(Freudian slip)', '강박증', 그리고 융의 '원형', '신화와 상징' 등은 무의식이 의식화되는 사건을 뜻한다. 나아가 프로이트와 융은 의식의 심층적 차원, 즉 무의식이 인간의 종교성 혹은 종교체험을 포함한 종교 현상과 밀접하게 연결되어 있다고 주장했다. 두 학자가 무의식 개념을 어떻게 설명했고, 이를 종교와 어떤 방식으로 연결시켰는지를 살펴보자.

1) 프로이트의 무의식 개념과 종교

정신분석학을 창시한 프로이트는 후일 체코의 영토가 된 프르지보르(Příbor)에서 출생했다. 유대인이었던 프로이트는 유년 시절부터 성경에 밝았다. 그러나 기독교는 물론 자신의 정체성을 형성해 준 유대교 역시 그에게는 양가적 감정을 불러일으키는 대상이었다. 어린 시절 가톨릭 교인이었던 유모가 보여 준 강압적인 태도, 아버지가 유대인이라는 이유로 길거리에서 젊은이들에게 모욕당하는 것을 직접 목격했던 사건, 학위 취득 후 받았던 차별 등은 정체성의 혼란과 함께 프로이트의 무신론적 태도를 강화시킨 요인이 되었다. 게다가 정신분석학을 보편적인 과학의 한 분야로 만들기를 꿈꾸었던 프로이트에게 종교와 종교적 세계관은 좀처럼 받아들이기 어려웠다. 그렇지만 무신론자였던 프로이트 역시 유대인으로서 유대교의 교리와 전통에 친숙할 수밖에 없었고, 이런 상황은 그로 하여금 종교라는 문제와 평생 씨름하게 만들었다.

프로이트의 양가적 태도는 정신분석학을 과학으로 만들려는 개인적인 열망과 함께 종교에 대한 오랜 관심으로 잘 드러난다. 특히 프로이트가 말년에 저술한 일련의 저작들은 프로이트의 종교에 관한 관심을 분명하게 보여 준다.[4] 의학을 시작한 초창기에 프로이트는 생리학과 해부학을 전공으로 삼았고, 유물론적 세계관에 입각한 실증적인 연구를 바람직한 이상으로 여겼다. 프랑스에서 유학한 프로이트는 살페트리에(Salpêtrière) 병원에서 장-마르탱 샤르코(Jean-Martin Charcot)에게 사사하면서 전환의 계기를 맞이한다. 프로이트는 최면을 통해 히스테리 환자의 증상을 치료하거나 만들어 내는 샤르코의 실험을 목격한 후에 인간의 무의식 개념에 착안하게 된다. 즉, 인간의 의식은 표면적인 의식이 인식하지 못하는 층위를 가지고 있으며, 이 층위가 최면이라는 예외적인 상황에서 드러날 수 있다는 것이다. 뜻하지 않게 발견한 무의식 개념

---

4 프로이트의 말년 저작들은 그의 관심이 문명과 종교의 상호관계에 집중되어 있었다는 점을 잘 보여 준다. 「강박행동과 종교행위」(1907), 「토템과 터부」(1912-1913), 「환상의 미래」(1927), 「문명 속의 불만」(1930), 「인간 모세와 유일신교」(1939)에서 그는 종교 현상의 정신분석학적 해석을 본격적으로 시도한다.

으로 인해 프로이트는 초기에 가졌던 유물론적 세계관과 점점 멀어지게 된다.

한편 프로이트의 종교관은 루트비히 포이어바흐(Ludwig Feuerbach)의 '투사(projection)' 개념에서 매우 큰 영향을 받았다. 포이어바흐는 종교의 신 관념이 인류가 개개인의 불완전성을 투사해 집단적으로 이상화한 결과에 불과하다고 비판했다.[5] 프로이트 역시 비슷한 맥락에서 신 존재란 우리의 심리적 투사물이며, 특히 신이 부여한 엄격한 교리 체계란 오이디푸스 콤플렉스라는 심리적 과정과 밀접하다고 주장했다.[6] 또 그는 당대의 강압적이며 융통성이 없는 종교적 규범과 윤리 체계가 인간에게 강요하는 억압에 주목했다.

프로이트에게 신은 개인의 이상과 소망이 집단적으로 투사된 것이자, 개인의 욕망을 억압하기 위해 문명이 적극적으로 활용하는 도구에 불과했다. 이런 주장을 뒷받침하기 위해 그는 「토템과 터부」에서 대담한 종교의 기원론을 펼친다. 원부(原父) 살해를 도모한 아들들이 품게 된 죄책감이 터부(taboo)로 상징화되었으며, 터부가 종교 형성에 불가결한 무의식적인 죄책감의 기원을 설명해 준다는 것이다.[7] 또 그는 인간 욕동(drive)에게 가해지는 문명의 억압과 이로 인해 개인이 겪는 고통과 죄

---

5 Ludwig Feuerbach, *The Essence of Christianity* (trans. George Eliot), New York: Prometheus Books, 1989, 29-30.

6 "이러한 유사성과 상사성에 주목한다면 강박신경증을 종교의 병리학적 내용물로 파악하고, 신경증을 개인의 종교성으로, 종교를 보편적인 강박신경증으로 파악하는 것도 가능할 것이다." 지그문트 프로이트, 「강박 행동과 종교 행위」, 『종교의 기원』, 프로이트 전집 13, 이윤기 옮김, 열린책들, 2004, 20. "종교는 인류의 보편적인 강박신경증일 것이다." 지그문트 프로이트, 「환상의 미래」, 『문명 속의 불만』, 프로이트 전집 12, 김석희 옮김, 열린책들, 2003, 214.

7 지그문트 프로이트, 「토템과 터부」, 『종교의 기원』, 213-221.

의식을 무의식 개념에 입각해 설명했다. 요컨대 프로이트에게 무의식은 종교와 여러 차원에서 불가분의 관계를 갖는다. 무엇보다 무의식은 종교적 교리가 통제하려는 인간의 리비도가 꿈틀대는 곳이자, 종교의 기원을 설명하는 '오이디푸스 콤플렉스'가 뿌리 내린 곳이다. 그리고 억압과 투사와 같은 종교 형성에 불가결한 역동적인 심리 작용은 거개가 무의식의 차원에서 이루어진다는 것이다.

프로이트의 종교 이해는 한편으로 종교의 영역에서 목격되는 욕망의 억압과 투사를 심리적 차원에서 날카롭게 지적했다는 점에서 긍정적으로 평가받지만, 다른 한편에서는 원부 살해를 포함해 오이디푸스 콤플렉스와 종교의 기원을 연결하는 시도가 검증이나 확인이 불가능하다는 점에서 비과학적인 태도라 비판받았다. 종교를 사라져야 할 환상(illusion)으로 비판하고, 자신의 정신분석학이 종교를 대체하리라 희망했던 것에 비추어 볼 때, 그의 이론이 과학적이지 못하다고 비판받았다는 점은 아이러니다.

그러나 프로이트가 분명하게 언급하고 있듯이, 그가 집중적으로 비판하려 시도했던 종교는 서구 기독교를 포함한 '보통 사람'의 종교였다. 이런 입장은 프로이트가 종교에 본격적으로 천착한 말년의 저작들인 「환상의 미래」와 「문명 속의 불만」에서 거듭 표명된다.

> 지금까지 요약한 종교적 관념들은 물론 오랜 발전 과정을 거쳤고, 다양한 문명이 다양한 관점에서 그 사상을 신봉했다. 나는 그런 관점들 가운데 오늘날 백인 기독교 문명이 택한 마지막 형태와 대체로 일치하는 한 가지 관점만 추려서 살펴보았다.[8]

8 지그문트 프로이트, 「환상의 미래」, 185.

「환상의 미래」라는 글에서 나는 종교적 감정의 가장 깊은 원천이 아니라 보통 사람이 자신의 종교라고 이해하는 것을 다루었다. 즉, 한편으로는 그에게 부러울 정도로 철저하게 이 세상의 수수께끼들을 설명해 주고, 다른 한편으로는 세심한 섭리가 그의 삶을 지켜보고 있으며, 이승에서 그가 경험한 어떠한 좌절도 내세에서 보상된다는 가르침과 약속 말이다.[9]

특히 프로이트는 가부장적 유신론 개념을 핵심으로 삼는 보통 사람들의 종교가 시도하는 인간 본능의 억압이 얼마나 우리의 본성에 반하는가에 주목했다. '원수를 사랑하라'는 계명이 인간 본성상 실천하기가 불가능하다는 점을 고려할 때 이로 말미암은 죄책감과 불행은 과도하다는 것이다. 또 프로이트는 자신의 정신분석학이 서양 종교사가 보여 주는 폭력과 잔혹성을 포함한 종교의 부정적인 모습을 심리학적 관점에서 명확하게 설명해 줄 뿐만 아니라, 이를 적절하게 교정할 수 있다고 믿었다.[10]

2) 융의 무의식 개념과 종교

프로이트의 후계자로 주목받았던 융은 삶의 여러 측면에서 프로이트와 흥미로운 대조를 보인다. 융의 삶은 그가 말년에 구술한 「회상, 꿈, 그리고 사상」에 잘 드러난다.[11] 융은 목사였던 부친이 자신의 신앙을 심각하

---

9 지그문트 프로이트, 『문명 속의 불만』, 성해영 옮김, 서울대학교출판문화원, 2014, 63.

10 프로이트는 종교적 세계관을 환상으로 파악해 과학인 정신분석학과 대조한다. 지그문트 프로이트, 「환상의 미래」, 209-230 참조. 또 그는 종교를 정신분석학으로 대체하려는 의향을 밝히기도 한다. 지그문트 프로이트, 「환상의 미래」, 223-230 참조.

11 프로이트는 자기 삶의 흔적을 담고 있는 여러 자료를 의도적으로 폐기한다. 이 역시

게 회의하는 것을 목도한 어린 시절부터 이미 종교에 깊은 관심을 가지고 있었다.[12] 또 그는 유년기부터 꿈, 환상, 빙의와 같은 초자연적 현상을 직접 경험했고, 이 때문에 평생 심령 현상에 큰 관심을 품었다. 특히 어린 시절의 비범한 꿈은 융의 삶에 지대한 영향을 미쳤다. 더구나 융은 직관적 경험이 가르쳐 준 삶의 신비를 주변의 대다수가 인식하지 못한다는 사실을 알게 되면서 우월감과 더불어 심한 외로움을 느끼게 된다. 내성적인 성향의 융은 사색을 즐기는 청년으로 자라나 심리학에 운명적으로 끌린다.

융에게 종교는 경전이나 조직에 갇혀 있을 수 없는 거대한 힘을 가진 무엇이었다. 즉, 종교는 우리 삶의 근원적인 힘을 회복시키는 것으로, 그 비결은 '누미노제적(numinous)'이라 불리는 신적 차원과 접속하는 것이었다. 그런 맥락에서 종교란 교리나 조직 체계 등으로 박제화될 수 없는 우리의 생생한 삶 속에서 역동하는 힘이었다. 무의식은 바로 종교를 가능하게 만드는 원동력인 누미노제적 에너지가 존재하는 차원이었다. 융은 누미노제적 힘이 인간 의식의 창조물이 아니라, 개인의식의 변형 및 완성과 관계된다는 입장을 시종일관 유지했다.

융에게 무의식은 강력한 신적 에너지의 저장소이자, 루돌프 오토(Rudolf Otto)가 말한 것처럼 누미노제적 체험을 가능케 하는 공간이었다. 융은 무의식에 자리한 종교적 힘의 현현을 설명하기 위한 장치로 '원형(archetype)'이라는 난해한 개념을 제시한다. 우리는 원형의 힘을 신화와 상징을 통해 인식하는데, 융은 끝없이 이루어지는 이러한 인식 과

융과는 매우 다르다. 프로이트는 자신이 직접 남기는 그의 자서전적 자료가 「나의 이력서」에 국한될 것이라고 밝히고 있다. 지그문트 프로이트, 「나의 이력서」, 『정신분석학 개요』, 프로이트 전집 15, 박성수 옮김, 열린책들, 2003, 278.

12 칼 융, 『C. G. Jung의 회상, 꿈 그리고 사상』, 이부영 옮김, 집문당, 1996, 70-71, 90.

정을 '개성화(individuation)'라는 이름으로 설명했다. 무의식 속의 신성(divinity)을 개인적 의식이 다양한 방식으로 인식하고 통합해 가는 일련의 과정이 영혼의 지향점이자 의식 발달의 최종 목표라는 입장이다. 이런 측면에서 융의 심리학은 심리학 자체가 종교의 기능을 대체하는 대표적인 '종교로서의 심리학(psychology as religion)'의 하나로 간주될 수 있다.[13]

한편 융은 「욥에의 회답("Answer to Job")」이라는 저술을 통해 무의식 속에 자리한 원형적 힘이 개인에게 의식화될 때 겪을 수 있는 위험성을 경고했다.[14] 무의식은 에고에게 온전성을 인식시키는 원천으로 기능해 발달과 성숙과 같은 긍정적인 결과를 가져오기도 하지만, 이 과정에서 심리적 위험을 초래하기도 한다. 개인의 에고가 압도적인 무의식의 힘에 압도되거나, '자아 팽창(ego inflation)'과 같은 심리적 문제에 직면할 수 있다는 것이다. 그의 비판은 당대의 서양인들이 동양 종교 전통에 경도되는 현상을 경고하는 신중한 태도로 이어진다. 이런 문제를 피하기 위해 융은 서양 전통 속에서 면면히 전승되어 왔지만 억압되었던 비의적(esoteric)인 종교 전통을 회복시킬 것을 강조한다. 인간 속에서 신적 지혜(gnosis)를 얻으려 했던 영지주의(靈知主義)를 포함해 연금술, 마이스터 에크하르트(Meister Eckhart)와 같은 신비가들에게 보인 그의 깊

---

13 '종교로서의 심리학' 개념은 William. B. Parsons & Diane Jonte-Pace, "Introduction: Mapping Religion and Psychology," *Religion and Psychology: Mapping the Terrain, contemporary dialogues, future prospects*, New York: Routledge, 2001; William B. Parsons, "Psychology of Religion," in Lindsay Jones (ed.), *Encyclopaedia of Religion* (2nd edition), Detroit: Macmillan Reference USA, 2004 참조. 켄 윌버(Ken Wilber)의 초자아 심리학 역시 종교적 기능을 대신하는 대표적인 심리학이다.

14 칼 융, 「욥에의 회답」, 『인간의 상과 신의 상』, 융 기본 저작집 4권, 솔, 2008, 304-448.

은 관심은 융의 이런 입장을 대변한다.

서양 전통에서 고유의 영성을 발견할 것을 강조했던 융은 당시 유럽에서 큰 인기를 끌었던 '신지학(theosophy)'과 같은 종교적 운동을 동양 영성의 무분별한 수용이라고 비판했다. 또 개신교가 신성과 인성을 매개하는 보호 장치인 의례(ritual)와 상징 등을 도외시한 탓에 신도들에게 신경증을 야기하고 있다고 주장했다. 융의 신중함은 무의식 속의 누미노제적 힘을 삶으로 통합하려는 시도는 긴요하지만 그 힘과의 직접적이며 무매개적인 만남이 초래할 수 있는 위험을 경고했다는 사실과도 맥을 같이한다.

4. 프로이트와 융의 무의식 개념 비교

프로이트와 융은 심층심리학적 관점에서 '무의식' 개념이 인간 존재의 이해와 종교성의 파악에 중요하다는 점을 동일하게 지적했지만, 무의식과 종교의 상호 관계라는 측면에서는 적지 않은 차이를 보인다.

프로이트와 융은 무엇보다 심리학적 접근의 중요성을 강조했다. 종교 현상이나 인간의 종교성이 심리학적 방법을 통해 적절하게 규명될 수 있다고 믿었던 것이다. 특히 인간 무의식이 종교성 이해에 결정적인 중요성을 갖는다고 본 점에서 상통한다. 다시 말해 심층심리학적 종교 이해를 본격화한 것이다. 또 프로이트와 융은 심층심리학적 접근법의 구체적인 내용으로 리비도, 리비도의 억압과 투사, 콤플렉스, 죄책감과 같은 심리적 에너지의 작용 과정을 설명하는 개념을 포함해 꿈, 신화와 상징, 원형과 같은 인간의 종교성을 분석하고 이해하는 심리적 기틀을 제공했다는 점에서도 공통적이다.

무의식을 강조하는 심층심리학을 발전시킴으로써 두 사람은 합리성과 이성을 강조한 근대적 합리주의자들의 인간 이해에 반대했다. 인간 존재의 온전한 파악을 위해서는 욕망을 포함해 무의식이라는 의식의 보다 심층적인 차원을 이해하는 작업이 불가결하다는 것이다. 특히 융은 신화와 상징을 포함한 종교적 현상이 합리화 과정에서 소멸되고 제거되어야 하는 것이 아니라, 무의식이라는 관점에서 보다 균형 잡힌 방식으로 이해되어야 한다고 주장했다. 프로이트 역시 제2차 세계대전의 발발을 목격하지는 못했지만, 놀랍게 합리화된 서구에서 발생한 제1차 세계대전이 공격적 충동을 포함해 무의식적 힘에 인간이 얼마나 취약한가를 증언했다고 여겼다.[15]

또 프로이트와 융은 당대의 기독교를 강하게 비판했다는 점에서도 궤를 같이한다. 프로이트는 가부장적 신 개념을 핵심으로 삼는 기독교가 개인의 욕망과 무의식을 온전하게 이해하지 못한 채 십계명과 같은 종교적 교리를 앞세워 과도하게 억압한다고 보았다. 억압의 결과로 인해 개인의 불행은 물론이거니와, 공동체의 존립을 위협하는 수준의 위험에 이르렀다는 것이다. 또 그는 가부장적 신 개념을 내세우는 기독교가 문명 속에서 살아가는 공동체 구성원이 왜 불행할 수밖에 없는지를 적절하게 설명해 주는, 정신분석학이라는 과학에 의해 대체될 것이라고까지 주장했다.[16]

---

15 프로이트는 아인슈타인과의 서신 교환에서 이런 의견을 피력했다. 지그문트 프로이트, 「왜 전쟁인가?」, 『문명 속의 불만』, 프로이트 전집 12, 333-354 참조. 융 역시 욕망을 과도하게 억압하면 폭력적이며 파괴적인 결과를 낳게 된다고 보았다. 합리화된 유럽 사회에서 발발한 두 번의 세계대전은 서양 문명이 억압한 무의식의 힘이 집단적이며 파괴적으로 표현된 것이다. 칼 융, 『인간과 상징』, 이윤기 옮김, 열린책들, 1996, 93-103.

16 문명의 유지를 위해 종교가 과학적 세계관으로 대체되어야 한다는 프로이트의 주장은 말년의 저술인 「환상의 미래」와 「문명 속의 불만」에서 시종일관 제기된다.

비판의 초점은 조금 달랐지만 융 역시 당대의 기독교를 강하게 비판했다. 무엇보다 융은 기독교가 심리학적 관점에서 균형을 잃었다고 보았다. 특히 기독교는 상징체계의 온전성을 상실했는데, 예컨대 남성적 원리로만 구성된 기독교의 삼위일체는 여성 원리를 현저하게 결여하고 있다. 더 자세하게 살펴보자면 가톨릭은 온전하지는 않지만 성모 마리아라는 존재를 통해 균형을 무의식적인 차원에서라도 모색한다. 반면 개신교는 여성 원리의 간과는 물론이거니와 신화와 상징체계의 중요성을 도외시하면서 누미노제적 차원과 접할 때 요구되는 안전망을 상실했다고 주장했다.[17] 전체적인 관점에서 볼 때 서양의 기독교는 심층적 심리 차원을 드러내 무의식의 종교적 차원을 확인하는 신비주의적 경향성을 상실했다는 것이 융의 진단이었다. 이로 말미암아 교리나 조직이 아닌 인간의 영적 발전에 긴요한 개인적 종교체험의 중요성을 망각하게 되었다는 것이다.

프로이트와 융은 당대의 기독교를 비판했지만, 동시에 불교와 힌두교를 포함한 동양 종교에 경도되지 말 것을 조언했다는 점에서도 유사하다. 프로이트는 로맹 롤랑(Romain Rolland)과의 서신 교환을 통해 신비주의적 성향을 띤 동양 종교가 서양인의 심리 구조에 위험할 수 있음을 지적했다.[18] 동양 종교에 관심이 많았던 융 역시 동양 종교의 상징과 신화 체계가 서양인의 심성 구조에 부합하지 않을 수 있으므로 가급적 서양 전통에 충실할 것을 권고했다.[19] 비슷한 맥락에서 무의식에 내재한

---

17 기독교가 온전성을 잃었으며, 삼위일체 교리가 아닌 여성 원리가 추가된 네 위격의 복구를 통해 전체성이 회복된다는 융의 주장에 대해서는 칼 융, 『C. G. Jung의 회상, 꿈 그리고 사상』, 229-230 참조.

18 지그문트 프로이트, 『문명 속의 불만』, 성해영 옮김, 49-62.

19 칼 융, 『C. G. Jung의 회상, 꿈 그리고 사상』, 312-324.

누미노제적 힘을 강력하게 표출하는 아프리카의 문화가 유럽인의 정서를 압도할 수 있다는 우려도 표명했다.[20] 요컨대 서구인의 심성에는 서구의 문화적 맥락에서 발달한 종교성이 적합하다는 것이다.

이처럼 프로이트와 융은 욕망은 물론 무의식의 존재와 가치를 수용하는 것이 삶의 온전성을 확보하는 데 긴요하다고 보았다. 프로이트는 인간의 욕망이 사회적으로 용인되는 범위 내에서 최대한 충족되어야 하며, 과도한 억압은 개인의 불행과 함께 공동체의 존속을 심각하게 위협한다고 역설했다. 문명화 과정에서 에로스와 타나토스라는 무의식 속의 힘이 과도하게 억압되면 오히려 문명 그 자체가 위험해진다는 것이다. 특히 융은 인간의 종교적 열망이 적절하게 실현되어야 한다고 주장했다. 신화와 상징체계로 대변되는 무의식 속의 종교적 힘이 온전하게 인식되지 못하면, 우리는 삶의 궁극적인 의미로부터 소외된다는 것이다. 융은 현대인들이 겪고 있는 여러 가지 정신적 문제가 무의식의 종교적 차원에서 절연되었기 때문에 야기된다고 강조했다.

무의식 개념을 기반으로 심층심리학을 발전시킨 프로이트와 융은 기독교 비판을 포함해 여러 차원에서 공통성을 드러냈지만 적지 않은 차이도 보인다. 가장 큰 차이는 종교와 신비주의를 둘러싸고 전개되었다. 한때 프로이트의 진정한 후계자로 여겨졌던 융이 그와 결별한 것은 그의 신비주의적 성향을 프로이트가 수용할 수 없어서였다. 이런 차이는 두 사람의 종교 이해에서 더욱 두드러지게 표출된다.[21]

앞서 살펴본 것처럼 프로이트는 신 관념 자체가 우리의 의식적·무

---

20 칼 융, 『C. G. Jung의 회상, 꿈 그리고 사상』, 274-282.

21 프로이트와 융은 1907년에 처음으로 만났다. 이후 1913년에 서로 결별할 때까지 융은 정신분석학회에서 활발하게 활동했으며, 프로이트는 융을 자신의 후계자로 생각했다. 『C. G. Jung의 회상, 꿈 그리고 사상』, 172-194.

의식적 소망이 투사된 결과라고 주장했다. 그리고 종교의 주된 기능은 성적 욕구를 포함한 인간의 타고난 욕망을 제어하는 것이라고 보았다. 반면 융은 개인의 에고인 자기(self)가 전체성을 확보해 더 큰 자기(Self)로 발전해 가는 개성화 과정에서 종교적이며 영적인 차원의 인식이 결정적이라는 점을 거듭 강조했다. 특히 신화와 상징은 무의식 속의 원형적 힘이 의식화되는 결정적인 통로이자 도구로서 인간의 온전한 발전에 불가결하다는 것이다.

이처럼 인간의 종교성과 제도 종교를 바라보는 시각의 차이는 신비주의를 이해하는 데서도 뚜렷하게 드러났다. 프로이트는 동서양 신비주의가 지향하는 신비적 합일 체험이 일종의 심리적 퇴행(regression)이라고 주장했다. 즉, 부친과의 이원적 관계가 본격적으로 전개되기 전 단계인 모친과 하나였던 상태로 되돌아가려는 욕구가 표현된 것이라는 견해다.[22] 이에 반해 융은 에크하르트와 같은 종교 전통의 신비가들을 무의식의 누미노제적 차원을 온전하게 인식해 개인의 심리적 발달 과제를 완성시킨 존재들로 보았다.[23] 결국 신비주의를 둘러싼 견해 차이는 두 인물의 관계를 파국에 이르게 만든 중요한 원인의 하나가 되었다.[24]

22 지그문트 프로이트, 『문명 속의 불만』, 성해영 옮김, 60-61.

23 칼 융, 『C. G. Jung의 회상, 꿈 그리고 사상』, 376.

24 프로이트 역시 변형의식상태가 다른 차원을 드러낼 수 있다는 점을 인정하고 있었다. 그가 평생 텔레파시(telepathy)에 깊은 관심을 가졌다는 사실은 공공연한 비밀이었다. 『새로운 정신분석 강의』의 서른 번째 강좌는 꿈과 텔레파시, 영매 등을 다루고 있다. 지그문트 프로이트, 『새로운 정신분석 강의』, 프로이트 전집 2, 임홍빈 옮김, 열린책들, 2003, 44-79.

5. 나오며: 프로이트와 융의 해답 추구와 몇 가지 문제들

프로이트와 융은 무의식 개념을 핵심으로 삼는 심층심리학을 근대적인 학문 분과의 하나로 정립시키려 노력한 인물들이다. 이 과정에서 그들은 심리학을 활용해 인간의 종교성을 깊게 이해하려 시도했다. 동시에 그들의 심리학적 종교 해석 노력은 각자의 삶과 긴밀하게 연결되어 있었다. 프로이트와 융은 어린 시절부터 내향적인 태도와 자기 분석적 성향을 뚜렷하게 드러냈으며, 인간 마음을 이해하는 것을 평생의 과제로 삼았다. 그들은 우리가 어떻게 표면적인 마음의 이면에 존재하는 무의식적 차원을 인식할 수 있는가라는 문제를 규명하는 데 평생을 바쳤다. 프로이트는 과학을 표방했다는 점에서 일견 융의 심령주의적이며 신비주의적인 정향과 뚜렷한 차이를 표출하는 것으로 보이지만, 무의식이 인간 존재의 이해에 중요하다는 사실은 그들에게 부인할 수 없는 진실이었다.

요컨대 프로이트가 무의식 속에 자리한 성적 욕동에 초점을 맞추었다면, 융은 무의식의 신비주의적이며 초월적인 차원에 주목했다.[25] 그렇지만 융이 무의식 개념을 포함해 후일 자신이 발전시킨 분석심리학의 주요한 얼개를 프로이트의 정신분석학에서 배웠음은 분명하다. 그러나 무의식의 종교적 차원을 구명하기 전에도 융이 심령술에 깊은 관심을 가졌다는 사실 역시 고려할 필요가 있다. 그 점에서 후일 융이 리비도의 성적 측면을 강조한 프로이트와 결별하게 되는 것은 불가피했다. 융이 보건대 무의식은 욕동과 억압된 개인의 기억, 그리고 에고와 초자아 사

25 융은 프로이트의 성 이론이 종교적 도그마와 같았다고 비판한다. 칼 융, 『C. G. Jung의 회상, 꿈 그리고 사상』, 174-175.

이의 갈등만을 품고 있지 않았다. 그에게 무의식은 누미노제적 힘을 지닌 상징과 원형이 꿈틀거리는 장이기도 했던 것이다.

물론 프로이트가 말년에 이르러 '대양적 느낌(oceanic feeling)'이라는 개념으로 무의식의 종교적 차원을 새롭게 인식하려 시도했다는 점도 기억할 필요가 있다.[26] 대양적 느낌이 유아기에 경험했던 의식 상태의 흔적에 불과하다는 초기의 입장이 신비주의적 수행이 무의식의 깊은 층위를 드러낼 수도 있다는 태도로 확장된 것이다.[27] 이처럼 말년의 프로이트는 무의식과 종교의 상호 관계를 보다 긍정적인 방식으로 이해할 수 있는 가능성을 열어 두었다.[28] 그럼에도 불구하고 프로이트가 가부장적

---

26 대양적 느낌은 「문명 속의 불만」의 서두에서 자세하게 다루어진다. 지그문트 프로이트, 『문명 속의 불만』, 성해영 옮김, 49-62. 프로이트가 로맹 롤랑과 '대양적 느낌(oceanic feeling)' 개념을 둘러싸고 나눈 서신 교환은 William B. Parsons, *The Enigma of the Oceanic Feeling: Revisioning the Psychoanalytic Theory of Mysticism*, New York: Oxford University Press, 1999 참조.

27 "특정한 신비주의적 수행이 마음의 각기 다른 영역들 간의 정상적인 관계를 뒤집어, 다른 방식으로는 접근이 불가능했던 에고와 이드의 심층에서 일어나는 일들에 대한 인식을 줄 수 있다는 점을 쉽게 상상할 수 있습니다. 물론 이러한 방법이 구원을 가능케 하는 궁극적인 진리로 우리를 인도할는지는 의심하는 편이 보다 안전하겠지요. 그럼에도 불구하고, 정신분석학의 치료적 노력이 이와 유사한 방법을 취하고 있다는 점은 인정될 수 있습니다." 지그문트 프로이트, 『새로운 정신분석 강의』, 109. 인용은 필자가 해당 부분을 새로 번역한 것이다.

28 대상관계 이론(object-relation theory)을 주장한 멜라니 클라인(Melanie Klein)과 로널드 페어베언(Ronald Fairbairn)과 같은 정신분석학자들은 부모와 맺는 관계에 주목한다. 위니콧(D. W. Winnicott)은 현실 적응력을 높여 주는 전환의 대상(transitional object)으로서 종교가 갖는 긍정성을 강조한다. 비슷한 맥락에서 애나-마리 리주토(Anna-Marie Rizzuto)는 초기의 대상관계가 이후 신-표상(god representation)으로 발전한다고 하면서 신-표상이 갖는 상징적인 기능을 규명하고자 시도했다. 하인츠 코헛(Heinz Kohut)과 에릭 에릭슨(Erik Erickson)에 이르러서는 종교가 더 이상 환상으로만 간주되지 않는다. 프로이트 사후에 이루어진 종교의 긍정적인 평가는 이미 후기 프로이트의 사상에서 그 맹아를 발견할 수 있다. 프

신 개념을 핵심으로 삼는 보통 사람들의 종교에 주목해, 교리 체계가 인간 욕망을 극단적으로 억압하고 부정하는 것에 시종일관 반대했다는 점 역시 분명하다.

반면 융은 신화와 상징을 통한 원형적 힘의 회복을 강조했다. 에고가 무의식의 원형적 힘을 인식하는 일이 심리적 발달 과정에서 가장 중요하다는 주장이었다. 그런 맥락에서 융은 '종교적 의미'의 상실이 개인이 겪는 정신질환은 물론이거니와 집단적인 차원에서는 전쟁과 같은 폭력적인 사건으로 이어진다고 역설한다. 종교적 힘을 적극적으로 회복하는 일이야말로 융이 개인과 공동체에 두루 제안했던 심리적 처방이었던 것이다.

프로이트와 융의 심리학은 초기에 가졌던 영향력을 상실했다. 정신분석학과 분석심리학은 실험과 객관성을 강조하는 흐름에 자리를 내주었다. 그러나 그들의 심리학은 종교 현상과 인간의 종교성을 이해하는 데 여전히 독자적인 시각을 제공한다. 특히 그들이 발달시킨 심층심리학적 종교 이해는 종교 현상의 총체성 인식에 불가결하다. 종교 현상은 인간 마음의 깊은 층위와 어떤 식으로든 밀접하게 연결되어 있다는 점에서 제도나 교리 체계로 환원될 수 없는 차원을 지니기 때문이다. 그 차원을 무엇이라고 부르든 간에 종교는 인간 의식의 광대한 스펙트럼과 밀접하게 연결되어 있다. 프로이트와 융은 이 사실을 예민하게 인식했고, 욕동(drive)이라는 원초적인 힘과 함께 초월성을 꿈꾸는 영적 열망이 무의식 속에 자리하고 있다고 주장했던 것이다.

그들의 심리학적 종교 이해 역시 제한성을 피할 수 없다. 특정한 관

로이트 정신분석학의 새로운 해석 가능성은 성해영, 「프로이트 종교심리학과 비교(comparison)의 정신: 승화(sublimation) 및 대양적(大洋的) 느낌(oceanic feeling) 개념을 중심으로」, 『종교학연구』 27, 한국종교학연구회, 2008 참조.

점이 지닌 독특성은 곧바로 한계로 작용하기 때문이다. 프로이트와 융의 심리학적 종교 해석은 종교 현상의 심리적 차원을 생생하게 드러낸다는 장점과 더불어 심리적 환원주의의 위험성을 아울러 내포한다. 다시 말해 심리학적 종교 이해는 종교 현상의 심리적 차원을 드러내는 데 필요하지만, 이런 접근은 종교체험을 포함한 인간의 종교성을 심리적 범주에 국한시켜 종교 현상의 총체성을 소거시킬 위험성 역시 갖는다는 것이다.

나아가 무의식 개념이 종교성과 종교 현상의 이해에 필수적이라는 프로이트와 융의 주장은 인간 존재의 경이로움을 강조하는 태도와 연결된다. 특히 신화와 상징으로 표현되는 무의식 속의 영적 차원을 역설했던 융의 입장은 종교와 삶의 총체성을 강조하는 전형적인 주장으로 보아야 한다. 그러므로 무의식 개념을 통로로 삼아 종교와 인간을 이해하려던 그들의 시도를 심리학적 환원주의로 단언해서는 곤란하다. 그들의 핵심적인 주장은 어찌되었건 우리의 의식은 스스로가 명확하게 이해할 수 없는 차원을 내포하고 있다는 것이었으므로.

프로이트와 융의 심리학적 종교 해석 노력은 오늘날에도 여전히 중요하다. 이 점은 종교심리학이 오늘날 한국 사회의 종교 현상 이해에 넓게 활용된다는 사실에서도 확인된다. 종교체험의 연구가 단적인 사례다. 예컨대 동학(東學)을 창시한 수운 최제우의 종교체험을 프로이트와 융의 심리학적 통찰을 활용해 분석하는 시도는 종교심리학의 효용성을 잘 보여 준다.[29] 뿐만 아니라 종교 지도자와 신도의 관계가 빚어내는 다

29 정신분석의(M.D.)인 이부영과 김광일은 심리학적 관점에서 수운의 종교체험을 분석한다. 두 학자 모두 수운의 종교체험이 동학 형성에 결정적이라는 점에는 의견을 같이하지만, 이부영이 융의 분석심리학적 관점에서 수운의 체험을 누미노제적 유형으로 파악하는 데 반해, 김광일은 수운의 체험을 프로이트의 정신분석학적 관점에

양한 모습들을 포함해, 종교인들의 심리 치유 저술이 그 어느 때보다 인기를 끌고 있는 오늘의 모습 역시 종교와 인간 심리의 밀접한 관계를 증언한다.[30] '힐링(healing)'으로 표현되는 개인의 심리 치유는 종교적 차원과 분리될 수 없는 것이다.[31] 게다가 제도화된 종교 밖에서 추구되는 인간의 영성 역시 심리학적 용어와 문제의식을 명확하게 반영하고 있다. 융의 분석심리학이 종교의 기능을 대신하는 현상이 대표적이다.

프로이트와 융은 정신질환이라는 인간의 심리적 고통을 치료하는 일을 평생의 업으로 삼았다. 그들은 동시대인들이 겪고 있는 심리적 질환을 치료하는 과정에서 고통의 근원적인 원인을 찾으려 했다. 그 과정에서 그들의 문제의식은 개인적 차원을 넘어서 공동체의 차원으로 자연스럽게 확대되었다. 프로이트와 융의 심리학적 접근은 '객관성'을 갖추지 못했으며, 한편으로는 '비과학적'이라거나[프로이트] '신학적이며 심령주의적'인 것이라[융] 비난받기도 했다. 더구나 그들의 심리학적 종교해석은 종교계는 물론이거니와 학계에서도 적지 않은 비판을 받았다. 그렇지만 무한과 절대를 지향하는 종교의 전모가 완전하게 밝혀질 수 없다는 사실을 프로이트와 융은 누구보다 예민하게 느꼈다. 무의식이라는 인간 의식의 심층적 차원조차 우리에게 온전하게 알려질 수 없다는 점을 절감했던 그들로서 무의식과 종교가 엮어 내는 상호 관계가 완결적인 방식으로 인식될 수 있다는 것은 도무지 상상하기 힘든 일이었을 것이기 때문이다.

서 일종의 '퇴행'으로 간주한다. 이부영, 「최수운의 신비체험」, 『한국사상』 11, 1974; 김광일, 「최수운의 종교체험」, 『한국사상』 12, 1974 참조.

30 혜민의 『멈추면, 비로소 보이는 것들』이나 법륜의 『스님의 주례사』와 같은 저서는 심리적 치유와 종교성의 상호 관계를 전형적으로 보여 준다.

31 목회심리학(pastoral psychology)을 포함해 불교와 심리치유를 연결하려는 다양한 시도들은 종교와 심리적 건강의 밀접한 상호 관계를 거듭 증언한다.

참고문헌

김광일, 「최수운의 종교체험」, 『한국사상』 12, 1974.

법륜, 『스님의 주례사』, 휴, 2010.

성해영, 「프로이트 종교심리학과 비교(comparison)의 정신: 승화(sublimation) 및 대양적(大洋的) 느낌(oceanic feeling) 개념을 중심으로」, 『종교학연구』 27, 한국종교학연구회, 2008.

융, 칼, 『C. G. Jung의 회상, 꿈 그리고 사상』, 이부영 옮김, 집문당, 1996.

융, 칼, 『인간과 상징』, 이윤기 옮김, 열린책들, 1996.

융, 칼, 『인간의 상과 신의 상』, 융 기본 저작집 4, 솔, 2008.

융, 칼, 『정신요법의 기본 문제』, 융 기본 저작집 1, 솔, 2001.

이부영, 「최수운의 신비체험」, 『한국사상』 11, 1974.

프로이트, 지그문트, 『문명 속의 불만』, 성해영 옮김, 서울대학교출판문화원, 2014.

프로이트, 지그문트, 『문명 속의 불만』, 프로이트 전집 12, 김석희 옮김, 열린책들, 2003.

프로이트, 지그문트, 『새로운 정신분석 강의』, 프로이트 전집 2, 임홍빈 옮김, 열린책들, 2004.

프로이트, 지그문트, 『정신분석학 개요』, 프로이트 전집 15, 박성수 옮김, 열린책들, 2003.

프로이트, 지그문트, 『종교의 기원』, 프로이트 전집 13, 이윤기 옮김, 열린책들, 2004.

혜민, 『멈추면, 비로소 보이는 것들』, 수오서재, 2017.

Ludwig, Feuerbach, *The Essence of Christianity* (translated by George Eliot), New York: Prometheus Books, 1989.

Parsons, William B. & Diane Jonte-Pace, "Introduction: Mapping Religion and Psychology," *Religion and Psychology: Mapping the Terrain, contemporary dialogues, future prospects*, New York: Routledge, 2001.

Parsons, William. B., "Psychology of Religion," in Lindsay Jones (ed.), *Encyclopaedia of Religion* (2nd edition), Detroit: Macmillan Reference USA, 2004.

Parsons, William. B., *The Enigma of the Oceanic Feeling: Revisioning the Psychoanalytic Theory of Mysticism*, New York: Oxford University Press, 1999.

욕망의 문제에 대한 불교의 해석

안환기

1. 들어가며: 욕망의 야누스적 얼굴

불교는 다른 종교와 달리 마음의 작용을 세밀하게 관찰하여 그 양상을 체계화한 것으로 알려져 있다. 특히 불교는 욕망을 자기 자신과 가족, 그리고 집단의 이익을 위해 생각하고 행동하는 원인으로 보는 일반적인 관점을 넘어서, 해탈의 경지에 도달하고자 하는 의지를 일으키는 것으로 해석하고 있다는 데 그 특징이 있다. 이 논문은 불교에서 제시되고 있는 이러한 욕망의 양상을 두 가지 측면, 즉 자신에게 결여된 대상을 소유하기 위해 집착하는 양상과 어떤 것을 성취하려는 의지라는 측면에서 살펴보고자 한다.

일찍이 욕망의 본성에 대한 탐구는 불교뿐만 아니라 서양의 사상가들에 의해서 행해지기도 했다. 현대 정신분석가로 알려진 자크 라캉(Jacques-Marie-Émile Lacan)은 언어의 세계인 상징계(symbolic) 속에서 언어를 사용하는 주체는 영원히 도달할 수 없는 '실재'를 욕망하지만, 그 욕망은 결코 충족될 수 없다고 주장했다. 이러한 생각은 고대 철학자 플라톤이 욕망에 대해 정의한 것과 맥이 닿아 있다. 잘 알려져 있듯이, 플라톤은 욕망을 '자신에게 결여되어 있는 대상에 대한 사랑'이라고 생각했다. 그는 자신에게 '결핍'된 대상을 사랑하는 것이 바로 욕망의 본성이라고 해석했다. 이후 헤겔에게도 이러한 관점이 나타난다. 그는 욕망을 '자신이 바라는 대상이 자신에게 결핍되어 있음을 느끼고 그것과 하나가 되려고 하는 활동의 정념'으로 해석했다.

흥미롭게도 욕망을 '결핍'의 측면이 아니라 '생산'적인 면에서 해석한 철학자도 있었다. 스피노자와 니체, 그리고 들뢰즈 등이 바로 그러한 생각을 펼친 사상가들이다. 스피노자는 『에티카(*Ethica*)』에서 어떤 대상이 좋아 보이기 때문에 욕망이 생겨나는 것이 아니라 우리가 욕망하기 때문에 그 대상이 좋아 보이는 것이라는 견해를 보였다. 니체 또한 이 맥락에서 욕망의 본성을 해석한 것으로 알려져 있다. 그는 욕망이나 의지를 '가치나 형식을 부여하는 힘'이라고 해석했다. 이러한 관점은 현대 사상가인 들뢰즈의 글에서도 발견된다. 그는 욕망을 생산적이고 창조적인 측면에서 조명했다. 이 사상가들은 욕망의 대상에 주안점을 두기보다는 욕망하는 주체로 시선을 옮겨서 욕망의 본성을 해석하고자 한 것으로 생각된다.

앞에서 언급한 바와 같이 서양 사상가들은 욕망을 한 측면, 즉 '결핍' 또는 '생산'적인 면에서만 해석하고 있다. 하지만 인간의 욕망은 한 측면으로만 설명될 수 있는 것이 아니다. 인간의 욕망은 자신이 가지고 있지 않은 것을 획득하고자 하는 마음을 내기도 하지만 자신을 변화시키는 내적인 추동력을 일으키기도 한다는 것을 간과해서는 안 된다. 따라서 욕망을 '결핍'과 '생산'을 포함하는 포괄적인 관점에서 조망할 필요가 있다. 이러한 갈증을 해소시켜 줄 수 있는 것이 불교의 욕망에 대한 해석이다.

필자는 욕망이 가지는 두 얼굴, 즉 '결핍'과 '생산'을 불교의 세계관에 의거해서 논의하고자 한다. 불교는 '속제(俗諦)'와 '진제(眞諦)'라는 중층적 구조를 통해 세계를 분석하고 있다. '속제'는 일반인들이 살고 있는 일상의 세계를 말하며, '진제'는 깨달음의 세계를 말한다. 불교에서 욕망은 '속제'에서 생(生)을 지속하는 힘으로 작용하기도 하지만, '속제'에서 '진제'로 향하고자 하는 동력이 되기도 하며, '진제'에서 '속제'로 다시 돌아오는 서원(誓願)을 일으키는 보살의 욕망이기도 하다. 필자는 '속제'를 넘나드는 욕망의 역할을 '결핍'과 '생산'의 측면에서 논의할 것이다.

2. 불교의 시선에 포착된 욕망

1) 채워질 수 없는 욕망

욕망을 '결핍'으로 정의하고 있는 견해에는 욕망하는 주체와 그 대상을 나누려는 생각이 전제되어 있다. '욕망이란 자신에게 결여되어 있는 대상에 대한 사랑'이라고 정의했던 플라톤의 표현 속에서, 우리는 '주체와 대상이 분리된 상태에서 욕망이 생겨난다'는 의미가 플라톤의 사유 속에 내재하고 있음을 발견할 수 있다. 앞에서 언급한 바와 같이 헤겔 또한 자신이 바라는 대상이 자신에게 존재하지 않음을 느끼는 것으로부터 욕망이 생겨난다고 말하고 있으며, 라캉의 경우도 주체가 '실재'를 욕망한다고 표현하고 있다. 이들은 모두 주체와 대상이 분리된 상태에서 욕망이 생겨난다는 생각을 전제로 욕망의 본성을 정의하고 있다.

대승불교로 알려져 있는 유식학은 이러한 현상을 심리적인 측면에서 정밀하게 분석한다. 유식학은 인식 작용이 생겨나기 위해서는 인식하는 주체와 인식의 대상이 존재해야 한다고 본다. 이때 인식의 대상은 바로 주체가 욕망하는 대상이다. 주체는 그 대상을 분석하고 비교하고 판단하는 작용을 통해 어떻게 하면 그것을 소유할 수 있을지에 대해 생각한다. 그리고 나 자신과 대상을 구분하는 생각, 즉 분별(分別)하는 작용을 일으켜서 자기 것과 자기 것이 아닌 것을 비교한다. 이로 인해 자기가 가진 것이 더 낫다는 생각을 일으키기도 하고 부족하다는 생각을 일으키기도 하며, 특히 자신보다 더 좋은 것을 가지고 있는 타인을 선망하게 되고 급기야 타인의 것을 소유하려는 욕망을 일으키기도 한다는 것이다. 이러한 작용으로 형성된 세계가 바로 일상인들이 생각하고 행동하는 세계, 즉 윤회의 세계라고 불교는 정의한다.

초기 불교는 이러한 욕망을 '갈애(tanhā)', '탐욕(rāga)', '애욕(kāma)'과 같은 개념으로 표현했다. '갈애'는 결코 채워질 수 없는 욕망을 의미한다. 이것은 12연기 사슬의 하나로서 '결핍'된 욕망이다. 한편 '탐욕'은 삼독(三毒) 가운데 으뜸으로서 자신이 원하는 것은 어떤 것이든 자신의 것으로 만들려는 욕망이다. 삼독은 탐욕[貪], 노여움[瞋], 어리석음[癡]을 말한다. 그리고 '애욕'은 일반적으로 성적 쾌락을 추구하는 욕망이다.[1] 불교에 따르면 이러한 욕망으로 구성된 '속제(俗諦)'에서 일상인들은 자신에게 결여되어 있는 대상을 획득하기 위해 타인과 경쟁한다. 하지만 일상생활 속에서 이러한 욕망은 결코 만족될 수 없는 '결핍'의 상태에 놓여 있게 된다. 그로 인해 사람들은 고통을 경험하게 되고 결국 윤회의 상태를 벗어날 수 없게 된다는 것이 불교적 견해다.

1 정준영, 「초기 불교의 욕망의 이해: 욕망의 다양한 의미」, 『욕망: 삶의 동력인가 괴로움의 뿌리인가』, 운주사, 2008, 45-49.

2) 생(生)에 대한 의지

한편 욕망은 어떤 것을 '생산'하는 의지로 표현되기도 한다. 스피노자는 욕망을 존재가 가지고 있는 '역능적인 힘'으로 보았으며, 니체는 욕망을 '힘의 의지'로 해석했다. 들뢰즈 또한 욕망의 '생산'적인 측면을 강조했다. 특히 들뢰즈는 '생산'의 의미를 비유가 아니라 문자 그대로 공장에서 어떤 것을 생산하는 것처럼 이해해야 한다고 주장한 것으로 알려져 있다. 그에 의하면 욕망은 무의식, 언어, 사랑, 예술 등 삶의 모든 것을 '생산하는 힘'이다.[2] 스피노자, 니체, 그리고 들뢰즈는 무엇인가를 이루고자 하는 의지, 힘의 측면에서 욕망을 해석했다는 공통점이 있다.

흥미롭게도 이러한 해석은 불교에도 나타난다. 초기 불교에서 욕망을 '의욕(chanda)'으로 표현하고 있는 것이 그 예다. '의욕'은 어떤 행위를 수행하고자 하는 의지이며 어떤 결과를 얻고자 하는 것을 말한다. 이것은 선(善)할 수도 있고 악(惡)할 수도 있는 욕망이다.[3] 선불교에서 용맹정진하려는 욕망이나 일상생활 속에서 나쁜 짓을 하려는 욕망이 '의욕'에 속한다. 이러한 의미는 인간을 5가지 측면에서 분석하고 있는 '오온(五蘊)' 가운데 하나인 '행(行)'에도 나타나고 있다. 잘 알려진 바와 같이 '오온'은 육체 또는 물질인 '색(色)'과 대상을 받아들이는 지각(知覺) 작용인 '수(受)', 지각에 의해 포착된 것을 관념화시키는 작용인 '상(想)', 그리고 이것을 능동적으로 실천하고자 하는 의지인 '행(行)'과 이러한 마음 작용에 대해 분석하고 판별하여 대상을 종합적으로 인식하는

---

2 김석, 「욕망하는 주체와 욕망하는 기계: 라캉과 들뢰즈의 욕망이론」, 『철학과 현상학 연구』 29, 2006, 176-177.

3 정준영, 「초기 불교의 욕망의 이해: 욕망의 다양한 의미」, 41; 위키피디아 영문판, 'Chanda (Buddhism)' 항목, https://en.wikipedia.org/wiki/Chanda_(Budhism) 참조.

'식(識)' 등을 말한다. 여기서 '행'은 인식의 범위에 들어온 내용을 실천하고자 하는 의지를 나타내는 개념이다.

대승불교 유식학의 개념인 '사(思, cetanā)' 또한 '생산'적인 행위를 일으키는 의지를 나타내고 있다. '사'는 마음의 작용[심소법(心所法)] 가운데 하나인 '변행심소(遍行心所)'에 해당된다.[4] '변행'은 두루 작용한다는 뜻으로 8가지 '식'의 작용이 일어날 때 언제나 함께 일어나는['변행'] 마음 작용이다. 여기에는 '작의(作意)', '촉(觸)', '수(受)', '상(想)', '사(思)' 등 5가지 작용이 있다.[5] '작의'는 우리가 대상을 인식할 때 정신을 가다듬어서 대상에 집중하도록 하는 마음 작용이다. '촉'은 6가지 감각기관과 6가지 대상, 그리고 6가지 '식'이 만나는 순간적인 마음의 작용을 가리킨다. '수'는 '고(苦)'와 '락(樂)', '불고불락(不苦不樂)'을 느끼는 작용을 말하며, '상'은 감관에 포착된 것을 개념화하고 그것에 명칭을 붙이는 작용이다. 그리고 '사'는 8가지 '식'으로 하여금 의지 작용을 일으키는 마음이다. 구체적으로 '선(善)', '불선(不善)', '무기(無記)'를 지어 내는[造作] 마음 작용이다.

초기 불교의 개념인 '의욕(chanda)'과 오온의 '행(行)', 그리고 유식학적 개념인 '사(思)'의 의미에서 알 수 있듯이 불교는 실천하고자 하는 '의지'를 인식 작용의 한 요소로 제시하고 있다. 이것은 인간이 실천적인 행위를 하는 데 있어서 욕망이 주된 역할을 한다는 것을 의미한다.

---

4 유식학은 인간의 마음을 크게 5가지[五位]로 나눈다. 그리고 세밀하게 100가지[百法]로 나눈다. 오위(五位)에는 8가지 식[心法], 51가지 마음 작용[心所法], 11가지 색법(色法), 24가지 심불상응행법(心不相應行法), 6가지 무위법(無爲法)이 있다.

5 『成唯識論』(『大正藏』 31), 11b16-19. "此識與幾心所相應. 常與觸作意受想思相應. 阿賴耶識, 無始時來, 乃至未轉, 於一切位, 恒與此五心所相應. 以是遍行心所攝故."

3. 속제(俗諦)와 진제(眞諦), 그리고 욕망

1) 욕망의 사회화로 발생되는 소외된 욕망의 주체

① 일상의 세계 속에 펼쳐진 욕망

불교에서 '속제'는 일상인이 욕망을 펼치며 살아가는 세계를 의미한다. 자신이 선호하는 것에 관심을 기울이고 그것을 소유하기 위해 때로는 타인과 경쟁하고 갈등하는 세계가 '속제'다. 이곳에서 대부분의 사람들은 감각기관에 느껴지는 아름다운 색[色]과 감미로운 소리[聲], 향기로운 냄새[香], 맛있는 음식[味], 그리고 부드러운 옷[觸]을 원한다. 그리고 타인이 가지고 있는 것이 자신의 것보다 더 좋아 보인다고 느낄 때, 그들은 그것을 자신의 것으로 만들고 싶어 한다. 붓다는 이러한 모습을 다음과 같이 묘사하고 있다.

> 비구들이여, 모든 것[一切]이 불타고 있다. 비구들이여, 모든 것이 어떻게 불타고 있을까? 비구들이여, 시각(視覺)이 불타고 있고 형상[시각의 대상]도 불타고 있으며, 시각의 의식이 불타고 있고 시각의 접촉도 불타고 있으며, 시각의 접촉을 조건으로 하여 생겨나는 즐겁거나 괴롭거나 즐겁지도 괴롭지도 않은 감수도 불타고 있다. 어떻게 불타고 있을까? 탐욕의 불로, 성냄의 불로, 어리석음의 불로 불타고 있고, 태어남, 늙음, 죽음, 우울, 슬픔, 고통, 불쾌, 절망으로 불타고 있다.[6]

---

6 Bhikkhu Ñanamoli, *The Life of The Buddha: According to the Pali Canon*, Seattle: BPS Pariyatti Editions, 2001, 64.

이 인용문은 인식의 주체가 대상을 자신의 것으로 만들려는 욕망의 양상을 불길이 타오르는 것으로 그리고 있다. 특히 자신에게 '결핍'되었다고 생각되는 것을 탐내는 마음, 자신의 욕망을 만족시키지 못했을 때 화를 내는 마음, 그리고 모든 것은 영원하지 않음을 통찰하지 못하고 계속해서 욕망을 부풀리는 현상이 비유적으로 묘사되고 있다. 붓다가 비구들에게 감각적 욕망의 모습을 불이 타는 모습으로 표현한 의도는 욕망을 계속해서 부풀릴 때 생겨나는 부정적인 측면을 부각시키기 위한 것이다. 일상생활 속에서 스스로의 마음을 돌아볼 여유도 없이 욕망에 휩싸여서 살아갈 때 중요한 것을 지나치게 됨을 일깨우고자 한 것이다. 『법구경(法句經)』은 이러한 병폐를 다음과 같이 보여 주고 있다.

> 대개 애욕이 깊어짐에 따라 [애욕에 관한] 생각은 더욱 더 뻗어만 간다. 애욕은 깊고 깊어 그 바닥이 없다. 그 때문에 늙음과 죽음[과 같은 괴로움]도 커져만 간다.[7]

사실 인간이 겪는 괴로움의 원인은 다양하다. 신체적인 질병, 늙어가면서 변화하는 자신의 모습, 그리고 사랑하는 사람과의 이별 등은 인간으로 하여금 극심한 고통을 경험하게 한다. 독특하게도 불교는 살아가면서 겪는 고통을 인간의 마음에 주목해서 해결하려고 한다. 불교는 인간이 자신의 욕망을 절제하지 못하고 그 욕망의 대상에 집착하기 때문에 고통이 생겨난다고 본다. 마약중독, 게임중독, 쇼핑중독 등이 그 단적인 예일 것이다. 처음에는 호기심에서 시작되었다 하더라도 쾌락의

---

7 『法句經』(『大正藏』 4), 571a11-12. "夫從愛潤澤, 思想爲滋蔓, 愛欲深無底, 老死是用增." [ ]안의 내용은 필자가 삽입한 것이다.

달콤함에 취해서 그것을 탐닉하게 되면, 결국 스스로의 힘으로는 결코 빠져나올 수 없는 상태에 이르게 되는 것이 중독이다. 이로 인해 자신뿐만 아니라 가족, 그리고 심지어는 타인에게도 고통을 주기도 한다. 이러한 현상은 게임이나 쇼핑에 탐닉해도 욕망은 결코 만족될 수 없다는 것을 보여 주는 예다.

라캉의 욕망에 대한 통찰은 이를 근본적으로 밝히고 있다. 그에 따르면 인간은 자신의 욕망을 만족시키려 하지만 '결핍'을 본성으로 지니고 있는 한 그 욕망은 충족될 수 없다. 그는 욕망의 본성을 사회 속에서 언어를 사용하는 주체의 위상을 분석하여 밝히고자 했다. 그는 사회를 기표로 구성된 상징계로 표현한다. 예컨대 가족의 구성원은 가정에서 부모 또는 자식이라는 기표로 불리며 학교에서는 학생이나 교수라고 하는 기표로 일컬어진다. 또 어떤 이는 직장에서 부장이나 과장 등의 기표로 불린다. 이로 인해 주체는 언어의 세계 속에서 언제나 소외된 존재라는 것이 라캉의 견해다. 개인의 욕망은 기표로 불리는 타인들이 욕망하는 것을 욕망하기 때문에 항상 '결핍'되어 있게 된다는 것이다. 실제로 고가의 브랜드를 선호하는 자본주의 사회 속에서 사람들은 그 브랜드를 소유하기를 욕망하지만 그것 모두를 가질 수는 없다. 일부분을 획득했다 하더라도 그 욕망은 충족되지 않고 오히려 더욱 커진다. 따라서 주체는 항상 충만하지 못한 '결핍'의 존재로 남아 있게 된다는 것이 라캉의 욕망에 대한 생각이다. 주목할 점은 불교 경전인 『아함경(阿含經)』도 사회적인 측면에서 욕망을 분석하고 있다는 것이다.

> 만일 모든 사문 바라문들이 세간에서 사랑하는 단정한 색에 대해서 영원하다는 생각, 한결같다는 생각, 안온하다는 생각, 병이 없다는 생각, 나라는 생각, 내 것이라는 생각을 가지고 또 본다면, 곧 그 색에 대한 애욕은 더 늘어나고 자라게 된다.[8]

이 인용문은 사람들이 함께 어우러져서 살고 있던 고대 인도 사회의 일면을 보여 준다. 당시에도 사람들은 사회 구성원들이 선호하는 대상을 좋아하는 경향이 있었음을 알 수 있게 하는 글이다. 고대인들도 그들이 선호하는 대상이 영원히 존재할 것이라고 여기고 그 대상에 대한 욕망을 키웠음을 인용문은 보이고 있다. 이 현상은 현대인의 모습과 다르지 않다. 현대인들도 여전히 주변 사람들이 욕망하는 대상을 자신의 것으로 만들기 위해 노력하기 때문이다. 특히 자신이 좋아하는 대상이 타인에 의해 좋은 평가를 받을 때 그 대상에 대한 욕망은 더욱 커진다. 예컨대 사람들은 사회적으로 유행하는 브랜드를 선호하고 그것을 자신의 것으로 만들기를 욕망한다. 라캉이 말한 바와 같이 이 현상은 사람들은 그들이 속한 사회 구성원들이 욕망하는 것을 각각 욕망하는 모습을 나타낸다.

② 감각 대상에 대한 탐닉

하지만 자신이 선호하는 것에 빠져서 다른 것을 도외시하게 되면 그 순간은 달콤할 수 있으나 결국은 대부분 고통을 경험하게 된다. 불교는 감각 대상에 대한 탐닉이 가져다주는 결과를 다음과 같이 극단적인 형태로 묘사하기도 했다.

> 비유하면 다음과 같다. 길가에 맑고 시원한 못이 있어 향기와 맛이 모두 훌륭한데, 어떤 사람이 그 안에 독을 넣었다고 하자. 따뜻한 봄날에 길 가던 모든 사람들이 바람과 더위에 목이 몹시 말라 다투어 찾아와 마시

8 『雜阿含經』(『大正藏』 2), 82b17-18. "若諸沙門婆羅門於世間所念諦正之色, 作常想恒想安隱想無病想我想我所想而見, 則於此色愛增長."

려고 할 때 어떤 사람이 "사부(士夫)들이여, 이 맑고 시원한 못물은 향기와 맛은 모두 훌륭하나 그 속에는 독이 있으니 여러분은 마시지 마십시오. 만일 마신다면 당신들은 죽거나 혹은 죽을 정도로 고통스러워할 것입니다."라고 말하였다. 그러나 그 목마른 사람들은 그 말을 믿지 않고 그것을 마셨다. 그들은 비록 좋은 맛은 얻었지만 잠깐 사이에 죽거나 혹은 죽을 정도로 고통스러워하였다.[9]

이 이야기는 인간이 자신에게 '결핍'된 것을 충족시키고자 할 때 우선 그 대상의 본성을 통찰할 필요가 있음을 보여 준다. 하지만 인용문에 나타난 바와 같이 대부분의 사람들은 갈증이 심할 때 감각기관에 비친 물의 상태만 보고 더 이상 그 대상을 세밀하게 살펴보려고 하지 않는다. 심지어 그 물을 마시면 안 되는 이유를 옆에서 아무리 알려 주어도 그 물을 마시고 싶다는 욕망에 휩싸여서 그 말을 들으려는 마음을 내지 않는다. 이러한 모습은 현대인에게도 여전히 나타난다. 현대는 대중매체나 스마트폰을 통해 다양한 지식을 빠르게 습득할 수 있는 시대다. 따라서 감각적 대상에 대한 탐닉은 육체나 정신을 황폐하게 만든다는 사실을 누구나 쉽게 이 매체를 통해 알 수 있다. 그럼에도 불구하고 그들은 여전히 감각적 대상을 탐닉한다. 비근한 예로 현대인이라면 누구나 오랫동안 흡연을 하면 폐암이나 구강암 등에 걸린다는 사실을 매스컴이나 스마트폰을 통해 알 수 있게 되었다. 하지만 그러한 일은 자신과 무관하다고 생각하고 흡연을 즐기는 사람들이 많다. 현대인의 필수품이 된 스

9 『雜阿含經』(『大正藏』 2), 82b22-27. "譬如路側清涼池水, 香味具足, 有人以毒著中, 陽春之月, 諸行路者風熱渴逼, 競來欲飮, 有人語言: '士夫, 此是清涼, 色香味具足, 然中有毒, 汝等勿飮. 若當飮者, 或令汝死, 或近死苦.' 而彼渴者不信而飮, 雖得美味, 須臾或死, 或近死苦."

마트폰도 이러한 사례 가운데 하나가 될 것이다. 스마트폰은 우리의 일상생활을 편리하게 하는 이점이 있지만 화면에 몰입하게 되면 현실과 가상공간을 구분하지 못하는 상황에까지 이르게 되는 경우가 생겨난다. 이러한 폐단에 대한 정보 또한 사람들은 다양한 매체를 통해 확인할 수 있다. 하지만 사람들은 자신의 욕망에 휩싸여서 타인과 단절된 생활을 하면서까지 가상공간에 깊이 빠지기도 한다. 이로 인해 결국은 외로움과 불안, 그리고 우울증과 같은 정신적인 장애를 안고 살아간다. 불교에 의하면 이러한 장애는 마음에 번뇌(煩惱, kleśa)로 남게 되어 또 다른 고통이 생겨나는 원인이 된다.

불교는 감각 대상에 대한 욕망, 사회 속에서 인정받기를 원하는 욕망이 모두 자신에게 '결핍'된 것을 소유하려는 것에서 비롯된다는 사실을 부정하지 않는다. 다만 해탈에 이르는 것이 궁극의 목표이기 때문에 이에 도달하기 위한 수행의 과정에서 생겨나는 마음의 변화 양상에 보다 주목한다. 이로 인해 윤회의 삶을 살게 하는 주요인인 번뇌가 중요한 문제로 논의되었다.

불교는 다양한 번뇌의 양상을 '근본번뇌(根本煩惱, mūla-kleśa)'와 '수번뇌(隨煩惱, upakleśā)'로 분류했다. '근본번뇌'는 모든 번뇌의 근본이 되는 것을 말한다. 여기에는 다른 사람이 가진 것을 탐내며[貪] 자신이 원하는 것이 이루어지지 않을 때 화를 내며[瞋] 어리석음[無明]으로 인해 진리를 통찰하지 못하는 것, 그리고 교만하여[慢] 불교가 제시하고 있는 사성제(四聖諦)에 대해 의심[疑]하거나 '오온'이 자신의 것이라고 생각하는 것[見]과 같은 것들이 속한다.[10] 반면 수번뇌는 근본번뇌를 바탕으로

10 『阿毘達磨俱舍論』(『大正藏』 9), 98b21-22. "隨眠諸有本此差別有六 謂貪瞋亦慢無明見及疑."

해서 생겨나는 번뇌를 말한다. 수번뇌에는 부끄러워하는 마음이 없고[無慚], 게으르며[懈怠], 선법(善法)을 닦으려는 마음이 없는 것[放逸], 몸과 마음이 무겁게 가라앉거나[惛沈] 들뜨는 것[掉擧] 또는 남을 속이는 것[誑]과 같은 것들이 있다.[11] 이러한 번뇌는 마음에 남아 다음의 작용을 일으키는 원인이 된다는 것이다.

특히 유식학은 이러한 것을 '유루종자(有漏種子)'로 표현한다. 여기서 '종자'는 씨앗을 의미한다. 씨앗 속에서 싹이 터서 식물이 자라나듯이 번뇌는 또 다른 마음의 작용이 다시 생겨나는 원인이 됨을 비유적으로 표현한 것이 '종자'다. 이 개념은 욕망을 충족하려는 일상인들의 마음 작용이 흔적을 남긴다는 독특한 견해에서 비롯된 것이다. 고운 모래사장 위에 약간의 미풍이 스쳐도 흔적을 남기듯이 우리가 어떤 욕망을 마음속으로 일으키면 그 흔적은 사라지지 않고 마음에 그 자취를 남긴다는 것이다.

불교적 맥락에서 볼 때 자신에게 '결핍'된 것을 욕망하는 것은 결국 마음에 번뇌를 만드는 계기가 된다. '결핍'된 대상에 대한 집착으로 타인을 의식하게 되고, 그로 인해 경쟁의 마음이 생기게 되면 초조하고 불안한 상태가 지속될 수 있다. 불교는 이러한 상태를 극복하기 위한 방법으로 수행을 제안한다.

2) 욕망의 생산적인 양상

① 생(生)을 지속시키는 힘: 인간의 탄생

대부분의 서양 사상이 현생(現生)에 한해서 인간과 세계의 문제를 분석

---

11 『成唯識論』(『大正藏』 31) 33b05-34a25.

하고 있는 것과 달리 불교는 윤회관에 의거해서 전생(前生), 현생, 내생(來生)까지 확장해서 그에 대해 해석한다. 잘 알려져 있듯이 불교는 고대 인도의 우파니샤드 사상을 비판적으로 계승하여 무아(無我)론에 입각한 윤회론을 제시했다. 인간의 내부에 아트만과 같은 존재가 있음을 부정하고[無我] 다만 인연에 의해 스스로 지은 업(業)에 따라 인간은 윤회의 세계 속에서 태어나고 죽는다는 입장을 보였다. 그리고 윤회에서 완전히 벗어난 상태, 즉 해탈에 이르는 것을 궁극적인 목표로 삼았다.

불교의 특징은 수행을 통해 해탈에 이를 수 있음을 제시하고 나아가 수행자들이 관찰한 내용을 토대로 인간과 세계를 해석하는 교리를 체계화시켰다는 데 있다. 역사적으로 볼 때, 초기 불교에서 『아비달마구사론(阿毘達磨俱舍論)』, 그리고 유식학에 일관되게 전제되어 있는 윤회관은 이러한 배경을 가지고 있다. 그렇다면 불교는 윤회를 하게 되는 근본적인 동력을 구체적으로 어떻게 설명하고 있을까? 여기서는 이를 살펴보기 위해 생명이 생겨나는 과정을 묘사하고 있는 문헌들에 주목하고자 한다. 초기 불교 경전인 『증일아함경(增壹阿含經)』은 새로운 생명이 생겨나기 위해 갖추어야 할 조건을 다음과 같이 분석하고 있다.

> 비구들이여, 어머니가 애욕이 있어서 부모가 한곳[一處]에 모여 함께 자더라도 바깥에서 식(識)이 오지 않으면 태가 이루어지지 않는다. 또 식(識)이 와서 들어가려 하더라도 부모가 한데 모이지 않으면 수태가 이루어지지 않는다. 또 어머니가 애욕의 마음이 없는 상태로 부모가 한곳에 모여 있을 경우, 그때 아버지가 아무리 애욕의 마음이 왕성하다 하더라도 어머니가 그리 간절하지 않으면 태는 성립되지 못한다. … 또 비구들아, 만일 부모가 한곳에 모여 있고 부모에게 질환이 없을 경우에야 식신이 오는 것이고, 그리고 또 부모에게 모두 자식을 둘 상(相)이 있을 경우에 그는 곧 태가 성립되는 것이다. 이것을 일러 '세 가지 인연이 있어야

태가 성립된다'고 하는 것이다.[12]

이 인용문에 따르면 새로운 생명이 태어나는 데에는 다양한 조건이 내재해 있다. 우선 태아가 생겨나기 위한 필수 조건으로 아버지와 어머니가 신체적으로나 정신적으로 건강해야 하며 이와 함께 태아의 '식(識)'이 존재해야 한다. 이 중 한 가지라도 존재하지 않으면 태아의 출생은 불가능하다. 이 세 가지가 함께 만날 때만 생명이 만들어진다는 것이다. 이때 중요하게 부각되는 것은 세 가지가 만나게 되는 계기가 무엇인가이다. 이 인용문은 그 단초를 제시하고 있다. 부모의 애욕과 외부에서 들어온 '식'이 그것이다. 여기에서 '식'은 태아의 전생과 현생을 이어 주는 윤회의 주체다. 이 '식'에는 전생에서 지은 욕망의 결과가 내재되어 있으며 이것이 현생을 결정짓는 요인이 된다. 따라서 하나의 생명이 태어나는 계기는 부모의 애욕과 부모의 바깥에서 들어오는 '식', 즉 태아의 욕망에 있다고 볼 수 있다. 윤회의 주체인 '식'이 부모의 욕망과 맞물려서 부모와 자식이라는 강한 인연을 만들게 된다는 것이다. 『아비달마구사론』에서는 다음과 같은 비유로 전생에서 현생으로 연결되는 과정을 설명하기도 한다.

비유하건대 등불의 불꽃이 비록 찰나(刹那)에 없어지나 계속 이어져서 다른 곳에까지 옮겨 갈 수 있는 것과 같다. 모든 온[諸蘊]도 역시 그러하니

---

12 『增壹阿含經』(『大正藏』 12), 602c18-603a12. "於是比丘 母有慾意父母共集一處與共止宿 然復外識未應來趣便不成胎 若復慾識來趣父母不集 則非成胎. 若復母人無欲父母共集一處, 爾時, 父欲意盛, 母不大慇懃, 則非成胎. 若復父母集在一處, 母欲熾盛, 父不大慇懃, 則非成胎 … 若復比丘, 父母集在一處, 父母無患,識神來趣,然復父母俱相有兒, 此則成胎. 是謂有此三因緣, 而來受胎."

> 옮겨진다고 말해도 허물이 없다. 그러므로 비록 '나'는 없으나 미혹된 업으로 말미암아 모든 온(蘊)이 이어져서 입태(入胎)한다는 뜻이 성립되는 것이다.[13]

여기에서 윤회의 과정은 한 등불에 있던 불꽃이 다른 등불로 옮겨 가는 것으로 비유되고 있다. 윤회의 주체가 전생에서 다시 현생으로 이어지는 현상이 마치 불꽃이 계속 이어지는 것과 같다는 것이다. 불교는 윤회의 주체가 지속적으로 존재할 수 있는 것은 전생에 주체가 생각하고 행했던 결과인 업(業)의 작용이라고 보고 있다. 『유가사지론(瑜伽師地論)』은 이 과정을 다음과 같이 보다 구체적으로 묘사한다.

> 그때 부모는 탐애심이 지극하여 맨 나중에는 저마다 한 방울씩의 짙은 정혈(精血)을 내는데, 둘의 방울은 뒤섞여져서 모태 안에 머무르며 합(合)하여 한 덩어리가 된다. 마치 끓인 우유가 엉기어 맺힐 때처럼 이곳에 온갖 종자(種子)의 이숙(異熟)이 소속되고 집수(執受)의 의지할 바인 알라야식이 섞여서 의탁하게 된다. 어떻게 의탁하는가. 부모에게서 출현한 농후한 정혈(精血)이 합쳐지면 전도(顚倒)의 조건과 중유(中有)는 소멸한다. 중유가 소멸함과 동시에 일체종자식(一切種子識)인 알라야식의 능력으로 미세한 근(根)과 대종(大種)이 화합하여 생겨난다.[14]

---

13 『阿毘達磨俱舍論』(『大正藏』 9), 47c11-13. "譬如燈焰雖刹那滅而能相續轉至餘方 諸蘊亦然 名轉無失 故雖無我而由惑業諸蘊相續入胎義成."

14 『瑜伽師地論』(『大正藏』 30), 283a01-08. "爾時父母貪愛俱極最後決定各出一滴濃厚精血 二滴和合住母胎中合爲一段 猶如熟乳凝結之時 當於此處 一切種子異熟所攝 執受所依阿賴耶識和合依託 云何和合依託 謂此所出濃厚精血合成一段與顚倒緣中有俱滅 與滅同時卽由一切種子識功能力故 有餘微細根及大種 和合而生."

불교는 하나의 생명이 생겨나는 과정을 구체적으로 정혈의 혼합으로 표현한다. 이것은 현대 용어인 정자와 난자의 결합을 말한다. 불교는 태아의 '알라야식'이 부모의 정혈과 합쳐지면, 전생과 현생의 중간 단계인 중유(中有)의 상태로 되돌아가는 조건이 소멸되며, 이와 동시에 '알라야식'의 능력으로 인해 사람의 형체가 갖춰지게 된다고 본다. '알라야식'은 앞의 『증일아함경』에서 언급한 '식'을 의미한다. 특히 유식학에서 '알라야식'은 윤회의 주체이자 모든 업을 '종자'의 형태로 담지하고 있는 것으로 정의된다. '알라야식'의 역할은 '알라야식'에 있던 '종자'가 점점 현현(顯現)되면서 5가지 감각기관과 제6식, 그리고 제7식인 말나식(末那識)이 생겨나는 근본적인 토대가 되며 또한 이것들이 흩어지지 않게 하는[집수(執受)] 작용을 하는 것으로 정의된다.

불교는 독특하게도 인간이 생겨나게 되는 과정을 이와 같이 전생 및 내생까지 시각을 확장하여 설명한다. 현대인의 관점에서 볼 때 이 설명은 신비적으로 보인다. 하지만 태아를 잉태하는 과정에 대한 설명은 매우 구체적이고 현실적이다. 특히 부모의 애욕이 전제되어 있다는 설명은 설득력이 있다. 인간의 출생에 대한 불교의 해석은 욕망을 '생산'적인 측면으로 보는 하나의 중요한 사례가 된다.

② 생(生)을 지속시키는 힘: 인간의 사회화

인간이 언어를 사용하며 타인과 사회적 관계를 형성하는 과정 또한 욕망의 관점에서 설명될 수 있다. 여기서는 유식학의 '전변(轉變)' 개념을 통해 언어의 작용이 생겨나는 과정 또한 욕망의 '생산'적인 측면을 보여 준다는 점을 살펴보고자 한다. '전변'은 시공(時空) 속에서 사건들이 인연에 의해 변화하면서 생멸(生滅)을 되풀이하는 과정을 말한다. 유식학에서 '전변'은 '인전변(因轉變)'과 '과전변(果轉變)'으로 나누어 설명된다.[15]

'인전변'은 '명언종자'와 '업종자'와 같은 잠재적인 힘이 표면으로 드러나면서[顯現] 일상적인 현상이 펼쳐지는 것을 일컫는 개념이다. '명언종자'는 언어적 현상을 일으키는 원인이며 '업종자'는 미래의 자기를 형성하는 요인이다. 불교에서 '종자'는 자신의 이익을 추구하는 욕망의 결과다. '알라야식'에는 이러한 '종자'들이 내재해 있다는 것이다. 그리고 '종자'는 마치 흙 속에 묻힌 씨앗이 점점 성숙하여 싹이 나고 꽃이나 나무처럼 형태를 드러내듯이 언어로 표현되기도 하고 구체적인 행동을 일으키기도 하는 잠재적인 힘이다. 우리의 모든 의식 활동은 이 '명언종자'나 '업종자'의 힘에 의해 나타나게 된다는 것이다. 즉 일상생활 속에서 펼쳐지는 모든 현상이 바로 욕망에 의해 '생산'된다고 해석할 수 있다.

한편 '과전변'은 각 개인의 '알라야식'에서 안식(眼識), 이식(耳識), 비식(鼻識), 설식(舌識), 신식(身識)과 제6의식(意識) 및 제7식[말나식(末那識)]이 생겨나는 현상을 일컫는다. 그리고 '알라야식'이 인식 주체로서의 마음[식]과 인식 대상으로서의 마음[식]으로 나누어져서 주체가 대상을 인식하는 작용이 생겨나는 현상을 '과전변'이라고 부르기도 한다.[16] 특히 이 '과전변'에 의한 인식 작용은 '알라야식'에 존재하는 '명언종자'가 활성화되면서 생겨난다. 앞에서 언급한 바와 같이 '명언종자'는 욕망의 작용에 의해 만들어진 생각, 의지 또는 활동이 훈습된 것이다. 따라서 '명언종자'가 표면으로 드러난다는 것은 잠재되어 있던 욕망이 살아난 것이다. '명언훈습종자'가 활성화되면서 생겨난 인식 주체가 언어를 사용하여 인식 대상을 표현하는 과정을 통해 욕망이 외적으로 표현되는

15 『成唯識論』(『大正藏』 31), 7c.

16 『成唯識論』(『大正藏』 31), 1a-b.

것이다. 이를 통해 사람들은 타인과 관계를 맺게 되며 언어를 사용함으로써 그들의 사회화는 더욱 견고해진다. 즉 화자(話者)의 생각이 타인에게 전달되면서 사람들은 생각을 공유하게 되고 이로 인해 유대감이 형성된다는 것이다.

이상에서 살펴본 바와 같이 '인전변'과 '과전변'은 사람들이 개인적으로는 인식의 세계를 형성하며 사회적으로는 구성원들과 소통을 하게 되는 현상을 설명하는 개념이다. '인전변'과 '과전변'은 욕망이 '종자'의 형태로 '알라야식'에 저장되었다가 이후 다시 활성화되는 과정을 표현한다. '전변'에 의해 인식의 세계가 펼쳐지는 현상은 욕망의 '생산'적인 측면을 보여 주는 구체적인 예가 된다.

③ 수행을 일으키는 힘: 진리를 바르게 듣는 것과 방편

욕망의 '생산'적인 면을 나타내고 있는 또 다른 예로 수행을 일으키는 힘을 주목할 필요가 있다. 불교는 해탈에 이르고자 하는 의지가 진리를 바르게 듣는 것[正聞薰習]에서 시작된다고 보았다. 이 의지로 인해 사람들은 수행의 길로 접어들게 된다는 것이다. 불교 문헌 『섭대승론(攝大乘論)』에 의하면 깨달은 자의 이야기를 들었을 때 사람들은 자신도 깨달음에 이르고 싶다는 마음을 일으킨다고 한다.[17] 이러한 마음을 일으킨 사람들은 '속제'의 경계를 넘어서 '진제'의 세계로 향하는 수행의 길을 걷게 된다는 것이다.

이 현상은 일상생활 속에서 사회적으로 훌륭하다고 일컬어지는 사람들의 이야기를 들었을 때 자신도 그러한 삶을 살고 싶다는 마음을 일으켜서 실제로 그러한 삶을 살기 위해 노력하는 사람의 경우와 비견될

17 『攝大乘論』(『大正藏』 31), 117a.

수 있을 것이다. 다만 불교는 수행이라는 독특한 방법을 통해 이러한 마음의 양상을 세밀하게 관조하고 스스로 마음의 상태를 철저하게 변화시키고자 한다. 이를 잘 보여 주는 것이 유식불교다. 유식불교는 수행자의 마음이 변화하는 양상을 구체적으로 분석하고 이를 경전에 체계적으로 기록하고 있어서, 후대의 수행자들이 수행의 내용과 수행 전통을 계승하고 새롭게 해석할 수 있게 한다.

여기에서 필자가 주목하고자 하는 욕망의 '생산'적인 측면도 수행자가 마음에 존재하던 번뇌의 종류를 세밀하게 관찰하여 그것을 기록한 것에 기반을 둔 것이다. 유식불교는 수행이 진전됨에 따라 번뇌가 점점 감소하고 청정한 상태로 변화되는 현상을 '진리를 믿는 힘이 점점 증가'[익력손능전(益力損能轉)]하는 현상이라고 불렀다. 이 경험을 통해 수행자는 '속제'의 세계를 벗어나 '진제'의 세계에 이를 수 있다고 본다.

한편 불교는 수행을 통해 스스로의 힘으로 해탈의 경지에 이를 수 있는 사람들이 있는 반면, 아무리 좋은 진리를 들려주어도 자신의 힘으로 그 진리를 실천할 수 없는 사람도 있다고 본다. 그래서 방편(方便)을 제시한다. 이를 보여 주는 이야기가 바로 유명한 '화택(火宅)의 비유'다. 이를 간단히 소개하면 다음과 같다.

> 집이 불타고 있을 때 먼저 밖으로 나온 아버지는 집 안에서 놀고 있는 아이들이 걱정되어 "집에 불이 났으니 빨리 나오라."라고 소리쳤다. 그러나 아이들은 놀이에 정신이 팔려 아버지의 고함 소리를 듣지 못했다. 아버지는 이대로는 안 되겠다 싶어 한 가지 꾀를 내었다. [그리고] 아이들에게 "너희들이 좋아하는 장난감이 밖에 있으니 나오너라. 양이 끄는 수레[성문승(聲聞乘)]와 사슴이 끄는 수레[연각승(緣覺乘)], 그리고 소가 끄는 수레[보살승(菩薩乘)]가 여기 있다."라고 소리를 쳤다. 그제서야 아이들은 장난감이라는 말에 좋아하며 밖으로 나와 불길의 화를 면할 수 있게 되

었다.[18]

이 이야기는 욕망을 불로, '속제'를 불타고 있는 집으로, 탐욕에 빠진 중생을 불이 난 줄도 모르고 놀고 있는 철없는 아이들로 비유한다. 그리고 아버지는 붓다를 상징하고 있다. 인용문은 감각 대상을 탐닉하면서 살고 있는 중생은 자신을 둘러싸고 있는 세계의 모습을 살펴볼 여유가 없음을 보여 준다. 따라서 깨달음에 이른 붓다가 아무리 좋은 말을 들려주어도 그들은 그 말을 듣지 못한다는 것이다. 이는 중생들 가운데 '정문훈습'을 스스로 할 수가 없는 이가 있다는 것이다. 인용문인 『묘법연화경(妙法蓮華經)』의 화택의 비유에서는 이에 대한 해결 방안으로 중생들이 불교의 진리를 쉽게 이해할 수 있는 방편을 제시하고 있다. 양이 끄는 수레와 사슴이 끄는 수레, 그리고 소가 끄는 수레가 그것이다. 이 비유는 사람이 가지고 있는 능력에 따라 '속제'를 벗어나 '진제'에 도달할 수 있는 길을 달리한다는 것을 보여 준다. 중생들은 미혹된 업(業)에 가리어서 자신을 둘러싼 환경을 제대로 볼 수 없고, 진리의 세계에서 들려오는 말도 들리지 않은 상태에 있으며, 들을 수 있다 하더라도 스스로 수행을 하고자 하는 의지가 발현되지 않는다는 주장이다. 이를 해결하기 위해 아이들이 자신이 좋아하는 장난감을 갖기 위해 밖으로 나오듯이 일단 방편에 의지해 자신에게 쌓여 있는 번뇌를 먼저 제거할 필요가 있다고 본다. 이를 통해 수행의 길로 접어드는 힘이 생기게 된다는 것이다.

---

18 『妙法蓮華經』(『大正藏』 9, 12c4-17), 第三 譬喩品; http://www.buddhismjournal.com/news/articleView.html?idxno=1025/ [ ] 안의 내용은 필자가 삽입한 것이다.

④ 수행을 일으키는 힘: 속제와 진제의 경계를 넘나드는 의지

수행의 과정에서는 세속적인 욕망[妄念]을 조절하려는 의지가 필수적이다. 여기에서는 이러한 양상을 선명하게 보여 주고 있는 선불교의 「목우도(牧牛圖)」에 주목하고자 한다. 「목우도」는 세속적인 욕망을 제어하면서 깨달음에 이르는 과정을 목동과 소, 그리고 색의 변화를 통해 상징적으로 묘사하고 있다. 목동은 나 자신을 의미하며 소는 또 다른 나의 마음을 상징적으로 표현한 것이다. 그리고 세속적인 욕망이 사라지면서 본래의 청정한 상태로 변화되는 양상이 검은색에서 흰색의 변화로 나타나고 있다.

무엇보다도 이 그림은 사람들이 일상생활 속에서 자신의 세속적 욕망을 만족시키기 위해 몰두하는 모습으로부터 출발하기 때문에 우리에게 매우 친근한 인상을 준다. 여기에는 검은 소가 목동의 뜻에 아랑곳하지 않고 제멋대로 뛰어다는 장면이 나타난다[未牧]. 사람들이 감각적인 대상에 대한 욕망을 제어하지 못하고 그 욕망에 휘둘리는 모습을 묘사한 것이다.

「목우도」는 세속적 욕망에 사로잡혀 있는 이러한 상태를 벗어나 청정한 상태에서 사태를 냉철하게 볼 수 있는 경지에 도달하기 위해 거쳐야 하는 첫 관문을 목동이 소의 코에 고삐를 꿰어 끌어당기고 채찍을 휘두르는[初調] 모습으로 표현한다. 세속의 욕망과 맞서서 용맹정진(龍猛精進)하는 단계이다. 욕망을 조절하려는 강한 의지가 나타나고 있어서 필자가 주목하는 장면이다. 해탈에 이르고자 하는 욕망이 단적으로 나타나기 때문이다. 이 그림에서 검은 소의 주둥이가 하얗게 그려진 것은 세속적 욕망이 조금씩 줄어들고 있음을 상징적으로 보여 준다.

이후 세 번째 그림에는 검은 소가 목동의 제재를 받아들이는 모습[受制]이 나타난다. 소의 머리 부분이 하얗게 변한 것은 세속적인 욕망이 어느 정도 제어되어 거친 욕망의 기세가 점점 줄어들고 있음을 의미

한다. 이어서 다음 그림에는 목동이 소의 고삐를 잡아끄는 대로 소가 머리를 움직이는 모습이 나타난다[廻首]. 그리고 소의 몸통이 하얗게 변해 있음을 쉽게 발견할 수 있다. 이것은 세속적 욕망이 상당히 제어되어서 나 자신이 이끄는 대로 소가 움직이고 있음을 보여 준다. 하지만 고삐와 채찍이 여전히 그림에 존재하는 것은 욕망을 조절하기 위한 노력이 아직도 필요함을 의미한다.

다음 그림에는 소가 고삐와 채찍이 없어도 목동을 따르는 모습[馴伏]이 나타나며, 이어서 목동은 즐겁게 태평가를 부르고 소는 꼬리만 제외하고 모두 하얗게 변한 장면[無碍]이 나온다. 다음에는 목동이 푸른 버드나무 아래에서 졸고 있고 소는 한가로이 풀을 뜯고 있으며[任運] 목동이 꼬리까지 흰색으로 변한 소와 구름 위에서 무심하게 서로 마주보고 있는 장면[相忘]이 이어서 나온다. 그리고 소는 사라지고 목동만이 밝은 달빛 아래 혼자 노래 부르고 손뼉을 치고 있는 경지[獨照]가 그려진 장면이 나온다. 마지막으로 선(禪)의 최고 경지인 모든 것을 다 긍정하는 경지, 즉 소도 목동도 다 사라지고 일원상만 남은 그림[雙泯]으로 끝을 맺는다.[19]

「목우도」에서 알 수 있듯이, 불교는 수행을 통해 세속적 욕망을 조절할 수 있으며 결국은 더 이상 번뇌가 생겨나지 않는 경지에 이를 수 있다고 본다. 여기서 세속적 욕망을 조절하는 힘은 궁극적 경지에 이르는 추진력이다. 필자는 이것을 욕망의 '생산'적인 측면, 즉 '속제'에서 '진제'의 세계로 향하게 하는 욕망으로 본다.

독특하게도 대승불교는 '진제'에서 다시 '속제'로 돌아가고자 하는 의지를 보살의 서원(誓願)을 통해 보여 주기도 한다. 잘 알려진 바와 같

---

19 장순용, 『禪이란 무엇인가: 十牛圖의 사상』, 도서출판세계사, 1991.

이 대승불교의 이상적 모델인 보살은 궁극의 경지인 열반의 상태에 머무르지 않고 중생을 구원하기 위해 '속제'의 세계로 돌아오려는 의지를 일으킨 자다. 필자는 이러한 보살의 태도가 욕망의 '생산'적인 측면을 보여 주는 또 다른 예라고 생각한다. 머물러 있어도 되는 열반의 상태를 벗어나서 중생을 구원하기 위해 '속제'의 세계로 돌아오려는 보살의 욕망은 어떤 것을 만들어 내려는 의지로 해석될 수 있기 때문이다.

4. 나오며: 욕망의 매혹적인 힘

인간이 삶을 엮어 가는 원동력은 자신에게 결핍된 것을 충족시키려는 데서 나오기도 하지만 어떤 것을 새롭게 만들려는 의지에서 나오기도 한다. 이 논문은 욕망의 두 얼굴, 즉 '결핍'과 '생산'의 특성을 불교의 세계관인 '속제'와 '진제'의 구조 속에서 분석했다. 불교에 의하면 인간은 '속제'의 세계 속에서 자신에게 '결핍'된 것을 충족시키기 위해 욕망을 부풀리면서 살아가는 존재다. 하지만 욕망하는 대상에 집착을 하게 되면 결국 고통스러운 삶 속으로 빠지게 된다는 것이 불교적 관점이다. 따라서 불교가 추구하는 목표는 세속적인 욕망을 조절하여 해탈의 상태에 이르는 것이다. 이를 위해 수행은 중요한 방법이 된다.

이 논문은 번뇌를 소멸하기 위해 수행의 길로 들어가고자 하는 의지, 그리고 수행이 진전되어 보살의 경지에 이르렀을 때 궁극의 상태에 머무르지 않고 다시 '속제'의 영역으로 돌아와서 중생을 구원하고자 하는 의지는 욕망의 '생산'적인 면을 보여 주는 중요한 예가 된다고 보았다. 특히 필자는 보살의 욕망은 자신에게 '결핍'된 무엇인가를 충족하고자 하는 욕망이 아니라 타인을 궁극의 경지에 이르도록 인도하고자 한다는 점에서 불교에서만 나타나는 '생산'적인 욕망이라고 생각한다.

욕망을 삿되고 어지러운 본능으로만 간주하는 사람도 있음을 부정할 수는 없다. 그러나 우리가 지금까지 살펴본 바에 의하면 야누스의 얼굴을 가진 욕망은 '속제'와 '진제'를 넘나드는 매혹적인 힘이기도 하다.

참고문헌

『妙法蓮華經』(『大正藏』 9).
『法句經』(『大正藏』 4).
『攝大乘論』(『大正藏』 31).
『成唯識論』(『大正藏』 31).
『阿毘達磨俱舍論』(『大正藏』 9).
『瑜伽師地論』(『大正藏』 30).
『雜阿含經』(『大正藏』 2).
『增壹阿含經』(『大正藏』 12).

구본술, 「불교 생명관에서 '새 生'의 성립」, 『불교연구』 20, 한국불교연구원, 2004, 65-84.
김석, 「욕망하는 주체와 욕망하는 기계: 라캉과 들뢰즈의 욕망이론」, 『철학과 현상학 연구』 29, 2006, 173-202.
라이트, 데일, 『선불교에 대한 철학적 명상』, 윤원철 옮김, 지식과 교양, 2011.
라캉, 자크, 『욕망 이론』, 민승기 외 옮김, 문예출판사, 1994.
안환기, 「유식불교의 언어관연구: '사회적 자아'를 형성하는 언어의 역할 문제를 중심으로」, 서울대학교 대학원 박사학위 논문, 2012.
장순용, 『禪이란 무엇인가: 十牛圖의 사상』, 도서출판세계사, 1991.
정준영, 「초기 불교의 욕망의 이해: 욕망의 다양한 의미」, 『욕망: 삶의 동력인가 괴로움의 뿌리인가』, 운주사, 2008, 27-58.
조용길, 『욕망의 블랙홀: 욕망과 잘 사귀어 나가는 길』, 한국학술정보, 2010.
Ñanamoli, Bhikkhu, *The Life of The Buddha: According to the Pali Canon*, Seattle: BPS Pariyatti Editions, 2001.

위키피디아 영문판, 'Chanda (Buddhism)' 항목, https://en.wikipedia.org/wiki/Chanda_(Buddhism)
http://www.buddhismjournal.com/news/articleView.html?idxno=1025/

유교 윤리에 있어서 선악의 문제[1]

임재규

1. 들어가며

유교의 윤리와 관련한 논의는 대체로 사서(四書) 중심으로 이루어져 왔다고 할 수 있다. 따라서 유교의 윤리와 삼경(三經)과의 관련성에 관한 연구는 많이 이루어지지 못했고, 특히 유교의 윤리와 서주(西周) 초기의 문헌인 『주역(周易)』 고경(古經)[2]과의 관련성에 대한 연구는 거의 이루어지지 못했다. 『주역』은 유교의 사상적 원천에 해당하는 중요한 경전인 만큼 이에 대한 논의는 매우 긴요하다고 할 수 있다.

흔히 『주역』은 점치는 책으로 여겨져 미신으로 이해하는 경우가 많으며, 따라서 철학적 가치나 사상적 가치는 없는 것으로 보는 경향이 있다. 물론 갑골문의 경우 중국 은나라 시기의 점복 행사의 결과를 기록

---

1 이 논문은 2015년 10월 30일 제1회 '한·중 인문학포럼'에서 발표한 내용을 수정, 보완한 것이다.

2 이하 서술에서 '『주역』'은 서주(西周) 초기의 문헌인 고경(古經)을 지칭하는 것으로 사용한다.

한 것이기 때문에 철학적 가치나 사상적 가치를 논하기는 어려운 측면이 있다. 그러나 그렇다고 해서 『주역』도 점치는 책이기 때문에 갑골문과 동격으로 보아 철학적 가치나 사상적 가치가 없다고 본다면, 유교의 경전으로서의 『주역』이 한나라 유술독존(儒術獨尊)이후 약 2,000년 동안 이른바 '경학시대(經學時代)'의 최고 경전으로 존숭되어 왔다는 역사적 사실을 설명할 길이 없게 된다. 이 논문은 이러한 문제의식에서 『주역』이 중국 고대의 철학적 내지 사상적 가치의 원천이 된 근본적 이유가 무엇인지에 대해 고찰할 것이다.

이에 따라 『주역』의 원시 사상 중 윤리적인 측면을 중심으로 하여 논의를 전개하고자 하며, 윤리적인 측면 중에서도 선악(善惡)의 문제에 대해 집중적으로 고찰해 보고자 한다.

2. 『주역』을 통해 본 선악의 개념

서주 초기에 형성된 『주역』의 원문은 통행본에 의하면 약 5,000자가 되지 않는 짧은 분량의 문헌이다. 이 『주역』 원문에 한정해서 선악의 개념을 살펴보자면, 우선 『주역』 원문 자체에는 선(善)이라는 글자가 나타나지 않고, 다만 악(惡)이라는 글자만 나타난다. 『주역』 규괘(睽卦)의 초구(初九) 효사를 보면 다음과 같다.

> 睽 初九, 悔亡. 喪馬勿逐自復. 見惡人. 無咎.[3]

---

3 "규괘(睽卦)의 초구(初九). 후회함이 없을 것이다. 말을 잃어버리지만 쫓지 않아도 스스로 돌아올 것이다. 악인을 만나더라도 허물은 없을 것이다." 朱熹 撰, 廖名春 點校, 『周易本義』, 北京: 中華書局, 2009, 148.

여기에 나타나는 '악(惡)' 자가 『주역』 원문에서 찾아볼 수 있는 '악(惡)' 자의 유일한 예다. 따라서 『주역』 원문의 선악 개념을 고찰하기 위해서는 이 글자에서 시작할 수밖에 없다. 이 인용문을 해석해 보면, "후회함이 없을 것이다. 말을 잃어버리지만 쫓지 않아도 스스로 돌아올 것이다. 악인을 만나더라도 허물은 없을 것이다."가 된다. 이 인용문에서 볼 수 있는 '악(惡)' 자는 '악(惡)' 자 단독으로 쓰이지 않고 '인(人)' 자와 결합하여 '악인(惡人)'으로 쓰이고 있다. 여기에서 쓰인 '악인(惡人)'은 어떤 가치적 판단을 내포하고 있는 개념으로 이해할 수 있다. 그렇다면 이 '악인(惡人)'은 어떤 의미로 쓰였을까? 일단 『주역』 원문 자체에서 '악(惡)' 자가 이곳에서 유일하게 나타나기 때문에 『주역』 원문의 다른 예를 통해서 유추할 수는 없다. 따라서 다른 문헌에 나타나는 '악(惡)' 자의 의미를 통해 이 인용문 속의 '악(惡)' 자의 의미를 유추할 수밖에 없다. 『주역』 원문의 형성과 비교적 가까운 시기라 할 수 있는 한대(漢代)의 문자학 고전인 『설문해자(說文解字)』에서는 '악(惡)' 자의 의미를 다음과 같이 소개하고 있다.

惡, 過也. 從心亞聲. 烏各切.[4]

즉, 『설문해자』에서 '악(惡)' 자의 의미는 '허물'이나 '잘못'이 된다. 따라서 『주역』 규괘(睽卦)에서 쓰인 '악인(惡人)'의 의미는 '허물이 있는 사람'이나 '잘못이 있는 사람'이 된다. 청대의 단옥재(段玉裁)도 '악(惡)' 자의 의미를 같은 맥락으로 해석했다.

---

4 "악(惡)은 허물이라는 뜻이다. 심(心)을 따르고 '아(亞)'는 소리다. 오(烏)와 각(各)의 반절이다." 許愼 撰, 『說文解字』, 長沙: 岳麓書社, 2006, 221.

惡, 過也. 人有過曰惡.[5]

특히 단옥재는 '악(惡)'의 의미를 사람과 연결시켜 "사람에 허물이 있는 경우를 '악(惡)'이라 한다."라고 해석했다. 즉, 단옥재는 '악(惡)'이 인간의 행위와 관련된다고 보았다. 이렇게 본다면 『주역』 원문에서 '악(惡)'의 개념은 인간의 '허물'이나 '잘못'으로 이해해도 무리가 없을 것 같다. 따라서 이러한 논의에 근거해 볼 때, 『주역』 원문에서 나타나는 '악(惡)'의 개념은 '허물'이나 '잘못'이라는 의미를 가지고 있는 '구(咎)'나 '생(眚)'의 의미와 같은 것으로 이해해도 되리라 판단된다. 즉, 『주역』 원문에는 '악(惡)' 자가 한 곳에서만 나타나지만, '악(惡)' 자의 의미를 유추해봤을 때, '구(咎)'나 '생(眚)'도 '악(惡)'과 같은 개념으로 이해해도 무방할 것 같고, 나아가 '구(咎)'나 '생(眚)'의 용례를 통해 '악(惡)'의 개념을 정의해도 큰 무리는 없을 것 같다. 그런데 『주역』 원문에는 '구(咎)' 자가 단독으로 쓰이는 경우는 거의 없다. 반면에 '생(眚)' 자는 단독으로 쓰이는 경우가 몇 군데에서 나타난다. 그 예들은 다음과 같다.

復 上六, 迷復, 凶, 有災眚. 用行師, 終有大敗. 以其國君, 凶. 至于十年不克征.[6]

---

5 "악(惡)은 허물이라는 뜻이다. 사람에 허물이 있는 경우를 '악(惡)'이라 한다." 許愼 撰, 段玉裁 注, 『說文解字注』, 上海: 上海古籍出版社, 1981, 511. "過也. 人有過曰惡. 有過而人憎之亦曰惡. 本無去入之別, 後人强分之. 從心, 亞聲. 烏各切. 五部."

6 "복괘(復卦)의 상육(上六). 미혹함으로 되돌아옴이니 흉(凶)할 것이고 재앙이 있을 것이다. 군대를 동원하는 일에 쓰면 끝내 크게 패할 것이고 그 나라의 임금도 흉할 것이다. 십 년이 되어도 정복하지 못할 것이다." 朱熹 撰, 廖名春 點校, 『周易本義』, 112.

无妄 元亨利貞. 其匪正有眚, 不利有攸往.[7]

无妄 上九, 無妄, 行有眚, 无攸利.[8]

小過 上六, 弗遇過之, 飛鳥離之, 凶, 是謂災眚.[9]

여기서 나타나는 '생(眚)'의 의미는 대체로 '허물'이나 '잘못'이고, 나아가 '재앙'이라는 의미도 나타난다. 이를 통해 보면, '생(眚)'의 의미를 '악(惡)'과 같은 것으로 보아도 무방할 것 같다. 다만 그 정도의 차이는 고려할 수 있겠다. 『주역』 원문에서 '생(眚)'은 대체로 단독으로 쓰이고 있는 반면에 '구(咎)'는 거의 '무구(无咎)'의 형태로 쓰이고 있다. 다산에 의하면 『주역』 원문에서 '무구'의 예는 대략 98군데에서 나타난다.[10] 『주역』 64괘 괘사와 384효 효사, 건곤괘의 용구(用九)와 용육(用六)을 합치면 전체 450개의 요사(繇辭)가 존재한다. 따라서 '무구(无咎)'의 예는 『주역』 전체 중에서 상당히 높은 비중을 차지한다.[11] 그만큼 '무구(无咎)'의 용례는 『주역』에서 중요한 의미를 가지고 있다. 그리고 '무구(无咎)'의 의미는 '허물이 없다'는 의미이고, 여기에서 '구(咎)'의 의미는 '악(惡)'과 거의 같은 것으로 쓰이고 있다.

이상의 논의를 종합해 보면, 『주역』 원문에서 나타나는 '악(惡)'은

---

7 "무망괘(无妄卦). 크게 형통하고 하는 일이 이로울 것이다. 바르지 않으면 재앙이 있을 것이고 가고자 하는 바에 불리함이 있을 것이다." 朱熹 撰, 廖名春 點校, 『周易本義』, 112.

8 "무망괘(无妄卦) 상구(上九). 망령됨이 없으나, 행함에 재앙이 있을 것이고 이로운 바가 없을 것이다." 朱熹 撰, 廖名春 點校, 『周易本義』, 114.

9 "소과괘(小過卦) 상육(上六). 만나지 않고 지나치고, 날아가는 새가 그물에 걸리니 흉할 것이다. 이를 일러 재앙이라 한다." 朱熹 撰, 廖名春 點校, 『周易本義』, 215.

10 정약용(丁若鏞), 『周易四箋』 I, 『定本 與猶堂全書』 15, 다산학술문화재단, 2012, 93. "易四百五十繇,而其無咎者九十八也."

11 약 21.7%의 비중을 차지한다.

'구(咎)'와 '생(眚)'과 거의 같은 의미로 쓰이고 있으며, 따라서 '악(惡)'의 개념을 '구(咎)'와 '생(眚)'의 개념과 연관시켜 고찰해 볼 수 있다. 그리고 '선(善)'이라는 단어는 『주역』 원문에 등장하지는 않지만, '선(善)'이 '악(惡)'의 반대 개념이기 때문에 우리는 자연스럽게 '악(惡)', '구(咎)', '생(眚)' 등의 개념에 반대되는 것이 '선(善)'의 개념에 포함되는 것임을 유추할 수 있다. 즉 '무구(无咎)', '무생(无眚)' 등의 개념이 '선(善)'의 개념에 속하는 것으로 판단할 수 있다.

앞의 논의에서 『주역』의 원문에 나타나는 '악(惡)'의 의미는 '구(咎)'와 '생(眚)' 등의 의미와 유사한 것으로 확인했으며, 이러한 개념을 조금 더 확장해 보면, '악(惡)'의 개념에는 '구(咎)'와 '생(眚)'과 유사한 의미로 이해할 수 있는 '흉(凶)'이 포함될 수 있다. 이 문제를 이해하기 위해서는 『주역』의 점사(占詞)에 대해 알아볼 필요가 있다. 『주역』의 괘효사는 기본적으로 상사(象詞)와 점사(占詞)로 이루어져 있다.[12] 예를 들어 건괘의 상구 효사는 "亢龍, 有悔"다. 여기에서 '항룡(亢龍)'은 상사에 해당되고, '유회(有悔)'는 점사에 해당된다.[13] 상사는 그 괘나 효의 상황을 말해 주고 점사는 그 괘나 효의 길흉(吉凶)을 말해 준다. 『주역』에는 이러한 점사가 대략 10종이 있는데, 원길(元吉), 대길(大吉), 길(吉), 리(利)[14], 무구(无咎), 회(悔), 린(吝), 려(厲), 생(眚), 흉(凶) 등이다. 이 중에서 앞의 5종은 길한 점사에 속하고, 중간의 2종은 길함과 흉함의 중간에 속하고, 뒤의 3종은 흉한 점사에 속한다. 그리고 각각의 점사는 서로 간에

12 원대의 대학자 오징(吳澄)은 『주역』의 괘효사를 기본적으로 상(象)과 점(占)의 구조로 이해하였다. 필자는 오징의 상과 점의 구조에 근거하여 '상사(象詞)'와 '점사(占詞)'라는 용어를 사용하고자 한다. 吳澄, 『易纂言』, 『四庫全書薈要』, 長春: 吉林人民出版社 影印本, 1997 참조.

13 吳澄, 『易纂言』, 10-347.

14 朱熹 撰, 廖名春 點校, 『周易本義』, 57. "初九,需于郊,利用恆,無咎."

길흉에 있어서 정도의 차이가 존재한다.

이러한 점사의 분류를 앞에서 논의한 '악(惡)'의 개념과 연관시켜 보면, 흉한 점사는 '악(惡)'의 개념에 속한다고 할 수 있다. '생(眚)'의 의미가 '악(惡)'의 개념과 상통한다는 점은 이미 논의한 바 있다. 이러한 이유로 '생(眚)'과 같이 흉한 점사로 분류되는 '려(厲)'와 '흉(凶)'도 '악(惡)'의 개념으로 분류할 수 있다. 따라서 흉한 점사와 반대되는 길한 점사는 '선(善)'의 개념으로 분류할 수 있게 된다. 즉 원길(元吉), 대길(大吉), 길(吉), 리(利), 무구(无咎)는 '선(善)'의 개념에 포괄할 수 있게 된다. 특히 앞 장에서 '악(惡)'의 의미를 '구(咎)'로 이해할 수 있다고 봤기 때문에 '구(咎)'와 반대인 '무구(无咎)'는 '선(善)'의 분류에 포함되고 따라서 나머지 길한 점사도 자연스럽게 '악(惡)'의 반대인 '선(善)'의 개념으로 포괄할 수 있다.

그런데 흥미로운 점은 『주역』의 점사를 '선(善)'과 '악(惡)'의 개념으로 분류하는 것이 '길(吉)'과 '흉(凶)'에 대한 『설문해자』의 해석과 서로 일치한다는 점이다. '길(吉)'과 '흉(凶)'에 대한 『설문해자』의 해석은 다음과 같다.

吉, 善也. 從士口. 居質切.[15]

凶, 惡也. 象地穿交陷其中也. 凡凶之屬皆從凶. 許容切.[16]

15 "길(吉)은 선하다는 뜻이다. 사(士)를 따르고 구(口)를 따른다. 거(居)와 질(質)의 반절이다." 許愼 撰,『說文解字』, 33.

16 "흉(凶)은 악하다는 뜻이다. 땅이 파인 곳에 다리가 엇갈려 그 가운데에 빠진 모양을 상형했다. 흉(凶)부에 속하는 한자는 모두 흉(凶)의 의미를 따른다. 허(許)와 용(容)의 반절이다." 許愼 撰,『說文解字』, 148.

즉 『설문해자』는 '길(吉)'을 '선(善)'으로 해석하고[17], '흉(凶)'을 '악(惡)'으로 해석하고 있다.[18] 『설문해자』가 한대(漢代)의 문헌이기 때문에 『주역』의 '길(吉)'과 '흉(凶)'에 대한 『설문해자』의 이러한 해석이 『주역』의 원의에 가깝다고 볼 수 있다.

『주역』의 점사를 길한 점사와 흉한 점사로 구분할 경우 앞에서 분류한 10종의 점사 중 '회(悔)'와 '린(吝)'은 길한 점사와 흉한 점사의 중간에 해당하는 점사라 할 수 있다. 그러나 '회(悔)'와 '린(吝)'은 서로 차이가 있다. '회(悔)'와 '린(吝)'의 차이에 대해 주자는 다음과 같이 말했다.

> 蓋吉凶相對, 而悔吝居其中間. 悔自凶而趨吉, 吝自吉而向凶也.[19]

즉 '길(吉)'과 '흉(凶)'을 양쪽의 극단으로 봤을 때, '회(悔)'와 '린(吝)'은 그 가운데 위치한다. 그중에서 '회(悔)'는 '흉(凶)'에서 '길(吉)'로 나아가는 단계이며, 반면에 '린(吝)'은 '길(吉)'에서 '흉(凶)'으로 나아가는 단계다.[20] 따라서 '회(悔)'는 '길(吉)'에 가깝고 '린(吝)'은 '흉(凶)'에 가깝다. '회(悔)'와 '린(吝)'을 선악의 개념으로 분류해 보면, '회(悔)'는 '선(善)'에 가깝고 '린(吝)'은 '악(惡)'에 가깝다.

---

17 『설문해자』에서 '선(善)'을 '길(吉)'로 해석하고 있기 때문에 『설문해자』의 '선(善)'과 '길(吉)'의 의미는 같은 것으로 볼 수 있다.

18 한편 『이아(爾雅)』에서는 '흉(凶)'을 '구(咎)'로 해석하고 있다. 따라서 '흉(凶)', '악(惡)', '구(咎)'는 거의 유사한 의미임을 알 수 있다. 郝懿行 撰, 『爾雅義疏』, 『四部備要』, 臺北: 臺灣中華書局, 民國 57, 1968, 上之二, 釋言, 三十三 참조.

19 "'길(吉)'과 '흉(凶)'은 서로 상대가 되고 '회(悔)'와 '린(吝)'은 그 중간에 위치한다. '회(悔)'는 '흉(凶)'에서 '길(吉)'로 나아가는 것이며 '린(吝)'은 '길(吉)'에서 '흉(凶)'으로 나아가는 것이다." 朱熹 撰, 廖名春 點校, 『周易本義』, 224.

20 黎靖德 編, 王星賢 點校, 『朱子語類』 第5册, 北京: 中華書局, 1986, 1886, 卷七十四 易十 上繫上, "吉凶悔吝之象, 吉凶是兩頭, 悔吝在中間. 悔自凶而趨吉, 吝自吉而趨凶."

『주역』의 길흉회린(吉凶悔吝) 개념을 선악의 개념으로 이해할 수 있다면, 구체적으로 『주역』의 원문에 이러한 개념을 적용해 봤을 때 그 결과는 어떠할까? 『주역』의 원문의 예를 통해 고찰해 보기로 한다. 우선 길한 점사의 예를 『주역』의 원문에서 찾아보면 다음과 같다.

1) 小畜 初九, 復自道, 何其咎, 吉.[21]

2) 謙 初六, 謙謙君子, 用涉大川, 吉.[22]

3) 鼎 上九, 鼎玉鉉, 大吉, 無不利.[23]

이 인용문 중 '길(吉)' 자를 『설문해자』의 해석대로 '선(善)' 자로 바꾸어 보았을 때, 『주역』 원문 해석에 있어서 내용적 차이는 크지 않음을 알 수 있다. 1) 소축괘(小畜卦) 초구(初九)의 해석은 "길에서 되돌아오니, 어찌 그것이 허물이겠는가? 선할 것이다." 2) 겸괘(謙卦) 초육(初六)의 해석은 "겸손하고 또 겸손한 군자가 큰 강을 건너가니 선할 것이다." 3) 정괘(鼎卦) 상구(上九)의 해석은 "솥귀 위의 옥으로 장식된 들막대이니 크게 선하고 이롭지 않음이 없을 것이다." 1)에서 길에서 자신의 집으로 되돌아가는 것 자체가 좋은 일이므로 허물이 없고 따라서 선한 결과를 예측할 수 있다. 2)에서 겸손하고 겸손한 군자는 선한 군자이므로 그의 행위의 결과도 선할 것으로 예측할 수 있다. 3)에서 옥으로 장식된 들막대는 매우 훌륭한 것이므로 이러한 들막대를 사용했을 때 그 결과는 선할 것으로 예측할 수 있다. 이상의 근거에서 '길(吉)' 자를 '선(善)' 자로 바꾸어도 그 해석에는 크게 무리가 없음을 알 수 있다.

---

21 정약용, 『周易四箋』 I, 178.

22 정약용, 『周易四箋』 I, 222.

23 정약용, 『周易四箋』 II, 『定本 與猶堂全書』 16, 다산학술문화재단, 2012, 114.

다음으로 흉한 점사의 예를 『주역』의 원문에서 찾아보면 다음과 같다.

1) 師 初六, 師出以律, 否藏, 凶.[24]

2) 噬嗑 上九, 何校滅耳, 凶.[25]

3) 坎 上六, 係用徽纆, 寘于叢棘, 三歲不得, 凶.[26]

이 인용문 중 '흉(凶)' 자를 『설문해자』의 해석대로 '악(惡)' 자로 바꾸어 보았을 때, 『주역』 원문 해석에 있어서 내용적 차이는 크지 않음을 알 수 있다. 1) 사괘(師卦) 초육(初六)의 해석은 "군사의 출병은 규율로써 해야 하는데 그 규율을 잃었으니 지나친 것이다." 2) 서합괘(噬嗑卦) 상구(上九)의 해석은 "형틀을 쓰고 귀가 잘리니 지나친 것이다." 3) 감괘(坎卦) 상육(上六)의 해석은 "두 겹 세 겹의 오랏줄로 묶여 감옥에 갇히고 3년이 지나도 풀려나지 못하니 지나친 것이다." 1)에서 군사의 출병은 규율로 하는 것이 선이고 그 규율을 잃는 것이 악(惡)이다. 따라서 악(惡)의 행위에 의한 결과는 자연히 악(惡)이 될 것임을 예측할 수 있다. 2)에서 죄를 지어 형틀을 쓰고 귀가 잘리는 형벌을 받았으니 이는 악행에 의한 결과임을 알 수 있다. 3)에서도 죄를 지어 형벌을 받았으니 이는 악행에 의한 결과임을 알 수 있다.

이상의 논의를 통해서 우리는 『주역』의 길흉의 개념을 선악으로 대치할 수 있음을 알 수 있고, 이러한 대치에 의한 길흉의 사상을 통해 『주역』의 선악 사상을 간접적으로 고찰할 수 있다.

---

24 정약용, 『周易四箋』 I, 165.

25 정약용, 『周易四箋』 I, 265.

26 정약용, 『周易四箋』 I, 319.

3. 선악의 원인에 대한 역학적 고찰

앞에서 우리는 『주역』의 '선악'과 '길흉'을 서로 대치할 수 있는 개념으로 볼 수 있다는 점을 확인했다. 따라서 『주역』를 통해 보는 선악의 원인 문제도 길흉의 원인을 통해 유추할 수 있다. 그렇다면 『주역』에서 길흉의 발생 원인은 어디에서 찾을 수 있을까? 이 문제에 관해 우선 우리는 『주역』 괘효사의 형성 과정을 살펴볼 필요가 있다.

『주역』이 점치는 책이라는 것은 주지의 사실이다. 따라서 『주역』 괘효사의 형성과 점은 불가분의 관련을 가질 수밖에 없다. 현대의 많은 『주역』 학자들은 『주역』을 점친 기록이라고 보고 있다. 앞에서 살펴본 『주역』의 점사들이 이를 충분히 증명해 준다. 그러나 『주역』을 단순히 점을 친 기록을 모아 놓은 것이라고 보기에는 수긍하기 어려운 점이 있다. 바로 『주역』의 상사가 그것이다. 『주역』의 상사는 점사와 매우 다른 측면을 가지고 있다. 하나의 괘는 6개의 효사를 가지고 있는데, 각 효사의 상사는 서로 유기적인 관계를 가지고 있다. 예를 들어 건괘(乾卦)의 6개의 효사는 각각 용의 모습을 형상화하고 있다. 초구의 상사는 잠룡(潛龍), 구이의 상사는 현룡(見龍), 구삼의 상사는 군자[27], 구사의 상사는 약용(躍龍), 구오의 상사는 비룡(飛龍), 상구의 상사는 항룡(亢龍) 등이다. 이 6개의 상사를 보면 서로 다른 위치에 있는 용의 모습을 형상화하고 있다. 그리고 각각의 상사는 서로 유기적으로 연결된다. 이렇듯 하나의 예를 들어 보더라도 『주역』의 상사가 단순히 점친 기록일 수만은 없는 것이 분명해 보인다. 갑골문의 점친 기록을 살펴보면, 우리는 갑골문의

---

27 군자도 용의 한 형상으로 이해할 수 있다. 朱熹 撰, 廖名春 點校, 『周易本義』, 40. "時乘六龍, 以御天也."

점친 기록에 『주역』의 상사에 상응하는 유기적인 상징을 찾아볼 수 없음을 알 수 있다. 그러므로 우리는 『주역』의 상사가 주나라 초기 문왕과 주공으로 대표되는 최고의 지식 집단이 창작해 낸 고도의 추상적 작품임을 유추할 수 있다.[28]

그렇다면 『주역』 괘효사의 상사와 점사는 어떤 관련을 가지고 있을까?[29] 필자가 보기에 괘효사의 상사와 점사는 인과적 관계를 가지고 있는 듯 보인다. 이러한 주장을 입증하기 위해서는 마땅히 『주역』 원문을 통해서 증명하는 것이 가장 바람직할 것이다. 따라서 『주역』 원문의 몇 가지 예를 통해 고찰해 보기로 한다. 우선 '선(善)'의 원인, 즉 '길(吉)'의 원인을 고찰하기 위해 몇 가지 예를 찾아보면 다음과 같다.

1) 謙 九三, 勞謙, 君子有終, 吉.[30]

2) 兌 初九, 和兌, 吉.[31]

3) 節 九五, 甘節, 吉, 往有尙.[32]

1) 겸괘(謙卦) 구삼(九三) 효사 중 '노겸(勞謙)'은 상사이고 '군자유종(君子有終), 길(吉)'은 점사다.[33] 그렇다면 이 효사에서 상사와 점사는 어

---

28 李鏡池 著, 『周易探源』, 北京: 中華書局, 1978, 191-228 참조.

29 만약 『주역』 괘효사의 상사와 점사가 어떠한 관련도 없다고 상상한다면, 우리는 더 이상의 논의를 진전시킬 수 없다. 이는 앞에서 언급한 『주역』이 단순히 점친 기록일 뿐이라는 일단의 학자의 견해와 일치한다. 이러한 견해도 하나의 입장일 수 있지만, 이 논문에서는 이러한 입장이 아닌 『주역』이 고도의 추상적 작품임을 전제로 논의하고 있음을 밝힌다.

30 『周易四箋』 I, 223.

31 『周易四箋』 II, 172.

32 『周易四箋』 II, 185.

33 吳澄, 『易纂言』, 10-363.

떤 관계인가? 상사의 해석은 "노력하고 겸손하여"이고 점사의 해석은 "군자에게 좋은 마침이 있고 길할 것"이다. 이 상사와 점사의 연관성을 고찰해 본다면, "노력하고 겸손하니" 그 결과가 "군자에게 좋은 마침이 있고 길할 것"으로 예측할 수 있다. 앞에서도 확인했지만, 길함은 곧 선함이니 선함의 원인은 곧 '노력하고 겸손한' 덕에 있음을 추측할 수 있다. 2) 태괘(兌卦)의 초구(初九) 효사 중 '화태(和兌)'는 상사이고 '길(吉)'은 점사다.[34] 상사의 해석은 "의(義)의 조화"이고 점사의 해석은 "길할 것"이다. 이 상사와 점사의 연관성을 고찰해 본다면 "의(義)의 조화로움"이 있기 때문에 그 결과가 "길할 것"으로 예측할 수 있다. 즉 길함과 선함의 원인은 '의(義)의 조화'라는 덕에 있음을 추측할 수 있다. 3) 절괘(節卦) 구오(九五)의 효사 중 '감절(甘節)'은 상사이고 '길(吉), 왕유상(往有尙)'은 점사다.[35] 상사의 해석은 "달콤함을 절제하니"이고 점사의 해석은 "길하고, 나아가면 숭상을 받을 것"이다. 이 상사와 점사의 연관성을 고찰해 본다면, "달콤함을 절제하니" 그 결과가 "길하고, 나아가면 숭상을 받을 것"으로 예측할 수 있다. 즉 길함과 숭상의 원인은 '절제'의 덕에 있음을 추측할 수 있다.

다음으로 '악(惡)'의 원인, 즉 '흉(凶)'의 원인을 고찰해 보기로 한다. 이를 위해 『주역』 원문의 몇 가지 예를 찾아보면 다음과 같다.

1) 復 上六, 迷復, 凶.[36]

2) 恒 九三, 不恒其德, 或承之羞, 貞吝.[37]

34 吳澄, 『易纂言』, 10-421.
35 吳澄, 『易纂言』, 10-423.
36 『周易四箋』 I, 285.
37 『周易四箋』 I, 361.

3) 鼎 九四, 鼎折足, 覆公餗, 其形渥, 凶.[38]

1) 복괘(復卦) 상육(上六)의 효사 중 '미복(迷復)'은 상사이고 '흉(凶)'은 점사다.[39] 상사의 해석은 "미혹함으로 되돌아옴"이고 점사의 해석은 "흉(凶)할 것"이다. 이 상사와 점사의 연관성을 고찰해 보면, "미혹함으로 되돌아오기" 때문에 그 결과가 "흉할 것"임을 예측할 수 있다. 즉 흉함의 원인은 그 근본을 잊고 미혹함에 빠졌기 때문이다. 2) 항괘(恒卦) 구삼(九三)의 효사 중 '불항기덕(不恒其德), 혹승지수(或承之羞)'는 상사이고 '정린(貞吝)'은 점사다.[40] 상사의 해석은 "그 덕을 항구히 유지하지 못해 때로 치욕이 이르니"이고, 점사의 해석은 "그 일이 어려울 것"이다. 이 상사와 점사의 연관성을 고찰해 보면 "(어떤 일을 행함에) 그에 합당한 덕을 오래도록 유지하지 못하여 때로 치욕적인 상황이 생기니" 그 결과가 "어려울 것"임을 예측할 수 있다. 즉 어려움의 원인은 덕을 오래도록 유지하지 못한 것에 있다. 3) 정괘(鼎卦) 구사(九四)의 효사 중 '정절족(鼎折足), 복공속(覆公餗), 기형악(其形渥)'은 상사이고 '흉(凶)'은 점사다.[41] 상사의 해석은 "솥의 다리가 부러져 솥 안의 음식을 쏟으니 옥형을 받는 상"이고 점사의 해석은 "흉할 것"이다. 이 상사와 점사의 연관성을 고찰해 보면, "솥의 다리가 부러져 솥 안의 음식을 쏟은 것은 국가의 중대사를 망친 것"이니 중형을 받을 것이고 따라서 그 결과가 "흉할 것"임을 예측할 수 있다. 즉 흉함의 원인은 국가의 중대사를 맡은 자가 그 지위에 해당하는 덕과 능력이 없다는 데 있다.

---

38 『周易四箋』 II, 112.

39 吳澄, 『易纂言』, 10-376.

40 吳澄, 『易纂言』, 10-389.

41 吳澄, 『易纂言』, 10-411.

이상의 논의에서 필자는 『주역』 괘효사의 상사와 점사는 인과적 관계로 볼 수 있음을 입증하고자 했다. 물론 『주역』 괘효사 중에는 상사만 존재하는 경우도 있고 점사만 존재하는 경우도 있다. 그리고 상사와 점사의 관계를 100% 인과적 관계로 단정할 수도 없는 경우도 있다. 그러나 앞의 논의를 통해서 볼 때, 『주역』 괘효사의 상사와 점사의 관계는 대체로 인과적 관계로 설명할 수도 있다는 점을 유의할 필요가 있다.

이러한 논의에 기반한다면 『주역』의 원문에 나타나는 선악의 원인을 고찰할 수 있다. 서주 초기 문왕과 주공으로 대표되는 지식인 집단은 선악의 원인을 '덕'의 존재 유무로 보았다. '덕'이 있는 자의 행위는 그 결과가 선하고, '덕'이 없는 자의 행위는 그 결과가 악하다는 것이다. 앞의 논의에서 살펴본 겸손의 덕, 조화의 덕, 절제의 덕이 있는 자의 행위는 선한 결과를 가져오고, 근본을 망각하거나 덕을 항구히 유지할 수 없거나 또 그 지위에 합당하는 덕이 없는 자의 행위는 악한 결과를 가져온다.[42]

『주역』의 원문에 나타나는 선악의 원인과 관련해서 한 가지 더 주의할 것은 '지나침', 즉 '과(過)'와의 관련성이다. 앞에서 우리는 '악(惡)'의 의미를 『설문해자』를 통해 '과(過)'로 설명한 바 있다. 물론 '과(過)'는 '허물'이나 '잘못'으로 해석하지만, '과(過)'에는 '지나침'의 의미도 포함

42 『주역』의 핵심적인 사상 중의 하나가 덕(德)이라는 관점은 백서 『역전(易傳)』의 관점이기도 하다. 鄧球柏 著, 『帛書周易校釋』, 長沙: 湖南出版社, 1987, 472. "上卦九者, 贊以德而占以義者也. 履也者, 德之基也. 謙也者, 德之柄也. 復也者, 德之本也. 恒出者, 德之固也. 損也者, 德之修也. 益也者,德之譽也. 困也者, 德之欲也. 井者, 德之地也. 渙也者, 德制也." 위 내용은 통행본 『십익(十翼)』에도 등장한다. 朱熹 撰, 廖名春 點校, 『周易本義』, 254-255. "易之興也, 其於中古乎? 作易者, 其有憂患乎? 是故履, 德之基也, 謙, 德之柄也, 復,德之本也, 恒, 德之固也, 損, 德之脩也, 益, 德之裕也, 困, 德之辨也, 井, 德之地也, 巽, 德之制也."

되어 있다. 만약 '과(過)'를 '지나침'으로 해석한다면 '악(惡)'의 원인과 매우 유의미한 관련을 찾을 수 있다. 즉 '악(惡)'은 마음가짐이나 행위에 지나친 바가 있기 때문에 발생한다고 볼 수 있다. 앞에서 언급한 겸손, 조화, 절제의 덕은 지나치지 않은 것이기 때문에 '선(善)'의 원인이 되고, 근본을 망각하거나 덕을 항구히 유지하지 못하거나 또 그 지위에 합당한 덕이 없는 것은 지나친 경우이기 때문에 '악(惡)'의 원인이 된다.

나아가 '지나침'의 개념을 '중(中)'의 개념과 연결해 볼 수도 있다. 『주역』의 원문에서 찾아볼 수 있는 '중(中)'의 개념은 '가운데', '중앙' 등의 의미로 쓰인다. 그런데 『주역』 원문의 전체를 고찰해 본다면 '중(中)'이 매우 중요한 요소임을 간파할 수 있다. 『주역』에서 제2효와 제5효는 각각 내괘와 외괘의 가운데에 해당하는 효이고, 제2효와 제5효의 점사는 대체로 길한 것으로 나타난다. 반면에 제3효와 제4효의 점사는 대체로 흉한 것으로 나타난다.[43] 따라서 『주역』의 제2효와 제5효는 가운데 효로서 '지나침'이 없는 것으로 볼 수 있고, 그것은 '악(惡)'보다는 '선(善)'에 가까운 경우다. 그러므로 『주역』에서 '지나침'이 없는 '중(中)'은 '선(善)'의 원인이고 '지나침'이 있는 '부중(不中)'은 '악(惡)'의 원인으로 볼 수 있다.

4. 공자에 있어서 선악의 의미

공자의 '위편삼절(韋編三絕)'의 고사는 익히 들어 온 바다.[44] 공자가 『주

---

43 朱熹 撰, 廖名春 點校, 『周易本義』, 257. "二多譽, 四多懼, …… 三多凶, 五多功."

44 司馬遷 撰, 『史記』, 北京: 中華書局, 2002, 1937. "孔子晩而喜易, 序彖系象說卦文言. 讀易, 韋編三絕. 曰: '假我數年, 若是, 我於易則彬彬矣.'"

역』을 얼마나 애지중지했는지를 이 고사는 알려 준다.[45] 그런데 공자의 저작인 『논어(論語)』에는 『주역』과 관련된 내용이 거의 전해지지 않는다. 『논어』「술이(述而)」편 한 군데에서만 나타난다. 그 내용은 다음과 같다.

> 子曰: 加我數年, 五十以學易, 可以無大過矣.[46]

『논어』가 공자의 사상을 대표하는 저작이라 했을 때, 『논어』의 이 구절이 공자의 『주역』 사상을 대표하는 것으로 이해할 수도 있지 않을까? 그렇다면 『논어』의 이 구절이 나타내는 공자의 『주역』 사상의 핵심은 무엇인가? 이러한 물음에 대한 대답은 마땅히 '가이무대과의(可以無大過矣)'에서 찾아야 한다. 즉, 공자가 '위편삼절'의 노력을 통해 얻고자 한 궁극적 목표는 바로 '큰 허물이 없는 경지'다. 인간은 누구나 허물이 없을 수 없다. 공자도 인간인 이상 허물이 없을 수 없다. 그럼에도 불구하고 공자는 『주역』 공부를 통해 '큰 허물이 없기'를 바랐고, 또 『주역』 공부를 통해 '큰 허물이 없는 경지'에 이를 수 있다고 확신했다. '가(可)'는 한자 의미상 '가능'을 뜻한다. 즉 공자는 『주역』 공부를 통해서 '큰 허물이 없는 경지'에 이를 수 있다고 그 가능성을 인정하고 있다. 이는 공자가 누구나 『주역』 공부를 통해 도덕적 수준을 한 단계 더 높일 수 있음을 긍정한 것이다.

『논어』의 '무대과(無大過)'는 공자가 『주역』 공부를 통해 얻고자 한

45 '위편삼절(韋編三絕)'의 고사는 출토 문헌인 백서본 『역전』을 통해 그 진실성이 증명되었다. 鄧球柏 著, 『帛書周易校釋』, 480. "夫子老而好易, 居則在席, 行則在囊."

46 "공자가 말했다. 나에게 몇 년이 더 주어져 50세에 『주역』을 공부할 수 있다면, 큰 허물은 없을 수 있을 것이다." 劉寶楠 撰, 高流水 點校, 『論語正義』, 北京: 中華書局, 1990, 267.

최고의 경지이며 공자의 『주역』 사상의 핵심을 나타낸다. 그런데 흥미롭게도 이 '무대과(無大過)'의 경지는 앞에서 필자가 논의한 『주역』 원문에 나타난 『주역』의 선악 사상과 밀접한 연관을 가지고 있다. 앞 장에서 필자는 『주역』 원문에서 선악의 원인은 '지나침'의 여부에 있다고 확인한 바 있다. 즉 '지나침'이 없는 경우를 선(善)으로, '지나침'이 있는 경우를 악(惡)으로 볼 수 있다. 따라서 『주역』은 '지나침'이 있는 바를 지양하고 '지나침'이 없는 경지, 즉 '선(善)'을 지향한 경전으로 볼 수 있다.[47] 이는 공자가 『주역』 공부를 통해 얻고자 한 최고 경지와 일치한다.

공자의 『주역』에 대한 이러한 이해는 1973년 출토된 장사(長沙) 마왕퇴(馬王堆) 한묘(漢墓)의 백서 『역전(易傳)』에서도 찾아볼 수 있다.[48] 백서 『역전』 중 선악 사상과 관련되는 부분을 찾아보면 다음과 같다.

> 夫子曰: 顏氏之子其庶幾乎? 見幾有不善, 未嘗弗知, 知之, 未嘗復行之. 易曰 '不遠復, 無祗悔, 元吉.'[49]

---

47 이는 『대학(大學)』의 궁극적인 경지인 '지어지선(至於至善)'과도 상통한다.

48 이는 공자가 지었다고 전해지는 『십익』에서도 찾아볼 수 있다. 『십익』이 공자의 저작이 아니라는 설도 있지만, 최소한 유가학파의 계열에서 창작된 문헌이라는 것은 중국의 저명한 『주역』 학자인 주백곤 등이 주장하는 관점이다. 朱伯崑, 『易學哲學史』, 北京: 華夏出版社, 1995 참조. 특히 『십익』 중에서 '자왈(子曰)'로 시작하는 구절은 대체로 공자의 언설로 인정되고 있다. 따라서 『십익』 중 '자왈'로 시작하는 구절을 통해 공자의 『주역』 사상을 살펴보는 것은 근거 없는 논의는 아닌 것이다. 필자가 확인한 바로는 『십익』 중 '자왈'로 시작하는 구절은 약 30회가 등장한다.

49 "부자(夫子)가 말했다. 안씨의 아들은 거의 경지에 이르렀구나! 기미를 보아 선하지 못한 바가 있으면 일찍이 알지 못한 바가 없었고, 그것을 알았으면 일찍이 다시 행하지 않았다. 『주역』에 '멀리 가지 않아서 되돌아와 뉘우침에 이르지 않으니 크게 길할 것이다.'라고 했다." 鄧球柏 著, 『帛書周易校釋』, 長沙: 湖南出版社, 1987, 478. 한편 『십익』 중 『계사하전(繫辭下傳)』에도 거의 동일한 구절이 등장한다. 朱熹 撰, 廖名春 點校, 『周易本義』, 252. "子曰: 顏氏之子其殆庶幾乎? 有不善, 未嘗不知, 知之,

이 인용문은 백서 『역전』 중 『요(要)』에 나오는 복괘(復卦) 초구(初九) 효사에 대한 공자의 해석이다. 복괘(復卦) 초구(初九)의 '원(遠)'은 일종의 '지나침'에 해당하는 말이다. 인간은 누구나 지나친 바를 행하지만 그럼에도 불구하고 그 지나친 바를 알고 '지나침이 없는 바'로 되돌아올 때 뉘우침에 이르지 않을 수 있으며, 그 결과도 매우 길할 것이라는 말이다. 공자의 이러한 해석은 앞에서 언급한 『논어』의 '무대과(無大過)' 사상과도 서로 상통하는 면이 있다. 공자는 이러한 경지에 이른 자로 자신의 수제자인 안연을 들어 설명하고 있는데, 이러한 점은 『논어』 「옹야(雍也)」편에 나오는 안연의 '불이과(不貳過)'의 경지와도 일맥상통한다.

공자의 '지나침[過]'에 대한 생각은 백서의 『역전』 중 다음과 같은 언급에서도 나타난다.

> 子曰: … 易曰 '潛龍勿用', '亢龍有悔', 言其過也.[50]

결국 공자의 『주역』 사상은 '허물'이 없는 도덕적 경지를 지향하는 것을 핵심 내용으로 삼고 있고, '허물'이 없는 도덕적 경지는 곧 '지나침'이 없는 경지와 상통하며, '지나침'이 없는 경지는 다시 '선(善)'의 경지와도 서로 통한다. 따라서 공자의 『주역』 사상은 '악(惡)'을 지양하고 '선(善)'을 추구한 도덕 사상 내지 윤리 사상으로 규정할 수 있다.

未嘗復行也. 易曰 '不遠復, 无祇悔, 元吉.'"

50 "공자가 말했다. … 『주역』의 '잠겨 있는 용이니 쓰지 말라.'와 '끝까지 올라간 용이니 후회함이 있을 것이다.', 이 두 효사는 그 지나침을 말한 것이다." 鄧球柏 著, 『帛書周易校釋』, 478.

5. '이(利)'와 선악의 문제

이른바 '경학시대'에 『주역』은 13경 중 최고의 위치를 점하고 있었으며, 유교의 사상적 원천이라 할 수 있는 핵심적인 경전이다. 그런데 '경학시대' 이전, 즉 선진시대를 돌아보면, 『주역』은 '경학시대'에서만큼 그리 중요시되지 않았던 것 같다. 공자의 『논어』에서 『주역』에 관한 직접적인 언급은 단 한 군데에서뿐이고,[51] 유교의 아성으로 일컬어지는 맹자(孟子)의 『맹자(孟子)』에서 『주역』에 대한 언급은 단 하나도 찾을 수 없다. 그렇다면 '경학시대' 이전 주류 유가학파는 왜 『주역』을 중요시하지 않았을까? 이 문제에 대해 여러 가지 의견이 있을 수 있겠지만, 필자는 이 문제를 『주역』의 '이(利)'와 연관시켜 고찰해 보고자 한다.

필자가 보기에, 서주 초기 『주역』을 창작한 지식인들은 '이(利)'를 긍정적으로 인식했다. 『주역』의 점사 중에서 '이(利)'가 길한 점사에 속하는 것이 이를 단적으로 증명한다. 그리고 『주역』 원문에서 '이(利)' 자는 모두 119회 등장하는데, 그 주요 용례를 정리해 보면 다음과 같다.

> 元亨利貞, 亨利貞, 利貞, 利見大人, 無不利, 利永貞, 利建侯, 利居貞, 利用刑人, 無攸利, 不利爲寇, 利禦寇, 利涉大川, 利用恆, 利執言, 不利君子貞, 利用侵伐, 利用行師, 利女貞, 利用賓于王, 利用獄, 利巳, 利艱貞, 利有攸往, 利西南, 利用爲大作, 利用爲依遷國, 不利卽戎, 不利賓, 利用禴, 利于不息之貞, 利用亨祀, 利用祭祀, 利出否, 利幽人之貞, 利武人之貞.

---

51 이외 『논어』에서 공자가 『주역』의 내용을 간접적으로 언급한 경우는 있다. 劉寶楠 撰, 高流水 點校, 『論語正義』, 543-544. "子曰: 南人有言曰 '人而無恆, 不可以作巫醫.' 善夫! 不恆其德,或承之羞."; "子曰: 不占而已矣."

이처럼 『주역』에서 매우 빈번하게 등장하는 '이(利)' 자는 『주역』의 사상이 '이(利)'를 추구하는 것임을 보여 준다. 그리고 이러한 점은 『주역』의 점이 원래 국가적 행사를 위해 시행되었다는 점과 관련이 있다. 예를 들어 '이건후(利建侯)'는 입후의 유불리를 점친 것이고, '이용행사(利用行師)'는 출병의 유불리를 점친 것이며, '이용약(利用禴)'은 국가 제사의 유불리를 점친 것이다. 『주역』의 점이 원래 국가의 중요한 행사를 위한 공적인 의례였다면, 국가의 공적인 유리함을 추구하는 것은 마땅하며 도덕적으로나 윤리적으로 타당한 것이라 할 수 있다.

그러나 서주의 질서가 붕괴되고 춘추전국의 혼란한 시대에 들어와서는 『주역』의 원래적 의미는 퇴색되고 개인의 영달과 이익을 추구하고자 『주역』을 이용하는 것이 일반적인 추세가 되었다.[52] 따라서 춘추시대의 공자와 전국시대의 맹자는 『주역』의 이러한 타락을 받아들일 수 없었으며, 『주역』의 이러한 타락을 우려했기 때문에 『주역』 원문의 도덕적이고 윤리적인 측면을 강조하는 것보다 오히려 침묵하는 것이 유교의 도덕과 윤리를 유지하는 데 더 도움이 될 것으로 판단한 것으로 보인다.

그리고 공자가 『논어』에서 『주역』을 거의 언급하지 않은 또 하나의 이유는 공자에게 '이(利)'는 더 이상 도덕적이고 윤리적인 가치로서 인정되지 않았기 때문이라 할 수 있다. 이는 『논어』를 살펴보면 알 수 있는데, 예를 들어 『논어』 「자한(子罕)」편에서는 공자가 평소에 거의 '이(利)'를 언급하지 않았다고 증언하고 있다.[53] 나아가 『논어』 「이인(里仁)」편에서 공자는 "군자는 의(義)에 밝고 소인은 이(利)에 밝다."[54]라고 하여 '의(義)'와 '이(利)'에 대해 분명한 구분을 가하고 있다. '이(利)'와 관

52 鄭吉雄, 「丁茶山《易》學與禮學關係初探」, 『다산학』 26, 다산학술문화재단, 2015 참조.

53 劉寶楠 撰, 高流水 點校, 『論語正義』, 319. "子罕言利與命與仁."

54 劉寶楠 撰, 高流水 點校, 『論語正義』, 154. "子曰: 君子喻於義, 小人喻於利."

련된 공자의 생각은 『논어』의 다른 곳에서도 충분히 알 수 있다.[55] 따라서 공자에게 있어서 '이(利)'는 더 이상 『주역』에서 볼 수 있는 것처럼 가치적 지향점이 아니었다.

공자의 도통을 이어받은 맹자는 자신의 저작인 『맹자』에서 『주역』에 대해 한 마디도 언급하지 않았을 뿐만 아니라 서두에서 '이(利)'를 맹렬히 비난한다. 「양혜왕(梁惠王)」 첫머리에서 맹자가 양나라 혜왕을 만났을 때, 양나라 혜왕은 맹자에게 "어르신께서 천 리를 멀다 하지 않고 오셨으니, 또한 장차 저희 나라를 이롭게 할 방도라도 가지고 계신지요?"라고 물었다. 이에 맹자가 답하기를 "왕께서는 하필 이익을 말씀하십니까? 단지 인의(仁義)가 있을 뿐입니다."라고 했다.[56] 이는 사실 『맹자』의 사상을 집약한 것으로도 이해할 수 있으며, 맹자 사상의 핵심이 바로 '인의(仁義)'임을 말해 주고 있다. 따라서 맹자가 '인의(仁義)'의 반대인 '이(利)'를 강조하는 『주역』을 받아들일 수 없었음은 충분히 이해할 수 있다. 이를 통해 보면 전국시대에 와서 '이(利)'는 더 이상 도덕적이고 윤리적 가치로 받아들여지지 않았다고 볼 수 있다.

한편 한대 초기인 서한(西漢) 문제(文帝) 연간(기원전 168년)으로 묘장 연대가 밝혀진 장사 마왕퇴 한묘에서 출토된 백서 『역전』을 살펴보더라도, 당시 백서 『역전』의 주요 사상이 '이(利)'보다는 '덕(德)'에 중심을 두었음을 확인할 수 있다. 하나의 예를 들면 다음과 같다.

後世之士疑丘者, 或以易乎? 吾求其德而已, 吾與史巫同塗, 而殊歸者也. 君

---

55 劉寶楠 撰, 高流水 點校, 『論語正義』, 149. "子曰: 放於利而行, 多怨."; 劉寶楠 撰, 高流水 點校, 『論語正義』, 568. "見利思義, 見危授命."

56 焦循 撰, 沈文倬 點校, 『孟子正義』, 北京: 中華書局, 1987, 35-36. "孟子見梁惠王. 王曰: 叟不遠千里而來,亦將有以利吾國乎? 孟子對曰: 王何必曰利? 亦有仁義而已矣."

子德行焉求福, 故祭祀而寡也; 仁義焉求吉, 故卜筮而希也.[57]

이처럼 백서 『역전』은 '이(利)'보다는 '덕(德)'을 통해 『주역』을 해석하는 경향이 주류를 이루고 있다. 즉 백서 『역전』에는 '자왈(子曰)', '공자왈(孔子曰)', '부자왈(夫子曰)'로 시작하는 공자의 『주역』에 대한 해석이 약 138회 등장하고, 그 내용은 앞에서와 같이 '덕(德)'을 강조하는 해석이 대부분이다.[58] 이를 통해 보면, 한대(漢代) 초기까지 『주역』에 대한 유가 정통의 해석은 윤리적 해석이 주류적 경향이었다고 볼 수 있다.

이상의 논의를 종합해 보면, 『주역』을 지은 문왕과 주공에 있어서 '이(利)'는 가치적 지향점이라 할 수 있었지만, 시대의 변화에 따라 '이(利)'에 대한 관념이 변화되었으며 이는 공자와 맹자의 사상을 통해 확인할 수 있다.

---

57 "후세의 선비들이 나를 의심하는 것은 혹시 『주역』 때문이 아닐까? 나는 그 덕을 추구할 뿐이니, 나와 사무(史巫)는 길은 같지만 귀의하는 바가 다른 것이다. 군자는 덕행(德行)으로 복을 구하기 때문에 제사(祭祀)를 통해 복을 구하는 경우는 적다. [군자는] 인의(仁義)로 길함을 구하기 때문에 복서(卜筮)를 통해 길함을 구하는 경우는 드물다." 鄧球柏 著, 『帛書周易校釋』, 481. [ ] 안의 내용은 필자가 삽입한 것이다.

58 『십익』도 『주역』 원문의 '이(利)'에 대한 해석을 보다 도덕적이고 윤리적인 차원으로 재해석하였다. 『십익』의 『문언(文言)』에서는 '이(利)'를 '의지화(義之和)'로 해석한다. 『문언』에 의하면 '이(利)'는 '의(義)의 조화'가 되는 셈이다. 다시 말해 『문언』은 '이(利)'가 도덕적 가치인 '의(義)'와 결합하지 않으면 가능할 수 없음을 강조하고 있다. 이처럼 『문언』에서 '이(利)'를 '의지화(義之和)'로 해석한 것은 『주역』을 단순한 점서서(占筮書)에서 윤리서(倫理書)로 한 단계 격상시킨 것이며, 『문언』을 포함한 『십익』이 『주역』 해석사에 있어서 『주역』의 성격을 획기적으로 전환시킨 매우 중요한 유교 전적임을 말해 준다. 이러한 이유로 한대에 『주역』은 『십익』과 결합하여 새로운 차원의 『역경』(여기에서 『역경』은 유교가 국교화된 이후 『주역』과 『십익』이 합쳐져 만들어진 경전을 가리킨다)을 성립시켰고, 이후 『십익』은 유교 윤리의 주요한 근거가 되었다.

6. 나오며

필자는 서두에서 유교 경전인 『주역』과 유교 윤리의 관련성에 대한 논의가 필요함을 제기하였고, 2절에서는 『주역』 원문에 나타나는 선악의 개념을 정리하였으며, 나아가 『주역』의 핵심 사상인 길흉회린과 선악의 관계에 대해 고찰하였다. 3절에서는 『주역』을 통해서 선악이 어떻게 발생하는지에 대해 고찰하였고, 4절에서는 『주역』에 대한 의리론적 해석이라 할 수 있는 백서 『역전』의 공자 사상과 『주역』의 선악 사상이 어떻게 관련되는지에 대해 고찰하였다. 끝으로 5절에서는 『주역』 사상 중에서 매우 미묘한 주제인 '이(利)'의 문제와 선악의 관련성을 고찰하였다.

이상의 논의를 통해, 필자는 『주역』의 선악 사상이 '지나침[過]'과 밀접한 연관이 있고, 『주역』의 선악 사상은 결국 '지나침[過]'이 없는 경지를 추구하였으며, '지나침(過)'이 없는 경지는 '중(中)'의 사상과 연결된다고 보았다. 이러한 사상은 공자를 통해 유교 윤리의 핵심적인 사상으로 정립되었다.

『주역』의 '중(中)'은 단지 산술적인 '중(中)'이 아니라[59] 윤리적 가치의 '표준'을 의미한다. 따라서 이러한 의미에서 '중(中)'이 유교 윤리의 최고 표준이 될 수 있었고 나아가 유교의 핵심적 사상이 될 수 있었다.[60]

---

59 비근한 예로 태양계에서 지구는 태양으로부터 세 번째에 위치한 행성으로, 태양계 8개 행성 중 산술적으로 '가운데'에 위치한 행성이 아니다. 그럼에도 불구하고 생명이 존재하기 위한 가장 표준적인 위치라 할 수 있다. 『주역』에서 말하는 '중(中)'은 이처럼 산술적인 '중(中)'이 아니라 가치의 표준이라는 의미로 이해하는 것이 바람직하다.

60 『논어』에서 '중(中)'을 강조한 내용은 여러 곳에서 등장한다. 劉寶楠 撰, 高流水 點校, 『論語正義』, 454. "子貢問: 師與商也孰賢? 子曰: 師也過, 商也不及. 曰: 然則師愈與? 子曰: 過猶不及."; 劉寶楠 撰, 高流水 點校, 『論語正義』, 756. "堯曰: 咨! 爾舜! 天

공자의 손자인 자사(子思)가 『중용』을 지은 것도 결국 공자 가문의 핵심 사상이 다름 아닌 '중(中)'임을 강조한 것이고, 이러한 맥락에서 『중용』은 이후 유교 윤리의 대표적인 준거의 하나가 되었다.

한편 필자는 본론에서 '경학시대' 이전의 『주역』은 상수와 의리로 대표되는 '경학시대'의 역학과 달리 권선징악을 강조하는 윤리적인 문헌이었음을 밝히고자 했다. 그 핵심적 논거는 『주역』의 핵심 사상인 길흉회린이 선악과 밀접한 관련이 있다는 점이다. 『주역』의 이러한 권선징악적 윤리 사상은 서주 초기 『주역』이 성립한 이후 한대 초기까지 이어져 왔다는 것이 필자의 생각이다. 『논어』, 『십익』의 '자왈(子曰)' 부분, 그리고 백서 『역전』의 윤리적인 사상이 이를 뒷받침하고 있다. 따라서 '경학시대' 이전의 『주역』은 악을 피하고 선으로 나아가고자 한 '윤리서'적 성격이 강하다고 할 수 있다.

『주역』의 본래적인 사상이 이러함에도 불구하고 오늘날의 현실은 『주역』의 원래 모습과 많은 거리가 있는 것이 사실이다. 청대의 『사고전서(四庫全書)』에서도 '경학(經學)'과 '술수(術數)'를 명확하게 구분했지만, 오늘날은 '술수'가 '경학'을 압도하는 시대가 되었다. 이 연구가 이러한 상황을 타개할 수 있는 데 조금이라도 기여할 수 있다면 나름의 의의가 있다고 생각된다.

之曆數在爾躬, 允執其中. 四海困窮, 天祿永終."

참고문헌

노양진,「덕과 윤리」,『범한철학』71, 2013.
정길웅(鄭吉雄),「丁茶山《易》學與禮學關係初探」,『다산학』26, 다산학술문화재단, 2015.
정약용(丁若鏞),『周易四箋』Ⅰ·Ⅱ,『定本 與猶堂全書』15·16, 다산학술문화재단, 2012.
高亨,『周易古經今注(重訂本)』, 北京: 中華書局, 1984.
鄧球柏 著,『帛書周易校釋』, 長沙: 湖南出版社, 1987.
班固 撰, 顏師古 注,『漢書』, 北京: 中華書局, 1996.
司馬遷 撰,『史記』, 北京: 中華書局, 2002.
黎靖德 編, 王星賢 點校,『朱子語類』, 北京: 中華書局, 1986.
吳澄,『易纂言』,『四庫全書薈要』, 長春: 吉林人民出版社 影印本, 1997.
王化平 著,『帛書《易傳》研究』, 成都: 巴蜀書社, 2007.
劉寶楠 撰, 高流水 點校,『論語正義』, 北京: 中華書局, 1990.
李鏡池 著,『周易探源』, 北京: 中華書局, 1978.
朱伯崑,『易學哲學史』, 北京: 華夏出版社, 1995.
朱熹 撰, 廖名春 點校,『周易本義』, 北京: 中華書局, 2009.
陳來,「帛書易傳與先秦儒家易學之分派」,『周易研究』4/42, 1999.
焦循 撰, 沈文倬 點校,『孟子正義』, 北京: 中華書局, 1987.
郝懿行 撰,『爾雅義疏』,『四部備要』, 臺北: 臺灣中華書局, 民國 57, 1968.
許愼 撰, 段玉裁 注,『說文解字注』, 上海: 上海古籍出版社, 1981.
許愼 撰,『說文解字』, 長沙: 岳麓書社, 2006.

Exploring Deconstructive Postcolonial Criticism as a Liberating Method: Nicodemus in John's Gospel as a Case Study

Sung Uk Lim

1. Introduction

Since meaning arises out of "an encounter between a socially and historically conditioned text and a socially and historically conditioned reader,"[1] I begin by inviting the reader to overhear my personal story in order to engage critically as a "flesh-and-blood reader"[2] with my reading of the given text. The context of my story centers around the figure of my religiously "ambiguous" father-in-law, who was unexpectedly converted to Christianity from Confucianism after marrying a staunch Christian. His religious identity is utterly puzzling to me; sometimes, he remains faithful to the fundamental tenets of the Christian faith; at other times, to Confucian values, best

---

1 Fernando F. Segovia, *Decolonizing Biblical Studies: A View from the Margins*, Maryknoll, N.Y.: Orbis Books, 2000, 42.

2 Fernando F. Segovia, *Decolonizing Biblical Studies: A View from the Margins*, 32.

exemplified by filial piety. Specifically, he perpetuates the Confucian practice of honoring the deceased ancestors but has incorporated it into his Christian practice. Yet I find it hard to think of my father-in-law as having binary relations—with Confucianism and Christianity, and he himself rarely, if ever, sees a clear-cut distinction between his Confucian and Christian identities. So it is that I speak of my father-in-law as a religiously ambiguous figure, with one foot in Confucianism and the other in Christianity.

Indeed, to speak of my father-in-law through the binary logic of either/or choices functions as a mechanism of exclusion. For binary thinking does not allow for ambiguous identity, religious or otherwise. For that reason, many Korean churches deeply rooted in such an either/or logic envision Christian identity in its purest form. For them, one either believes, or one doesn't. This being the case, an either/or determination of binary oppositions cannot help repressing an ambiguous Christian like my father-in-law in the Korean context, with the result that he is considered a marginal Confucian Christian.

My Erlebnis, or lived experience, of my father-in-law makes me particularly conscious of the matter of ambiguity in the Gospel of John.[3] Among others, the present study revolves around the character

3 Craig L. Blomberg, "The Globalization of Biblical Interpretation: A Test Case John 3-4," *Bulletin for Biblical Research* 5, 1995, 1. Craig Bloomberg rightly writes: "The globalization of hermeneutic has generated recent, intense debate. One useful definition views it as the process of asking new questions of the text, particularly in light of the experiences of marginalization of a large percentage of the world's population."

analysis of Nicodemus, a most enigmatic figure in the Fourth Gospel.[4] Even though he appears three times (Jn 3:1-15; 7:45-52; 19:38-42) in the Gospel, the reader would likely find it hard to characterize Nicodemus. How is one meant to understand Nicodemus' ambiguity in the Gospel? Is he a Jesus believer? Or a non-believer? Alternatively, is he gradually progressing from unbeliever to believer? Or is he neither an unbeliever nor a believer? Or is he a man of both belief and unbelief at once? To answer these questions, we must first ask ourselves from what perspective we are observing him, because a viewpoint itself has the power to determine how he is seen.

In this connection, the paper aims to revisit the matter of how one approaches the ambiguity of Nicodemus through a brief survey of recent biblical scholarship on John's Gospel. In other words, we need to explore the ways in which biblical scholars have so far characterized the uncertainty of and about Nicodemus in the Gospel. I shall categorize biblical scholarship on Nicodemus as follows: (1) the literary approach (R. Alan Culpepper; Paul D. Duke; Gail R. O'Day); (2) the theological

---

4 On the ambiguity of Nicodemus, see Wayne A. Meeks, "Man from Heaven in Johannine Sectarianism," *Journal of Biblical Literature* 91/1, 1972, 44-72; Jouette M. Bassler, "Mixed Signals: Nicodemus in the Fourth Gospel," *Journal of Biblical Literature* 108/4, 1989, 635-646; Terence L. Donaldson, "Nicodemus: A Figure of Ambiguity in a Gospel of Certainty," *Consensus* 24/1, 1998, 121-124; Colleen M. Conway, "Speaking through Ambiguity: Minor Characters in the Fourth Gospel," *Biblical Interpretation* 10/3, 2002, 324-341; Raimo Hakola, "The Burden of Ambiguity: Nicodemus and the Social Identity of the Johannine Christians," *New Testament Studies* 55/4, 2009, 438-455; Susan Hylen, *Imperfect Believers: Ambiguous Characters in the Gospel of John*, Louisville, KY: Westminster John Knox Press, 2009.

approach (Sandra M. Schneiders; Terence L. Donaldson); (3) the sociocultural approach (Wayne A. Meeks; Richard L. Rohrbaugh); and (4) the ideological approach, which can be subdivided into the deconstructive approach (Jouette M. Bassler; Colleen M. Conway) and the postcolonial approach (Fernando F. Segovia). In the process of critical analysis, we can determine the features of each approach, comparing one with the other.

In the long run, my argument is that deconstructive post-colonialism—an ideological approach comprising both the deconstructive and the postcolonial approach—is the most appropriate method for the interpretation of Nicodemus.[5] From the history of scholarship, we learn that Nicodemus is one of the characters most victimized by the binary opposition in the Gospel. At the same time it can be said that Nicodemus is marginalized by the power dynamics between Jesus and Nicodemus. To liberate Nicodemus from the margins, I shall employ both the deconstructive and the postcolonial approach simultaneously; without the latter, the former cannot touch on the power dynamics of the Gospel; and without the former, the latter cannot handle the ferocity of dualism. With this in mind, we now turn to explore the ways in which biblical scholars have understood the ambiguity of Nicodemus.

---

5 For a comprehensive understanding of deconstructive postcolonial criticism as a tool for biblical interpretation, see Sung Uk Lim, "Jesus and the Others: Otherness and Identity in the Gospel of John," Ph.D. dissertation, Vanderbilt University, 2015. This present work pays special attention to the history of biblical interpretation of Nicodemus as a case study, albeit with some modifications, major or minor.

2. The Literary Approach

In quest of the world within the text, literary criticism searches for the meaning within the internal structure of the text. To trace the literary approach in the Johannine Gospel, one does well to begin with R. Alan Culpepper's book *Anatomy of the Fourth Gospel: A Study in Literary Design*, because it is the first sustained and systematic work to apply literary theory and method to the Fourth Gospel. Culpepper's reading approach adopts the communication model of Seymour Chatman on the assumption that the implied author conveys a story to the implied reader through the inherent structure of the narrative. To this end, Culpepper covers such topics as narrator, point of view, narrative time, plot, characters, implicit commentary, and implied reader. Yet below, I attend to the problems Culpepper's approach has triggered with reference to Nicodemus, despite his enormous contribution to literary theory in biblical studies in general as well as John's Gospel in particular.

In the first place, I would like to problematize Culpepper's analysis of characterization of Jesus and minor characters. What is interesting is that Culpepper contrast Jesus' fixed identity with minor characters' fluid identities.[6] Jesus as a "flat character," which represents a single quality, stands in stark contrast to the "rounded" or complex

---

6 R. Alan Culpepper, *Anatomy of the Fourth Gospel: A Study in Literary Design*, Philadelphia: Fortress Press, 1983, 103. Culpepper represents Jesus' identity as static, while he portrays minor characters, e.g., the Samaritan woman and the blind man, as undergoing a substantial transformation.

qualities of minorcharacters.[7] My assertion, however, is that this type of dualistic analysis of (minor) characters is wrong because it precludes any possibility of envisaging them otherwise. To illustrate: Jesus cannot control how other characters construct his identity, even though he seems to construct his own, static self-identity independent of them. As Mikhail Bakhtin argues, one character is constructing the other, being constructed.[8] In this respect, all characters, of course including Jesus, are "round characters" vulnerable to identity-making by other characters.

Second, the more serious problem lies in the fact that most of the minor characters are vulnerable to the victimization of irony.[9] Culpepper represents Jesus as possessing full knowledge, and minor characters as lacking knowledge. For example, he portrays Nicodemus as wanting understanding but Jesus as omniscient. In terms of irony, Nicodemus, a teacher of Israel and a Jewish leader, is finally transformed into such a man of ignorance that he cannot understand what Jesus means to say, with the result that Nicodemus is made to seem a fool. Culpepper himself has the audacity to affirm that irony leans toward the victimization of minor characters: "The Jews and those associated with them (the Pharisees, Nicodemus, Caiaphas, and so forth) are the most frequent victims of John's irony. Their inability to comprehend Jesus'

7 R. Alan Culpepper, *Anatomy of the Fourth Gospel: A Study in Literary Design*, 102.

8 Barbara Green, *Mikhail Bakhtin and Biblical Scholarship: An Introduction* (Society of Biblical Literature Semeia Studies), Atlanta: Society of Biblical Literature, 2000, 34-35.

9 Misunderstanding, irony, and symbolism are the modes of implicit commentary, a way of "silent" communication operative in the interactions with the reader.

glory sets up most of the irony, since the reader is able to see both their blindness and Jesus' glory through the eyes of the evangelist."[10] What is worse, Culpepper no longer takes any responsibility for making a victim of minor characters through irony. Consequently, irony, a literary device, functions to justify the logic of exclusive dualism to place Jesus at the center and minor characters at the periphery of the narrative. Remember that it is the exclusive nature of the binary system (such as understanding/misunderstanding and belief/unbelief) that allows irony to operate.

Last, but more importantly, the problem would be aggravated if we could suppose that there exists a flesh-and-blood reader other than the implied reader. Contrary to the implied reader, who is a hypothetical reader created in a vacuum, the flesh-and-blood reader is grounded in the particular social, historical, and cultural context. To put it another way, the flesh-and-blood reader engages with the text in pursuit of meaning, founded on his/her social location. Suppose that there are some real readers who recognize themselves as minor groups. In this scenario, they might identify themselves with minor characters in greater danger of victimization by irony as an exclusive mechanism, considering that they, in reality, go through discrimination in a dominant culture. The result is that the irony to victimize minor characters is changed into a site for such minority groups to resist at both the literary and readerly levels.

A student of Culpepper's, Paul D. Duke (1985) in his work *Irony*

---

10 R. Alan Culpepper, *Anatomy of the Fourth Gospel: A Study in Literary Design*, 178.

in the Fourth Gospel writes about the literary-critical method in the Gospel of John. While Culpepper examines the diverse characteristics of narrative, Duke delves more deeply into irony alone. He proceeds to analyze irony at two levels — the local and the extended. To his mind, John's use of irony derives from the historical polemic between the Johannine community and synagogue.[11] Apart from his contribution to Johannine studies, let us consider, for a moment, the problems of Duke's theory in a similar way to his teacher, Culpepper.

One of these problems concerns the danger of the dualistic perspective, on which the theory of irony relies heavily, with regard to characterization. According to Duke, irony founds itself on a series of dualistic assumptions: (1) irony has a double-layered meaning; (2) irony contains a clash of meaning; (3) irony involves an element of awareness and unawareness. It is natural that such dualistic assumptions produce an "exclusive either/or scheme" and, as a consequence, a fixed identity on the part of characters.[12] For instance, Duke states: "Jesus is the only character in the Fourth Gospel who utters irony without being the victim of it."[13] However, a close reading reveals that Jesus himself, sometimes, could become a target of irony. Consider Jn 8:48-9, for example, where the Jews ask Jesus whether he is a Samaritan and has a demon. Jesus refutes the second accusation, keeping silent about the

11 Paul D. Duke, *Irony in the Fourth Gospel*, Atlanta: John Knox Press, 1985, 149-150.

12 Frank Lozada-Smith, "A Literary Reading of John 5: Text as Construction," Ph.D. dissertation, Vanderbilt University, 1996, 22.

13 Paul D. Duke, *Irony in the Fourth Gospel*, 45.

first. It is hinted that Jesus has a problem regarding his ethnic identity after his encounter with the Samaritans (including the Samaritan woman) in chapter 4. Perhaps, later, he seems to be assimilated into them. If so, then it comes as no surprise that this question displays sarcasm, the worst case of irony, a charge made against Jesus' ethnic identity.[14] From this it can be said that it would be wrong to postulate that each character has a fixed identity; rather, each has a fluid identity. In effect, an either/or scheme (which, typically, is the foundation for irony), is highly questionable in terms of characterization in this Gospel.

The other matter has to do with the ideology concealed in the analysis of irony. Much like Culpepper, Duke refers to irony as a weapon used against a victim. Those who can play wittily with the double-meaning of irony are able to mock those who unwittingly cannot. In terms of (lack of) knowledge, people might be divided: the oppressed in want of knowledge vs. the oppressor with knowledge. I suggest that the reckless (ab)use of irony in biblical studies might overlook the ideology of justifying the power games veiled in word play.

To make matters worse, Duke teases anti-Jewish elements out of the analysis of irony in John.

> The victims of the irony, however, are most often "the Jews." This is the case not only because they are the dramatic representation of the

---

14 See Wayne A. Meeks, "Galilee and Judea in Fourth Gospel," *Journal of Biblical Literature* 85, 1966, 159-169.

> world's unbelief, but because in John's view the nation of Israel was singularly culpable in rejecting Christ. "The Jews" are victims of irony because they of all people — "his own" — should have received Jesus yet did not.[15]

Without doubt, such an interpretation is based on Louis Martyn's argument that the context of the Gospel of John is connected with a synagogue controversy, along with his theory of the two-level drama, which reflects both the story of Jesus and the story of the Johannine church.[16] Duke's explanation is exceedingly troublesome, not only because he does not clarify what he means by "the Jews (Ioudaioi)," whether they are the Judeans, the Jewish rulers, all Jewish people of Jesus' time, or the Jews in general terms, but also because he does not take any responsibility for anti-Jewish construal of "literally" victimizing them in the textual and real worlds. For this reason, we should be very wary of employing irony in the exegesis.

Following the footsteps of both Culpepper and Duke, Gail R. O'Day (1986) goes to great effort to advance irony from a literary level to a theological level. She uncovers a theological dimension as well as a literary dimension of irony. That is to say, O'Day demonstrates how literary analysis uncovers theological revelation of God via irony as a mode of revelation. She boldly announces her agenda in this regard:

---

15 Duke, *Irony in the Fourth Gospel*, 149.

16 J. Louis Martyn, *History and Theology in the Fourth Gospel* (3rd edition), The New Testament Library, Louisville, KY.: Westminster John Knox Press, 2003, 30.

"This book will investigate the ways in which the Fourth Evangelist uses irony in the Gospel narrative to create and recreate the dynamics of revelation."[17] She goes on to say that revelation is dynamic and generative, not static and fixed.[18] For her, irony is transformed into a "mode of revelatory language."[19] Like Culpepper and Duke, O'Day has some problems at the ideological level.

As is the case with literary analysis of irony, theological analysis of irony is also charged with dualistic exclusivism per se. Evidently, O'Day captures the nuances of irony, both literary and theological. Given the assumption that irony conveys revelation to characters, revelation is destined to be an exclusive, either/or scenario: the narrative may be either revelatory of character or not.[20] As such, revelation could operate in an exclusivistic manner. In chapter 3 of her book, O'Day presents a case study of the conversation between Jesus and the Samaritan woman (Jn 4:2-42). She describes the Samaritan woman as insensitive to the revelation of Jesus via irony at the literary and theological level. So we need to be alert to the dualistic exclusivism by way of irony in both literary and theological way.

---

17 Gail R. O'Day, *Revelation in the Fourth Gospel: Narrative Mode and Theological Claim*, Philadelphia, PA: Fortress Press, 1986, 10.

18 Gail R. O'Day, *Revelation in the Fourth Gospel: Narrative Mode and Theological Claim*, 31.

19 Gail R. O'Day, *Revelation in the Fourth Gospel: Narrative Mode and Theological Claim*, 31-32.

20 Frank Lozada-Smith, "A Literary Reading of John 5: Text as Construction," 25-26.

In a similar vein, revelation through irony raises the issue of whether the violence of irony can be permissible in the name of revelation. O'Day victimizes the Samaritan woman in such a way as to portray her as oblivious to the revelation of Jesus at the theological as well as the literary level. To my mind, O'Day has yet to address the matter of violence hidden in irony as a mode of revelation.

The last problem may derive from the theological assumption that Jesus is the only one to reveal himself and God. One counter example can refute this type of theological assumption. O'Day argues that Jesus in the encounter with the Samaritan woman reveals his own identity to her.[21] In her view, Jesus reveals himself to her as the "savior of the world." However, it should be remembered that it is the Samaritans, not Jesus, who proclaim, or more precisely, reveal Jesus' identity as the "savior of the world" (Jn 4:42). Oftentimes, Jesus' identity is revealed by minor characters such as Nicodemus, the Samaritan woman, the blind man, Pilate, and Peter. From this it follows that one can approach Jesus' identity from a dialogical perspective, that is, from the relationship between Jesus and other characters.

---

21 Gail R. O'Day, *Revelation in the Fourth Gospel: Narrative Mode and Theological Claim*, 50.

3. The Theological Approach

Along with O'Day, Sandra M. Schneiders (1987) also sets out to explore both the literary and theological dimensions of the Gospel via irony as a mode of revelation. Unlike O'Day, Schneiders in the article "Born Anew" characterizes Nicodemus as transformative in a more positive way. As she notes, "the textual Nicodemus is actually a type of the true Israelite who progresses in faith from seeing the signs, to doing the truth according to the Scriptures, to finally confessing Jesus openly."[22] In a broader sense, this transformative reading is to be understood in terms of "contextual" biblical interpretation in the sense that Schneiders attempts to interpret the meaning of "being born anew" in the female context of delivery. In other words, Schneiders feminizes God-experience with respect to the interpretation of "born anew."[23] In so doing, Schneiders' theological approach contextualizes women's experiences in the process of interpretation.

Despite a slight difference between the literary and the theological approach, Schneider's transformative interpretation is still restrictive in the sense that the second approach has the same assumption as the first. Schneiders falls into what one can call a trap of dualism. Obviously, the theological approach is in a position to interpret Nicodemus differently on the basis of his gradual transformation. Just like the above-mentioned

---

22 Sandra M. Schneiders, "Born Anew," *Theology Today* 44/2, 1987, 191.

23 Sandra M. Schneiders, "Born Anew," 194.

literary critics, Schneiders supposes that there exist two opposing poles, that is, unbelief and belief, and that Nicodemus remains in between them. Schneiders maintains the binominal opposition of knowledge and ignorance, understanding and misunderstanding, knowledge and practice. She understands Nicodemus as being in transition from unbelief to belief with the same dualistic assumption as literary critics, which cannot help but distort and misunderstand Nicodemus' ambiguity.

Second, Schneiders' contextual biblical interpretation still falls short of more diverse voices. From a feminist perspective, Schneiders integrates women's experiences into God-experience in the ecclesiastical setting. Such a contextual interpretation sheds light on how to integrate the experiences of those marginalized as flesh-and-blood readers into God-experience. Obviously, it demonstrates how marginalized people can critically engage in textual analysis, aware of their experiences. However, I suggest that she would do well to understand marginalized voices in more diverse ways, including their gender, sexuality, race, ethnicity, and so forth. The theological approach alerts us to the premium that interpretation places on social location, and that social location is multidimensional.

In a similar fashion, Terence L. Donaldson (1998) in his shorter article "Nicodemus: A Figure of Ambiguity in a Gospel of Certainty" is at pains to analyze the theology of the Johannine Gospel, or more precisely, theological aspect of Nicodemus' ambiguity, in the context of contemporary readers. The article can be divided into three parts: (1) the contrast between John's world and the readers' world; (2) the positive and negative assessments of Nicodemus throughout the Gospel;

(3) the contextualization of Nicodemus' ambiguity in our world. In what follows, I re-examine each part and then critique Donaldson's article as a whole.

Donaldson compares John's dualistic world with the contemporary ambiguous world. He describes John's world as rooted in a series of oppositions, such as light and darkness, life and death, truth and falsehood, and above and below. Donaldson notes: "John's world is structured according to these sharply defined opposing pairs."[24] He goes further by adding that readers are urged to choose between belief in Jesus and condemnation: "Either we believe in Jesus, and take our place in the light, or we don't, and find ourselves consigned to darkness and condemnation."[25] By contrast, the real world of readers is replete with many ambiguities, and borders between them are often drawn in an unclear way. That is, there is a gap between the way the readers are exhorted to live and the way they live in reality. Thus, Donaldson pays attention to the tension between the dualistic Johannine world and his readers' ambiguous world.

With this in mind, Donaldson sees both the character and actions of Nicodemus in terms of certainty and ambiguity. To illustrate: Nicodemus' approach to Jesus in chapter 3 Donaldson sees as both positive and negative in the sense that Nicodemus identifies Jesus

---

24 Terence L. Donaldson, "Nicodemus: A Figure of Ambiguity in a Gospel of Certainty," 121.

25 Terence L. Donaldson, "Nicodemus: A Figure of Ambiguity in a Gospel of Certainty," 121.

as the light but misunderstands what Jesus means to say. In chapter 7, too, Nicodemus remains ambiguous because his calling for a fair hearing Donaldson interprets both as a defense of Judaism and of Jesus: "But still, he is not toeing the party line; his toes, at least, are edging out of the darkness towards the light."[26] Furthermore, Nicodemus' last appearance with Joseph of Arimathea, for Jesus' burial, in chapter 19, is equivocal because his act does not have enough reason to be construed as an act of a disciple of Jesus'. Consequently, Donaldson characterizes Nicodemus and his act as being unclear.

Taken together, Donaldson identifies the context of Nicodemus, as a "figure of ambiguity in a Gospel of certainty," with the context of readers in the contemporary world.[27] Donaldson's contextualization of the theology of John convinces readers to seek the faith of certainty and to act more unambiguously in such an ambiguous world. Like Nicodemus, readers are encouraged to act forthrightly, even if lacking in certainty.

What of Donaldson's theological interpretation of Nicodemus? First, I am of the opinion that the Gospel of John is structured with this sense of stark dualism. But it is one thing for the Johannine Gospel to be dualistic; it is another for it to describe ambiguity per se as negative, or at least, insufficient in terms of certainty. Rather, the

---

26 Terence L. Donaldson, "Nicodemus: A Figure of Ambiguity in a Gospel of Certainty," 123.

27 Terence L. Donaldson, "Nicodemus: A Figure of Ambiguity in a Gospel of Certainty," 194.

ambiguity of Nicodemus, in my view, can be understood as a way of breaking down the dualistic system of the Gospel. In this connection, Nicodemus may provide a model for how to trespass or transgress the clear-cut boundary of belief and unbelief.

Second, because he depicts him as an ambiguous figure, Donaldson neatly contextualizes Nicodemus in the contemporary world. In a sense, he bridges the gap between the world of narratives and the world of readers by way of Nicodemus, a model of ambiguity. I believe that Donaldson's contextual biblical interpretation can empower flesh-and-blood readers, who themselves experience ambiguity, to have the courage to take on their world and experiences of ambiguity.

Last but not least, Donaldson emphasizes the significance of action in belief, whether that action is certain or uncertain. Indeed, I agree that Nicodemus's action is as important as his identity of ambiguity and that he, as a model of uncertainty, urges readers to act in the real world. Crudely put, what Nicodemus does is no less important than what he is. Nonetheless, it is true that interpretations of the Nicodemus account have traditionally centered on his uncertain identity rather than his certain or uncertain action. One can even go so far as to say that Nicodemus' act determines his identity and not the other way around. Nicodemus' act opens up possibilities for understanding him more dynamically than ever.

4. The Sociocultural Approach

Unlike the literary and theological approach, the sociocultural approach explores the social and cultural aspects of the biblical world in the past, with the help of the social sciences, predominantly sociology and anthropology. Among others, Wayne A. Meeks (1972) pioneered the introduction of sociocultural criticism to the field of biblical studies in such a way as to reconstruct the social and cultural world of early Christianity. Meeks in the article titled "Man from Heaven in Johannine Sectarianism" makes sure that he develops his interest in sectarianism along with the sociology of knowledge as proposed by Peter Burger and Thomas Luckmann.[28] In the light of sociology of knowledge, he construes the Johannine community as one sectarian group to be removed from "the world." Here, it is noteworthy that by the "world" he means the "symbolic universe" formed by social structure, in which we live.[29] Accordingly, the symbolic world of the Johannine community as a sectarian group has its own "totalistic and exclusive" world that is in stark contrast with the "ordinary world of social reality," that is, the world of Judaism.[30] In this respect, Meeks reexamines John's language patterns only comprehensible to insiders, which abolishes the "logic of the world." Finally, he proceeds to say that the Johannine symbolic world is never open to such an ambivalent

28 Wayne A. Meeks, "Man from Heaven in Johannine Sectarianism," 70.
29 Wayne A. Meeks, "Man from Heaven in Johannine Sectarianism," 70.
30 Wayne A. Meeks, "Man from Heaven in Johannine Sectarianism," 70-71.

figure as Nicodemus, not to mention to utter outsiders.

Notwithstanding all of this, Meeks' construal of Judaism and Nicodemus invite challenge. First, one casts suspicion on his anti-Jewish attitudes in his explanation. In his terms, "mere belief without joining the Johannine community, without making the decisive break with 'the world,' particularly the world of Judaism, is a diabolic 'lie.'"[31] Although Meeks overtly presents the Weltanschauung of the Johannine community as dualistic and exclusive, he is wrong in portraying it as totally alienated from Judaism. He deems any connection with Judaism in John's Gospel as "diabolic," implying that the Johannine symbolic world is totally isolated from Judaism. Yet, ironically his form of exegesis shows a close connection to Jewish traditions. To illustrate: his interpretation is greatly dependent upon the intertextuality between the Old and New Testament. In short, to some degree the Johannine symbolic world is connected to the Jewish world. If the Johannine world were entirely separate from the Jewish world, Meeks' interpretation would seem disconnected from it. I believe that the Johannine world is both mostly exclusive to and partly inclusive in mainstream Judaism of its day.

Second, Meeks cannot successfully resolve the ambiguous position of Nicodemus. Obviously, Meeks labels Nicodemus as ambiguous, and comments that "this ambiguity is doubtless an important and deliberate

---

31 Wayne A. Meeks, "Man from Heaven in Johannine Sectarianism," 69.

part of the portrait of this obscure figure."[32] Further, he dares to taunt such an ambivalent figure as Nicodemus: "Those figures who want to 'believe' in Jesus but [opt] to remain within the Jewish community and the Jewish piety are damned with the most devastatingly dualistic epithets."[33] Meeks locates Nicodemus as in between; he is able neither to move completely beyond Judaism to Christianity due to his "fear of the Pharisees," nor to understand the double-entendre of Jesus' words as an outsider, however much he is depicted as being "progressive." By contrast, we could understand Nicodemus as challenging the dualistic world of the Gospel by his ambiguity. Understood like this, Nicodemus' ambiguity is no longer a curse but a blessing, a blessing that opens up a possibility that the Gospel can be interpreted otherwise.

In a similar vein, Richard L. Rohrbaugh (2004) in the article "What's the Matter with Nicodemus? A Social Science Perspective on John 3:1-21" analyzes the Gospel of John from a socio-linguistic perspective. His underlying assumption is that a genuine (anti-) language originates from an (anti-)society.[34] Rohrbaugh focuses more on anti-language than language itself, and understands anti-language not as a literary phenomenon but as a social phenomenon.[35] As a mode of "social protest from the margins of the dominant social order," anti-

32 Wayne A. Meeks, "Man from Heaven in Johannine Sectarianism," 54.

33 Wayne A. Meeks, "Man from Heaven in Johannine Sectarianism," 69.

34 Richard L. Rohrbaugh, "What's the Matter with Nicodemus? A Social Science Perspective on John 3:1-21," *Distant Voices Drawing Near*, Collegeville, Minn: Liturgical Press, 2004, 147.

35 Richard L. Rohrbaugh, "What's the Matter with Nicodemus?," 152.

language is defined as an "insider way of speaking that functions as a primary boundary marker between those inside an alienated group and all outsiders."[36]

With respect to the Nicodemus story, Rohrbaugh explicates the significant features of anti-language in three ways. The first characteristic of anti-language is what is termed "re-lexicalization," which means that "old words are given new, insider meanings by a socially alienated group of people."[37] The second is so-called "over-lexicalization," which consists of "contrasting spheres of existence, opposing modes of living and being" such as spirit/flesh, above/below, life/death, not of this world/this world, light/darkness and so on.[38] The last characteristic is that anti-language serves as a primary marker of identity, and here of anti-social identity, that stands in opposition to the dominant values of a society, or more precisely, of "this world" and "the Judeans."[39] Following the theory of anti-language, Rohrbaugh draws the conclusion that because he is an outsider, Nicodemus cannot understand the anti-language of the Johannine community. In other words, the anti-language in the Nicodemus account functions as an identity marker between Jesus the insider and Nicodemus the outsider. At this point, an ultimate question arises about how Nicodemus' act of visiting Jesus should be understood along with their conversation in chapter

36 Richard L. Rohrbaugh, "What's the Matter with Nicodemus?," 147.

37 Richard L. Rohrbaugh, "What's the Matter with Nicodemus?," 177.

38 Richard L. Rohrbaugh, "What's the Matter with Nicodemus?," 148.

39 Richard L. Rohrbaugh, "What's the Matter with Nicodemus?," 149-150.

3. It seems highly likely that in terms of anti-language Rohrbaugh characterizes Nicodemus as an absolute outsider. For if this were the case, how could we understand Nicodemus' act of coming to Jesus (3:1-15) and his subsequent acts throughout the Gospel (7:45-52; 19:38-42)? The theory of anti-language tends to understand Nicodemus too simplistically. Even though anti-language clarifies Nicodemus' misunderstanding of Jesus' words in chapter 3, it cannot expound on what motivated Nicodemus to come to Jesus (chapter 3), to defend him (chapter 7), and to prepare for his burial (chapter 19). For this reason, Rohrbaugh's anti-language notion has limited relevance to the Nicodemus story.

The next problem arises whether the anti-society constructed by the Johannine Gospel resists the Jewish world or the Roman imperial world or both. Rohrbaugh restricts the notion of anti-society to the Jewish world alone. I suggest that the anti-language in the Nicodemus story is to be understood primarily in connection with the Jewish world. Given John's awareness of the imperial reality in the whole Gospel, anti-language is, however, to be understood in both Jewish and imperial contexts because the values of a dominant society should be both Jewish and imperial. Contrary to Rohrbaugh, my contention is that anti-language is not only a social, cultural phenomenon, but always also a political phenomenon.

5. The Ideological Approach

1) The Deconstructive Approach

The ideological approach aims to discover and debunk the dominant ideologies of a society. In this light, deconstructive criticism is understood as a way of ideological criticism in the sense that it dis-mantles an ideology of heteronomy based on the exclusive, binary system, which brings about hierarchies by subordinating one to the other. Given that the Fourth Gospel presents a dualistic world view, deconstructive criticism can contribute to challenging dualistic exclu-sivism, which demands an either/or choice between belief and unbelief from characters and readers.

Against this background in deconstructive criticism, let us consider the 1989 article by Jouette M. Bassler titled "Mixed Signals: Nicodemus in the Fourth Gospel." Bassler draws attention to the matter of Nicodemus' indeterminacy and his ambiguous character. She adamantly opposes all the traditional interpretations of seeing him either as an outsider, or as a crypto-insider, or as a liminal fiure radually progressing from outsider to insider status.[40] Rather, Bassler represents Nicodemus as the marginal person, a member of more than two groups simultaneously. By abolishing both an either/or logic and a neither/nor logic, in the long run sh, adopts a both/and logic to justify the position

40 Jouette M. Bassler, "Mixed Signals: Nicodemus in the Fourth Gospel," 645-646.

of Nicodemus: "Nicodemus moves through the narrative with one foot in each world."[41] Bassler goes further by saying: "Nicodemus's repeated professions and actions of faith have made him no more than a 'proximate other,' the other who is beginning to challenge the limits of otherness but who remains 'other' nonetheless." Thus, Bassler discovers a way of disrupting the dualistic world of the Johannine Gospel.

On the whole, I indeed agree with the agenda of deconstructive criticism to challenge the polarized world of the Gospel, on the grounds that the dualistic system is the biggest impediment to the understanding of Nicodemus' ambiguity. I am quite optimistic that deconstructive criticism offers new clues into breaking down the exclusive dualism in order that Nicodemus may be considered anew apart from it.

Yet it remains unclear what is meant by the marginality of Nicodemus. Remarkably, Bassler appears to restrict the connotation of marginality to the religious level, without extending it to the sociopolitical level. Put differently, she is not aware that Nicodemus' marginality is to be understood at both the religious and sociopolitical level. Rather, she merely perceives Nicodemus and his indeterminacy in the religious context, Jewish and Christian. Nonetheless, we can discover the marginality of Nicodemus as the one who is ruled over in the sociopolitical context, or more precisely, in the Roman imperial context. Thus it becomes indispensable to reconsider Nicodemus in both religious and sociopolitical contexts.

41 Jouette M. Bassler, "Mixed Signals: Nicodemus in the Fourth Gospe," 646.

Colleen M. Conway in her 2002 article "Speaking through Ambiguity: Minor Characters in the Fourth Gospel" explores the theme of ambiguity in minor characters in the Fourth Gospel, e.g., the mother of Jesus, Nicodemus, the Samaritan woman, Peter, Martha and Mary, Mary Magdalene, Pilate, the Beloved Disciple, and so on. Along the lines of Bassler, from a deconstructive perspective Conway does not view them simply as representing belief or unbelief but rather as obfuscating the clear-cut choice between belief and unbelief.[42] In other words, she sees most of the minor characters in John as fluid, thus undercutting the dualistic world of the Johannine Gospel. The deconstructive approach as Conway envisions it can subvert John's polarized world, and can therefore cast fresh light on Nicodemus' ambiguity.

Yet not unlike Bassler, I would like to push Conway more clearly in the direction of deconstruction. I am suspicious that in terms of power relations, she still might identify Jesus as the main character and locate him at the center and locate minor characters at the periphery. In a sense, Conway seems in fact to maintain a dualistic perspective on Jesus and minor characters in terms of power relations, thus fixing their identities. In this connection, Conway presents Jesus as unambiguous and minor characters as ambiguous. As she remarks, the Fourth Gospel "presents us with a dualistic world in which the lines are sharply drawn, especially by the main character, Jesus."[43] Such a dualistic

---

42 Colleen M. Conway, "Speaking through Ambiguity: Minor Characters in the Fourth Gaspel," 325-326.

43 Colleen M. Conway, "Speaking through Ambiguity," 340.

viewpoint — of seeing Jesus as unambiguous and minor characters as ambiguous — is no less perilous. Besides, this perspective results in the power imbalance between Jesus as the main character and other characters as minor and marginalized characters. I argue that we could and should consider as unstable and shifting the relation between Jesus and minor/other characters.

Now we have reached the point in the argument at which we need to analyze the dualistic view and by extension, power relations, to deal with the issue of ambiguity in the Fourth Gospel. To this end, I believe that postcolonial criticism can contribute to overcoming the limits of deconstructive criticism.

2) The Postcolonial Approach

In addition to deconstructive criticism, postcolonial criticism serves simultaneously as one form of ideological criticism in the political as well as the religious context. Fernando F. Segovia in his 2007 *A Postcolonial Commentary on the New Testament Writings* shows how postcolonial criticism engages in the Gospel of John within the imperial-colonial frameworks. In so doing, Segovia takes into consideration the central principles of postcolonial criticism, as follows: (1) he prefers to define postcolonial criticism in the socio-psychological dimension rather than in the historical-political dimension, consequently stressing the aspect of conscientization, whether personal or collective, in a geopolitical context; (2) he establishes the scope of postcolonial criticism across historical and cultural constraints; (3) his analysis centers around the narrative world constructed by the text as a rhetorical, literary, and ideological product; (4) he sets up the reader as interlocutor who critically engages with the postcolonial analysis of the geopolitical stance of the Gospel in both a constructive and dialogical manner.[44] In this light, Segovia outlines his postcolonial reading of the Gospel with these three visions: (1) the Gospel's fundamental proposal, via the story, is a "challenge of absolute power"; (2) its fundamental al-ternative, by means of the prologue, is a "vision of absolute otherness"; (3) its fundamental postcolonial project, through its plot, is a "way of absolute opposition."[45] Thus, Segovia sets out to construct the geopolitical reality of the Fourth Gospel within the imperial-colonial framework of Rome and Palestine. To be sure, postcolonial criticism provides a new window into the power dynamics of the Gospel. In addition, it enables flesh-and-blood readers to engage in the text critically with their social location in mind.

In spite of all this, there still remains a radical question about the legitimacy of postcolonial criticism concerning the Nicodemus story. Above all, postcolonial reading as Segovia envisions it emphasizes stark dualisms—as exemplified by such phrases as "absolute power," "absolute otherness," and "absolute opposition." The result is that Segovia, in both religious and political terms, attempts to bipolarize and, as a result, absolutize the difference of binary systems, for instance, ruler/

---

44 Fernando F. Segovia & R. S. Sugirtharajah, "The Gospel of John," *A Postcolonial Commentary on the New Testament Writings*, London: T & T Clark, 2007, 158-163.

45 Fernando F. Segovia & R. S. Sugirtharajah, "The Gospel of John," 163-189.

ruled, Rome/Palestine, this-world/the-other-world, Satan/God, and so forth. With this absolutely-bipolarized category, Segovia, whether consciously or unconsciously, draws the boundary lines more sharply than ever, calling for an either/or choice from minor characters. Such a call allows no room for fluid and fragmentary identity on their part, but only for fixed identity. The result is that the Johannine characters become more flattened, and have an absolutized duality. As a result, I suggest that Segovia does not take seriously enough the agenda of deconstructive criticism to allow for the matter of indeterminacy and uncertainty.

All things considered, I propose that postcolonial and deconstructive criticism go hand in hand. Without postcolonial criticism, deconstructive criticism cannot deal with the power dynamics of the Gospel through the reader's engaged reading with the text. Conversely, without deconstructive criticism, postcolonial criticism cannot handle the violence of a stark dualism. Note that the goal of ideological criticism is to discover and subvert any ideologies of a society. To achieve this end, it is our present task to practice both deconstructive and postcolonial criticism: for us, there is no deconstructive criticism without a postcolonial agenda and no postcolonial criticism without a deconstructive agenda. At present, the relationship between deconstructive and postcolonial criticism can be seen as that between two mirrors opposing through both of which at once we look at the complicated reality of oppression, correcting and being corrected. Understood like this, both deconstructive and postcolonial criticism can liberate Nicodemus from the margins at both the religious and political levels.

6. Concluding Remarks: Retrospect and Prospect

Thus far we have observed four different approaches: (1) the literary approach shows that Nicodemus is exposed to dualism via the (ab-) use of irony; (2) the theological approach with the dualistic, albeit less exclusive, perspective tells us that the contextualization of the social location would make a difference to interpretation per se; (3) the sociocultural approach, along with the stark dualism and anti-Jewish elements, traces the origin of the dualistic Weltanschauung of the Gospel to its social and cultural structure in conjunction with Judaism; (4.1) deconstructive criticism as one part of the ideological approach establishes a way of subverting the stark dualism without any concerns for power relations; (4.2) postcolonial criticism as another part of the ideological approach proposes a way of analyzing the power dynamics in the Gospel, still grounded in the dualistic perspective.

When all is said and done, we have seen that the biggest obstacle to the interpretation of Nicodemus' ambiguity proves to be the stark dualism embedded in the Gospel and its interpretation. From this, of course, it follows that the best approach to what is at stake, namely Nicodemus' ambiguity, should resolve the matter of the dualism of the Gospel. To be sure, deconstructive criticism is one of the best options in this regard. The reason is that unlike the literary, theological, and sociocultural approaches, the agenda of the deconstructive approach is to challenge the dualistic world view. However, it has the drawback that it cannot answer for the power dynamics. In this light, postcolonial criticism can be an alternative in the sense that it can touch on the power dynamics within the imperial-colonial framework. Plus, postcolonial criticism enables the reader to engage the text critically with his/her social location, as suggested by the theological approach. By contrast, we may be struck by the fact that postcolonial criticism is not entirely qualified to handle the matter of dualism by absolutizing it. We can now draw the conclusion that deconstructive criticism should go hand in hand with postcolonial criticism in order to handle both the dualistic worldview and power dynamics of the Gospel along with the reader's critical engagement. In conclusion, I propose the deconstructive and postcolonial approach as an ideal method to liberate Nicodemus from the margins.

Hence, this deconstructive and postcolonial approach offers an alternative interpretation, through which to retrieve the suppressed voice of Nicodemus in John's Gospel. In this respect, Nicodemus, an ambiguous character in John's Gospel, can be constructed otherwise: he can be constructed as playing a major role in challenging and destabilizing the dualism of the Gospel rather than as becoming its victim through ambiguity. Consequently, Nicodemus crosses the boundaries between Judaism, Christianity, and the Roman Empire within a both/and framework. What is more, he can be presented as subverting the hierarchical power structure based on binary oppositions in the context of first-century Judaism and the Roman Empire.

The time has come for us to come to terms with the ambiguity of real readers, especially those who wrestle with their own ambiguity, while being marginalized in the dominant culture based on an exclusivistic dualism. That is to say, we need to take into account their co-performance with Nicodemus. As such, Nicodemus' performative identity is to be construed in its theatrical connotations. As Tim Whitmarsh strikingly remarks, life as we envision it is itself like a play, in which we ourselves dramatically perform our own identities in constant flux.[46] While critically participating in the Johannine drama, Nicodemus' performance of his identities may empower us, as real readers, to resist the oppression of the colonial-imperial system and its underlying exclusivism rooted in hierarchical dualism. In doing so, we can begin to perform our own creative identities in order to liberate and decolonize ourselves from the shackles of either/or dichotomous thinking by turning to the productive power of ambiguity. The reason for this is that such ambiguity is powerfully sufficient to enable marginalized people to challenge and undermine the dualistic exclusivism in hierarchical social structures, as it was for my father-in-law.

46 Tim Whitmarsh, *Greek Literature and the Roman Empire: The Politics of Imitation*, Oxford U.K.; New York: Oxford University Press, 2001, 293.

References

Bassler, Jouette M., "Mixed Signals: Nicodemus in the Fourth Gospel," *Journal of Biblical Literature* 108/4, 1989, 635-646.

Blomberg, Craig L., "The Globalization of Biblical Interpretation: A Test Case John 3-4," *Bulletin for Biblical Research* 5, 1995, 1-15.

Conway, Colleen M., "Speaking through Ambiguity: Minor Characters in the Fourth Gospel," *Biblical Interpretation* 10/3, 2002, 324-341.

Culpepper, R. Alan, *Anatomy of the Fourth Gospel: A Study in Literary Design*, Philadelphia: Fortress Press, 1983.

Donaldson, Terence L., "Nicodemus: A Figure of Ambiguity in a Gospel of Certainty," *Consensus* 24/1, 1998, 121-124.

Duke, Paul D., *Irony in the Fourth Gospel*, Atlanta: John Knox Press, 1985.

Green, Barbara, *Mikhail Bakhtin and Biblical Scholarship: An Introduction* (Society of Biblical Literature Semeia Studies), Atlanta: Society of Biblical Literature, 2000.

Hakola, Raimo, "The Burden of Ambiguity: Nicodemus and the Social Identity of the Johannine Christians," *New Testament Studies* 55/4, 2009, 438-455.

Hylen, Susan, *Imperfect Believers: Ambiguous Characters in the Gospel of John*, Louisville, KY: Westminster John Knox Press, 2009.

Lim, Sung Uk, "Jesus and the Others: Otherness and Identity in the Gospel of John," Ph.D. dissertation, Vanderbilt University, 2015.

Lozada-Smith, Frank, "A Literary Reading of John 5: Text as Construction", Ph.D. dissertation, Vanderbilt University, 1996.

Martyn, J. Louis, *History and Theology in the Fourth Gospel* (3rd edition), The New Testament Library, Louisville, KY.: Westminster John Knox Press, 2003.

Meeks, Wayne A., "Galilee and Judea in Fourth Gospel," *Journal of Biblical Literature* 85, 1966, 159-169.

Meeks, Wayne A., "Man from Heaven in Johannine Sectarianism," *Journal of Biblical Literature* 91/1, 1972, 44-72.

O'Day, Gail R., *Revelation in the Fourth Gospel: Narrative Mode and Theological Claim*, Philadelphia, PA: Fortress Press, 1986.

Rohrbaugh, Richard L., "What's the Matter with Nicodemus? A Social Science Per-spective on John 3:1-21," *Distant Voices Drawing Near*, Collegeville, Minn: Liturgical Press, 2004, 145-158.

Schneiders, Sandra M., "Born Anew," *Theology Today* 44/2, 1987, 189-196.

Segovia, Fernando F. & R. S. Sugirtharajah, "The Gospel of John," *A Post-colonial Commentary on the New Testament Writings*, London: T & T Clark, 2007.

Segovia, Fernando F., *Decolonizing Biblical Studies: A View from the Margins*, Maryknoll, N.Y.: Orbis Books, 2000.

Whitmarsh, Tim, *Greek Literature and the Roman Empire: The Politics of Imitation*, Oxford U.K.; New York: Oxford University Press, 2001.

|편자 소개|

윤원철

서울대학교 종교학과 교수

State University Of New York At Stony Brook 박사

『깨침과 깨달음』(2002) 외 다수

안신

배재대학교 종교학과 교수

University of Edinburgh 박사

「조나단 스미스의 종교현상학 연구」(2007) 외 다수

김재명

건양대학교 의과대학 의료인문학교실 연구전문조교수

서울대학교 박사

「종교의 지구지역화에 대한 이론적 연구」(2014) 외 다수

우혜란

서울대학교 종교문제연구소 객원연구원

Philipps-Universität Marburg 박사

『신자유주의 사회의 종교를 묻는다』(2011) 외 다수

유광석

경희대학교 사회학과 SSK학술연구교수

University of Ottawa 박사

『종교시장의 이해』(2014) 외 다수

전명수

고려대학교 공공사회·통일외교학부 공공사회학전공 조교수

고려대학교 박사

『뉴에이지 운동과 한국의 대중문화』(2009) 외 다수

배덕만

기독연구원 느헤미야 전임연구원

Drew University 박사

『한국 개신교 근본주의』(2010) 외 다수

윤용복

사단법인 아시아종교연구원 원장

서울대학교 박사

『한국 종교교단 연구』 1, 2, 3(공저, 2007) 외 다수

유요한

서울대학교 종교학과 교수

Syracuse University 박사

『종교, 상징, 인간』(2014) 외 다수

이유나

배재대학교 인문과학연구소 학술연구교수

서울대학교 박사

「죄에서 구원으로: 한국 초기 개신교 여성들의 개종」(2007) 외 다수

강은애
한국불교선리연구원 연구원
서울대학교 박사
「근대 한국선의 부흥과 경허」(2005) 외 다수

김용환
충북대학교 윤리교육과 교수
서울대학교 박사
『세계윤리교육』(2010) 외 다수

삿사 미쓰아키(佐佐充昭)
立命館大學 현대 동아시아 언어·문화학과 교수
서울대학교 박사
『アン·ソンギ: 韓國映畫とその時代』(2009) 외 다수

허남린
University of British Columbia 교수
Princeton University 박사
The Wiley Blackwell Companion to East and Inner Asian Buddhism (2014) 외 다수

김영원
장로회신학대학교 초빙교수
Graduate Theological Union 박사
「폴 리쾨르의 텍스트 이론을 바탕으로 살펴본 『프로슬로기온』의 문학적 형태」(2015) 외 다수

최정화
원광대학교 연구교수
Universität Leipzig 박사
Rudolf Otto (2014) 외 다수

성해영
서울대학교 인문학연구원 교수
Rice University 박사
『수운 최제우의 종교 체험과 신비주의』(2017) 외 다수

안환기
서울불교대학원대학교 초빙교수
서울대학교 박사
『마음과 종교: 종교문화 속 마음탐구』(2015) 외 다수

임재규
서울대학교 종교문제연구소 객원연구원
復旦大學 박사
「괘변설의 변천과정에서 본 다산의 추이론」(2015) 외 다수

임성욱(Sung Uk Lim)
연세대학교 신과대학 연합신학대학원 조교수
Vanderbilt University 박사
"Biopolitics in the Trial of Jesus (John 18:28-19:16a)" (2016) 외 다수